Charles Darwin

O poder do lugar

Charles Darwin
O poder do lugar

Janet Browne

tradução
Otacílio Nunes

Jaracatiá

editora unesp

Título original: ***Charles Darwin: the power of place***

A presente tradução da obra ***Charles Darwin: o poder do lugar*** é publicada através de acordo com Alfred A. Knopf, uma divisão da Random House, Inc.

This translation of ***Charles Darwin: the power of place*** is published by arrangement with Alfred A. Knopf, a division of Random House, Inc.

CIP-BRASIL. CATALOGAÇÃO-NA-FONTE
SINDICATO NACIONAL DOS EDITORES DE LIVROS, RJ

B897c

Browne, E. J. (E. Janet), 1950-
Charles Darwin: o pode do lugar / Janet Brown; tradução Otacílio Nunes. – São Paulo: Aracati / Editora Unesp, 2011.
736p.

Tradução de: Charles Darwin: the power of place
Inclui bibliografia e índice
ISBN 978-85-62432-01-9 (Aracati)
ISBN 978-85-393-0106-5 (Unesp)

1. Darwin, Charles, 1809-1882. 2. Naturalistas – Inglaterra – Biografia. I. Título.

11-1755.
CDD: 925.75
CDU: 929:575.8

Quatro Edições Ltda.
Caixa Postal 27037
04007-970 – São Paulo – SP
Tel.: (0xx11) 3368-7606
www.4ed.com.br
contato@4ed.com.br

Fundação Editora da UNESP (FEU)
Praça da Sé, 108
01001-900 – São Paulo – SP
Tel.: (0xx11) 3242-7171
Fax: (0xx11) 3242-7172
www.editoraunesp.com.br
www.livrariaunesp.com.br
feu@editora.unesp.br

Editora afiliada:

Asociación de Editoriales Universitarias de América Latina y el Caribe
Associação Brasileira de Editoras Universitárias

Darwin na Down House

Agradecimentos

Durante a confecção deste livro tive a ajuda de grande número de pessoas, e é um prazer genuíno poder agradecê-las. Antes de mais nada, o Wellcome Trust sustentou generosamente minha pesquisa do começo ao fim. Bridget Ogilvie e Michael Dexter, ex-diretora e atual diretor, respectivamente, tiveram um interesse especial em todas as coisas ligadas a Darwin. De modo mais imediato, meus colegas no Wellcome Trust Centre for the History of Medicine do University College London (antes Wellcome Institute for the History of Medicine) me deram um apoio maravilhoso durante longo período, alternadamente intelectual, profissional e pessoal – tudo o que alguém poderia desejar de amigos. Ao longo de todo o trajeto, apreciei particularmente o encorajamento dado por Bill Bynum e Michael Neve, bem como os conselhos de Hal Cook, Anne Hardy, Chris Lawrence, Vivian Nutton, o falecido Roy Porter, Cornelius O'Boyle, Tilli Tansey e Andrew Wear. Não poderia haver melhor lugar para trabalhar, nem uma convivência melhor com colegas. Sharon Messenger e Caroline Essex me assistiram na pesquisa prontamente. Por isso, agradeço a elas e a Gita Tailor e Sally Scovell pela ajuda inestimável. Alex Goldbloom gentilmente pesquisou a *Punch* para mim. A equipe da Wellcome Library for the History and Understanding of Medicine ofereceu generosamente sua *expertise*, seu tempo e sua paciência por um longo período, e sou grata pela assistência de Eric Freeman, David Pearson, Wendy Fish, Sue Gold, Richard Aspin, Julia Sheppard, Lesley Hall, John Symons, William Schupbach e outros membros da equipe da biblioteca. Sou muito grata também a Catherine Draycott e Chris Carter pela ajuda nas solicitações fotográficas.

O provost e os fellows do King's College Cambridge me receberam muito bem durante o período em que fui beneficiada por uma Bolsa de Pesquisadora Visitante Sênior, em 1996-97, e estendo meus agradecimentos mais calorosos a Pat Bateson, John Barber, Hal Dixon, Peter Jones, Rob Foley, Ian Patterson e George Pattison. Passar o ano em Cambridge, tão perto dos arquivos, e numa comunidade tão especial, foi um grande privilégio que apreciei enormemente. Durante o mesmo ano trabalhei em um painel do English Heritage para a restauração da Down House, o que foi esclarecedor e divertido, e me estimulou a repensar o modo como eu queria apresentar Darwin nesta biografia. Nesse aspecto, agradeço particularmente a Angela Huxley, Stephen e Randal Keynes, cujo prazer na pesquisa me contagiou. Em meses mais recentes, Adrian Desmond, Jim Moore e eu escrevemos sobre Darwin como um trio para o *New Dictionary of National Biography*. Agradeço a eles pela amizade e pela generosidade biográfica.

Minha maior dívida é com a Cambridge University Library, onde Peter Fox, o bibliotecário da Universidade, e Patrick Zutschi, Adam Perkin e Godfrey Waller fazem tanto para ajudar os estudiosos de Darwin. Sua assistência foi verdadeiramente inestimável. E eu tampouco poderia ter completado esta obra sem o apoio de amigos do *Darwin Correspondence Project*, passados e presentes, em especial Fred e Anne Burkhardt, Duncan Porter e o falecido Sidney Smith. Agradeço de coração por sua ajuda, e é um prazer verdadeiro fazer isso a eles e a outros membros do projeto em público. Os volumes da *Correspondence* e auxílios para a busca que eles produziram tornam as coleções Darwin em Cambridge um dos melhores recursos de pesquisa do mundo. Alan Crowden, da Cambridge University Press, foi um grande apoio, e sou grata pela permissão dos síndicos da Cambridge University Press para citar materiais publicados na *Correspondence of Charles Darwin*. Os síndicos da Cambridge University Library concederam da mesma forma permissão para a citação de manuscritos inéditos e outros recursos em suas coleções. William Huxley Darwin deu gentilmente permissão para a citação de materiais de Darwin. Richard Darwin Keynes me permitiu generosamente usar os diários de Emma Darwin e outros manuscritos da família emprestados à Cambridge University Library.

Agradeço também aos arquivistas e bibliotecários de outras instituições que mantêm materiais relacionados, especialmente os curadores do Wedgwood Museum, Barlaston, Stoke-on-Trent; John Murray Ltd.; American Philosophical Society; British Library; Die Deutsche Staatsbibliothek; English Heritage; Gray Herbarium da Harvard University; Das Haeckel Haus,

Jena; Leeds University Library; Case Western Reserve University; Natural History Museum, Londres; Royal Institution of Great Britain; Royal Society de Londres; e University of Virginia Library.

A British Library, o Master e os Fellows do Christ's College Cambridge; English Heritage; Gray Herbarium da Harvard University; Imperial College of Science, Technology and Medicine; Mary Evans Picture Library; Missouri Botanical Garden Library; Royal College of Surgeons of England; os síndicos da Cambridge University Library; Biblioteca do University College London; e a Wellcome Library for the History and Understanding of Medicine deram gentilmente permissão para a publicação de imagens de suas coleções. A. Walker Bingham e Randal Keynes muito generosamente forneceram itens de suas coleções privadas.

Pessoalmente, tenho um prazer especial em agradecer a Bill Bynum, Michael Neve, Joy Harvey e Thomas Söderqvist por lerem o manuscrito. Seus comentários me mostraram maneiras de integrar os detalhes da vida de Darwin com sua obra que fizeram toda a diferença e pelos quais sou profundamente grata. Juan Bacigalupo, Anne Barrett, Gillian Beer, Peter Bowler, Nicholas Browne, Joe Cain, Jane Camerini, John Clark, Ann Dally, Angela Darwin, Sheila Dean, Adrian Desmond, Mario di Gregorio, Gina Douglas, Patricia Fara, Paul Farber, Janet Garber, Nick Gill, Rupert e Marie Hall, Jonathan Hodge, Rob Iliffe, Frank James, Ludmilla Jordanova, Milo Keynes, David Kohn, Ed Larsen, Ernst Mayr, Richard Milner, Jim Moore, Jack Morrell, Solene Morris, Virginia Murrray, Trudy Prescott Nuding, Caroline Overy, Alison Pearn, Jim Paradis, Robin Reilly, Marsha Richmond, Harriet Ritvo, Anne e Jim Secord, Crosbie Smith, Jon Topham, Hugh Torrens, Edward Wakeling, Andrew Warwick, R. D. Wood e o falecido John Thackray me ajudaram de muitas formas, assim como um número incontável de discussões amplas com outros amigos, colegas e alunos ao longo dos anos. Tive muita sorte de conseguir comparecer a tantas conferências e seminários em diferentes disciplinas em que as obras e as ideias de Darwin, e outras questões de natureza histórica e biográfica, geraram um debate tão animado. É claro que há muitas maneiras de interpretar Darwin, muitos Darwins diferentes e uma rica variedade de literatura autorizada preexistente, e tudo isso contribui materialmente para um campo extremamente estimulante ao qual fui agradavelmente atraída. Por fim, mas certamente com a mesma importância, Kit e Evie Browne foram o centro de minha vida familiar.

Leitores atentos deste volume verão que tenho uma consideração especial por heróis não louvados da produção de livros que escoram o autor. Gostaria de agradecer em particular a Will Sulkin, da Jonathan Cape, Sam Elworthy, da Princeton University Press, e à equipe editorial da Knopf Editorial, que tornou minha vida tão mais tranquila: Ken Schneider, Ted Johnson, Ellen Feldman, Avery Fluck, Anthea Lingeman, Justin Salvas e Carol Carson. Charles Elliott foi um editor maravilhosamente apoiador no que acabou sendo uma empreitada muito mais demorada do que ele jamais previu.

Sumário

Notas e abreviações

Livros e artigos são citados na forma autor-data, e a lista completa deles está nas Referências Bibliográficas. Algumas fontes-padrão são abreviadas como títulos curtos, por exemplo, *Correspondence, Life and Letters* etc. A referência completa é dada a seguir. Elas são listadas também em ordem alfabética nas Referências Bibliográficas, uma vez sob o título abreviado e de novo sob o nome do autor ou do editor.

Os livros e textos de Darwin são mantidos na maior parte na Sala de Manuscritos da Cambridge University Library. A coleção é subdividida e catalogada de várias formas. Desde quando este volume foi iniciado, ocorreu um extenso programa de renumeração e novos itens foram adquiridos, em particular os Manuscritos da Down House, depositados no English Heritage. Converti antigos números de entrada em novos. No entanto, podem surgir algumas discrepâncias. A abreviatura DAR é o prefixo de todos os itens de Darwin. Onde é citado outro material da Cambridge University Library, tentei tornar clara a distinção. Em geral, citei fontes publicadas para as cartas. Senão, o destinatário ou o remetente e a data conjecturada de cartas não publicadas são dados com o nome de seu repositório. Uma lista completa da correspondência de Darwin é dada em *Calendar* (ver a seguir).

Abreviações

Autobiography: BARLOW, N. (Ed.). *The Autobiography of Charles Darwin, 1809-1882, with Original Omissions Restored.* Londres: Collins, 1958.

Calendar: BURKHARDT, F. H.; SMITH, S. et al. (Eds.) *Calendar of the Correspondence of Charles Darwin.* Ed. rev. Cambridge: Cambridge University Press, 1994.

Collected papers: BARRETT, P. H. (Ed.) *The Collected Papers of Charles Darwin.* 2v. Chicago: University of Chicago Press, 1977.

Correspondence: BURKHARDT, F. H.; SMITH, S. et al. (Eds.) *The Correspondence of Charles Darwin.* v.1-12 (1821-64). Cambridge: Cambridge University Press, 1983-2001.

DAR: Coleção de manuscritos de Darwin, Cambridge University Library.

Descent: DARWIN, C. R. [1871]. *The Descent of Man And Selection in Relation to Sex.* 2v. Ed. fac-similar com introdução de John T. Bonner e R. M. May. Princeton, N.J.: Princeton University Press, 1981.

Earthworms: DARWIN, C. R. *The Formation of Vegetable Mould through the Action of Worms, with Observations on their Habits.* Londres, 1881.

Emma Darwin: LITCHFIELD, H. E. (Ed.) *Emma Darwin, Wife of Charles Darwin:* a century of family letters. 2v. Cambridge: impressão privada, 1904.

Expression: DARWIN, C. R. [1872]. *The Expression of the Emotions in Man and Animals.* Reimpressão com introdução, posfácio e comentários de Paul Ekman. Londres: HarperCollins, 1998.

Journal: DE BEER, G. (Ed.) "Darwin's Journal". *Bulletin of the British Museum (Natural History) Historical Series*, v. 2, p.1-21, 1959.

Journal of Researches: DARWIN, C. R. [1845]. *Journal of Researches.* 2.ed. Londres. Reimpresso como *The Voyage of the* Beagle, editado por H. G. Cannon. Londres: J. M. Dent, 1959.

Life and Letters: DARWIN, F. (Ed.) *The Life and Letters of Charles Darwin.* 3v. Londres, 1887.

More Letters: DARWIN, F.; SEWARD, A. C. (Eds.) *More Letters of Charles Darwin:* A Record of his Work in a Series of hitherto Unpublished Letters. 2v. Londres: John Murray, 1903.

Natural Selection: STAUFFER, R. C. (Ed.) *Charles Darwin's* Natural Selection, Being the Second Part of his Big Species Book Written from 1856 to 1858. Cambridge: Cambridge University Press, 1975.

Notebooks: BARRETT, P. H. et al. (Eds.) *Charles Darwin's Notebooks,* 1836-1844*:* Geology, Transmutation of Species, Metaphysical Enquiries. Cambridge: Cambridge University Press, 1987.

Orchids: DARWIN, C. R. [1877c]. *The Various Contrivances by which Orchids Are Fertilised by Insects.* 2. ed. Revisada, com novo prefácio de Michael Ghiselin. Chicago: University of Chicago Press, 1984.

Origin: DARWIN, C. R. 1859. *On the origin of species by means of natural selection,* or *the preservation of favoured races in the struggle for life.* London. Facsimile edition with an introduction by Ernst Mayr. Cambridge, Mass.: Harvard University Press, 1964.

Variation: DARWIN, C. R. *The Variation of Animals and Plants under Domestication.* 2v. Londres, 1868. Edição fac-similar com novo prefácio de Harriet Ritvo. Baltimore: Johns Hopkins University Press, 1998.

Parte I

Autor

1.

Águas turbulentas

Se Charles Darwin passara a primeira metade de sua vida no mundo de Jane Austen, agora ingressava nas páginas de Anthony Trollope.

A Grã-Bretanha vitoriana pareceu ficar em paz consigo quando a agitação política interna, e as lembranças da Guerra da Crimeia e do levante hindu deram lugar a uma relativa estabilidade no final da década de 1850 e início da de 1860. O livre-comércio e o capitalismo carbonífero avançavam enquanto as grandes indústrias manufatureiras da nação apresentavam crescimento explosivo. Nas grandes lojas de Londres, o visconde Palmerston escolhia sua cartola de seda para se tornar primeiro-ministro em 1857, enquanto Benjamin Disraeli, William Gladstone e Richard Bright se movimentavam impacientes nos bastidores para transformar a face da política partidária. As cidades episcopais fervilhavam com controvérsias religiosas; os prelos imprimiam copiosamente livros e revistas; os recém-enriquecidos faziam excursões e viagens de férias; e um exército completo de escriturários, funcionários públicos, burocratas, banqueiros e contadores era criado para administrar os novos horizontes comerciais que acompanhavam o império emergente, à medida que Índia, Canadá, América do Sul e os Antípodas se submetiam cada vez mais ao domínio econômico britânico. A tecnologia do vapor era o herói da sociedade. Na época, a Grã-Bretanha possuía dois terços da capacidade mundial de produção fabril de algodão e respondia por metade da produção mundial de carvão e ferro, um grau incomparável de proeminência industrial. De 1850 a 1868, a extensão dos trilhos ferroviários que serpenteavam pela zona rural foi duplicada. Cortadores de grama, latrinas, lâmpadas a gás, vigas de ferro, ladrilhos de cerâmica multicolorida e muito, muito mais estavam disponíveis a quem pudesse pagar por eles. Embora a rainha Vitória e seus ministros logo viessem a enfrentar questões estrangeiras complexas na Itália de Garibaldi e as consequências dolorosas da Guerra Civil nos Estados Unidos da América, o etos de "melhoramento" incitava desenvolvimentos significativos em habitação, saúde, educação, comunicações, no vestuário e nas maneiras. "O gênio da Inglaterra é reconhecido por todos como um caráter eminentemente empreendedor e especulativo", declarou a revista *Once a Week*.[1] A confiança atingia as alturas. As fronteiras sociais se deslocavam.

Ainda assim, as contradições no âmago da vida vitoriana estavam mais óbvias que nunca. Fraude, imundície, superlotação, pobreza, morte e violência eram realidade nos bairros urbanos miseráveis. Em uma década, as comunidades rurais tinham perdido mais de 40% da força de trabalho masculina para as demandas industriais, coloniais e militares e enfrentavam mais um ciclo sombrio de depressão agrícola e sofrimento. A fé religiosa da nação, se bem que nunca tivesse sido coerente, fraturava-se em fervor e dissenso. Enquanto muitos nas camadas dominantes da sociedade fechavam os olhos a essas questões, uma série notável de romancistas, estatísticos, médicos, clérigos radicais e ativistas sociais começava a revelar a esqualidez ao lado da prosperidade e a descobrir o interessante no ordinário. Com o tempo, os líderes parlamentares se disporiam a uma segunda rodada de reforma política no século XIX, encorajados pelo elevado senso de propósito, a seriedade moral, as doutrinas de autoajuda e a apreciação pelo decoro que caracterizavam as classes médias emergentes. Da Westminster da vida real à imaginária Barchester e vice-versa, Trollope captou com facilidade em seus romances esse senso do pessoal e do paroquial. Mas a vida não era simples mesmo para aqueles que *lord* Salisbury chamava de "pessoas de substância". Os anos de meados do século não foram tanto marcados pelo equilíbrio, mas antes moldados por contrastes políticos e sociais. Era uma época de capital, trabalho, complacência e fé; e, ao mesmo tempo, uma época de cidades, sofrimento, mudança, comércio, deferência e dúvida.

Em meio aos contrastes encontrava-se a figura recatada de Charles Darwin. Apoiado por uma fortuna familiar derivada da Revolução Industrial, Darwin se contentou em tornar-se um cavalheiro vitoriano respeitável sob todos os aspectos. Guardou suas espingardas do *Beagle*, examinou com discernimento seus investimentos e começou a participar da sensação

1 *Once a Week*, 21 de janeiro de 1860, p.67. A Grã-Bretanha vitoriana é caracterizada em Houghton, 1957; Briggs, 1959; Appleman et al., 1959; Himmelfarb, 1959; Burn, 1964; Burrow, 1966; Perkin, 1969; Hobsbawn, 1975; Hilton, 1988; Collini, 1991; Hoppen, 1998; Cannadine 1999.

crescente de prosperidade nacional. Ele não tinha necessidade de procurar emprego. Como muitos outros de seu círculo, estava livre para seguir os próprios interesses, em seu caso, uma magnífica obsessão por história natural.

Em 1858, aos 48 anos, ele era um indivíduo equilibrado e agradável, "um dos homens mais gentis e verdadeiros que tive a sorte de conhecer", disse Thomas Henry Huxley. Seu *status* científico já estava assegurado, embora ele só tivesse revelado suas teorias sobre as espécies a alguns poucos amigos íntimos. *A origem das espécies* ainda estava por vir. A posição pessoal de Darwin também era segura. Ele se casara e se instalara confortavelmente com a mulher, Emma, e os filhos em uma casa de campo na vila de Downe, em Kent, bastante próxima das atrações da metrópole, mas a um mundo de distância de seus problemas. Durante anos ele sofrera com problemas de saúde contínuos – "estar doente era normal". Mas seu lar na Down House era o porto seguro que ele buscava para o fim de sua viagem pessoal. "Poucas pessoas podem ter vivido uma vida mais retirada do que nós vivemos", escreveu com indisfarçado prazer. "Minha vida segue com a precisão de um relógio e estou fixado no lugar onde deverei terminá-la."[2]

Na verdade, Darwin era muito mais sociável do que suas palavras admitiam. Em Londres, ele tinha amigos inteligentes e influentes, uma mescla metropolitana de professores universitários, autores, industriais, funcionários do governo, proprietários de terras e políticos; aqui e ali um baronete, uma ou duas senhoras amantes de literatura, alguns velhos camaradas de sua época no *Beagle* e um grupo de sobrinhas inteligentes dispostas a discutir os últimos concertos ou exposições. Sempre que ia à cidade, ele buscava a companhia do irmão mais velho, Erasmus, habituado a uma vida de solteiro agradável, e dos primos Fanny e Hensleigh Wedgwood, que viviam em residências próximas nos arredores de Bloomsbury e formavam o centro de um círculo ampliado de casamentos consanguíneos entre Wedgwoods e Darwins.[3] Darwin desposara sua prima Emma Wedgwood em 1839. Outros casamentos entre primos dentro do clã aproximavam as gerações.

Erasmus promovia jantares em casa para Darwin, fofocava e guardava pacotes para ele antes de sua chegada. Se Darwin estivesse sozinho, ficava para passar a noite e se encontrava com o geólogo *sir* Charles Lyell, seu velho amigo, ou com alguns outros colegas cientistas para tomar o café da manhã – encontros que ele valorizava porque lhe permitiam manter-se em contato e conservar seu ímpeto intelectual. Em outras ocasiões, ele levava

---

2 *Life and Letters*, v.1, p.318. Ver também Stecher, 1961.

3 Descrito em Wedgwood e Wedgwood, 1980, e parcialmente em Arbuckle, 1983. Ver também Annan, 1955; Cannon, 1964; L. Stone e Stone, 1986.

Emma e os filhos mais novos para assistir a pantomimas ou ir ao dentista. Eles se hospedavam na casa de Fanny e Hensleigh e viam outros parentes que estivessem de visita vindos da região central da Inglaterra.

Seus amigos no campo também eram pilares da comunidade. Darwin apreciava o ritmo tranquilizante dos assuntos locais, e estava sempre disposto a discutir com os vizinhos as condições climáticas ou sua saúde ruim, organizar obras de caridade paroquiais e se solidarizar com John Innes, o vigário residente, em relação às curas jovens ou a problemas da escola da vila. Ocasionalmente, um pequeno debate sobre a doutrina da igreja animava suas caminhadas com Innes pelas estradinhas rurais. Innes era bem o tipo de clérigo descontraído que o próprio Darwin poderia ter se tornado se a viagem do *Beagle* não tivesse intervindo. "Não ataco Moisés", comentou o naturalista de modo afável com Innes, "e penso que Moisés é capaz de cuidar de si".[4] Em Downe, Darwin assumiu obrigações como magistrado local, ocupação central na vida provinciana, em que cavalheiros proprietários de terra respeitadores da lei, como ele próprio, impunham multas a caçadores e pescadores ilegais ou emitiam licenças para a criação de pombos.

A sociedade tinha um sossego tranquilizador. Darwin e Emma se encontravam regularmente com *sir* John Lubbock, matemático e membro da Royal Society, e seu filho John, um jovem naturalista, que viviam a alguns quilômetros de distância, em High Elms. Gostavam da companhia dos Bonham Carter, de uma vila vizinha, e de George Ward Norman, um dos diretores do Banco da Inglaterra e fidalgo rural de Downe. Às vezes, eles convidavam amigos de Londres para passar o fim de semana em Downe, mandando um cavalo e uma carruagem até a estação ferroviária mais próxima para buscar os visitantes. Joseph Hooker, diretor-assistente dos Kew Gardens, e Thomas Henry Huxley, biólogo e escritor, eram amigos particulares. De modo um tanto surpreendente para um período em que os motivos predominantes eram industrialização, movimento social, expansão urbana e dissidência religiosa, a paróquia de Darwin era inteiramente isolada, com uma estrutura social e padrões ocupacionais limitados que faziam dela quase uma relíquia de uma época anterior. A longa viagem para a estação ferroviária a fazia parecer mais distante da modernidade do que de fato era. A vila de Downe era pequena, com não mais que quinhentas pessoas no censo de 1861, e relativamente estável, considerando-se sua proximidade com centros urbanos florescentes, como Bromley e Maidstone. No começo da década de 1840, o correio nacional havia alterado a grafia de Down para Downe, mudança que Darwin ignorava de maneira resoluta quando

[4] *Life and Letters*, v.2, p.288.

sobrescritava cartas. Vinte anos depois sua população tinha aumentado em apenas cinquenta pessoas. Adotando de bom grado o modo de ser provinciano, Darwin, sem constrangimento, se autodenominava "Agricultor" no *Directory* [Catálogo] do Condado de Kent, publicado por Samuel Bagshaw em 1847. Depois de uma dessas reuniões de fim de semana, uma sobrinha Wedgwood observou, mordaz: "Temos bastante tédio e muita virtude na família – um pouco de vício seria uma variação agradável".[5]

Mas por baixo do exterior brando, a mente de Darwin fervilhava de ideias – propostas ousadas e incomuns que ele hesitava em apresentar ao mundo. Ele se recusara a revelar suas teorias antes que estivessem prontas, mostrando uma preocupação ansiosa com seu trabalho, sondando com obstinação cada fissura nas evidências, construindo um argumento abarrotado de justificativas que, esperava, protegeriam seu esquema de pelo menos algumas das críticas intensas que ele sabia que provocaria. Nos cerca de vinte anos desde quando voltara da viagem do *Beagle*, em 1836, acreditou que os seres vivos não eram criados por ordem divina. A partir daquele momento, buscou uma explicação alternativa que dependeria de processos naturais e não da ação direta de Deus.

No *Ensaio sobre o princípio da população*, de Thomas Malthus, Darwin encontrou um princípio econômico de freios e contrapesos que aplicava às taxas de sobrevivência de animais e plantas e chamou de "seleção natural". Desde então, concentrou suas energias em documentar a origem das espécies por esses meios naturais, "trabalhando como um escravo" em casa. Mas, pouco tempo antes, em 1856, Charles Lyell o pressionara a publicar, e naquele ano Darwin começou a escrever um longo manuscrito destinado a futura publicação. "Concluí que é impossível publicar qualquer ensaio ou esboço preliminar", confidenciou a outro amigo, "mas estou fazendo meu trabalho da maneira mais completa que os materiais de que disponho permitem sem esperar aperfeiçoá-los." Esse manuscrito inacabado sobre seleção natural já chegava a 250 mil palavras, compreendendo onze capítulos de prováveis catorze e uma grande pilha de papel na mesa do estúdio de Darwin, que ele chamava com pesar de seu "grande livro sobre espécies". Ele sabia que era a obra de sua vida, diante da qual tudo o mais se tornava irrelevante.[6]

---

5 Wedgwood e Wedgwood, 1980, p.334. Sobre o lugar de Darwin na comunidade rural, ver Howarth e Howarth, 1933; Atkins, 1974; Moore, 1985a; Neve, 1993. Sobre a experiência burguesa em geral, ver Gay, 1984-88, e F. Thompson, 1988.

6 O longo manuscrito de Darwin é transcrito em Stauffer, 1975. A citação é extraída de Burkhardt e Smith et al., *The Correspondence of Charles Darwin* [A correspondência de Charles Darwin], abreviada aqui como *Correspondence*. Ver *Correspondence*, v.6, p.265. A formulação por Darwin da teoria da evolução por seleção natural foi discutida

Como Darwin a concebia agora, a seleção natural operava sobre os seres vivos como uma necessidade estatística, uma lei da natureza despojada de qualquer influência divina, invencível, predominante e feroz, aprimorando sem cessar animais, plantas e seres humanos na luta pela existência. Suas teorias não tinham espaço para ensinamentos bíblicos sobre Adão e Eva ou o Jardim do Éden. Os organismos ou se adaptavam ou morriam. Sua visão da natureza tinha ido muito além das ideias confortáveis que fortaleciam a maioria dos vitorianos, visões sobre a adaptação perfeita entre animais e plantas e seu ambiente, que, para muitos, espelhava a estabilidade social que pensavam ver à volta. "Cada classe da sociedade aceita com alegria o quinhão que a Providência lhe concedeu", declarou Palmerston com otimismo. Ele quase poderia ter continuado e incluído animais e plantas. Darwin, por outro lado, via o mundo natural como uma constante luta competitiva pela sobrevivência.

Muito do fascínio duradouro da história de vida de Darwin com certeza reside na relação entre um prolífico mundo interior da mente e as vidas pública e privada que ele criou para si. Seu poder de análise era excelente; sua imaginação criativa, notável. Como biólogo, seu talento distintivo era visualizar todos os seres vivos não só nas relações de uns com os outros, mas também nas relações deles com os lugares em que viviam e com a sequência de tempo que se desenrolava. Ele se tornaria um dos cientistas mais famosos de sua época, uma celebridade vitoriana cuja obra foi considerada, mesmo enquanto ele viveu, uma pedra fundamental do mundo moderno, em especial pela maneira como mudou o modo de os seres humanos pensarem sobre si próprios e seu lugar na natureza. E, no entanto, ele gostava de ser um homem do campo, a zanzar por seu jardim. Era um inválido afligido por doenças que provavelmente se alimentavam de suas intensas atividades intelectuais. Além de naturalista, autor e pensador, era marido, pai, amigo e patrão. Explorar que tipo de pessoa ele era contribui de forma significativa para a avaliação do papel que ele desempenhou na história – ou, dizendo de outra maneira, conhecer algo de Darwin e do modo como ele atuava explica muita coisa que, não fosse isso, poderia causar perplexidade sobre a escala de suas realizações e a revolução do pensamento que seu nome costuma portar. A maneira como a vida cotidiana de Darwin se entrelaçava com suas teorias e com seu papel público

---

por grande número de estudiosos, dos quais ver Limoges, 1970; Barrett et al., 1987; Ospovat, 1981; Kohn, 1989; Hodge, 1985; R. Young, 1985; Browne, 1983; 1995. Grande parte da literatura é resumida em Oldroyd, 1984; Kohn, 1985a; Lenoir, 1987; Bowler, 1989a; Bohlin, 1991.

como autor de *A origem das espécies* traz à luz uma história de vida longa e inesperadamente momentosa.[7]

A origem das espécies dominaria a segunda metade da vida de Darwin. Se antes ele viajara no *Beagle* por novos oceanos de pensamento, agora voltava a mente para a escrita e a publicação, para tornar-se um autor. Os acontecimentos que cercaram a publicação do livro foram muito exigentes. Depois Darwin emergiria como um tático notável – um homem que preferia permanecer nos bastidores, mas ainda assim um divulgador habilidoso e dedicado. O esforço estratégico que ele empregou para disseminar suas concepções foi intenso. Como está claro há muito tempo, a revolução darwiniana não foi completamente darwiniana nem completamente revolucionária,[8] e não houve uma marcha regular para a publicação e aprovação de suas ideias. A remodelação dos horizontes científicos contemporâneos não foi levada a cabo só por ele, e o que viria a ser visto como "darwinismo" nunca foi uma estrutura monolítica. A crônica da maturidade de Darwin seria de fato a história de como ele negociou a recepção de *A origem das espécies*, e isso, por sua vez, abrangeria uma teia de força de vontade, estratégia, conflito, perda de amigos, decepção, prazer, determinação implacável e grande esforço pessoal no interior de correntes mais amplas de transformação científica e social – no fundo, uma história sobre a criação e validação de conhecimento científico novo. O projeto foi reforçado de modo imensurável pelo fato de ele ter produzido um livro em um momento em que a indústria editorial se expandia e os periódicos de resenha desfrutavam de uma diversificação acelerada de seus leitores. Ele se beneficiou do apoio público de amigos, entre os quais muitos cujas carreiras se entrelaçaram progressivamente com a sua. Seu livro coincidiu de forma estreita com grandes transformações no pensamento do século XIX e passou a simbolizar a nova perspectiva. Como teria sido ser Darwin durante o que viria a ser chamado revolução darwiniana?

Até o próprio Darwin talvez achasse a pergunta difícil de responder. "Eu desejaria poder sentir que merecia tudo", ele diria. Na verdade, muitas das

---

7 As biografias mais importantes são: Brent, 1981; Bowlby, 1990; Bowler, 1990; Desmond e Moore, 1991. Outras são: West, 1937; Keith, 1955; Himmelfarb, 1959; Fleming, 1969. O tratamento dado pelos biógrafos a Darwin é discutido em parte por Churchill, 1982. Para a biografia científica como gênero, ver os ensaios em Shortland e Yeo, 1996. Para uma visão mais geral, ver Epstein, 1987; 1991; Josselson e Lieblich, 1995.

8 De literatura extensa, ver Irvine, 1955; Eisley, 1961; Ruse, 1979; Bowler, 1988; 1989a; Greene, 1991; 1996, também resumida e discutida em Kohn, 1985a. Para implicações gerais, ver Oldroyd e Langham, 1983; Moore, 1989; Amigoni e Wallace, 1995; Numbers e Stenhouse, 1999.

imagens modernas de Darwin – inválido, fidalgo rural metódico, gênio solitário –, embora bastante perceptivas e precisas, não fazem plena justiça aos muitos lados de seu caráter que surgiram durante os últimos 25 anos de sua vida. Numa visão retrospectiva, fica claro que havia muito mais em Darwin que sua teoria, e mais na teoria que Darwin. Os cientistas associados a ele quase sempre encontravam uma figura diferente do homem que a mulher e os filhos de Darwin conheciam, pelo qual seus empregados passavam no corredor, e diferente também do autor controverso que o público encontrou quando *A origem das espécies* foi publicado. Amigos e inimigos reagiam a ele de maneiras variadas, e as reações de Darwin a eles eram igualmente variadas. "Se eu fosse um amigo meu, teria me odiado",[9] observou com melancolia para Huxley no auge da controvérsia sobre *A origem das espécies*.

Como previsível, ele não vivia apenas sua vida, mas também as vidas de outros. Em termos pessoais, as escolhas que fazia e os caminhos que seguia atendiam às necessidades do momento. Cada vantagem tinha sua desvantagem, e alguns dos atos de Darwin podem hoje ser vistos como profundamente exploradores. Ele manipulava a família e as rotinas diárias para permitir a produção de seu livro e dos outros volumes que se seguiriam. As impressionantes tenacidade e persistência que empregava em suas pesquisas de história natural eram por vezes inteiramente egoístas. A dedicada coleta de fatos que tornava seus textos tão poderosos se baseava em uma capacidade implacável de tirar proveito do conhecimento de outros. Suas doenças, em geral tão perturbadoras e debilitantes, bem como suas conhecidas reticência e modéstia, serviam como um modo eficaz de evitar responsabilidades indesejadas. E, apesar de sua fama de tímido, as pessoas que o conheciam bem recordavam sua "risada cordial" e seus modos "joviais", seu "por Júpiter!" em cartas e conversas. Embora ele tenha perdido a fé religiosa e chocado seus leitores, era aclamado como um homem bom, um sábio benevolente, e foi enterrado na Abadia de Westminster. Todas as suas melhores qualidades – que inspiraram Leslie Stephen a apelidá-lo "um nobre velho herói da ciência" – estavam assentadas sobre anseios, defeitos e fragilidades comuns. Darwin foi muito humano, rodeado por círculos concêntricos de amigos e parentes. Em muitos sentidos, sua biografia é em parte a biografia da vida de família vitoriana – de como era fazer e viver com ciência.

Em tudo isso, havia uma ressonância especial entre o homem e seu ambiente doméstico. Os Darwin moravam na Down House havia dezesseis anos, um período de relativa tranquilidade, durante o qual ele e Emma

---

[9] *Correspondence*, v.8, p.277.

tiveram oito de seus dez filhos. Dois haviam morrido na infância. Um filho fora enterrado no cemitério da pequena igreja anglicana com paredes de sílex em Downe, e uma filha em Malvern, depois de uma desastrosa viagem para tratamento de hidropatia. Emma e ele sofreram muito com essas perdas. Mas, a despeito do tributo emocional, Darwin se sentia inteiramente satisfeito em Downe. Os filhos remanescentes eram William, o mais velho, nascido em 1839, Henrietta (1843), George (1845), Elizabeth (1847), Francis (1848), Leonard (1850), Horace (1851) e o pequeno Charles, o caçula, nascido em 1856. A família e ele eram bastante integrados ao tecido da vida na cidade e no campo que caracterizava as classes proprietárias de terra na Grã-Bretanha durante os anos intermediários do século XIX. Sem esse senso de lugar, é improvável que Darwin pudesse esperar levar a cabo sua obra sobre seleção natural e a origem das espécies. Sua casa e o estilo de vida de cavalheiro rural que ele criou nela lhe davam a paz de que precisava e o tempo para considerar cada parte de seu argumento.

Sem esse senso de lugar sua obra também não teria adquirido o caráter singular que assumiu. A vida e a ciência de Darwin eram uma coisa só. A desordem de ideias que caracterizara a primeira metade de sua existência dava lugar à intensidade metódica de documentar e reforçar suas concepções. A casa e o jardim eram seus laboratórios experimentais, o estúdio forrado de livros era sua manufatura; estes eram os lugares onde ele mais gostava de estar. Ele descobriu que valorizava a rotina – e se empenhou em criar uma vida familiar bem regulada na qual fosse deixado livre para a construção regular de fatos. Mais que isso, a casa e a vida doméstica se tornaram de fato parte de seu empreendimento intelectual. Ao longo dos anos, Darwin criou pombos, cultivou potes de sementes em telheiros, observou abelhas se movimentando entre seus canteiros de flores, seguiu a trilha de minhocas nos campos que via da janela de sua sala de estar, contou folhas de relva em seu gramado, observou os filhos pequenos no berçário e ponderou as torções e viradas de ervas daninhas que trepavam em suas cercas, o tempo todo buscando a evidência detalhada da adaptação nos seres vivos que ele acreditava ser a parte fundamental de seu projeto. Embora as experiências no *Beagle* ainda fossem importantes para ele e sempre ganhassem o devido peso em seus textos e sua percepção particular da natureza permanecesse muito forte, essas pesquisas caseiras eram o triunfo oculto de sua teoria da evolução. O ambiente familiar de Darwin, a casa e o jardim, o campo de Kent em volta e a própria noção que ele tinha de ocupar o centro da vida que criara e da propriedade que possuía forneciam exemplos primorosos de adaptação na prática que elevavam sua obra muito acima do comum. Seu caminho do pensamento, o caminho que ele chamava Sandwalk, margeando a borda de um arvoredo no fundo do jardim da Down House, tornou-se para Darwin a fonte privada da convicção de que sua teoria era verdadeira – se ao menos ele pudesse mostrá-la.

Aqui a solidão lhe foi muito útil. Mas Darwin não era um completo recluso rural. Ele transformou sistematicamente sua casa no centro de uma teia de correspondência científica sempre em expansão. Enfiado em seu estúdio, dia após dia, mês após mês, escreveu cartas a um número e variedade notáveis de pessoas. Recorria a essas cartas para cada aspecto de seu empreendimento evolucionista, usando-as não só para fazer investigações ao redor do globo, mas também para dar a seus argumentos a disseminação internacional e a aplicação universal que ele e seus colegas consideravam bases essenciais para qualquer conceito científico novo. Elas eram sua ferramenta primordial de pesquisa. Além disso, depois que *A origem das espécies* foi publicado, ele usou de maneira deliberada a correspondência para fazer que suas ideias alcançassem a esfera pública – o meio primário pelo qual assegurou que o livro fosse lido e resenhado. Seu estúdio na Down House tornou-se uma fábrica intelectual, um centro de administração e cálculo, no qual ele produzia e despachava pedidos de informação e processava respostas, mantinha-se na dianteira da ciência contemporânea e, em última instância, orquestrava uma transformação no pensamento vitoriano.

Isso ocorria em grande escala. Darwin escreveu ou recebeu cerca de 14 mil cartas que ainda existem em bibliotecas pelo mundo, e deve ter havido a mesma quantidade que se perdeu para a posteridade.[10] O maior número de cartas, de longe, foi trocado com seus amigos cientistas mais íntimos – Charles Lyell, Joseph Hooker, Asa Gray e Thomas Henry Huxley, homens que o apoiaram e ajudaram em momentos de dificuldade. Eles eram naturalistas proeminentes, cada um a seu modo representando um grande ramo das ciências de história natural ou uma importante instituição científica vitoriana. Por meio deles, Darwin ganhou acesso à máquina internacional de esforço intelectual e, embora Huxley possa ter recebido a maioria dos aplausos históricos subsequentes como o principal defensor e divulgador de Darwin, os papéis desempenhados em sua vida por Joseph Hooker nos

[10] As cartas de cuja existência hoje se tem conhecimento são listadas em Burkhardt e Smith et al., *Calendar of the Correspondence of Charles Darwin* [Calendário da correspondência de Charles Darwin], abreviado aqui como *Calendar*. A correspondência alemã de Darwin é listada por Junker e Richmond, 1996. Ver também Carroll, 1976. Os hábitos de Darwin em relação à sua correspondência estão em *Life and Letters*, v.1, p.119-21. Uma avaliação é feita por Moore, 1985b. Para o papel desempenhado pelo lugar na obra de um escritor, ver especialmente Ophir e Shapin, 1991; Shapin, 1991; Agar e Smith, 1998, e de forma mais geral Marsh, 1993.

Royal Botanic Gardens, em Kew, por Asa Gray na Harvard University e por Charles Lyell, um cavalheiro-geólogo independente, em Londres, não devem ser subestimados. Essa rede íntima se mostrou decisiva para Darwin tanto em termos pessoais como na aceitação final das ideias evolucionistas. No mais, o maior grupo de correspondentes de Darwin era formado por naturalistas de língua alemã, mais de uma centena de indivíduos. Ele escrevia para seus contatos no exterior num inglês antiquado e empolado, desculpando-se de maneira graciosa por sua carência de línguas.

Darwin também assediava qualquer pessoa que pudesse ajudá-lo em questões específicas, de funcionários públicos, oficiais do exército, diplomatas a caçadores de peles, criadores de cavalos, senhoras da sociedade, agricultores de montanha galeses, tratadores de animais de zoológico, aficionados por pombos, jardineiros, donos de asilo e trabalhadores em canis, e até as próprias tias idosas ou sobrinhas e sobrinhos energéticos. Muitas de suas cartas iam para residentes de regiões remotas – Índia, Jamaica, Nova Zelândia, Canadá, Austrália, China, Bornéu, as ilhas Havaianas –, refletindo o crescente domínio europeu do globo e a rápida melhora dos canais de comunicação.[11] Só havia uma sacola de correio na vila de Downe, e parece que apenas as atividades diárias de Darwin poderiam tê-la enchido. Em 1851, ele gastou vinte libras em "artigos de papelaria, selos e jornais" (quase mil libras em valores de hoje), pagando uma fatura mensal a James Verrel, vendedor de jornais da Bromley High Street, e uma soma menor a Albert Sales, da George Inn, na bifurcação de Downe, dono do pub, merceeiro e carteiro da vila. Em 1877, a despesa de Darwin com postagem e artigos de papelaria tinha mais que dobrado, chegando a 53 libras, 14 *shillings* e 7 *pence*, uma soma aproximadamente equivalente ao salário anual de seu mordomo. Cada parte da vida de Darwin – e também da vida dos membros de sua família – era administrada por carta. "Todos seguiam o conselho dado por um poeta da família", observou com simpatia uma neta, cerca de cinquenta anos depois.

Write a letter, write a letter;
Good advice will make us better;
Father, mother, sister, brother.
Let us all advise each other.[12]

[11] *Post Office Directory of the Five Home Counties*, Kent, 1870.

[12] [Escreva uma carta, escreva uma carta;/ Bons conselhos nos tornarão melhores;/ Pai, mãe, irmã, irmão./ Aconselhemos todos uns aos outros. (N. T.)] Raverat, 1952, p.206. As contas de Darwin estão em duas séries, seus Classed Account Books e seus Account Books, Down House Archives, organizados por ano.

Se houve um único fator que caracterizou o cerne do empreendimento científico de Darwin, foi o uso sistemático da correspondência. Darwin tirou o máximo proveito de sua posição como cavalheiro e autor científico para obter o que precisava. Ele era um estrategista habilidoso. O fluxo de informação que iniciava era quase sempre de mão única. Como inúmeras outras figuras bem estabelecidas do período, Darwin considerava sua correspondência antes de qualquer coisa como um sistema de abastecimento, destinado a atender as próprias necessidades. "Se não lhe causasse problemas demais", escrevia. "Por favor, acrescente a sua gentileza", "Sinto que você pensará ter deparado com um solicitante muitíssimo impertinente", "Confio em sua gentileza para me escusar de incomodá-lo".

> Se um homem quiser ganhar uma boa opinião de seus companheiros, deve fazer o que estou fazendo, importuná-los com cartas,

disse certa vez ao ornitólogo John Jenner Weir. "Melhor e mais amado dos homens, suplico e imploro a você que observe um pormenor para mim", choramingou para Hooker. Não havia necessidade de Darwin duvidar da legitimidade desse arranjo de mão única. Afinal, ele ocupava um lugar seguro na elite intelectual, no coração de uma meritocracia científica e social em expansão, que, por sua vez, estava no centro de um dos impérios mais poderosos e mais sistematicamente organizados que a história conheceu. Ele tirou grande proveito dessas vantagens.

As pessoas normalmente faziam o que Darwin pedia. De tempos em tempos, ele recompensava seus correspondentes enviando a eles seus artigos ou apresentando-os a especialistas de Londres; talvez ele sentisse que isso era retorno suficiente. É claro que ele agia perto do topo de uma estrutura social hierárquica que facilitava essas interações. No entanto, entre seus amigos mais íntimos, Darwin não estava disposto a parecer tão explorador. Aí ele construiu mais uma rede de troca, respondendo aos colegas com encorajamento e apoio amistoso.

De uma maneira ou de outra, esses homens e mulheres, próximos ou distantes, contribuíram de modo importante para o projeto que ele desenvolvia e para a trajetória que este teria no mundo em geral. A teoria da evolução completada por Darwin talvez deva ser vista como uma interação entre a visão criativa que residia em uma única mente e uma massa de informações reunidas por muitas mãos diferentes, inclusive as dele próprio. Seja qual for a visão que tenhamos dele hoje, como herói da ciência, observador por excelência, animal político ou revolucionário reclusivo e nervoso, suas realizações foram manifestamente o produto de um sistema de comunicação vitoriano muito eficiente, firmemente embutido no que é possível chamar de relações de produção de conhecimento. Com pena, tinta e selos postais, ele se pôs a construir o que esperava que fosse "uma revolução considerável na história natural". Sozinho em sua mesa, capitão de seu navio, ancorado com segurança em sua propriedade rural na borda de uma minúscula vila em Kent, ele foi alternadamente gerente, principal executivo, corretor e estrategista de um empreendimento de âmbito mundial. Certa vez, em uma compulsão passageira, pendurou um espelho na parte interna da janela de seu estúdio, num ângulo que lhe permitia ter o primeiro vislumbre do carteiro entrando no caminho de acesso à casa. O espelho permaneceu lá enquanto ele viveu.

É óbvio que uma vida como esta dependia do sistema postal, a proeminente empresa coletiva do período vitoriano, e Darwin sentiu o esplendor dessa organização tão prontamente quanto Anthony Trollope, que, depois de romancear a nação antes do desjejum, ia para seu emprego no Correio Geral em Londres. Ninguém acreditaria no número de cartas que circulavam pela Grã-Bretanha do século XIX, disse Rowland Hill, inventor do sistema de postagem ao custo de um pêni. Na metade do século, 600 milhões de cartas eram despachadas a cada ano. Vinte e cinco mil carteiros viajavam 95 mil quilômetros para distribuir essas cartas, levando em suas sacolas um peso de quase 4.300 toneladas. Serviços de carga transportavam 72 milhões de jornais, 12 milhões de pacotes de livros e 7 milhões de ordens de pagamento por ano, e 68 milhões de cartas circulavam só na capital, exigindo onze entregas por dia. Primeiros-ministros, funcionários públicos e a rainha Vitória administravam o país com uma profusão diária de frases benfeitas, e inúmeros romancistas dependiam da pronta chegada e despacho de cartas para levar adiante seus enredos, confiando em que os leitores estivessem envolvidos em processos semelhantes. A onda de correspondência, escreveu Hill, "desconhecia o refluxo".[13] As cartas se tornavam mais informais, mais atualizadas, mais pessoais e mais frequentes, ao mesmo tempo em que ampliavam as fronteiras da família e do império e convenciam os bretões de que seu país era uma das nações mais avançadas do mundo.

Agora, quando já se passaram mais de 150 anos desde que *A origem das espécies* foi publicado e seu lugar no pensamento moderno está assegurado, a vida de Darwin pode ser explorada olhando de dentro para fora, do cenário doméstico respeitável e pastoral em que ele escolheu se situar para

[13] Hill, 1862, p.465; Perry, 1992. As reflexões sobre o impacto da correspondência na sociedade estão em Chartier et al., 1997.

as ligações ostensivas baseadas em cartas que criou com o mundo exterior; e olhando de fora para dentro, através dos olhos de outros, próximos ou muito distantes. O livro dele passou a representar o espírito da época. Embora Trollope e Darwin nunca tenham se encontrado, cada um deles ter-se-ia sentido completamente à vontade na esfera do outro. No entanto, se alguém dissesse a Darwin como ele se tornaria famoso, ele teria ficado muito surpreso.

II

Ao pegar um pacote fino e bem embrulhado numa manhã de junho de 1858, Darwin imaginou quem poderia estar escrevendo a ele de Ternate, uma ilha nas Índias Orientais Holandesas a meio caminho entre as ilhas Célebes e a Nova Guiné. Sua rede de correspondentes já dava a volta no globo. Índia, África, Tasmânia, América do Sul – ao longo dos anos ele reunira em todos os cantos contatos que alimentavam seu apetite insaciável por fatos.

Ao reconhecer no pacote a letra de Alfred Russel Wallace, ficou interessado. Sabia que Wallace era um homem talentoso, cheio do espírito científico intrépido que ele mais admirava, e que na época viajava em condições difíceis pela Indonésia e pela Malásia coletando espécimes raros de história natural. Cerca de um ano antes, Darwin perguntara a Wallace se este poderia obter para ele as peles de algumas aves domésticas malaias. Ele esperava que contivessem detalhes incomuns sobre pássaros ou animais tropicais.

O pacote não continha nada desse tipo. As palavras de Wallace eram bastante despretensiosas e educadas, mas ainda assim tiveram um efeito cataclísmico na vida de Darwin.

O que o pacote trazia era curto ensaio que, linha por linha, expressava praticamente a mesma teoria de evolução por seleção natural que Darwin acreditava ser só sua. Isolado na selva durante quatro anos, Wallace tinha chegado de forma independentemente ao mesmo argumento de Darwin. Todas as principais ideias de Darwin eram repetidas. Para a mente agitada de Darwin, essas ideias pareceram estar agrupadas no ensaio de Wallace de uma forma muito melhor nos próprios textos inéditos. Wallace escrevia com clareza – tanta que ninguém poderia se equivocar sobre o que ele queria dizer. A luta pela sobrevivência entre animais e plantas; competição e extinção; o melhoramento de raças domésticas por seleção; a divergência das espécies em formas diferentes: tudo isso estava incluído. Malthus estava lá. Lyell também. Wallace eliminava de forma manifesta o Criador divino e propunha uma origem inteiramente natural para as espécies. Suas palavras indicavam que ele entendia todo o significado do que dizia.

> O objetivo do presente texto é mostrar [...] que há um princípio geral na natureza que é a causa de muitas variedades sobreviverem à espécie parental e dá origem a variações sucessivas que se afastam cada vez mais do tipo original.
>
> É evidente que, de todos os indivíduos que compusessem a espécie, aqueles que formassem a variedade menos numerosa e organizada de maneira mais frágil sofreriam primeiro e, se a pressão fosse severa, logo deveriam se extinguir. [...] A variedade superior permaneceria então sozinha, e, em um retorno a circunstâncias favoráveis, aumentaria rapidamente em número e ocuparia o lugar da espécie e da variedade extinta. A variedade agora teria substituído a espécie, da qual seria uma forma mais perfeitamente adaptada e mais altamente organizada.[14]

Darwin ficou atônito. "Nunca vi coincidência mais assombrosa", gemeu em desamparo. "Se Wallace tivesse o esboço de manuscrito que escrevi em 1842, não poderia ter feito um resumo melhor!"[15]

Ele fora completamente antecipado por outro. Era impossível fingir que não. Toda sua originalidade estava arruinada, todos os anos de trabalho intenso de repente eram inúteis. Por um momento, a notícia o atingiu como a morte de um filho. Então, sua mente se agitou com emoções dolorosas – não ansiedade ou pânico, ele confessou depois, mas sentimentos muito mais vis de mortificação, possessividade, irritação e rancor, surgindo um a um depois da surpresa inicial, humilhante e indescritível. Hora após hora, voltavam, deixando-o mal-humorado e irritadiço. "É deprimente eu ter alguma preocupação com prioridade", ele se queixou a Hooker e Lyell naquele dia. "Cheio de sentimentos mesquinhos." Estas foram provavelmente as horas mais solitárias de sua vida, quando ele se deu conta de que o que importava não era o já longínquo momento da descoberta, mas a posse, a propriedade, de sua teoria. O brilho fácil de Wallace obrigava Darwin a confrontar o foco de uma vida inteira dedicada ao trabalho. Teria ela sido um desperdício de tempo? Aqueles anos que passara labutando sobre cracas, a deterioração de sua saúde física, a atenção infindável a notas e cartas e o imenso manuscrito tão próximo da conclusão? Perguntava-se de maneira truculenta se suas cartas a Wallace, por mais breves que fossem, poderiam ter entregado o jogo. A semelhança entre as ideias deles era espantosa.

---

[14] Citado de Darwin e Wallace, 1858. O ensaio original não foi preservado. Ver também *Correspondence*, v.7, p.517.

[15] *Correspondence*, v.7, p.107.

Não obstante, era óbvio que Wallace agia de boa-fé. Era evidente que ele não tinha ideia de que Darwin estava tão adiantado em um projeto tão semelhante ao seu, embora eles tivessem discutido espécies e variedades em cartas anteriores. Na nota que acompanhava o texto, Wallace pedia a Darwin que, se este lhe parecesse suficientemente interessante, o enviasse a *sir* Charles Lyell. Como Lyell era muitas vezes útil para levar a obra de naturalistas desconhecidos ao conhecimento público, este era um pedido razoável, e estava claro que Wallace, não dispondo de acesso pessoal a figuras científicas proeminentes, esperava o tipo de apresentação amistosa que Darwin poderia fazer. Além disso, seu ensaio se baseava explicitamente em *Principles of Geology* [Princípios de geologia], de Lyell, em especial na avaliação crítica de Lyell sobre a teoria da transformação de Lamarck e em seu comentário sobre criação, adaptação e extinção das espécies. Em resumo, o ensaio fora escrito para Lyell, não para Darwin. Mas naquele período teria sido quase impossível Wallace escrever diretamente a Lyell. Uma palavra favorável de Darwin o ajudaria. E Wallace sabia que Darwin e Lyell eram amigos – Darwin lhe contara isso em uma carta anterior. E sabia também que o *Journal of Researches* [Diário de pesquisas] de Darwin tinha sido dedicado afetuosamente a Lyell.

Uma carta – e Darwin naufragou. Seu dilema era profundo, um dos mais intensos de sua vida, embora o curso de ação a adotar estivesse claro para ele. Todos os seus instintos morais – seu forte senso de dever, sua aceitação sem questionamento de responsabilidades cavalheirescas, sua natureza agradável, seus sentimentos honrados – lhe diziam que ele devia atender ao pedido de Wallace e, além disso, reconhecer para Lyell que Wallace chegara lá primeiro. Não há motivo para supor que ele tenha hesitado, pelo menos não por muito tempo.[16] Alguém menos escrupuloso poderia talvez ter destruído o ensaio e fingido que ele nunca chegara. Uma longa viagem do Extremo Oriente propiciava uma desculpa pronta, caso fosse necessária. Um homem menos franco poderia ter protelado e protelado, indisposto a admitir que fora vencido até que a própria obra fosse publicada.[17]

---

16 Sugerido em Brackman, 1980.

17 McKinney 1972, p.153-5, afirma que Darwin recebeu o ensaio de Wallace cerca de duas semanas antes, possivelmente em 3 de junho de 1858. Brackman, 1980, e Brooks, 1984, concordam. O último propõe que nesse intervalo Darwin tirou ideias importantes de Wallace. A proposição foi contestada em Kohn, 1981, e Beddall, 1988a. Ver também Browne, 1980; Kohn, 1985b; e Introdução, *Correspondence*, v.7, p.XVII-XVIII.

A honra de cavalheiro de Darwin – tal como ele a entendia – estava em jogo.[18] No mundo científico competitivo em que ele escolhera viver, publicação, originalidade e prioridade formavam um trio delicado. Era fácil sucumbir à tentação de guardar segredo ou apressar-se em publicar; e, no entanto, o criador de qualquer *insight* novo, na época como hoje, deve no fim abrir mão da posse e lançar suas ideias no domínio público para receber o crédito por ter avançado o conhecimento. A motivação primária para vitorianos como Darwin não era tanto conquistar poder individual, como poderia ser para o político, nem riqueza, como seria para o homem de negócios, mas reputação e orgulho profissional – a necessidade de reconhecimento do valor de seu empenho por outras pessoas da área. Darwin sempre acreditara que a ciência era algo mais que uma corrida para publicar novas descobertas ou, pelo menos nas ocasiões em que era informado de controvérsias entre outros ele normalmente as discutia com Hooker, expressando reprovação. Por esse motivo, julgara prudente esperar que sua obra amadurecesse, querendo acima de tudo que ela fosse correta, considerando secundário qualquer desejo pessoal de estar à frente do campo; assim ele mostrava ser, sem dúvida, idealista e autoiludido, mas era sincero. Embora essa atitude possa ser vista como um atraso deliberado e atribuída à cautela de Darwin em relação à situação política externa quando ele começou a pensar sobre a evolução, é provável que agora ele estivesse lutando com sua tendência a ser perfeccionista. No fundo, sua visão de ciência era marcada por um desejo – alternadamente debilitante ou inspirador – de chegar à verdade.

Mas ele nunca se sentira tão vulnerável como quando leu a carta de Wallace. Era difícil abrir mão da obra de sua vida, na qual estava encerrada toda sua identidade. Ainda assim, em algum momento daquele dia, ele decidiu que devia respeitar a prioridade de Wallace. Talvez tenha concluído que queria viver uma vida honrosa – que ele pudesse contemplar na velhice com equanimidade, e na qual seus feitos fossem justos e seu comportamento social, o mais honesto possível.[19] Ele escreveu para Lyell falando de "justiça" e de seu pavor de qualquer possível "desonra". Mais que isso, talvez ele tenha encontrado consolo em um elevado espírito de resignação. É possível que não tenha conseguido subjugar o tumulto de sentimentos interiores, mas foi capaz de controlar sua conduta externa. "Fiquei decerto

---

[18] Os códigos de honra cavalheirescos são resumidos em Morgan, 1994; St. George, 1993; Curtin, 1987; Collini, 1991; e, no contexto da ciência, especialmente Nye, 1997; Barnes e Shapin, 1979; Rudwick, 1985.

[19] Ver, por exemplo, Söderqvist, 1996, no qual são discutidas ciência e vida ética.

um pouco incomodado em perder toda prioridade", contou a Lyell, mas "resignei-me ao meu destino".[20]

Ele despachou o ensaio para Lyell como Wallace pedira.

> Meu caro Lyell,
>
> Há cerca de um ano, você recomendou que eu lesse um texto de Wallace nos *Anais*, que havia lhe interessado, e, como eu estava escrevendo para ele, sabia que isso o agradaria muito, então contei a ele. Hoje, ele me enviou o anexo e me pediu para encaminhá-lo a você. Parece-me muito digno de ser lido. Suas palavras de que eu poderia ser antecipado por alguém se revelaram extremamente verdadeiras. Você disse isso quando lhe expliquei aqui muito brevemente minhas concepções de que a "Seleção Natural" dependia da luta pela existência. Por favor, devolva-me o manuscrito, que ele não diz que deseja que eu publique; mas é claro que escreverei de imediato e me oferecerei para enviá-lo a qualquer periódico. Portanto, toda a minha originalidade, seja qual for o valor que tenha, será destroçada. Mas meu livro, se vier algum dia a ter algum valor, não será deteriorado, já que todo o trabalho consiste na aplicação da teoria. Espero que você aprove o esboço de Wallace, que eu possa contar a ele o que você disser.[21]

Assim se expressando, ele abriu mão do direito à obra de sua vida e transferiu o problema para seu amigo mais antigo.

III

Quando Darwin chamou esse acontecimento de coincidência, já estava se retirando para trás de uma cerca de proteção que ele mesmo construíra. É evidente que ele achava muito menos desgastante caracterizar a situação como uma "coincidência assombrosa" que contemplar as alternativas – que implicavam que poderia haver muitos autores correndo na direção da meta pessoal dele e que seus conceitos eram muito menos inovadores do que ele pensava. Ele não gostou de descobrir que outra pessoa podia evocar suas ideias privadas. Investira seu tempo, sua saúde e sua felicidade no trabalho, e perder esse capital intelectual da noite para o dia era tão cruel quanto um desastre financeiro. Darwin passara anos lendo muito e com muito

20 *Correspondence*, v.7, p.137.

21 *Correspondence*, v.7, p.107.

cuidado, sempre avaliando suas concepções contra aquelas que encontrava nos textos de outros naturalistas. Acreditava que ninguém mais tinha a mesma combinação de ideias que ele. Parecia-lhe que mesmo seus amigos cientistas mais talentosos ficavam às vezes desconcertados pelo cerne de seus argumentos.

> Sondei ocasionalmente um número razoável de naturalistas e nunca deparei com um único que parecesse duvidar da permanência das espécies. Mesmo Lyell e Hooker, embora me ouvissem com interesse, nunca pareciam concordar.[22]

Em consequência, Darwin sentia que era o único que realmente entendia sua teoria ou conseguia ver que ela poderia funcionar como explicação biológica, aqueles vislumbres cristalinos de um novo tipo de conhecimento que o sustentaram durante todos os reveses e o impeliram a prosseguir. Era difícil aceitar que ele não era o inovador que imaginava ser. Como tudo mais, sua vaidade científica foi muito abalada.

Mas a carta de Wallace não era de fato uma coincidência maior do que tinha sido o convite para Darwin viajar no *Beagle*. Para começar, havia diferenças entre as duas teorias que Darwin só percebeu mais tarde naquele verão, quando estudou de maneira mais minuciosa o trabalho de Wallace. Wallace dava uma atenção muito maior à substituição de uma espécie parental por uma variedade de descendentes. Escrevia sobre o modo como um grupo de indivíduos dotados de vantagens, digamos, uma variedade de pombos que pudesse voar para mais longe em momentos de escassez de alimento, podia com o tempo suplantar aquelas aves que possuíam menos energia. Grupo substituía grupo. Sua visão da natureza era, portanto, menos preocupada com indivíduos que a de Darwin. Em segundo lugar, ele declarava sua crença de que não poderia haver nenhum paralelo entre os processos naturais de "seleção" e o que se passava em condições artificiais de domesticação – um aspecto diametralmente oposto ao que Darwin pensava.[23] Qualquer paralelo com criadores "selecionando" características em seus animais, dizia Wallace, era "totalmente falso". Questões surgidas dessas diferenças mantiveram os dois naturalistas envolvidos num debate cerrado pelo resto da vida de Darwin.

Darwin também tinha estado por muito tempo cego para várias mudanças de corrente que ocorriam à sua volta. Se estivesse menos concentrado

[22] *Autobiography*, p.124.

[23] Ver especialmente McKinney, 1972; Kottler, 1985.

em seus projetos ou menos preocupado com sua saúde e a de sua família, talvez não tivesse sido antecipado de forma tão desesperadora. Wallace havia espalhado indicadores sugestivos sobre a tendência de suas ideias em vários artigos publicados em periódicos de Londres durante a década de 1850 e, em cartas a Darwin, levantara deliberadamente o problema das distinções precisas entre espécies e variedades. Lyell chamara a atenção de Darwin para esses sinais durante uma visita de fim de semana à Down House, em 1856.

Outros indicadores sugestivos também eram claramente visíveis. A evolução, observara Lyell, pairava tensa no ar – a evolução ou algo muito semelhante a ela.

Se Darwin vivesse em Londres, como Lyell, ou se encontrasse com mais frequência com a vanguarda intelectual, teria por certo notado a mudança geral da opinião liberal progressista em um pequeno círculo de figuras influentes. Ideias desenvolvimentistas especulativas tinham ampla circulação. A maioria delas se baseava frouxamente no conceito de um avanço intrínseco da humanidade e da sociedade, que em última instância se apoiava nas ideologias de esclarecimento e transformação disseminadas por pensadores europeus do final do século XVIII e do período revolucionário, entre eles Jean-Baptiste Lamarck e o avô de Darwin, dr. Erasmus Darwin, e que agora eram revitalizadas com noções do auge do período vitoriano de avanços a passos largos. Durante as décadas de 1820 e 1830, a maioria dos aspectos dessa filosofia transformista da natureza, inclusive a possibilidade de mudar a natureza da mente humana e a estrutura da própria sociedade, tinha passado, na Grã-Bretanha, a ser associada ao racionalismo científico e, com a mesma frequência, à ameaça furtiva do ativismo político. Mas na década de 1850 os intelectuais estavam propensos a abraçar os mesmos motivos na forma mais segura de autoavanço, progresso econômico e marcha regular da civilização, embora ainda adotassem o nome de Lamarck como um rótulo abrangente para qualquer ideia progressista de transmutação.

Lamarck, que vivera e trabalhara em Paris durante o período da revolução, tinha de fato, numa atitude ousada, tomado toda a natureza como seu objeto de estudo. Verdadeiro filho do Iluminismo, ele acreditava que todos os seres vivos estavam sujeitos a leis racionais e postulava que as espécies tinham evoluído gradualmente ao longo de éons e em interação com o ambiente – o que ele chamava de *transformisme*. Os mecanismos pelos quais isso poderia ocorrer eram também os da época de Lamarck e baseavam-se em sua opinião de que os organismos possuíam uma força motriz inata que os empurrava para a frente na escala da natureza. Ele pensava que esse *sentiment interieur*, quando estimulado pelas necessidades do animal, o adaptaria, ou a planta, a seu ambiente, por exemplo, pássaros que se alimentavam no litoral podiam desenvolver pés com membranas nadadeiras. O esquema inteiramente secular de Lamarck se prestava a ser incorporado em muitos outros sistemas desenvolvimentistas baseados em ambientalismo, autoajuda e progresso humano e foi a pedra fundamental para um trabalho biológico excepcional feito no segundo quarto do século XIX por homens como Robert Grant, ex-amigo de Darwin na Universidade de Edimburgo.[24] Quando jovem, Lyell tinha achado as ideias de Lamarck tão perigosas – e tão estimulantes – que dedicara uma parte enorme de seu *Principles of Geology* a refutá-las ponto por ponto.

Agora, em 1858, as ideias desenvolvimentistas estavam de novo atraindo a atenção da *intelligentsia*. Os homens e as mulheres da *Westminster Review*, por exemplo, liderados pelo carismático editor John Chapman e por Mary Ann Evans (a romancista George Eliot), estavam fascinados pela ideia de leis naturais intrínsecas e avanço regular na biologia e na sociedade humanas. Para eles, Deus desempenhava apenas um papel mínimo. Seus amigos Henry Buckle e Herbert Spencer louvavam a marcha da civilização. Nos textos de Spencer, esta assumia a forma de uma lei de desenvolvimento que ele aplicava a animais e plantas com a mesma facilidade com que a aplicava a política, economia, tecnologia e sociedade humana. Buckle olhava mais para a história das nações. Dizia a seus leitores que toda a história passada indicava que as sociedades civilizadas substituíam inevitavelmente as menos avançadas. Não era preciso muito esforço para que esses homens e mulheres supusessem que, por esse processo, a cultura britânica tinha vindo a existir no presente como a mais avançada do planeta.

Grande parte da visão de mundo de Spencer recorria aos mesmos textos e convicções culturais que a de Darwin. Durante a década de 1850, ele havia imergido na elaboração da estrutura de uma filosofia pessoal na qual todo progresso se baseava na ideia de diferenciação. Em 1952, publicara um ensaio sobre a "hipótese do desenvolvimento" no qual defendia a teoria da transmutação animal, seguido por um ensaio malthusiano, "Teoria da população", publicado na *Westminster Review*, sustentando que a pressão da população empurrava os mais fracos contra a parede. Seu livro antirreligioso *Princípios de psicologia* (1855) foi publicado logo depois, e no fim da década ele tinha iniciado uma ambiciosa reavaliação da metafísica, à qual dedicaria o resto de sua vida, cuja primeira parte foi publicada em 1862 como *First Principles* [Primeiros princípios]. Spencer acreditava que o progresso biológico e o

[24] R. W. Burkhardt, 1977; Jordanova, 1984; Corsi, 1988b. As políticas evolucionistas são discutidas em A. Desmond, 1989.

progresso social eram partes constitutivas de um contínuo evolucionário amplo – eram governados pelas mesmas leis imutáveis e controlados pelas mesmas forças da natureza. Buckle e ele adotavam fluentemente visões malthusianas como parte do contexto comum da economia política, da biologia e da sociedade vitorianas.

No mesmo grupo progressista, George Henry Lewes, editor do jornal *Leader*, colaborador regular da *Westminster Review* e admirador de Eliot, aprofundava-se em anatomia e fisiologia, propondo que o pensamento humano era mero produto da atividade do cérebro e não um dom de Deus. Apoiado por William Benjamin Carpenter, outro fisiologista, Lewes atribuía às ações divinas uma importância muito pequena. Os dois rejeitavam a teologia natural convencional, o sistema explicativo que ainda estava entrincheirado nas velhas universidades e predominava na tendência geral das publicações sobre ciência, e consideravam perguntas sobre as origens dos seres e fenômenos naturais como relevantes e inteligíveis, talvez até solucionáveis, sem dependência necessária do divino.

Acima de tudo, o tratado transmutacionista anônimo *Vestígios da história natural da criação* (*Vestiges of the Natural History of Creation*) mantinha sem esforço seu apelo. O livro estava agora em sua décima edição, muito aumentada e muito popular. "Sr. Vestígios", como era conhecido popularmente o autor (ele era, na verdade, Robert Chambers, editor e escritor de Edimburgo), propunha uma vasta sequência desenvolvimental de mudanças no universo natural, das primeiríssimas nuvens de gases das quais a Terra emergia no início dos tempos, passando pelas sucessivas deposições de estratos geológicos, ao primeiro aparecimento da vida e suas mudanças progressivas, até que a humanidade surgia dos macacos. Sugeria-se que os seres humanos podiam mudar ainda mais, em especial por meio de avanços na constituição mental. Sr. Vestígios exibia um forte interesse em frenologia e progresso mental. Tudo isso era efetuado sem intervenção divina óbvia. Fosse quem fosse o autor desconhecido, ele (ou ela) apresentava ideias sobre a ascendência da humanidade em termos fáceis de entender que atraíam membros esforçados da burguesia e pensadores seculares com ideias reformistas, interessavam teóricos sociais com princípios morais elevados que defendiam o avanço e repeliam cientistas tradicionais.[25]

Em resumo, o progresso e a marcha da história eram temas destacados da época. Linguistas e filólogos emergiam de bibliotecas empoeiradas para chamar a atenção para linhagens de família nas relações entre as palavras;

[25] Spencer, 1852; 1857; desenvolvido de forma mais completa em Spencer, 1862; Buckle, 1857-61. *Vestiges* (Chambers, 1844) é discutido em Yeo, 1984; J. Secord, 2000.

historiadores como Buckle falavam do avanço das nações; até um padre anglicano reformador como Charles Kingsley podia levar seu romance social-realista *Alton Locke* (1850) a um clímax com o sonho do herói em que ocorria uma metamorfose de água-viva em homem. Harriet Martineau chocou leitores devotos ao proclamar confiante suas dúvidas religiosas em *Letters on the Laws of Man's Nature and Development* [Cartas sobre as leis da natureza e do desenvolvimento do homem] (1851).

Grandes correntes de mudança faziam sentir sua presença, alternadamente política, social, religiosa, científica e econômica. O pensamento secular e o estilhaçamento da igreja nacional aceleravam-se, embora as congregações fossem as maiores já vistas, algumas pessoas evidentemente ganhando um novo ímpeto com a participação na dissidência vigorosa e outras se aferrando teimosamente aos valores convencionais da doutrina anglicana estabelecida.[26] Atrás dos grandes portões de uma faculdade de Oxford, o reverendo Baden Powell descartava os milagres e aconselhava os contemporâneos a adotar uma "visão perfeitamente isenta e desapaixonada" da evolução, enquanto John Henry Newman aderia ao catolicismo.[27] Liberais de classe média defendiam a autoajuda e o desenvolvimento da mente humana individual por meio dos princípios da frenologia. Homens da medicina investigavam as origens químicas da vida, as causas materiais do pensamento e a possibilidade de geração espontânea, enquanto cientistas físicos enfatizavam a existência de leis naturais moldadas pelo Criador, mas que Ele deixara que operassem por conta própria.[28] No antigo círculo de conhecidos de Darwin, seus amigos Robert Grant, Edward Blyth e Hewett Cottrell Watson defendiam alguma forma de mudança evolucionária – Grant de forma mais clara, em suas aulas de anatomia comparativa no University College London.[29] Mesmo Lyell era famoso por apresentar um relato desenvolvimental naturalista das mudanças físicas da Terra em sucessivas edições de seu *Principles of Geology* e por propor um programa muito divulgado em favor do abandono da Bíblia como um guia preciso

[26] Fontes exemplares são Chadwick, 1975; Hilton, 1988; Brooke, 1991.

[27] Corsi, 1988a.

[28] O pensamento progressista do século XIX é examinado em Eisley, 1961; Greene, 1996; Bowler, 1976; 1989b, e nos ensaios em Moore, 1989. Sobre frenologia, ver Cooter, 1984; sobre geração espontânea, ver Farley, 1977. A secularização científica é abordada em F. M. Turner, 1974; Lightman, 1987; a secularização em geral, em Chadwick, 1975; Herrick, 1985; Helmstadter e Lightman, 1990.

[29] Sobre Grant ver Jesperson, 1948-49; A. Desmond, 1984; 1989; sobre Blyth ver Geldart, 1879; Eisley, 1959; 1979.

para a ciência.[30] As ações divinas raramente apareciam nos textos de figuras como estas. Um a um, pensadores vitorianos reivindicavam o direito a investigar o mundo que os cercava sem recorrer aos poderes milagrosos de Deus. Em termos econômicos, acontecia algo muito semelhante. Pela nação em geral, os horizontes econômicos em expansão destacavam a prevalência da competição acirrada, do sucesso comercial e da adaptação empresarial à circunstância – leis naturais da sociedade, dizia-se cada vez mais. Para as massas, ideias de desenvolvimento e avanço forneciam uma retórica potente favorável à saída dos trabalhadores do pântano da classe e da pobreza e à revolução social, se necessário. Havia muito evolucionismo circulando para quem tivesse olhos para vê-lo.

Apesar do alerta de Lyell, parece que Darwin fechou sua mente para a possibilidade de outros pensadores estarem percorrendo o mesmo caminho que ele e, de algum modo, chegarem à mesma resposta. Ele tinha a impressão de que a maioria de seus contemporâneos estava presa ao molde criacionista. Havia, por exemplo, a popularidade do livro sobre fósseis de Hugh Miller, com o emotivo título *Footprints of the Creator* [Pegadas do Criador], e os entusiásticos leitores das panaceias teológicas dos Tratados de Bridgewater cujo número se mantinha constante. E havia os esquemas propostos por Richard Owen e Louis Agassiz, de arquétipos e relações homológicas entre organismos que dependiam de uma inteligência suprema para existir. Darwin via vigários provinciais refutando a geologia como "uma mentira e uma ilusão de Satã", em tratados que Lyell e ele liam com descrença divertida.[31] Ele conhecia *Omphalos*, de Philip Henry Gosse, publicado em 1857, no qual Gosse declarava que Deus criara fósseis dentro das rochas, e Adão e Eva com umbigo, expressamente para dar a aparência de uma história que existira muito antes do primeiro dia da criação – o mesmo desejo ardente de conciliar fé e ciência que Edmund, filho de Gosse, lamentaria décadas depois em *Father and Son* [Pai e filho], e que incitou Kingsley a anunciar que Deus dificilmente teria escrito nas rochas "uma mentira enorme e supérflua". Os periódicos de história natural estavam repletos da terminologia do projeto e da perfeição. Era fácil para Darwin acreditar que ele era o *outsider*, o único, à exceção de Lyell, Hooker e alguns

[30] C. Lyell, 1830-33. Discutido na introdução à edição fac-similar por M. J. S. Rudwick, v.1, p.XXIX-XXXV; J. Secord, 1997, p.XXIII-XL.

[31] Tratado anônimo, *A Brief and Complete Refutation of the Anti-Scriptural Theory of Geologists*, by a Clergyman of the Church of England (Londres, 1853); e James Alexander Smith [J. A. S.], *Atheisms of Geology: Sir Charles Lyell, Hugh Miller etc. Confronted with the Rocks* (Londres, 1857). Ver também Miller, 1857. A questão é discutida de maneira geral por Brooke, 1979; 1991; Gillespie, 1979; Moore, 1986.

poucos outros, a sustentar essas novas ideias contra a maré conservadora. Ele estava acostumado a se preparar para a oposição teológica, a persuadir, a enfraquecer as reservas das pessoas a quem revelava seu segredo.

Darwin também não tinha motivo particular para considerar Wallace um risco potencial. No sentido mais completo, ele não tivera motivo real para dar atenção a Wallace durante o curto período em que se correspondera com ele, considerando-o um mero colecionador, um naturalista autofinanciado obrigado a vender espécimes incomuns para cobrir seus custos, um viajante que estaria mais que disposto a fornecer informações e espécimes a um cavalheiro na Inglaterra. Ele não conseguia sequer se lembrar de ter encontrado Wallace, embora este depois dissesse que eles haviam se falado brevemente uma vez no British Museum. Wallace não possuía meios independentes, não fazia parte da nobreza proprietária de terras nem das classes educadas na universidade e, pensava Darwin com afabilidade, provavelmente dispunha de poucas ocasiões para esforços filosóficos contemplativos. Darwin conhecia – ou pensava conhecer – muitos homens úteis que forneciam informações valiosas a cavalheiros, não exatamente como um empregado forneceria a um patrão ou um protegido satisfaria a um patrono, mas como um funcionário necessário em uma economia de serviços que dependia de hierarquias de troca em que o conhecimento era a mercadoria e fronteiras sociais instáveis propiciavam os canais de oportunidade e colaboração que tornavam a ciência vitoriana tão característica.[32] Nesse momento da vida de Darwin, o fluxo de material era sempre em um único sentido, para ele. Se ele dedicasse algum pensamento a Wallace, provavelmente o teria considerado apenas um fornecedor de dados básicos que ele – Darwin – transformaria em ciência aceitável. Ele com certeza reconhecia de bom grado o interesse de Wallace em teorias de distribuição animal. "Creio firmemente que sem especulação não há observação boa e original", disse ele a Wallace em 1857. No entanto, assim que o contato pessoal foi estabelecido, ele não se preocupou em envolver Wallace em nenhuma discussão séria. Só queria de Wallace peles de aves domésticas exóticas e respostas a algumas perguntas de história natural especializada.

Ao que parece, boa parte do choque de Darwin se deveu à percepção de que ele estivera completamente equivocado a respeito de Wallace. Seus anos de pesquisa dedicada na Down House o deixaram despreparado para ver

[32] Cannon, 1978, dá a explicação clássica. Sobre ciência em geral, ver especialmente Yeo, 1985; 1993. Sobre história natural, ver Allen, 1978. A. Secord, 1994, apresenta uma perspectiva social importante.

suas percepções, conquistadas a muito custo, reiteradas, como ele pensava, por um ninguém de lugar nenhum.

Quem era essa pessoa que, de Ternate, dava um salto tão impressionante no escuro intelectual?

IV

Wallace por certo vinha do outro lado da divisão cultural vitoriana e era um homem de grande "magnetismo pessoal" e "ideais elevados", disse seu amigo E. B. Poulton. Sua origem relativamente humilde e suas convicções sociais progressistas de fato faziam dele um candidato muito mais provável que Darwin a apresentar uma doutrina radical como a evolução. Ele era catorze anos mais novo que Darwin, um homem simpático e de modos gentis, cheio de visões favoráveis a uma sociedade reformada, às vezes exibindo uma inocência cativante em relação ao funcionamento do mundo, uma "exuberância alegre de menino", enérgico e com uma curiosidade infindável sobre as coisas que o cercavam. Tinha "um interesse abundante [...] no conhecimento humano em todas as suas fases, em especial as novas", continuava Poulton.[33] Ideias não convencionais praticamente corriam em suas veias. Mais tarde ele falaria com veemência contra a vacinação, se enredaria em um debate sobre a vida em Marte, defenderia a realidade das sessões espíritas e do espiritualismo e apoiaria o socialismo e a necessidade urgente de nacionalização da terra, além de assumir durante a vida inteira uma posição pública em defesa da evolução por seleção natural. Mesmo jornais conservadores empedernidos como o *Christian Commonwealth* celebraram seu ardor reformista.[34] Tão semelhante a Darwin em seu entendimento intelectual dos significados internos da biologia e tão dessemelhante em quase todos os outros sentidos, Wallace estava destinado a se tornar o *alter ego* de Darwin, o outro homem da história da evolução. Ele cativaria, intrigaria e exasperaria Darwin pelo resto de sua vida.

Wallace não teve nenhuma das oportunidades disponíveis aos filhos de cavalheiros.[35] Seu pai era um procurador provincial, na época uma ocupação relativamente inferior, que se envolvia em problemas financeiros e levava a família de um lugar a outro em busca de empregos cada vez menos dis-

---

[33] Citado em Marcham, 1916, v.2, p.227-8.

[34] "A Visit to Dr. Alfred Russel Wallace." *Christian Commonwealth*, 10 de dezembro de 1903, p.176-7. Outra entrevista está em Rockell, 1912.

[35] A maior parte das reminiscências de Wallace está em Wallace, 1905, e há outras cartas e reminiscências em Marchant, 1916. Biografias acessíveis são George, 1964; McKinney, 1972, Fichman, 1981; Raby, 2001.

poníveis. Eles eram "pessoas religiosas antiquadas pertencentes à igreja da Inglaterra", disse Wallace. No fim, a família sobreviveu quase só da pequena herança da mãe de Wallace. O pai morreu em 1834. Os irmãos mais velhos saíram de casa ao completar treze ou catorze anos para se tornar aprendizes de agrimensor, construtores, relojoeiros e desenhistas: profissões respeitáveis e que exigiam perícia, para jovens que precisavam trilhar seu caminho sem dispor de patrimônio. A irmã de Wallace aprendeu francês e tornou-se professora e depois governanta, o único caminho aceitável para mulheres solteiras de sua origem. O próprio Wallace, nascido em Usk, no País de Gales, em 1823, quinto filho sobrevivente da família, foi morar com a mãe viúva no sudeste da Inglaterra e frequentou a Hertford Grammar School antes de passar seis meses trabalhando em Londres (aos catorze anos) com John, um dos irmãos mais velhos, e depois de ajudar outro irmão, William, que era agrimensor, durante o *boom* ferroviário das Midlands.

Era uma existência itinerante. Wallace perambulou pelo campo com William por vários anos e entrou e saiu da profissão de agrimensor sempre que surgiu a necessidade. Ele nunca teve de fato uma base, embora sentisse afeto pela cidade de Neath, perto de Swansea, onde passou vários anos de sua formação; e suas experiências lá, caminhando pela paisagem galesa, criaram nele um gosto pronunciado por ciência e história natural.[36] Em 1844, aos 21 anos, experimentou temporariamente dar aulas de aritmética elementar e inglês na Collegiate School em Leicester, mas voltou à agrimensura quando começou o surto seguinte de desenvolvimento ferroviário. Uma vida como esta oferecia poucos benefícios. Mais tarde, com considerável pungência, listou suas deficiências mentais e físicas na época, lamentando a incapacidade de cantar ou aprender uma língua, a timidez e "falta de confiança", a deficiência de "coragem física" e o "amor pela solidão". Quando ficou velho e famoso, gostava de recordar que sua primeira viagem de trem fora feita na seção reservada à terceira classe, de pé em um vagão aberto, como gado, na companhia de outros trabalhadores. Outro "miserável vagão de terceira classe", seguido por uma cama úmida no alojamento deles em Bristol, revelou-se fatal para seu irmão William, que morreu de congestão pulmonar em 1846. Wallace deplorava essa morte desnecessária, sintomática da divisão de classes na sociedade britânica e reforçada por suposições malthusianas generalizadas de que os trabalhadores eram bastante numerosos, irresponsáveis e dispensáveis. Ele se lembrava das poucas boas refeições que fizera durante aqueles primeiros anos de

[36] Moore, 1997.

adversidade. Para ele, como para a vasta maioria das pessoas comuns, a década de fome de 1840 foi uma experiência horrivelmente penosa.

O desenvolvimento mental de Wallace teve, portanto, como base, o campo provinciano em industrialização dos trabalhadores de moinho, tecelões, inspetores de fábrica, trabalhadores de ferrovia, trabalhadores itinerantes, comissários da Lei dos Pobres e engenheiros sanitários da Grã-Bretanha vitoriana, os mesmos mundos fabris rurais apresentados de maneira vívida nos romances *Mary Barton* e *Cousin Phillis* [Prima Phillis], de Elizabeth Gaskell. Ele era autodidata em ciências. Desde o início, foi um socialista precoce com ideais elevados, muito influenciado quando jovem pelas palestras a que assistia no Hall of Science da Tottenham Court Road, em Londres, sobre a democracia industrial na vila de New Lanark, de Robert Owen, e se dedicou a aprender doutrinas populares como a frenologia e o mesmerismo, que prometiam melhoramento mental e social para todos.

> Sempre vi Owen como meu primeiro professor na filosofia da natureza humana e meu primeiro guia no labirinto da ciência social.

Essas palestras de Robert Owen seguiam uma linha visivelmente antimalthusiana. Em seu livro *New View of Society* [Nova visão da sociedade] (1813), Owen explicava que os freios mortais de Malthus não eram inevitáveis. Uma produção agrícola maior era possível, argumentava Owen, se fossem feitas reformas no uso e na propriedade da terra. A humanidade poderia ser educada para sair da necessidade, e comunidades autogovernadas moralizariam e civilizariam os novos trabalhadores industriais. Em essência, Wallace encontrou Malthus de um modo diferente de como Darwin o encontrara. Esse argumento em favor da maleabilidade da mente humana e de seu avanço em condições externas apropriadas criou em Wallace uma impressão duradoura. Ele exibiu uma curiosidade de vida inteira sobre o funcionamento da psique e, com o tempo, aprendeu a hipnotizar seus conhecidos.[37]

Enquanto perambulava pelo campo, Wallace assistia a palestras sobre estes e outros tópicos em salões de reunião pública e fazia bom uso das salas de leitura existentes nas Bibliotecas Livres e nos Institutos de Mecânica que eram inaugurados em cidades de todas as províncias, absorvendo visões

[37] Wallace, 1905, v.I, p.87. Esses aspectos são discutidos em R. Smith, 1972; Kottler, 1974. Oppenheim, 1985, apresenta um relato geral do espiritualismo vitoriano e Winter, 1998, discute o mesmerismo.

políticas de homens como Cobden e Bright em panfletos de impressão barata.[38] Ele chegou à conclusão de que

> a religião ortodoxa da época era degradante e medonha e que a única religião verdadeira e inteiramente benéfica era aquela que inculcava o serviço da humanidade, e cujo único dogma era a irmandade dos homens. Assim foi estabelecida a base de meu ceticismo religioso.[39]

O pouco de crença religiosa que Wallace possuía "desapareceu muito depressa" sob essas influências, em particular depois que ele estudou um livreto de quatro pence resumindo *Life of Jesus* [A vida de Jesus], de David Friedrich Strauss, um dos textos com maior probabilidade de semear a dúvida na mente dos frequentadores de igreja britânicos na primeira metade do século XIX. Depois disso, Wallace sempre teve visões avançadas, completamente seculares sobre o progresso humano e social. Ele leu o livro frenológico e socialmente prescritivo *Constitution of Man* [A constituição do homem], de George Combe, as viagens de Alexander von Humboldt, *Principles of Geology*, de Lyell, *Ensaio sobre a população*, de Malthus, e *Journal of Researches*, de Darwin – em resumo, qualquer coisa de natureza científica, radical ou filosófica em que conseguia pôr as mãos.[40]

Esses tipos de atividade não teriam levado Wallace a entrar em contato com a alta ciência não fosse seu encontro casual em uma biblioteca do Mechanics' Institute com o homem que, além de Darwin, afetaria mais profundamente sua vida. Henry Walter Bates era aprendiz numa fábrica de meias em Leicester, tinha mais ou menos a idade de Wallace e era "um entomologista entusiasmado".[41] Bates o apresentou às delícias da coleta de besouros e borboletas ao ar livre (Wallace já estava interessado em colecionar

---

[38] Cardwell, 1972; Barnes e Shapin, 1977. Sobre as doutrinas de Robert Owen ver Harrison, 1969.

[39] Wallace, 1905, v.1, p.88-9.

[40] As leituras científicas de Wallace são descritas em Beddall, 1968; McKinney, 1969. Para o apreço que ele tinha pelo *Journal of Researches* de Darwin (1839), ver Wallace, 1905, v.1, p.256.

[41] Uma memória de Bates está em Clodd, 1892. Ver também Bates, 1863; Moon, 1976. Nas três bibliotecas públicas então existentes em Leicester, afora a do Mechanics' Institute (hoje Central Library), os preços eram provavelmente muito altos para que Wallace se associasse. A biblioteca do Mechanics' Institute foi inaugurada em 1835, quatro anos depois do instituto. Em 1870, sua coleção de livros foi absorvida pela Free Library. Sou muito grata a Bill Brock e ao sr. C. Hodgson por essa informação. Ver também Patterson, 1954, p.238-9.

plantas), e eles começaram a fazer excursões locais juntos. As cartas que passaram a trocar eram cheias de erudição juvenil e conversa ambiciosa sobre livros e a possibilidade de viajarem juntos para coletar espécimes.[42] No princípio, eles reconheciam que era apenas conversa. No entanto, em 1845, discutiram *Vestígios*, que ambos haviam lido detalhadamente, e Wallace começou a refletir sobre as origens da raça humana. "Lembro-me bem da excitação causada pela publicação de *Vestígios* e da ansiedade e do prazer com que o li", observou.[43] Homens como Wallace eram alvos ideais para a mistura estonteante de autoeducação individual, transmutação e reforma política de *Vestígios* – texto produzido e julgado por padrões diferentes dos adotados pela ciência de elite. Wallace foi cativado pela teoria de mudança autogerada proposta no livro e comprometeu-se totalmente com a ideia de transmutação.

Dois anos depois, os amigos resolveram deixar a Grã-Bretanha e ganhar a vida coletando espécimes de história natural no rio Amazonas. Foi um passo arriscado que só se tornou possível porque eles não tinham nada a perder. O que os levou a essa decisão foi a leitura de *Viagem pelo Amazonas*, de W. H. Edwards, depois da qual "Bates e eu concordamos de imediato que aquele era o lugar certo para irmos". Como muitas outras figuras relativamente desconhecidas da história natural do século XIX, eles planejavam tirar proveito das crescentes oportunidades comerciais apresentadas pela ciência e vender materiais raros para colecionadores e museus quando voltassem da viagem. Com esse objetivo, passaram a frequentar o British Museum e a periferia das sociedades científicas de Londres, fazendo perguntas, reunindo-se com curadores e informando-se sobre os desejos de sua clientela. Logo depois, conseguiram um agente de história natural, Samuel Stevens, de Bloomsbury, que os fez assinar um contrato e lhes adiantou o dinheiro para a viagem.[44] Durante a ausência deles, Stevens lhes foi muito útil. Ele mantinha contatos regulares com compradores potenciais no British Museum e na Entomological Society e ocasionalmente publicava pequenas notícias sobre as realizações dos viajantes em periódicos de história natural. Mas o dinheiro era curto. A maioria dos colecionadores independentes precisava reunir quatro ou cinco subscritores

[42] Marchant, 1916, v.1, p.24-8. Beddall, 1969; Moon, 1976; especialmente, Camerini, 1996, discutem os esforços de coleta deles.

[43] As reminiscências de Wallace estão em Wallace, 1898, p.137; Wallace, 1905, v.1, p.254-5, 257; McKinney, 1969.

[44] Obituário de Stevens, *The Entomologist* (1899), v.32, p.264. Para a economia de mercado de espécimes de história natural, ver Camerini, 1997; Larsen, 1996.

ricos antes de se sentirem seguros o bastante para partir e normalmente aproveitava alguma forma de sistema de apoio semioficial, como cartas e contratos fornecidos por patrocinadores ou órgãos como a Horticultural Society. Wallace e Bates só contavam como empreendimento pessoal e da economia de mercado.

Eles zarparam para o Brasil na primavera de 1848. Wallace ficou até 1852, enquanto Bates, que mais ou menos o acompanhou durante os dois primeiros anos, perseverou até 1859. Aqueles foram para eles anos cheios de dificuldades, doenças e sofrimento; do ponto de vista físico, suas experiências foram completamente diferentes da viagem de Darwin no *Beagle*. Herbert, irmão mais novo de Wallace, viajou para o Brasil para ajudá-lo e acabou morrendo de febre em seus braços; perto do fim de seu período no Brasil, Wallace conheceu e fez amizade com Richard Spruce, colecionador empregado pelos Kew Gardens para prospectar borracha e cinchona, além de espécies botânicas incomuns. Wallace, Bates e Spruce aparentemente discutiram a transmutação de espécies, pois os três tinham notado a impossibilidade de traçar linhas de separação entre variantes geográficas e passado a ver o fecundo mundo da natureza que os cercava como um contínuo, desprovido de fronteiras. Apesar de todas as privações e sofrimentos, Wallace ficou completamente emocionado com a luxuriante beleza verde da Amazônia. Em sua velhice ele ainda falava sobre isso com admiração e maravilhamento.

Essa primeira exploração tropical terminou em um naufrágio, quando o navio cargueiro em que Wallace voltava à Inglaterra pegou fogo e afundou. Com exceção de uma caixa de desenhos e peles e de um papagaio que fugiu do navio em chamas, todos os espécimes que viajavam com ele foram destruídos – todas as centenas de novas espécies cuja venda poderia render 500 libras, além de sua coleção particular, seus diários e anotações, "tudo perdido com o navio".[45] Os sobreviventes ficaram espremidos miseravelmente em um bote a remo durante dias, quase esturricados pelo sol e pelo sal, até serem recolhidos por um brigue. A viagem de Wallace para a Inglaterra acabou sendo feita em um velho navio em péssimas condições, que transportava madeira de Cuba; ele rangia, gemia e tinha vazamentos de água, e também quase afundou no meio do Atlântico. Quando chegou a Deal ("Oh, bifes e torta de ameixa"), ele jurou nunca mais confiar sua sorte ao oceano.

---

[45] Para Wallace como colecionador, ver George, 1979; Camerini, 1996. Wallace estimou o valor de seus espécimes em Wallace, 1905, v.2, p.377. O lucro das coleções de Bates foi de 800 libras; ver Clodd, 1892, p.LXIV.

O juramento durou só dezoito meses. Nenhuma das vantagens que ele esperava obter no retorno do Brasil se materializou. Não houve renda – seus melhores espécimes estavam no fundo do mar. Não houve aplauso – seu livro *Viagens pelos rios Amazonas e Negro* (1853), uma narrativa singular sobre o maior sistema fluvial do mundo, que ele redigiu de memória, não conseguiu atrair atenção e foi vendido como encalhe pelo editor.[46] Darwin, que lia tudo que se publicava de história natural, não se impressionou com o relato de Wallace, mal se preocupando em fazer meia página de anotações de um exemplar emprestado e queixando-se da falta de fatos.[47] O livro seguinte de Wallace, sobre palmeiras, teve destino muito semelhante nas mãos botânicas de Joseph Hooker. Também quase não houve integração com novos companheiros intelectuais – Wallace descobriu que era difícil ir além das portas fechadas da maioria das sociedades científicas cultas da elite de Londres. Quando o fez, sentiu-se fora de lugar. Ficou alternadamente chocado e impressionado pela teatralidade exibida de homens cultos, entre eles Thomas Henry Huxley cujo "completo domínio do assunto e grande quantidade de conhecimento técnico" o deixaram pasmo. A autoconfiança de Huxley era tanta que fez Wallace pensar que ele devia ser vários anos mais velho que ele próprio. Se lermos nas entrelinhas, parece claro que Wallace preferia os perigos da floresta tropical à selva predadora da ciência metropolitana.

Em 1853 ele embarcou de novo, esperando recuperar suas perdas e garantir o futuro coletando outros espécimes. Desta vez, mais ambicioso, ele partiu para a Malásia e a Indonésia, "realmente o melhor campo para um naturalista explorador e colecionador", combinando a sede de viajar com projeções de negócios sensatas. Ele previa que o material da Malásia seria bem vendido porque os naturalistas britânicos conheciam muito pouco dessas regiões impenetráveis, dominadas durante séculos pelos impérios comerciais dos holandeses e portugueses. Além disso, sua imaginação foi atiçada pela ideia de ilhas bruxuleantes cobertas de animais rastejadores, do orangotango com pelo cor de gengibre, das vastas superfícies intercambiáveis de mar e floresta e da elusiva ave-do-paraíso, tão estranha e bela. Desta vez, ele queria também procurar tribos primitivas e desenvolver suas ideias sobre as origens humanas, instigadas por seus encontros fugazes com os povos da floresta da Amazônia e pelo conceito de transmutação que encontrara em *Vestígios da história natural da criação*. Suas inclinações o atraíam para o estudo da humanidade no sentido mais amplo. A leitura

[46] Wallace, 1853, e, de modo mais geral, Stepan, 2001, especialmente p.57-84.
[47] DAR 205.3, p.156-7; *Correspondence*, v.5, p.182.

de *Vestígios* lhe dizia que a humanidade surgira dos macacos, talvez do misterioso orangotango.

A empreitada era perigosa. Só um homem que havia aberto caminho pela floresta tropical sul-americana poderia encará-la com algum otimismo. Mesmo antes de partir de Londres, ele sentia que estava negociando com a própria variedade de tribo estrangeira, aplacando os anciãos da ciência vitoriana, prometendo presentes, observando e barganhando com chefes. Por fim, conseguiu (com ajuda de *sir* Roderick Murchison, da Royal Geographical Society) uma passagem gratuita do governo em um navio para Cingapura, de onde viajou por conta própria para Bornéu. Na companhia de um jovem assistente inglês chamado Charles Allen (que, segundo Wallace, era mais um fardo que qualquer outra coisa) e de um criado malaio chamado Ali, que depois adotou o sobrenome de Wallace, ele partiu para as várias ilhas alternadamente, chegando a oeste até as Molucas e a Papua Nova Guiné, cruzando e voltando sobre seus passos de acordo com as estações e a possibilidade de acesso a locais específicos. Ao contar suas viagens depois, ele pensava ter feito entre sessenta e setenta expedições separadas, viajando cerca de 23 mil quilômetros na região. Esses oito anos de perambulação, como disse depois, "constituíram o incidente central e controlador" de sua vida. Ele se entregou aos riscos, à liberdade e à fecundidade da vida de ilha tropical como poucos vitorianos fizeram.

Seu primeiro porto de parada foi Sarawak, uma nesga de território independente na costa norte de Bornéu, então governada pelo excêntrico rajá inglês *sir* James Brooke. Brooke era de longe o europeu mais interessante do arquipélago, um homem que Wallace conhecera em Londres e de quem aceitara prontamente um convite para uma visita.[48] Wallace permaneceu nesse diminuto reino tropical durante catorze meses, coletando enorme quantidade de espécimes incomuns. Era raro haver mais de um ou dois europeus em visita ao país, e por algum tempo ele se hospedou com Brooke e o secretário-assistente deste no bangalô colonial deles. "O rajá ficou contente de ter a companhia de um homem tão inteligente", disse o secretário com uma insinuação de alívio.

> Isso excitava sua mente e revelava suas ideias brilhantes. [...] se [Wallace] não conseguiu nos convencer de que nossos vizinhos feios, os orangotangos, eram nossos ancestrais, ele nos agradou, deliciou e instruiu com sua conversa inteligente e inesgotável – conversa realmente boa.

[48] St. John, 1994, p.274. Ver também Baring Gould, 1909.

Brooke providenciou para Wallace o aluguel de uma cabana da qual ele podia sair para explorar e coletar diariamente. Os besouros eram mesmo maravilhosos, escreveu Wallace a seu agente Stevens. Wallace também viveu por algumas semanas com uma família de indígenas dyaks, os famosos caçadores de cabeça da lenda europeia. Esse encontro de culturas se revelou uma experiência interessantíssima, e Wallace saiu dele convencido da unidade essencial de todas as raças da humanidade. Como Darwin, ele se considerava a verdadeira curiosidade nessas aventuras e contou à irmã como os selvagens da floresta conseguiam vencê-lo com facilidade no jogo infantil da cama de gato. Eles tinham uma atividade mental tão sofisticada quanto a dele. A única diferença era a ausência dos adornos da civilização. Aqui foram fixadas as raízes de todos os pensamentos posteriores de Wallace sobre o progresso humano e a universalidade dos poderes mentais.

Em outra ocasião, ele cuidou de um filhote órfão de orangotango cuja mãe ele próprio matara. Mais uma vez, como Darwin, os sentimentos afetivos de Wallace pelo animal criaram um contexto fértil para justaposições mais filosóficas. Nunca houve um bebê como o meu, disse ele à irmã. "Estou certo de que ninguém jamais teve um exemplo tão gracioso de bebezinho de pelo castanho tão querido."[49] Agora estava propenso a traçar ligações entre vários grupos da humanidade e entre seres humanos e animais. Sentia que podia ver a evolução em todos os lugares. Grato simplesmente pela oportunidade de estar lá, ele nomeou uma das borboletas mais belas do mundo em homenagem ao rajá, a gigante *birdwing* preta e verde-dourada, *Ornithoptera brookeana*.

Antes de deixar Sarawak, Wallace redigiu e despachou para a Inglaterra o pequeno texto teórico que Lyell – e depois Darwin e Edward Blyth – viram nos *Annals and Magazine of Natural History* de 1855.[50] "Cada espécie veio a existir coincidindo tanto no tempo como no espaço com uma espécie preexistente estreitamente associada", declarou. A proximidade geográfica era uma medida da ligação biológica, afirmou a Bates em uma carta. Wallace ficou decepcionado ao saber de Stevens que não devia ficar pensando em tópicos esotéricos como este. Vários naturalistas da Entomological Society aparentemente se queixaram de ele estar "teorizando", quando o que realmente queriam era mais fatos e espécimes.

---

49 Wallace, 1905, v.1, p.344. As observações de Wallace foram redigidas para publicação em *Chambers' Journal*, v.5, p.325-7, 1856, e *Annals and Magazine of Natural History*, v.17, p.386-90, 1856.

50 Wallace, 1855. *Correspondence*, v.5, p.519, 521, nota 1; v.6, p.91, nota 10.

Quando Darwin iniciou uma correspondência ocasional com Wallace, ambos ficaram contentes. Como sempre, Darwin queria peles, ossos e informações, embora dissesse que o frete de Cingapura "está me custando uma fortuna!" Num gesto de cortesia, Darwin revelou que ele e Lyell tinham ficado interessados no artigo de Wallace, um cumprimento que não era difícil fazer e que Darwin sabia que gratificaria seu destinatário. Sua carta era um modelo de encorajamento amistoso:

> Posso ver claramente que pensamos de modo muito semelhante. [...] Em relação ao texto nos Annals, concordo com a verdade de quase todas as palavras.

Todavia, com o conselho de Lyell para apressar seu livro zumbindo no ouvido, Darwin estabeleceu delicadamente sua senioridade nessa área, observando que estava de fato escrevendo um grande livro sobre espécies e variedades.[51]

Ou Wallace desconhecia excessivamente o funcionamento do mundo para perceber ou estava muito preso aos próprios pensamentos para dar a devida atenção. As palavras de Darwin só revelaram seu significado mais tarde; na época como agora, as pessoas podiam escrever umas às outras com certa extensão sem necessariamente reconhecer o que era de fato dito. Wallace não tinha motivo para suspeitar que Darwin o estava alertando a cair fora. Em todo caso, ficou contente de saber que Darwin estava lidando com o problema das espécies e variedades e contou a Bates que um livro como este o pouparia de muitos problemas. Ele estava muito contente de ter estabelecido contato.

Mesmo admitindo que a memória de Wallace lhe tenha pregado peças depois, é claro que ideias sobre distribuição geográfica foram tão importantes para ele na geração da ideia de seleção natural como tinham sido para Darwin. Na Malásia, disse Wallace, ele estava particularmente interessado nas fronteiras territoriais que separavam as muitas tribos humanas diferentes que encontrou. Essas fronteiras eram delineadas por guerras e costumes das aldeias e também por características geográficas, como estreitos oceânicos, rios e cadeias de montanhas. As divisões humanas que ele estava identificando pareciam ter um paralelo com linhas divisórias semelhantes entre grupos de animais e plantas originários da Ásia ou do Pacífico.[52] Logo, Wallace estava a ponto de discernir uma linha imaginária que assinalava o contato

---

51 *Correspondence*, v.6, p.514-5.

52 Camerini, 1994.

entre grandes conjuntos de espécies. Ele descobriu que animais e plantas aparentemente nunca cruzavam essa linha – havia no arquipélago fronteiras invisíveis entre flora e fauna aborígines, linhas divisórias que inscreviam o local da criação de animais e plantas e assinalavam sua capacidade de avançar no território tanto quanto o tempo e as circunstâncias permitissem. A geografia surgia como um fator vital para a compreensão das origens. Wallace se convenceu de que a disposição espacial e a luta competitiva entre seres vivos muito ajudariam a explicar a origem das espécies.

É claro que os textos de Malthus também foram importantes. Em fevereiro de 1858, no fim de uma longa semana de coleta de espécimes na ilha de Gilolo (Halmahera), nas Molucas, Wallace pensou que talvez tivesse localizado a linha divisória entre indígenas e humanos invasores. A população original de Gilolo, notou, era excessivamente pequena, vulnerável a cada golpe da natureza. Esses povos indígenas não sobreviveriam muito mais tempo, pelo menos não enquanto malaios e papuanos que chegavam continuassem a se mostrar imigrantes tão dominadores.

Wallace chegou a essas conclusões durante um surto de malária. Cinquenta anos depois, ele recordou que a única coisa que conseguia fazer enquanto esperava que o ciclo diário de ataques de tremores se completasse era se deitar e pensar.

> Um dia alguma coisa me trouxe à lembrança *Princípios de população*, de Malthus, que eu lera cerca de doze anos antes. Pensei em sua clara exposição dos "freios positivos ao crescimento" – doença, acidentes, guerra e fome –, que mantinham a população de raças selvagens em uma média tão mais baixa que a de povos mais civilizados. [...] De repente me ocorreu que esse processo automático necessariamente melhoraria a raça, porque em cada geração os inferiores seriam inevitavelmente mortos e os superiores permaneceriam – ou seja, os mais bem adaptados sobreviveriam.[53]

Inspirado talvez pela febre, Wallace elaborou na cabeça um esquema. Impaciente, ele voltou de barco a Ternate, para sua casa alugada, com cama, livros, comida, quinino e registros científicos. No sossego das noites, disse, dedicou os dias seguintes a escrever seu ensaio. Comparou suas ideias com as anotações que fizera sobre Lyell, Lamarck e *Vestígios*, datou-o "Ternate,

[53] Wallace, 1905, v.1, p.361-2.

fevereiro de 1848" e o pôs no próximo correio para a Inglaterra.[54] Acima de tudo, ele queria que Lyell o lesse. Decidiu enviá-lo a Darwin por causa do interesse que ele expressara no assunto e por sua proximidade com Lyell.

Wallace naturalmente se lembrava desse ato de pensamento criativo como sua maior realização intelectual. Modestamente, ele nunca pretendeu compreender como isso tinha acontecido. Muitos anos depois, sugeriu a hipótese de que Darwin e ele tinham chegado à mesma conclusão porque os dois gostavam de colecionar besouros.[55]

Mas a verdadeira maquinaria responsável pelas ideias de Wallace – e pelas de Darwin – já operava havia anos. Wallace, como Darwin, crescera em um universo malthusiano. Estava bem preparado para ver as tribos de Gilolo serem vitimadas pelas mesmas regras inexoráveis que as pessoas do País de Gales ou de Leicestershire; e era suficientemente versado em doutrinas socialistas antimalthusianas para saber até onde poderia levar essa ideia.[56] A cruel pressão de números, dificuldades agrícolas, ciclos de expansão e contração econômica – Wallace conhecera tudo isso. A competição e as taxas diferenciais de sobrevivência que ditavam o futuro progresso de uma comunidade lhe vinham à mente com facilidade.

E, se não fosse diretamente de Malthus, havia sempre o exemplar muito manuseado dos *Principles of Geology*, de Lyell (um livro que viajou com ele para a Malásia), ou a segunda edição do *Journal of Researches* de Darwin, no qual ele aludia brevemente à eterna guerra malthusiana na natureza.[57] Talvez Wallace tenha se recordado de conversas com o rajá Brooke sobre as baixas taxas de natalidade entre os dyaks e o precário abastecimento de alimentos em Aru. Ele tivera acesso à biblioteca do sr. Duivenboden, culto comerciante holandês que fora seu hóspede em Ternate.

Ainda assim, os paralelos entre os pensamentos de Wallace e de Darwin são notáveis pela simetria cultural. Um contexto político, intelectual e nacional comum os ligava inseparavelmente. As experiências de explo-

---

[54] O ensaio acabou sendo publicado como a segunda parte de Darwin e Wallace, 1858. McKinney, 1966; 1972, mostra que Wallace não foi inteiramente preciso ao assinar o ensaio "Ternate", já que foi escrito principalmente na ilha de Gilolo. Além disso, se Wallace queria dizer que fora completado e postado de Ternate, como parece razoável, ele foi impreciso ao datá-lo em fevereiro. As pesquisas de McKinney indicam que o ensaio foi escrito principalmente durante fevereiro e completado em março. Ver também Brooks, 1984.

[55] Linnean Society, 1908, p.5-11.

[56] Moore, 1997. Para o contexto malthusiano, ver R. Young, 1985; James, 1979; Dolan, 2000. Ver Browne, 1983; 1992, para considerações biogeográficas.

[57] C. Darwin, 1845, p.166-7, 365.

ração geográfica e viagem no começo da era imperial, as várias ligações com a Grã-Bretanha comercial e competitiva, a apreciação das maravilhas da natureza e o desejo irresistível de entendê-las, a crença inabalável na unidade humana, as cartas recíprocas, o material de leitura partilhado e preocupações concordantes juntaram-se em uma única explosão catártica de identidade: dois homens pensativos que preferiam enfrentar o oceano à multidão, olhando em profundidade para a natureza.

V

Darwin mal teve tempo de pensar no que faria a seguir. Taciturno, enviou a Lyell o ensaio de Wallace e sua própria carta. Em 24 horas irrompeu outro tipo de crise.

As doenças na família chegaram sem aviso. Primeiro, sua filha Henrietta, de quinze anos, desabou com febre descontrolada e dor de garganta. Darwin e Emma temeram que ela pudesse ter contraído difteria, a assustadora nova doença que invadiu a Grã-Bretanha em ondas epidêmicas vindas da França durante os anos 1858 e 1859, a seu modo, tão mortífera quanto a ameaça permanente de uma invasão militar sob as ordens de Luís Napoleão. O condado de Kent já estava sitiado.

> Não há de fato sufocação, mas evacuação imensa e muita dor e incapacidade de falar ou engolir, e ela está muito fraca e com o pulso acelerado, com uma língua horrorosa,

escreveu Darwin consternado a Hooker.[58] Os pais se alternavam para cuidar dela. Apreensivos, pediram aos parentes Mackintosh, hospedados na Down House, que voltassem para casa; e com a mesma apreensão pediram à irmã mais velha de Emma, Elizabeth Wedgwood, que viesse de Hartfield, perto de Turnbridge Wells, para ajudá-los nos cuidados. Tornando involuntariamente uma situação ruim ainda pior, o diretor da escola de George escreveu para dizer que o segundo filho deles tinha contraído sarampo, outra doença perigosa nos anos anteriores ao antibiótico e aos programas de vacinação em massa. Em qualquer outro momento, eles teriam levado o filho para casa. Agora, pediram ao sr. Pritchard que o mantivesse na escola, em isolamento.

No dia seguinte, o caçula adoeceu com febre. Esse bebê, Charles Waring Darwin, foi o décimo e último filho deles, e nesse momento tinha cerca de nove meses. Embora desde muito tempo antes Emma devesse estar disposta

---

[58] *Correspondence*, v.7, p.116. Hardy, 1993, examina doenças epidêmicas.

a não ter mais filhos (quando a criança nasceu ela tinha 48 anos), Darwin e ela gostavam do pequeno Charles e o amavam com a mesma devoção dedicada que tinham a qualquer outro filho. Uma concepção tão tardia foi provavelmente para ela uma espécie de surpresa cansativa: fazia cinco anos que Horace, o filho anterior, tinha nascido. Emma talvez tenha ficado também um pouco decepcionada com a chegada de mais um menino, o quarto consecutivo. Mas, apesar de tudo, ela ficou muito contente com o novo bebê, uma alma gorda e plácida, como Darwin se recordaria depois. Darwin e ela estavam muito preocupados com a intensidade da terrível febre do bebê. Convocaram com urgência Edward Illot, médico cirurgião de Bromley, para dar uma opinião.

Darwin não tinha disposição para fazer uma avaliação equilibrada sobre reivindicações concorrentes em relação à prioridade dele ou de Wallace. Contudo, em um sentido ele estava correto sobre Lyell. Lealmente, o geólogo se ergueu com toda a força possível para defender os interesses de seu amigo. Direitos de propriedade intelectual eram uma questão importante aos olhos de Lyell, e a defesa deles exigia uma ação rápida e decisiva. Lyell era um homem difícil de contradizer quando estava envolvido em disputas de prioridade.[59] Na carta que escreveu de volta, ele recomendou fortemente que Darwin publicasse um pequeno texto próprio.

Acompanhando o bebê doente, Darwin se angustiava. Disse que Lyell estava propondo o impossível.

> Eu ficaria *extremamente* contente *agora* de publicar um esboço de minhas visões gerais em cerca de doze páginas. Mas não consigo me convencer de que possa fazer isso de maneira honrada. [...] Preferiria muito mais queimar meu livro inteiro a ver [Wallace] ou qualquer outro homem pensar que me comportei com espírito mesquinho.

Ele disse a Lyell que Wallace o deixara de mãos atadas ao lhe enviar o ensaio. Agora que o havia lido, dificilmente poderia justificar qualquer movimento para publicar seu próprio texto.

[59] Outros casos envolvendo Lyell em questões de prioridade são apresentados em Silliman, 1995; Bynum, 1984, o último contestado por Wilson, 1996. Um estudo clássico de prioridade científica está em Merton, 1973.

> Não consigo saber se publicar agora não seria vil e mesquinho: esta foi minha primeira impressão, e certamente eu teria agido com base nela, não fosse sua carta.

Sua mente se demorou na carta que ele já tinha começado a escrever para Wallace, na qual abria mão de toda prioridade.[60]

Mas o dilema persistia. A ideia de publicar algo era inegavelmente atraente, se ao menos pudesse ser posta em prática de modo honroso. Hesitante, ele pediu a Lyell que a discutisse com Hooker, para que pudesse obter o julgamento de "meus dois melhores e mais gentis amigos". Enquanto o bebê piorava, ele pensou sem cessar no assunto, embora com muito pouco resultado. No fim, ele queria "banir todo esse assunto. [...] Estou esgotado de refletir".

Alguns dias depois chegou outra carta. Lyell e Hooker sugeriam publicar Darwin e Wallace juntos, uma solução de compromisso que acomodava as necessidades de todos da melhor maneira possível. Vista *a posteriori*, foi uma solução de cavalheiros. Darwin não perderia a prioridade e poderia continuar a escrever seu grande livro; as concepções de Wallace seriam publicadas de uma forma que aumentaria muito seu interesse e sua aceitabilidade.

Na época, este pareceu com certeza o curso de ação mais direto e aceitável que eles podiam imaginar. E nos anos seguintes não houve dois autores unidos dessa forma que tenham tentado mais que Darwin e Wallace tratar-se reciprocamente com justiça. Cada um deles considerava o outro com respeito, admiração e generosidade.

Mas por algum tempo a proposta oscilou à beira de uma impostura audaciosa. Nenhuma dupla de negociadores experientes poderia, mesmo que quisesse, ter bolado um esquema melhor para promover os interesses de Darwin. Acima de tudo, Wallace não sabia nada sobre a proposta. A comunicação privada para Darwin sobre uma questão de história natural, enviada para que Lyell a comentasse, seria anunciada sem seu conhecimento e como um acompanhamento para textos sobre os quais ele nada sabia. À primeira vista, parecia que Lyell e Hooker estavam sugerindo que seu amigo Darwin – um homem situado no coração da sociedade científica – não devia ser passado para trás por um intruso. Em escala mais ampla, é bem possível que eles tenham se sentido compelidos a salvaguardar os valores do conhecimento vitoriano de elite – a ciência de especialistas acreditados, fatos autenticados, sequências apropriadas de inferência lógica e fontes confiáveis – de *outsiders* como Wallace.

---

60 *Correspondence*, v.7, p.118, 279.

Ágeis, Lyell e Hooker propuseram ler o ensaio de Wallace e alguns extratos dos manuscritos inéditos de Darwin em uma reunião da Linnean Society de Londres e depois encaminhá-los para publicação. Hooker fazia parte do conselho da Linnean e sabia que uma reunião recente havia sido cancelada por causa da morte de Robert Brown, um de seus ex-presidentes. A reunião remarcada aconteceria na semana seguinte, em 1º de julho de 1858, no esvaziado final da temporada científica, e Hooker sugeriu tentar encaixar o material Darwin-Wallace na programação. Na mesma reunião, Lyell devia apresentar um discurso obituário sobre Brown.

Eles escolheram a Linnean por razões inteiramente oportunistas. Lyell, Hooker e Darwin eram todos membros da Linnean e faziam parte de seu conselho (Darwin foi eleito em maio de 1858). Hooker praticamente dirigia o periódico da Linnean e costumava se reunir com o secretário de programação. Os três eram amigos do então presidente, Thomas Bell, e de outros representantes e membros. Com essas ligações, Lyell e Hooker tinham razões para esperar conseguir o que queriam, muito mais do que se tivessem recorrido, por exemplo, à Royal Society de Londres, imobilizada por uma estrutura formal de cronogramas e pareceristas e pelas convenções não declaradas apropriadas ao principal corpo de filosofia natural do país; ou à Zoological Society, onde a atmosfera era tensa e os membros, propensos a discutir. Quanto aos outros lugares em Londres, a Botanical Society estava quase moribunda, a Royal Institution, na Albermarle Street, preferia que os palestrantes apresentassem seus próprios resultados, a Geological Society normalmente não considerava organismos vivos tópicos adequados, e a British Association for the Advancement of Science (Associação Britânica para o Progresso da Ciência) fazia sua reunião anualmente, a cada ano em uma cidade diferente, com o cronograma preparado com meses de antecedência. E os periódicos também não eram a alternativa pertinente. Como Lyell e seu círculo estavam passando a aceitar, a forma mais adequada ao primeiro anúncio de resultados científicos sérios não eram as revistas mensais ou quinzenais, que tinham objetivos culturais amplos, nem os semanários populares de história natural, nos quais com frequência os textos não eram fundamentados e (aos olhos da elite) às vezes eram visivelmente incorretos, mas sim a apresentação de uma teoria em uma sociedade culta, diante de uma audiência culta, e depois sua publicação em um ritmo comedido no periódico culto dessa sociedade.

Por outro lado, Wallace só era conhecido entre os membros da Linnean como fornecedor de espécimes, cuja relação mais próxima era com William Wilson Saunders, entomologista rico que havia muito tempo era um dos vice-presidentes da Linnean. Ao longo dos anos, Saunders comprou uma quantidade imensa de insetos tropicais de Wallace por meio de Samuel Stevens. Quase dois terços do *Journal* anual da Linnean eram preenchidos com as listas e catálogos que se seguiam. Mas, por vários motivos, Wallace só seria eleito membro da Linnean Society em 1871.[61] Em circunstâncias normais, qualquer contribuição dele para uma sociedade culta teria sido submetida em seu nome por um dos membros. Como a esfera de publicação costumeira de Wallace era o mundo das revistas populares, como os *Annals and Magazine of Natural History*, os atos de Lyell e Hooker insinuavam que ele tinha sorte de pegar uma carona na influência de Darwin.

Não era possível imaginar outro lugar que oferecesse uma atenção tão condescendente. Além disso, parece que Hooker e Lyell acreditavam que não se poderia permitir nenhum adiamento. Por tudo que sabiam, Wallace talvez tivesse enviado uma cópia do mesmo artigo ou uma versão maior, mais detalhada, para publicação em outro lugar. Se não agissem depressa, eles devem ter pensado, perderiam o controle da situação.

Antes que Darwin pudesse responder a essa sugestão surpreendente, o bebê Charles ficou de fato muito doente. Ele tinha o tipo mais violento de escarlatina – "a mais mortal de todas as febres", declarou a revista *Lancet*.[62] Repetidas vezes, os filhos mais velhos de Darwin tinham lutado com a mesma doença e sobrevivido. Mas três crianças morreram em Downe naquele mês, e famílias por todo o país enfrentavam a tragédia de perder um filho e depois outro para a epidemia. Darwin e Emma mal podiam suportar ver o sofrimento do filho. E quase ficaram agradecidos quando, depois de uma semana de sofrimento, ele morreu, na noite de 28 de junho. "Foi o alívio mais abençoado", escreveu Darwin pesaroso, "ver o pobre rostinho inocente dele retomar a expressão doce no sono da morte".[63]

Os dois ficaram arrasados. Este era o bebê da meia-idade deles, seu último filho, aquele com quem se sentiam mais relaxados, com uma "disposição notavelmente doce, plácida e alegre". Ao que parece, o bebê talvez fosse um pouco retardado, embora não haja evidência real a sugerir uma deficiência como a síndrome de Down. Ele era "atrasado no andar e no falar, mas inteligente e observador", disse o pai. Não podia haver nada mais bonito, observou Darwin, que a paixão do filho por Joseph Parslow.

---

[61] Linnean Society, 1908, p.77. Sobre a Linnean Society, ver Gage e Stearn, 1988.

[62] Hardy, 1993, p.56. É possível que Henrietta tenha inadvertidamente infectado Charles Waring Darwin, já que pessoas com gargantas inflamadas com *streptococcus* podem abrigar o agente causador da escarlatina (um *streptococcus* hemolítico).

[63] *Correspondence*, v.7, p.121. O memorial de Darwin está em DAR 210.13, transcrito no apêndice V, *Correspondence*, v.7, p.521.

Quando o mordomo entrava em um aposento, o pequeno Charles estendia os braços para ser carregado. Ele ficava muito tempo deitado no colo de Darwin, estudando gravemente o rosto do pai ou esperando por uma brincadeira. Quando, mais tarde, Henrietta escreveu a história de vida de sua mãe, provavelmente subestimou tanto o amor que Emma e Charles sentiam pelo filho como suas capacidades mentais. Ela pensava que ele nascera sem sua "devida parcela de inteligência" e que, depois do sofrimento inicial, Emma ficara "agradecida" por sua morte precoce.[64]

Esse acontecimento infeliz trouxe de novo à baila todos os sofrimentos da família de Emma e Charles. A morte os uniu da forma mais cruel, revivendo antigas aflições com as novas. Esses eventos evocavam as emoções mais intensas na vida familiar vitoriana.[65] "Nosso pobre queridinho", Darwin o chamava. Indisposto a permitir que a lembrança esvanecesse, ele escreveu um relato sobre o bebê em um pedaço de papel. Enfiou-o no mesmo envelope em que guardava seu memorial a Anne, seu "anjinho" indelével, que morrera em seus braços em Malvern, de outra febre terrível em 1851. Se ele teve alguma inclinação a pensar sobre sua teoria de seleção natural nesse momento, talvez tenha refletido sobre o fato melancólico de que suas ideias de luta exigiam a morte dos indivíduos mais fracos, mesmo a de seus próprios bebês. Sua teoria era uma teoria sombria de eliminação.

"Graças a Deus, ele nunca mais sofrerá neste mundo", disse a Hooker. "Não consigo pensar agora sobre o assunto, mas logo o farei."[66]

VI

No final do longo e triste dia seguinte, 29 de junho, Darwin despachou para Hooker alguns textos manuscritos sobre evolução. Era um conjunto variado e peculiar para atender ao propósito a que se destinava, um ajuntamento muito apressado de papéis para um grande momento de virada na ciência biológica. Ele estava exausto.

> Acabo de ler sua carta e vejo que você precisa dos textos imediatamente. Estou bastante prostrado e não consigo fazer nada, mas envio [o ensaio de] Wallace e meu resumo do resumo [*sic*] da carta a Asa Gray, que apresenta de maneira muitíssimo

---

64 *Emma Darwin*, v.2, p.162. O bebê talvez tenha sido levemente afetado por envenenamento com mercúrio, que pode causar distúrbios de desenvolvimento e atrasos na fala. O mercúrio era um componente comum de remédios vitorianos.

65 Jalland, 1996.

66 *Correspondence*, v.7, p.121.

> imperfeita *apenas os meios de mudança e não toca* nas razões para acreditar que as espécies mudam. É provável que tudo seja tarde demais. Pouco me preocupo com isso. Mas você é generoso demais em sacrificar tanto tempo e gentileza. Isso é muitíssimo generoso, muitíssimo gentil. Envio [o] esboço de 1844 *unicamente* para você poder ver por sua própria letra que de fato o leu. Realmente não consigo suportar olhar para ele. Não desperdice muito tempo. É deplorável que eu dê qualquer importância à prioridade.[67]

Como ele disse, sua parte do pacote continha uma cópia manuscrita de uma carta enviada em 1857 ao botânico Asa Gray e o primeiro esboço sobre evolução que ele completara em 1844.

Gray, o catedrático de botânica da Harvard University, era um dos colegas botânicos mais próximos de Hooker e se correspondia com Darwin desde 1855. Eles haviam mantido uma agradável correspondência trilateral sobre geografia botânica, classificação e anatomia de plantas.[68] Gray era um devoto – um congregacionista comprometido – e tinha talento incomum para a ciência, sendo de longe o botânico mais proeminente nos Estados Unidos, no mesmo nível intelectual que Louis Agassiz, seu equivalente na zoologia em Harvard. Em meados de 1857, Darwin ficara tão impressionado com o conhecimento abrangente de Gray e sua habilidosa análise de problemas botânicos intricados que fizera confidências a ele, brincando ansiosamente: "Sei que isto o fará me desprezar". Quando Gray escreveu de volta de forma encorajadora ("você pode chegar à *lei* da variação?"), Darwin respondeu com uma longa carta, em 5 de setembro de 1857, descrevendo em detalhe sua teoria da seleção natural, inclusive suas ideias mais recentes sobre a divergência de espécies, que ele pensava explicar a origem das linhas de descendência separadas.[69]

Explicar tudo para Gray em setembro de 1857 era uma tarefa difícil, mas ele estava disposto a tentar obter a opinião honesta de um homem tão excepcional (qualquer pensamento comparável de descrever a teoria para Wallace durante aquele verão nunca passou pela cabeça de Darwin). Sentença após sentença, Darwin esboçou para Gray um relato, que o jovem mestre-escola da vila de Downe transcreveu com capricho antes de ele ser enviado a Harvard. Era o rascunho guardado, engordurado e

---

67 *Correspondence*, v.7, p.121-2.

68 D. Porter, 1993; Dupree, 1988.

69 *Correspondence*, v.6, p.445-50.

manchado pelo uso, que Darwin despachava para Hooker.[70] Ele rabiscou algumas correções e notas apressadas no pé da página (errando a data de postagem) e o enviou.

Darwin acreditava que era necessário incluir a carta de Gray porque o esboço de 1844, embora mais longo e detalhado em todos os aspectos, tinha sido superado em muitos pontos pela atenção contínua que ele dera à teoria desde então. Em particular, nesse intervalo Darwin havia feito seus estudos sobre cracas. Estes o encorajaram a mudar seu foco das espécies originadas em isolamento geográfico, como ele imaginava que havia ocorrido com os tentilhões de Galápagos, para uma arena competitiva e mais ativa em que variação, luta e divergência constantes eram os agentes primários e em que a maior parte da especiação ocorria em grandes populações mistas, com números elevados e pressões intensas.[71] Essas ideias tinham sido reforçadas depois que ele desenvolvera, por volta de 1856, um "princípio de divergência", um processo fundamental que, acreditava, agia em conjunção com a seleção natural, o único ajuste conceitual importante que ele fez durante suas longas investigações.

> Quanto mais diversificados os descendentes de qualquer espécie se tornarem em estrutura, constituição e hábitos, mais capacitados estarão, na mesma proporção, a se apoderar de uma quantidade grande e amplamente diversificada de lugares na organização da natureza e, portanto, capacitados a crescer em número.[72]

Tudo o que ele estudara nos catorze anos decorridos desde que escrevera o esboço sustentava essa visão básica. Embora seus argumentos gerais permanecessem os mesmos – estes eram compromissos dos quais Darwin nunca abriria mão –, a maneira como ele desejava apresentar sua teoria madura era marcadamente diferente.

Em resumo, o esboço servia principalmente para estabelecer o fato importante de que Hooker o lera algum tempo depois de ele ter sido concluído, em 1844 – nas páginas manuscritas estavam, a lápis, as marcas e perguntas de Hooker. Não havia sentido em Darwin enviar extratos de seu manuscrito corrente, o grande livro sobre espécies que restava semiconcluído na mesa de seu estúdio, porque o objetivo de Hooker e Lyell era estabelecer que um relato escrito das concepções de Darwin havia sido lido

---

70 O rascunho está em DAR 6, transcrito no apêndice III, *Correspondence*, v.7, p.507-11.

71 Mayr, 1991. Ver também Browne, 1980.

72 *Origin*, p.112.

por um terceiro mais de dez anos antes, em 1844 ou 1845, e que uma carta independente também fora lida por Asa Gray pelo menos um ano antes de Darwin receber o ensaio de Wallace. A questão que mais os preocupava era a da prioridade. No entender deles, a prioridade conferia propriedade e assegurava a reivindicação de originalidade de um autor. Essas afirmações estavam no cerne do processo científico, em que filósofos naturais se empenhavam em identificar as leis que governavam o universo – leis que prometiam uma percepção única da verdade. Embora aquele devesse ser um texto duplo (chamado com frequência de texto conjunto), a mensagem subjacente seria a de dois trabalhadores independentes apanhados em uma única trovoada inesperada.

Darwin não tinha tempo para contemplar a tempestade de indignação que antes cercara a publicação de *Vestígios* nem para refletir sobre os sentimentos religiosos de Emma ou se preocupar com perfeição literária. Não havia tempo para escrever a Wallace, o acionador ausente e inconsciente de toda aquela atividade. A despeito dos anos que havia dedicado a analisar espécies, os únicos materiais que Darwin podia apresentar ao público num período tão curto eram uma carta a um correspondente do exterior e um esboço desatualizado.

> Sempre pensei que era muito possível que eu fosse antecipado por alguém, mas imaginava que tinha uma alma suficientemente grandiosa para não dar importância,

admitiu com pesar para Hooker. "Mas descobri que estava errado e fui punido."

VII

No final da noite do dia 30 de junho de 1858, Lyell e Hooker apresentaram a papelada ao secretário da Linnean Society, John Joseph Bennett. Ou Bennett ou George Busk, o outro secretário, a leria em voz alta na reunião. O ensaio de Wallace não precisava de mais atenção. O mesmo não podia ser dito da contribuição de Darwin. A sra. Hooker passara aquela tarde copiando extratos dos textos manuscritos de Darwin, provavelmente escolhidos por Hooker, com a intenção de dar a eles uma forma adequada à leitura em voz alta. Em silêncio, ela fez algumas alterações úteis. Um dos resultados dessa tarde metódica foi que Darwin teve pouca ideia do que de fato foi apresentado até ver as provas impressas, várias semanas depois do acontecimento. Para apresentar os textos, Lyell e Hooker acrescentaram uma pequena nota de sua própria autoria. Mais tarde, Lyell recordou que a corrida fora tanta que ele não conseguia se lembrar se tinha ido à casa de Hooker ou Hooker à dele nem se eles haviam se falado até uma ou duas horas antes da reunião.

A pressa não significou falta de atenção ao detalhe. No texto introdutório, Hooker e Lyell justificavam de modo sutil a posição de seu amigo e, por implicação, a deles próprios. O trabalho de Wallace era elogiado e depois delicadamente posto de lado, apenas um estímulo, eles insinuavam, que encorajara Darwin a fazer um anúncio preliminar.[73]

O material que se seguia reforçava essa impressão. Os artigos eram organizados em ordem alfabética por autor, como era costume na Linnean Society, quando se tratava de contribuições duplas. Nessa ocasião, o alfabeto coincidiu de maneira impressionante com a cronologia. Primeiro vinham extratos do esboço de Darwin de 1844, depois a carta de Darwin a Asa Gray, de setembro de 1857, e no fim o ensaio de Wallace, de fevereiro de 1858. A prioridade de Darwin reverberava em cada página. Até Darwin estranhou quando viu a disposição dos textos, algumas semanas depois. Ele supunha que suas observações apareceriam como uma espécie de apêndice ou de notas de rodapé ao texto de Wallace.[74] Constrangido em particular, ele ficou aliviado por não ter supervisionado pessoalmente essa inversão de destinos impressa.

A leitura dos textos, na quinta-feira, 1º de julho de 1858, foi tranquila. Hooker e Lyell estavam presentes; Darwin e, é claro, Wallace, ausentes. Cerca de 25 membros compareceram não para se informar sobre teoria da evolução, mas para ouvir Lyell elogiar a carreira de Robert Brown. Thomas Bell, o presidente da Linnean, presidiu à noite. Havia dois convidados não nomeados do exterior e o secretário, J. J. Bennett: talvez um total de trinta pessoas. Por acaso, Samuel Stevens, o agente de história natural de Wallace, estava lá.[75] Por acaso, William Carpenter, amigo de Darwin, também, e ainda William Fitton, geólogo que Darwin conhecia dos tempos da Gower Street. Daniel Oliver e Arthur Henfry, que mais tarde se tornaram evolucionistas comprometidos, compareceram, assim como Cuthbert Collingwood, um futuro oponente. Huxley, que logo se tornaria o defensor mais público de Darwin, não estava presente, pois ainda não era membro,

[73] Linnean Society, 1908, p.90; *Correspondence*, v.7, p.123-4.

[74] *Correspondence*, v.7, p.127, 129.

[75] Linnean Society, 1908, p.83. As listas de comparecimento, embora registradas pelo secretário, eram, por diversos motivos, muitas vezes incompletas. É possível que vários outros membros e convidados estivessem presentes. Agradeço a Gina Douglas, da Linnean Society, por essa informação. Samuel Stevens era o único Stevens membro na época, eleito em 3 de dezembro de 1850. Ver também Moody, 1971.

assim como Erasmus Darwin e Hensleigh Wedgwood, respectivamente irmão e primo de Darwin. "Nenhum quarto indivíduo teve conhecimento de nossa reunião", disse Hooker, esquecendo que essa cortina de silêncio também envolvia Wallace, o catalisador de toda a questão.[76]

O texto era também longo e difícil de entender de imediato. Os artigos de Darwin e Wallace foram os primeiros na programação (Hooker convencera George Bentham a abrir mão de falar),[77] seguidos por cinco outros sobre tópicos botânicos e zoológicos convencionais. No fim da reunião, como observou Bentham, a audiência parecia fatigada. As propostas de Darwin e Wallace não conseguiram provocar debate ou controvérsia de fim de noite.

Como Bell costumava encorajar a discussão – uma inovação introduzida em sua presidência –, parece que as ideias radicais deles não causaram muito impacto imediato.[78] "Nenhuma aparência de discussão", disse Hooker, embora pensasse se lembrar de que "falou-se sobre o assunto com animação" no chá que se seguiu. Mais tarde, já idoso, com a mente lotada por meio século de metáforas de batalha, ele declarou que "o assunto [era] excessivamente novo e ameaçador para que a velha escola se alistasse antes de vestir a armadura".

É provável que Hooker, que vivia seus últimos anos, tenha exagerado tanto o silêncio como os sussurros na hora do chá. A maioria dos membros presentes naquele dia devia saber da importância do que estava sendo sugerido; um momento de reflexão teria assegurado que eles reconhecessem pelo menos parte das implicações mais amplas. Mas o zoólogo George Busk, subsecretário de zoologia da sociedade e o amigo mais íntimo de Huxley, não disse nada. Bennett, o secretário-geral, tampouco. Inteligente e preocupado com questões filosóficas, Bentham, sobrinho de Jeremy Bentham, ficou em silêncio. Até William Carpenter, um dos fisiologistas mais avançados da época, com visões fortemente naturalistas e muito versado no pensamento evolucionista de *Vestígios*, manteve-se em silêncio enquanto Bell os apressava para o término da reunião. Todos eles podiam ter expressado o que pensavam com mais liberdade se Hooker e Lyell não tivessem jogado seu peso poderoso para sustentar o argumento. Lyell assustou os membros da Linnean, afirmou Hooker com certa dose de satisfação; e é provável que as reputações de Lyell, Hooker e Darwin tenham inibido qualquer

---

[76] As reminiscências de Hooker estão em Linnean Society, 1908, p.12-6, e divergem em vários detalhes das cartas transcritas em *Correspondence*, v.7, p.117-24. Ver também *Life and Letters*, v.2, p.125-6.

[77] George Bentham a Francis Darwin, 30 de maio de 1882, DAR 140.

[78] Bell, 1859.

demonstração vulgar de discordância por parte da plateia. Os membros da Linnean eram extremamente educados. Só a agressividade dos debates na Geological Society e na British Association convidava ativamente os leões científicos a rugir.

Mais tarde, Bell captou o clima geral de estabilidade imperturbável e sociável. "O ano que passou", observou em seu discurso presidencial, em maio de 1859,

> não foi, na verdade, marcado por nenhuma dessas descobertas assombrosas que de imediato revolucionam, por assim dizer, o departamento da ciência ao qual estão relacionadas.[79]

Bastante precisa em curto prazo, a observação de Bell estava destinada a ficar conhecida como um dos erros de julgamento mais infelizes da história da ciência.

Os membros da Linnean Society se dispersaram naquela noite não tanto horrorizados pelas novas ideias, mas enfastiados pela extensão e pela quantidade de informações apresentadas.[80] Grande parte do conceito de seleção natural era provavelmente muito complicada para eles. Não houve oportunidade suficiente para concentração, discussão para exaltar os ânimos, autor no pódio para rebater e se defender de perguntas difíceis nem para elevar a pressão sanguínea de naturalistas com inclinação teológica. Além disso, os membros eram homens respeitáveis, não propensos a criar uma comoção. Hooker e Lyell tinham escolhido o lugar certo para um silêncio impassível e bem comportado.

Para Darwin, a noite assinalou o fim de duas das semanas mais horríveis de sua vida. Injustamente, ele começou a imaginar que a carta de Wallace o obrigara a uma publicação prematura e começou a remodelar seu papel nos procedimentos, de possível vilão para vítima potencial. "Não penso que Wallace possa julgar minha conduta injusta ao autorizar Hooker e você a fazer o que julgassem correto", disse a Lyell. Acima de tudo, ele esperava que seus atos fossem entendidos como um desejo genuíno de se comportar de forma honrosa. "Meus planos de publicação estão todos mudados", explicou a Thomas Campbell Eyton, velho amigo de Shropshire. Nada, em resumo, acontecera do modo como ele queria.

Mas finalmente ele havia falado.

---

[79] Bell, 1859, p.XIII-IV.

[80] Moody, 1971.

2.

"Meu livro abominável"

Só restava contar a Wallace. Esta foi possivelmente a parte mais complicada de todo o episódio. Para Darwin, seria sem dúvida uma carta difícil de escrever. A turbulência das últimas duas semanas ocorrera inteiramente na ausência de Wallace e sem o conhecimento dele, um estado de coisas que cheirava a *Hamlet* sem o príncipe. As palavras que Darwin usasse condicionariam a resposta de Wallace.

Ele primeiro apresentou o problema a Hooker, esperando que este também pudesse escrever a Wallace. "É claro que eu gostaria muito disso, pois me exoneraria inteiramente", observou. "Se você me enviasse sua nota, selada, eu a encaminharia com a minha, já que sei o endereço etc."[1] Hooker já estava encaminhando os textos da Linnean Society para edição e publicação no *Journal* da sociedade e pensava, com razão, que Wallace devia ser avisado.

Quando Hooker enviou sua explicação ("perfeita, bastante clara e muito cortês"), o alívio de Darwin foi palpável. Ele envelopou a carta de Hooker com a sua e postou-as para Cingapura.[2] Elas acabariam chegando às mãos de Wallace, em algum lugar a leste do país, cerca de quatro meses depois, transportadas por veleiros e um vapor locais. A última parte da viagem, imaginou Darwin, seria feita por parau.

Então, ele se preocupou. Nos dias seguintes, os piores, Darwin foi tomado por uma suspeita incômoda de que não agira de forma totalmente justa e imaginou se se permitira ser levado a procedimentos indecorosos. Ele não tinha ideia de como Wallace veria a situação. No mundo governado pelo

1 *Correspondence*, v.7, p.128.

2 Nenhuma das cartas chegou aos dias atuais.

rigor da ciência do século XIX, teorias eram propriedades muito pessoais, ligadas de maneira inseparável aos nomes de seus criadores, e não estavam disponíveis para que outra pessoa as apresentasse ao público, muito menos sem permissão. A república das letras, apesar de uma retórica crescente de informação aberta, era individualista. Darwin conhecia alguns naturalistas que ficariam indignados se ele ou Lyell tivessem tentado lhes dar o mesmo tratamento de partilha de prioridade, muitas figuras estabelecidas que questionariam de modo contundente as motivações dele. Inquieto, ele dizia a si mesmo que tudo havia sido feito com a intenção moral mais elevada. Era óbvio que decorreriam seis meses ou mais antes que ele recebesse uma resposta de Wallace.

Mas os piores temores de Darwin se revelaram desnecessários. Quando Wallace leu as cartas enviadas da Down House, admitiu que estava "muito surpreso de saber que a mesma ideia ocorrera a Darwin".[3] Em particular, talvez tenha ficado muito decepcionado. Mas respondeu de imediato, demonstrando a afável liberalidade de espírito que Darwin e outros futuros amigos cientistas tanto apreciariam. Hoje só resta a carta a Hooker.

> Teria me causado muita dor e tristeza, se o excesso de generosidade do sr. Darwin o houvesse levado a tornar público meu texto desacompanhado das ideias dele, muito anteriores e não duvido que muito mais completas, sobre o mesmo assunto,

informou Wallace a Hooker.

> Devo mais uma vez agradecer ao senhor pelo curso que adotou, o qual, embora rigorosamente justo para ambas as partes, me é tão favorável.[4]

Com modéstia, ele aceitou o papel menor de "codescobridor" que lhe era imposto. Talvez se desse conta de que não podia fazer muito mais. O que estava feito não podia ser desfeito. No momento em que soube do anúncio duplo, ele não tinha condição de apresentar objeções, e é provável que suas boas maneiras inatas o tenham levado a aquiescer gentilmente.

---

3 Só recebida em outubro de 1858, Wallace,1905, v.I, p.363. Para a propriedade das teorias científicas, ver Merton, 1973; Becher, 1989.

4 *Correspondence*, v.7, p.166. A ausência dessas cartas levou Brooks, 1984, e Brackman, 1980, a propor que houve alguma tramoia.

Além disso, talvez ele tenha reconhecido que estaria muito melhor se aceitasse a curiosa mudança ocorrida e desfrutasse a publicidade. Era de seu interesse tirar proveito da nova situação. Em outras condições, seu ensaio dificilmente teria se tornado público tão depressa ou de maneira tão vantajosa. Se ele tivesse enviado o texto a seu amigo Henry Bates, que continuava matando mosquitos a tapa na Amazônia, ou a Samuel Stevens, seu agente em Londres, suas ideias ainda não teriam chegado a nenhum dos especialistas que governavam as ciências da época e cuja opinião ele buscava. E, se o tivesse enviado diretamente para publicação a Edward Newman, na *Zoologist*, ou a alguma outra revista de história natural, não teria garantia de que o texto seria publicado. Agora, seu nome se unira ao de Darwin, e ele estava prestes a aparecer em um periódico culto, de prestígio, vantagens profissionais que ele com certeza apreciava. Talvez Wallace também tenha sentido ser relativamente fácil partilhar as honras. Ao contrário de Darwin, ele ainda não investira a vida e a alma em sua teoria.

Ainda assim, é provável que Wallace tenha sentido uma ponta de tristeza ao descobrir que não era o único a ter aquelas ideias. Mas, numa atitude elogiável, jamais demonstrou ressentimento. Como ocorreu com Darwin, a colisão inesperada revelou suas melhores qualidades.

II

Cumprido o dever, Darwin se apressou a afastar os filhos da infecção. "Você pode imaginar como ficamos assustados", escreveu a Fox depois do enterro do bebê. "Foi uma quinzena muitíssimo infeliz." Tenso de preocupação, ele obrigou toda a *entourage* adoentada a sair de Downe. Tinha em mente a recuperação em algum local atraente – e com distrações. "Até o dia de minha morte, nunca esquecerei o temor de doença em relação aos outros filhos depois que nosso pobre bebezinho morreu."[5] Ele notou que Emma estava exausta. E o restante da casa tampouco estava bem, com Henrietta irascível em sua convalescença e Jane (filha de Parslow), que cuidava das crianças, dando sinais do que também podia se transformar em escarlatina. A tensão pessoal das duas últimas semanas o deixara sentindo-se como um "traste vivo". Quase não lhe sobrou emoção para absorver a notícia da morte, naquela mesma semana, de sua irmã Marianne, aos sessenta anos. Erasmus e ele concordaram que os filhos de Marianne deveriam ser entregues aos cuidados de Susan e Catherine Darwin, as irmãs Shrewsbury remanescentes, e Susan, que sempre mostrara um afeto particular por esses

5 *Correspondence*, v.9, p.373.

sobrinhos, os levou para a velha casa da família sob sua responsabilidade.[6] O marido de Marianne, Henry Parker, morrera vários anos antes. Embora o modo como as pessoas se relacionavam com a morte tenha mudado ao longo dos séculos e a experiência de luto nos tempos vitorianos estivesse ligada a muitos sistemas diferentes de classe e crença, aquelas mortes, ocorridas com tanta proximidade, eram uma realidade cruel para os Darwin. Emma provavelmente podia se consolar nas certezas cristãs sobre imortalidade. As doutrinas de sua igreja lhe garantiam que encontraria os filhos e outros entes queridos no céu. Darwin confrontava a mortalidade em solidão e isolamento. Para velhos ou jovens, a morte era inexorável.[7] Numa visão retrospectiva, parece possível que Emma tenha sofrido duplamente por não ser capaz de partilhar a consolação religiosa com o marido incrédulo.

Mas eles se recuperaram. Depois de uma cautelosa viagem feita em estágios até Portsmouth, seguida pela travessia para a ilha de Wight, com sete filhos, de William, de dezenove anos, a Horace, de quase sete, mais uma carruagem separada cheia de baús e empregadas, uma cadeira de rodas e um gatinho de estimação para Henrietta, e uma das indispensáveis irmãs Thorley convocada para a emergência como governanta temporária, eles começaram a relaxar assim que chegaram. Essa minúscula ilha ao largo da costa era um antigo local de veraneio para a realeza, poetas e membros da elite. Acima de tudo, era sossegada, e, como Darwin contou a Fox quando eles descansaram no King's Head Hotel, em Sandown, "é muito conveniente para nós". Eles encontraram uma *villa* para alugar em Shanklin, adiante no litoral, "o lugar à beira-mar mais belo que já vimos". A *villa* estava situada ao pé dos penhascos, na borda de uma imensa baía de areia. Darwin esperava que o ar marinho tirasse um pouco da apatia de Henrietta. Os meninos pequenos, disse, com satisfação, estavam muito felizes na areia.

Aos poucos, as tensões de Darwin começaram a se dissipar. Ele vagava pela crista de montanha vizinha, uma fenda estreita na encosta, até as velhas casas no topo, caminhando pelas trilhas gredosas para saborear o espaço e a vista do oceano. Essas vistas abertas eram suas preferidas, ideais para aliviar uma mente preocupada. Os penhascos íngremes eram pitorescos e, em dias de sol, lembravam a visitantes viajados a Riviera ou a baía de Nápoles; já haviam fascinado muita gente, como Keats, Tennyson

---

6 Ver *Emma Darwin*, v.2, p.210.

7 Jalland, 1996, que inclui uma explicação da atitude de Darwin em relação à morte de parentes próximos. Bowlby, 1990, p.457-66, discute o impacto da morte da mãe de Darwin.

e o príncipe Albert. O príncipe consorte acabara de comprar a Osborne House, do outro lado da ilha, para reconstruí-la como um palácio de férias para sua crescente família. Darwin andava quilômetros, contente por seus pensamentos estarem mais felizes. As perdas do filho e de sua teoria não podiam ser encaradas com leveza. Mas pareciam menos esmagadoras quando ele saía para respirar o ar fresco.

Às vezes, William o acompanhava pela relva primaveril, identificando plantas com o auxílio de um exemplar da *British Flora* [Flora britânica], de George Bentham, comprado especialmente para esse propósito, e nomeando-as para edificação do pai. "Willy enfrentou as *Compositae* e *Umbelliferae* como um herói", disse certa noite Darwin, com orgulho de pai, em uma carta a Hooker. William estava prestes a seguir para a Cambridge University com uma bolsa de ingresso para o Christ's College, a antiga faculdade do pai – uma espécie de ressurreição pessoal, disse Darwin a Fox –; teria até um tutor para ajudá-lo a se preparar para os exames e ocuparia aposentos no mesmo andar em que ele ficara alojado. Muito ambicioso em relação ao futuro, Darwin falou com o filho sobre este se tornar advogado, "meu caro futuro *lord* Chancellor".[8] Experimentalmente, ele explorou a novidade de tratar William como adulto. Menos interessado em participar da conversa sobre *lord chancellor*, mas com o bom humor que ocorria naturalmente a todos os filhos homens da família Darwin, William cedeu ao inevitável. Essa chamada igualdade envolvia basicamente ajudar o pai em suas pesquisas.

Quase de imediato Darwin também voltou a escrever, primeiro no King's Head, em Shanklin, depois com maior constância, por uma ou duas horas todas as manhãs, em um quarto na *villa* em Sandown. Ele não desejava particularmente escrever: seus pensamentos estavam carregados. Mas escrever afastava sua mente dos problemas e lhe dava algo que fazer.

No momento, Hooker o pressionava a fazer um texto propriamente científico sobre seleção natural, que expusesse seu sistema completo e atendesse à sua reivindicação de prioridade. Com ousadia, Hooker sugeriu que Darwin fornecesse outro artigo, de cerca de trinta páginas, para o *Journal* da Linnean Society, um resumo, por assim dizer, do longo manuscrito que ele sabia estar sendo preparado em Downe. Afetuosamente, ele punha seu peso científico à disposição do amigo e o empurrava na direção apropriada.

Reclamações angustiadas partiram da ilha de Wight. "Não consigo ver como ele pode ser tornado científico para um *journal*, sem apresentar fatos, o que seria impossível." "Como farei qualquer tipo de resumo em

8 *Lord* Chancellor: importante posto ministerial do governo britânico, na época responsável, entre outras funções, pela chefia do poder judiciário. (N. T.)

trinta páginas de *journal*, não sei."[9] Não dissuadido, Hooker insistiu. O *Journal*, disse ele estoicamente, acomodaria qualquer coisa que Darwin fornecesse, cem páginas, mesmo 150. O relutante autor entendeu que era necessário concordar.

Sem o saber, iniciou o que acabaria sendo *A origem das espécies*.

III

Em casa, em meados de agosto de 1858, as palavras jorravam dele como se comportas tivessem se rompido. O simples pedido de Hooker, combinado à grande emoção das semanas anteriores, liberou anos de cautela confinada. Darwin ainda não tinha segurança sobre a forma que o texto assumiria – chamava o manuscrito de "resumo". Mas estava inclinado a produzir algo para publicação imediata. "Resolvi fazê-lo e não farei mais nada até completá-lo", contou a Fox. É evidente que o pensamento de Wallace o energizou e o entusiasmou. "Estou quase contente com o texto de Wallace, por ter levado a este."

Sempre empenhado, ele trabalhou com mais dedicação do que jamais tivera. Dia após dia, trancava-se em sua sala cercado pelo acúmulo desordenado de uma vida inteira de pesquisa – cadernos de anotações, antigos esboços e ensaios, o manuscrito inacabado que fora interrompido pela carta de Wallace, tiras de papel saltando de trás de livros, uma confusão de anotações a lápis, muitas ilegíveis até para ele próprio, correspondência aberta organizada em pilhas de acordo com o assunto, e a caixa de rapé de prata devidamente abastecida em um bolso acessível. Ele não usava mesa. Sentava com uma prancha sobre os joelhos em uma grande poltrona com encosto reto, a única cadeira na casa que acomodava suas pernas compridas, erguida muito acima do piso pelo acréscimo de uma feia estrutura de ferro com rodízios. Dia após dia, ele aparou, reduziu e embelezou seu projeto de vinte anos, pondo em cada palavra o peso do entendimento amadurecido. Embora o texto devesse ser apenas um resumo, ele queria torná-lo o mais perfeito possível. Não havia mais espaço para protelação, não era possível continuar a proteger suas apostas.

E como escreveu. Todos os anos de pensamento atingiram um clímax nesses meses de percepção final. Sozinho em seu estúdio, seguro em seu navio em terra, mimado pela mulher e isolado das preocupações do mundo, um homem triste e reticente, por muito pouco não antecipado por outro em sua tentativa de reescrever a história da natureza, Darwin via mais longe e com mais clareza que nunca. A pressão de Hooker para que ele

9 *Correspondence*, v.7, p.127, 130.

fosse breve em nada ajudou. Sua mente estava lúcida, sua pena, afiada. O apoio constante que ele recebia da família e dos amigos também o nutria.

Mas o fogo interior vinha de Wallace. Durante muito tempo Darwin fora encurralado por ansiedades, sempre circunspecto, externamente convencional e se esforçando para chegar à completude científica – a busca da impecabilidade que o marcara desde o início e que, na meia-idade, o estava levando à exaustão. Agora todos os impedimentos eram desconsiderados. O processo de ser antecipado por outro poderia ter destruído um espírito menor, mas Darwin emergiu dele resoluto. O aço cintilava. O ensaio de Wallace lhe deu o ânimo de que precisava. "Você não pode imaginar que serviço me prestou ao me fazer redigir este resumo", disse ele a Hooker em outubro,

> pois embora eu pensasse que tinha tudo claro, ele clareou muito meu cérebro, ao me fazer pesar a importância relativa dos vários elementos.[10]

Uma parte dessa confiança recém-descoberta provavelmente vinha do modo como estavam sendo recebidos os textos dele e de Wallace apresentados na Linnean Society. Darwin imaginara que a crise de publicação seria muito pior do que foi. O texto duplo foi publicado no *Journal* da Linnean Society (na seção de zoologia) em agosto de 1858. Durante os dois ou três meses seguintes, foi reimpresso no todo ou em parte em várias revistas populares de história natural da época.[11] Algumas pessoas deram a conhecer suas opiniões em cartas, resenhas e periódicos. Houve mais notícias do que normalmente se supõe.[12]

Richard Owen, por exemplo, se referiu ao texto em seu discurso presidencial à British Association for the Advancement of Science, em Leeds, em setembro de 1858, elogiando a explicação de Wallace sobre o modo como as variedades substituem umas às outras, embora se apressasse em acrescentar que não havia motivo para pensar que isso explicava a origem das espécies.[13] Publicado, o discurso de Owen teve ampla circulação. A British Association deliberadamente se dirigia ao público de classe média respeitável – que constituía a maior comunidade para a ciência –, e por

---

[10] *Correspondence*, v.7, p.165.

[11] Publicado em 20 de agosto de 1858. Darwin provavelmente recebeu exemplares no começo de outubro; ver *Correspondence*, v.7, p.168.

[12] Cohen, 1985; England, 1997. Ver também D. Porter, 1993.

[13] R. Owen, 1858, p.LXXV, LXXXV, XC-XCII.

meio da obra de Owen e de outros promovia um tipo de envolvimento intelectual em que o grandioso projeto do Criador costumava desempenhar um papel óbvio. Na verdade, a British Association se tornaria o teatro no qual o debate sobre evolução seria travado diante do público por uma década ou mais. Contudo, se quisesse, Owen poderia ter sido muito mais contundente, inteiramente mais selvagem, tentando esmagar de imediato a ideia de evolução por seleção natural. Conhecido de Darwin de longa data, ele era a principal figura nas ciências de história natural britânicas, superintendente das coleções de animais e plantas no British Museum e um destacado anatomista comparativo. Sua filosofia da natureza normalmente o teria predisposto a antipatizar com as propostas evolucionistas, já que ele defendia uma visão idealista das relações entre animais na qual semelhanças anatômicas eram entendidas como expressões do plano subjacente do Criador – embora, aqui e ali, ele também apresentasse ligações desenvolvimentistas refletidas em alguns dos ciclos reprodutivos mais incomuns de animais inferiores.[14] Em seu discurso, porém, Owen parecia quase inclinado positivamente. Outro conhecido de Darwin, o botânico Hewett Cotrell Watson, acrescentou uma ou duas palavras animadoras sobre a nova teoria ao volume seguinte de *Cybele Britannica*, sua série sobre plantas britânicas.[15] E, quando extratos dos textos de Darwin e Wallace foram republicados na revista popular *Zoologist*, poucos correspondentes torceram o nariz. "Isto é sensato?", perguntou um fidalgo rural. "Está de acordo com o espírito da ciência moderna?" Aqui não havia nada para preocupar indevidamente Darwin.

Mas um resenhista conseguiu irritá-lo. Samuel Haughton, catedrático de geologia no Trinity College Dublin, escarneceu de modo desagradável.

> Essa especulação dos srs. Darwin e Wallace não seria digna de nota, não fosse o peso da autoridade dos nomes [isto é, o de Lyell e o de Hooker] sob cujos auspícios foi apresentada. [...] Se ela quer realmente dizer o que diz, é um truísmo; se quer dizer alguma coisa mais, é contrária aos fatos.[16]

---

14 Sloan, 1992. Para uma análise geral de Owen, ver Rupke, 1994.

15 Watson, 1847-60, v.4, p.524-5. Watson explicou suas visões progressistas em Watson, 1845.

16 Ver *Correspondence*, v.7, p.292. As observações de Haughton foram relatadas em *Journal of the Geological Society of Dublin*, v.8, 1857-60, p.152. Não foram repetidas em Haughton, 1860.

Darwin copiou isso para enviar a Hooker como um augúrio do que estava por vir. Mas, longe de destruir sua confiança, as palavras de Haughton parecem ter cutucado os recessos antiestablishment de sua mente.

Em outros lugares, e sem qualquer conhecimento de Darwin, os membros da Linnean Society receberam e leram seu número do *Journal* sem alarme evidente. A despeito do acesso de Haughton, havia um número crescente de homens e mulheres sérios na Grã-Bretanha e na Irlanda que não se sentiam limitados pelas restrições da teologia natural tradicional, do dogma religioso ou do literalismo bíblico – indivíduos que, não obstante, ainda se consideravam membros responsáveis da sociedade e crentes em alguma forma de divindade. Um jovem naturalista chamado Alfred Newton, pesquisador bolsista do Magdalene College, Cambridge, ficou até tarde da noite agarrado a seu exemplar do *Journal*. "Nunca esquecerei a impressão que ele me deixou", escreveu depois. "Ali estava contida uma solução perfeitamente simples para todas as dificuldades que me incomodavam havia meses."[17] Na mesma semana, ele convenceu seu colega de faculdade Henry Tristram, um seminarista que se preparava para ser ordenado padre pela igreja da Inglaterra, a concordar, e Tristram preparou um texto curto sobre os pássaros do norte da África para o influente periódico de ornitologia *Ibis*. De maneira muito semelhante à contração de uma doença, esses dois jovens afirmavam ter desenvolvido, no período de alguns dias, um "puro e completo darwinismo".

Gray e Hooker começaram a mencionar a ideia de seleção natural em textos publicados, informando à comunidade botânica que um anúncio mais completo de Darwin estava a caminho. Hooker admitiu para Gray:

> Devo reconhecer que minha fé está abalada até a base e que a soma de todas as evidências que encontrei desde que estudei o assunto favorece a origem das espécies por variação.

Gray respondeu de modo igualmente aberto. Eles estavam aliviados por poder falar sobre seleção natural em público. Ao atraí-los enquanto suas ideias ainda eram secretas, Darwin os havia deixado efetivamente de mãos atadas, não permitindo que fizessem uso prático da teoria em sua obra nem lhes dando liberdade para discuti-la com outros naturalistas. Liberado desse compromisso não vocalizado, Hooker publicou comentários sobre as concepções evolucionistas de Darwin e Wallace no substancial ensaio sobre plantas tasmanianas que estava compilando, parte de um catálogo

[17] Wollaston, 1921, p.112, 118, e também citado em Cohen, 1985.

botânico que foi atrasado e acabou sendo publicado nos últimos meses de 1859. Ali, ele anunciou seu apoio aos "raciocínios e teorias engenhosos e originais do sr. Darwin e do sr. Wallace". Antes disso, ele contou a Gray:

> Estou muito ocupado com o Ensaio Introdutório à Flora da Tasmânia, um tipo de texto que acho muitíssimo difícil – tenho de fazer grandes concessões às doutrinas de Darwin de "seleção natural" e modifiquei totalmente minha opinião principalmente sobre a questão de os híbridos – variedades – voltarem à forma parental – e muitos outros pontos cardeais. Estou imensamente grato por poder usar agora as doutrinas de Darwin – até este momento, elas eram segredos os quais eu estava moralmente obrigado a conhecer, preservar, discutir com ele em privado e combater, se pudesse, em privado – mas nunca aludir a elas em público, e em meus textos eu tinha sempre que discutir os temas da criação, variação etc. etc. como se nunca tivesse ouvido falar de seleção natural – que eu conhecia o tempo todo e sinto ser não apenas útil em si para explicar muitos fatos na variação, mas como o argumento mais fatal contra a "criação especial" e a favor de a "derivação" ser a regra de todas as espécies.[18]

Inconsciente da prudência de Hooker, Darwin leu as provas do livro-texto sobre a flora tasmaniana com satisfação crescente. "Você não pode imaginar como estou contente de saber que a ideia de seleção natural agiu como um purgante em suas entranhas de imutabilidade", disse, mais explícito do que costumava ser. Nesse livro, Hooker propunha que a variação e a transmutação bem poderiam ser a resposta que os taxonomistas de plantas vinham buscando para a confusão botânica que viam a seu redor.[19]

Crenças teológicas tampouco pareceram atrapalhar a avaliação que Asa Gray fazia da seleção natural. Na última parte de seu estudo de plantas japonesas, ele se referiu aos textos da Linnean Society com termos elogiosos.[20] Admitindo de modo acanhado seu prazer em provocar, em abril de 1859 ele também agitou os membros de um clube de ciência da Harvard University ao expor o argumento de Darwin e Wallace,

---

18 Hooker a Gray, 21 de outubro de 1858, citado de D. Porter, 1993, p.32-3.

19 *Correspondence*, v.7, p.130; Hooker, 1859. D. Porter, 1993, apresenta o contexto.

20 Gray, 1859.

> em parte para ver como afetaria uma dúzia de pessoas de mentes e modos de pensar variados e, em parte, confesso, maliciosamente, para irritar a alma de Agassiz com visões tão diametralmente opostas a suas noções preferidas.[21]

Uma parte pequena, mas significativa da comunidade intelectual de Massachusetts, que incluía Louis Agassiz, E. S. Dixwell, Joseph Lovering e Benjamin Pierce, foi embora naquela noite tendo sido a primeira nos Estados Unidos, depois de Gray, a ser informada da obra de Darwin e Wallace. Gray estava certo sobre incomodar Louis Agassiz. Agassiz ficou muito irritado com o que aconteceu naquela noite e impulsivamente acrescentou uma troça contra Darwin e Wallace a seu renomado *Essay on Classification* [Ensaio sobre classificação]. Os dois ingleses eram tolos, declarou Agassiz com todas as letras, se acreditavam que um tempo mais longo "faria o que 30 mil anos ainda não fizeram".

Agassiz não tinha simpatia pelo esquema de Darwin e Wallace – e provavelmente não viria a ter. Desde 1846, quando emigrara da Suíça para Boston, ele era o principal naturalista dos Estados Unidos, um homem com reputação científica mundial, catedrático de zoologia na Harvard University, carismático, devoto e extremamente inteligente. Naquele período, 1858 e 1859, ele dominava a vida intelectual norte-americana. Era conhecido por acreditar que todos os seres vivos, inclusive os humanos, eram criados por ordem divina. As espécies eram ideias na mente de Deus, anunciava ele em seu *Essay on Classification*. Qualquer forma de evolução, fosse a de Darwin ou outra, era sacrílega. Esse livro, publicado originalmente em 1857 e republicado com comentários antievolucionistas em Londres, em 1859, era um exemplo sofisticado de pensamento biológico, no qual ele apresentava as razões filosóficas para considerar as espécies como entidades fixas e estáveis.[22] Todos os esquemas de classificação seriam inúteis, argumentava Agassiz, se as espécies estivessem sempre mudando. Além disso, o mundo natural era equilibrado de maneira tão delicada, cada organismo dependendo de outro numa teia de relações que viriam depois a ser chamadas de ecológicas, que todas as espécies deveriam, por implicação lógica, permanecer constantes. Elas deveriam ter sido criadas no mesmo momento, na forma que tinham agora, e todas juntas. Agassiz acreditava sinceramente que o mundo natural e todas as suas partes eram uma composição de inspiração bela e divina.

---

21 Dupree, 1988, p.259.

22 L. Agassiz, 1859. Ver, em especial, Windsor, 1979, e Lurie, 1960.

Por essas razões, Agassiz e Darwin iriam evidentemente se opor de modo implacável na questão da evolução, não só em suas visões de mundo divergentes, mas no que poderia constituir os princípios básicos da biologia. Apesar das ligações de amizade anteriores entre eles e de uma consideração genuína que cada um tinha pela competência do outro, Darwin lamentava a abordagem metafísica de Agassiz. "Disparates inteiramente impraticáveis", dissera ele ao ler *Essay on Classification*. Darwin sabia que nunca convenceria um homem como Agassiz. O mesmo pensava Asa Gray. Na reunião do Clube de Ciência de Harvard, Gray confrontara de propósito a principal fonte de oposição que Darwin jamais encontraria nos Estados Unidos – uma oposição, aliás, imensamente poderosa.

Por fim, Lyell enfrentou com nobreza ideias que considerava profundamente perturbadoras. "Os pensamentos de Lyell", disse Charles Bunbury, seu cunhado, "estão atualmente muito envolvidos com as especulações de Darwin sobre a grande questão das espécies em história natural".[23] Bunbury disse compassivamente que sem uma tremenda luta pessoal Lyell não seria capaz de abrir mão do *status* especial da humanidade.

O próprio Bunbury tinha poucos problemas desse tipo. "Por mais mortificante que possa parecer pensar que nossos ancestrais remotos eram águas-vivas", confidenciou a seu diário depois de ler o texto da Linnean Society, "em termos práticos não fará muita diferença". [24]

O mesmo pensamento audacioso passou pela mente de Huxley. "O ímpeto de Wallace parece ter impelido Darwin a agir a sério", ele escreveu a Hooker em setembro de 1858.

> Estou muito contente de saber que afinal seremos informados das visões completas dele. Anseio que uma grande revolução seja efetuada. Se depender dela, em história natural, como em tudo o mais, quando a mente inglesa está plenamente determinada a resolver alguma coisa, o faz melhor que qualquer outra.[25]

Próximos e distantes, conhecidos e desconhecidos, esses homens sentiam que Darwin e Wallace tinham algo a dizer. Mesmo antes de Darwin concluir o resumo, seu projeto pessoal estava assumindo algumas das características de um empreendimento coletivo e sendo aos poucos adotado por uma comunidade de amigos que operava em um contexto científico bem

[23] Bunbury, 1891-93, Middle Life 3, p.105.

[24] Bunbury, 1891-93, Middle Life 3, p.194-5.

[25] L. Huxley, 1900, v.1, p.159.

organizado, fervilhando de livros e periódicos, correspondência privada, sociedades, revistas de resenha, jantares e ocasiões para se pronunciar. A amizade era uma arma potente no processo de avaliação de novas ideias e tomada de decisões. Darwin era um pensador sofisticado demais para não reconhecer e apreciar isso.

No Natal, ele fez uma pausa. "Nunca dou mais que um ou dois exemplos", resmungou brandamente,

> e trato de forma breve de todas as dificuldades e, contudo, para que ele seja satisfatório, não consigo encurtar meu resumo mais do que estou fazendo agora.[26]

Ele já escrevera 330 páginas em tamanho fólio e estimava que precisaria de mais 150 a duzentas para terminar. Isso não tinha nada de resumo. Escrupulosamente, começou a calcular o tamanho de um tipo de impressão mais eficiente para espremer o máximo de palavras possível em uma página do *Journal* da Linnean Society. Com o mesmo escrúpulo, testou a temperatura da água editorial em Kew. Perguntou a Hooker como o editor da Linnean Society lidaria com um texto muito longo no *Journal*; ou o que Hooker pensaria se Darwin levasse o texto para outro lugar. Folha por folha, o resumo de Darwin se transformara em uma monografia, e a monografia em um livro. Parecia-lhe que um volume publicado em separado era a única resposta. "Estou pensando em um volume em formato duodécimo como a quarta ou quinta edição de Lyell", sugeriu.

Hooker entendeu a mensagem mais que claramente. Fez uma última tentativa com o resumo, perguntando se Darwin gostaria que ele solicitasse auxílio governamental, de modo que a Linnean Society pudesse publicar um suplemento separado.

Darwin rejeitou a oferta. Durante o feriado de Ano-Novo, ele avaliou o apelo de seu texto entre uma multidão de parentes em visita ("penso que meu livro será até certo ponto popular") e decidiu que um volume independente provavelmente cobriria os custos de um editor. Se este acabasse sendo um cálculo equivocado, ele estava "disposto a subsidiá-lo" ele próprio. Não publicaria no *Journal* da Linnean Society. Agiria por conta própria.

Quando, por fim, no final de janeiro de 1859, chegou uma carta gentil de Wallace, Darwin se lançou em uma febre de atividade apaixonada e aliviada. Reconheceu, agradecido, que sem Wallace nunca poderia ter levado sua obra a tal nível de intensidade. Sem a generosa aquiescência de

---

[26] *Correspondence*, v.7, p.198.

Wallace, nunca poderia ter esperado publicar sem ser assediado pela culpa. "Ele deve ser um homem amável", declarou Darwin.

"Graças a Deus estou em meu penúltimo capítulo", escreveu de volta para a Malásia.[27] Estava convencido de que devia transformar o "eterno resumo" em um volume independente. Depois de todos os anos de hesitação e dos transtornos dos últimos seis meses, ele ia finalmente concluir *A origem das espécies*.

IV

Daí até maio de 1859, quando o manuscrito foi terminado, ele trabalhou sem cessar. Revisou capítulos anteriores, completou os restantes e escreveu uma conclusão empolgante. Repetidas vezes, murmurou: "Temo que nunca conseguirei torná-lo suficientemente bom". Repetidas vezes, os amigos responderam a perguntas, leram partes do texto, escreveram cartas e o encorajaram. "É mero farrapo de hipótese, com tantas falhas e buracos quantas partes sólidas", escreveu ele a Huxley. "Minha pergunta é: será que o farrapo vale alguma coisa?"[28] Pacientemente, eles providenciavam tudo de que ele precisava. "Sinto uma espécie de sentimento vago de já lhe ter perguntado tudo isso antes", disse a Gray a certa altura. "Se perguntei, peço muitíssimas desculpas."

Uma vez que Darwin tinha certeza de que queria escrever um livro, seu foco geral ficou muito mais aguçado. Rigor e disciplina permeavam seu trabalho diário. Ele cortou cada capítulo preexistente do grande manuscrito sobre seleção natural e omitiu incansavelmente todas as notas de rodapé e citações de fontes, o que o levaria mais tarde a lamentar a perda de tantas evidências científicas sólidas que lutara para reunir. Depois, acrescentou e reorganizou o texto para criar um argumento mais convincente, expresso em termos que foram muito melhorados ao ser comprimidos. A competição e a catástrofe quase o haviam tirado de seu senso normal. Ele se sentia mais próximo de seu material, mais sintonizado com a brutalidade tosca da natureza do que jamais estivera. Cortando e tecendo de forma incisiva, apenas excluindo documentação e cláusulas extensas, em treze meses ele produziu um livro de quinhentas páginas, um "resumo" de suas teorias. A origem de sua *A origem* foi, na verdade, cirúrgica.

Também como escritor, Darwin descobriu profundidades insondadas. Sua voz era alternadamente deslumbrante, persuasiva, amistosa, humilde e obscura. Sem ousar esperar que pudesse iniciar uma transformação no

---

27 *Correspondence*, v.7, p.240.
28 *Correspondence*, v.7, p.301.

pensamento científico, ele não obstante se pôs magnificamente à altura dessa tarefa. Ficar preso na Down House era a melhor coisa que lhe podia ter acontecido. Por mais que seu livro fosse localizado de uma maneira agradável, ele atravessava fronteiras nacionais e cronológicas. A imaginação de Darwin pairava além dos confins de sua casa e jardim, além de suas doenças debilitantes e da saúde frágil dos filhos. Com o máximo de determinação, ele questionava tudo em que seus contemporâneos acreditavam sobre a natureza viva, criando uma descrição das origens completamente desprovida do Jardim do Éden. Ele abandonou a imagem de um relojoeiro celestial a construir pacientemente seres vivos para ocupar a terra abaixo. Descartou o que John Herschel chamava com devoção de "mistério dos mistérios". O livro de Darwin implicitamente reivindicava Adão e Eva, e ele mostrava repetidas vezes como a natureza era cruel e cheia de armadilhas. O mundo natural não tinha validade nem propósito moral, argumentava. Animais e plantas não são o produto de um projeto especial ou criação especial. "Estou plenamente convencido de que as espécies não são imutáveis", declarou nas páginas iniciais. Depois disso ninguém poderia ver os seres orgânicos e seu cenário natural com os mesmos olhos de antes. E ninguém tampouco poderia deixar de notar como a biologia de Darwin espelhava o modo de vida britânico em todo seu espírito competitivo, empresarial, fabril, ou que seu apelo à lei natural contribuía inequivocamente para o impulso geral no sentido da secularização e apoiava as reivindicações da ciência a entender o mundo em seus próprios termos. Além de reescrever a história da vida, ele estava contando a história da ascensão da ciência na Grã-Bretanha vitoriana.

Havia também outro tipo de narrativa. Darwin escreveu como sempre fizera, no mesmo estilo autobiográfico agradável que desenvolvera durante a viagem do *Beagle* e que avivara em seu *Journal of Researches*.[29] Muito tempo depois, Francis Darwin disse que esse estilo agradável de escrita era característico do pai em

> sua simplicidade, beirando a ingenuidade, e em sua ausência de pretensão. [...] Seu tom cortês e conciliador com o leitor é notável, e devia ser em parte essa qualidade que revelava sua doçura pessoal de caráter a tantos que nunca o tinham visto.[30]

[29] Burrow, 1968, introdução, p.41-2.
[30] *Life and Letters*, v.1, p.155.

Gerações de leitores ingleses estavam familiarizadas com essa intimidade franca, por meio dos textos pastorais de Gilbert White e de histórias autobiográficas cortesmente humorísticas, como *Tristram Shandy*. Aqui, Darwin recorria espontaneamente a gêneros literários bem conhecidos e não ameaçadores. Embora suas teorias pudessem assustar, seu estilo era todo simpático e cordial, criando uma magia distintiva entre autor e leitor. Ele aparecia no livro exatamente como era na vida – um cavalheiro cientista honrado, cortês, confiável e amistoso, que não falava com leviandade das questões momentosas que considerava, um defensor do bom-senso, honesto com seus dados e desdenhoso da "mera conjectura". Esse estilo de escrita humano era um de seus melhores dons, imensamente atraente para leitores britânicos, que viam nele as melhores qualidades de sua antiga tradição literária combinadas a valores cavalheirescos contemporâneos. Ele foi muito útil para Darwin durante os anos de controvérsia que se seguiram. Em particular, dissipava qualquer possível animosidade pessoal. De fato, o estilo fez Darwin.

E que livro era aquele. Poucos textos científicos foram urdidos de maneira tão cerrada, tão repletos de informações factuais e com tantas metáforas ricamente inventivas. A técnica literária de Darwin foi notada há muito tempo por ecoar *Grandes expectativas*, de Dickens, ou *Middlemarch*, de George Eliot, na complexidade do entrelaçamento de histórias e na capacidade que ele demonstrou de manusear tantos fios contínuos ao mesmo tempo. Darwin estava elaborando uma obra de arte duradoura.[31] Mais que isso, seus poderes imaginativos cativariam gerações de leitores. Modesto, ele dizia só que seu livro podia ser lido como "um longo argumento".[32]

A estrutura desse argumento era importante. Embora Darwin fizesse deliberadamente que a procissão regular de capítulos parecesse refletir a sequência cotidiana de sua pesquisa – dando a impressão de um progresso relativamente descomplicado dos fatos às ideias –, a história real tinha sido muito diferente. A seleção natural não era evidente na natureza nem era o tipo de teoria da qual se poderia dizer: "Olhe aqui e veja". Darwin não tinha experimento crucial que demonstrasse a evolução operando de forma conclusiva.[33] Não tinha equações para comprovar seu argumento.

---

[31] Explorado em Hyman, 1962; Beer, 1983, 1985; Bulhof, 1992; Flint, 1995. Ver também Cannon, 1968; Kohn, 1996; os ensaios em Knoepflmacher e Tennyson, 1977; Dear, 1991. A forma moderna de texto científico que surgiu durante o século XIX é discutida em Myers, 1990.

[32] *Origin*, p.459.

[33] A dívida de Darwin com a filosofia do século XIX gerou alguns estudos importantes, por exemplo, Ellegard, 1957; Ghiselin, 1969; Hull, 1974; Ruse, 1975.

Tudo no livro seriam palavras – persuasão, revisualização, o balanço de probabilidades, as interações entre grandes números de organismos, as consequências sutis de minúsculos acasos e mudanças. Como Charles Lyell, em seu *Principles of Geology*, Darwin teve de recorrer a uma analogia entre o que era e o que não era conhecido, em seu caso fazendo uma ligação entre o que ocorria em quintais de fazenda e o que se podia presumir que acontecia na natureza. Ele dependia das probabilidades. Recorria a técnicas em que a acumulação de exemplos factuais enfraquecia progressivamente a resistência do leitor. Caso após caso, era "bastante inexplicável com base na teoria dos atos de criação independentes", e ele chamava a atenção para cerca de cinquenta ou sessenta fenômenos biológicos que em sua visão simplesmente não podiam ser explicados por criação especial. É claro que, por baixo, ele estava ciente de que seus dados eram inseparáveis de sua teoria – que uma parte não poderia existir em sua mente sem a outra. "Como é estranho alguém não entender que, para ter alguma utilidade, todas as observações devem ser favoráveis ou contrárias a alguma visão!", escreveu certa vez.[34] E ele entendia que um de seus maiores problemas era definir e estabilizar o próprio conhecimento que tentava apresentar. Esses tipos de argumento científico eram relativamente pouco utilizados no século XIX.[35] Numa época em que os filósofos naturais estavam passando conscientemente a recorrer a linguagens de predição, experimento, demonstração e descoberta, em que as verdades da natureza acreditadas eram estabelecidas pelo processo de ver e crer, a abordagem de Darwin era duplamente incomum.[36] Ele convidava as pessoas a acreditar em um mundo governado por contingências irregulares e imprevisíveis e lhes pedia que aceitassem sua solução pela simples razão de que ela parecia funcionar.

Nesse aspecto, a atenção que ele deu aos fatos foi um procedimento extremamente eficaz. Sem fatos acreditados, ele dizia a si mesmo, seu argumento seria pouco mais que outro *Vestígios*, ou outra versão de Lamarck, e este era um pensamento prudencial que ele teve em mente desde o dia da publicação de *Vestígios*. Além disso, todo o peso dos fatos ajudava a distinguir sua proposta da de Wallace. E a ênfase que ele dava à facticidade, por assim dizer, se conformava aos métodos de ciência contemporâneos

34 *More Letters*, v.1, p.195. Sobre a criação de conhecimento, ver Golinski, 1998.

35 T. Porter, 1986, 1995; Gigerenzer, 1989; Kruger, Daston e Heidelberger, 1987.

36 De uma literatura abundante, ver Hacking, 1975; Gooding, Pinch e Schaffer, 1989; Pickering, 1992.

mais aceitáveis e aliviava a crueza da teoria que ele propunha.[37] Na visão de Darwin, grande parte de sua originalidade e poder de convencimento residia, portanto, no monte de dados escrupulosamente considerados que ele apresentava. Portanto, ele se certificou de que seus leitores entenderiam os anos de esforço que investira no estabelecimento da precisão das informações que apresentava. Nomeou os especialistas com quem se correspondia, citando muitas vezes as cartas recebidas deles. Descreveu o que tinha visto com os próprios olhos durante seus experimentos. Autenticou as observações de homens práticos desconhecidos, acrescentando algumas palavras de validação pessoal dele próprio ou de outros, caracterizando-os como "um celebrado criador de gado Hereford" ou "um competente criador de pombos". Citou "observadores cuidadosos" e "o bom observador".

Esse senso de verificação e julgamento pessoal era um dos traços mais visíveis de Darwin como autor. De modo educado, resoluto, gentil, ele conduzia os leitores por seu estúdio, seu jardim, seu círculo de correspondentes, sua estufa, sua convivência social com a nobreza proprietária de terras e seus guarda-caças, e as sociedades cultas que ele frequentava e cujos periódicos estudava. Por baixo, ele estava fazendo uma declaração programática a respeito de sua autoridade para falar sobre a questão e convidando os leitores a confiar nele. O autor anônimo de *Vestígios* tinha pouco acesso desse tipo à opinião de especialistas. Wallace também. Mas o naturalista em Downe tinha tempo em abundância, uma série mundial de contatos e apresentações e renda suficientemente grande para permitir que se entregasse às pesquisas que quisesse. Com seus fatos, Darwin transmitia o lugar elevado que ocupava nas estruturas da Inglaterra hierárquica e imperial. Buscava ultrapassar seus rivais por meio da qualidade das evidências que apoiavam seu trabalho.

V

Nos primeiros quatro capítulos do livro – que ainda não se chamava *A origem das espécies* – ele tomou extremo cuidado ao dispor o que tinha a oferecer de acordo com as regras filosóficas da época.[38] A pura variabilidade dos organismos vinha em primeiro lugar. "Os criadores habitualmente falam da organização de um animal como algo muito plástico, que eles podem modelar quase à vontade", declarava, citando *sir* John Sebright, que

[37] Discutido em Yeo, 1985, e Poovey, 1998. Uma abordagem geral da ascensão da faticidade no período vitoriano está em Cannon, 1978, p.73-110.

[38] Hodge, 1977. Sobre convites para acreditar e sobre a confiança na ciência, ver Shapin, 1994.

afirmava em relação aos pombos que "produziria qualquer pena determinada em três anos, mas precisaria de seis anos para obter cabeça e bico".[39] A isso, Darwin acrescentava um relato combinado da variabilidade em animais e plantas selvagens. Todas as suas notas sobre os órgãos internos de cracas, listras de cavalos selvagens, prímulas e primaveras-dos-jardins tinham seu lugar. Em privado, ele caracterizou este como um "capítulo curto e seco".[40]

O ponto-chave vinha a seguir. Havia uma analogia, ele afirmava, entre o que um agricultor ou criador podia fazer e o que poderia acontecer entre animais e plantas selvagens.[41] Todo o seu conceito de seleção natural se baseava nessa analogia – uma analogia entre processos seletivos em condições "artificiais" ou "naturais". No fim, sua obra foi criticada exatamente quanto à validade desse ponto (entre muitas outras críticas futuras), em especial por Wallace, que pensava que não poderia haver comparação direta precisamente porque os animais domésticos tinham sido retirados de seus ambientes naturais.

Nas páginas seguintes, Darwin explicava o que queria dizer. Toda a natureza estava em guerra consigo mesma. O mundo dos seres vivos fervilhava de competição e massacre mortal, com as mesmas energias elementais, "rubro em dentes e garras", que Tennyson caracterizara no poema *In Memoriam*.

> Que guerra de inseto contra inseto, de insetos, caracóis e outros animais contra pássaros e feras predadoras – todos lutando para se multiplicar e se alimentando uns dos outros, ou das árvores, ou de suas sementes e plântulas, ou de outras plantas que inicialmente cobriam o solo e, portanto, freavam o crescimento das árvores,

escreveu Darwin.[42]

A harmonia de Deus era uma ilusão. Sem saber ao certo se seria acreditado, ele produziu uma pletora de exemplos de luta na natureza. Sua justificação era o princípio de população de Malthus.

> É a doutrina de Malthus aplicada com força múltipla aos reinos animal e vegetal inteiros, porque nesse caso não pode haver

[39] *Origin*, p.31. A analogia de Darwin entre seleção natural e artificial é discutida em Ruse, 1975; Evans, 1984; Cornell, 1984; R. Young, 1985; Weingart, 1995.
[40] *Correspondence*, v.7, p.274, 277.
[41] R. Young, 1985; também Maasen, 1995; Bowler, 1995.
[42] *Origin*, p.75.

> aumento artificial de alimento, e nenhuma restrição prudente ao casamento.[43]

Recursos limitados, lugares limitados na natureza e fecundidade natural contínua geravam uma batalha pela sobrevivência. As variantes bem adaptadas seriam as únicas "selecionadas" para sobreviver. Aqui, dizia Darwin, estava a origem das novas espécies.

> Pode-se dizer que a seleção natural está dia a dia e hora a hora escrutinando, no mundo todo, cada variação, mesmo a mais insignificante; rejeitando o que é ruim, preservando e acumulando tudo o que é bom; trabalhando silenciosa e insensivelmente, sempre e em todo lugar em que a oportunidade se ofereça, para o melhoramento de cada ser orgânico em relação a suas condições orgânicas e inorgânicas de vida.[44]

Nos capítulos seguintes, ele tratou de quase todos os aspectos do pensamento biológico do século XIX, explicando como até os enigmas mais intratáveis da história natural poderiam ser esclarecidos – "sendo a descendência, em minha visão, o elo oculto que os naturalistas têm buscado". Em cada área de pensamento ele punha ampla gama de fenômenos sob um único guarda-chuva explicativo, unificando e dando novo significado a dados anteriormente discrepantes. Essa unificação inesperada o impressionara fortemente desde o início e ainda era a principal razão para ele acreditar na verdade de sua teoria. "Minha teoria fornece a grande causa final", escrevera já em 1837, "não quero dizer só uma causa, mas a única grande causa final."[45]

A embriologia se tornava inteligível –

> A embriologia ganha muito em interesse quando olhamos para o embrião como uma imagem, mais ou menos obscurecida, da forma parental comum de cada grande classe de animais.

Darwin tinha orgulho dessa parte de seu argumento, que pediu a Huxley que lesse antes da publicação. "Os fatos me parecem mostrar-se muito fortes em favor da mutabilidade das espécies", dissera a Hooker.[46]

---

[43] *Origin*, p.63. Ver também Schwartz, 1974.

[44] *Origin*, p.84.

[45] *Notebooks*, E 48.

[46] *Correspondence*, v.7, p.265.

A paleontologia, a anatomia comparativa e a taxonomia também seriam transformadas, ele escreveu com ansiedade antecipatória. As semelhanças anatômicas buscadas pelos taxonomistas não eram apenas noções abstratas nem eram a expressão física de um plano divino traçado pelo Criador, como sugeria Agassiz ou Owen. Antes, as semelhanças eram causadas por afinidade genuína. Além disso, a "descendência" explicava a existência de órgãos vestigiais como o apêndice nos seres humanos – eram remanescentes anatômicos deixados pela história. Se os anatomistas comparativos seguissem o esquema de Darwin, dizia ele, a razão para encontrar patas traseiras rudimentares em cobras, por exemplo, logo ficaria clara.

De modo semelhante, a teia de padrões geográficos que plantas e animais traçavam sobre o globo podia ser explicada pela disseminação e mudança das espécies. A cada ponto, a noção de ancestralidade ligava fatos que antes eram discrepantes e abria novas perspectivas. O Darwin naturalista prático emergia e falava francamente – o estudioso de cracas, o aficionado por pombos, o experimentador de plantas e o coletor do *Beagle*, o viajante, enfim, aproximando-se de sua meta. O valor de sua teoria, ele argumentava, estava no modo como ela explicava e unia tantos aspectos diferentes do mundo natural.

Ponderado, aqui e ali ele admitia os problemas que sua linguagem antropomórfica geraria. Muitas vezes chegava bem próximo de personificar a seleção natural. Embora isso talvez fosse inevitável no sentido geral, Darwin com frequência dava a impressão de considerar a seleção natural um agente ativo, um fazendeiro no céu onividente, por assim dizer, que escolhia deliberadamente as variantes que teriam sucesso. Só alguns meses depois ele admitiu a Lyell que esta não era sua intenção e que devia ter usado uma expressão mais neutra, como "preservação natural". Wallace e ele travariam uma discussão extensa sobre essa dificuldade. O mesmo enredamento ocorreu com a palavra "adaptação", que nas mãos de Darwin sugeria alguma forma de estratégia propositada nos animais e plantas, exatamente o oposto do que ele queria dizer. Mais tarde, usou "artifício" [*contrivance*] como solução parcial. Darwin lutou vezes sem conta com as palavras. A linguagem que ele conhecia melhor era a de Milton e Shakespeare, repleta de teleologia e propósito, não a terminologia objetiva, isenta de valores, buscada (se bem que raramente encontrada) pela ciência.[47]

Ele não conseguia sequer falar de "evolução" como tal, porque nesse momento o termo era usado principalmente para descrever o processo embriológico de desdobramento gradual de estruturas ocultas; foi o de-

[47] Beer, 1986; Shapin e Barnes, 1979.

bate que se seguiu à publicação do livro que deu à palavra seu significado moderno.[48] Em *A origem das espécies*, Darwin se referia à "descendência com modificação". Ele também não usava aquela que acabou se tornando a expressão mais famosa de todas, "sobrevivência dos mais bem adaptados". Ela foi cunhada por Herbert Spencer alguns anos depois, em 1864, momento em que Wallace sugeriu que Darwin a usasse.[49] Todas essas ambiguidades verbais conduziriam os leitores em direções não inteiramente pretendidas por Darwin.

De maneira incomum, tratando-se de um livro científico, Darwin também apresentava uma discussão franca dos muitos obstáculos que achava que ocorreriam aos leitores. "Alguns são tão graves que até hoje não consigo refletir sobre eles sem ficar desconcertado", admitiu.

> Senti a dificuldade com demasiada intensidade para ficar surpreso com qualquer grau de hesitação em dar ao princípio da seleção natural um alcance tão espantoso.[50]

Essa confissão era o passo mais hábil dado por Darwin até então. Ele esperava uma barragem de contestações e pretendia fornecer as respostas de imediato. De fato, ele achou fácil listar as dificuldades, de modo muito semelhante a como anotara um dia as inconveniências de se casar. As desvantagens sempre se tornavam óbvias para ele. E estavam frescas em sua mente. Se os organismos estão constantemente mudando, onde estão as formas intermediárias? Espécies de transição foram alguma vez encontradas no registro fóssil? Como podem órgãos complicados passar a existir por estágios?

> É possível acreditar que o olho, com sua admirável correção para aberração esférica e cromática e com seu poder de adaptar o foco a distância, possa ter sido formado do mais simples olho imaginável, por seleção natural?[51]

Como as hierarquias de castas especializadas surgem em um formigueiro ou em uma colmeia? Os instintos foram criados individualmente para cada espécie por Deus? Era muito difícil explicar como a esterilidade

[48] Bowler, 1974; Amigoni e Wallace, 1995.

[49] Spencer, 1864; cap.12, sec.165. Ver também Peel, 1971; Haines, 1991; Weingart, 1995.

[50] *Origin*, p.171, 188.

[51] *Natural Selection*, p.250.

entre espécies incipientes poderia surgir quando elas eram originalmente da mesma população, composta por indivíduos que se entrecruzavam. E – como observava Agassiz – o que poderá acontecer com os esquemas de classificação biológica, se as espécies e variedades estiverem eternamente em fluxo? Uma a uma, ele propunha respostas para essas perguntas.

Porém, com profunda deliberação, ele não incluía as duas dificuldades que teriam ocorrido a todos. Evitava falar sobre a origem dos seres humanos e evitava Deus. Ele se lembrava do violento furor causado por *Vestígios*. Lembrava-se dos anos que passara preocupado com a intervenção divina. Ainda que pudesse tratar da maneira mais séria e com toda a cautela das questões da evolução, Darwin sabia que qualquer coisa que dissesse estava fadada a provocar furiosa controvérsia e, prevendo uma reação desse tipo, havia muito tempo antes eliminado de seus manuscritos quaisquer referências a um Criador ou à ancestralidade humana. Não tinha intenção de reintroduzi-las agora.[52] Nesse livro, ele silenciou completamente sobre o tema das origens humanas, embora em vários lugares se referisse à humanidade como um exemplo de detalhes biológicos.[53] As únicas palavras que ele se permitiu – e estas, por um senso de dever de que em algum lugar precisava se referir aos seres humanos – tinham uma brevidade gnômica. "Luz será lançada sobre a origem do homem e sua história", ele declarava na conclusão. Quando precisou, falou com cautela sobre o Criador, ciente de que, se não o fizesse, seu livro poderia ser rotulado de ateu. Mas tomou o cuidado de não admitir nenhum papel ativo do Criador nos processos biológicos.

Darwin também evitou intencionalmente a primeira origem da vida. Num livro que declarava no título tratar da origem das espécies, o texto de Darwin se recusava a propor qualquer teoria de origens absolutas. Ele não tinha a oferecer nenhuma história sistemática dos inícios, nenhuma sopa primeva ou centelha criativa, e só no fim do livro mencionava a probabilidade de todos os organismos ancestrais terem se originado de uma forma primordial. Essas origens antigas, acreditava em privado, estavam perdidas nas brumas do tempo e eram essencialmente irrecuperáveis. Sua história não era sobre o começo da vida, mas sim sobre os processos que governavam os organismos durante seu tempo de vida.

No final, Darwin havia formulado uma das propostas mais impressionantes do século. Embora não comparasse sua obra diretamente com a daqueles

---

[52] Hodge, 1977, compara os textos de Darwin ao longo da década. Sobre a humanidade, ver Herbert, 1974-77; H. Gruber, 1974.

[53] Bajema, 1988; Cook, 1990.

que o haviam antecedido, ainda assim sua teoria era distintiva. Ele diferia de Lamarck, ou até de seu avô evolucionista, dr. Erasmus Darwin, no sentido de que evitava qualquer "doutrina de progressão necessária" e empenho interno em direção à perfeição. Embora Darwin por certo concedesse um lugar em seu esquema para o efeito direto do ambiente sobre os organismos – a herança de características adquiridas que se supunha popularmente ser o principal aspecto do sistema de Lamarck –, ele sempre considerou que a diferença mais importante entre eles era que ele, Darwin, não admitia para seus organismos nenhuma meta futura, nenhuma teleologia que os empurrasse para a frente e, também, nenhuma força interna que pudesse impulsionar as mudanças adaptativas em direções específicas. Ao contrário, o esquema de adaptação evolucionária de Darwin dependia só da contingência. Os organismos mudavam aleatoriamente. Darwin nunca conseguiu entender por que Lyell, ou muitos comentadores nas décadas seguintes, não conseguiam ver o contraste com tanta clareza quanto como ele via.

Ele diferia de *Vestígios*, de Robert Chambers, na solidez das informações factuais que apresentava e no mecanismo de mudança rigorosamente organizado. A teoria de Darwin tinha um escopo mais limitado que o sistema de desenvolvimento abrangente de *Vestígios*, e talvez por isso fosse vista por seus amigos como mais erudita. Darwin decerto considerava uma grande vantagem ter evitado discutir os inícios da Terra, o começo da vida e o futuro da humanidade – omissões que sem dúvida tornavam seu texto sem graça em comparação a *Vestígios*, mas, em troca, davam a ele uma classificação superior em círculos científicos convencionais. Eles também diferiam no detalhe. Ao passo que Chambers vira os elos no registro fóssil como se cada espécie passasse por estágios que representavam formas de vida abaixo dela na escala, Darwin apresentava a história da vida na Terra como se fosse uma árvore metafórica, crescendo e criando ramificações a partir de uma base ancestral, e explicava como isso podia acontecer de acordo com seu princípio de divergência.[54] "Minhas concepções são muito diferentes daquelas desse livro inteligente, mas superficial, *Vestígios*", garantiu a James Dwight Dana.[55]

E ele conseguiu se diferenciar de Wallace em pelo menos dois aspectos. Wallace sugerira que organismos domesticados eram criados em circuns-

---

[54] De ampla literatura sobre as origens e a natureza metafórica do princípio de divergência de Darwin, ver Schweber, 1980; Browne, 1980; Kohn, 1981, 1985b; Limoges, 1971, 1994; Tammone, 1995. Metáforas de árvores são discutidas em H. Gruber, 1987.

[55] *Correspondence*, v.6, p.236. Sobre Chambers em geral, ver Yeo, 1984; J. Secord, 2000. Para a reação de Darwin a Chambers, ver Browne, 1995, p.457-69.

tâncias que tornavam inválida qualquer comparação entre eles e organismos selvagens. Darwin, por outro lado, punha essa comparação na base de seu argumento em favor da origem das espécies. Além disso, Wallace falara principalmente da substituição de espécies por outras espécies, de grupos por grupos, e não sobre as mudanças individuais que preocupavam Darwin. Nenhuma dessas diferenças era considerada tão importante por ninguém além deles.

Considerando-se as distinções e comparações em conjunto no contexto vitoriano, o texto de Darwin era, em última instância, ao mesmo tempo singular e parte de um corpo mais amplo de pensamento evolucionista preexistente. Era evidente o peso do pensamento que estava por trás de cada palavra, das estratégias judiciosas, das poderosas metáforas de transformação, da noção de uma "grande árvore da vida", da potente combinação de detalhe e amplitude de visão. Embora ele depois viesse a se queixar de que havia corrido para preparar *A origem das espécies*, de que o livro não passava de um resumo, de que suas evidências estavam truncadas e suas notas de rodapé e fontes eram omitidas, o livro era inegavelmente sua obra-prima.

> Quando as concepções expostas neste volume sobre a origem das espécies, ou concepções análogas, forem em geral admitidas, podemos prever vagamente que haverá uma revolução considerável na história natural,

declarou com fervor nas páginas finais. "Olho com confiança para o futuro, para naturalistas jovens e em maior número que serão capazes de ver os dois lados da questão com imparcialidade."

> Quando não mais olharmos para um ser orgânico como um selvagem olha para um navio, como algo inteiramente além de sua compreensão; quando considerarmos cada produção da natureza como algo que teve uma história; quando contemplarmos cada estrutura complexa e instinto como a soma de muitos artifícios, todos úteis para seu possuidor, quase da mesma forma que olhamos para uma grande invenção mecânica como a soma do trabalho, da experiência, da razão e mesmo dos erros grosseiros de numerosos trabalhadores; quando assim virmos cada ser orgânico, quão mais interessante, e falo por experiência, se tornará o estudo da história natural![56]

[56] *Origin*, p.484-6.

Todas as esperanças dele atingiam um crescendo. Com um tom ao mesmo tempo doméstico e universal, Darwin alcançara algo extraordinário. Determinada estrada rural que ele visitara em caminhadas por Downe lhe preenchia a mente.

> É interessante contemplar uma margem de rio emaranhada, coberta por muitas plantas de muitos tipos, com pássaros cantando nos arbustos, vários insetos esvoaçando e vermes rastejando pela terra úmida, e refletir que essas formas elaboradamente construídas, tão diferentes umas das outras e dependentes umas das outras de maneira tão complexa, foram todas produzidas por leis que operam à nossa volta. [...] Há grandiosidade nesta visão de que a vida, com seus vários poderes, foi originalmente soprada em algumas formas ou em uma única; e de que enquanto este planeta se manteve girando de acordo com a lei fixa da gravidade, de um começo tão simples, evoluíram, e continuam a evoluir, infindáveis formas muitíssimo belas e muitíssimo maravilhosas.[57]

Ele certamente não previa quão austera, trágica e supremamente bela sua obra pareceria a outros.

VI

Muito antes do final de maio, Darwin precisou parar. Ele tinha sido mantido à tona apenas pela atividade mental, e o esforço perpétuo destruiu gradativamente sua saúde. Ele voltou a vomitar.

Seu recurso usual era se afastar do trabalho e tirar alguns dias de férias ou se retirar por algum tempo na hidropatia. Mas com *A origem das espécies* pronto, ele se ressentia de fazer isso. Cada dia era necessário, disse. Impaciente, experimentou panaceias para dispepsia anunciados nas páginas de jornais. "Estou tomando Pepsina", informou a Fox. "Penso que ela me faz bem e no início fiquei encantado com ela."

No fim, porém, o melhor tratamento era se afastar de tudo. Ele reconheceu que suas visitas à hidropatia estavam se tornando cada vez mais essenciais, tendo aumentado a extensão de suas estadas de alguns dias na primavera de 1858 para uma semana em outubro, depois duas semanas inteiras em fevereiro de 1859. Darwin não viajava mais para Malvern. Em 1857, descobrira um novo estabelecimento, Moor Park, perto de Farnham, em Surrey, muito mais próximo de casa e sem nenhuma das tristes lembranças associadas à

[57] *Origin*, p.490.

morte de sua filha Annie. Emma e ele ainda não tinham voltado a Malvern para visitar o túmulo da filha. "Velhos pensamentos seriam revividos de forma tão intensa que não teria sido conveniente", confidenciou a Fox, "mas desejei muitas vezes ver o túmulo. [...] Pensar naquela época é, no entanto, muitíssimo doloroso para mim. Pobre coisinha querida e feliz".[58] Mas ele mantinha toda sua antiga confiança no tratamento pela água e "absolutamente nenhuma fé na medicina comum".

Moor Park era administrada por um jovem casal, o dr. Edward Lane e sua mulher, acompanhados pela mãe viúva da sra. Lane, *lady* Drysdale. O spa, um belo edifício, era a antiga casa de *sir* William Temple, cheia de associações interessantes com Jonathan Swift e a vida literária do século XVIII.[59] Os gramados espaçosos, o lago e os canteiros de flores ornamentais holandeses criados por Temple eram uma parte importante das atrações; e Darwin considerava a viagem de Downe para Farnham muito pitoresca, passando pelo sopé da cadeia de montanhas North Downs e margeando o cânion Devil's Punchbowl, com uma conveniente parada para o almoço na casa de sua irmã Caroline, em Leith Hill (Caroline era casada com Jos Wedgwood, irmão de Emma). Dentro do prédio, grande parte do sucesso dos Lane residia em tornar a terapia médica semelhante a uma festa no campo exclusiva. *Lady* Drysdale mantinha hábitos de sociedade educados durante o tratamento, e sua personalidade animada dominava os arranjos da casa. Ela era "uma grande leitora, uma grande jogadora de uíste e a governanta ativa e capaz do grande estabelecimento".[60] Lane acabaria reconhecendo que não podia se dar ao luxo de permanecer numa região tão cara e venderia a casa para administrar uma propriedade mais comercial em Epsom.

Darwin gostava dos Lane e de seu tratamento gracioso. O dr. Lane era "jovem demais", ele gracejava, mas esta era sua única falha, pois no mais ele era um "cavalheiro e muito lido".[61] E Lane não acreditava em todas as terapias marginais que o dr. Gully impunha a pacientes de hidropatia em Malvern – nada de clarividência, mesmerismo ou homeopatia, e nenhuma exigência de que Darwin abrisse mão do rapé, embora Lane apontasse os

58 *Correspondence*, v.7, p.238. Darwin em Malvern é discutido em Browne, 1990. A história da hidropatia é encontrada do modo mais conveniente em Metcalfe, 1906; E. S. Turner, 1967.

59 Pevsner e Nairn, 1962. A casa antes era chamada Compton Hall. Ver *Post Office Directory of the Six Counties*, Surrey, 1859, p.1222. William Temple deu a ela o mesmo nome da outra Moor Park, em Hertfordshire, porque admirava muito os jardins. A casa continha excelentes trabalhos em gesso, especialmente no poço central da escada.

60 Henrietta Darwin, DAR, p.246.

61 *Correspondence*, v.7, p.416.

perigos do vício. Em vez disso, Lane atribuía a maioria dos distúrbios à digestão imperfeita, uma atitude que a Darwin parecia inteiramente sensata, e prescrevia uma dieta saudável, banhos de assento, duchas diárias e as diversões do cenário e da companhia agradável.[62] Com caminhadas, banhos, música, conversas amenas e um jogo noturno de bilhar, o período de Darwin em Moor Park foi dedicado a um relaxamento que ele não podia ter em casa. "É realmente muito assombroso e inteiramente inexplicável o bem que esta única semana me fez", exclamou depois de sua primeira visita, em 1857.[63]

Com o passar do tempo, ele se converteu totalmente às terapias relaxadas de Lane. Cheio de entusiasmo, enviou sua filha Henrietta para tratamento no verão de 1847, para ver se ele conseguiria animá-la do mesmo modo que o ajudara, e prolongou sua própria terapia comprando para a Down House uma mesa de bilhar exatamente igual à de Moor Park.

Ao voltar, Henrietta não se sentia melhor. Darwin, por outro lado, se divertira muito olhando anúncios de bilhar em revistas para cavalheiros, consultando amigos que podiam ser reunidos e ponderando várias alternativas irrealistas. Acabou optando por uma mesa com base de ardósia em tamanho grande, da firma londrina Hopkins and Stephens, que foi paga com o produto da venda do relógio de ouro de seu pai e de alguns baixos--relevos de figuras gregas (provavelmente de autoria de John Flaxman) herdados do lado Wedgwood da família. A mesa custou muito menos que a soma obtida com essas heranças de família, e o fato de Darwin se desfazer de maneira imperiosa de objetos decorativos tão valiosos causou alguns resmungos ressentidos.

> Eu suponho que foi em parte o amor que ele tinha pelo dinheiro que o levou a fazer coisas que nós, seu filhos, pensamos que era melhor não terem sido feitas quando crescemos e descobrimos sobre elas,

observou mais tarde o filho Francis Darwin.

> Por exemplo, ele vendeu um relógio de ouro que fora dado a seu pai por *lord* Powis. As belas peças de Flaxman e o vaso Barberini [uma reprodução em porcelana do vaso Portland original, um renomado triunfo Wedgwood] foram todos vendidos

[62] Lane, 1857.
[63] *Correspondence*, v.7, p.385.

> por um preço nominal, parte do dinheiro (ou todo?) sendo gasta em uma mesa de bilhar.

Francis se queixou de que os baixos-relevos de Flaxman não significavam nada para o pai e costumavam ficar cobertos de pó, colocados num lugar alto demais para que fossem vistos de forma apropriada. O filistinismo do pai obviamente o afligia. "É com certeza curioso que um homem tão afetivo e compassivo tivesse tão pouco amor por coisas herdadas."[64]

Quando a mesa de bilhar chegou em caixotes numa carroça vinda de Londres, seu novo proprietário se lançou com entusiasmo ao processo de montagem, até a última volta das tarrachas do complicado aparato de nivelamento, que garantia que os cavalheiros ingleses pudessem jogar em uma superfície plana, apesar das irregularidades dos pisos de madeira das casas de campo. A julgar pelo diagrama detalhado que Darwin enviou ao filho George, ele deve ter passado a maior parte da manhã de gatinhas inspecionando o andamento do trabalho embaixo da mesa. A paixão de Darwin pelo novo brinquedo não conhecia limites. Ansioso, comprou um livro ilustrado ("assombroso") cheio de diagramas coloridos de vários tipos de tacada. Aprendeu as diferentes jogadas, praticou com diligência e se gabou para Fox de "carambolas" bem executadas, contente porque sua visão não tinha se deteriorado demais desde os dias de esportes de sua juventude. Logo, Parslow e ele passaram a jogar uma ou duas partidas todas as noites. Havia sempre uma desculpa pronta. "Acho que me faz muito bem e tira de minha cabeça as horríveis espécies", disse ele, com alegria, a Huxley. Doravante, rodadas regulares na mesa reuniam pais, filhos, cientistas visitantes e o mordomo em uma amistosa teia de recreação esportiva.

Em Moor Park, o que ele mais apreciava era ficar só. Durante uma visita no começo de 1858, alguns meses antes de a carta de Wallace entrar em sua vida, ele havia perambulado por horas nos trechos mais distantes do parque, que era "muito selvagem e solitário, portanto me satisfaz bastante". Inevitavelmente, alguma coisa minúscula chamava sua atenção: as formigas debaixo de samambaias escocesas talvez fossem de um tipo que não se via em Downe; ou o trevo selvagem era visitado por insetos diferentes; ou um pica-pau entregava seu esconderijo, deixando no chão reveladoras lascas de madeira. Ele fazia anotações em qualquer pedaço de papel disponível.

---

64 DAR 140, v.3, p.75-6.

> Declarou-se que os pica-paus removem fragmentos. Em dois casos, posso dizer que isso é falso, porque tais fragmentos me guiaram para a descoberta do ninho,

ele anotou em uma tira de papel esfarelada evidentemente encontrada no fundo de um bolso. Ele era "todo olhos", disse Edward Lane depois de uma dessas visitas, sempre sintonizado com as mais diminutas minúcias da vida.[65]

Incapaz de resistir a fazer pequenos experimentos durante uma caminhada, Darwin transferiu algumas formigas vermelhas de um formigueiro para outro. "Passo meu tempo principalmente observando as formigas", escreveu ao filho William,

> e concluo que, embora muitos milhares habitem cada outeiro, cada uma delas parece conhecer todas as suas camaradas, porque se atiram impiedosamente sobre uma estranha trazida de outro formigueiro.[66]

Ele pensava que essas formigas vermelhas eram da espécie escravizadora *Formica sanguinea* e contou a Emma que enviaria uma espécie ao British Museum para confirmação. "Tive uma sorte enorme em Moor Park", mencionou a Hooker alguns dias depois. "Encontrei a rara formiga Escravizadora e vi as pequenas pretinhas nos ninhos de suas senhoras." Até então ele pensava que o costume de escravizar – a prática brutal que tanto o indignara no H.M.S. *Beagle* quando aportara pela primeira vez no Brasil – estava confinado à raça humana. Mas foi obrigado a reconhecer sua existência mais ampla depois de abrir ninhos de formigas vermelhas e encontrar formigas pretas capturadas em cada um deles. "Qualquer pessoa pode muito bem ser escusada por duvidar da verdade de um instinto tão extraordinário e odioso como o de escravizar", escreveria com desaprovação em *A origem das espécies*.[67] O entendimento que tinha dessas relações biológicas era provavelmente influenciado por suas experiências coloniais anteriores. Recordando os horrores que encontrara na América do Sul, Darwin considerou o comportamento das formigas vermelhas uma escravização, e não qualquer estrutura social comparável, como simbiose ou cooperação. Ele se sentia muito constrangido de apresentar paralelos biológicos para práticas humanas que considerava abomináveis.

65 Lane, 1882.
66 *Correspondence*, v.7, p.81.
67 *Origin*, p.220.

Alguns dos momentos mais intensamente privados da meia-idade de Darwin ocorreram durante essas caminhadas solitárias em Moor Park, momentos em que ele extraía uma nova inspiração da beleza do ambiente que o cercava e recuperava uma alegria descomplicada com a natureza. Ele precisava mais e mais desses momentos. Por trás do filósofo questionador, havia um pedante ansioso e uma alma sensível, lados diferentes de seu caráter que se chocavam desajeitadamente enquanto ele se obrigava a continuar a escrever. Darwin era um homem determinado. Só um colapso físico iminente o obrigaria a reduzir o ritmo. Contudo, como muitos homens determinados, ele se sentia inquieto quando dispunha de fato de paz e sossego. Não conseguia descansar. Não conseguia parar. E a teoria da evolução em si o deixava muito preocupado e tenso. Seus anos maduros foram absorvidos na descrição das forças sombrias que havia embaixo da superfície da natureza. Às vezes, ele estremecia ao ver a natureza do modo como sua teoria da seleção exigia. "Que livro um capelão do diabo poderia escrever sobre o funcionamento desajeitado, perdulário, disparatado, baixo e horrivelmente cruel da natureza!", exclamou certa vez para Hooker. "Meu Deus, como anseio, pelo bem de meu estômago, tirar isso das mãos – por pelo menos um longo período."[68] Muitas vezes ele se preocupava com a simples magnitude, o atrevimento filosófico do que estava propondo. Ele escrevia a maior história jamais contada, oferecendo a seus contemporâneos outro Jardim do Éden, um testamento secular para os tempos. A tensão expressava-se em parte em sua saúde.

Como seria previsível, sua posição religiosa também o preocupava. Ele descobriu que era cada vez mais difícil conciliar suas crenças, às vezes totalmente intransigente, às vezes genuinamente receptivo à ideia de uma espécie de divindade. Nesse momento de sua vida, ele dizia que se sentia dividido nos dois sentidos. Embora escrevesse com convicção sobre um universo ímpio, retrospectivamente pensou que enquanto escrevia *A origem das espécies* provavelmente conservava alguma fé residual: o bastante para merecer "ser chamado de teísta".[69] Pelo menos, disse a Emma, ele sabia o que era o dever. Não desejava de forma alguma se apresentar no livro como um ateu rematado. Não queria dar um tapa na face de seus amigos mais antigos.

Darwin também se preocupava com os sentimentos de Emma. Sentia que ela estava inquieta com as implicações de suas opiniões, não tanto

---

68 *Correspondence*, v.6, p.178.

69 *Autobiography*, p.93. Sobre o teísmo de Darwin, ver Brown, 1986; Colp, 1987; Kohn, 1989; Moore, 1989.

na esfera cultural mais ampla, embora pareça provável que a luta pública dentro da igreja vitoriana a deixasse perplexa e decepcionada, mas muito mais no contexto familiar imediato. Ela conhecia tudo sobre as teorias de Darwin. Já fazia tempo que reconhecia essas ideias como parte essencial da existência dele e as aceitava de modo muito semelhante a como aceitava suas doenças ou a sequência exótica de seus assuntos científicos preferidos, cracas, teixos, pombos e todo o resto. Elas faziam parte de sua vida de casada. Por vezes, a divertiam. Outras vezes, a deixavam apreensiva. Mas Emma sempre via como elas mantinham Darwin ocupado e realizado. Por certo ela nunca impediu o envolvimento de Darwin em explorações intelectuais de grande alcance nem estorvou as publicações dele por causa de desaprovação privada. Nunca o impediu, por exemplo, de ver Huxley, que viria a ser considerado por alguns como um discípulo do diabo. Talvez ela rezasse pela alma de Darwin aos domingos – as cartas que escreveu a ele logo depois de se casarem expunham essa probabilidade em detalhes ternos. O afeto triunfava.

Darwin, por sua vez, sabia que podia depender do bom-senso de Emma, de sua inabalável natureza gentil. Ele estava certo de que ela o apoiaria, independentemente do que ele fizesse. Mas era precisamente por causa disso que ele evitava expô-la a todas as consequências de seu universo sombrio. O firme amor matrimonial que se desenvolvera entre eles garantia que ele não machucaria deliberamente os sentimentos dela. Em um mundo em que as pedras frias dos cemitérios assombravam a memória, Darwin percebeu que poderia facilmente ser acusado de tirar de Emma, e de um número incontável de outros homens e mulheres, toda esperança de reunião celestial com os entes amados, toda a consolação na ideia de uma vida após a morte.[70] Da maneira mais delicada possível, ele tentou transigir. Tinha de dizer o que precisava dizer em *A origem das espécies*. Mas evitou qualquer confronto óbvio com a igreja ou com aqueles que eram crentes sinceros. Parece provável que ele tenha evitado falar com ela sobre isso.

Em Moor Park um pouco do conflito foi aliviado. "O clima é bastante delicioso", disse ele a Emma em abril de 1858.

> Ontem, depois de escrever a você, caminhei um pouco além da clareira por uma hora e meia e me diverti – o verde novo, embora escuro, das grandes samambaias escocesas, o marrom dos amentilhos das velhas bétulas com seus caules brancos e

---

[70] Rowell, 1974; McDannell e Lang, 1988; Berman, 1988; Wheeler, 1990. Algumas discussões das esposas de céticos destacados estão em Rose, 1983; Healey, 1986; Jalland, 1996.

> uma franja de verde distante dos lariços formavam uma vista excessivamente bela. Por fim, adormeci sobre a relva e acordei com um coro de pássaros cantando em minha volta e esquilos subindo pelas árvores e alguns pica-paus rindo e foi uma das cenas rurais mais agradáveis que já vi, e não me preocupou nem um pouco como qualquer um desses animais ou pássaros tinha se formado.[71]

Essa cura pacífica no campo o levou de volta a uma época em que seus pensamentos eram inteiramente menos estressantes.

VII

Durante esses interlúdios em Moor Park, a antiga sociabilidade de Darwin também reviveu. Ele apreciava a companhia variada reunida para tratamento médico, escrevia pequenos esboços sobre o caráter dos outros pacientes para entreter Emma e os filhos e, com a mesma frequência, convencia hóspedes inadvertidos a lhe responder perguntas de história natural. Um adido da embaixada húngara em Paris prometeu lhe enviar informações sobre raças de cavalos nativas em Budapeste. Em outra visita, um jovem irlandês lhe ensinou "alguns movimentos capitais de bilhar". Ele brincava com *lady* Drysdale sobre a compulsão que ambos tinham de chegar a estações ferroviárias horas antes do horário de partida do trem:

> [...] por favor, diga a *lady* Drysdale que cheguei à estação só catorze minutos antes de o trem partir e gostaria de saber quando ela conseguirá um triunfo como este [...],

e discutia uma imensa gama de romances com a sra. Lane, que se revelou tão dedicada à leitura leve oferecida pela Mudie's Circulating Library [Biblioteca Circulante de Mudie] quanto Darwin o era descaradamente. "Muitas vezes ficávamos espantados com o tipo de lixo que ele tolerava em se tratando de romances", lamentou mais tarde seu filho George. "Os principais requisitos eram uma moça bonita e um final feliz."[72]

Darwin certamente apreciava as qualidades pouco exigentes da ficção fornecida por Charles Edward Mudie. Uma assinatura anual de cinco guinéus dessa biblioteca de empréstimo lhe dava direito a retirar a cada mês um pacote de até seis livros recentemente publicados – livros de ficção e

---

71 *Correspondence*, v.7, p.84.

72 DAR 140, v.3, p.31.

de não ficção apropriados para as salas de estar de classe média em todo o Reino Unido.[73] A escolha nem sempre era do cliente. A equipe da Mudie fornecia tudo que fosse novo e estivesse disponível e, depois, completava o pedido com miscelâneas de natureza solidamente respeitável. Darwin não via dificuldade nisso. O catálogo da Mudie estava apinhado de memórias contemporâneas, história, belas-letras, ciência, obras religiosas, relatos de viagens e aventuras, bem como de todas as categorias de ficção; e grande parte da leitura geral de Darwin era obtida de suas prateleiras de não ficção. Ele também era membro da London Library, clube bibliotecário privado que também despachava títulos pelo correio para assinantes.

A essência do apelo da Mudie estava na palavra "selecionada", já que o proprietário da firma excluía tópicos e autores que fossem julgados inadequados: o chefe de uma família vitoriana não precisaria mais se preocupar com os rubores das mulheres de sua família durante a leitura desacompanhada. Embora a Sociedade Literária e Filosófica em cada cidade de província tivesse uma espécie de biblioteca circulante e os livros estivessem ficando mais baratos a cada ano, grandes estabelecimentos centralizados como a Mudie, que emprestavam, por assinatura, as publicações mais desejáveis, já estavam conquistando todos. Com um estoque abrangente e um sistema de distribuição eficiente, que se expandiu de maneira dramática no decorrer do século para alcançar os recantos mais remotos do império, Mudie provavelmente fez mais que qualquer poeta ou filósofo para educar os gostos médios. A firma enviava caixas de livros para quase todos os cantos do globo e quase todas as livrarias provinciais na Grã-Bretanha, às vezes diretamente a assinantes como Darwin, ou, cada vez mais, em sistema de franquia, contribuindo de modo eficaz para a criação do público leitor de massa que caracterizou a época vitoriana. Mudie só comprava livros que as pessoas queriam ler. Cada exemplar era enviado em empréstimo cinco, dez ou vinte vezes até que sua popularidade esvanecesse e ele fosse posto no acervo de livros antigos ou vendido no departamento de segunda mão. O depósito da firma em Londres era assediado por leitores que esperavam ser os primeiros a chegar ao balcão para obter o próximo volume de *Orley Farm*, de Anthony Trollope, ou *Adam Bede*, de George Eliot. Nesse aspecto, Mudie foi um dos primeiros magnatas do setor livreiro a construir seu negócio baseado numa resposta à literatura orientada para o público. Em consequência, seu poder financeiro sobre as editoras era supremo,

[73] Greist, 1970, p.5; Finkelstein, 1993. Betham-Edwards, 1919, p.150-5, apresenta um esboço do caráter de Mudie. A taxa de assinatura de Darwin é extraída de uma entrada em seus Classed Account Books, Down House Archives, 13 de maio de 1875.

pelo menos durante as décadas médias do século, e até figuras importantes como Eliot, Kingsley, Thackeray, Bulwer Lyton, Tennyson e Trollope às vezes escreviam especificamente para o formato em três volumes que ele exigia para sua lista.[74] Os livros eram comprados por Mudie em grandes quantidades diretamente das editoras, nas condições estabelecidas por ele. Romances em três volumes (os chamados *three-deckers* ou *yellow-backs*) tornaram-se seu item preferido e constituíam quase a metade do estoque do depósito gigante na New Oxford Street. Um milhão de volumes nas prateleiras, declaravam os anúncios.

Darwin gostava desses romances em três volumes. Considerava-os relaxantes, mal registrando os títulos em sua teia contínua de namoradas abandonadas, casamentos secretos, primos malvados, identidades equivocadas e as antiquíssimas buscas por amor e paixão. As faculdades críticas dele eram suspensas. Nessas páginas, ele não tinha de examinar a precisão dos fatos ou mergulhar muito abaixo da superfície: os livros não exigiam nada do escrutínio penetrante que ele empregava para outros tipos de leitura. Se ele precisasse analisar um pensamento científico, sua mente era alerta, clara e concisa. Mas diante de uma personagem de romance, suas reações eram inteiramente previsíveis. Quanto mais tola a história melhor, diziam seus filhos, penalizados.[75] Em casa, Emma lia esses romances em voz alta a intervalos regulares enquanto ele ficava deitado no sofá e fumava preguiçosamente um cigarro. Se ele caísse no sono, não havia dificuldade em alcançar o enredo. Em Moor Park, a sra. Lane e ele trocavam impressões sobre as últimas ofertas. Ele tinha um interesse vívido nos enredos e personagens, tratando-os como acontecimentos e pessoas reais – traços dos quais sua mulher e seus filhos zombavam, mas que não obstante mostravam a capacidade que ele tinha de imersão apreciativa nas vidas dos homens e mulheres que o interessavam. Por essa razão, ele gostava de séries longas ou sagas de família em que podia se preocupar com o futuro de uma heroína quase como se ela fosse uma filha. Darwin sentia que olhar antes como um romance terminava era um vício particularmente feminino; com uma risada, insistia em que seus gostos o colocavam muito além do âmbito literário.[76]

---

74 Sutherland, 1976; p.156. Os desenvolvimentos na publicação do século XIX são levantados em Altick, 1957; Feather, 1988; Chartier, 1995; o público leitor em Cipolla, 1969; Eco, 1979.

75 Darwin registrava esses títulos em seus Reading Notebooks [Cadernos de Leitura], DAR 119, 128 (transcritos e identificados em *Correspondence*, v.4, p.434-573), mas parou por volta de 1860. Sobre as leituras de Darwin em geral, ver Beer, 1985. A biblioteca de Darwin é catalogada em Rutherford, 1908.

76 *Life and Letters*, v.1, p.124-5.

"Ele gostava especialmente de heroínas bonitas", disse Francis. "Nisso ele era parecido com tio Ras, tão influenciado pela heroína que era um guia muito pouco confiável em matéria de romances."[77]

Mas nem tudo era leitura fácil. Darwin dava uma atenção inteligente a autores da época, recebendo da Mudie títulos de George Eliot, Bulwer Lytton, um ou dois de Trollope, e Charles Kingsley. Ele se envolvia com as obras literárias apreciadas por Emma, Erasmus, suas irmãs e os Wedgwood.

Os romances românticos também o ocupavam de outras maneiras. Quando sua sobrinha Julia Wedgwood (filha de Fanny e Hensleigh Wedgwood, na época com cerca de 25 anos) escreveu um romance, em 1958, chamado *Framleigh Hall*, Darwin se lançou com entusiasmo no duplo papel de crítico literário e tio apoiador. Os pais de Julia desaprovaram o livro. Ficaram confusos com o herói desagradável e o enredo depressivo, uma espécie de romance antirromântico, na verdade. As irmãs dela simplesmente o rejeitaram como um livro chato. Darwin e Erasmus foram os únicos na família a dar a Julia o encorajamento pelo qual ela ansiava, e ela levou o manuscrito à Down House para consultar Darwin em vez de seu pai. Numa atitude temerária, mostrou ao pai seu romance seguinte, *An Old Debt* [Uma dívida antiga], publicado em 1859 sob o pseudônimo Florence Dawson. "Por favor, escreva algo mais alegre da próxima vez", ouviu.[78] A partir de então, Darwin sentiu que devia proteger a carreira literária de Julia, combinando com sucesso a indulgência de um parente próximo com a atenção intelectual que normalmente reservava a colegas do sexo masculino. Ele estava começando a achar que Julia o interessava muito.

Porém, como Darwin confessou à sra. Lane e a outras amigas compreensivas, a maioria dos clássicos contemporâneos aclamados "roubava" dele o final feliz.

O bom humor normalmente também animava Darwin o suficiente para ele flertar com senhoras que visitavam Moor Park em busca de tratamento de hidropatia. Com pouco menos de cinquenta anos, ele gostava da companhia de Georgiana Craik, a filha de 27 anos de George Craik, professor de literatura inglesa na Queen's University, em Belfast. Muitas vezes ela fazia o tratamento ao mesmo tempo que Darwin. Em 1857, Georgiana Craik publicou um romance sentimental do tipo que Darwin preferia, *Riverston*, e planejava outros para o futuro. Durante um jantar, Darwin explicou a ela com galanteria a seleção natural. A srta. Craik objetou perguntando por que todos os estágios intermediários não eram encontrados no registro fóssil,

[77] DAR 140, v.3, p.44.
[78] Wedgwood e Wedgwood, 1980, p.260-1.

reação que ele anotou como um bom exemplo de crítica que provavelmente receberia. "Gosto muito da srta. Craik, embora tenhamos algumas batalhas e divirjamos em todos os assuntos."

Georgiana Craik nunca pôs Moor Park em nenhum de seus romances, nem Darwin. Mas sua futura cunhada, a romancista Dinah Mulock Craik, baseou um de seus contos em experiências claramente relacionadas a uma visita aos Lane por volta dessa época. O ambiente culto e relaxado em Moor Park, pensava Dinah Mulock, estimulava o romance, e ela escreveu um texto literário interessante sobre um médico hidropata e dois pacientes do sexo masculino disputando a atenção de uma viúva elegante.[79] Não foi surpresa para os leitores de Moor Park que o atraente médico conquistasse a heroína ou que a atração sexual surgisse como o melhor remédio.

Na vida real, aconteceu algo curioso. O dr. Lane deu inocentemente uma contribuição para essa atmosfera muito carregada, embora mais tarde tenha tentado eliminar todos os registros do incidente. Em 1858, alguns meses depois de Darwin ter-se reunido pela primeira vez à clientela de Moor Park, uma das pacientes de Lane afirmou ter um caso adúltero com o médico e publicou trechos sensacionais de seu diário em um jornal local. O ultrajado marido da paciente entrou de imediato com um pedido de divórcio, uma ação legal que só era possível por causa das reformas legais ocorridas em 1857. Em 1858, o caso apareceu durante semanas nas páginas do *Times*, só terminando quando o diário de encontros da senhora foi julgado completamente imaginário – um exemplo de histeria.[80] Lane lutou muito para salvar sua reputação profissional, constrangido por saber que possíveis pacientes poderiam ler no *Times* que o dr. Lane "dava grande atenção a todas as senhoras".[81] Leais, os pacientes habituais de Lane continuaram a apoiá-lo. Darwin, igualmente leal, ficou, no entanto, pasmo com os detalhes publicados no jornal. Ele conheceu em Moor Park outro suposto amante citado no caso ("um jovem agradável e muito sensato") e escreveu a Fox atônito sobre o estado mental da mulher, incluindo um recorte do *Times*. E ficou contente de ver Lane enfrentar estoicamente o escândalo que se seguiu.

É possível que Darwin conseguisse ver onde estavam alguns dos perigos. Enquanto fazia tratamento de hidropatia com Lane, ele conheceu a srta. Mary Butler, outra paciente do médico, que o encantou com uma conversa

[79] Mulock, 1864.

[80] Sobre histeria, ver Bynum, 1985; Oppenheim, 1991; Gilman et al., 1993; Micale, 1995.

[81] Horstman, 1985, p.94-5, citando Law Reports [seção do *Times* que publica relatos de casos judiciais importantes (N. T.)].

anedótica alegre, empilhando seu sal ao lado do prato na mesa de jantar, como ele fazia, e contando uma série animada de histórias de fantasmas inacreditáveis. De acordo com seu filho Francis, Darwin era sempre suscetível a uma bela mulher com muito a dizer. Quando ele conversava com uma mulher que o agradava e divertia, a combinação de brincadeira e deferência em seus modos, disse Francis, era algo que dava gosto ver.[82] Darwin também explicou a seleção natural a Mary Butler e comprometeu-se a lhe fornecer os autógrafos de naturalistas famosos, o que fez simplesmente rasgando as assinaturas de cartas quando chegou em casa. Sentado entre ela e a srta. Craik, ele protestou alegremente que não sabia o que poderia ou não pôr em seu livro: "madressilvas se transformando em carvalhos e novas espécies brotando em toda margem de ferrovia seriam uma perda de tempo".[83] A companhia de Mary Butler tornava os dias de Darwin na hidropatia muito mais leves, cheios da intimidade concentrada que a frequência compartilhada em instituições médicas tende a gerar. Ele gostava da atenção dela, ficava lisonjeado por ser julgado interessante. Pelo menos duas de suas visitas foram marcadas deliberadamente para coincidir com o cronograma dela.

Em maio de 1859, quando o manuscrito de *A origem das espécies* foi concluído, Darwin partiu às pressas para Moor Park para uma semana de descanso e hidropatia. O último capítulo causou nele "muita ânsia" e "grande prostração da mente e do corpo". Em julho, ele foi de novo, com a única intenção de tirar as espécies da cabeça. Sua lista de "coisas para uma semana" indicava que ele levava o plano a sério – artigos de papelaria, charutos, "livro para ler", xales, toalhas e uma luva de pelo para as esfregadas revigorantes que Parslow lhe aplicava após os banhos. Ele levou Trollope (*The Bertrams*), Kingsley (*Yeast* [Fermento]), Buwer Lytton (*The Caxtons*) e o primeiro volume de *Adam Bede*, de Eliot. Também incluiu o melodrama romântico *Agatha's Husband* [O marido de Agatha], de Dinah Mulock, ideal para encher a mente com pensamentos inconsequentes. "Todo o resto e a ducha e *Adam Bede* juntos me fizeram um bem enorme", disse ele ao retornar.

As formigas também ajudaram. Darwin queria muito discutir em *A origem das espécies* o modo como as formigas vermelhas escravizavam as pretas que viviam ao lado delas. Que instinto as levava a isso? Certo dia, perambulando pelas plantações de coníferas de Moor Park, ele deparou com uma trilha de formigas vermelhas migrando de um formigueiro para

82 *Life and Letters*, v.1, p.141-2.
83 *Correspondence*, v.7, p.249.

outro a cerca de 150 metros. Muitas das formigas carregavam casulos, o que atrapalhava muito seu progresso, e várias perdiam a trilha e saíam pela tangente. Outras carregavam nas mandíbulas formigas pretas cativas para reabastecer o novo formigueiro com escravas, como ele supunha.[84] Depois de alguns experimentos de acrescentar e remover casulos (poderia haver um "instinto disparatado"?, ele se perguntou), Darwin escolheu uma formiga específica, identificável por sua carga, e decidiu segui-la até onde ela fosse.

Bem nesse momento, apareceu um vagabundo. Em troca de um *shilling*, ele concordou em ajudar. George Darwin gostava de contar a história depois:

> Uma formiga foi indicada e os dois se agacharam para observar suas respectivas formigas e se deslocavam de tempos em tempos à medida que as formigas avançavam. O lugar era a margem de uma estrada rural. Ouviu-se uma carruagem se aproximando com os cavalos trotando e, quando ela chegou perto, os cavalos foram desacelerados para uma caminhada. Meu pai dizia o tempo todo ao homem "Agora você não deve olhar para cima", e então os dois ficaram lá olhando atentamente para o chão e avançando alternadamente. A formiga de meu pai chegou a um lugar vazio no mesmo momento em que a carruagem ficou lado a lado com eles, e [ele] olhou para cima por um instante e viu uma carruagem cheia de pessoas encarando os dois, com a boca aberta de pasmo diante do procedimento aparentemente insano.[85]

Distraído por suas paixões e atrasado para o jantar, Darwin entreteve seus colegas pacientes de hidropatia com o relato da formiga e da carruagem. Os tormentos de escrever *A origem* não eram devoradores a ponto de ele não conseguir ver o lado engraçado de seu autor.

VIII

Mas quem publicaria um livro como aquele? Darwin consultou Lyell sobre possíveis editoras e fez uma viagem específica a Londres com esse propósito. Ele esperava encontrar uma boa firma geral com um nicho confiável em assuntos científicos. Hesitante, perguntou a Lyell se John Murray poderia se interessar, o mesmo John Murray que publicara todos os livros de Lyell e que em 1845 havia lançado a segunda edição do *Journal of Researches*, de

84 *Origin*, p.221.
85 DAR 112, v.B, p.48.

Darwin.[86] Embora pelas costas Lyell se referisse com menosprezo a Murray como mero “comerciante”, achou a ideia excelente.[87] Ele correu até a Albermarle Street no dia seguinte, pretendendo fazer a Murray uma de suas visitas sociais mais persuasivas. Murray era ideal por vários motivos. Primeiro, Darwin e ele haviam tido uma relação proveitosa com o *Journal of Researches*, que nas mãos sensatas de Murray tivera duas reimpressões nos anos anteriores. Pequenos pagamentos de direitos autorais ainda chegavam regularmente à Down House. Além disso, Murray era um homem com muitas habilidades, interessado em ciência, em especial geologia e química, e acostumado a tomar iniciativas editoriais astutas, como a Home and Colonial Library [Biblioteca Doméstica e Colonial], uma série de obras edificantes para as classes médias, os conhecidos *Handbooks* [Manuais], os primeiros guias de férias para vitorianos, que antecederam em alguns anos os famosos guias de viagem alemães Badeker. Em suas viagens pela Europa, Murray supervisionara pessoalmente sucessivos volumes.

Mais que isso, porém, Murray estava se tornando rapidamente um dos editores científicos mais importantes da era vitoriana, expandindo com astúcia o império de seu pai, também chamado John Murray, que antes controlara o glamoroso círculo de Byron, Moore, Croker, Lockhart e Southey e criara a revista literária e política da firma, a *Quarterly Review*. Enquanto Darwin deliberava, o Murray mais novo estava ingressando na área da ciência, obtendo uma útil linha de publicações do governo do India Office (departamento responsável pela administração dos territórios britânicos na Ásia e na África) e de Kew Gardens e planejando publicar os relatórios anuais da British Association for the Advancement of Science. Ele gostava mais de publicar livros de caráter instrutivo ou de aperfeiçoamento, em particular narrativas de viagem, que sempre conseguiam boas vendas durante o século XIX. Vigoroso, matreiro e infatigável, Murray era um escocês expatriado, um anglicano da ala liberal e um dedicado membro do Partido Conservador: no entanto, ele abria seu estabelecimento na Albermarle Street a autores de todas as correntes de opinião, mantendo a reputação do pai. Um pouco de controvérsia nunca era ruim para os negócios.

Murray concordou com o plano de Lyell. Alvoroçado, Darwin insistiu em que Murray lesse alguns de seus capítulos antes de fazer qualquer acordo formal para publicar. Murray talvez ficasse tão chocado que jogaria o manuscrito na lareira da Albermarle Street, como o velho John Murray tinha feito com as escandalosas *Memórias* de Byron. Dentro de poucas

[86] Murray, 1919; Paston, 1932.
[87] Shortland e Yeo, 1996, introdução, p.23.

horas, Parslow, mordomo de Darwin, estava no trem para Londres levando um pacote de papel marrom.

Ainda assim, Darwin foi agradavelmente antecipado por um contrato que chegou ao correio antes que fosse possível providenciar uma leitura. Em privado, Darwin talvez desejasse que Lyell tivesse sido um pouco menos convincente – um livro sobre as origens naturais das espécies provavelmente não encontraria muitos compradores, pensava ele com pesar, e Murray poderia facilmente ter um prejuízo. Murmúrios de indecisão emergiram de Downe. "Algumas partes devem ser áridas e algumas, bastante abstrusas", disse a Murray em 2 de abril de 1859. "Perdoe-me por acrescentar que, se meu livro se revelar um fracasso, o senhor não descobrirá que tenho uma natureza avarenta." Ele prometeu manter o tamanho em econômicas quatrocentas páginas. E se ofereceu para pagar uma parte das revisões de provas. Imaginava se as contas poderiam parecer mais atraentes caso ele próprio comprasse uma centena de exemplares a preço de custo.

Diplomaticamente, o editor conduziu Darwin em meio a esses sentimentos conflitantes. E Murray não tinha sido convencido pela defesa de Lyell de maneira tão completa como Darwin temia. Ele enviou o manuscrito de *A origem das espécies* para ser avaliado por dois de seus amigos mais valiosos, George Frederick Pollock, ex-conselheiro de seu pai, e Whitwell Elwin, editor da *Quarterly Review*. Embora Murray provavelmente nunca tenha pensado a sério em rejeitar o livro, o processo foi importante para ajudá-lo a avaliar o provável impacto comercial da publicação e as questões financeiras que determinariam os termos de seu contrato com Darwin.

Também é evidente que Murray leu partes da obra, porque disse francamente a Pollock que pensava que a teoria de Darwin era tão absurda quanto imaginar uma união frutífera entre uma salamandra e um coelho. Pollock contraditou dizendo que o livro seria muito discutido e que admirava a maneira como "o sr. Darwin superou de modo tão brilhante os obstáculos formidáveis que ele foi suficientemente honesto para pôr em seu caminho".[88]

Comentários muito mais críticos vieram do segundo leitor de Murray, Whitwell Elwin, homem culto, que levava uma vida dupla como editor literário de grande destaque e vigário de uma paróquia rural em Norfolk. Seus gostos eram ecléticos, um talento útil quando ele era obrigado a escrever artigos para preencher lacunas repentinas na *Quarterly Review*, e o capacitavam a se relacionar com facilidade igualmente com autores científicos e literários. Quando leu o manuscrito de *A origem das espécies*, tinha só 43 anos, era mais jovem e mais mundano que Darwin e, sendo

---

[88] Haynes, 1916, p.233; Paston, 1932, p.174.

padre ordenado, estava bem familiarizado com os movimentos teológicos da época. Naquele momento, trabalhava em uma refutação do livro *The Order of Nature* [A ordem da natureza], de Baden Powell, em que este atacava a ideia de milagres e, ao mesmo tempo, resumia *Missionary Travels* [Viagens missionárias], de David Livingstone, para uma edição popular. Seu veredicto sempre fora essencial para Murray; sua aprovação, vital.

Elwin não aprovou. Foi seu lado de vigário que reagiu, não o londrino literário metropolitano. O texto de Darwin era uma "peça de imaginação insensata e tola".[89] Tudo nele o afligia.

> A cada página, fui atormentado pela ausência de provas. [...] Isso é pedir ao júri um veredicto sem apresentar as testemunhas para depor. Para um esboço, é excessivo, e para uma discussão detalhada da questão não chega nem perto de ser suficiente.[90]

Elwin recomendou que Darwin se limitasse aos pombos. Se o livro fosse sobre pombos, dizia, seria resenhado em todos os periódicos do reino. Um livro assim seria um "começo agradável". Todo o resto deveria ser abandonado.

Darwin bufou de descrença. "Fiz o melhor possível", informou ele a Murray, decidido. "Não duvido de que outros poderiam ter feito o trabalho melhor [*sic*], se tivessem meus materiais; mas isso não ajuda em nada." Felizmente, Murray concordou. Ele deixou de lado a opinião de Elwin e aceitou o manuscrito. Darwin disse a Murray que esperasse os seis primeiros capítulos durante a semana seguinte. Ambos tinham ido longe demais para ser detidos por algumas palavras de advertência.

IX

O verão de 1859 passou em um assomo de leitura de provas. Todas as dúvidas de Darwin sobre seu estilo de escrita retornaram muito mais fortes. "Parece haver uma espécie de fatalidade em minha mente que me leva a princípio a expressar minha declaração e proposição de uma forma errada e canhestra", ele refletiu depois.[91] Ele encheu as folhas de prova com correções, inseriu grande quantidade de novas informações e reescreveu

89 Elwin, 1902, v.1, p.352.

90 Elwin a John Murray, 3 de maio de 1859, John Murray Archives, Londres. Sou grata a John Murray por me dar acesso aos arquivos. Também publicada em *Correspondence*, v.7, p.288-90. A citação é da p.289.

91 *Autobiography*, p.137.

parágrafos inteiros. "Por minha vida, nenhum preto submetido a açoite poderia ter trabalhado com maior intensidade que eu para obter clareza."

Sempre que podia, Emma ajudava. Ela leu *A origem* do início ao fim durante o estágio de correção de provas e tentou lealmente ajudar o marido a transmitir seus pensamentos aos leitores de maneira precisa. Não há evidência de que Emma tenha tentado censurar o texto de Darwin. À noite, os dois discutiam sentenças mal formuladas, até encontrar uma forma que captasse o que ele estava realmente tentando dizer.

Lyell estudou as provas enquanto viajava pelo continente em suas férias de verão. E Georgina Tollet, uma velha amiga de Emma de Staffordshire, passou alguns dias com eles para discutir questões de estilo. Darwin mal mencionava essa assistência feminina, sem dúvida considerando-a um assunto privado por meio do qual podia garantir que sua gramática e sua grafia fossem adequadas; "como esta senhora é uma excelente juíza de estilo, vai procurar erros para mim", contou ele a Murray. Não obstante, ela o ajudou a tornar seu argumento mais rigoroso. "Georgina Tollet veio no último sáb[ado]", disse Emma a William. "Ela lê muito do manuscrito de Papai e é muito útil para ele ao fazê-lo explicar coisas que não estão bastante claras."[92]

Esse tipo de assistência feminina oculta era comum no período. Embora Darwin costumasse pedir a amigos como Hooker e Lyell conselhos sobre imprecisões, tom e estilo, nunca solicitava a colegas do sexo masculino que se dedicassem a tarefas editoriais rotineiras. Naquela época também, os manuscritos quase nunca eram corrigidos pela equipe de uma casa editorial. A edição era executada principalmente em casa, por esposas, irmãs, filhas e sobrinhas dos autores – por uma sala cheia de especialistas domésticas prontamente disponíveis. Só recentemente essa contribuição feminina baseada no lar foi reconhecida como um fator importante da história editorial vitoriana.

Darwin por certo sabia que precisava de ajuda.

> Considero o estilo incrivelmente ruim e muitíssimo difícil de tornar claro e fluente. [...] É inconcebível como pude escrever tão mal, mas suponho que isso se deveu ao fato de toda a minha atenção estar fixada na linha geral do argumento, e não em detalhes.[93]

[92] DAR 219.1, p.33.
[93] *Correspondence*, v.7, p.303.

No fim, Georgina Tollet ganhou de presente seu vaso de prata. "Uma senhora que leu todo o meu manuscrito encontrou só duas ou três sentenças obscuras", anunciou Darwin com orgulho. Ele ficou incomodado ao receber de Kew a informação de que a sra. Hooker achava que um dos capítulos de *A origem* era muito obscuro em alguns trechos.[94]

Também era preciso lidar com todos os transtornos e crises de autoria costumeiros. Hooker destruiu sem querer uma parte do capítulo de Darwin sobre distribuição geográfica, ao colocar distraidamente o manuscrito na gaveta de sua casa reservada ao papel de desenho dos filhos. Quando se lembrou, as páginas estavam irrecuperavelmente rabiscadas. "Eu tenho o antigo manuscrito", disse Darwin após a confissão de Hooker. "Não fosse isso, a perda teria me matado!" Hooker só pôde resmungar para Huxley:

> Sinto-me embrutecido, para não dizer brutalizado, porque o pobre D. está tão mal que dificilmente poderia reunir energias para terminar o que fez. Como eu gostaria que ele pudesse extravasar e se enfurecer comigo – em vez de receber isso com tanto bom humor.[95]

Hooker compensou Darwin fazendo um trabalho excepcionalmente detalhado ao comentar as páginas remanescentes, enquanto Frances Hooker realizou proezas valiosas no inglês. Mas Hooker teve de aguentar a troça insensível de Huxley, saída direto de uma canção de ninar vitoriana. "O que você acha de plantar bananeira nos Gardens durante uma hora por dia na próxima semana?"[96] *A origem das espécies* foi um esforço de colaboração como jamais se suspeitou.

E ocorriam interrupções. Era preciso organizar a partida de críquete de verão na Down House, uma disputa anual entre cavalheiros e jogadores, interpretada frouxamente como as grandes casas contra os aldeões (nos últimos anos, casados contra solteiros) e jogada no grande prado da casa dos Darwin. Mais uma vez, Parslow mostrou sua versatilidade como mordomo de cientista ao manobrar seus jovens cavalheiros para uma posição inatacável. George Darwin, então com catorze anos, e alguns dos adolescentes Lubbock eram batedores úteis. Erasmus veio de Londres para a parte social da ocasião. "Nossa partida de críquete terminou de modo brilhante

94 *Correspondence*, v.7, p.296.

95 L. Huxley, 1918, v.I, p.496.

96 Huxley Papers, Imperial College Archives, 16 de abril de 1859. Dawson, 1946, p.72.

e o grupo do sr. Parslow venceu completamente o do sr. Reeves", contou Emma a William depois da partida.

> Tia Susan, tio Ras e tio Hensleigh vieram no sáb[ado], mas infelizmente seu pai teve um ataque ontem e ficou na cama a maior parte do dia; agora ele está tolerável, mas vai voltar para Moor Park amanhã, pois há algum tempo vem se sentindo um pouco fraco.[97]

O drama a respeito da governanta dos filhos aumentava a tensão de Darwin. A ineficiente e melancólica srta. Pugh deixara a casa no começo de 1859. Henrietta Darwin, de dezesseis anos, contou como ela às vezes fazia as refeições com lágrimas escorrendo pelo rosto, e até Emma percebia que suas excentricidades estavam desgastando a família. Emma encontrou outra colocação para a srta. Pugh (com a ajuda dos Hooker) e lhe prometeu férias anuais por conta de Darwin.

Então veio madame Grut, recém-chegada da Suíça, pronta para ensinar conversação em francês e alemão. Henrietta a considerava insuportável e não fazia esforço para esconder seus sentimentos. No fim, Darwin a dispensou – algo que mesmo nos melhores momentos ele não gostava de fazer e, nessa ocasião, estava carregado de outros agravos. Henrietta viu a partida como um triunfo pessoal. "Aconteceram eventos solenes", informou a seu irmão mais velho, William.

> Eis como aconteceu. Na segunda-feira, no café da manhã, mamãe disse com muita civilidade que queria uma alteração nas lições de Horace. A sra. Grut ficou evidentemente zangada com isso, e então eu disse, de maneira muito gentil, que achava que *s'eloigner* não era perambular, e isso a zangou de novo e ela disse uma ou outra frase rude "Oh, muito bem, se eu soubesse mais que o dicionário". [...] Nada mais resultou disso e então tudo ficou tranquilo até que subi para minha aula de alemão à noite. Quando entrei, vi que ela estava com o demônio no rosto, bem ela ralhou com as crianças um pouco e então sentou a meu lado, quando mostrei a ela minha lição (um pouco de francês muito ruim) ela disse, se eu sabia mais do que ela, não adiantava ela me ensinar e tal e tal, até que aquilo virou uma crise, e ela ficou completamente enraivecida. [...] Então eu saí do quarto e desci

[97] DAR 219.1, p.26.

> para contar minhas injúrias. Quando papai e mamãe souberam tudo o que tinha acontecido, combinaram que ela iria embora imediatamente, então papai escreveu a ela uma carta dizendo que ela receberia suas 33 libras e nada mais. [...] Então papai foi para o andar de cima e entregou a carta. [...] Papai recebeu dela uma *enorme* torrente, em que ela dizia que ele não tinha nada de cavalheiro, e o tempo todo branca de raiva, querendo saber o que ela tinha feito, o que ele tinha para acusá-la – dizendo a ele que ele estava irritado – que daria a ele tempo para pensar. [...] Tivemos um chá muito nervoso, e ficamos a noite toda nos preparando para o pior, o que faríamos se ela se recusasse a sair da casa etc. Mas ela ficou muito mais branda e nos mandou uma carta para dizer que iria na quarta-feira.[98]

Depois da partida de madame Grut, a srta. Pugh retornou por algumas semanas, e a seguir as inestimáveis srtas. Thorley, Catherine e Emily, vieram em sequência como substitutas temporárias. No fim, foi contratada certa srta. Latter, que Darwin chamou "uma senhora muito inteligente".[99] Ela se adaptou o suficiente para durar até 1860, quando se tornou professora em uma escola na vizinhança.

Com o sol do final de verão, alguns prazeres paternos se apresentaram. Darwin ficou satisfeito ao ver o zelo infantil com que Francis, Leonard e Horace (respectivamente com onze, nove e oito anos) começaram a colecionar besouros e contou a Fox como seu sangue fervera com o antigo ardor quando os garotos capturaram no jardim um carabídeo incomum, *Licinus silphoides* – "um prêmio desconhecido por mim". Muito tempo depois, Francis ainda se lembrava do entusiasmo de Darwin.

> Tenho uma recordação vívida do prazer de virar minha garrafa de besouros mortos para que meu pai nomeasse e da empolgação, que ele compartilhava plenamente, quando algum deles se revelava incomum.[100]

Lembrando-se da emoção que sentira ao ver seu nome impresso quando era ainda bem novo, Darwin escreveu uma pequena carta sobre os besouros para o *Entomologist's Weekly Intelligencer*, um jornalzinho barato, como se

[98] DAR 210.6, republicado em *Correspondence*, v.7, p.264.
[99] *Correspondence*, v.9, p.29.
[100] *Life and Letters*, v.2, p.140. Ver também *Correspondence*, v.7, p.196-7.

ela fosse dos garotos. "Nós três colecionadores muito jovens", começava a carta, e era assinada Francis, Leonard e Horace Darwin. Ela anunciava a captura do *Licinus silphoides*.[101]

X

Perto do fim, a pressão constante da correção de provas abalou os nervos de Darwin. Talvez o livro estivesse muito próximo da publicação para que ele se sentisse tranquilo. Modéstia e ambição lutavam para se impor, reticência e impaciência se atritavam desconfortavelmente. Ele não cortejava a publicidade, disse a Fox. Não era a fama que o impulsionava. "Se me conheço, trabalho movido por uma espécie de instinto de tentar entender a verdade." Mas isso era só uma parte da história. Qualquer verdade que estivesse no fundo de suas teorias seria um tipo estéril de verdade, pensava, se permanecesse desconhecida do público científico. Por esse motivo, continuava a preocupá-lo que o livro fosse só um resumo, privado das evidências que ele considerava parte necessária de seu argumento, desprovido de todos os alertas científicos devidamente cautelosos – e ele se prometeu que algum dia publicaria todo o longo manuscrito.

E seu costumeiro desejo de privacidade tampouco era uma companhia fácil para a autopromoção e exposição que o livro sem dúvida exigiria. "Estou ficando fraco como uma criança", resmungou para Hooker, "miseravelmente indisposto e arruinado". Os vômitos recomeçaram. "Tenho estado muito cansado e exaurido ultimamente", ele se queixou em setembro de 1859. "Durante meses duvidei se não estava desperdiçando tempo e trabalho por nada." Sentia-se absorvido, submisso e estafado, disse a Fox em outra carta. "Meu livro abominável [...] me custou tanto trabalho que quase o odeio."

Os amigos de Darwin se reuniram para apoiá-lo. Lyell se esforçou para encorajar e ajudar. Ainda não estava claro para Darwin se Lyell aceitaria o conceito de seleção natural, já que ele estava genuinamente preocupado com as consequências espirituais do que Darwin propunha. Era difícil para Lyell aceitar "o orangotango inteiro", como ele suspirou para Huxley. Mas os evolucionistas "não podem e não devem ser menosprezados".[102] Darwin e Lyell trocaram muitas cartas durante esse período. "Estou tolamente ansioso por seu veredicto", admitiu Darwin. "Considero seu veredicto muito

[101] *Entomologist's Weekly Intelligencer* 6, 1859, p.99. Republicado em *Correspondence*, v.7, p.310.

[102] Lyell a Huxley, 17 de junho de 1859, Imperial College Archives, Huxley Papers 6, p.20, republicada em parte em Wilson, 1970, p.262, 314 n.77, 78. Lyell usou de novo a expressão em 1863, dessa vez para Darwin; ver *Correspondence*, v.11, p.231.

mais importante a meus olhos e creio que aos olhos do mundo que o de qualquer outra dúzia de homens [*sic*]."

Lyell respondeu como melhor sabia fazer. Elogiou o livro vindouro de Darwin em uma palestra pública durante a reunião da British Association em setembro de 1859, não só dando ao livro uma publicidade adiantada, mas também indicando que defenderia Darwin diante do mundo. Essa reunião aconteceu em Aberdeen, e Lyell tinha sido convidado para, durante sua realização, encontrar-se com o príncipe consorte, presidente honorário da British Association naquele ano. Em casa, ele contou ofegante a suas mulheres cada detalhe de seu almoço em Balmoral, naturalmente colocando-se no centro dos acontecimentos, embora a rainha Vitória se lembrasse do acontecido de modo muito diferente, anotando em seu diário que o dia tinha sido sobrecarregado com "quatro ônibus pesados lotados de filósofos e sábios".[103]

Em sua palestra, Lyell falou das surpreendentes novas evidências sobre a história inicial da humanidade que estavam surgindo das camadas de cascalho e aluvião no norte da França. Dois naturalistas ingleses, Hugh Falconer e Joseph Prestwich, estavam entre os primeiros a descobrir utensílios da idade da pedra – sílices trabalhados – que pareciam empurrar o surgimento dos seres humanos para um momento contemporâneo de mamíferos fósseis extintos. Um começo tão antigo para os seres humanos criava muitos quebra-cabeças, inclusive em termos geológicos práticos. Mas as escavações em Abbeville e em outras localidades na França estavam revelando exemplos dessas aparentes ferramentas embutidos nos mesmos depósitos em que se encontravam os ossos de animais extintos. Lyell resumiu os resultados para sua plateia da British Association, o que também lhe propiciou abertura conveniente para algumas palavras sobre Darwin. O livro que logo seria publicado, declarou Lyell, lançaria

> uma torrente de luz sobre muitas classes de fenômenos ligados com as afinidades, a distribuição geográfica e a sucessão geológica de seres orgânicos, as quais nenhuma outra hipótese conseguiu ou sequer tentou explicar.[104]

[103] Longford, 1964, p.286. A fala de Lyell está em C. Lyell, 1859.

[104] *Athenaeum*, 24 de setembro de 1859, p.404. Sobre o lugar ocupado pela *Athenaeum* entre as publicações vitorianas, ver Marchand, 1971.

Como salva antes da publicação, esta dificilmente poderia ser melhorada. Parecia a Darwin que Lyell o acompanharia em boa parte do caminho. "Agradeço a você pelo elogio em Aberdeen", disse, apreciativo.

> Agora não me preocupo com o que o mundo universal diga. [...] Você riria se soubesse a frequência com que li seu parágrafo, e ele agiu como um traguinho de bebida.[105]

Por fim, a leitura das provas de página terminou. Darwin acrescentou duas citações muito longas como epígrafe ao volume, uma audaciosamente fora de contexto, extraída do tratado de astronomia de William Whewell, sugerindo que Deus operava por meio de leis científicas gerais e não por intervenção direta, e outra, de Francis Bacon, sobre a nobreza da busca do conhecimento. Nenhum homem poderia levar a busca longe demais, transcreveu emocionalmente de Bacon e datou: "Down, Bromley, Kent, 1º de outubro de 1859".[106]

No último minuto, ele ajustou o título de acordo com a recomendação de Murray. A primeira sugestão de Darwin era complicada demais: "Resumo de um ensaio sobre a origem das espécies e variedades por meio de seleção natural". O bom-senso certamente sugeriu a Murray que as palavras "resumo", "ensaio" e "variedades" deveriam ser eliminadas e que "seleção natural", uma expressão com a qual Murray pensava que o público não estaria familiarizado, deveria ser explicada. O título acordado, no entanto, não era nada menos incômodo – *Sobre a origem das espécies por meio de seleção natural ou a preservação das raças favorecidas na luta pela vida.*

A esse título, Darwin acrescentou seu nome – um passo óbvio, mas decisivo. Ao apor o nome a sua teoria, ele distanciava categoricamente seu livro do anônimo *Vestígios*, que ainda era o tratado sobre evolução mais conhecido, e, se necessário, do florescente gênero de panfletos políticos anônimos e difamatórios que atacavam o gosto vitoriano. Darwin não tinha nada de panfleteiro radical, escondido atrás de um véu de anonimato. Todo o seu estilo de esforço científico estava investido na autoria devidamente reconhecida. Seu nome poderia ser publicado e confiado, e seu livro estava intimamente ligado à identidade do autor. Seguiam-se uma página de rosto e uma lista das credenciais públicas do autor – o título de mestre da Cambridge University e a filiação a sociedades cultas. Riqueza, classe, educação, o respeito de seus pares e um código reconhecível de conduta

[105] *Correspondence*, v.7, p.337.

[106] Yeo, 1985, 1993, discute o *status* icônico de Whewell e Bacon no século XIX.

cavalheiresca se fundiam com suas visões e com ele próprio. Ao fazer isso, assumia simbolicamente toda a responsabilidade por sua obra.

Em 1º de outubro de 1859, ele registrou em seu diário: "Provas terminadas", e calculou que o processo de escrita levara treze meses e dez dias para ser concluído. Em 2 de outubro, desligou-se do trabalho. Exausto e adoentado, seguiu para um estabelecimento de hidropatia em Ilkley, no sopé das charnecas de Yorkshire. Edward Lane e o Moor Park já não faziam tanto bem como antes. Desta vez, ele decidiu que precisava de uma intervenção dramática. "Estou esgotado e preciso descansar. [...] A hidropatia e o resto – talvez isso faça de mim um homem."[107]

"Há alguma chance de você estar em Ilkley no começo de outubro?", escreveu de forma tentativa a Mary Butler. "Seria bastante terrível ir para aquele grande lugar e não conhecer uma alma. Se você estivesse lá, eu me sentiria seguro e confortável."[108]

[107] *Correspondence*, v.7, p.324, 328.
[108] *Correspondence*, v.7, p.331.

3.
Publique e estará danado

A origem das espécies foi publicado em Londres, em 24 de novembro de 1859, enquanto Darwin fazia tratamento de hidropatia em Ilkley. Era um volume com aparência muito comum, encadernado num tecido verde robusto, tinha 502 páginas e o preço – um tanto caro – de 14 xelins; muito mais simples que a versão em vermelho e dourado em que Murray publicara a obra anterior de Darwin, *Journal of Researches*, também não era nada parecido com o formato duodécimo, de bolso, que Darwin propusera inicialmente.[1]

A intenção séria do autor era evidente. Não havia ilustração de história natural para atrair o olhar, exemplar de gado de raça gravado em dourado na capa nem sequer uma cena pré-histórica evocativa, como talvez houvesse hoje em um livro sobre evolução. Em uma obra que descrevia a abundante fecundidade da vida na Terra, as páginas eram curiosamente desprovidas de seres vivos. Mas era um espécime satisfatório da tipografia do século XIX, bem impresso, em papel decente e encadernado de forma útil. O ar despretensioso do livro convinha perfeitamente a seu autor. "Estou *infinitamente* satisfeito e orgulhoso com a aparência de meu filho", disse Darwin a Murray quando seu exemplar antecipado chegou a Yorkshire.

---

[1] *Correspondence*, v.7, p.222. Para a história da publicação de *A origem das espécies*, ver Freeman, 1977; Peckham, 1959, especialmente p.775-85, que incluem transcrições das contas de Murray. A *Publisher's Circular*, 1º de dezembro de 1859, p.603, anunciou o preço e que o livro tinha sido lançado durante as duas semanas anteriores.

"Estou muito contente de o senhor ter tido a bondade de assumir a publicação de meu livro."[2]

Despretensioso ou não, esse livro transformou a vida de Darwin. É claro que ele esperava controvérsia, embora, mesmo em seus momentos mais sombrios, não tivesse nem começado a imaginar as convulsões de opinião pública, elogio e detração que se seguiriam. Desde o início, ele estava disposto a fazer qualquer esforço para dar à sua teoria o melhor apoio que pudesse.

E havia mais que isso. Naquele mês de novembro, ele escolheu o tipo de homem que queria ser – escolheu dedicar-se a seu livro, a apresentar suas visões da maneira mais completa que conseguisse para públicos que ainda mal visualizava, disposto a influenciar e compelir em um grau que se tornaria sua segunda natureza, exibindo um aprofundamento de propósito e uma força de caráter que raramente admitia, mesmo em sua correspondência mais privada, e que no entanto marcou o resto de seus dias. Sua intervenção ativa no processo seguinte à publicação foi oculta, mas intensa. Paradoxalmente, o processo íntimo de escrever cartas pessoais, a conversa entre dois indivíduos, tornou-se parte essencial da voz pública de Darwin, uma atividade tão astuta e habilidosa – até predatória – quanto qualquer polêmica maquinada por Huxley.[3] Sem sair de casa, Darwin passou a dominar por meio de cartas. Promover o livro acabado tornou-se o tema governante de sua vida futura de forma tão completa como seus anos anteriores tinham sido governados pela construção da teoria.

Ele começou de forma deliberada a persuadir as pessoas a considerar seu ponto de vista. A recepção do livro, como ele a entendia, seria um processo social, dependendo, no início, da força de seus argumentos e, depois, progressivamente, entrelaçando as redes de avaliação e aprovação que permeavam a Londres literária e sua própria influência sobre elas. O que ele não sabia então era o modo como o livro se espalharia do público de elite ao qual ele pretendia principalmente se dirigir, na Grã-Bretanha e no exterior, para partes cada vez mais diversas do público leitor. Suas palavras se disseminariam por meio de periódicos, jornais, palestras públicas, tratados controversos e revistas de livre-pensamento

---

2 *Correspondence*, v.7, p.365-6. O exemplar de Darwin chegou a Ilkley em 3 de novembro de 1859.

3 A retórica da correspondência é mencionada em Chartier et al., 1997; Chartier, 1995. Chase e Levenson, 2000, discute a interação entre privado e público, um contraste com a retórica de Huxley tal como é descrita em Jensen, 1989; e A. Desmond, 1997. Parte do impacto contemporâneo das cartas como forma de comunicação pode ser vista no surgimento do romance epistolar, como em Kauffman, 1992; e Earle, 1999.

ao mesmo tempo em que grandes mudanças culturais se tornavam manifestas – mudanças no *status* da ciência, na crença religiosa, no impacto da publicação, na educação e na mobilidade social. Não se tratava de uma história de avanço triunfal descomplicado nem era previsível. Darwin talvez só pudesse imaginar vagamente que o resto de sua vida seria dedicado a sustentar essa publicação tão exigente.

Essas circunstâncias também o transformariam de um naturalista metódico sossegado, que se contentava em influenciar, se possível, apenas seu pequeno círculo, em um estrategista brilhante e sutil. Durante os meses que se seguiram à publicação, ele desenvolveu um estilo de apresentação pessoal que promoveu substancialmente sua causa. Mostrava-se sempre atento às situações em que seus leitores e correspondentes poderiam se encontrar, sensível a crenças religiosas e culturais arraigadas, rápido para aplaudir qualquer passo vacilante na sua direção, paciente para explicar reiteradas vezes os mesmos pontos, engenhoso e diplomático, aprendendo a utilizar as palavras para promover seus objetivos, às vezes recorrendo à habilidade e à adulação e, com frequência, expressando cordialidade genuína. Ele se deu conta de que as reações ao livro seriam afetadas por uma extensa gama de fatores e reconheceu que a disseminação e o julgamento de qualquer argumento científico novo dependiam em parte das maneiras como grupos específicos de indivíduos organizavam as tarefas intelectuais em que estavam envolvidos. Portanto, refinou suas técnicas para determinar aqueles que deveriam ser instigados a agir, os periódicos mais úteis a abordar, os melhores resenhistas a cortejar, os críticos mais ferozes a desarmar. Tornou-se perito em reunir e organizar seus amigos em um exército eficaz. A experiência anterior de coletar informações por correspondência o familiarizara com grande parte desse processo de recrutamento. Mas agora seus objetivos eram diferentes e ganhavam um novo significado precisamente por causa da importância do livro para ele. Da noite para o dia, o foco de Darwin mudou do esforço privado para a persuasão pública.

Com o exemplar antecipado de *A origem das espécies* seguro em mãos, em Ilkley, ele se lançou à primeira das muitas campanhas de ação que viriam. Pretendia enviar exemplares de apresentação a qualquer pessoa que pudesse ajudá-lo de forma significativa e já encomendara a Murray oitenta livros além dos doze exemplares gratuitos que receberia como autor. Darwin redigiu uma lista de pessoas que deveriam receber o livro e combinou que os volumes fossem distribuídos diretamente do escritório de Murray em Londres nas últimas semanas de novembro de 1859. O alto custo desse esquema o fez vacilar um pouco. Mas a publicação era seu caminho sem volta simbólico. Na folha de guarda de cada exemplar, a secretária de Murray anotou "Com os cumprimentos do autor" ou "Do autor". É por isso que nunca são vistos exemplares da primeira edição assinados por Darwin.[4]

Nas duas semanas seguintes, entre desagradáveis banhos frios terapêuticos, ele escreveu muitas cartas, cada uma ajustada com delicadeza ao destinatário e objetivando desarmar de antemão o pior das críticas previstas. Poucas cidades balneárias vitorianas podem ter assistido à deflagração de uma operação de publicidade tão sistemática. Mesmo os amigos mais antigos de Darwin foram seduzidos para concordar com suas propostas. "Ficarei curioso por saber o que você acha dele", disse ele a Fox, "mas não sou tolo a ponto de esperar convertê-lo". Cartas convenientemente autodepreciativas seguiram para Wallace ("Espero que haja algo novo para você, mas temo que não muito"), para Huxley ("Sei que haverá muito nele a que você objetará"), a Leonard Jenyns ("Sei perfeitamente bem que você não concordará de modo algum com tudo o que digo"), a Thomas Eyton, em Shropshire ("Meu livro o horrorizará e repugnará"), a Bunbury ("Se você ficar de alguma forma desconcertado, terei muito interesse em saber"), a John Henslow, seu antigo professor na universidade ("Temo que o senhor não aprove seu pupilo neste caso"), a Adam Sedgwick ("O senhor talvez pense que lhe envio meu livro com um espírito de bravata e por necessidade de respeito, mas asseguro-lhe que sou movido por sentimentos bem opostos"), a Hugh Falconer ("Deus, como o senhor ficará feroz, [...] como ansiará por me crucificar vivo!") e ao jovem John Lubbock, em High Elms:

> É bem provável que, quando se concluiu pela primeira vez que o trovão e o raio se deviam a causas secundárias, alguns tenham lamentado abrir mão da ideia de que cada clarão era causado pela ação direta de Deus.

Cansado, e sem dúvida desarmado por tantas escusas, ele abriu a guarda. Enviou a carta mais honesta de todas a Asa Gray.

> Permita-me acrescentar que admito inteiramente que há muitas dificuldades não explicadas de modo satisfatório por minha teoria da descendência com modificação, mas não posso crer que uma teoria falsa explicaria tantas classes de fatos como penso que ela

4 Richard Freeman viu um exemplar da segunda edição (publicada em janeiro de 1860) na Sotheby's de Londres, com uma anotação feita pessoalmente por Darwin; ver Freeman, 1977, p.78. As listas de exemplares de apresentação de sua obra estão em DAR 210.18. A lista para a primeira edição é transcrita no Apêndice III, *Correspondence*, v.8, p.554-70.

> certamente explica. É nesse fundo que lanço minha âncora, e creio que as dificuldades aos poucos desaparecerão.[5]

Pesquisando conscienciosamente seu passado em busca de aliados com quem perdera contato havia muito tempo, ele enviou um exemplar a John Maurice Herbert, vivaz aluno de Cambridge e membro do autodenominado Clube dos Glutões, que agora era um juiz importante no circuito do condado. E, é claro, houve exemplares para a família, tanto os Darwin como os Wedgwood; para amigos e vizinhos na vila de Downe, como John Brodie Innes e George Norman; para seu antigo capitão do *Beagle*, Robert FitzRoy, àquela altura atracado a uma mesa num departamento do governo britânico; e para seus dois médicos mais íntimos, Edward Lane e *sir* Henry Holland. Darwin ansiava por saber o que Holland pensava. Ele era um homem inteligente, muito respeitado no círculo familiar e amplamente influente em outros lugares; seria imperdoável se Darwin deixasse de lhe mandar um exemplar. Memórias agradáveis exigiram o mesmo para Edward Lane. Parece que Darwin também mostrou seu exemplar antecipado a Mary Butler enquanto ambos se submetiam à hidropatia.

Quanto ao restante, esta era a chance que ele tinha de escrever diretamente aos homens que em breve estariam julgando *A origem das espécies* em resenhas e artigos, àqueles que discutiriam as ideias dele em clubes de Londres e em jantares. Ele sabia que qualquer contribuição séria ao pensamento intelectual dependia muito dessa avaliação verbal de elite. Na verdade, ele a via como um aspecto decisivo do processo de publicação vitoriano. Durante muitos anos, Darwin participara exatamente do mesmo burburinho de bate-papo e correspondência instruídos. Por meio de um ciclo bem estabelecido de discussão e autenticação, redes concêntricas de especialistas costumavam debater e chegar a um veredicto.[6] Os mesmos membros da *intelligentsia* que haviam antes se envolvido com *Vestígios* e com as leis desenvolvimentistas de Buckle e Spencer, no mínimo avaliariam minuciosamente as opiniões de Darwin, embora talvez não concordassem com elas. Ele planejava ativar "cada tantinho de influência" que reunira ao longo dos anos.

Enviou, portanto, exemplares de apresentação a muitos dos homens de mentalidade moderna mais interessantes da Grã-Bretanha, alguns dos

---

5 *Correspondence*, v.7, p.369.

6 Redes de elite contemporâneas e "core-sets" em ciência são discutidos em Collins, 1981; Rudwick, 1985; Morrell e Thackray, 1981. Ver também Haskell, 1984; Brake et al., 1990. De forma mais geral, ver L. Stone e Stone, 1986.

quais ele mal conhecia, como Charles Kingsley e Herbert Spencer, e também incluiu judiciosamente o punhado de celebridades com quem estava familiarizado, tais como *sir* John Herschel e *lord* Stanhope, o historiador. A esses, acrescentou naturalistas estrangeiros de renome e o máximo de biólogos que conseguiu identificar, esperando que cada um deles visse seu livro como uma real contribuição aos problemas intelectuais que enfrentavam em ciência natural. Havia "estrangeiros bons e *especulativos* a quem valeria a pena enviar exemplares?", perguntou a Huxley. "Se você escrever a Von Baer", ele continuava,

> pelo amor de Deus, diga a ele que pensamos que um assentimento de aprovação ao nosso lado seria da maior valia; e se ele vier a escrever alguma coisa, peça-lhe que nos envie uma cópia, pois eu tentaria conseguir que fosse traduzida e publicada na Athenaeum e na "Silliman" [referência a Benjamin Silliman, editor do *American Journal of Science and Arts*] para cutucar Agassiz.[7]

No fim, a lista de cerca de oitenta nomes abrangia a maioria dos principais geólogos, naturalistas e biólogos do mundo, bem como indivíduos baseados em todas as grandes instituições de história natural da Europa, da América do Norte e de todo o império britânico, refletindo uma grande amplitude geográfica e internacional, entre os quais Henri Milne-Edwards, Louis Agassiz, James Dwight Dana, Joachim Barrande, Johannes Steenstrup, François Pictet, Isidore Geoffroy Saint-Hilaire, Julius Carus, Richard Owen, John Phillips, Carl von Siebold, Jean Louis Quatrefages de Breau e o idoso Heinrich Bronn.[8] Embora fosse improvável que mesmo esses naturalistas aceitassem as propostas de Darwin, eles seriam atraídos para o debate que resultaria delas. Alguém que recebe um exemplar de um livro do próprio autor, acompanhado por uma carta encantadora, considera-o muito mais difícil de atacar ou denegrir.

A propósito, a lista de nomes de Darwin também refletia outros fatores sociais. Quase ninguém desconhecido foi listado para receber um exemplar de apresentação. Afora o envio de *A origem das espécies* para William Tegetmeier, seu confiável amigo criador de pombos, e para um ou dois criadores e praticantes famosos que o ajudavam, Darwin deixou notavelmente de distribuir exemplares a qualquer uma das inúmeras pessoas, atraídas das vigorosas subculturas de história natural, horticultura e agricultura, na

7 *Correspondence*, v.8, p.315.

8 DAR 210.18, *Correspondence*, v.8, p.554-70.

Grã-Bretanha e em outros lugares, que lhe haviam fornecido informações relevantes. Todos que receberam o livro de presente eram pessoas influentes ou amigos íntimos dele. Nisso, a preocupação imediata de Darwin era apresentar suas ideias àqueles juízes que mais importavam. Contudo, a omissão tornou manifesto seu propósito ulterior: ele não se incomodava com pessoas que não podiam fazer diferença. Numa atitude reveladora, ele não enviou um exemplar a Robert Grant, o homem que o apresentara à ideia de evolução em Edimburgo. Nem a Harriet Martineau, a comprometida autora malthusiana e amiga íntima de seu irmão Erasmus. Darwin evidentemente pôs na balança a influência de cada candidato a receber o livro e descartou aqueles que considerava menos importantes para sua causa. Várias dessas omissões foram retificadas quando a segunda edição foi publicada.

Do lado de Murray, os negócios progrediam bem. O editor enviou quase quarenta exemplares para periódicos de resenha. Também os deu a amigos como Elwin, da *Quarterly Review*, e talvez Michael Faraday.[9] Aqui e ali, outros exemplares pré-publicação fugiram ao controle de Darwin. Erasmus Darwin enviou um a Harriet Martineau, que agora vivia como uma inválida reclusa em Ambeside, no Lake District. Talvez ele soubesse que Martineau não estava na lista que Darwin entregara a Murray.

Antes da publicação, Darwin conseguiu moldar amplamente a distribuição inicial de sua obra e, como esperava, ao menos parte da reação inicial. Tudo isso mudou com a proximidade da data de publicação. Quatro dias antes, um golpe adverso na *Athenaeum* abalou sua compostura. O resenhista anônimo (John Leifchild) arrasou o exemplar que recebera antecipadamente, destacando suas pavorosas implicações: "Se um macaco se tornou um homem – o que o homem não poderá se tornar?". O resenhista declarava que o livro de Darwin era quase perigoso de se ler. Devia ser posto nas mãos seguras de teólogos e deixado "às mercês do Divinity Hall [Salão da Divindade], do College, da Sala de Conferências e do Museu".[10]

Imobilizado em lençóis úmidos em Ilkley, com o rosto coberto de eczemas, Darwin ficou furioso. Viu que todos os seus circunlóquios cautelosos eram ignorados de modo gritante pelo resenhista da *Athenaeum*. "A maneira como ele fala de imortalidade e põe os padres contra mim e me deixa à mercê deles é vil", vociferou. "Ele me queimaria sem motivo algum; mas vai preparar a lenha e dizer a feras negras como me pegar."[11] Parecia-lhe

9 Agradeço a Frank James por essa informação. John Murray Archive, Londres, Faraday a Murray, 2 de dezembro de 1859.

10 Athenaeum, 19 de novembro de 1859, p.653, 660.

11 *Correspondence*, v.7, p.387.

que a *Athenaeum* estava determinada inescrupulosamente a sensacionalizar o tema mesmo antes que outras pessoas pudessem ler o livro. Apanhado de surpresa pela violência da resenha e pela força de sua própria reação, Darwin disparou por carta queixas a seus amigos anticlericais mais solidários. De repente e inesperadamente, ele começou a odiar estar em Ilkley. Sua saúde piorou, ele torceu um tornozelo, seu rosto estava ruim como nunca estivera e seu humor, ríspido. Era "odioso", ele gemeu,

A primeira resenha o incomodou por muito tempo. Durante anos carregou rancor pelo resenhista anônimo, que identificou equivocadamente como Samuel Woodward, com base em algo que Hooker deixou escapar. Também durante anos, o desventurado Woodward não entendeu por que Darwin de repente se tornara tão inamistoso. Muito tempo depois Darwin ainda se sentia ferido, e nunca foi capaz de admitir que talvez estivesse exagerando e que a primeira resenha hostil sempre machuca mais. A partir daquele momento, ele passou a ver com suspeita a *Athenaeum*.

No entanto, como Murray previa, no fim isso não fez diferença. Enquanto Darwin escrevia cartas e se queixava da chuva em Yorkshire, Murray organizou o costumeiro "jantar de venda", um dos sinalizadores do ano editorial, quando agentes e livreiros faziam grande quantidade de pedidos de itens de sua lista de lançamentos. "Todos os principais livreiros foram convidados. Os novos livros da temporada foram apresentados a eles e oferecidos em condições especialmente favoráveis."[12] Os livros contábeis de Murray mostram que ele recebeu pedidos para *A origem das espécies* nessa venda, realizada em 22 de novembro de 1859 no Albion Hotel, no centro de Londres. Dos trinta livros prestes a ser lançados com o selo de Murray, o de Darwin disputou as maiores faturas com dois outros futuros clássicos da época, *Self-Help* [Autoajuda], de Samuel Smiles, a bíblia doméstica do melhoramento social, e *Narrative of the Discovery of the Fate of sir John Franklin* [Narrativa da descoberta do destino de *sir* John Franklin], de Leopold McClintock, o desfecho da trágica saga da busca de Franklin por uma passagem a noroeste entre o Atlântico e o Pacífico. A história heroica de McClintock prometia ser o livro da temporada: Murray esperava pedidos de mais de 7 mil exemplares. *Self-Help*, de Samuel Smiles, provavelmente teria o mesmo sucesso em atender ao gosto da nação. Nenhuma outra firma editorial do século XIX jamais lançou no mesmo dia três livros como esses – Darwin, McClintock e Smiles –, que representavam tão precisamente a mentalidade vitoriana.

---

12 Murray, 1909, p.540.

O único concorrente sério que Murray previa era *Um conto de duas cidades*, de Dickens, sucesso garantido da editora Chapman & Hall. Outros livros notáveis já publicados por editoras rivais eram *Sobre a liberdade*, de John Stuart Mill, lançado no começo de 1859; *Idylls of the King* [Idílios do rei], de Tennyson, evidentemente um líder de mercado; *Adam Bede*, de George Eliot; e *Os virginianos*, de Thackeray. Confiante no poder de venda de seu autor, Murray aumentara a tiragem inicial de *A origem das espécies* para 1.250 exemplares.[13]

Murray recebeu pedidos de 1.500 exemplares, 250 a mais que o número impresso. Essa estatística satisfatória deu origem à sua observação de que o livro "esgotara" no dia da publicação, embora o número total não fosse páreo para os muitos milhares de exemplares de romances vendidos pela Chapman & Hall ou por Richard Bentley em um único ano nem para os 60 mil exemplares dos solidamente religiosos Bridgewater Treatises que haviam se acumulado nas estantes do país em 1860.[14]

O mais surpreendente nas vendas de Murray não era tanto que a edição do livro de Darwin fosse toda vendida – isso era bastante comum se o mercado fosse avaliado corretamente –, mas que quinhentos exemplares se destinassem à Mudie's Circulating Library [Biblioteca Circulante de Mudie]. Um número tão alto era gratificante para Murray, embora fosse também bastante modesto quando comparado à compra por Charles Edward Mudie, o dono da Mudie's, de 3.250 exemplares das *Travels* [Viagens], de David Livingstone em 1857 ou a seu pedido de 3 mil exemplares da *Narrative*, de McClintock, no mesmo dia em que o livro de Darwin foi ofertado. Editores, autores e leitores reconheciam o poder das bibliotecas por assinatura.

---

[13] Não é possível ser completamente precisa. Peckham, 1959, p.775, apresenta os seguintes números, extraídos dos livros contábeis de Murray: 1.250 impressos, menos cinco para registro no Stationers' Hall, 12 exemplares gratuitos para o autor, 41 apresentados como resenhas, deixando um total de 1.192 para venda. Freeman, 1977, adota esses números. Nenhum deles teve acesso à lista que Darwin preparou mostrando os cerca de oitenta exemplares de apresentação também comprados por ele a preço reduzido. Subtraindo-se os exemplares dessa lista (93, incluídos os gratuitos de Darwin), os da Stationers' Hall e os de resenha, resta um total provável de 1.111 disponíveis para venda no comércio.

[14] Topham, 1992. A venda é relatada em *Athenaeum*, 26 de novembro de 1859, p.706, e em *Publisher's Circular*, 1º de dezembro de 1859, p.599-600. [Os Bridgewater Treatises (Tratados de Bridgewater), cujas redação e publicação foram custeadas por recursos legados em testamento por Francis H. Engerton (1756-1829), conde de Bridgewater, são constituídos por oito textos de autores diferentes, cada um abordando um aspecto do tema geral determinado pelo conde: "Sobre o poder, a sabedoria e a bondade de Deus, tal como manifestada na Criação" (N. T.)]

Entre elas, a Mudie's era a mais poderosa.[15] Sua compra garantia a Darwin uma audiência ampla e um público que se repetiria muitas vezes à medida que cada exemplar do livro fosse emprestado alternadamente a certo número de assinantes. Embora a compra de Edward Mudie sem dúvida se baseasse em sua confiança nos atrativos anteriores de Darwin como autor de história natural, não na intenção de jogar um tratado subversivo em lares religiosos por todo o país, ninguém precisava ser adivinho para explicar que a biblioteca de empréstimo impeliria *A origem das espécies* para uma categoria muito mais popular do que seu tema sugeria inicialmente. Quinhentos exemplares poderiam muito bem ser lidos por cerca de 2 mil assinantes. Infelizmente, os números da circulação real são desconhecidos para todos os volumes da Mudie.

Também um tanto inesperadamente, dada a fama de pudica que cercava a lista de ficção da Mudie, acrescentar *A origem das espécies* a seu depósito na Oxford Street não era uma aposta muito arriscada. Como leitor, Edward Mudie tinha muito interesse em filosofia transcendental norte-americana contemporânea e na natureza da mente humana, uma paixão privada que se refletia no conteúdo de seus catálogos de não ficção, normalmente oferecendo uma seleção de textos evolucionistas e psicológicos iniciais.[16] Além disso, como Murray, ele apreciava os benefícios comerciais da controvérsia. A Mudie's Library, até hoje muito subestimada em seu papel de popularização da ciência em geral, se tornaria uma força importante na disseminação das visões evolucionistas nos vinte ou trinta anos seguintes.[17] Os catálogos de livros trimestrais da firma desde cerca de 1865 ofereceriam a maioria do títulos pós-darwinianos mais conhecidos, entre eles todas as novas edições de *A origem das espécies* e de *Vestígios*, e livros de Huxley, Lubbock, Tylor e Lyell, além de uma extensa gama de críticas e alternativas a estes. A admiração de Edward Mudie por Darwin como o item central de um fenômeno editorial era tão grande que ele chegou depois a convidar o naturalista para jantar (Darwin recusou o convite).[18] Mas desde o início Darwin reconheceu o efeito que Edward Mudie teve na ampliação de seus leitores. Com essa compra, ele tornava possível que seu livro atingisse um público mais amplo do que ele ou o editor havia contemplado.

---

15 Greist, 1970. Finkelstein, 1993, revela o conluio financeiro de Mudie com três editoras de Londres.

16 Betham-Edwards, 1919.

17 Palestra inédita, Janet Browne, "Ciência e Medicina na Mudie's Circulating Library", University of London, fevereiro de 2000. Sobre leitura de ciência no período, ver Brock, 1996.

18 Carta sem data a sr. e sra. Mudie, Illinois University Library, *Calendar*, 13829.

No dia seguinte à venda, Murray enviou a Ilkley a boa nova de que a tiragem estava esgotada.[19] Seguiu-se outra surpresa. Em vez de simplesmente reimprimir o livro tal qual fora publicado, Murray disse que podia admitir algumas correções, se Darwin quisesse enviá-las, e que poderia, portanto, lançar o livro como segunda edição (tecnicamente, deveria ter sido chamada reimpressão corrigida). Murray queria atender aos pedidos de compra assim que possível e pediu a Darwin que lhe enviasse de imediato qualquer mudança.

Darwin ficou muito satisfeito. E também Emma, o fantasma paciente por trás infindável luta pela perfeição travada por ele. "Foi maravilhoso toda a edição ter sido vendida de imediato e Mudie comprar quinhentos exemplares", disse ela a William com compreensível satisfação. "Seu pai diz que nunca mais vai se menosprezar e que francamente o considera muito bem escrito."

Em 1º de dezembro de 1859, Murray começou a montar as páginas corrigidas para a nova edição. Em 3 de dezembro, a Mudie's Select Library [Biblioteca Selecionada de Mudie] anunciou que *A origem das espécies* estava disponível para empréstimo.

II

Durante os seis meses seguintes, quase duzentas cartas e uma torrente de resenhas passaram pelas mãos do autor. Foram alguns dos meses mais exigentes que ele já vivera.

A esperada tempestade de controvérsia não irrompeu de imediato. Ao contrário, os primeiros efeitos foram inesperadamente pessoais, pois a publicação trouxe uma alteração espontânea no modo como os amigos mais íntimos de Darwin o consideravam. Os colegas lhe escreveram sem demora, cheios de um novo tipo de admiração. Por uma fração de segundo, houve apenas a insinuação mais leve de incredulidade – de que o "estimado velho Darwin" da correspondência deles possuísse tais poderes de gênio ocultos. Embora todos já entendessem os elementos essenciais da teoria de Darwin – vários tinham lido partes do livro antes da publicação, e dois deles haviam se envolvido ativamente na apresentação da teoria ao público na Linnean Society –, parece que nenhum previu exatamente a majestade final de sua visão. Um a um, eles expressaram surpresa com as perspectivas que ele revelava. Um a um, manifestaram respeito intelectual e começaram a se enfileirar atrás dele.

---

[19] *Correspondence*, v.7, p.395.

Lyell ficou honestamente empolgado, com um orgulho afetuoso. Fossem quais fossem as apreensões que ele continuasse a sentir, acreditava que as ideias de Darwin eram importantes demais para permanecer secretas. E ficou verdadeiramente contente de ver o livro publicado.

> Estou muito contente de ter feito o melhor junto com Hooker para o convencer a publicá-lo sem esperar por um momento que provavelmente nunca teria chegado mesmo que você vivesse até os cem anos,

ele se vangloriou. Era uma obra grandiosa, disse. "Um esplêndido exemplo de raciocínio denso e sustentado ao longo de muitas páginas."[20]

Lyell estava inclinado a dissecar os menores detalhes, e essas conversas foram vitais para ajudar Darwin a clarificar o texto da reimpressão prestes a ser lançada e das muitas edições subsequentes. Com gentileza e com ar de proprietário, Lyell examinou todas as resenhas e correspondências, anotando em seu diário científico os problemas que mais o incomodavam e discutindo-os com Darwin e outros colegas.[21] O livro de Darwin de fato assinalou um verdadeiro momento de virada na existência mental de Lyell. Ele permanecera um longo período preso à revisão das sucessivas edições de seus livros-texto de geologia e estava muito necessitado de algo diferente para atiçar seu interesse. *A origem das espécies* o reanimou. De repente, ele descobriu sua mente fervilhando de perguntas e questões complicadas para resolver. Bombardeou Darwin com cartas, buscando com seriedade respostas para ampla gama de perguntas difíceis.

Também em termos simbólicos, a ocasião foi carregada de significado. Como muitos pares notáveis na ciência, por exemplo Freud e Jung, ou Manson e Ross, mestre e discípulo começaram silenciosamente a trocar de lugar. Enquanto *Principles of Geology* de Lyell tinha presenteado o jovem Darwin com o dom do *insight* científico e lhe mostrado como pensar sobre o mundo natural, *A origem das espécies* de Darwin oferecia agora a Lyell um novo propósito intelectual. De certa maneira, esses livros encarnavam o estímulo criativo que cada um de seus autores exercia sobre o outro. Quase três décadas depois de Lyell ter começado a moldar os horizontes intelectuais de Darwin, *A origem das espécies*, por sua vez, abria para Lyell as áreas de pensamento mais estimulantes que ele encontrou em seus últimos anos de vida. Nesse sentido, as posições relativas dos dois mudaram. A

---

20 *Correspondence*, v.7, p.339-40.
21 Wilson, 1970. Ver também Bartholomew, 1973.

tocha foi passada de um a outro, e aceita, um ato sincero de homenagem mútua. Sensibilizados – quase com ternura – ambos reconheceram o lugar central que o outro ocupava em sua vida intelectual.

Com audácia, Lyell decidiu reescrever seu *Manual of Geology* para acomodar a nova visão evolucionista e brincou com a ideia de ele e Darwin descenderem de girinos. Dean Milman, relatou Lyell animado nas primeiras semanas após a publicação, dizia que o texto de *A origem das espécies* era por si só suficiente para refutar a possibilidade dessa ancestralidade ranídea.[22] No fim, as páginas propostas de Lyell sobre seleção natural nunca chegaram ao *Manual*, embora esta aparecesse de uma forma diferente no livro que ele escreveu depois, sobre a antiguidade da humanidade. A gratidão de Darwin foi rápida e verdadeira.

> Acredito plenamente que devo o conforto dos próximos anos de minha vida a seu generoso apoio e ao de pouquíssimos outros: não penso ser suficientemente bravo para ter suportado ser odioso sem seu apoio. Agora me sinto valente como um leão.[23]

Outros amigos viram a grande originalidade e força do esquema de Darwin sem necessariamente ceder ao argumento. O paleontólogo Hugh Falconer leu seu exemplar de apresentação com tanta ansiedade quanto os outros, mas se opôs de modo implacável ao argumento geral: "Estava morrendo de vontade, como todo mundo, de ver seu livro sobre espécies [...] o livro perverso que você chocou por tanto tempo", escreveu a Darwin. Falconer nunca aceitou a evolução. Mas também nunca pensou em abrir mão de sua amizade com Darwin e defendeu vigorosamente seu direito a ser ouvido. Ele não ficou mais chocado com *A origem das espécies* que Hooker, que o rotulou de "glorioso". Falconer acabou encarando a seleção natural com bom humor cordial. Quando, mais tarde, ele ofereceu a Darwin um espécime vivo de um lagarto incomum, não conseguiu resistir à oportunidade de provocar. "Em suas mãos ele vai prosperar – e ter uma justa oportunidade de se desenvolver sem demora em uma espécie de Columbidae, digamos um Pouter ou um Tumbler."[24]

Hooker aceitou de bom grado a nova visão da natureza. Ele convivera tanto tempo com ela em cartas que não estava propenso a rejeitar Darwin agora. "Que massa de raciocínio denso sobre fatos curiosos e novos fenô-

[22] K. M. Lyell, 1890, v.2, p.329.

[23] *Correspondence*, v.7, p.409.

[24] *Correspondence*, v.7, p.359; v.9, p.188.

menos. [...] Vejo que terei muito a discutir com você", disse. "Suponho que vá pensar que preferiria ser autor de seu livro que de qualquer outro em ciência de história natural."[25]

"Penso realmente que é o livro mais interessante que já li", escreveu Erasmus, ecoando o coro de aprovação amistosa. Harriet Martineau ficou extasiada.

> Podemos dizer "obrigado" a vida inteira sem conseguir expressar como nos sentimos agradecidos. [...] Devemos todos ficar contentes por ele ter posto o mundo nessa nova trilha grandiosa,

escreveu ela a Fanny Wedgwood.[26] Logo depois, Darwin teve notícias de Huxley, um maravilhoso brado de elogio e prazer. Era um livro nobre, disse Huxley; nenhum livro lhe deixara uma impressão tão forte desde que ele lera a embriologia de Karl von Baer, nove anos antes, um grande cumprimento do homem que traduzira Von Baer para o inglês e cujo entendimento de embriologia se baseava firmemente nas doutrinas do alemão. Na lembrança de Huxley, a beleza da teoria de Darwin cintilara diante dele como um relâmpago mostrando o caminho durante uma tempestade. "Que estupidez extrema não ter pensado nisso!"[27] Ele ficou chocado com a elegância e a economia da teoria.

O elogio de Huxley era sem dúvida sincero. Por mais de uma década, ele ansiara por encontrar ordem na natureza, onde aparentemente reinava o caos. As propostas naturalistas de Darwin ofereciam bem o tipo de síntese e desafio intelectual que ele mais apreciava, e a abordagem e os objetivos do amigo ressoavam de maneira impressionante os dele próprio. Como ocorreu com Lyell, ele passou por uma mudança importante de ponto de vista. "Estou disposto a fazer tudo que for preciso para apoiar o Cap. IX", declarou, referindo-se ao capítulo em que Darwin tratara da imperfeição do registro fóssil: "Se depender dele, você ganhou a gratidão duradoura de todos os homens sérios". Mas Lyell não estava disposto a aceitar o livro todo de maneira acrítica. Havia pontos sobre os quais discordava ou reservava seu julgamento. Ele não gostava da insistência de Darwin na mudança gradual, infinitesimal, sentindo que Darwin criava para si próprio

---

25 *Correspondence*, v.7, p.383, 426.

26 Arbuckle, 1983, p.186.

27 *Life and Letters*, v.2, p.197, repetido em L. Huxley, 1900, v.1, p.170. A reação de Huxley de forma mais geral é discutida em Bartholomew, 1975; Paradis, 1978; Di Gregorio, 1984; A. Desmond, 1994.

um fardo desnecessário ao não admitir sequer o menor salto no registro fóssil, e levantou reiteradas vezes a questão em correspondências futuras. Também não tinha certeza do que pensar dos três capítulos centrais sobre variação, instinto e hibridismo, questões que surgiam repetidamente em conversas com Darwin e outros. E nunca aceitou as propostas de Darwin sobre o modo como a esterilidade entre indivíduos que antes eram férteis podia surgir para criar uma população que se reproduzisse em isolamento. Nessas hesitações, Huxley revelava as raízes de críticas importantes que desenvolveria com muito mais força nos anos seguintes. Mesmo durante sua primeira investida impetuosa, ele era um discípulo que não aceitava todas as partes da doutrina. Ela era uma faca de dois gumes que ele manipulava com confiança notável. Ele se referia à teoria como uma "hipótese de trabalho", uma expressão que lhe satisfazia mais que a Darwin.

De uma coisa Huxley tinha certeza: Darwin enfrentaria "ofensa e deturpação consideráveis". Alguns dos amigos de Darwin, brincava Huxley, possuíam a quantidade exata de combatividade para travar a guerra em nome dele: "Estou afiando as garras e o bico para me preparar".[28]

Darwin suspirou aliviado. Estava preocupado com a possibilidade de perder a aprovação de Huxley – ou pior, torná-lo um inimigo.

> Como um bom católico que recebeu a extrema-unção, posso agora cantar "Nunc dimittis" [Senhor, permiti que vosso servo parta em paz]. [...] Há exatamente quinze meses, quando comecei a escrever este livro, tive receios terríveis, e pensava que talvez houvesse me iludido como tantos fizeram; então, fixei em minha mente três juízes, a cuja decisão me determinei mentalmente a submeter-me. Os juízes eram Lyell, Hooker e você. Foi isso que me deixou tão excessivamente ansioso por seu veredicto. Agora estou satisfeito e posso cantar meu nunc dimittis. Que piada será se eu lhe der um tapinha nas costas quando você atacar algum criacionista irredutível.[29]

Os ataques também não tardariam a vir. No início foram, do mesmo modo, chocantemente pessoais. Toda a potência do "odium theologicum" chegou em uma carta de Adam Sedgwick, ex-professor de Darwin e catedrático de geologia. Aos 74 anos, ainda lecionando para alunos de graduação em Cambridge, Sedgwick nunca esteve inclinado a concordar com *A origem*

---

28 *Correspondence*, v.7, p.391.

29 *Correspondence*, v.7, p.398.

das espécies, apesar de toda a gentileza de tio com que tratara Darwin no passado. Seu entendimento da natureza, de matiz teológico, se fortalecera com o passar dos anos, e sua antipatia por Lamarck, *Vestígios* e qualquer outra doutrina transmutacionista era expressa em suplementos regulares, cada vez mais irritados, a seu *Discourse on the Studies of Cambridge* [Discurso sobre os Estudos de Cambridge]. Ele abriu fogo em um prefácio descomunal anexado à edição de 1880. Para Sedgwick, a evolução significava pandemônio. O propósito da ciência, ele declarara durante quarenta anos ou mais, era manter a humanidade fielmente no caminho de Deus.

Ainda assim, Darwin estava despreparado para o cerrado ataque escrito que apareceu em sua mesa em Yorkshire. "Li seu livro com mais dor que prazer", escreveu Sedwick.

> Partes dele, admirei grandemente; de partes, ri até sentir dor nos flancos; outras, li com absoluto pesar; porque as considero inteiramente falsas e deploravelmente danosas – Você *desertou* – depois de um início naquele trilho de bonde de toda a verdade física sólida – o verdadeiro método de indução – e ligou uma máquina tão louca, penso, quanto a locomotiva do bispo Wilkins que nos levaria à Lua.[30]

Então o professor se lançava em um severo sermão dominical, lembrando a Darwin que, além da parte física, havia uma parte moral na natureza: "um homem que nega isso está no fundo do lodo da insensatez". Aceitar os argumentos de Darwin seria "afundar a raça humana em um grau de degradação mais baixo que qualquer outro em que ela caiu desde quando o registro escrito começou a nos contar sua história". Além disso, ele achava que Darwin se entregava a um tom de confiança triunfante, "um tom que condenei no autor de *Vestígios*". Sedgwick aconselhava Darwin a aceitar a revelação de Deus. Se ele o fizesse, os dois naturalistas poderiam acabar se encontrando no céu. O agitado velho clérigo não achou necessário mencionar a alternativa.

Tomado pelo choque, Darwin mostrou a carta a Emma. Ela apoiou estoicamente o marido, mas se recusou a mostrá-la a Henrietta Darwin, pensando provavelmente que esta não tinha idade suficiente para conhecer toda a extensão da heresia do pai.[31] O fogo do inferno era um pensamento

---

[30] *Correspondence*, v.7, p.396.
[31] *Emma Darwin*, v.2, p.187.

punitivo para os vitorianos.[32] O afável comentário feito por Sedgwick no final sobre ser "filho de um macaco" só tornou pior a ferida.

Os brios de Darwin se atiçaram. Se necessário, mesmo um velho amigo e professor como Sedgwick podia ser ignorado. "Nunca pude acreditar que um inquisidor poderia ser um homem bom", disse ele a Lyell, "mas agora sei que um homem pode assar outro e, contudo, ter uma coração tão gentil e nobre quanto o de Sedgwick".[33]

Logo atrás veio Robert FitzRoy, com outro ataque postal emocionado. "Meu caro velho amigo", escreveu o capitão de forma tempestuosa, "eu, pelo menos, *não consigo* encontrar nada 'enobrecedor' na ideia de ser um descendente de *macaco*, mesmo do *mais antigo*".[34] Outra carta de FitzRoy apareceu nas colunas de correspondência do *Times* alguns dias depois, assinada com o pseudônimo Senex.[35] O coração de Darwin afundou. Ele sabia que era de FitzRoy por causa da repetição do argumento sobre a humanidade primitiva. "É uma pena que ele não tenha acrescentado sua teoria da extinção do Mastodonte etc. porque a porta da arca foi construída muito pequena", resmungou para Lyell. "Que mistura de presunção e loucura, e o maior jornal do mundo a publica!"[36]

Tudo isso ele previra. Havia vários conservadores entre seus amigos que estavam fadados a odiar o livro. Mas o *establishment* vitoriano era cheio de exceções. Chegou uma carta gentil do reverendo Charles Kingsley, que escreveu de sua paróquia rural para agradecer por seu exemplar de apresentação de *A origem das espécies*. "Tudo que vi dele me *assombra*", disse Kingsley. "Com a pilha de fatos e o prestígio de seu nome, além da intuição clara, se você estiver certo, devo abrir mão de muita coisa em que acreditei e que escrevi."

Kingsley era um bom naturalista, muito versado em geologia e zoologia, autor de um respeitado livro sobre a costa e também renomado por seus tratados teológicos reformistas e romances sobre a condição do país. Huxley admirava muito o intelecto de Kingsley, dizendo que sua mente inquisitiva era aberta a novas ideias, bem o oposto de homens do jaez do bispo Wilberforce. Kingsley também conhecia ligeiramente Erasmus, irmão de Darwin, e, por meio do movimento socialista cristão, Fanny e Hensleigh Wedgwood.

---

32 Ver McDannell e Lang, 1988; Rowell, 1974; Wheeler, 1990.

33 *Correspondence*, v.8, p.134.

34 A carta original não mais existe. A citação é tirada de uma carta de FitzRoy a William Hepworth Dixon, publicada em *Correspondence*, v.7, p.414 n.3.

35 *Times*, 1º de dezembro de 1859, p.8.

36 *Correspondence*, v.7, p.413.

Ele parecia sinceramente interessado nos argumentos de Darwin e disse a este que poderia imaginar uma divindade todo-poderosa possuidora de um conhecimento infinito, criando organismos capazes de se autocriarem. Na verdade, ele foi o primeiro clérigo a ver nos esquemas de Darwin uma beleza interna que podia ser partilhada pela ciência e pela revelação espiritual. Para Kingsley, cientistas que tentavam apresentar explicações que eliminavam a existência do espírito eram tão tolhidos intelectualmente quanto clérigos que tentavam descartar as verdades da ciência.

> Aprendi aos poucos a ver que acreditar que Ele criou formas primais capazes de autodesenvolvimento é uma concepção de divindade tão nobre [...] quanto acreditar que Ele precisou de um novo ato de intervenção para preencher as lacunas que Ele próprio deixara.[37]

Na verdade, nada poderia estar mais longe das intenções de Darwin. A seleção natural era um fenômeno que nunca poderia ser governado ou posto em prática por um criador. Kingsley não entendera que o principal objetivo do livro de Darwin era retirar o criador da natureza.

Não obstante, Darwin procurava avidamente se apossar desses elogios proferidos. Com urgência, perguntou se poderia citar a carta de Kingsley na reimpressão de *A origem das espécies*. Esperava mostrar que os guinchos histéricos da *Athenaeum* ou de FitzRoy e Sedgwick eram inteiramente injustificados – e que pelo menos um padre proeminente (se bem que rebelde) da igreja da Inglaterra não o condenava completamente.

Cordialmente, Kingsley concordou e logo apareceu como um "clérigo celebrado" não nomeado na nova edição de *A origem das espécies* (publicada em 7 de janeiro de 1860) e em todas as edições seguintes.[38] Foi Kingsley quem forneceu as poucas palavras consoladoras de devoção no livro de Darwin, nas quais se sugeria que era possível acreditar em Deus como autor em última instância da evolução, palavras conciliatórias que em outras condições Darwin nunca teria permitido e que, por certo, ele próprio não diria. E foi Kingsley que se tornou o primeiro teólogo a endossar publicamente a evolução nas páginas finais de *A origem das espécies*, uma primeira indicação da notável flexibilidade da igreja anglicana quando confrontada com questões evolucionistas.

---

[37] *Correspondence*, v.7, p.380. Para Kingsley, ver Colloms, 1975; Brock, 1996.

[38] O comentário está publicado em *Origin*, 2.ed., p.481. Seu trajeto em edições posteriores é mapeado em Peckham, 1959, p.748.

Para combinar com as frases pias de Kingsley, Darwin fez dois ajustes de sua própria autoria. Onde, nas linhas finais da primeira edição de *A origem das espécies*, ele escrevera sobre a vida ser soprada em algumas formas primordiais, alterou o texto para "o sopro do Criador", concessão que mais tarde ele lamentou. E também acrescentou um parágrafo aos dois já existentes na frente do livro, extraindo uma passagem de *Analogy of Revealed Religion* [Analogia da religião revelada], de Joseph Butler, na qual Butler declarava que a palavra "natural" indicava a existência de um agente inteligente tanto quanto as palavras "sobrenatural" ou "milagroso"; dito de outra maneira, Deus podia operar por leis científicas de modo tão efetivo como faria por onipotência divina.[39] Inexplicavelmente ofendido com a resenha da *Athenaeum* e incomodado com o que considerava preconceitos religiosos de pelo menos dois de seus conhecidos mais antigos, Darwin iniciou de maneira desafiadora a longa jornada de concessões que no futuro viriam a atormentá-lo.

Mas dificilmente ele poderia ter encontrado uma solução melhor, ainda que tentasse. Antes mesmo da chegada das resenhas, suas armas já estavam carregadas.

III

Ele encerrou a viagem em 7 de dezembro de 1859 e foi para Londres passar um ou dois dias na casa de Erasmus, para visitar amigos e parentes. Os problemas de eczema e de estômago tinham passado. Agora que o livro fora lançado, ele se sentia muito melhor. Entre meias horas com Lyell ("um completo convertido"), Carpenter ("Ele me resenha na National [...] mas a última mordida o deixa engasgado"), Huxley ("Será uma bênção de Deus se eu não me tornar o homem mais convencido de toda a Inglaterra"), dr. Holland ("imensamente favorável") e John Edward Gray, do British Museum ("me atacou num estilo refinado"), ele visitou Murray na famosa sala de estar da Albermarle Street, a primeira vez em uma década que autor e editor se encontravam face a face. Foi uma ocasião satisfatória, um gratificado pelo recorde de vendas, o outro aliviado por ter comprovado que era certa a decisão de seguir em frente e publicar. Eles discutiram as correções de Darwin para a nova edição. Muitas foram entregues lá, naquele momento. Uma tiragem de 3 mil exemplares já não parecia uma proposta tão descabida. Juntos, eles traçaram planos para o futuro: traduções e edições no exterior, se possível, e uma nova impressão

---

[39] Peckham, 1959, p.753.

do *Journal of Researches* (em uma encadernação verde para combinar com *A origem*) para capitalizar o interesse do público.

Nessa visita, Darwin negociou os termos nos quais continuaria para sempre com Murray. Cauteloso, ele eliminou qualquer oportunidade de o editor obter um lucro injusto de seu trabalho árduo. Lembrava-se de como Henry Colburn o espoliara na primeira impressão do *Journal of a Naturalist* [Diário de um naturalista]. Se houvesse lucro ou risco, ele queria que fosse partilhado igualmente. De fato, Darwin foi um dos primeiros autores vitorianos a negociar o que é hoje conhecido como um adiantamento de direitos autorais. Quarenta anos depois, Murray examinou esses arranjos. "O sistema no qual o sr. Darwin preferia ser remunerado por seus livros era ter uma estimativa de cada edição quando ela era impressa, recebendo antecipadamente sua parte dos lucros previstos."

> Esse era um método de pagamento incomum, se não por outra razão, porque não é possível saber de antemão exatamente o que uma edição produzirá, já que há vários fatores desconhecidos no cálculo. [...] O sr. Darwin perguntava constantemente sobre detalhes – parece que nenhuma palavra zangada ou irritada jamais ocorreu entre ele e seu editor. Ele não aceitava cegamente fatos e números que lhe eram apresentados; investigava-os todos e questionava quando estava em dúvida; mas suas perguntas eram sempre as da franqueza e da cortesia.[40]

Darwin também recebeu alguns bons conselhos. Murray sentia que o grande livro sobre seleção natural que espreitava no fundo da mente de Darwin não era uma boa proposta editorial. Ele chegaria a três volumes, protestou Murray; tinha excesso de detalhes. Por que destruir as futuras vendas de *A origem das espécies* com o peso morto de um tratado inteiramente acadêmico? A sensatez de Murray para os negócios lhe dizia que Darwin deveria se ater *a A origem* do mesmo modo que Lyell se ativera a *Princípios de geologia*. Evasivo, ele sugeriu que Darwin pensasse em uma série de livros menores baseados nos materiais que acumulara. Darwin então concordou em dividir sua obra da maneira que Murray recomendava, aparentemente imaginando algo semelhante a seu trio anterior de livros *Geology of South America* e se esquecendo de como esse conjunto geológico específico logo se tornara para ele uma experiência odiosa. Mas de nenhuma outra maneira ele teria considerado a possibilidade de abandonar seu grande livro

[40] Murray, 1909, p.542.

sobre espécies. Pensava que o material devia ser publicado. As evidências detalhadas nas quais seu argumento se baseava deviam ser apresentadas ao público. Ele prometera isso na introdução de *A origem das espécies*. Com o plano estabelecido, Darwin voltou a Downe satisfeito como não se sentia havia muito tempo.

Só Richard Owen o deixou intranquilo. Quando fez a este uma visita social durante sua estada em Londres, Darwin não conseguiu de forma alguma avaliar qual era o julgamento de Owen. Até então, o grande naturalista tinha observado ocasionalmente que via com bons olhos "forças criadoras que operassem continuamente". Essas observações eram mais ou menos coerentes com as visões que ele semiexpressara sobre os textos de Darwin e Wallace na Linnean Society; e Darwin nunca acreditara nas histórias apavorantes contadas por Huxley sobre os atos maldosos que Owen praticava pelas costas de outras pessoas. Owen escrevera para Darwin de modo agradável depois de receber seu exemplar de *A origem das espécies*, e Darwin realmente queria saber o que ele pensava. Mais que qualquer outro, Owen poderia influenciar a direção que o diversificado corpo de naturalistas europeus viria a tomar.

A visita não foi nada auspiciosa. Na superfície, tudo parecia normal. Mas Darwin sentiu que havia problemas. Primeiro, Owen lhe informou que achava que, do ponto de vista biológico, a seleção natural estava completamente errada. Ele acreditava que os organismos revelavam em sua anatomia um plano e que uma força puramente mecânica como a seleção natural era irremediavelmente inadequada para explicá-lo. Não se tratava apenas de preconceito. Owen utilizara um excelente conhecimento de anatomia comparativa para avaliar a teoria de Darwin e concluíra que ela era deficiente.

O livro também chegou a Owen em um momento particularmente tenso. Todas as esperanças dele em relação ao futuro estavam em dúvida, em especial seu antigo sonho de um esplêndido novo museu de história natural construído de acordo com seus desígnios.[41] Esse plano era frustrado a cada passo por Huxley e Hooker, que faziam uma forte oposição à centralização institucional, principalmente aos efeitos danosos da concentração do poder sobre todas as ciências de história natural nas mãos de um único homem – em particular se esse homem fosse Owen. Huxley já protestara

[41] Rupke, 1994, p.12-105, e apêndice VI, *Correspondence*, v.7, Memoriais apresentados ao governo britânico. Stearn, 1981, descreve a fundação do Natural History Museum em South Kensington, Londres. Gunther, 1975, dá uma ideia do trabalho dos zeladores de história natural no British Museum.

várias vezes ao parlamento sobre o museu de história natural proposto por Owen, enviando petições assinadas por Darwin e outros naturalistas. Essas petições adiaram o novo museu até a década de 1880.

E isso não era tudo. Huxley criticava energicamente o esquema de classificação dos mamíferos de Owen – baseado na anatomia comparativa do cérebro. Da perspectiva de Owen, parecia que Huxley e seus companheiros se empenhavam em bloquear-lhe o caminho.[42] E Owen tampouco saudava a emergência de Darwin como um importante rival intelectual na Grã-Bretanha. Embora ele pudesse elogiar a síntese filosófica de Louis Agassiz nos Estados Unidos, Lorenz Oken na Alemanha e Georges Cuvier na França, esses eram estudiosos que dominavam ou haviam dominado outras arenas nacionais. Owen se considerava a principal figura na história natural britânica. Levando-se em conta todos esses fatores, sua reação *a A origem* de Darwin estava fadada a ser parcial.

Mais que tudo, porém, Owen estava com o orgulho ferido. Lá, na impressão em preto e branco de *A origem das espécies*, havia palavras cruéis rotulando-o de criacionista antiquado. "Todos os paleontólogos mais eminentes, a saber, Cuvier, Owen, Agassiz, Barrande, Falconer, E. Forbes etc.", dizia Darwin, "sustentaram unanimemente, muitas vezes com veemência, a imutabilidade das espécies".[43] Owen ficou incomodado além da conta; ofendido.

Portanto, como disse a Lyell depois, quando Darwin fez a visita a atmosfera foi fria.[44] O tempo todo desagradável, Owen salpicou dúvidas sobre a precisão dos fatos de Darwin e tratou com condescendência seu estilo de raciocínio. "Se eu tivesse de criticar, diria que não queremos saber em que Darwin acredita e do que está convencido, mas o que ele pode provar." Constrangido, Darwin concordou. Da próxima vez ele tentaria reduzir a quantidade de "creio" e "convencido". "Então você vai estragar seu livro", disse Owen de modo afável. O encanto do texto, disse perversamente, era ele ser a "voz do próprio Darwin". Para coroar, pouco antes de eles se separarem, Owen disse que queria mencionar *A origem das espécies* em alguns ensaios que estava editando para publicação. Pretendia dizer que "a melhor tentativa de responder a essa questão suprema da zoologia foi feita por Charles Darwin".

O homem era exasperante; depois, Darwin desejou ter dito o que tinha na cabeça em vez de ter apertado a mão de Owen e saído em termos cordiais.

---

42 Ver em particular A. Desmond, 1982; 1994.

43 *Origin*, p.310.

44 *Correspondence*, v.7, p.421-3.

Uma pequena discussão sobre ursos e baleias o deixara particularmente irritado. Usando uma informação de Samuel Hearne, antigo caçador de peles canadense, Darwin declarava em *A origem das espécies* que os ursos pretos costumavam nadar durante horas com a boca aberta pegando insetos. Embora raramente arriscasse um palpite sobre o curso real da evolução, Darwin o fez com esse exemplo explícito.

> Não consigo ver dificuldade em uma raça de ursos ter sido criada por seleção natural, cada vez mais aquáticos em sua estrutura e em seus hábitos, com bocas sempre maiores, até que fosse produzida uma criatura monstruosa como uma baleia.[45]

Pouco antes do encontro deles, Owen informara a Darwin (por meio de Lyell) que a história de Hearne era incorreta, e Darwin excluíra a sentença problemática da nova edição. Durante a visita a Londres, os fatos foram novamente ajustados. Dessa vez, de acordo com Owen, Hearne estava correto. "Vou enviar a ele a referência e, por Júpiter, creio que ele pensa que uma espécie de urso foi o vovô das baleias!"

Por mais educado que tenha sido esse encontro, ele assinalou o início do fim para os dois naturalistas, não só em termos privados, mas também em relação a movimentos mais amplos que já estavam em curso. *A origem das espécies* – e tudo que ele representava – se impôs forçosamente entre eles. Owen e Darwin logo estavam envolvidos em uma briga que atraiu outros homens e outras questões e tornou-se parte importante da polarização do debate sobre evolução. Ao que parece, o livro de Darwin já estava exigindo que as pessoas mais próximas dele tomassem posição, se alinhassem com amigos de mentalidade semelhante ou abrissem mão de conhecidos de longa data. Essa foi a última vez que Darwin e Owen se falaram.

O ano terminou com um feito importante. Em 26 de dezembro de 1859, o *Times* publicou uma resenha favorável, na verdade ridiculamente favorável para um jornal tão convencional. Darwin estava certo de que o artigo devia ser de Huxley e igualmente certo de que nunca haviam pedido a Huxley que escrevesse para aquele porta-voz tão estritamente precavido do *establishment* britânico. O *Times* era a tradição em pessoa, sendo satirizado regularmente por Trollope como "Jupiter Olympus" – a voz dos deuses. O jornal só publicava resenhas de livros uma ou duas vezes por mês. Darwin nunca considerara a possibilidade de uma boa resenha aterrissar nas mesas de café da manhã das classes dominantes no dia seguinte ao Natal.

---

45 *Origin*, p.184.

"Quem pode ser o autor?", perguntou inocentemente a Huxley.

> O autor é um homem de letras e um estudioso alemão. Ele leu atentamente meu livro; mas, o que é muito notável, parece que é um naturalista profundo. Conhece meu livro sobre cracas e o aprecia em demasia. Por fim, ele escreve e pensa com força e clareza incomuns; e o que é ainda mais raro, seu texto é temperado com uma graça muitíssimo agradável. [...] Quem pode ser? Certamente eu devia ter dito que só havia um homem na Inglaterra que poderia ter escrito este ensaio e que esse homem era *você*. Mas suponho que esteja errado e que haja algum gênio de grande calibre escondido. Pois como você poderia influenciar Jupiter Olympus e fazê-lo dar três colunas e meia à ciência pura? Os velhos Atrasadões vão pensar que o mundo chegou ao fim. Bem, seja lá quem for o homem, ele prestou um grande serviço à causa, muito mais que uma dúzia de resenhas em periódicos comuns. [...] Se você, por acaso, vier a travar conhecimento com o autor, pelo amor de Deus me diga quem é ele.[46]

Hooker revelou o segredo alguns dias depois. Ele estivera em uma animada festa de Natal na qual Samuel Lucas, o resenhista regular do *Times*, admitiu que não tinha ideia do que dizer. Enquanto tomavam vinho do reino, os dois fizeram um acordo, combinando que Huxley escreveria a resenha. Ela seria apresentada como se fosse de Lucas e Huxley embolsaria o pagamento, exatamente o tipo de armação secreta que Huxley apreciava.

A piada ficou ainda melhor quando a sra. Hooker declarou que reconhecia o trabalho de Huxley desde "a primeira sentença". Darwin e Emma riram conspirativos, pois Huxley contou a eles que os parágrafos iniciais haviam de fato sido escritos por Lucas, para manter as aparências. Eles não conseguiram se decidir a confessar o ocorrido a Frances Hooker. Huxley era um grande trapaceiro, disse Darwin, um "bom e admirável agente da promulgação de heresias danáveis".

Seu círculo de amigos íntimos estava emergindo como um time excepcionalmente talentoso e poderoso. De alguma maneira, ele produzira uma teoria que inspirava paixões e compromissos que esses homens estavam dispostos a defender com todas as forças.

[46] *Times*, 26 de dezembro de 1859, p.8; *Correspondence*, v.7, p.458.

IV

Com a chegada do Ano-Novo, Darwin viu seu livro se tornar uma pequena sensação. Houve muitas notícias nos jornais. O *Press* (10 de dezembro de 1859), o *John Bull* (24 de dezembro de 1859), o *Daily News* (26 de dezembro de 1859), o *News of The World* (8 de janeiro de 1860), o *Morning Post* (10 de janeiro de 1860), o *St. James Chronicle* (10 de janeiro de 1860), o *Patriot* (19 de janeiro de 1860) e o *Guardian* (8 de fevereiro de 1860) publicaram breves relatos, dos quais apenas um (o do *Daily News*) foi completamente hostil. O *Critic* foi tão crítico como seu nome sugeria; o *English Churchman*, surpreendentemente, foi menos. O *Spectator* foi contido, negando qualquer "pretensão de julgar" e fazendo uma clara distinção entre a abordagem erudita de Darwin e os textos de Lamarck e de *Vestígios*. Embora o *Saturday Review* [Resenha do Sábado], conhecido carinhosamente pelos vitorianos como o "Saturday Slasher" [Retalhador do Sábado], tenha evitado retalhar, Darwin sentiu que o resenhista anônimo desferia "alguns golpes bons e bem merecidos" sobre um ou dois argumentos geológicos. Não havia muito para fazê-lo sair correndo em busca de abrigo.

Logo depois, choveram resenhas em periódicos mensais, trimestrais e quinzenais. Um número significativo dessas resenhas mais longas foi feito por amigos do autor: Huxley fez uma para um dos primeiros números da *MacMillan's Magazine*; Robert Chalmers escreveu no *Chamber's Edinburgh Journal*; Hooker, na *Gardener's Chronicle*; e Carpenter, na *National Review*. Todos recomendavam que *A origem das espécies* fosse considerado com cuidado e apontavam a respeitabilidade e o *status* do autor como naturalista. Na maior parte, porém, essas avaliações iniciais eram serenas, decerto um reflexo da elevada reputação de Darwin e talvez também da substância física do livro. Quase todos os primeiros a resenhar o livro acharam a tarefa difícil. A dificuldade de entender *A origem das espécies* foi um aspecto central nas primeiras avaliações publicadas sobre seu poder e autoridade. Mesmo as resenhas negativas eram atenuadas.

É claro que Darwin lia essas notícias com grande curiosidade. Dado que ele conhecia na maior parte a identidade dos autores anônimos, estava ansioso para ver o que eles se dispunham a dizer no papel. Algumas cartas divertidamente tortuosas chegaram à Down House, de pessoas que o conheciam socialmente e tentavam amenizar o possível resultado de declarações públicas que haviam feito. John Crawfurd, que expressara julgamento desfavorável no jornal *Examiner* de dezembro de 1859, escreveu a Darwin desculpando-se, para explicar por que não podia fazer nenhuma observação aprovadora.

Era óbvio, porém, que o livro estava caminhando para se tornar um fenômeno editorial. Esse aspecto da trajetória pública de Darwin foi com frequência subestimado. De fato, o que retrospectivamente passou a ser conhecido como revolução darwiniana teve tanto a ver com a transmissão de textos pelo mundo e pela sociedade quanto com o acordo final da ciência sobre a validade da seleção natural. Darwin e suas teorias – e depois o movimento darwiniano como um todo – beneficiaram-se enormemente do aumento sem precedentes da atividade editorial nas décadas médias do século XIX. Além das novas ideias que *A origem das espécies* apresentava, o livro de Darwin ocupou seu lugar em um movimento cultural muito mais amplo, que anunciava a era dos meios de comunicação de massa e públicos crescentes para materiais impressos.

Darwin e seus amigos logo reconheceram o poder da imprensa. O setor da sociedade que lia e resenhava livros era influente como nunca antes. O advento da impressão relativamente barata e a disseminação da alfabetização, tanto na Europa como nos Estados Unidos, davam a várias partes do corpo social que antes estavam mudas uma voz e uma arena em que elas podiam ser ouvidas.[47] Quando o vagão dos evolucionistas começou a se por em marcha, eles logo requisitaram uma fatia do mundo editorial vitoriano, assegurando que *A origem das espécies* e o punhado de ideias reformistas com que ele viria a ser associado assumissem um lugar importante no espectro de materiais impressos que caracterizou o período. Embora as palavras de Darwin tivessem por si sós um impacto inegável, ele e seus amigos participaram de bom grado da revolução nas comunicações que estimularia a circulação de ideias científicas no contexto intelectual comum e atravessaria fronteiras nacionais e sociais.

Naquela época, os periódicos de resenha eram o meio primário para um autor britânico buscar aprovação. Em 1859 e 1860, esses periódicos proliferavam como moscas, alguns esperando rivalizar com a cobertura abrangente da *Athenaeum* ou da *Literary Gazette*, outros competindo com monolitos do *establishment*, como a *Quarterly*, a *Edinburgh* e a *Westminster*, cada um dos quais tendo um enorme público leitor e alianças políticas bem-definidas. Com os periódicos de resenha surgiam novas revistas voltadas para as florescentes classes médias, estimuladas por máquinas de impressão mais baratas e mais eficientes, melhores sistemas de distribuição e públicos sempre maiores, à medida que a educação pública avançava e

[47] De ampla gama de literatura, ver Feather, 1988; Eco, 1979; Sutherland, 1976. Meadows, 1980; Sheets-Pyenson, 1985; Brock e Meadows, 1998; J. Secord, 2000; Frasca-Spada e Jardine, 2000, tratam do crescimento da publicação de ciência.

a sociedade educada descobria que dispunha de tempo. Algumas se voltavam para atividades úteis. Muitas ofereciam ficção e poesia. Uma a uma, elas abriam diferentes partes do mercado ao reduzir os preços de venda e oferecer uma escolha de abordagens e conteúdos muito mais variada que as revistas literárias mais antigas. Os novos temas iam de fofocas e moda da alta sociedade a inovações geradoras de dinheiro, como ilustrações e romances serializados. Muitas publicações eram negócios pequenos e de proprietários independentes, como a *Household Words* e a *All Year Round*, de Dickens, ou a *Cornhill Magazine*, de Thackeray, fundada em janeiro de 1860. Outras eram produtos internos de editoras que esperavam capitalizar tendências de mercado, com a *Macmillan's Magazine*, publicada pela primeira vez por Alexander Macmillan em novembro de 1859, e o conjunto de títulos publicados pela Harper's em Nova York, como a *Harper's Bazaar* (desde 1867). Uma expansão semelhante ocorria em títulos destinados a grupos ocupacionais, como engenheiros ou professores de escola; e uma enxurrada de publicações mais baratas se dirigia às classes médias e aos artesãos, das quais as pioneiras foram a *Penny Magazine*, de Charles Knight, o *Chamber's Journal*, de William e Robert Chambers, e os panfletos de *lord* Brougham, da Sociedade para a Difusão de Conhecimento Útil.[48] Todos tiravam proveito da rápida diversificação de públicos, rendas e gostos, que ficou à mostra quando os últimos remanescentes dos impostos editoriais foram eliminados, na década de 1850, e o imposto de consumo sobre o papel foi abolido, em 1860. Logo, um comerciante de jornais e revistas empreendedor, William Henry Smith, abriu um negócio no Strand, no centro urbano de Londres. Quem entrasse na loja de Smith em 1860 podia encontrar 150 jornais e revistas diferentes à venda a cada semana. As bancas em estações ferroviárias e a biblioteca circulante de W. H. Smith vieram logo depois.[49] A Mudie's Circulating Library seguiu a mesma trajetória bem-sucedida.

Grande parte do impacto repentino de Darwin – e também de seu impacto duradouro – resultou de ele ter produzido um livro de interesse geral amplo no momento em que essa onda de material de leitura periódico invadia os lares do século XIX. O livro dele foi mais submetido à atenção popular do que

---

[48] Vários elementos dessa revolução nos padrões de leitura são discutidos em Altick, 1957; Ellegard, 1957; Feather, 1988. A ampliação das taxas de alfabetização está em Cipolla, 1969.

[49] Para jornais, ver A. Smith, 1979; para revistas, ver A. Sullivan, 1984; e para periódicos, ver Shattock e Wolff, 1982; e Vann e Van Arsdel, 1994. Periódicos de medicina são discutidos em Bynum, Lock e Porter, 1992. Resenhas gerais das principais obras de Darwin são itemizadas e discutidas em Ellegard, 1990, e as resenhas científicas em Hull, 1973. Houghton, 1966-89, é a fonte padrão para os principais periódicos vitorianos.

praticamente qualquer outro livro científico. Mesmo os enormes números da circulação de *Vestígios* empalidecem ao lado da multidão de arenas públicas em que *A origem das espécies* acabou aparecendo.[50] Antes do fim da vida de Darwin, apenas na Grã-Bretanha, *A origem* tinha sido discutida em mais de uma centena de periódicos e jornais, do *Daily Telegraph* à *Economist*, do *Family Herald* à *Punch* e ao semanário católico *Tablet*.[51]

Como era comum na época, a maioria dessas resenhas não era assinada – artifício estilístico aparentemente destinado a permitir a liberdade de expressão, mas em geral explorado como uma oportunidade para fazer críticas não atribuídas ou autopromoção descarada, às vezes por parte de autores que resenhavam com excesso de elogios seus próprios livros. Mas a anonimidade era sempre relativa. Só um resenhista, por exemplo, conseguiu fugir à caça de identidades empreendida por Darwin durante o mês de dezembro de 1859. Foi o inteligente escritor do *Saturday Review*. Darwin gostaria de saber quem era ele. O resenhista fazia observações pertinentes sobre geologia e parecia conhecer muito de história natural. O autor até hoje não foi identificado (embora pudesse muito bem ser Thomas Rymer Jones). Esses resenhistas – na maioria homens – provinham quase inevitavelmente do estrato literário de Londres, homens de letras que conseguiam ganhar a vida em seu ofício e ser respeitados pela sociedade intelectual. Para se ter uma ideia do alcance dos tentáculos sociais de Darwin e do círculo de resenha de elite estreitamente confinado ao qual ele pertencia, das 43 resenhas importantes de *A origem das espécies* publicadas antes do final de 1860, só seis autores, entre eles o misterioso crítico do *Saturday Review*, não foram identificados por ele.[52]

Mais tarde, haveria uma enorme onda de livros e comentários. Por enquanto, Darwin começou a colecionar as resenhas de *A origem*, arrancando sistematicamente artigos de revistas e jornais, escrevendo comentários nas

---

[50] J. Secord, 2000, traz os números de publicação de *Vestígios*. Embora as teorias de Darwin fossem discutidas em uma quantidade e uma variedade de órgãos maiores do que *Vestígios*, parece que até a década de 1880 o número de exemplares de *Vestígios* em circulação era maior do que os de *A origem das espécies*. Agradeço a John van Wyhe por um gráfico esclarecedor comparando os números de exemplares de *Vestígios* com *Constitution of Man* [A constituição do homem], de George Coombe, e *A origem das espécies*, de Darwin, de 1835 a 1895. Coombe superava com facilidade os outros dois.

[51] Há uma lista abrangente em Ellegard, 1990.

[52] Bevington 1941, p.238-88. Thomas Rymer Jones ocasionalmente escrevia sobre história natural para a *Saturday Review*. Mesmo Huxley não conseguiu arrancar o nome crítico do editor, John Douglas Cook. O *Wellesley Index* (Houghton, 1966-89) lista a maioria dos nomes, mas não este.

margens ou em tiras de papel presas ao texto, com a intenção de discuti--los com Lyell e outros amigos e guardá-los para futuras revisões. Muitas chegavam a ele como separatas presas com clipes ou nos volumes originais dos periódicos que ele assinava. Com a mente metódica de sempre, ele os organizava por tamanho nas estantes de seu estúdio – em tamanho quarto ou octavo, cada um numerado em sequência; os recortes de jornais eram guardados em uma gaveta para que, quando pudessem, Parslow ou os filhos os colassem em álbuns encadernados em couro. Para facilitar o acesso, ele elaborou um índice.

A enxurrada de comentários – bons, ruins, e nunca indiferentes – praticamente não diminuiu nos dois ou três anos seguintes, fornecendo ao surpreso autor um notável repositório de documentação da gama mais ampla de opiniões, extraídas do espectro mais amplo possível de leitores. No fim, a coleção de Darwin chegava a 347 resenhas e 1.571 artigos gerais, além de 336 itens guardados em separado por terem tamanho grande. Ele mantinha dois pesados volumes de recortes de jornal.[53] No alto de uma lista escrita à mão preparada para ele pelo filho Francis, bem mais tarde, Darwin anotou com amargura: "Alguns dos artigos mais absurdos ou injustos foram escritos por Harvey e Westwood em *G. Chronicle* na década de 1860, Wollaston em *Annals & Mag of Natural History* e Houghton e Owen, ver observações sobre esses últimos no *Saturday Review*. Hopkins, na *Fraser*, diz que minha visão não difere em nada de Lamarck".[54]

Essa cisma privada sobre a recepção de seu livro entrava em choque com a conduta externa de Darwin. "Houve uma pletora de resenhas, e estou realmente bastante cansado de mim mesmo."

V

O tempo todo, o brio de Huxley não conheceu limites. Os seis meses seguintes à publicação foram dele tanto quanto de Darwin. Ele aceitou com entusiasmo encomendas de todos os lugares para palestras e resenhas, logo criando para si um perfil público como um dos principais proponentes das novas ideias. Não se sabe ao certo quando foi a primeira vez em que ele se descreveu como "buldogue" de Darwin, mas com certeza ele usou a expressão na década de 1870.[55] Depois de escrever a resenha anônima

---

[53] A coleção de panfletos de Darwin é mantida no Darwin Archive, Cambridge University Library, indexada por P. Vorzimmer. Deve ser publicada uma nova listagem de autoria de Di Gregorio e Gill; ver Di Gregorio, 1990. Os recortes de jornal estão em DAR 226.

[54] "Lista de resenhas de *A origem das espécies*", DAR 262.

[55] L. Huxley, 1900, v.1, p.363.

para o *Times*, ele declarou a Hooker que "não importa o que eles façam, *terão de* respeitar Darwin e que se d_ _ _m".[56]

Ainda assim, não está completamente claro quanto algumas das atividades iniciais de Huxley de fato ajudaram Darwin.[57] Em Londres, em fevereiro de 1960, ele ministrou, na Royal Institution, uma palestra aplaudidíssima sobre a teoria de Darwin durante a qual, como um mágico apropriado à ocasião, tirou um punhado de pombos adejantes de uma cesta de vime. Darwin depositava grandes esperanças na noite. O público da Royal Institution normalmente incluía uma mistura influente de moda e cérebros, e Huxley fizera bem de incluir o tópico no programa de inverno, que apresentava à *intelligentsia* principalmente avanços recentes em física e química. Para comparecer, Darwin fez uma viagem especial a Londres e combinou com seus amigos criadores de aves o fornecimento da cesta de pombos de mágico. Depois, desejou que Huxley tivesse se abstido de apontar de forma tão eficiente todas as dificuldades da seleção natural. Descrevendo lealmente a palestra como "excelente e muito ousada", em privado Darwin a considerou um triunfo superficial. "Huxley cometeu uma grande falha na palestra da R. I.", explicou Hooker *sotto voce* a Asa Gray, "o que foi uma grande pena, já que ele pretendia apoiar o livro, mas infelizmente conseguiu estragá-lo".[58]

A situação não melhorou muito quando Huxley publicou sua resenha seguinte, a terceira de *A origem das espécies* em três meses, dessa vez para a *Westminster Review*. No intervalo, ele estudara o livro com cuidado. Na *Westminster*, ele deu seu veredicto como naturalista profissional, admitindo que não poderia aceitar plenamente o princípio da seleção natural.[59] Apesar de todos os méritos que ele reconhecia *livremente*, de sua profunda admiração pela teoria de Darwin e de suas expressões de compromisso com o argumento geral do livro, ele sentia que o caso devia, em última instância, permanecer não comprovado até que Darwin mostrasse como as variedades se transformavam em espécies que se reproduzem em isolamento. O que poderia fazê-las tornar-se inférteis com seus parentes mais próximos?, perguntava. Para a mente de Huxley esse problema de reprodução era quase insuperável, e ele nunca se satisfez com as soluções de compromisso oferecidas por Darwin. Quanto a Darwin, ele desejava que Huxley pudesse se concentrar muito mais nos aspectos bons apresentados em

[56] Imperial College Archives, Huxley Papers, 31 de dezembro de 1859, 22. Também em Caudill, 1994.

[57] Bartholomew, 1975.

[58] *Correspondence*, v.8, p.117, n.11. Darwin se refere a T. H. Huxley, 1860a.

[59] T. H. Huxley, 1860b.

A origem. Huxley não anunciava as maravilhas da embriologia, por exemplo, tão bem quanto sua grande qualificação para o tema o permitiam. O aplauso nessa questão, pensava Darwin, ajudaria muito sua causa. "A embriologia é minha parte preferida do livro, e meus amigos são uma lástima, nenhum deles mencionou isso para mim", resmungou ele para Hooker.[60]

Por outro lado, Huxley saudou *A origem das espécies* como munição para promover a ciência à custa da igreja, e os princípios do naturalismo contra conceitos baseados em teologia. Para ele, bispos gordos em trajes púrpura eram vítimas irresistíveis. A resenha seguinte na *Westminster* foi a mais influente escrita em defesa de Darwin. *A origem* era um "verdadeiro canhão Whitworth no arsenal do liberalismo", declarou Huxley. "O que é a história de toda ciência senão a eliminação da noção de mistério ou de interferências criativas?" Ele afirmou que o livro de Darwin punha fim ao ofuscamento teológico antiquado.

> Quem há de enumerar os pacientes e sinceros buscadores da verdade, dos dias de Galileu até hoje, cujas vidas foram amarguradas e cujo bom nome foi arruinado pelo fanatismo de Bibliólatras? [...] É verdade que se os filósofos sofreram, sua causa foi amplamente vingada. Teólogos extintos jazem em volta do berço de cada ciência como as cobras estranguladas ao lado do de Hércules, e a história registra que sempre que ciência e dogmatismo se opuseram de maneira clara, este último foi obrigado a abandonar o combate, sangrando e subjugado, embora não aniquilado; neutralizado, embora não morto.[61]

Com uma retórica como esta gritando das páginas da *Westminster*, Huxley começou intencionalmente a construir um ataque darwiniano nos termos que preferia. Para apresentar seu argumento, ele invocava a imagem da guerra, falando de uma batalha entre ciência e religião, fé e razão, velho e novo, a tradição estultificante impedindo a inovação. De modo implacável, ele impulsionou Darwin e seu livro para o centro dos tempos de mudança. A guerra apresentava uma imagem especialmente vívida para uma nação encharcada das consequências dolorosas da guerra da Crimeia, ainda sentindo a vertigem do levante dos Sipaios, e preocupando-se diariamente com a possibilidade de invasão da França. Todo jovem que ingressava no movimento de Voluntários naqueles anos, que se armava até os dentes com um forcado

[60] *Correspondence*, v.7, p.432.
[61] T. H. Huxley, 1860b, p.556.

e uma espingarda de caçar coelho, que treinava de uniforme e botas e estava totalmente disposto a defender o campo britânico contra a infantaria francesa ou morrer em campos de milho ondulantes, podia se identificar com a oratória de Huxley. Igualar Darwin a um canhão Whitworth – a arma mais avançada até então desenvolvida na Grã-Bretanha – era um elogio que tinha relevância imediata. Também individualmente, toda a existência de Huxley parecia girar em torno da batalha: batalhas contra circunstâncias familiares desfavoráveis, contra o esnobismo, contra cientistas reacionários ou aqueles que ele considerava afetados ou desonestos. Huxley se ofendia com facilidade, estava sempre discutindo e pronto para brigar.[62] Darwin, que às vezes ficava chocado com o entusiasmo de Huxley nessa direção, brincava que o humor do amigo melhorava maravilhosamente quando surgia a possibilidade de uma briga.[63] A imagem da guerra refletia o caminho que Huxley escolhera na vida.

Em casa, Darwin sentia uma ponta de constrangimento por ser o foco de tanta eloquência. "Uma resenha *brilhante* de Huxley com golpes capitais", observou para Lyell. "Mas não sei se ele avança muito o tema."

Cada grão na balança, disse, estava começando a contar. Surgiam críticas sérias. Francis Bowen, na *North American Review*, era "inteligente e completamente contra mim"; François Pictet, na suíça *Bibliotheque Universelle*, opunha-se a ele, embora fosse "mais franco e justo"; John Duns, na *North British Review*, declarava que "a publicação do livro é um erro"; e Samuel Haughton, na *Natural History Review*, de Dublin, acusava Darwin de nada fazer além de reviver a teoria de Lamarck.[64] Correu a notícia de que o grande John Herschel chamava a seleção natural de lei da *higgley-piggledy* [desordem]. "O que exatamente isso significa, não sei", choramingou Darwin, "mas é claro que é muito insolente".[65] Uma nota de William Whewell confirmou a resposta cautelosa de Cambridge. Uma anedota dizia que Whewell se recusara a autorizar que um exemplar de *A origem das espécies* fosse posto na biblioteca do Trinity College.[66]

Todos esses comentários vinham de homens que eram tidos em alta conta em seus campos. Como seria previsível, Darwin considerava a situação desanimadora. Ele ficou particularmente chocado com uma resenha de

62 Barton, 1983; A. Desmond, 1994.
63 L. Huxley, 1900, v.2, p.114.
64 Citado de Hull, 1973, p.223.
65 *Correspondence*, v.7, p.423. Ver também a opinião de Herschel, publicada em Herschel, 1861, p.12.
66 *Life and Letters*, v.2, p.261n.

Thomas Wollaston em *Annals and Magazine of Natural History*. Antes dela, ele esperava que Wollaston o acompanhasse em parte, pois o entomologista era flexível o bastante para ter caçoado de Darwin em uma reunião de fim de semana em Downe, em 1856, quando os convidados "fizeram pouco de todas as espécies e ficaram cada vez mais inortodoxos".[67] Mas Wollaston, ao contrário, ficou furioso. Ignorou os melhores argumentos do livro, disse que Darwin não entendia a definição de espécie, reclamou da personificação da seleção e se estendeu, como Huxley, sobre as dificuldades: "Um passo a mais não nos mergulharia de cabeça na Hipótese Nebular e em toda a teoria da Geração Espontânea?".[68] Wollaston não conseguia ver razão para abandonar a ideia de criação divina e via muitos perigos em qualquer alternativa. Darwin disse que estava perfeitamente claro para ele que a resenha era de Wollaston. O texto era "tão cheio de parênteses" que não poderia ser de mais ninguém. "As pedras estão começando a voar", disse ele a Hooker.

Opiniões rejeitantes similares surgiram em uma gama de outros periódicos. O *Christian Observer* insistiu em que animais domésticos só variavam porque Deus os tornara capazes de fazê-lo. O *Rambler*, um periódico católico liberal, repreendeu Darwin por filosofar em áreas que a ciência não deveria invadir. A *British Quarterly* se entregou, constrangida, a uma fantasia monstruosa em que um macaco propunha casamento a uma jovem refinada que usava uma crinolina – uma ideia que com certeza causaria horror ao coração moralista dos vitorianos. Horrorizado com as implicações teológicas de uma origem natural para as espécies, o médico Charles Robert Bree lançou prontamente um panfleto, *Species Not Transmutable, Nor the Result of Secondary Causes; Being a Critical Examination of Mr. Darwin's Work Entitled "Origin and Variation of Species"* [As espécies não são trasmutáveis nem o resultado de causas secundárias; um exame crítico do livro de sr. Darwin intitulado "Origem e variação das espécies"]. No panfleto, ele insinuava que Darwin devia ter inventado o "clérigo celebrado" citado na segunda edição de *A origem das espécies*: Bree pensava que nenhum padre digno das vestes que usava poderia afirmar que a evolução era compatível com o cristianismo. Horrorizado, por sua vez, com a acusação de mentira, Darwin retrucou que Bree "não tem a alma de um cavalheiro".[69]

Mesmo nos setores em que ele mais esperava ser lido com simpatia, Darwin enfrentou uma resistência contundente. Os geólogos logo apontaram os

---

[67] Lyell a Darwin, 1-2 de maio de 1856, *Correspondence*, v.6, p.89.

[68] Wollaston, 1860. Citado de Hull, 1973, p.140.

[69] *Correspondence*, v.8, p.444.

erros em um exemplo particular que ele dera para indicar a vasta idade da Terra. Em *A origem*, Darwin sugeria que as camadas de greda originais do período Cretáceo que haviam coberto um dia a região de Weald, em Kent, poderiam ter sido erodidas à taxa de uma polegada por século, indicando que o processo demorara cerca de 300 milhões de anos.[70] "Fui temerário e descuidado no cálculo", admitiu depois, consultando ansiosamente Andrew Ramsay e Joseph Beete Jukes, ambos do Geological Survey. John Phillips, catedrático de geologia da Oxford University e presidente da Geological Society de Londres, criticou severamente os números de Darwin em seu discurso anual aos membros da sociedade, levando Darwin a reduzir à metade sua estimativa na segunda edição de *A origem* e a omitir inteiramente o caso na terceira.[71] Isso era ignomínia pública. Ele disse a Lyell que havia "queimado excessivamente os dedos".[72]

Não querendo ser superado, Adam Sedgwick descarregou uma invectiva não assinada no *Spectator*, o segundo artigo sobre o livro de Darwin publicado nesse jornal num período de seis meses, reiterando a posição que declarara por carta a Darwin em Ilkley. "Não se pode fazer uma boa corda de um cordão de bolhas de ar", proclamou Sedgwick.[73] Ele detestava o "materialismo inflexível" da teoria.[74] Marchando de sua faculdade para a sala de conferências, Sedgwick passou a desabafar com seus alunos da universidade. Naquela primavera, ele estabeleceu um texto de exame para seus ultimanistas de Cambridge, no qual, para ser aprovado, o candidato precisava demolir *A origem das espécies*.

> Explique o que tem sido entendido por teoria do desenvolvimento e da transmutação. Faça uma curta sinopse das concepções publicadas de Darwin sobre essa teoria apontando em que medida podem ser consideradas indutivas e em que medida, hipotéticas.[75]

A atenção continuada também provocou um tipo diferente de reação – que decorria do repentino renome de Darwin. Durante aqueles primeiros

---

70 *Origin*, p.285.

71 John Phillips, Discurso Presidencial, *Proceedings of the Geological Society of London*, 1860, p.XXXVI, XLIX-1.

72 *Correspondence*, v.8, p.495.

73 Hooker achava que a resenha era do reverendo Richard Whatley; ver L. Huxley, 1918, v.1, p.512, 515. Para Sedgwick, ver Clark e Hughes, 1890, v.2, p.360.

74 Clark e Hughes, 1890, v.2, p.360-1.

75 Textos do exame da Cambridge University, Geologia, março de 1860.

meses, várias pessoas afirmavam ter sido as primeiras a pensar em seleção natural. Patrick Matthew, um obscuro, mas feroz escritor político, escreveu para as revistas de Londres para chamar atenção para seu livro, *Naval Timber and Arboriculture* [Madeira naval e arboricultura], publicado em 1831, no qual ele havia de fato descrito o mecanismo da seleção natural. "Erasmus sempre disse que certamente algum dia isso ocorreria", confessou Darwin.[76] Mas Darwin nunca ouvira falar de Matthew e disse aos amigos que um tratado sobre madeira naval estava fora de sua leitura usual. Ele tomou medidas para lidar com essa possível fonte de controvérsia de modo rápido e justo. Escreveu uma breve resposta para publicação e desculpou-se educadamente. A última coisa que ele queria era mais uma disputa por prioridade. Denodado, Matthew capitalizou a ligação durante vários anos seguintes, para grande irritação privada de Darwin. Perverso, Darwin comemorou quando ficou claro que Matthew não era o único precursor. Revelou-se que um médico do século XVIII chamado William Wells também havia descrito o princípio da seleção natural em um ensaio anexado a um volume maior, um certo *Essay on Dew* [Ensaio sobre o orvalho] (1818). Darwin também não o conhecia. Com certa satisfação, relatou a Hooker: "Portanto, o pobre velho Patrick Matthew não é o primeiro e não pode, ou não deve, mais pôr em suas páginas de título 'Descobridor do Princípio da Seleção Natural'".[77]

Cerca de um mês depois de Matthew se ter dado a conhecer, um médico irlandês, Henry Freke, também reivindicou a prioridade em relação a Darwin, dizendo que tinha publicado em 1851 um relato sobre animais e plantas que evoluíam de um único filamento de matéria organizada. Ele enviou uma cópia do artigo à Down House, mas este era tão densamente metafísico que qualquer pessoa podia ser perdoada por não perceber que tratava de evolução: a *London Review* comentou desesperançosamente a "dicção repetitiva, elíptica, verborrágica" de Freke. Darwin também não vira esse artigo. "Dr. Freke me enviou seu texto – que está muito além do meu alcance."[78] Contudo, ele não ficou particularmente incomodado com esses precursores, cujo molde era tão diferente do de Wallace. Parecia-lhe –

[76] A afirmação de Matthew foi feita em *Gardeners' Chronicle*, 7 de abril de 1860, p.312-3, relacionada a seu livro (Matthew, 1831). A resposta de Darwin também foi publicada em *Gardeners' Chronicle*, 21 de abril de 1860, p.362-3. Ver *Correspondence*, v.8, p.154-6; Dempster, 1996.

[77] *Life and Letters*, v.3, p.41.

[78] Freke, 1860. Ver *Correspondence*, v.9, p.10.

provavelmente com razão – que eles pretendiam atrair a atenção para si por meio da publicidade que cercava *A origem das espécies*.

Quando as sátiras começaram, isso foi um sinal seguro de fermentação da controvérsia.

> Recebi em um jornal de Manchester um bom texto satírico dizendo que provei que "a força tem razão" ["might is right"] e, portanto, que Napoleão está certo e todo comerciante trapaceiro também,

relatou ele a Lyell.[79] A sátira soava bastante verdadeira. Aplicar a seleção natural à raça humana era um passo óbvio a partir do argumento de Darwin para animais e plantas, um passo que quase todos estavam dispostos a dar no papel, exceto o autor.

Manchester deu lugar a Dublin, lar tradicional dos panfletos satíricos. William Henry Harvey, um botânico quacre amigo de Hooker, publicou uma sátira para seus alunos do Trinity College de Dublin em que atacava a seleção natural e comparava sapos humanizados a bajuladores salivantes. O humor de Harvey era tão rude em certos pontos que Hooker não enviou uma cópia do texto a Darwin. Circunspecto, ele só revelou a existência do panfleto quando, mais tarde, Harvey admitiu que poderia haver algum valor na seleção natural. Antes disso, Harvey escreveu longas cartas a Darwin expondo argumentos teológicos esotéricos e publicou uma resenha esmagadora na *Gardener's Chronicle*. Como a origem da variação permanecia desconhecida, argumentava Harvey, a variabilidade no mínimo devia ser um evento milagroso.[80] Darwin acusou o golpe. Os comentários de Harvey e Wollaston aborreceram-no muito mais do que deveriam. "Esses dois ataques têm mais a ver com teologia do que com ciência", explicou ele a Hooker.

Então Dublin deu lugar a Londres, quando a revista humorística *Punch* começou sua longa e extremamente fértil associação com o darwinismo. O animal que espreitava dentro dos seres humanos era óbvio, ganiu a *Punch* com deleite. Répteis viscosos, velhas senhoras, serpentes na grama – todos estes estavam vivos e bem na elegante Belgrave [paróquia em Leicester]. O processo arriscado de escolher um esposo apareceu logo depois. Uma sátira da *Punch* intitulada "Seleção inatural e o melhoramento das espécies"

---

[79] *Correspondence*, v.8, p.189.

[80] As cartas de Harvey foram datadas de agosto e outubro de 1860; *Correspondence*, v.8, p.322-32, 415-21. Ver também L. Huxley, 1918, v.1, p.515-20.

emparelhava gordos com magros, altos com baixos, mulheres jovens e doces com homens velhos e amargos.[81]

Na Down House, chegaram oito páginas de versos botânicos anônimos, copiados com capricho para que Darwin não pudesse reconhecer a caligrafia, alternadamente fazendo troça da teoria e elogiando-a. O excêntrico velho dr. Boott algum dia escreveu poemas?, perguntou Darwin a Hooker. Aquele seu livro, ele se pegou pensando, certamente estava produzindo uma gama extraordinária de reações.

VI

O *Edinburgh* foi o mais agressivo de todos. No número de abril de 1860, Richard Owen explodiu em uma resenha anônima longa e maldosa que ele devia estar escrevendo quando conversou com Darwin em Londres. Na mesma resenha, Owen tratava de nove outros livros e textos, um dos quais um ensaio de Hooker de 1859 sobre plantas da Tasmânia, no qual Hooker tentava usar as ideias de Darwin e Wallace para explicar as relações entre espécies de plantas antípodas.[82] Todos os complexos ressentimentos de Owen eram despejados, inclusive o frustrado museu de história natural. Ele era ao mesmo tempo desdenhoso, condescendente, rude e astuto.

É claro que também era crítico. Darwin previa isso com base na conversa deles em Londres. No entanto, cada palavra foi um choque. Owen não mencionava o Gênesis – ele não tinha nada de propalador da Bíblia fundamentalista. Mas insistia em que a seleção natural era incapaz de fazer o que Darwin sugeria. E se demorava em expor alternativas, tais como arquétipos anatômicos e planos de criação subjacentes. Também discutia as primeiras origens da vida, possivelmente espontâneas. Sob o disfarce de um terceiro anônimo e imparcial, ele insinuava que o professor Owen já havia ponderado essas questões e chegado a conclusões mais sábias, inteiramente mais filosóficas.

E o artigo se estendia, fatiando Darwin qual uma carcaça na mesa de dissecação de um naturalista. Owen reduzia os fatos de Darwin a absurdos. Duvidava da competência de Darwin. Questionava definições. Ridicularizava o estilo literário de Darwin. Zombava dos amigos de Darwin, atacando a palestra de Huxley na Royal Institution e criticando de modo desagradável Hooker – "um dos discípulos" –, a quem chamava de tão míope quanto seu mestre. Ursos nadando em busca de peixe não podiam se metamorfosear em

[81] *Punch*, 10 de novembro de 1859, p.182. Humor e sátira na história da ciência são discutidos em Rudwick, 1975; Browne, 1992; Paradis, 1997.

[82] R. Owen, 1860. O exemplar anotado de Darwin está no Darwin Archive.

baleias: "Procuramos em vão em Lamarck algum exemplo de transmutação hipotética tão grosseiro como aquele acima citado".

Por acaso, Hooker e Huxley iam passar o fim de semana com Darwin quando essa resenha foi publicada. Os três ficaram atônitos ao folhear as páginas. Leram sem parar, Huxley e Hooker repetindo incrédulos passagens em voz alta, Darwin se sobressaltando ansioso. Foi bom que eles estivessem juntos. Apanhados com a guarda baixa no campo, cada um deles consciente de que havia sido humilhado publicamente, uniram-se em face de um inimigo comum.

"É extremamente maligno, inteligente e temo que cause muitos danos", protestou Darwin em uma carta a Lyell naquela noite.

> Ele é tão severo com a palestra de Huxley e muito agressivo contra Hooker. [...] Faz-me dizer que a vértebra dorsal dos pombos varia e se refere a uma página em que a palavra dorsal não aparece. Zomba de minha afirmação de que certo órgão é a brânquia da Balanidae [espécie de craca]; enquanto em seu próprio *Invertebrata*, publicado antes de eu publicar sobre os cirrípedes, ele os chama de órgãos sem dúvida branquiais.[83]

Hooker e Huxley insistiram em que Darwin escrevesse uma resposta, mesmo que apenas para apontar as distorções factuais. E Darwin por algum tempo brandiu agressivamente sua espada. Estava chocado com a antipatia indisfarçada de um suposto amigo – e com o que ele imaginava ser duplicidade. "Que cão vil ele é. Alguns de meus parentes dizem que *não pode* ser um artigo de Owen, porque o resenhista fala com tanta consideração do prof. Owen. Pobres queridas pessoas simples!"

Após a partida dos visitantes, deixado sozinho para reler a resenha, a resposta de Darwin foi muito mais previsível. Ele depois admitiu ter se concedido a gratificação passageira de rabiscar observações mal-humoradas nas margens ("Falso", "falso"). Mas nunca pensou a sério em escrever uma resposta. Naquela noite, Darwin jurou jamais responder a Owen. Na verdade, essa decisão foi difícil: ele acreditava estar sendo tratado de maneira injusta. Acreditava que sua obra merecia uma audiência justa daqueles que eram mais qualificados para comentar, não uma invectiva como aquela. Mas chegou à conclusão de que o silêncio dignificado era sem dúvida o melhor caminho a seguir. Estava por demais acostumado a abster-se de confrontos desagradáveis para começar um combate aberto.

---

83 *Correspondence*, v.8, p.154.

Por dentro, porém, ele se sentia injuriado. O que parecia reticência e modéstia cautelosa, nesse sentido, talvez fosse apenas a face educada de um desgosto taciturno e de sentimentos de agressão provavelmente não reconhecidos. Estava evidente que anos de amizade não representavam nada. Anos de intimidade científica eram insignificantes. "É doloroso ser odiado no grau intenso com que Owen me odeia."

Numa visão retrospectiva não pode haver muita dúvida de que Darwin exagerou a situação. Ele se deixou ser arrastado em uma onda de hostilidade e espremeu tudo em uma fervura ressentida que permaneceu mais ou menos até o dia de sua morte.[84] O que ele não podia perdoar era o escárnio de sua competência – precisamente o que Owen também não podia perdoar. Por mais ofendido que estivesse, Darwin começou a se dar conta de que sua teoria realmente dividiria o mundo da ciência natural, realmente transformaria amigos em adversários mortais. Desde então, soube que sempre haveria um inimigo. "Sou surrado de todas as maneiras possíveis", observou para Murray alguns dias depois.

Daí em diante, Darwin passou a ver os textos de Huxley com um novo respeito, reconhecendo o feroz antagonismo contra Owen que o alimentava. "Teólogos extintos jazem em volta do berço de cada ciência como as cobras estranguladas ao lado do de Hércules", ele leu de novo na *Westminster*. Absolutamente esplêndido, declarou, num ímpeto de emoção.

VII

Outra resenha estava destinada a ter um impacto muito diferente. Whitwell Elwin, editor da *Quarterly Review*, não se preocupou com o argumento de Darwin em *A origem das espécies* mais do que quando o lera pela primeira vez em manuscrito para John Murray. Desde a publicação do livro, ele procurava alguém que lhe aplicasse um golpe esmagador. Encontrou seu resenhista em Samuel Wilberforce, bispo de Oxford.

Além disso, Elwin estava ao mesmo tempo procurando um resenhista para o nada convencional *Essays and Reviews* [Ensaios e resenhas], livro que fora publicado em março de 1860.[85] Ele era escrito por sete religiosos eminentes que desconstruíam ativamente a Bíblia. "Sete contra Cristo",

---

[84] Rupke, 1994, argumenta que o sucesso que o darwinismo acabou tendo encoraja os historiadores a aceitar com excesso de avidez o ponto de vista de Darwin nesse caso. O filho de Owen ignorou a briga em R. S. Owen, 1894.

[85] *Essays and Reviews* foi publicado em 15-31 de março de 1860, o que é confirmado por *Publisher's Circular*, 2 de abril de 1860, p.166. Ver Parker, 1860. Há uma análise histórica geral em Ellis, 1980; Altholz, 1994.

gritaram as primeiras resenhas; "uma obra de desconstrução", pronunciou a *Athenaeum*. Elwin, como muitos de seus contemporâneos, ficou chocado ao ver homens de igreja respeitáveis aparentemente destruindo as bases da crença anglicana. Um dos ensaístas negava a salvação; outro afirmava que milagres não poderiam ocorrer; e outro, que a fé deveria ser forte o suficiente para se afirmar sem a Bíblia ou a doutrina da igreja.[86] Embora os autores apenas expressassem o que algumas facções da igreja estabelecida vinham dizendo havia muito tempo em privado sobre a natureza metafórica do Novo Testamento e a compressão do tempo no Gênesis – questões que eram discutidas pelo menos desde o pioneiro *Life of Jesus* [A vida de Jesus], de David Friedrich Strauss –, a comoção ao ver um pensamento sutil e aparentemente heterodoxo como esse divulgado no papel foi imensa. A ciência vitoriana se envolveu intimamente no tumulto que se seguiu. As autoridades da igreja sentiram claramente que essas ideias liberais desenfreadas levariam à heresia, talvez até ao ateísmo, com tudo o que isso trazia em ameaça ao *status quo* tradicional.[87] O racionalismo era uma busca perigosa, trovejaram homens da igreja, como Elwin, de seus púlpitos nas vilas. Muitas pessoas comuns, não se dispondo a ser dominadas por essas explosões do altar, saudavam a ideia de livre investigação em questões religiosas e olhavam com cinismo para as convenções antiquadas e enfadonhas da igreja. Não obstante, Elwin via *Essays and Reviews* e *A origem das espécies* com consternação horrorizada. Achava que cada um deles escondia embaixo de sua capa de pano inocente perigosas tendências subversivas.

De maneira um tanto inesperada, Murray a princípio pensou que Huxley poderia resenhar *A origem das espécies* para a *Quarterly* e o recomendou a Elwin.[88] Então Elwin brincou com a ideia de ele próprio resenhar o livro, que é sempre a melhor forma de um editor obter a resenha que realmente quer. Mas aceitou agradecido a sugestão seguinte de Murray – Samuel Wilberforce, bispo de Oxford e filho de William Wilberforce, que participara da campanha contra a escravidão; Samuel Wilberforce era bem conhecido por seu interesse inteligente em ciência natural e já escrevia ocasionalmente para a *Quarterly*.

Se alguém pudesse ter saído de um romance de Trollope nesse momento, com certeza, seria Wilberforce. Homem corpulento, vigoroso e confiante, ele

86 Altholz, 1994, p.68.

87 Discutido em Ellis, 1980; Altholz, 1994.

88 Elwin a Murray, 3 de dezembro de 1859, John Murray Archives, Londres. Sou muito grata a John Murray por me permitir ter acesso aos arquivos. Ver Shattock, 1989, para a política da *Edinburgh Review* e da *Quarterly*.

era em geral apontado como futuro arcebispo de Canterbury. A exemplo de seu correspondente ficcional, o arquidiácono Grantly, de Barchester, Wilberforce tinha ambições seculares demasiado óbvias. Apreciava suas relações com William Gladstone, membro do parlamento pela Oxford University, e com o príncipe Albert. Gostava de sentar no banco reservado aos bispos na Câmara dos Lordes. Participava de lutas internas no clero com uma satisfação que afetava desavergonhadamente suas atividades diocesanas.[89] Dizia-se popularmente que Trollope o tomara como o protótipo para o arquidiácono dominador na série Barchester. A vida real não era nada menos engraçada. Conhecido do público como Soapy Sam (Sam Ensaboado), Wilberforce explicava que o apelido vinha do fato de ele com frequência se meter em situações difíceis e sempre sair ileso. Menos caridosos, seus adversários afirmavam que ele era escorregadio demais para ser apanhado e segurado. Para gratificação de Elwin, ele concordou em resenhar os dois livros para a *Quarterly*.

Seguiram-se muitos atrasos. Wilberforce estava preocupado com as primeiras comoções eclesiásticas contra *Essays and Reviews*.[90] E um de seus maiores problemas era o fato de cinco dos sete autores reverendos serem homens de Oxford ostensivamente sob sua jurisdição teológica, entre eles figuras importantes na universidade, como Benjamin Jowett, Mark Pattison e Baden Powell. Wilberforce sentia que precisava adotar uma atitude firme contra esses membros errantes de seu rebanho. Seu desdém mais feroz foi reservado ao "ateísmo muito pouco velado do sr. Baden Powell", catedrático de geometria de Oxford, um padre ordenado que, em sua contribuição ao volume, refutava de maneira serena todas as evidências tradicionais de Paley em favor da existência de Deus. Além disso, Baden Powell mencionava favoravelmente *A origem das espécies*. Tratava-se de "um livro magistral", dizia, "uma obra que logo deve provocar toda uma revolução de opinião em favor do grandioso princípio dos poderes de autoevolução da natureza".[91] Powell morreu logo depois da publicação de *Essays and Reviews*. Se estivesse vivo, pensava Wilberforce, poderia muito bem processá-lo por heresia eclesiástica. Felizmente para Powell, a morte o tirou da linha de fogo teológica do bispo.

89 Meacham, 1970.

90 Finalmente publicado como Wilberforce, 1861. O autor é identificado como Wilberforce em Houghton, 1966-89, v.1, p.743. Antes, Elwin tinha discutido questões doutrinárias com Wilberforce, portanto essa encomenda foi uma espécie de reaproximação; ver Elwin, 1902, v.1, p.189-92.

91 Parker, 1860, p.139. Para Powell, ver particularmente Corsi, 1988a. Wilberforce esteve envolvido em uma resposta publicada em Goulburn, 1862.

Quando Wilberforce se voltou para *A origem das espécies*, naturalmente o viu à mesma luz incendiária. Ele propôs à *Quarterly* uma resenha que era decididamente contrária a Darwin, escrita com uma energia espirituosa que a tornava o produto inequívoco de sua pena. Escreveu com franqueza sobre os perigos da evolução.

> Ora, devemos dizer de imediato e de forma aberta [...] que uma noção como esta é absolutamente incompatível não só com expressões singulares na palavra de Deus, mas com toda a representação da condição moral e espiritual do homem, que é seu assunto propriamente dito.[92]

Ele lembrava os leitores do "engenhoso antepassado" de Darwin, o primeiro Erasmus Darwin, e citava uma passagem satírica do jornal *Anti--Jacobin* dirigida contra a evolucionarização de Erasmus Darwin, na qual homens-macacos preguiçosos podiam acidentalmente perder o rabo por esfregação ao passar o dia inteiro sentados em volta da fogueira da caverna. Ele ridicularizava os fatos de *A origem*, reduzindo-os a absurdos. "Ora, é um texto muito agradável, em especial para aficionados por pombos", desdenhava comicamente.[93]

Mas ele incluía alguns argumentos anatômicos especializados que deviam ter se originado em discussões com seu amigo Richard Owen. Aqui e ali, Wilberforce introduzia farpas owenistas – a indisposição de Darwin para mencionar precursores, por exemplo, e sua tendência a depender de admissões individuais, "acredito" e "confio". Estas vinham diretamente da desagradável resenha de Owen na *Edinburgh*.

Elwin, contente de ter suas páginas preenchidas, providenciou que a resenha fosse publicada no número seguinte da *Quarterly*, em julho de 1860. "Penso que nosso próximo número será bastante moderno", relatou a Murray.

VIII

A situação se agravou depressa. Seis meses de resenhas e de crescente tensão privada na comunidade intelectual culminaram em um debate explosivo sobre *A origem das espécies* na reunião da British Association for the Advancement of Science realizada em Oxford em junho de 1860. O confronto em si não foi grande coisa. O bispo Wilberforce discutiu com

[92] Wilberforce, 1860, p.258.
[93] Wilberforce, 1860, p.235, 239.

Huxley. Huxley discutiu com o bispo Wilberforce. Por baixo, porém, a briga foi vista como centrada na questão de quem tinha o direito de explicar a origem dos seres vivos – os teólogos ou os cientistas? De um só golpe, o livro de Darwin e sua teoria tornaram-se propriedade pública, e o evento ficaria gravado na memória coletiva como um momento de definição na história vitoriana, que expôs as dolorosas questões sobre fé e a posição da humanidade com que a nação lutava. Embora *A origem* não contivesse essas questões, a reunião de Oxford as apresentou abertamente. E, como se sabe, o debate entre Huxley e Wilberforce passou a simbolizar o conflito percebido entre ciência e religião, uma imagem contemporânea tão poderosa que, por sua vez, contribuiu significativamente para aumentar as dúvidas que muitos vitorianos sentiam a respeito de sua fé, ao mesmo tempo em que reforçava as convicções de muitos outros.[94] Embora Darwin tivesse se esforçado tanto para banir macacos e anjos de seu texto, eles estavam presentes em Oxford, movendo os pés inquietos, loucos para assumir o controle da situação.

Como ocorre com todos os acontecimentos decisivos desse tipo, por trás dele havia grande número de conflitos menores e diferenças antecipatórias. Uma questão importante era a própria natureza da reunião da British Association. Esses eventos anuais, com uma semana de duração, eram atividades extremamente organizadas, às quais membros do público interessado, amadores devotos e cientistas de todas as correntes compareciam com suas famílias em busca de aperfeiçoamento e "entretenimento racional". Os visitantes ocupavam quartos em uma hospedaria ou ficavam na casa de amigos nas proximidades e participavam de todas as excursões, exposições e diversões oferecidas por comitês locais. O programa de palestras científicas tendia a apresentar pouco mais que resumos do andamento de pesquisas recentes em várias disciplinas, temperados pelo aparecimento de oradores celebrados e de um ocasional convidado aristocrático como o príncipe consorte (que tinha aberto a reunião em Aberdeen no ano anterior). Muito frequentadas, bem financiadas e estabelecidas firmemente no circuito acadêmico e público, essas reuniões representavam um fenômeno relativamente novo na Grã-Bretanha do século XIX – o congresso anual. O objetivo dos organizadores era consolidar o prestígio público da ciência.[95] A novidade intelectual não era exigida nem esperada.

[94] Relatos úteis da secularização no século XIX podem ser encontrados em Chadwick, 1975; Brooke, 1991. Ver também Moore, 1979; Lightman, 1987; Lindberg e Numbers, 1986.

[95] Morrell e Thackray, 1981.

Nesse aspecto, a cidade de Oxford tornava a reunião maior e mais importante do que costumava ser. O presidente da British Association naquele ano era *lord* Wrottesley, um bom astrônomo, ex-presidente da Royal Society e ganhador de um título honorário da universidade alguns meses antes da visita da associação. Outros homens de Oxford conhecidos desempenharam um papel ativo nos procedimentos. Wilberforce participou do comitê organizador local, presidido pelo catedrático de botânica Charles Daubeny.[96] Gladstone devia comparecer. O novo Natural History Museum em Park's Road, projetado por Benjamin Woodward, ornamentado de acordo com os princípios naturalistas de John Ruskin e construído a um custo enorme pelos esforços de Henry Acland, catedrático de medicina da universidade, foi concluído bem a tempo de ser usado como lugar de prestígio para os discursos e palestras da associação. Com sua arquitetura gótica adornada de samambaias e fósseis, o edifício transmitia amplamente o desejo da universidade de fomentar as ciências de forma muito mais positiva que antes. Em um momento em que quase dois terços dos formados por Oxford se tornavam padres, o ensino de ciência na universidade estava muito atrasado em relação a Cambridge, e o plano de criar um museu tinha sido de longe o passo mais ambicioso dado até então pelos professores de ciências.[97] Para completar o efeito, os mais antigos e maiores prédios da universidade foram abertos para visitação, com acesso a salões e bibliotecas dos *colleges*, e organizou-se um turbilhão de festas, almoços, chás, clubes de jantar, tendas montadas nos jardins das faculdades, caminhadas à beira de rios, passeios pelos pátios internos e excursões a pontos pitorescos locais. Como se tratava de Oxford, um número maior de pessoas proeminentes planejava comparecer. Como se tratava de Oxford, o cardápio intelectual era mais picante. Tudo prometia uma semana agradável de convivência com amigos acompanhada de diversões interessantes.

Wilberforce, em privado, já dava ênfase à reunião vindoura. Esperava jantar com políticos e clérigos importantes e exibir sua diocese de modo favorável. Era um momento oportuno para fazer isso. Desde sua chegada a Oxford, em 1845, Wilberforce não conseguira administrar esse centro doutrinário com a eficácia que desejava. John Henry Newman tinha se convertido ao catolicismo romano em um show de publicidade, e o "movimento de Oxford" se revelara difícil de conter. Mesmo agora, em 1860,

---

96 *Report of the British Association for the Advancement of Science*, Oxford, 1860, listas do Comitê. Ver também Morrell e Thackray, 1981.

97 Brock e Curtois, 1977, p.708, e Acland e Ruskin, 1859. Sou grata a Colin Hughes por me permitir consultar sua obra sobre o museu.

Edward Pusey ainda estava inclinado ao motim. Além disso, a tendência tinha criado uma dificuldade pessoal para Wilberforce quando seus três irmãos se converteram à religião católica romana, seguidos pelas esposas e depois por seu cunhado, o futuro cardeal Manning.[98] Ele era visto cada vez mais como um tipo peculiar de bispo anglicano, que podia se cercar de colegas e parentes católicos. Espremido de um lado pelo racionalismo e de outro pelo catolicismo, Wilberforce ficou consternado ao descobrir que Frederick Temple, um dos sete colaboradores de *Essays and Reviews*, ia fazer o sermão dominical da British Association para os notáveis ali reunidos. O que Temple, um cristão musculoso e franco, teria a audácia de dizer no púlpito de Wilberforce?

Um último fator a contribuir para a situação era o próprio Darwin – ou melhor, a ausência dele, que não compareceu à reunião. E isso fez toda a diferença. Sem Darwin, os acontecimentos puderam seguir seu curso de modo muito mais efetivo. Se estivesse lá, ele poderia ter restringido o estilo de todos – os oradores teriam educadamente condescendido com ele, Darwin teria tentado aliviar ou minimizar situações inflamatórias. Em sua ausência, a controvérsia pôde correr solta, as causas puderam surgir do nada, as bandeiras científicas foram agitadas, as mesas, socadas, os exageros, distribuídos sem escrúpulos. Em outras palavras, sua ausência foi o aspecto mais pertinente.

A princípio, ele pensou que devia comparecer. Apesar da preocupação constante com Henrietta, que ainda não se recuperara de uma febre desde o começo de 1860, e de seus próprios problemas estomacais contínuos, Darwin buscou se informar sobre um conjunto de quartos no Magdalen College e discutiu a possibilidade de dividi-los com Hooker. A última vez em que ele tinha ido a uma reunião da British Association em Oxford fora na década de 1840, em um piquenique em família com Henslow, Hooker e Emma e excursões turísticas no campo em volta, secretamente satisfeito com o noivado de Hooker com Frances Henslow. Tinha sido um momento feliz. Se decidisse ir à reunião, disse Darwin com cautela a Hooker, Emma estava disposta a acompanhá-lo.

No começo de junho, Henslow deu inadvertidamente a Darwin uma prova do que ele podia esperar da reunião. Em uma longa carta escrita de Cambridge, descreveu uma reunião recente da Cambridge Philosophical Society na qual os professores de ciências debateram as ideias de Darwin.[99]

---

[98] Meacham, 1970. O sermão de Temple foi sobre "as atuais relações da ciência com a religião"; Temple, 1860.

[99] *Correspondence*, v.8, p.200-1.

Sedgwick aparentemente tratara Darwin de maneira "bastante comedida". Mas estava furioso com a presunçosa desconsideração dos milagres feita por Baden Powell em *Essays and Reviews* e enraivecido pelo elogio de Powell a *A origem das espécies*. Estava claro que ele considerava as declarações de Powell uma trama ardilosa de Oxford contra o bom-senso de Cambridge. William Clark, catedrático de anatomia de Cambridge, falou em termos severos contra Darwin, e juntos eles desataram uma ruidosa agitação antirracionalista.[100] A maioria desses professores graduados era ordenada pela igreja da Inglaterra, como era costume nas universidades de Oxford e Cambridge, e, sendo homens da ciência conservadores, em última instância, baseavam seu trabalho nas doutrinas da ordem divina e do plano criado. Deploravam o modo como o livro de Darwin – e *Essays and Reviews* – avançava em territórios que consideravam impróprios para a inquirição racional.

Naquela reunião da Cambridge Philosophical Society, Henslow defendera com vigor o direito de Darwin a investigar a questão das origens da vida, embora ele, como outros, se recusasse a descartar a criação divina. Nisso Henslow mostrava o brio que seus amigos ainda admiravam. Ele podia ser idoso, mas conservava o fogo interior. No entanto, é evidente que seu afeto por Darwin o impulsionava a ir mais longe que em outras condições o coração o teria levado. Ele explicou a Darwin que a antiquada rivalidade doutrinária entre Oxford e Cambridge tinha tanta culpa pelo alarido quanto qualquer outra coisa e tentou sossegar as penas eriçadas de Sedgwick entregando a ele uma cópia anotada da maledicência de Owen na *Edinburgh Review*, para mostrar que Darwin fora tratado de maneira injusta. E Henslow fazia ainda mais. Em suas aulas de botânica em Cambridge, ele apresentara aos alunos de 1860 (a última classe a que ele deu aula antes de sua morte) os princípios de Darwin.[101] Embora contasse a eles sobre sua própria fé religiosa inabalável, estimulava-os a respeitar o empreendimento intelectual independentemente de aonde ele pudesse levar. Confrontado com uma dolorosa divisão de lealdades, tanto em classe como na sala de reuniões, Henslow defendia com bravura o trabalho de seu protegido.

Sedgwick resmungou e enviou uma declaração concisa de suas críticas a Baden Powell para o *Cambridge Herald* – jornal local que era lido

[100] A ocasião é descrita em Clark e Hughes, 1890, v.2, p.361-2, e em uma carta a Hooker (genro de Henslow) publicada em L. Huxley, 1918, v.1, p.512-4. Sobre a Cambridge vitoriana, ver Winstanley, 1947.

[101] Lista de classe de Henslow, Cambridge University Archives, O.XIV.26I. Havia 84 alunos em 1860.

avidamente por bolsistas da faculdade quando relatava os feitos deles próprios.[102] Os ânimos estavam exaltados. Então, quando John Phillips, catedrático de geologia em Oxford, visitou Cambridge pouco depois para proferir a importante aula Rede anual, sua plateia de deões de Cambridge ficou mais que contente de aplaudir o ataque feito à seleção natural de Darwin. Phillips estava fortalecido com argumentos teológicos sobre milagres, derivados de Wilberforce e opostos a Baden Powell.[103] Nessa aula, Phillips foi muito além da desaprovação que havia adotado em fevereiro, quando discutira pela primeira vez *A origem das espécies* como presidente da Geological Society. Ele se tornaria um dos adversários mais formidáveis da evolução.

Ao ler a carta de Henslow, Darwin ficou assustado com a ideia de lidar pessoalmente com aqueles combativos ex-colegas. A perspectiva de cumprimentar Sedgwick ou Phillips em Oxford o desanimou. Se fosse, ele dificilmente conseguiria evitar Owen. E por certo seria convocado a se defender em público, a se levantar e falar diante de uma plateia variada e que em geral não entenderia a situação. Seria obrigado a tagarelar de modo inconsequente sobre seu livro em *soirées*. Como Hooker lhe lembrou com desdém, as reuniões da British Association eram cheias de "bajulação e servilismo e adulação".[104] Darwin não buscava esse tipo de fama.

Ele foi salvo pelo estômago. Dois dias antes da reunião, sua saúde piorou completamente. Nunca um surto de náusea fora tão bem-vindo. Ele correu para a segurança da hidropatia, sem arriscar a possibilidade de uma súbita recuperação. Lá, no novo estabelecimento hidropático de Edward Lane, em Sudbrooke Park, ele podia se esconder. O que acontecesse aconteceria sem ele.

IX

Em Oxford, a evolução foi uma questão presente desde a primeira noite. O livro de Darwin e a torrente de comentários e resenhas publicados nos seis meses anteriores garantiram que todos tivessem algo a dizer. O discurso de abertura de *lord* Wrottesley, ameno e abrangente como essas funções requerem, foi carregado de emoção em seu chamado para que não se esquecessem as maravilhas da criação de Deus.

Os textos iniciais do dia seguinte não decepcionaram. A geologia e a geografia, que normalmente contavam com plateias numerosas, perderam

---

[102] *Cambridge Herald and Huntingdonshire Gazette*, 19 de maio de 1860.

[103] Publicado depois, com algumas expansões, em Phillips, 1860.

[104] Hooker a Huxley, setembro de 1859, Huxley Papers, Imperial College London.

parte de seu atrativo costumeiro à medida que a atenção se voltou decididamente para as ciências da vida. Todos os numerosos jovens homens de ciência e aqueles membros do público que esperavam controvérsia seguiram Huxley, Hooker e Owen para a Seção D, realizada no novo Natural History Museum, divisão relativamente misteriosa, em geral dedicada a comunicações entediantes sobre botânica, zoologia e fisiologia, presidida pelo idoso Henslow. Se houvesse confrontos arrebatados, pensavam os mais jovens, eles ocorreriam ali, com Huxley e Owen juntos no tablado.

As plateias eram parte essencial das reuniões da British Association, em particular em Oxford. Eventos compartilhados como esse alimentavam-se de espetáculo, fofoca e controvérsia. Em um sentido muito real, os participantes exigiam a cada vez algo diferente, e os organizadores locais se empenhavam em produzir para eles, ano após ano, ocasiões cada vez mais surpreendentes, oferecendo excursões para maravilhas tecnológicas como a Ponte Suspensa Clifton, em Bristol, cavernas iluminadas pela luz de velas em Derbyshire, exposições de artilharia em Portsmouth ou passeios de barco para a ilha de Wight. A imprensa sempre comparecia e relatava esses eventos. Em troca, os visitantes exigiam que as celebridades científicas fizessem o que se esperava delas – declamassem, se inflamassem, pregassem ou chocassem. Em consequência, as reuniões da British eram muito voltadas para a plateia, fenômeno incomum, que raras vezes ocorria em outras sociedades científicas do país.

Portanto, os oradores da Seção D apressaram-se em estabelecer como se posicionavam em relação a *A origem das espécies*. Charles Daubeny apresentou diretamente o tópico. Como ele era o principal organizador local da reunião, um dos vice-presidentes da associação e o respeitado equivalente de Henslow como catedrático de botânica em Oxford, seu ponto de vista com certeza seria levado a sério. Cauteloso, ele se posicionou do lado dos anjos. Seguiu-se uma conversa serena sobre macacos. Então Owen se levantou para afirmar que não havia evidência anatômica em favor da evolução e que o cérebro de um gorila era muito diferente do cérebro da humanidade – argumento que ele apresentara constantemente nos anos anteriores. Os cérebros humanos, declarou, possuíam uma estrutura pequena, o *hippoccampus minor* (uma dobra nas camadas da base do cérebro) que nunca era encontrada em macacos. Para Owen, a distinção moral e teológica da humanidade estava embutida nessa pequena característica da anatomia do cérebro. Ele escorava todo seu esquema de classificação dos mamíferos nessa diferença, e em uma ou duas outras, na anatomia cerebral; e fora com base nesses argumentos que Huxley o atacara várias vezes em textos. Naquela manhã, Huxley retrucou de maneira contundente, soltando o verbo.

As diferenças anatômicas não eram tão grandes, insistiu. Fazendo graça, Huxley observou que os membros da igreja teriam pouco a temer "mesmo que se comprovasse que os macacos eram seus ancestrais".[105]

A discussão deu o tom do resto da reunião. Como Hooker contou a Darwin, "você e seu livro passaram desde esse momento a ser os tópicos do dia".

A grande atração do dia seguinte era John William Draper, químico e historiador, diretor da escola de medicina da City University de Nova York, embora fosse originalmente de Liverpool. Draper tinha visões interessantes sobre mudanças naturais, às vezes aplicando-as à química, às vezes, ao progresso das nações, às vezes, à fisiologia e ao crescimento e desenvolvimento humanos. O título de seu texto, "Sobre o desenvolvimento intelectual da Europa, considerado em referência às visões do sr. Darwin", sugeria que ele favoreceria o progresso e a transmutação nos seres humanos, e o texto acabou fornecendo boa parte da base para seu grande livro sobre o avanço das sociedades humanas, publicado em Nova York em 1863. Dado que o autor também era conhecido por denunciar a religião organizada, tendo como alvo particular o catolicismo romano, Draper parecia propício para uma apresentação estimulante.[106] Correu pela plateia um murmúrio de que Wilberforce ou Owen usaria a fala de Draper como uma desculpa para criticar *A origem das espécies*. Parecia que poderia haver um embate.

Huxley por pouco não deixou de comparecer. Ele de repente se cansou dos extensos procedimentos e talvez tenha ficado irritado com a suposição de que necessariamente se envolveria se houvesse uma luta a travar. Um bom tempo depois, confessou a *sir* James Crichton-Browne que sofrera durante aqueles anos iniciais por pavor de palco.[107] Se fosse à palestra de Draper, teria de participar. Era muito melhor deixar a cidade por um dia e ir ao campo com a mulher.

Por acaso ele encontrou na rua Robert Chambers, que "irrompeu em queixas veementes, falando que eu ia abandoná-los". Chambers estava muito animado, acabara de revisar secretamente a décima primeira edição de *Vestígios*, a ser publicada mais tarde naquele ano, e estava ansioso para ver a ideia de transmutação ser defendida. Qualquer terreno capturado pela

---

[105] Citado de Jensen, 1988, p.164. Ver também Lucas, 1979; Gilley, 1981. Blinderman, 1971; C. Gross, 1993a; 1993b, discutem o *hippocampus minor*.

[106] Draper, 1860, mais tarde expandido para Draper, 1864. Os textos anteriores de Draper sobre esses temas tocavam nas mesmas questões, embora sua declaração mais clara de conflito entre ciência e religião estivesse em Draper, 1875. Ver Fleming, 1950. Há relatos históricos do tema do conflito entre ciência e religião em Moore, 1979; e Brooke, 1991.

[107] Crichton-Browne, 1930, p.188.

claque de Darwin seria também terreno para seu livro, e ele já acrescentara à nova edição vários comentários sobre *A origem das espécies*, na maioria apreciativos.[108] Pensava que o artigo de Owen na *Edinburgh* mostrava que a "lei de desenvolvimento" de *Vestígios* merecia uma nova atenção; e no mínimo a republicação de *Vestígios* em 1860 capitalizaria a nova animação evolucionista. Mais que tudo, Chambers ansiava que alguém denunciasse Wilberforce e toda a sua casta teológica. O ataque de Sedgwick a *Vestígios* mais de quinze anos antes ainda o irritava. Ele usou toda a força de seu ardor persuasivo em Huxley, e, no impulso do momento, Huxley mudou de ideia. Assim, num sábado, 30 de junho de 1860, Huxley tomou seu lugar no tablado com os oradores e outros organizadores da Seção D, diante de uma grande plateia na sala de conferências do Natural History Museum da Universidade. Ficou contente de ver que Owen não estava lá.

Atraído pela perspectiva de discussões acaloradas sobre macacos e a hoste celeste, um grande número de pessoas chegou ao museu com Huxley, inclusive um grupo barulhento de estudantes de graduação que permanecera na cidade para passar os feriados, tantas pessoas que os organizadores se sentiram obrigados a transferir a sessão para uma sala muito maior no lado oeste do prédio (que mais tarde se tornou a biblioteca). A *Athenaeum* disse que a plateia era imensa, e outros relatos apresentaram números entre quatrocentas e setecentas pessoas. Hooker achou que havia quase mil.

Draper foi o primeiro a falar. Revelou-se um evolucionista cultural perspicaz, descrevendo o avanço da sociedade humana à medida que ela era libertada do que chamava de um passado católico completamente inculto, uma embriologia das nações, por assim dizer. Draper disse que o progresso humano dependia de a ciência vencer a teologia. Se alguém podia pressionar um bispo a dar uma resposta ousada, esse alguém era ele.

Mas depois de uma hora e meia de marcha intelectual sobre os antigos gregos, a plateia se contorceu de alívio quando Draper voltou a seu lugar. "Porque de todo o material flatulento e de todos os estudos autossuficientes – esses eram os melhores. Era tudo uma torta de Herbert Spencer e Buckle sem o tempero de nenhum deles", objetou Hooker.

Henslow, como presidente, deixou um ou dois membros da plateia fazerem perguntas antes de levantar uma sobrancelha inquisitiva para Huxley. Ele gostaria de comentar? Alguns espíritos indisciplinados no fundo já estavam entoando "Macaco, macaco!".[109] Huxley sacudiu a cabeça. A sobrancelha se moveu na direção de Wilberforce.

[108] Chambers, 1860. Sua resenha de *A origem das espécies* foi favorável; ver Chambers, 1859.
[109] Mellersh, 1968, p.274.

Era o momento que ele esperava. Levantando-se de forma teatral, ele assumiu o controle da reunião. Discursou com eloquência durante trinta minutos ou mais, poderoso, argumentativo, divertido, sua voz enchendo a sala com afirmações confiantes e fazendo bom uso de ditos espirituosos que ele se sentia constrangido a omitir ao falar do púlpito. Draper foi esquecido enquanto Wilberforce transformava sua resenha ainda não publicada de *A origem das espécies* em seu texto para o dia. Foi um de seus melhores sermões seculares, acompanhado por estrondos de risada dos estudantes e pontuado por silêncios atentos. Os fatos de Darwin, proclamou Wilberforce, não confirmavam sua teoria. A evolução por seleção natural era antifilosófica. A linha divisória entre humanidade e animais era óbvia e distinta. Não havia tendência por parte de organismos inferiores a se tornarem seres inteligentes autoconscientes. "É crível que um nabo se esforce para se tornar um homem?"[110]

Talvez tenham sido as risadas o que afrouxou o autocontrole de Wilberforce. A certa altura ele se virou com um floreio para Huxley e aludiu às observações que este fizera no dia anterior. Huxley tinha parentesco com um macaco pelo lado do avô ou da avó?

Na verdade, depois ninguém conseguiu se lembrar exatamente do que Wilberforce disse. Uma testemunha, possivelmente não mais confiável que as outras, registrou que Wilberforce expressou a "inquietude" que sentiria se uma "macaca legítima" fosse mostrada a ele como sua ancestral no zoológico.[111] Essas palavras têm o tom de um bispo vitoriano. Mas as palavras literais não eram importantes. Wilberforce usou a antiquíssima fórmula de proferir um insulto disfarçado de pilhéria amistosa. O escárnio foi entendido por todos na plateia. Eles sentiram o cheiro de sangue. Huxley também. "O Senhor o entregou a minhas mãos", ele teria sussurrado para Benjamin Brodie no assento a seu lado. Quando os espectadores silenciaram, Huxley se levantou no tablado.

Ele os fez esperar até o fim. Primeiro, repudiou os argumentos empregados por Wilberforce. Era claro para ele que a maioria dos argumentos biológicos derivava de Owen. Então, declarou que os cérebros não diferiam muito entre humanos e animais. Elogiou o modo como a teoria de Darwin organizava os dados caóticos da história natural. Quando a réplica veio, foi

---

[110] A reunião é relatada em *Athenaeum*, 14 de julho de 1860, p.64-5. Ver também Wilberforce, 1860, p.239.

[111] Tuckwell, 1900, p.51-4. Em 4 de julho de 1860, Lyell relatou que Wilberforce se referira ao avô e à avó de Huxley. K. M. Lyell, 1881, v.2, p.335.

tão rápida que talvez só algumas pessoas sentadas na frente tenham ouvido. Como na tirada de Wilberforce, a forma das palavras era quase irrelevante.

> Se tivesse que optar entre ter como avô um macaco infeliz ou um homem extremamente dotado pela natureza e possuidor de grandes meios e influência e que, no entanto, emprega essas faculdades para o mero propósito de introduzir o ridículo em uma discussão científica séria, eu afirmaria sem hesitar minha preferência pelo macaco.[112]

Com isso, a força acumulada das convulsões teológicas, científicas e sociais dos vinte ou trinta anos anteriores atingiu um ponto crítico. Depois disso, sempre se atribuiu a Huxley a declaração de que preferia ser um macaco a ser um bispo.

Um a um, Hooker, Henslow e John Lubbock se levantaram para falar acima do clamor da multidão. Seus argumentos em defesa de Darwin foram tão poderosos quanto os de Huxley, talvez mais; e cada um deles depois sentiu que havia apresentado os melhores argumentos do dia. Os estudantes agitavam seus programas e ovacionavam, pessoas entravam e saíam da sala, a temperatura subia, gorros eram sacudidos e girados, e a mulher de um cientista, muito tensa, nos primeiros meses de gravidez, não aguentou e acabou desmaiando. Muitas pessoas sentiram que o bispo foi maltratado – que Huxley foi excessivamente vulgar em sua resposta. Em algum lugar da plateia, o jovem Henry Tristram, que já havia publicado um dos primeiros artigos a usar a seleção natural como explicação para problemas biológicos, mudou de ideia sobre Darwin e declarou a Alfred Newton, sentado a seu lado, que doravante era um antidarwiniano. Disse que se opunha a ver um guardião da alma da nação ser agredido aos gritos por uma turba aclamando "o Deus Darwin e seu profeta Huxley".[113]

Também na plateia, Robert FitzRoy tentou se fazer ouvir. Deve ter-lhe parecido que ele era pessoalmente responsável por aquele confronto entre fé e ciência, entre Deus e seu antigo companheiro de bordo. Hepworth Dixon, editor da *Athenaeum*, foi um dos poucos a ouvir o que FitzRoy disse. Ele gritou que "lamentava a publicação do livro do sr. Darwin e negava a afirmação do professor Huxley de que ele era uma organização lógica dos fatos".[114] FitzRoy brandia no ar um exemplar da Bíblia – exercício

[112] Jenson, 1988, p.168.
[113] Cohen, 1985, p.598.
[114] *Athenaeum*, 14 de julho de 1860, p.65.

inútil notado pelo renomado físico matemático George Johnstone Stoney e registrado por ele muitos anos depois. Segundo Stoney, FitzRoy declarou que havia "muitas vezes reclamado com seu velho camarada do *Beagle* por este nutrir visões que eram contraditórias com o primeiro capítulo do Gênesis" e implorou à plateia da British Association que acreditasse na palavra sagrada de Deus e não na de um simples ser humano sobre a questão da criação. A cena foi corroborada por Julius Carus, biólogo que depois traduziu muitos livros de Darwin para o alemão.

> Nunca esquecerei aquela reunião das seções combinadas da British Association quando estive em Oxford, em 1860, na qual o almirante FitzRoy expressou seu pesar por ter dado ao senhor as oportunidades de colecionar fatos para uma teoria tão chocante como a sua.[115]

A sala silenciou. O *pathos* da intervenção de FitzRoy não pode ter escapado pelo menos a alguns membros da plateia. Desde que desembarcara do *Beagle*, FitzRoy se enredara nos problemas financeiros e mentais que acabariam por levá-lo ao suicídio. Tomado pela emoção, ele desabou em seu assento praticamente sem ser ouvido.

Depois, jovens naturalistas como George Rolleston, Philip Sclater, William Henry Flowers, Michael Foster e Ray Lankester falaram de maneira melodramática de uma grande vitória, saudando com entusiasmo Huxley como um herói e abraçando os princípios que ele apoiava. Alguns dos membros menos científicos da audiência também ficaram impressionados. W. F. Fremantle, filho de um importante político conservador, declarou que foi "um dos acontecimentos mais memoráveis de minha vida". Lubbock disse que tinha orgulho de ter desempenhado um papel, por menor que fosse.[116] Hooker se exaltou com ar de triunfo sobre ter esmagado o "Amalequita Sam" com fatos botânicos – sem dúvida uma impressão exagerada, mas ele estava com o sangue quente. Henslow também fez algumas observações animadas antes de dissolver a reunião com "uma bênção imparcial".

[115] A carta de Stoney está em DAR 10617, p.36. O incidente de brandir a Bíblia possivelmente é apócrifo. Ao que parece, o primeiro relato publicado dele está em West, 1937, p.252, provavelmente usando a carta de Stoney e uma fonte não citada. O incidente não é mencionado em Mellersh, 1968. Ver também a carta de J. V. Carus, 15 de novembro de 1866, DAR 161.

[116] Recordações foram enviadas a Francis Darwin depois da morte de Darwin; DAR 106/7 (ser. 2), p.22,30. Há outras recordações em DAR 112(A), p.1-114.

Os amigos do bispo também ficaram convencidos de que Wilberforce tinha levado a melhor. Seus apoiadores "deram fortes vivas" e depois pareceram confiantemente satisfeitos. Essa sensação bem distribuída de sucesso foi importante. Cada orador acreditava ter vencido. Com a chegada da noite e vários membros da audiência elaborando a cena, as conversas provavelmente se tornaram menos sensacionalizadas, mais voltadas para o reforço de pontos de vista específicos, mais polarizadas e empáticas: Wilberforce contra Huxley, a igreja contra a ciência, o velho contra o novo, a racionalidade contra o obscurantismo, "o triunfo da razão sobre a retórica", disse Robinson Ellis, futuro catedrático de latim em Oxford, a espada lustrosa da fé confrontando um viveiro de descrença. O embate foi entendido como uma luta entre titãs.

O importante era que tinha ocorrido uma competição. Essa ocasião apresentava uma exibição claramente demarcada das respectivas forças de autoridades conflitantes representadas pelas duas figuras que se opunham. Wilberforce e Huxley eram percebidos como combatentes pelo direito de explicar as origens – uma disputa sobre o limite apropriado entre ciência e igreja que aos participantes e à audiência parecia tão fisicamente real quanto uma guerra territorial ou geográfica. Cada lado estava convencido de que suas afirmações sobre o mundo natural eram críveis e confiáveis, que seus procedimentos eram a única explicação válida da realidade. De fato, essas forças opostas eram equilibradas de forma desigual na Inglaterra vitoriana. A ciência daquela época tinha em si pouca autoridade inata, e seu *status* era sustentado principalmente pelos esforços retóricos de seus praticantes, entre os quais Huxley viria a brilhar, ao passo que a igreja era o corpo mais forte da nação, atraindo e retendo os melhores intelectos da época. Depois, correu o rumor de que a vitória de Huxley para a ciência era falsamente embelezada pelos apoiadores da ciência.[117] Nessa disputa, o desafio era claro. Qualquer sucesso para o esquema darwiniano exigiria renegociar – muitas vezes com controvérsia feroz – as linhas divisórias a ser traçadas entre domínios culturais. A ciência não estava ainda investida com a autoridade que obteria na era moderna. Seus praticantes se empenhavam em criar comunidades profissionais, lutando para receber o devido reconhecimento de seu conhecimento especializado e pelo direito de escolher e investigar questões à sua própria maneira.[118] Como Wilberforce demonstrou, essa autoridade no momento era detida na maior parte pela teologia. As fofocas que correram depois pela multidão logo criaram

[117] Gilley, 1981.
[118] Discutido em F. M. Turner, 1993. Ver também Haskell, 1984.

uma narrativa épica, uma ficção coletiva com significado embutido muito mais tangível e importante que na realidade acontecera. Todos sentiam que estavam testemunhando a feitura da História.

Surgira uma polarização pública de opinião. A questão se tornou excitantemente simples. Os seres humanos descendiam de macacos ou eram criados por Deus?

O ponto não escapou ao autor ausente. "Owen foi muito desonesto?", perguntou ele a Huxley.

> Como você ousa atacar um bispo vivo desse modo? Estou muito envergonhado! Você não tem nenhuma reverência por mangas de fino algodão? Por Júpiter, você parece ter se saído bem. [...] Para mim, tanto faria morrer ou tentar responder ao bispo numa assembleia como aquela.[119]

[119] *Correspondence*, v.8, p.277, 280.

4. Quatro mosqueteiros

A história do bispo não parou de correr. Quando William, filho de Darwin, voltou para Cambridge nos feriados para ter aulas extras de matemática, seu tutor lhe contou uma anedota que circulava por lá. Dois deões de Cambridge estavam por acaso sentados perto de Wilberforce logo depois da discussão com Huxley. Um deles era o economista cego Henry Fawcett. Perguntado se achava que o bispo havia realmente lido *A origem das espécies*, Fawcett disse em voz alta: "Ah não, sou capaz de jurar que ele nunca leu uma palavra do livro". Wilberforce virou-se depressa com uma expressão terrível, pronto para atacá-lo, mas no último momento percebeu que Fawcett era cego. Por educação, o bispo teve de morder a língua. Darwin gostou da história e a repetiu palavra por palavra para Huxley e Hooker.[1]

Outra história veio do próprio Huxley, que dizia não ter animosidade pessoal em relação a Wilberforce. Um hóspede da casa em que Huxley estava alojado em Oxford achou que ele devia ser filho do bispo – os rostos fortes, quadrados e beligerantes dos dois apresentavam impressionante semelhança, que mais tarde foi exposta por cartuns emparelhados na revista *Vanity Fair*.[2] "A discussão foi uma briga de família?", perguntou inocentemente o hóspede.

---

1 *Correspondence*, v.8, p.305.

2 *Vanity Fair*, por "Ape" [Símio] (Carlo Pelligrini). Wilberforce (Statesmen n.25) "Not a brawler" [Não é um briguento]; Huxley (Men of the Day n.19) "A great medicine-man among the inquiring redskins" [Um grande curandeiro entre os peles-vermelhas perguntadores].

Apareceram outros relatos divertidos. John Innes, o amigo de Darwin que era vigário de Downe, encontrou Wilberforce em uma festa eclesiástica. Innes mostrou ao bispo uma carta de Darwin sobre o enfrentamento. "Estou muito contente por ele ter encarado tudo dessa maneira, ele é um sujeito excelente", disse Wilberforce.[3] De Londres, Erasmus disse, contendo o riso, que Wilberforce provavelmente "não tinha ideia de que enfrentaria tantos problemas".[4] E algum tempo depois, o príncipe Albert se divertiu indicando Huxley e Wilberforce como vice-presidentes conjuntos da Zoological Society para um período concorrente no cargo. No geral, um pouco do ar de disputa de meninos prevaleceu entre aqueles homens talentosos e respeitáveis, quase como se estivessem assistindo a uma briga de escola, incentivando os lados rivais, antes de todos irem almoçar. Dados o pequeno círculo social em que eles atuavam e as normas culturais disseminadas que derivavam de estruturas institucionais educacionais e políticas comuns, talvez essa singularidade não seja inesperada. Os dois protagonistas nunca foram estranhos – embora também nunca tenham sido amigos íntimos –, e ambos trataram sua colisão em Oxford com despreocupada satisfação.

Portanto, quando a resenha do bispo na *Quarterly* chegou à Down House, Darwin estava preparado para se divertir. Enquanto lia, ele anotou casualmente na margem: "Que sátira", "Lixo", "É tudo um disparate". Só a última parte o fez parar para pensar a sério, e não por causa dele próprio, mas de Lyell. Darwin estava bem consciente de como era difícil para Lyell dar mesmo os passos limitados que estava dando e encarava com solidariedade as hesitações religiosas do amigo. As palavras finais de Wilberforce confrontavam Lyell com toda a enormidade do que ele estava dizendo. "Nenhum homem tem sido mais distinto e mais lógico na negação da transmutação do que *sir* C. Lyell", trovejava Wilberforce.

> Confiamos que ele ainda se mantenha fiel a esses princípios verdadeiramente filosóficos e que com sua ajuda e a de seus irmãos essa especulação precária possa ser tão completamente descartada como aquela que podemos arriscar chamar de sua irmã gêmea, embora menos instruída, *Vestígios da criação*.[5]

3 *Life and Letters*, v.2, p.325 n. Original em DAR 112, ser.2, p.88.

4 L. Huxley, 1900, v.1, p.180-9, apresenta um relato da reunião baseado em recordações, mas várias destas são repetidas literalmente de outras biografias; ver Browne, 1978. A observação não datada de Erasmus Darwin vem de suas cartas no arquivo Wedgwood/Mosely, Wedgwood Archive Collection, Keele University, e é citada por cortesia dos Trustees of the Wedgwood Museum, Barlaston.

5 Wilberforce, 1860, p.264.

O bispo sabia o que estava fazendo. O apoio público de Lyell dava à teoria de Darwin muita credibilidade. Darwin contou a Hooker: "As últimas páginas deixarão Lyell bem assustado. [...] Por Júpiter, se ele permanecer conosco será um verdadeiro herói".[6]

De maneira geral, o assunto continuou a divertir. Richard Owen foi inevitavelmente atraído, não só em razão da informação anatômica que fornecera a Wilberforce para sua resenha e para a fala em Oxford, mas também porque agora Darwin e Huxley o consideravam um vilão da pior espécie. Hugh Falconer enviou a Darwin uma descrição vívida de Huxley rosnando nos calcanhares de Owen e desancando o "Bispo Saponáceo". Darwin deliciou-se. "Devo dizer que me agrada muito Owen ter sido humilhado – sua arrogância e sua malignidade são ruins demais", respondeu.[7]

Pouco depois, Lyell cometeu um deslize jocoso, ao enganar-se na leitura de uma palavra em uma das cartas de Darwin. Onde Darwin escreveu "preservação natural", Lyell pensou ter lido "perseguição natural".[8] Perseguição captava com precisão o clima corrente, disse Darwin, em tom jovial. Mas a resenha de Owen ainda latejava dolorosamente em sua mente, associada ao que ele agora considerava os estratagemas malignos do preconceito religioso representados pela *Athenaeum* e pelo bispo Wilberforce. "Owen não vai provar que estava certo quando disse que todo o assunto seria esquecido em dez anos", observou confiante para Asa Gray.

> Meu livro revolveu violentamente a lama; e será uma bênção para mim se todos os meus amigos não passarem a me odiar. Mas tenho por certo que, se não tivesse revolvido a lama tão cedo, alguém mais o faria; de modo que, quanto antes a batalha for travada, mais cedo ela será decidida – não que o assunto venha a ser resolvido no período de nossas vidas. Será um ganho imenso se a questão se tornar bastante aberta; para que cada homem possa experimentar seus novos fatos sobre ela, a favor e contra.[9]

Ele estava agradecido por tudo que os amigos faziam.

---

6 *Correspondence*, v.8, p.293.

7 *Correspondence*, v.8, p.281-2, 285.

8 *Correspondence*, v.8, p.403, em que Darwin disse "Estou inteiramente envergonhado e lamento por minha letra".

9 *Correspondence*, v.8, p.274.

> De tudo que sou informado de vários lugares, parece que Oxford fez muito bem ao assunto. É de enorme importância mostrar ao mundo que alguns homens da maior qualidade não têm medo de expressar sua opinião. Vejo diariamente com clareza cada vez maior que sem ajuda meu livro não teria feito *absolutamente* nada,

disse ele a Huxley.[10] "Eu teria sido totalmente esmagado se não fosse por você e três outros."[11]

II

Vir a público dessa maneira ajudou imensamente Darwin e sua obra. John Murray estava certo em acreditar que a controvérsia era boa para os negócios. A atenção geral assegurava que as concepções de Darwin – assim como as de seus apoiadores e críticos – fossem transmitidas muito mais amplamente que vários outros conceitos científicos da época, circulando primeiro entre membros do público leitor culto e depois, progressivamente, alcançando a maioria dos setores da sociedade antes do final da década de 1870. "O livro de Darwin está nas mãos de todos", disse George Henry Lewes na revista *Cornhill*, em 1860.

É claro que Lewes não queria dizer literalmente todo mundo. Ele se referia às classes leitoras cultas.[12] As primeiras reações visíveis a Darwin surgiam, na maior parte, das camadas superiores da sociedade britânica, a comunidade à qual Darwin pertencia e a cujos membros dirigia suas palavras.[13] Lewes entendia muito bem a maneira como um punhado de figuras importantes moldava pontos de vista culturais. Ele, como outros, acreditava que a maioria das novas ideias importantes se originaria nos setores da sociedade com educação universitária e se difundiria para fora e para baixo pela escala social, geográfica e econômica. E o efeito de Darwin nos públicos vitorianos pode de fato ser visto desse modo, criando ondas como um seixo lançado num lago. Por outro lado, Lewes apenas reiterava as visões de seu tempo e lugar. Não havia uma cultura britânica única. Ver

10 *Correspondence*, v.8, p.294.

11 *Correspondence*, v.8, p.277. Ver também *Correspondence*, v.9, p.368, em que ele disse a Asa Gray: "Preocupo-me mais com sua opinião e a de Hooker do que com a de todo o restante do mundo e com a de Lyell sobre questões geológicas".

12 Lewes, 1860, p.603.

13 Morrell e Thackray 1981; L. Stone e Stone, 1986. Ver também R. Young, 1985, p.23-55, sobre o contexto intelectual da Inglaterra vitoriana. Altick, 1974; Briggs, 1965; Curtin, 1987, examinam a classe e as maneiras vitorianas.

o século XIX em termos de alta cultura era dar prioridade a um conjunto de valores que obscureciam outros códigos morais, outros compromissos políticos, além de ocultar o trabalho opressivo das massas. Pessoas de todas as condições sociais liam e pensavam com seriedade sobre Darwin. Além disso, em geral sua obra não perdia o conteúdo teórico quando penetrava na consciência da nação.[14] Bem ao contrário. Leitores fora da comunidade de elite confrontavam muitas das questões ignoradas por seu autor e as integravam em sistemas de pensamento que, ocasionalmente, incluíam a resistência à autoridade dominante. Um autor anônimo no *Saturday Review* tomou o pulso do povo de forma mais precisa que Lewes quando afirmou que a controvérsia "foi além dos limites da sala de estudo e de leitura, chegando à sala de estar e à rua".[15]

No entanto, é aos amigos de Darwin que deve ser atribuída a onda de reações positivas. Porque era óbvio que as teorias de Darwin eram tão úteis para eles quanto eles para ela. Nas décadas seguintes, os defensores de Darwin passaram a ocupar nichos influentes na vida intelectual britânica e norte-americana. Juntos, esses homens também controlariam os meios de comunicação científica da época, em especial periódicos importantes, e canalizariam seus outros textos por meio de uma série de editores escolhidos com todo o cuidado – Murray, Macmillan, Youmans e Appleton. No fim, eles estavam em todos os lugares – nas casas do parlamento, na igreja anglicana, em universidades, em órgãos de governo, na burocracia colonial, na aristocracia, na marinha, no direito e na medicina; na Grã-Bretanha e no exterior. Como um grupo que trabalhava de maneira agrupada, eram impressionantes. Sua ascendência revelou-se decisiva, tanto para eles como para Darwin.

Os adversários de Darwin não conseguiram realizar nada semelhante ao comando dos meios de comunicação ou à penetração em instituições importantes que os amigos alcançaram. Não se uniram com o mesmo espírito de corpo. De fato, a comunidade que cresceu em torno de Darwin na esteira de *A origem das espécies* foi um aspecto notável do período. No ano seguinte à publicação do livro, era quase impossível ingressar no grupo estritamente integrado de Darwin sem fazer homenagem expressa à evolução.

Os membros desse círculo fizeram bom uso dos aspectos sociáveis da vida no século XIX. Tornaram-se íntimos. Huxley, Hooker, Busk, Tyndall,

---

14 Cooter e Pumfrey, 1994; Poovey, 1995, discutem o tema em contexto histórico. A. Secord, 1994, esclarece a ciência no *pub*. A. Desmond, 1989; J. Secord, 2000, revelam outros interesses evolucionistas na Inglaterra vitoriana.

15 Citado de Ellegard, 1990, p.41.

Lubbock e os demais, até Falconer – apesar de nunca ter aderido à teoria da evolução –, eram seres afetuosos e loquazes que conversavam e faziam refeições juntos, trocavam cartas, permutavam espécimes de história natural, pediam uns aos outros fotografias para expor em suas paredes, eram padrinhos de rodadas de filhos, criavam clubes de jantar para se manterem em contato, apadrinhavam, revisavam provas de textos, discutiam o trabalho uns dos outros, se compadeciam, apoiavam e parabenizavam mutuamente. As mulheres deles costumavam se visitar pela manhã; os homens excursionavam pelos Alpes ou alugavam casas de veraneio no Lake District próximas o bastante para permitir uma caminhada para um desjejum tardio. Com o passar dos anos, mortes ou um casamento ocasional os aproximaram mais. Sem ser exatamente uma aristocracia intelectual como as vistas em outras redes de parentesco do Reino Unido, essas intimidades criavam num pequeno grupo de cientistas vitorianos ligações tão fortes quanto as que havia em qualquer tribo da floresta tropical – eles eram como uma tribo que ajustava constantemente sua complexa teia de relações internas e externas, com grupos adjacentes ou sobrepostos.[16]

Da mesma maneira, as relações pessoais que amadureceram entre quatro figuras em particular foram decisivas para a disseminação e a aceitação da seleção natural. Lyell, Hooker, Huxley e Gray caminhavam juntos por instinto. O efeito combinado de sua atuação era formidável. Sem dúvida, a adrenalina de perseguir uma meta comum e atacar um inimigo comum às vezes mascarava as diferenças entre eles. Apesar de unidos pelo compromisso com Darwin, estavam por vezes muito distanciados nos pontos de vista individuais. Enquanto Lyell se permitia ser bajulado pela atenção da sociedade, Hooker preferia exercer influência nos bastidores. Asa Gray acreditava em Deus, na América e em projeto, ao passo que Huxley era alternadamente espirituoso e provocador.

Quase de imediato, esses quatro mosqueteiros dividiram entre si o mundo intelectual. Lyell se voltou para a história geológica da humanidade e visitou ativamente as camadas de cascalho do Somme e de Abbeville para examinar sílices e ossos de animais e questionar paleontólogos como Falconer, William Pengelley e Joseph Prestwich, que estavam mais familiarizados com aqueles sítios. Ele faria desse tema sua contribuição especial para a história da evolução. Os seres humanos que tinham usado aquelas ferramentas de sílex haviam provavelmente vivido na mesma época que os ursos das cavernas e os mamutes. Essa possibilidade surpreendente tinha sido aventada pela primeira vez por Boucher de Perthes cerca de quinze anos antes, mas

---

[16] Annan, 1955; J. Gross, 1969. Ver também Rudwick, 1985, para a elite da geologia.

não fora aceita então por causa da natureza incerta das evidências e por contradizer visões convencionais sobre a chegada da humanidade na Terra. Embora na época poucos geólogos acreditassem sinceramente em um dilúvio bíblico literal que havia separado o reino do Gênesis do reino da humanidade moderna, eles, no entanto, julgavam conveniente considerar os remanescentes aquíferos do período glacial como uma linha divisória entre passado e presente. Em seu *Princípios de geologia*, Lyell tinha descrito exatamente um período aquoso frio separando o mundo antigo do moderno – mais tarde conhecido como Idade do Gelo. Segundo esse ponto de vista, a humanidade só apareceria na Terra após o término do frio e do gelo, quando se supunha que as condições eram mais adequadas aos seres humanos. Além disso, a maioria das pessoas (mesmo os geólogos) achava aceitável que os primeiros seres humanos tivessem aparecido perfeitamente formados, como declarava a história bíblica. Enquanto Lyell e outros intelectualizavam a questão e não eram claros sobre como exatamente os seres humanos podiam ter se levantado do chão, as tradições da arte religiosa fixavam esse momento de maneira mais literal na cultura ocidental, partindo das primeiras descrições de Adão e Eva no Jardim do Éden, passando por imagens de selvagens e dos chamados primitivos e chegando às notáveis cenas mostradas no tratado geológico de Franz Unger *Die Urwelt in ihren verschiedenen Bildungsperioden* [O mundo primitivo e seus diferentes períodos de formação], de 1851, no qual o artista de Unger retratava uma primeira família perfeitamente formada. A atenção de Lyell aos utensílios de sílex e ao provável barbarismo da humanidade inicial causou comoção perceptível. Uma reformulação tão importante da antiguidade da humanidade, com todas as implicações para a subversão do pensamento convencional, abria a porta para dificuldades religiosas fundamentais.

Esses enigmas obcecavam Lyell. Foram o início de seu envolvimento duradouro com o tema da antiguidade humana, que finalmente o tornou um evolucionista relutante.[17] Ainda hesitando sobre as implicações do esquema de Darwin, Lyell dedicou-se a uma nova área de pesquisa inteiramente absorvente. Pôs de lado seu envelhecido *Princípios de geologia* e começou a trabalhar em um novo tomo, maior, *Antiquity of Man* [A antiguidade do homem], publicado em 1863, um dos eventos notáveis em sua jornada evolucionária e um marco importante nas questões darwinianas.

Enquanto Lyell se empenhava em resolver a questão da antiguidade, Hooker visava o império da botânica. Nos Kew Gardens, em Londres,

[17] Bartholomew, 1974; Bynum, 1984. Sobre imagens e representações do tempo geológico, ver Rudwick, 1992.

Hooker ocupava uma posição na ciência institucional que lhe permitia, em sua esfera, fazer tanta agitação quanto Huxley. Na época, a botânica era uma das ciências imperiais mais fortes, rivalizada apenas pela astronomia na importância com que era vista para a economia britânica e operando por meio de um sistema cada vez mais integrado de jardins coloniais e departamentos universitários no exterior, todos reunidos pela autoridade crescente dos Royal Botanic Gardens, em Kew, uma ala formal do governo britânico. O grau em que os botânicos do governo sustentaram o crescimento econômico do império em desenvolvimento é hoje frequentemente esquecido. Chá, café, borracha, sisal, açúcar, teca, mogno, cinchona, algodão e linho – tudo isso era posto em operação comercial por meio do sistema de jardins botânicos coloniais. No centro metropolitano autocrático estavam os Hooker de Kew, pai e filho, os botânicos mais poderosos do mundo no século XIX.[18]

Hooker usou bem essa base institucional para distribuir e defender as concepções de Darwin. Convenceu editores de revistas botânicas na Grã-Bretanha e na Europa a publicar resenhas favoráveis de *A origem das espécies* (escrevendo-as ele próprio, se necessário), encorajou o pessoal dos jardins coloniais a discutir *A origem* em suas sociedades científicas locais (também a eles oferecendo um artigo para seus periódicos, se precisassem), assegurou que Darwin fosse estudado em Calcutá, em Sydney e na Cidade do Cabo com a mesma atenção que lhe era dedicada na Grã-Bretanha, acrescentou observações sobre a obra de Darwin a numerosas cartas oficiais que circulavam pelo globo e assumiu a responsabilidade de convencer seus amigos botânicos mais renomados, entre eles George Bentham, William Henry Harvey, Alphonse de Candolle e Charles Naudin, todos hesitantes em aceitar por inteiro o que Darwin propunha. Sua correspondência com essas figuras sondava muitas das dificuldades que os naturalistas sentiam então sobre a mecânica prática da teoria da evolução, e Hooker mostrou várias dessas cartas a Darwin para informá-lo. Aproveitou, ainda, sua posição nos círculos administrativos de Londres, reunindo-se regularmente com curadores de museus, membros do parlamento e governadores coloniais. Em Kew, ele começou a dirigir um pequeno programa de investigações botânicas que acabaria documentando muitas das estratégias adaptativas de plantas que comprovavam as teorias de Darwin. Embora seu papel não tendesse a atrair tanta atenção pública quanto o de Lyell ou o de Huxley,

[18] O papel imperial dos Hooker em Kew é analisado em Brockway, 1979; Drayton, 2000; Hobhouse, 1985; Bellon, 2001. Para estudos biográficos de Hooker ver Allan, 1967; R. Desmond, 1998; 1999. Bellon, 2001, examina o *status* científico de Hooker.

ele fornecia a força de propósito, o apadrinhamento, os contatos sólidos no governo, o *status* burocrático e a amplitude geográfica que eram essenciais para consolidar uma transformação duradoura na ciência. Hooker era a rocha de Darwin; e Darwin dependia dele com uma intensidade que não demonstrava em relação a nenhum outro homem. Muito mais tarde, ele disse com afeto: "Nunca houve um homem tão bom para me contar coisas que gosto de ouvir". Em carta a Jean Louis Quatrefages, escrita em 5 de dezembro de 1859, Darwin chamou Hooker de "Nosso melhor e mais filosófico botânico".

Asa Gray se tornou o guarda-cancela da América do Norte. Assegurou que tudo o que saísse da pena de Darwin destinado às Américas passasse por suas mãos capazes, um privilégio que protegia com muito zelo. Como Hooker, Gray foi cativado pelos *insights* oferecidos por *A origem das espécies* e promoveu o livro em todas as oportunidades importantes. Talvez não houvesse muito mais que Gray pudesse fazer: dificilmente poderia recuar agora, depois de a carta que Darwin lhe escrevera em 1857 ter sido publicada em um contexto totalmente evolucionista no *Journal* da Linnean Society. Como Huxley, ele antipatizara com a transmutação e rejeitara com veemência *Vestígios* quando de sua publicação nos Estados Unidos, em 1845. Agora, a despeito de todas as dificuldades, via-se inteiramente preso ao campo evolucionista. Mas Gray nunca se sentira à vontade com as ferramentas intelectuais áridas de seu ofício e estava de modo independente passando a ver as espécies de planta como unidades desconcertantemente fluidas, cujos limites eram difíceis de definir. Era um empirista confirmado, um dos poucos linha-dura na bruma transcendental da América de Emerson, Thoreau, Agassiz e Lowell, e rejeitava noções idealistas sobre "tipos abstratos", escarnecendo do romantismo nas ciências e ao mesmo tempo apreciando a adesão dos transcendentalistas ao divino na humanidade.[19] Para ele, *A origem* representou a primeira alternativa séria à biologia metafísica de Agassiz.

Portanto, ele se ofereceu para providenciar uma edição norte-americana de *A origem das espécies*, a ser publicada o mais cedo possível, e iniciou negociações em nome de Darwin com a Ticknor & Fields, editora de Boston com a qual tinha boas relações. Alguns exemplares piratas já estavam circulando em Nova York, publicados às pressas a granel pela firma de Appleton nos primeiros meses de 1860, sem conhecimento de Darwin. Na verdade, a editora de Appleton não estava fazendo nada ilegal. Fundada por Daniel Appleton e na época dirigida por seus filhos, ela publicava centenas de

19 Dupree, 1988, p.174-232, passim.

livros de cunho educacional e muitas versões locais de títulos do exterior. Naqueles dias de mercados comerciais ultra-agressivos, as editoras não eram impedidas por acordos de direitos autorais estrangeiros e os autores não estavam protegidos por legislação que impusesse contratos com o exterior ou receitas de *royalties*. A empresa que publicava um livro era a única a obter lucro. Essas reimpressões não autorizadas de *A origem das espécies* (feitas evidentemente de um único exemplar comprado em Londres e despachado às pressas para o outro lado do oceano) tinham suas idiossincrasias bibliográficas. A primeira trazia duas citações na página oposta à do título; a segunda, três. Uma terceira edição, cuja condição é incerta, traz o termo "Edição revista".[20] Todas foram publicadas pela Appleton antes de junho de 1860 e encadernadas em um tecido pontilhado marrom-acinzentado.

Estava claro que Darwin precisava de um amigo como Gray, que protegesse seus interesses nos Estados Unidos. Gray impediu de forma abrupta qualquer outra reimpressão empresarial de *A origem das espécies* ao negociar pessoalmente com William Henry Appleton, prometendo a este que, em troca de um contrato de publicação apropriado e pagamento simbólico, fornecer-lhe-ia um texto plenamente autorizado, com o endosso de Darwin. William Appleton concordou, e a primeira edição aprovada por Darwin foi publicada ainda em 1860, trazendo no título "Nova edição, revista e aumentada pelo autor".[21] Em troca, Darwin dividiu com Gray um cheque de cinquenta libras ("Dinheiro extra para a sra. Darwin") e recebeu um exemplar solitário do livro. Ele estava muito mais preocupado com a produção de uma versão supervisionada que com lucro. "Muitíssimo sinceramente agradeço a você de coração por toda sua generosa gentileza e interesse em meu livro", escreveu a Gray. Depois desse início tumultuado, sua relação com a Appleton prosperou.[22] A firma tornou-se o agente primário para levar os textos de Darwin e o darwinismo em geral para as costas americanas.

Gray facilitou a publicação de todas as edições subsequentes de *A origem das espécies* nos Estados Unidos, várias das quais apresentaram aos leitores norte-americanos com muita antecedência detalhes ainda não publicados

---

20 Victorius, 1932. Elas são descritas em Freeman, 1977, itens 377-8. A edição Appleton, item 379, chamada "Edição revista", foi quase certamente publicada para manter as boas vendas enquanto a firma negociava com Gray. Para autoria e legislação de direitos autorais, ver Barnes, 1974; Saunders, 1992; Feather, 1994.

21 Freeman, 1977, item 380.

22 Freeman, 1977, lista todas as edições da Appleton de *A origem* e de outros títulos de Darwin. Sobre o darwinismo nos Estados Unidos de forma mais geral ver Russett, 1976, Numbers, 1998.

na Europa. Encorajado por Gray, Darwin acrescentou uma importante introdução histórica ("Prefácio"), bem como um suplemento indicando os acréscimos e alterações que fizera. Nesse prefácio, Darwin respondeu a seus primeiros críticos e tentou dar alguns dos créditos ausentes na edição inglesa, que os resenhistas britânicos tinham cinicamente apontado. Ele avaliou o trabalho sobre evolução de seus precursores imediatos, referindo-se com cautela a Lamarck como "naturalista celebrado com razão" e mencionando "quão completamente meu avô, dr. Erasmus Darwin, antecipou essas visões errôneas em seu *Zoonomia* [...], publicado em 1794". Darwin tomou o cuidado de elogiar Spencer e alguns outros autores, inclusive Isidore Geoffroy Saint-Hilaire, e terminou com uma citação sobre os tipos persistentes de vida animal tirada da palestra de Huxley na Royal Institution. Esse esboço histórico só foi publicado na Inglaterra em 1861.[23]

Além disso, Gray defendeu Darwin de maneira resoluta contra ataques nos Estados Unidos e, num período de três meses, escreveu três resenhas importantes para destacados periódicos norte-americanos. Ele se projetou como importante rival intelectual de Louis Agassiz, pelejando com ele sobre a definição de espécie em uma série de encontros públicos com grande comparecimento do público, em Boston, durante o ano de 1861, questionando se as espécies eram constructos metafísicos, criados por Deus de acordo com um plano transcendente, como declarava Agassiz, ou se surgiam por meios naturais dos processos de variação e adaptação, como Darwin propunha. Gray apreciava de maneira desavergonhada essas brigas, uma disputa contínua inextricavelmente ligada à sua luta de poder com Agassiz, e encontrou um aliado respeitável em William Barton Rogers, geólogo que mais tarde se tornou o primeiro presidente do Massachusetts Institute of Technology. Os dois entenderam prontamente que Agassiz era o único homem nos Estados Unidos que possuía estatura e influência suficientes para esmagar teorias que não aprovasse; e a controvérsia resultante em Massachusetts rivalizou com qualquer coisa que Huxley e Wilberforce pudessem apresentar na Grã-Bretanha. Rogers discutiu violentamente com Agassiz em uma série de quatro reuniões noturnas na Boston Society of Natural History, mostrando que as concepções de Darwin não desabariam como um castelo de cartas sob a ira de Agassiz, como acontecera com outras teorias transmutacionistas, caso de *Vestígios*. Na American Academy of Arts and Sciences, Gray fustigou Francis Bowen, que se opunha a Darwin por motivos filosóficos.

---

[23] *Origin*, prefácio histórico, republicado no apêndice IV, *Correspondence*, v.8, p.571-83.

Gray lançou suas resenhas no *American Journal of Science and Arts* de março de 1860. Esse periódico era dirigido por James Dwight Dana e Benjamin Silliman Jr., dois inteligentes cunhados de Yale, que Gray, Darwin e Agassiz conheciam bem. Agassiz revidou escrevendo um comentário agressivo sobre espécies, também publicado no *American Journal*, e reiterou sua definição de criação divina em vários periódicos de história natural. Gray respondeu com outro texto, desta vez em forma de diálogo, que incluía uma resposta comedida a Agassiz. Cada palavra de Gray "Tem a força de um tiro de canhão", disse Darwin com aprovação.

Gray também atormentou Agassiz em privado, caçando-o nos seminários da Harvard University e perseguindo-o em periódicos científicos da costa leste. Sua disposição agressiva foi reforçada pela admiração por *A origem das espécies*, manifestada por Jeffries Wyman, catedrático de anatomia de Harvard que Gray considerava "o melhor dos juízes". Reunido em torno da lareira nos aposentos universitários de Wyman no Natal de 1859, um grupo de amigos havia "discutido de modo amistoso o livro do sr. Darwin". James Russell Lowell, Henry Torrey e Charles Eliot Norton estavam lá com Wyman e Gray.[24] Eles sabiam que seu colega de Harvard, Louis Agassiz, ficaria muito irritado. *A origem das espécies*, dissera Agassiz depreciativamente durante aquelas primeiras semanas, era "ruim – muito ruim".[25] Entusiasmado, Gray começou a usar a obra de Darwin para atacar a monarquia absoluta de Agassiz. Mês a mês, ele enviou a Darwin cópias de resenhas locais, recortes de jornais de Boston e relatos verbais sobre seu progresso com a seleção natural no Novo Mundo.

A consideração era mútua. Darwin admirava os sucessos táticos de Gray e valorizava sua perspicácia filosófica. "Declaro que você conhece meu livro tão bem quanto eu e traz para a questão novas linhas de ilustração e argumentação de maneira que me causa assombro e quase inveja!", disse ele quando as resenhas de Gray de *A origem* foram publicadas.[26] Os talentos de Gray eram desperdiçados em plantas, ele brincou. "Você deveria ter sido advogado; teria nadado em riqueza pervertendo a verdade

---

24 Dupree, 1988, p.267.

25 Em carta de Asa Gray a Hooker, republicada em *Life and Letters*, v.2, p.268. Ver também L. Agassiz, 1860.

26 Encontrada de forma mais conveniente em Gray, 1861. A reação norte-americana às questões religiosas suscitadas pela obra de Darwin está em Moore, 1979; Lindberg e Numbers, 1986; Livingstone, 1987, e J. Roberts, 1988. A reação de James Dwight Dana, também um oponente, interessava Darwin. Ver Sanford, 1965.

em vez de estudar as verdades vivas deste mundo."[27] Mais tarde, Darwin apresentou de novo o argumento, de maneira afetuosa.

> Eu disse em uma carta anterior que você era um advogado; mas cometi um erro grosseiro, estou certo de que você é um poeta. Não, por Júpiter, vou lhe dizer o que você é, um híbrido, um cruzamento complexo de advogado, poeta, naturalista e teólogo! – Já se viu antes um monstro como este?[28]

Logo ele se convenceu de que "nenhuma outra pessoa me entende tão completamente como Asa Gray. Se algum dia eu mesmo duvidar do que estou dizendo, acho que perguntarei a ele!"[29]

III

Após o debate em Oxford, o quarto mosqueteiro, d'Artagnan, encontrou seu foco. Huxley optou pelos símios. Símios e evolução lhe permitiam canalizar seus talentos para uma única campanha de alto poder de fogo e, simultaneamente, promover seu trabalho nas ciências biológicas, criticar a autoridade teológica, fomentar a causa de jovens profissionais como ele próprio, atacar inimigos como Owen no território deles, promover uma abordagem naturalista do reino dos seres vivos e alimentar sua ânsia de combate. Ao tornar-se o combatente avançado da evolução a partir dos símios, podia lutar com empenho por todas as coisas em que acreditava. Os outros ficavam bastante felizes de deixá-lo disparar à vontade. Ele reinava supremo sobre o que só pode ser chamado de marketing da teoria da evolução – uma campanha de publicidade impetuosa em favor de uma Inglaterra reformada, plenamente científica e racional, onde o poder devia ser arrancado das mãos restritivas da igreja e da aristocracia e restabelecido com base no que Huxley considerava princípios sensatos adequados. Nessa visão, a biologia desempenhava papel decisivo. Huxley considerava a evolução por seleção natural o melhor argumento até então existente para eliminar da ciência a conversa oca eclesiástica. Para ele, a evolução abria a porta para uma consideração propriamente naturalista das origens dos seres vivos e da humanidade. Mais que isso, a despeito de suas reservas, ele a considerava uma boa hipótese – que funcionava e fornecia explicações.

---

27 *Correspondence*, v.8, p.298.
28 *Correspondence*, v.8, p.350.
29 *Correspondence*, v.8, p.405.

Huxley reconhecia intuitivamente que uma batalha aberta sobre *A origem das espécies* seria vantajosa para todos os envolvidos. Embora seja exagero afirmar que ele não se preocupava com quem estava combatendo – ele não era um valentão consumado, e está claro que principalmente àqueles que, a seu ver, punham em risco a integridade e o racionalismo do pensamento científico –, deve-se dizer que apreciava um bom rival. Darwin sabia que tinha sorte de um homem tão volátil se dispor a ajudá-lo. Se as circunstâncias fossem outras, Huxley poderia ter a mesma disposição para atacar e para defender. "Pelo amor de Deus não escreva um artigo antidarwiniano", disse Darwin no estágio inicial do relacionamento deles, "você o faria terrivelmente bem". Anos depois, com inúmeros ensaios e artigos destrutivos de Huxley acumulados, Darwin ainda podia dizer o mesmo. "Não há ninguém que escreva como você. [...] Se estivesse em seu lugar, eu me preocuparia com minha vida."[30]

Huxley também teve sorte de encontrar Darwin, pois, por meio dele, estabeleceu-se como importante divulgador da ciência. A reunião em Oxford assinalou um momento de virada em sua carreira da mesma maneira que fizera para a teoria da evolução. Em Oxford, Huxley viu o poder da multidão. Viu o efeito da espirituosidade e da ousadia. Antes dela, seu trabalho científico era vistoso, mas difuso, uma série de estudos anatômicos cujo valor inegável era enfraquecido pela falta de uma direção geral e cujo impacto era limitado ao domínio dos especialistas científicos. *A origem das espécies* permitiu que ele revelasse sua perspicácia.

Nisso, sua briga com Owen foi central, e o curso da teoria da evolução teria sido muito mais tortuoso se Huxley não tivesse encontrado um alvo tão elevado para derrubar. Além disso, ele escolheu deliberadamente usar a British Association for the Advancement of Science como plataforma. Ano após ano, grande parte do debate darwiniano ocorreu na forma de ofensas ríspidas proferidas por Owen ou por Huxley diante de plateias deliciadas da British Association.

A princípio, parecia que Huxley estava fora de controle. Em setembro de 1860, depois do choque em Oxford, seu filho Noel morreu de escarlatina. Huxley se enraiveceu contra a morte com tal ferocidade que levou Darwin e Hooker a trocar observações ansiosas. "Sei bem como é intolerável a amargura de um sofrimento como este", escreveu Darwin em tom consolador.[31] A perda de sua filha Anne ainda o fazia sofrer.

---

30 *Life and Letters*, v.3, p.113. A vida científica de Huxley é documentada em Paradis, 1978; Di Gregorio, 1984, e A. Desmond, 1994 e 1997.

31 *Correspondence*, v.8, p.366.

> Até hoje, embora tenham-se passado tantos anos, não consigo pensar nessa filha sem que me venham lágrimas aos olhos; mas o pesar se tornou mais terno e consigo até me lembrar de nossa queridinha perdida com algo parecido com prazer.

Durante esse período extremamente carregado, Charles Kingsley emergiu como o salvador de Huxley, enviando a ele cartas que no fim o trouxeram de volta da beira do abismo. Mas Kingsley não conseguiu despertar novamente em Huxley nenhum lampejo de crença religiosa tradicional, que se fora para sempre, evaporada com o último suspiro de seu filho. Ao longo de toda essa angústia, porém, Huxley escreveu como um louco, despejando veneno contra Owen e as injustiças do mundo no texto científico mais violento que redigiu. Sozinho (era assim que ele gostava), investiu de frente contra o antiquado regime de museu que Owen representava. Afirmou que o estudo investigativo dos seres vivos baseado em laboratório que ele defendia era o único veículo apropriado para os tempos de mudança.

Nesse texto, Huxley cumpriu a ameaça que fizera em Oxford de provar que as declarações de Owen sobre a anatomia do cérebro eram erradas. Não apenas erradas, afirmou Huxley, mas desonestas. O homem era um mentiroso, disse, e produziu uma lista de observações anatômicas publicadas anteriormente por outros estudiosos que contradiziam todas as afirmações de Owen sobre a estrutura do cérebro humano. Huxley tinha como alvo particular a descrição de Owen do *hippocampus minor* como característica única da humanidade. Ao contrário, declarou Huxley, o *hippocampus minor* estava presente em todos os quadrúmanos superiores: "qualquer pessoa que se der ao trabalho de dissecar o cérebro de um macaco ou mesmo de examinar um crânio seccionado verticalmente do verdadeiro Símio pode se convencer". Estavam em jogo capacidade profissional e reputação, e as paixões de Huxley e Owen eram profundas. Embora parecendo pouco mais que uma discussão trivial sobre observações factuais, na verdade ela representava um choque de sistemas de pensamento fundamentalmente opostos. Os dados empíricos não podiam – e não iriam – resolver a questão sobre o *hippocampus*, porque os disputantes não concordavam sobre sua relevância.[32]

Huxley publicou seu artigo em janeiro de 1861, no primeiro número de seu próprio periódico, a relançada *Natural History Review*, que ele e um grupo de pensadores científicos progressistas haviam concordado em comprar como proposta comercial, na aparência, com vistas a ganhar dinheiro, mas

[32] Sobre o debate do *hippocampus*, ver C. Smith, 1992; C. Grass, 1993a; 1993b; Wilson, 1996.

principalmente para fornecer um escoadouro ininterrupto para as ideias radicais deles, em particular as evolucionistas. Os coproprietários eram Lubbock, o botânico Daniel Oliver e os anatomistas George Rolleston, George Busk e William Carpenter, uma equipe claramente pró-Darwin. No início, Huxley fez alguns gestos simbólicos extravagantes como editor, afirmando que a revista seria totalmente imparcial; depois, a transformou de imediato em um poderoso porta-voz de sua forma de biologia. Embora o periódico tenha morrido depois de pouco mais de quatro anos, foi, em sua curta vida, um instrumento contundente em favor do naturalismo na ciência. "O tom da revista será levemente episcopofágico", disse Huxley a Hooker. "E você e Darwin e Lyell terão uma ótima oportunidade, se quiserem, de ceifar seus adversários".[33] Nos primeiros anos, a revista publicou todos os artigos mais importantes sobre cérebro e macacos do período, bem como ensaios e resenhas promovendo o darwinismo em geral. Darwin colaborou escrevendo uma ou duas resenhas e acompanhou a sorte do periódico.[34] "Que crítica completa e arrasadora (e feita como um 'anjo amanteigado')", disse ele, encorajador, depois de ler o disparo inicial de Huxley contra Owen. "Por Júpiter, como Owen é exposto. [...] Que hipócrita desonesto ele é."[35]

Estimulado por Darwin, Huxley tornou cérebros e dedos dos pés o tema de suas palestras para vários públicos durante a primavera de 1861. Com insolência, ele disse a seus patronos da Royal Institution que eram incontestavelmente aparentados aos macacos, pois seus dedões dos pés nada mais eram que cópias ruins de polegares preênseis de macacos. E continuou nessa linha em palestras para trabalhadores feitas não muito longe dali, do outro lado de Picadilly. Esse segundo lote de palestras fazia parte de uma série regular apresentada por vários especialistas na Escola de Minas na Jermyn Street, onde Huxley lecionava história natural e dava instrução pública barata ao custo de seis pence por vez. As palestras eram notáveis tanto pelo conteúdo quanto como fenômeno. Era surpreendente ver um grande número de trabalhadores de Londres abrir mão voluntariamente de seu escasso tempo de lazer, depois de um dia de trabalho de doze horas ou mais, para assistir a uma palestra acadêmica na Escola de Minas e pagar uma entrada de seis pence de um salário semanal de cerca de trinta xelins. A série de Huxley aconteceu de fevereiro a maio de 1861 sob o título "A relação

33 L. Huxley 1900, v.1, p.210.

34 Os objetivos de Huxley para a *Natural History Review* são apresentados em A. Desmond, 1994, p.284, 289-90, 295. Para a reação de Darwin, ver *Correspondence*, v.8, p.294-5. Huxley continuou a protestar que não era "um periódico partidário"; ibid., p.527.

35 *Correspondence*, v.9, p.1.

do homem com o resto do reino animal". As palestras eram animadas e informativas, atraindo grande clientela. Lyell, que fez uma visita em março, ficou assombrado com a magnitude e a atenção da plateia.

"Meus trabalhadores me acompanham maravilhosamente, e a casa nunca esteve mais cheia que ontem à noite", disse Huxley à sua mulher. "Na noite da próxima sexta-feira, todos eles estarão convencidos de que são macacos."[36]

IV

Mas o homem que ocupava o centro desse apoio entusiasmado se sentia estranhamente inquieto. Darwin não conseguiu sossegar nem um pouco no período que se seguiu à publicação. Tentou começar o próximo livro, a longa dissertação sobre variação que prometera a Murray, mas seu coração não estava nele. Embora *A origem das espécies* tivesse deixado fisicamente sua mesa, Darwin se sentia acorrentado a ele. Seus dias corriam ao sabor das ondas secundárias, enquanto ele lidava com uma correspondência imensa e um número crescente de resenhas suscitadas pelo livro. Ao mesmo tempo, continuava a escrever cartas para Lyell, Hooker, Huxley e todos os outros. Eles eram "convertidos" ou "pervertidos", como Lyell dizia de maneira envolvente? Em privado, Darwin começava a sentir o que todo autor sente depois que um longo projeto é completado. Estava esgotado.

Quatro resenhas substanciais de *A origem das espécies* apareceram em março de 1860, oito em abril, cinco em maio e três em junho, cada uma com reservas, críticas ou erros de entendimento importantes para ele lidar. Esses textos revelavam pequenas lacunas ou falhas que ele gostaria de ter percebido antes. A desaprovação chocada também começou a aparecer; e surgiu uma grande quantidade de objeções científicas, algumas vezes um disfarce para uma oposição religiosa ou metafísica mais fundamental, outras vezes expondo fenômenos genuinamente desconcertantes a que a seleção natural não parecia responder. Afinal, Darwin estava pedindo muito de seus leitores. Ele os convidava a acreditar no que era então considerado inacreditável.

Seus pensamentos eram salpicados de metáforas militares. Ele falava de "afivelar minha armadura" e da "longa luta morro acima". Sedgwick, ele se queixou, "tem disparado injúrias"; Gray estava "combatendo de modo esplêndido"; Lyell "se mantém firme como uma torre". Os ataques eram "pesados e incessantes ultimamente". "Estou ficando fatigado com o assalto de resenhas hostis; quase nenhuma útil."[37]

---

[36] L. Huxley, 1900, v.1, p.190.

[37] *Correspondence*, v.8, p.232.

Mas havia boas novas de Wallace. Em maio de 1860, Darwin recebeu dele uma carta que lhe aliviou a mente. A carta se perdeu, mas Darwin, ao respondê-la, expressou seu prazer com a "elevadíssima aprovação de meu livro" por Wallace.

> Sua carta me agradou muito, e concordo com você sobre as partes que são mais fortes e a que são mais fracas. [...] Penso que os geólogos são mais convertidos que os naturalistas simples porque estão mais acostumados a raciocinar. Antes de lhe contar a respeito do progresso da opinião sobre o assunto, permita-me que diga como admiro a maneira generosa como você fala de meu livro: a maioria das pessoas em sua posição teria sentido inveja ou ciúme. Com uma mente nobre e livre, você parece não ter essa falha comum da humanidade. Mas fala de si mesmo com excesso de modéstia; – se dispusesse de meu tempo ocioso, você teria feito o trabalho tão bem quanto eu fiz, talvez melhor.[38]

Os sentimentos de Wallace sobre *A origem das espécies* podem ser compilados de maneira mais direta de outras cartas, escritas a seu velho amigo de escola George Silk e a Bates. Disse ele a Silk:

> Li o livro inteiro cinco ou seis vezes, cada vez com maior admiração. Ele viverá tanto quanto os *Princípios* de Newton. [...] O sr. Darwin deu ao mundo uma nova ciência, e seu nome deve, em minha opinião, ficar acima do de todos os filósofos dos tempos antigos e modernos. A força da admiração não pode ser maior!!!

A Bates, explicou:

> Não sei como ou a quem expressar toda a minha admiração pelo livro de Darwin. A ele, pareceria bajulação; a outros, autoelogio; mas acredito honestamente que por mais que eu tivesse trabalhado com paciência e feito experiências sobre o assunto, nunca teria me aproximado da completude do livro dele, seu vasto acúmulo de evidências, seu argumento irresistível e seu tom e espírito admiráveis. Realmente me sinto grato de não ter cabido a mim a tarefa de apresentar a teoria ao mundo.[39]

---

38 *Correspondence*, v.8, p.220.
39 Wallace, 1905, v.1, p.374.

De maneira educada e generosa e com um inegável suspiro de alívio, os dois coautores assumiram as posições que manteriam um em relação ao outro pelo resto de suas vidas.

Contudo, talvez Darwin tenha ficado aliviado de tirar Wallace da consciência. Quase de imediato, voltou a organizar traduções de *A origem das espécies*. Queria muito que naturalistas europeus considerassem seus argumentos de modo apropriado. Suas primeiras preocupações eram a França e a Alemanha. Com seis meses de antecedência, ele distribuíra exemplares de apresentação nos dois países, com a esperança de que algum ávido jovem naturalista em Berlim ou Paris viesse a pedir permissão para traduzir o livro.

Na época, a iniciativa de publicação no exterior em geral cabia ao tradutor, de quem se esperava que obtivesse permissão diretamente do autor e negociasse um contrato com uma editora local. Portanto, Darwin recebeu bem a notícia de que Heinrich Bronn, destacado naturalista filosófico, se incumbiria de uma edição alemã. Bronn era um geólogo notado, que conhecia o trabalho geológico de Darwin havia muito tempo. Ele também tinha uma boa reputação no mundo científico por causa de suas investigações sobre as leis elementares da matéria, nas quais traçava paralelos entre fenômenos orgânicos e inorgânicos e pensava sobre árvores ramificadas de desenvolvimento fóssil. Embora idoso, era animado e resenhou *A origem das espécies* de maneira relativamente favorável quando o livro foi publicado.

> Recebi esta manhã uma carta do velho Bronn (que para meu espanto parece levemente desconcertado pela seleção nat.); ele disse que uma editora de Stuttgart está disposta a publicar uma tradução e que ele, Bronn, até certo ponto vai supervisionar,

informou Darwin a Huxley.

No entanto, Bronn tinha suas próprias preocupações intelectuais, que esperava explorar por meio da tradução do livro de Darwin. Ele estava fascinado pela controvérsia que surgira em Paris entre Louis Pasteur e Felix Pouchet sobre a possível criação de vida em um tubo de ensaio de laboratório. Poderiam surgir glóbulos vivos de materiais orgânicos desconexos, como Pouchet propunha em seu livro *Heterogenie*, de 1848? Ou todo ser vivo – mesmo o menor germe – precisava ser produzido por outro ser vivo, como Pasteur tentava demonstrar? A controvérsia girava em torno de qual tipo de evidência experimental satisfaria a investigação sobre a questão. Os experimentos rivais de Pouchet e Pasteur apontavam em várias direções ao mesmo tempo, e as situações religiosa e política entrelaçadas na França católica eram igualmente complexas.[40] A estreita associação de Pouchet com o materialismo filosófico e o fato de ele desconsiderar as formas tradicionais de crença religiosa tornavam sua afirmação da origem química dos seres vivos suspeita para pelo menos parte do público.

Bronn via bem o que estava em jogo. Para ele, a evolução deveria caminhar de mãos dadas com a geração espontânea, embora não estivesse inclinado a acreditar em nenhuma delas. Mas o que ele tinha em mente não era uma tradução palavra por palavra de *A origem*. Em vez disso, com diligência, ele introduziu no livro os temas controvertidos que Darwin deliberadamente deixara fora. A tradução de Bronn incluía muitas dissertações e apartes filosóficos sobre a primeira origem da vida. Além disso, ele acrescentou um capítulo final de sua própria lavra, no qual chamava atenção para as dificuldades religiosas em aceitar plenamente as concepções de Darwin. Até que Darwin pudesse tomar matéria puramente inorgânica e fazer uma criatura viva, dizia Bronn, os leitores deveriam considerar a descendência com modificação uma sugestão não comprovada.

Quando foi publicada, em 1860, pela firma de Scweizerbart, em Stuttgart, essa tradução livre alertou, portanto, os leitores de língua alemã para os aspectos mais provocativos do livro – causando satisfação em radicais filosóficos ou desentendimento profundo em pensadores mais conservadores. O público científico alemão, já relativamente familiarizado com noções de metamorfose e ideias transmutacionistas, desde a obra de Goethe até *Vestígios*, encontrou as ideias de Darwin em uma forma que divergia consideravelmente da intenção do autor.

Darwin não esperava que o tradutor, por mais eminente que fosse, ajustasse o argumento de *A origem* para adequá-lo a si mesmo. Armado com alguns pesados dicionários de alemão, lutou para percorrer as páginas de Bronn e ver o que havia sido feito. Mesmo o título indicava algumas das dificuldades inerentes à mudança de ideias e metáforas de um contexto cultural para outro. As "raças favorecidas" de Darwin eram traduzidas por Bronn como "raças aperfeiçoadas"; sua "luta pela existência" virou "luta pela sobrevivência".[41] O capítulo final de Bronn era escrito de maneira particularmente densa, e em desespero Darwin acabou pedindo a Camila Ludwig, a nova governanta alemã da Down House, que passasse o texto

---

[40] Farley e Geison, 1974. Bronn é discutido em Junker, 1991. A resenha de Bronn de *A origem das espécies* está traduzida em Hull, 1973.

[41] Para Darwin e o darwinismo na Alemanha, ver Kelly, 1981; Corsi e Weindling, 1985; Montgomery, 1988. Para metáforas, ver Weingart, 1995. Para traduções em ciência, ver Rupke, 2000. De forma mais geral, ver também Jordan e Patten, 1995; Topham, 1998.

para o inglês ("Muito difícil", disse Darwin a Lyell, e se ofereceu para emprestar a ele a versão da srta. Ludwig). Aos poucos, Darwin tomou ciência de que Bronn simplesmente excluía aquelas sentenças que não aprovava – por exemplo, "Luz será lançada sobre origem do homem e sua história". E se aborreceu com a tradução literal de Bronn para a expressão "seleção natural". Antes, ele escrevera a Bronn:

> Não posso deixar de duvidar se "Wahl der Lebensweise" expressa minha ideia. Ela me deixa na mente a impressão da doutrina lamarckiana (que rejeito) de que os hábitos de vida são importantíssimos.

Como Darwin a entendia, *Wahl der Lebensweise* significava mais ou menos "escolha do estilo de vida". Bronn acatou a sugestão. Darwin ficou contente de ver que ele se decidiu por *natürliche Züchtung*, significando reprodução ou cultivo natural, o que captava bastante bem sua intenção.

Incomodado com essa situação, ele tentou encontrar outro tradutor alemão. Em alguns meses, localizou Julius Victor Carus, naturalista mais jovem e inteiramente mais aquiescente, que disse acreditar na seleção natural. Em 1862, depois da morte de Bronn, Carus produziu uma versão corrigida da tradução de Bronn, trabalhando em contato estreito com Darwin por correspondência.

A França também pareceu promissora no início, com a oferta de Madame Belloc (a avó do escritor Hilaire Belloc) para traduzir *A origem das espécies* logo depois da publicação. Madame Belloc provavelmente entrou em contato com Darwin por intermédio de Mary Butler, sua amiga da hidropatia.[42] Mas ela recuou quando percebeu o peso do assunto: "Ao lê-lo, ela o acha científico demais", relatou Darwin. Então ele pensou que havia encontrado um substituto em Pierre Talandier, um francês explosivo que gastava seu tempo como exilado político do Segundo Império francês lecionando línguas no Royal Military College, em Sandhurst. Mas Talandier não conseguiu uma editora na França que entrasse em contato com ele, situação provavelmente causada tanto por sua posição política como por perigos percebidos no livro de Darwin. "Tenho tido problemas intermináveis com a tradução francesa, entre duas alternativas, o que me deixa mais disposto a lidar com qualquer pessoa para a tradução alemã", murmurou Darwin para Huxley.[43]

---

42 Belloc, 1941, p.12.

43 *Correspondence*, v.8, p.64, 71.

No fim, o livro de Darwin foi traduzido para o francês por Clemence Royer, francesa que vivia em Genebra.[44] Não está inteiramente claro quando Darwin percebeu que ela pretendia traduzir o livro, já que os tradutores eram tão oportunistas e desregrados quanto os editores, e parece que ela só o notificou do volume vindouro pouco antes da publicação. O prazer dele durou pouco. Royer ia muito mais longe que Bronn na mudança da substância do que Darwin dizia. Quando o livro foi publicado, em 1862, Darwin se queixou de que ela tinha transformado *A origem das espécies* em uma paródia de suas concepções. Royer, muito naturalmente, achava que havia melhorado o que já estava lá e que conhecia seu terreno intelectual. Estava bem familiarizada com a obra de economistas políticos europeus, possuía um bom inglês e se relacionava com muitos dos naturalistas e antropólogos de Genebra que se correspondiam com Darwin e resenhavam *A origem*, entre eles Jules Pictet, Édouard Claparède e Carl Vogt, que era o tradutor para o alemão de *Vestígios*. Vários membros desse círculo tinham deixado a França depois dos levantes de 1848. O novo conservadorismo da Paris do século XIX tornava a cidade um lugar incômodo para pensadores de esquerda liberais e politicamente ativos viverem, e Vogt e Royer estavam entre aqueles que tinham se mudado para Genebra e criado no exílio um círculo intelectual íntimo. Nesse momento de sua vida, Royer defendia o progresso social, os direitos das mulheres e visões avançadas sobre filosofia científica, muito ousadas e confrontadoras em todas as áreas. Isso incluía também sua vida privada, já que ela vivia abertamente com um homem casado, uma imagem espelhada das circunstâncias de George Eliot na Inglaterra. Royer ficou impressionada com as implicações de *A origem das espécies* para a sociedade humana. "Pode-se dizer que esta é a síntese universal das leis econômicas, a ciência social por excelência, o código dos seres vivos para todas as raças e todos os tempos."[45]

Sua tradução era de fato impressionante. Antes de qualquer coisa, ela acrescentou um longo prefácio anticlerical atacando igualmente católicos e protestantes. Se ofendia a sensibilidade suíça, ela escreveu, um "bispo de Oxford me deu o exemplo". Ela explorava a eugenia e os perigos do casamento no século XIX, enfatizando a necessidade de escolha e de boa procriação e comprovando seu argumento ao usar a expressão emocionalmente carregada *election naturelle* para traduzir "seleção natural". E também acrescentou notas de rodapé que desautorizavam as cautelosas justificativas

[44] J. Harvey, 1997.

[45] J. Harvey, 1997. Usei as traduções do francês do dr. Harvey com reconhecimento agradecido.

de Darwin. Considerava que Darwin estava errado em falar de uma guerra universal na natureza e se referia o tempo todo a *concurrance de vie* em vez de luta pela existência. E acrescentou ainda uma quantidade de ideias lamarckianas sobre progresso inerente e organismos lutando para se adaptar a circunstâncias. O título que adotou incluía a expressão não darwiniana "leis de progresso".

Foi a reconstrução mais incomum de sua obra que Darwin jamais confrontou. Ela devia ser "uma das mulheres mais inteligentes e mais esquisitas da Europa", exclamou ele, irritado. "Em quase todos os lugares de *A origem* em que expressei grandes dúvidas, ela acrescentou uma nota explicando a dificuldade ou dizendo que não há nenhuma!" Ele não conseguiu rir dessas distorções. Em 1865, ainda lutava para chegar a um acordo com os ajustes que ela fizera. Emma contou à filha Henrietta que ele "está hoje trabalhando na Verdammte [maldita] Mlle. Royer cujos disparates não têm fim".

Talvez o apuro de Darwin tenha se tornado mais fácil de tolerar pelo fato de Royer ser mulher. Os amigos do sexo masculino se acercaram dele, ávidos por desconsiderá-la como mera excêntrica cujas visões eram absurdas demais para merecer atenção. Édouard Claparède escreveu para dizer que tentara impedir Royer de "desfigurar mais completamente sua obra".[46] "Mlle. Royer é uma pessoa singular cujos atrativos não são os de seu sexo", explicou de maneira misteriosa. O mesmo ar de incredulidade desconcertada subjazia o aforismo de Ernest Renan de que Royer era "quase um homem de gênio". Parece claro que Royer estava desafiando a convenção. Naqueles círculos acadêmicos, o que se esperava basicamente das mulheres era que facilitassem o fluxo desimpedido das ideias científicas de seus colegas homens, traduzindo, editando, revisando provas e assim por diante. A norma prevista para elas era uma disposição recatada de deixar o autor masculino falar por si, como Sarah Austin exemplificava em suas traduções para o inglês, campeãs de vendas, dos textos de Humboldt, ou como Emma Darwin e Frances Hooker mostravam. Reescrever e politizar era inaceitável – independentemente do sexo do tradutor. No entanto, qualquer livro poderia logo se transformar em um espetáculo se uma tradutora rompesse as regras. Royer era decerto imprecisa e mal informada e adotava uma causa. Mas Darwin e seus amigos podem ter achado relativamente simples ligar essas falhas ao gênero dela e descartar suas explosões evolucionistas como mera curiosidade feminina.

Ainda assim, um *A origem das espécies* francês foi apreciado por antropólogos, zoólogos, geólogos, botânicos e anatomistas que viviam na França, na

---

46 *Correspondence*, v.10, p.398-400.

Bélgica, na Rússia e na Suíça, entre eles Charles Brown-Sèquard, Édouard Lartet e Jean Louis Quatrefages, e foi discutido de tempos em tempos em reuniões da Société d'Anthropologie de Paris e em outros lugares. O botânico experimentalista Charles Naudin ficou particularmente agradecido por dispor de *A origem* em sua língua nativa, porque não tinha muita facilidade de compreender as cartas que recebia de Darwin. A correspondência enviada da Down House lhe apresentava uma combinação fatal de letra ruim, língua inglesa e conceitos botânicos complicados.

Mas *A origem das espécies* não estava destinada a ter na ciência francesa nada parecido com o impacto que tivera na Inglaterra ou na Alemanha durante aqueles primeiros anos. Os naturalistas franceses nunca aceitaram facilmente as ideias de Darwin e, quando queriam endossar a evolução, costumavam optar por uma forma genérica de lamarckismo. Ao lamarckizar em parte a obra de Darwin, Royer talvez tenha acabado prestando a ele um favor.[47] Sua versão de *A origem* foi distribuída também entre cientistas sociais franceses.[48] Mais tarde, Darwin se correspondeu com Royer de maneira resguardada sobre uma segunda edição, publicada em 1866, e uma terceira, de 1870. Cada uma dessas edições o incomodou, e a terceira o ofendeu. Ele insistiu em que ela alterasse ou eliminasse várias das notas que acrescentara – e ela aquiesceu de má vontade, queixando-se de que as mudanças enfraqueciam o argumento.

Tomadas em conjunto, essas publicações no exterior necessariamente entravam em outros contextos culturais e ficavam associadas com questões diferentes. Em uma visão retrospectiva, parece provável que Darwin estivesse despreparado para o modo como seus textos seriam reinterpretados. Leitores alemães, franceses e norte-americanos estavam lidando com um *A origem das espécies* diferente do que ele pensava ter escrito. Pouco a pouco, essas edições e traduções estrangeiras talvez o tenham obrigado a reconhecer a vida independente de seu filho.

Por fim, e igualmente importante, a atenção vinha também de sua família. Julia Wedgwood, sobrinha de Darwin, era agora aspirante a crítica literária, fazendo parte de uma nova linhagem de mulheres na Grã-Bretanha, que assumiram a causa sufragista um pouco mais tarde naquele século. Enquanto uma comentarista feminina como Royer era vista por Darwin como incomum, e até como transtorno, Julia tinha a vantagem de ser parente. Em 1860, ela escreveu uma análise ponderada de *A origem das*

[47] O darwinismo na França é discutido por Conry, 1974; Corsi e Wendling, 1985; Stebbins, 1988; J. Harvey, 1997; Gayon, 1998.

[48] J. Harvey, 1997, p.80-121.

espécies para a *Macmillan's Magazine*, posterior à resenha de Huxley nesse periódico. Para Darwin, o artigo era obscuro demais em alguns pontos – Julia era muito influenciada pelo pregador carismático Thomas Erskine, com cujos seguidores passara parte do ano de 1859, e por Frederick Denison Maurice, fundador do socialismo cristão e amigo dos pais dela, que estava iniciando um caminho teológico independente. O artigo de Julia assumiu a forma de uma conversa sobre as fronteiras apropriadas entre ciência e religião: "Pode-se aceitar como verdade algo que do outro lado da fronteira se torna uma completa falsidade?", perguntava um dos protagonistas. Sob o disfarce de outro falante, Julia defendia seu tio da acusação de ateísmo. Darwin ficou comovido.

> Acho que você entende meu livro perfeitamente, acontecimento muito raro entre meus críticos. [...] E por causa de vários correspondentes fui levado ultimamente a pensar ou, antes, a tentar elaborar alguns dos principais pontos discutidos por você. Mas o resultado comigo foi um labirinto – algo como pensar sobre a origem do mal, a que você alude. A mente se recusa a ver esse universo, sendo ele o que é, como algo que não foi projetado; mas onde mais se esperaria o projeto, ou seja, na estrutura de um ser sensível, quanto mais penso no assunto, menos consigo ver a prova de que há projeto.[49]

Aos poucos começou a ficar claro para Darwin que, independentemente do que fizesse, estava fadado a ser uma figura pública.

V

Desde a época da reunião em Oxford, a vida doméstica de Darwin não era muito fácil. Sua filha mais velha, Henrietta, estava sempre indisposta, nunca totalmente recuperada do que havia sido diagnosticado como algo semelhante a uma febre tifoide. Os surtos constantes de febre baixa preocupavam muito Darwin. Essas doenças poderiam se tornar mortais, como ficou demonstrado pela morte do príncipe Albert por febre tifoide no Castelo de Windsor, em 1861. Formas menos severas como a de Henrietta tenderiam a se arrastar indefinidamente, causando fraqueza física, recaídas ocasionais de febre e má digestão – um estado doentio crônico que a longo prazo costumava levar os enfermos à invalidez. Então, Darwin

[49] *Correspondence*, v.9, p.200. Um pouco da vida de Julia Wedgwood é apresentado em Wedgwood e Wedgwood, 1980; Curle, 1937.

viajou com Emma e os filhos para um feriado de verão estendido com as irmãs de Emma, Elizabeth Wedgwood e Charlotte Langton cujas casas em Hartfield, Sussex, eram próximas. Qualquer visita lá era confortavelmente familiar, mas isso não ajudou muito Henrietta. Durante um mês ou mais, enquanto Darwin escrevia cartas e lidava com tradutores, a família enfrentava os altos e baixos da convalescença.

Sem de fato perceber, Darwin ansiava por algo novo e interessante para fazer. Uma distração. Na casa de Elizabeth, ele agarrou a chance de se afastar do livro e das cartas. Queria ficar em paz no campo.

Escapando da família certo dia, foi procurar orquídeas nativas nas depressões úmidas de Sussex e deparou com um tipo de planta a que nunca dera muita atenção, as minúsculas droseras insetívoras. Fascinado, arrancou uma do solo, levou-a para casa para fazer alguns experimentos e observou, intrigado, as folhas pegajosas se enrolarem em volta de uma refeição de moscas. O fenômeno era bem conhecido pelos botânicos, mas não por Darwin. No fim da tarde ele tinha sido apanhado como qualquer mosca. O trabalho com essas plantas nos meses seguintes lhe deu um prazer descomplicado e infindável – o prazer de trabalhar de novo com as mãos, de observação e especulação não estorvadas pelo fardo da saúde ruim de Henrietta ou pelo problema das espécies, de voltar a ver a natureza depois dos entediantes meses de escrita.

O primeiro lote de plantas (*Drosera rotundifolia* comum) que ele coletou em Hartfield demonstrou amplamente a sensibilidade da drosera. As folhas pequenas, redondas e avermelhadas eram cobertas de pelos ou tentáculos pegajosos, muito semelhantes aos de uma anêmona do mar em miniatura, que se flexionavam e se curvavam para apanhar qualquer inseto que pousasse. Darwin se perguntava sobre a capacidade da *Drosera* de sentir a presença de um inseto e sobre como um animal voador podia ser apanhado por folhas que se movimentavam tão devagar. Imaginou até onde os pelos eram de fato sensíveis e se também executavam a função digestiva. Esforçou-se para entender o fato de que as plantas eram evidentemente adaptadas para comer em vez de fabricar seus nutrientes da maneira usual, do sol e da água. Os pelos pegajosos agiam como raízes fora de lugar, talvez adaptados para sugar nutrição das moscas e não do solo? Ou elas eram realmente como anêmonas do mar, os pólipos de coral que construíam recifes sobre os quais ele adorava pensar na viagem do *Beagle*? Tudo considerado, as plantas exibiam funções e reações surpreendentemente semelhantes às de animais.

Preocupar-se com questões de história natural como estas sempre fazia bem a Darwin. Seu ânimo melhorou quando ele requisitou uma prateleira da cozinha para servir de laboratório temporário e vagou pela casa de

Elizabeth à procura de moscas; "um pouco de trabalho botânico como diversão", disse ele a Lyell, zombando de seus entusiasmos. Darwin deixou de bom grado que sua inclinação natural para o antropomorfismo assumisse o comando. "No momento ele está tratando a *Drosera* exatamente como uma criatura humana", escreveu Emma a Mary Lyell, "e suponho que ele espere terminar provando que ela é um animal".[50] Isso ficava evidente na hora das refeições, quando Darwin regulava o regime alimentar das plantas como se fosse um tratador de zoológico vitoriano. Logo antes do almoço em 17 de julho de 1860, ele pôs quatro moscas mortas sobre as folhas da *Drosera*. Na hora do jantar, a borda externa de pelos estava recurvada. No desjejum do dia seguinte ele reapareceu ao lado da planta para dar a ela uma aranha. Às dez da manhã, marcou folhas individuais com linhas de cores diferentes da cesta de costura de Emma, alimentando uma folha com um pedaço de papel, outra com aparas de madeira seca, outra com um pedaço de pena e a última com tiras de musgo. Voltou uma hora depois com um pedaço de carne crua.

Com o passar dos dias, experimentou outros materiais, aqui um pedaço de esponja de banho, ali a asa de um mosquito. Tocar as folhas com uma agulha de costura não provocou nenhum efeito. Parecia que a *Drosera* podia identificar seu alimento apropriado e rejeitar estímulos inadequados. Na semana seguinte, numa tarde, à hora do chá, as folhas com moscas estavam "esplendidamente curvadas para dentro". Os insetos estavam "*bem* abraçados".

Essas plantas voltaram com a família para Downe. E lá propiciaram a Darwin horas de diversão dentro de casa enquanto Henrietta continuava mal e o tempo estava chuvoso. De maneira muito apropriada, ainda que um pouco bizarra, muitos dos temores e preocupações silenciosos de Darwin nos meses anteriores começaram a se entrelaçar. A questão dos estômagos invadia com persistência seus pensamentos – o estômago de Henrietta, o dele próprio, folhas funcionando como estômagos. Aquelas folhas de *Drosera* pareciam executar algumas das funções do sistema digestivo animal, algo semelhante ao estômago humano virado pelo avesso e exposto à vista. Investigar as folhas era para Darwin buscar a essência das doenças de sua família, o tormento de sua vida. Ao que parece, talvez ele contemplasse mais que um simples problema de fisiologia de plantas.

A *Drosera* não entregava seus mistérios de modo leviano. Por mais que tentasse, Darwin não conseguia entender como as plantas distinguiam alimento de alternativas indigeríveis. Na Down House, ele as testou com tudo que estivesse disponível. Em agosto, tentou alimentá-las com gotas

[50] *Emma Darwin*, v.2, p.193.

de leite, óleo de oliva, clara de ovo e gelatina, depois passou a xarope, açúcar branco, goma para passar roupa e látex. Em setembro, encheu-as de chá forte e xerez. Logo passou a usar a si próprio como fonte privada de suprimento, tentando muco, saliva e urina humanos.

Exaurido o arsenal doméstico, passou aos remédios e produtos químicos. A maior parte das substâncias que ele usava era bastante comum na época, e várias já estavam no baú de remédios da família. A certa altura, ele ministrou clorofórmio às plantas, usando as gotas que mantinha à mão para dor de dente. O vapor de clorofórmio, contou a Hooker empolgado, "paralisa-as completamente". Cada dia trazia um novo experimento, outra substância, outra forma de tentar o apetite da *Drosera*. No andar de cima, Emma executava a mesma tarefa com Henrietta. Ela não comia quase nada, relatou Emma a William.

A história sob a lente do microscópio de Darwin era muito semelhante. Ele não conseguia entender o que acontecia dentro dos pelos da *Drosera* no nível celular. Estaria ele testemunhando a absorção de materiais nutritivos?, perguntou a Henslow.

> Quando os pelos viscosos se contraem ou são infletidos, despejam muito fluido, e o conteúdo das células nos pedúnculos, em vez de ser um fluido homogêneo rosa ralo, torna-se uma massa quebrada de fluido espesso vermelho-escuro. [...] O que me surpreendeu é que os glóbulos e cilindros do fluido ou substância espessa vermelho-escura se mantêm em um incessante movimento *lento* de contração e expansão: eles costumam coalescer e depois se separar de novo; com frequência, expelem rebentos, que aumentam rapidamente à custa da massa parental maior, em pequenas e lentas mudanças infindáveis de forma.[51]

Ele esperava estar vendo o processo de digestão. "Algum fenômeno como esse é conhecido?", perguntou. "Ele pode ser bastante comum, já que sou tão ignorante em fisiologia vegetal."

Na verdade, Darwin estava observando um fenômeno que só foi totalmente entendido no século XX, no qual o enrugamento da membrana celular interna, específica da *Drosera*, fornece uma grande área superficial para a transferência de fluidos. Darwin notou que o que chamou de "engrumecimento" só acontecia quando as plantas eram expostas a substâncias alimentares: "Uma solução muito fraca de C. de Amônia ativa instanta-

[51] *Correspondence*, v.8, p.395.

neamente o processo". Henslow ficou desconcertado com a terminologia usada por Darwin, de grumos, glóbulos coalescentes e mudanças de cor. Espiando em seu microscópio, Darwin matutou ansiosamente sobre o problema, obcecado com a ideia de processos digestórios defeituosos.

As plantas também o acompanharam quando a família viajou a Eastbourne, no começo do outono, para mais um feriado de recuperação para Henrietta. Mas lá ela teve uma recidiva, tão rápida e completa que Emma e Darwin temeram que ela morresse. Suas dores de estômago eram "horrivelmente ferozes". Foi um "ataque amedrontador", disse Darwin em pânico a Henslow. "Qual será o fim, não sabemos."

Completamente alarmados, eles convocaram de Londres Henry Holland, que os preparou para esperar o pior. Durante uma semana eles viveram à beira da catástrofe. Então Henrietta se restabeleceu um pouco. "Tivemos uma semana de uma infelicidade tal que eu não sabia que um homem podia sofrer", escreveu Darwin depois a Asa Gray. "O máximo de infelicidade que um homem consegue suportar."

> Minha filha piorou e piorou, com um sofrimento deplorável, de tal modo que todos os médicos pensavam que íamos perdê-la. Mas a paralisia terminou, e ela se restabeleceu de modo surpreendente; porém, se há muito dano orgânico e qual será o resultado final não é possível saber, até que a infeliz questão seja decidida. Mas agora ela está bastante confortável, e, no fim, passamos a nos preocupar só com isso e conseguimos esconder dela seu extremo perigo. Você é tão gentil e solidário que não resisti a lhe contar nossa infelicidade. Não conseguiremos removê-la para casa por várias semanas mesmo que o caso não seja pior do que os médicos agora esperam e acreditam.[52]

A experiência o abalou muito mais do que ele admitiu. A morte o seguia de perto. Com três filhos já falecidos, ele disse que abominava a ideia de perder também Henrietta. Não conseguia ver que perspectiva a aguardava. Mesmo um longo período de convalescença ainda poderia deixá-la semi-inválida.

A partir de então, Emma e ele passaram a ver a saúde de Henrietta com ansiedade, uma reação compreensível em um momento em que a nação era assolada por distúrbios de saúde e doenças infecciosas inadministráveis. O medo que eles sentiram em Eastbourne nunca os abandonou realmente.

52 *Correspondence*, v.8, p.451.

No fim, Henrietta de fato se recuperou e acabou vivendo até uma idade avançada. Mas nos anos seguintes seus pais se preocupavam com a menor doença que ela tivesse, alugando solicitamente carruagens com cama para viagens, mantendo-a dentro de casa na maior parte do tempo, consultando diferentes médicos, enviando boletins de saúde para toda a família e imaginando rotinas cautelosas que só permitiam que ela ficasse meia hora no andar de baixo à noite, e tudo isso levava parentes e amigos a vê-la como uma permanente inválida. Henrietta emergiu dessa doença não como uma jovem saudável ansiosa por retomar os fios da vida social que estava perdendo, mas como uma filha delicada, propensa a enfermidades não especificadas e recaídas. Ela pelo menos reconheceu a natureza autocentrada dessas preocupações quando, já mulher madura, disse que sua mãe tinha sido "uma enfermeira perfeita". Estar doente sob a supervisão de Emma era uma oportunidade de uma filha ser paparicada, talvez em contraste com os modos em geral pouco demonstrativos de Emma. "Nós Darwins somos pessoas frias", disse Leonard muitos anos depois. É provável que a mesma oportunidade de estar próximo fisicamente se aplicasse ao pai. Quando estava doente, Henrietta recebia toda a atenção de Darwin. Ela se lembrava de como ele parava de trabalhar no estúdio e ia para seu quarto com uma expressão de tanta compaixão e emoção que ela mal podia suportar vê-la.

> Os dois eram incansáveis nos esforços de aliviar e divertir qualquer um de nós que estivesse doente; meu pai jogava gamão comigo todos os dias, e ela [Emma] lia em voz alta para mim.[53]

Mas parece provável que essas doenças iniciais indicassem algum problema interno persistente, e Henrietta talvez tivesse poucos incentivos para abandonar o estado de semi-invalidez. Mais tarde, seu casamento se baseou em parte em dar e receber o mesmo tipo de atenção médica esgotante.

A inquietação de Darwin em relação a Henrietta se fundia com a inquietação a respeito das *Droseras*. Na Down House, Darwin era tão incapaz de diagnosticar as exigências alimentares de suas plantas insetívoras quanto era de descobrir o motivo das doenças da filha. Enquanto Emma friccionava óleo de castor no abdome de Henrietta (a última recomendação médica, assegurou Hooker a Darwin), ele calculava, media e gotejava diferentes soluções de produtos químicos em suas folhas de *Drosera*. Então passou aos venenos, encomendando arsênico, meimendro e estricnina a William Baxter, químico de Bromley. Em seu estúdio, preparava soluções cada vez

[53] *Life and Letters* v.1, p.137, *Emma Darwin*, v.2, p.180.

mais fracas de veneno para testar os poderes de detecção das folhas: qual seria a dose mínima suficiente para matá-las? Ele começou a se corresponder com um cientista forense de Londres especializado em detectar pequenas doses de arsênico em casos de assassinato e ficou interessado ao descobrir que suas plantas eram muito mais sensíveis aos venenos que as pessoas. Como que por solidariedade, seu estômago se deteriorou. "Às vezes suspeito de que logo piorarei inteiramente; meu estômago agora fica ruim quase o dia e a noite inteiros." Inconsciente dos paralelos com histórias de detetive vitorianas, ele leu *The Woman in White* [A mulher de branco], história de mistério de Wilkie Collins. "O enredo é maravilhosamente interessante."[54]

Seria quase possível dizer que a concentração de Darwin nas folhas servia para deslocar sua infelicidade em relação a Henrietta. Provocar e torturar as plantas lhe preenchia a mente. Darwin não poderia contemplar facilmente a ideia de Henrietta morrer nem a de que, por meio da herança, ele podia ser a causa do estômago fraco da filha. Talvez essas emoções fossem afuniladas na rota de fuga da história natural, da mesma maneira como ele fugira uma vez das realidades da morte de outra filha mergulhando na anatomia das cracas. Talvez as próprias plantas refletissem os medos dele. Pouco tempo depois disso, ele descobriu que podia matá-las.

Mas todo o seu trabalho foi posto em dúvida por um único cabelo humano extraviado que caiu em uma folha desprotegida. Para surpresa de Darwin, a *Drosera* achou que o cabelo também era alimento e começou se curvar sobre ele, disparando uma cadeia de dúvidas preocupadas na mente de Darwin. Seriam os tentáculos estimulados por peso e não por produtos químicos? Todos os resultados que ele tinha até então indicavam que algum processo químico acontecia. Desconcertado, tentou alimentá-las com pedaços de fio de algodão, com menos de 1/50 de polegada de comprimento, e depois com o cabelo de Emma, mais fino que o seu. Aquiescentes, os tentáculos se curvavam sobre essas coisas. Ele ficou perplexo.

> Não consigo me convencer de que é o peso de 1/78.000 de um grão de substâncias sólidas que causa um movimento tão claro nem de que na maioria dos casos seja a natureza química; e o que é me deixa bem atônito,

ele se queixou a Hooker.[55] E mencionou as mesmas dúvidas a Lubbock e Lyell.

---

54 *Correspondence*, v.9, p.9.
55 *Correspondence*, v.9, p.21.

> Quero e devo terminar meu manuscrito sobre *Drosera*, o que me tomará uma semana, pois no presente momento me preocupo mais com *Drosera* que com a origem de todas as espécies do mundo. No entanto, não publicarei sobre *Drosera* até o próximo ano, pois estou assustado e assombrado com meus resultados. [...] Todas essas doenças horríveis nos últimos seis meses (e aquela perversa querida Droserinha) tornaram qualquer progresso em meu livro maior quase nulo.[56]

Ele concluiu o projeto em fevereiro de 1861, quando apresentou algumas observações sobre o tema no Philosophical Club da Royal Society, um clube de jantar de cavalheiros cientistas que faziam juntos uma refeição durante uma ou duas horas antes das reuniões da Royal Society.[57] Confrontado com um beco sem saída intelectual, sua atenção ficou temporariamente esgotada.

Para a maioria dos homens, isso teria talvez posto fim no assunto. Mas os assuntos preferidos de Darwin nunca paravam realmente. Com muita frequência, durante os anos seguintes, ele perguntaria a amigos botânicos sobre plantas insetívoras e pediria espécimes incomuns de Kew para investigar. Afinal, na década de 1870, ele conseguiu fazer um estudo completo de plantas carnívoras. Publicado em 1875, este seria um de seus livros mais interessantes. "Por Júpiter, às vezes penso que a *Drosera* é um animal disfarçado!", disse ele a Hooker.

VI

Mesmo que Darwin não se sentisse obrigado a deixar de lado as *Droseras*, outras preocupações começaram a se acumular. Em Londres, por ocasião do jantar no Philosophical Club, ele soube que a mulher de Huxley ainda estava muito deprimida por causa da morte do filho deles, apesar da chegada de um novo bebê. Huxley pediu a Hooker e Darwin que fossem padrinhos da criança, garantindo-lhes que não daria a menor importância se as palavras da cerimônia na igreja ficassem presas na garganta deles. Huxley escolheu para o bebê o nome Leonard porque, assim diz a história, continha o nome do filho morto, Noel. Hooker e Darwin concordaram em ser padrinhos, dizendo a Huxley que simplesmente ignorariam as críticas religiosas. Leonard Huxley, que se tornou um ateu despreocupado no centro

---

56 *Correspondence*, v.8, p.491.

57 Bonney, 1919, p.154. O texto do ensaio não mais existe, embora muitas das notas de Darwin estejam em DAR 54. Ver apêndice IV, *Correspondence*, v.9, p.405-6 para um relato do encontro.

desse círculo científico, mais tarde escreveu biografias de Hooker, Darwin e Huxley e editou várias coleções de cartas.

Darwin estava preocupado com Henrietta Huxley. Quando encontrou Huxley, sugeriu que talvez ela gostasse de visitar a Down House com os filhos para um descanso no campo. "Você não acha que uma pequena mudança seria a melhor coisa para a sra. Huxley, se ela pudesse ser induzida a tentá-la?" A Down House já se assemelhava a um sanatório, disse ele, com sua Henrietta adoentada no andar de cima. A sra. Huxley (Nettie) se sentiria absolutamente à vontade.

> Conversei com minha esposa e ela se junta a mim com entusiasmo para perguntar se a sra. Huxley não gostaria de vir para cá por uma quinzena e traria todos os filhos e a babá. Mas devo deixar claro que esta casa é terrivelmente monótona e melancólica. Minha esposa vive no andar de cima com minha menina e veria pouco a sra. Huxley, exceto nos horários das refeições, e meu estômago está habitualmente tão ruim que nunca passo a noite inteira, mesmo com nossos parentes mais próximos. Se a sra. Huxley pudesse ser induzida a vir, deveria olhar para esta casa exatamente como se fosse uma hospedaria no campo, à qual ela iria para mudar de ares.[58]

Nettie Huxley provavelmente nunca recebera convite tão sombrio, mas, para surpresa de todos, aceitou. Escreveu a Emma para avisá-la de que raramente estava no andar de baixo muito antes de uma da tarde, ao que Emma respondeu que este era o estado de coisas usual na Down House. Ela apenas seguiria o padrão.

Com seus horários acordados de maneira tão pragmática, as duas esposas passaram a maior parte do mês de março de 1861 na companhia uma da outra em Downe. Antes disso, praticamente não se conheciam isoladamente (Emma confessou que "será muito sério ela vir sem o sr. H."). A visita estabeleceu a base de uma amizade familiar duradoura. Emma e Nettie conversavam à vontade sobre os filhos e as doenças comuns da infância, liam livros e tocavam música juntas. Talvez também tenha sido um alívio perceberem que não eram as únicas a dividir a vida de casada com um terceiro invasivo como a ciência. E o melhor de tudo: descobriram uma admiração comum por Tennyson. Emma havia muito tempo se desesperava com a atitude desdenhosa de Darwin em relação a Tennyson e sorriu ao ouvir a franca

---

[58] *Correspondence*, v.9, p.33-4.

declaração da sra. Huxley de que Darwin não tinha "nenhum canto de poeta em seu coração". Henrietta Darwin também gostava de Tennyson. Assim, as duas passavam as noites em volta da lareira de primavera, enroladas em xales, lendo em voz alta. Elas incluíram o último volume de *Os idílios do rei*, relato um tanto chocante de Tennyson sobre a sedução de Merlin por Vivien. "Só o extravagante sr. Darwin não gosta de poesia", escreveu Nettie, horrorizada, ao marido. "Temo que ele não tenha opinião tão boa de você, já que mencionei seu gosto por poesia. Oremos pela conversão dele e nos glorifiquemos como verdadeiros crentes."[59]

VII

Em maio, Henslow morreu. Para Darwin, foi como a morte de um pai. Henslow tinha só 64 anos (um a mais que Lyell), e sua morte foi inesperada, pelo menos para seus conhecidos da ciência. Um mês antes, ele publicara uma nota animada na *Macmillan's Magazine*, corrigindo uma compreensão equivocada de suas opiniões sobre espécies e defendendo Darwin. Ele dizia que respeitava o direito de Darwin a ter sua opinião, mas acreditava que a evolução nunca poderia ser provada. "Deus não pôs a criação a funcionar como um relógio, com corda para andar sozinho", disse em particular a seu cunhado Leonard Jenyns.[60] A deterioração tão repentina da saúde de Henslow foi uma grande surpresa. Mas houve tempo suficiente para que Hooker e sua mulher, Frances (filha de Henslow), viajassem de Kew para Ipswich para permanecer ao lado do acamado Henslow; tempo suficiente para Jenyns ir até lá de Bath para uma despedida carinhosa (Henslow era casado com a irmã de Jenyns); e tempo suficiente para que o frágil e idoso Sedgwick, devoto ex-colega de universidade de Henslow, chegasse de trem de Cambridge, em uma longa viagem pelo campo, para dar adeus. Na ocasião, Sedgwick se comoveu até as lágrimas e sussurrou palavras de fé no ouvido de Henslow, sem saber se eram ouvidas.[61] Hooker perguntou a Darwin se ele também iria.

Depois de um mal-entendido constrangedor em que Darwin pensou que Henslow já estava morto, Darwin pediu desculpas e recusou o convite.

> Se Henslow [...] realmente gostasse de me ver, eu por certo partiria de imediato. Ocorreu-me [de] imediato me oferecer, e a única razão pela qual não fiz isso foi que a viagem, com a

59 Citado de A. Desmond, 1994, p.294.

60 *Macmillan's Magazine*, v.3, p.336, 1861; Jenyns, 1862, p.212-3.

61 Clark e Hughes, 1890, v.2, p.371; ver também Bunbury, 1891-93, Middle Life, v.3, p.264.

> agitação, provavelmente me levaria a chegar inteiramente prostrado. Eu por certo teria vômitos severos depois, mas isso não significaria muito, porém duvido que pudesse suportar a agitação no momento. Nunca senti que minha fraqueza era um mal tão grande. Acabo de ter um exemplo, pois falei alguns minutos na Linnean Society na quinta-feira e embora estivesse melhor do que o normal, isso me causou 23 horas de vômito. Suponho que haja alguma hospedaria na qual eu poderia ficar, pois não gostaria de estar na casa (mesmo que você pudesse me receber) pois minhas ânsias tendem a ser extremamente ruidosas.[62]

Depois, ele se sentiu culpado durante meses. Nunca antes usara a doença de modo tão óbvio para evitar obrigações pessoais. O justo era ele ter feito todos os esforços inimagináveis para comparecer ao leito de morte de Henslow, que o tornara o que ele era, não só lhe dando a chance de uma vida com o convite para a viagem do *Beagle*, mas também depois, com atenções gentis e apoio. A recusa aparentemente se baseou na mesma aflição que Darwin sentira por ocasião da morte de seu pai, em 1849, não tão intensa como o desespero ocasionado pela morte dos filhos, mas envolvendo outros sentimentos perturbadores de dívidas emocionais não pagas. O falecimento de Henslow encerrou mais um capítulo de sua vida. Mas sua ausência foi uma forma deplorável de retribuir a amizade de Henslow.

Além disso, a desculpa punha Darwin em uma posição incômoda. Hooker sabia que ele estivera bem o suficiente para ir a um jantar no Philosophical Club, em Londres; bem o suficiente para uma apresentação na Linnean Society; e bem o suficiente para entreter Mary Butler, sua amiga de hidropatia em Ilkley, na Down House, em abril, numa noite de comunicação com espíritos e deslocamento de mesas na sala de estar da Down House. "Ela tentou mesmerizar Franky", relatou Emma, "e acho que teria conseguido, não fosse o fato de, por ele ser um sujeito nervoso, eu não ter encorajado muito aquilo".

Mas ele estava doente demais para Henslow. Depois, cheio de remorso e querendo compensar seu comportamento egoísta, Darwin tentou reparar a situação em um breve relato de como Henslow o influenciara, o qual escreveu a pedido de Jenyns, para uma memória que este preparava. As recordações de Darwin cintilavam com afeto e respeito. Ele se demorou nas qualidades que mais admirava em Henslow – modéstia, solidariedade e contenção. Muitos anos depois, George Romanes percebeu que Darwin estava de fato descrevendo a si mesmo, uma "descrição estranha", disse

[62] *Correspondence*, v.9, p.98-9.

Romanes, das virtudes do próprio Darwin. "Pobre querido e honrado Henslow", escreveu Darwin depois para Hooker. "Ele é verdadeiramente um modelo para se manter sempre diante dos olhos".

Culpa, morte, saúde ruim e sofrimento o assediavam. Emma se deu conta de que fazia um bom tempo que não o via encarando a vida com tanto pessimismo e se perguntou se o estava negligenciado por causa da preocupação com Henrietta. Queria que ele pudesse encontrar alguma forma de consolo na crença religiosa. Por essa época, como fizera uma ou duas vezes antes, ela redigiu uma carta a Darwin, preferindo escrever a falar, para poder se expressar com todo o cuidado. Sentia que uma carta era a melhor maneira de assegurar a atenção dele.

> Mal posso lhe dizer a compaixão que tenho sentido por todos os seus sofrimentos nessas últimas semanas em que você teve tantos contratempos. Nem a gratidão que senti pelos olhares alegres e afetivos que você me dirige quando sei que você tem sido afligido por um forte desalento.
>
> Muitas vezes meu coração tem estado cheio demais para que eu possa falar ou notar alguma coisa. Estou certa de que você sabe que o amo o bastante para acreditar que me preocupo com seus sofrimentos quase tanto quanto deveria me preocupar com os meus próprios e creio que meu único alívio é julgar que eles vêm da mão de Deus e tentar acreditar que todo o sofrimento e as doenças pretendem nos ajudar a elevar nossas mentes e aguardar esperançosos por um estado futuro. Quando vejo sua paciência, sua profunda compaixão pelos outros, seu autocontrole e acima de tudo sua gratidão pela menor coisa feita para ajudá-lo, não posso deixar de desejar que esses sentimentos preciosos sejam oferecidos ao céu pelo bem de sua felicidade cotidiana. No entanto, eu mesma acho bastante difícil fazer isso. Muitas vezes penso nas palavras "Tu conservarás em paz aquele cuja mente está firme em ti". O que leva alguém a orar é o sentimento e não a razão. Sinto-me presunçosa em lhe escrever isso. Sinto no fundo do meu coração suas qualidades e seus sentimentos admiráveis e tudo que espero é que você possa dirigi-los para o alto, bem como para aquele que os valoriza acima de todas as coisas neste mundo. Guardarei esta carta para mim até que me sinta de novo alegre e à vontade em relação a você, mas ultimamente tenho pensado muito nessas coisas e, portanto, pensei que deveria escrever em parte para aliviar minha mente.

"Deus a abençoe", escreveu Darwin na margem. Ela pedia que ele fizesse o impossível. A despeito de todos os problemas, ele era o autor de *A origem das espécies*.

VIII

No começo de 1861, Murray pediu a Darwin uma terceira edição de seu livro, plenamente confiante de que as vendas seriam boas. Ela foi publicada em abril, com tiragem de 2 mil exemplares, numa edição totalmente revisada. A página de título indicava que essa edição levava o número total de exemplares impressos para 7 mil. O ajuste mais significativo que Darwin fez foi incluir o esboço histórico que anexara à tradução alemã de Bronn e à edição americana autorizada de 1860. Ele acrescentou uma nota sobre a próxima publicação do panfleto *Natural Selection Not Inconsistent with Natural Theology*, de Asa Gray.

Providenciar a publicação do panfleto de Gray foi um dos movimentos mais sutis de Darwin. Ele ficara impressionado com as resenhas ponderadas e positivas de Gray de *A origem das espécies* publicadas na *Atlantic Monthly*. Ansioso por espalhar a boa nova, Darwin tomou providências para que essas resenhas fossem reimpressas e distribuídas na Grã-Bretanha, custeando ele próprio a publicação, com o título *Natural Selection Not Inconsistent with Natural Theology. A Free Examination of Darwin's Treatise on the Origin of Species, and of its American Reviewers* [A seleção natural não é incoerente com a teologia natural. Um livre exame do tratado sobre a origem das espécies de Darwin e de seus resenhistas norte-americanos] (1861). Darwin ficou um pouquinho aborrecido porque Murray se recusou a aceitar essa incumbência, dizendo que não era uma proposta comercial; então mandou imprimi-lo na firma de Turbner e distribuiu o panfleto pessoalmente da Down House, cada exemplar acompanhado por uma de suas cartas mais sedutoras. Pediu a Huxley e Hooker que o mencionassem, respectivamente, na *Natural History Review* e na *Gardener's Chronicle*. Ao reimprimir e distribuir uma resenha favorável, Darwin levava o processo de persuasão um passo além do que tentara antes, e ficou contente quando ele pareceu ser bem-sucedido. Nos anos seguintes, faria o mesmo movimento várias vezes, um aspecto relativamente despercebido de sua campanha de propaganda.

Nesse panfleto, Gray argumentava que a evolução não deveria ser descartada como história de terror. Dizia que o livro de Darwin tinha direito a uma avaliação isenta, livre das explosões do preconceito religioso. Discutia as outras resenhas que haviam sido publicadas nos Estados Unidos e mostrava onde suas críticas eram respondidas por Darwin. Tudo isso era um bálsamo para os ouvidos de Darwin. Embora discordasse dos compromissos teológicos de Gray – Gray sugeria que Deus poderia criar variações favoráveis e assim ainda supervisionar o processo evolucionário a distância –, Darwin também acreditava que Gray mostrava que fé e seleção natural não eram mutuamente excludentes: "De longe o melhor ensaio teísta" que já lera, disse.[63] A ciência de Gray era impecável. Sua integridade religiosa era óbvia. Darwin convenceu Gray a deixar o anonimato costumeiro e autorizar que seu nome aparecesse na página de título do panfleto ("indispensável"). Ele enfrentou muitos problemas para distribuir o panfleto a pessoas e periódicos que considerava os mais importantes na Europa. E sentiu particular satisfação em enviar exemplares de apresentação ao bispo Wilberforce e à *Athenaeum* – satisfação e vingança presunçosa.

Quanto a *A origem das espécies*, a conta financeira de Darwin com Murray ia muito bem. A primeira edição lhe trouxe um pagamento de 180 libras; a segunda, duas prestações, de 318 libras, 6 xelins e oito pence e de 275 libras e oito xelins, o que provavelmente refletia sua súbita notoriedade e as tiragens maiores. O pagamento de Murray para a terceira edição, de 1861, foi de 372 libras.[64] Darwin sentia que fizera o melhor para Murray e só realizou nova revisão em grande escala em 1866.

IX

O tempo todo os símios se destacavam ruidosamente. Os argumentos cada vez mais acessíveis de Huxley e Owen tornavam essas criaturas o tópico do dia, um exemplo surpreendente do modo como uma espécie de animal específica pode ocasionalmente tornar manifestas todas as preocupações de uma comunidade humana perturbada por novas ideias.[65] Símios e macacos (o público geral não era nada preciso sobre a distinção) logo passaram a representar uma combinação exótica de todas as questões envolvidas no debate sobre evolução: medo, aversão, anatomia, teologia, a humanidade como produto da criação, humor, moralidade, vulgaridade e puro sensacionalismo.

O debate não se deu todo como Huxley queria. Por acaso, o explorador africano Paul Du Chaillu irrompeu no circuito de palestras inglês no começo de 1861, cheio de histórias sobre gorilas, feras quase desconhecidas pelos especialistas e pelo público. Du Chaillu trouxe consigo peles, crânios

---

63 Gray, 1861. Ver também *Correspondence*, v.8, p.388. A lista de exemplares de apresentação de Darwin do panfleto de Gray é transcrita no apêndice III, *Correspondence*, v.8, p.393-404.

64 DAR 262.1; *Journal*, p.15.

65 Abordado em Ritvo, 1987.

e espécimes conservados em barris – motivo de pesadelos para alguns, de atenção horrorizada para outros. Ele era um franco-americano criado na costa ocidental da África, com apenas vinte anos e um anticonvencionalismo atraente, que se apresentava no palco londrino como um *showman* de cabelo comprido trajando roupa de couro de veado; era um charlatão cuja reputação oscilava tanto quanto a verdade de suas histórias.[66] Ao chegar à Inglaterra, Du Chaillu entrou em contato com Richard Owen, dizendo que queria pôr sua coleção de espécimes de gorila – ou "homem macaco", como dizia a imprensa popular – a serviço do British Museum.

Owen logo cooptou Du Chaillu para seus propósitos, entre estes a esperança de silenciar Huxley e enfatizar a necessidade de um museu nacional de história natural dirigido por ele próprio. Conseguiu que Du Chaillu falasse sobre gorilas na Royal Geographical Society em 25 de fevereiro de 1861, uma das reuniões mais espetaculares do ano, à qual compareceram ministros e suas esposas, além de cientistas e outros interessados.[67] Surpreendida pelas peles e crânios que Du Chaillu expôs no tablado, da noite para o dia a audiência de elite transformou o orador num fenômeno. Com apoio de Owen, Du Chaillu falou depois na Royal Institution e na Ethnological Society, e seu livro *Explorations and Adventures* foi publicado por John Murray ainda naquela primavera. Sem dúvida, Du Chaillu descobriu que seu relacionamento com Owen era útil para a publicidade e o manteve aquecido com insinuações de que haveria mais espécimes. Fisgou Owen de vez ao doar uma pele inteira de um macho de gorila para o British Museum, devidamente salpicada de buracos de bala.

Os vívidos relatos de Du Chaillu eram perfeitamente talhados para os estereótipos da época. Ele afirmava que os gorilas eram animais ferozes, que atacavam sem ser provocados, que seus rugidos faziam tremer as árvores. Essas informações eram aparentemente confirmadas pelo esboço feito por Du Chaillu de um atirador (ele próprio) prestes a abater um animal agressivo. A cena escancarava imagens vitorianas explícitas. A humanidade contra a natureza; a conquista colonial; civilização *versus* selva; a humanidade confrontando sua fera interior: tudo isso podia ser lido na imagem; e era. Nenhuma conversa culta sobre a anatomia dos cérebros poderia ter expressado de modo tão candente a essência da questão macacos ou anjos. Dizia-se popularmente que Darwin propunha que os homens e mulheres vitorianos, as presumidas flores da sociedade civilizada, eram descendentes

---

66 Vaucaire, 1930; Mandelstam, 1994; McCook, 1996.

67 Du Chaillu, 1861a. Seu livro foi publicado como Du Chaillu, 1861b.

diretos de feras vis como aquelas. Huxley, Owen, Du Chaillu, evolução, macacos e gorilas acavalavam-se nas mentes de pessoas respeitáveis.

Os periódicos satíricos agarraram de pronto a metáfora. "Sou um homem e um irmão?", perguntava um gorila no número de maio de 1861 da revista *Punch*.

> *Am I satyr or man?*
> *Pray tell me who can,*
> *And settle my place in the scale.*
> *A man in ape's shape,*
> *An anthropoid ape,*
> *Or monkey deprived of his tale?*
> *Then Huxley and Owen,*
> *With rivalry glowing,*
> *With pen and ink rush to the scratch;*
> *Tis brain versus brain,*
> *Till one of them's slain;*
> *By Jove! it will be a good match!*[68]

E os versos da *Punch* prosseguiam. O autor anônimo era *sir* Phillip Egerton, parlamentar conservador dono de uma excelente coleção de fósseis de peixe, mas sem muito talento para espirituosidade ou poesia. Egerton era um dos curadores do Royal College of Surgeons e do British Museum, e, no sentido institucional, agia como patrono de Owen. Quando Huxley descobriu quem era o autor, soltou um guincho de triunfo. Afinal, Egerton abandonar o campo de Owen e escrever uma sátira tão divertida "diz muito sobre o completo sucesso de Owen em danar a si próprio".[69]

A *Blackwood's Magazine* continuou o tema simiesco com uma rima para ser entoada com uma canção de bebedores.

> *Pouters, tumblers, and fantails are from the same source;*
> *The racer and hack may be traced to one horse;*
> *So Men were developed from Monkeys, of course,*

---

[68] Tradução livre dos versos: Sou um sátiro ou um homem?/Por favor, me diga quem puder/E estabeleça meu lugar na escala./Um homem em forma de símio,/Um símio antropoide,/Ou um macaco privado do rabo?/Então Huxley e Owen,/Com rivalidade afogueada,/Armados de pena e tinta correm para a linha divisória;/É cérebro contra cérebro,/Até um deles ser morto;/Por Júpiter, a contenda vai ser boa! (N. T.)

[69] *Punch*, 18 de maio de 1861, p.206. Ver A. Desmond, 1994, p.296.

Which nobody can deny.
Which nobody can deny. [...][70]

De modo irresistível, os humoristas vitorianos declaravam que os símios eram mais inteligentes que os homens porque pelo menos sabiam quando ficar em silêncio. A sátira tipológica inundou as páginas da *Punch*, com o aparecimento de convidados como Mr. O'Rilla e o professor Porpus [Boto]. Logo um sr. G-G-G-O-O-O-rilla, em um belo traje de noite, foi retratado chegando como convidado a uma festa da alta sociedade. Era um exemplo perfeito do humor que caracterizava a *Punch*, vinculando informações desimportantes e obscuras a paródia científica.[71] Saudando o gosto do público por símios, a *Punch* dedicou seu número anual de Natal ao gorila e retratou o imaginário Mr. Punch da revista brincando de pula-carniça com seu *alter ego* daquele ano. Esses textos e cartuns populares não só transmitiam a questão central que era debatida e expressavam os temores de leitores britânicos com mentalidade tradicional, mas também geravam um idioma vernacular, não especializado, para discutir e entender a questão.

E os gorilas persistiam. Owen falou sobre os espécimes de Du Chaillu em uma palestra dada em 1861, na Royal Institution, intitulada "O gorila e o negro", e respondeu muito irritado ao cruel artigo escrito por Huxley depois da reunião de Oxford. A questão do cérebro, disse, não era de fato, mas de interpretação. Owen afirmou que seu *hippocampus minor* se aplicava só aos humanos e não era um termo que pudesse ser usado de maneira indiscriminada quando se falava sobre cérebro de animais. Embora na estrutura o gorila fosse evidentemente muito mais próximo da humanidade que qualquer outro símio, um anatomista habilitado afirmava que seu comportamento e sua anatomia cerebral indicavam separação insuperável.

O texto de Owen fez furor nas páginas da *Athenaeum*, acompanhado por desenhos de crânios de gorila, e provocou uma resposta contundente de Huxley criticando detalhes pictóricos. Owen respondeu em tom hostil nas colunas de cartas de 6 de abril, ao que Huxley retrucou, nas mesmas colunas: "A vida é curta demais para alguém se ocupar em matar o morto mais de uma vez".[72]

70 *Blackwood's Edinburgh Magazine*, v.89, p.614-7, 1861. Sobre sátira, ver Browne, 1992; Paradis, 1997. (Tradução livre da rima: *Pouters*, *rollers* e *fantails* [variedades de pombo] são da mesma fonte;/O de corrida e o de passeio provêm de um único cavalo:/Então é claro que os Homens se desenvolveram dos Macacos,/Ninguém pode negar./Ninguém pode negar. [...]) (N. T.)

71 Paradis, 1997. Sobre caricatura científica, ver Rudwick, 1973; Browne, 2001.

72 *Athenaeum*, 13 de abril de 1861, p.498.

Darwin e Hooker prenderam o fôlego. Desta vez, Huxley talvez tivesse mesmo ido longe demais. Ele decaíra para a invectiva. Mas, quando Hooker disse a Darwin para se acalmar, a resposta veio tão esperta quanto a de Huxley. Darwin disse que nunca esqueceria o comportamento de Owen no episódio da *Edinburgh Review*.

> Em simples verdade me tornei bastante demoníaco a respeito de Owen, pior que Huxley, e disse a Huxley que ele deveria me pôr a seus cuidados para me tornar mais brando. No entanto, tenciono tentar me tornar mais angelical em meus sentimentos; contudo, nunca esquecerei o cordial aperto de mão que ele me deu quando estava escrevendo da forma mais despeitada possível contra mim. [...] Meu Deus, meu humor não parece estar encarando isso de modo mais angelical.[73]

O mal-estar simiesco continuou no número seguinte da *Natural History Review*, de Huxley, no qual George Rolleston, catedrático de anatomia comparada de Oxford, publicou um texto um pouco mais contido sobre cérebros, comparando um orangotango a um ser humano, mas ainda defendendo a posição de Huxley. Em uma carta a *Annals and Magazine of Natural History*, Owen voltou a observar que o assunto não era uma questão de fato, mas de definição. Para fundamentar seu argumento alternativo, Huxley dissecou publicamente um macaco-aranha que morrera pouco tempo antes nos jardins zoológicos de Londres.

Quando o livro de Du Chaillu foi lançado, no começo de maio, o campo de Owen começou a vacilar. John Edward Gray, do British Museum, declarou que a história do gorila de Du Chaillu devia ser fantasiosa. Com uma inesperada sacada de especialista em museus, ele observou que a pele doada não apresentava buraco de bala no peito, como a imagem de Du Chaillu sugeria. Os únicos buracos que havia estavam na parte de trás do crânio, como era demonstrado em um diagrama enviado à *Athenaeum*.[74] A implicação era que Du Chaillu era um mentiroso, talvez também um covarde, pois evidentemente tinha atirado em seu espécime pelas costas. A *Westminster Review* condenou Du Chaillu e retomou a controvérsia do *hippocampus*, desta vez favorecendo a visão de Huxley – o autor era John

---

73 *Correspondence*, v.9, p.100.

74 *Athenaeum*, 21 de setembro de 1861, p.372-3; 28 de setembro de 1861, p.408. As guerras em torno de gorilas estão em McCook, 1996. Blinderman, 1971, trata das repercussões do debate em Oxford.

Chapman, amigo de Herbert Spencer e George Lewes. O periódico de Huxley, a *Natural History Review*, mencionou de maneira contida a "imaginação muito vívida" de Du Chaillu. No fim, a *Athenaeum* publicou cartas de todos os protagonistas, cada um defendendo-se do modo mais completo possível, até uma do cunhado de Du Chaillu, que acusou o parente de enfeitar os fatos. O British Museum produziu às pressas um cartão-postal comercial mostrando os esqueletos de um homem e de um gorila sentados amistosamente lado a lado.

X

A última palavra foi de Charles Kingsley. Agora Kingsley sentia conhecer cada detalhe da controvérsia, cada nuance das *performances* elaboradas feitas no palco da British Association, cada fissura das personalidades envolvidas. A reunião da British Association em Cambridge, em 1862, propiciou a ele a ocasião adequada. Realizada pouco depois dos artigos e das cartas da *Athenaeum*, foi uma reunião empolgante, o auge do longo confronto pessoal entre Owen e Huxley, que era presidente da seção em que Owen apresentou dois textos antidarwinianos. Um deles era sobre o aye-aye, um lêmure que vive em árvores de Madagascar; Owen afirmava que as adaptações que adequavam esse animal a viver em árvores e alimentar-se de insetos provavam que a evolução estava errada. No segundo texto, Owen mais uma vez se estendia de modo desafiador sobre o cérebro e apresentava a antiquíssima questão de se os macacos têm dedos dos pés ou polegares. Owen parecia estar "mentindo e embaralhando", disse Huxley. E fez picadinho dos polegares e dedos dos pés de Owen. Um a um, os amigos anatomistas de Huxley aproveitaram o vácuo criado por ele para atacar.

Kingsley produziu durante a reunião uma paródia, impressa com recursos particulares, no estilo de *lord* Dundreary, um personagem cômico de teatro da temporada, chamada *Speech of Lord Dundreary in section D, on Friday last on the great Hippocampus question* [Discurso de *lord* Dundreary na sessão D, na última sexta-feira, sobre a grande questão do *Hippocampus*]. Um *hippocampus* no cérebro humano era uma coisa esquisita, dizia Dundreary. "Nunca senti um no meu; mas talvez ele esteja morto e, portanto, não tenha se mexido."

> O outro cavalheiro que se levantou por último, Mr. Flower, sabe, ele disse que tudo tinha a ver com o símio em todos os lugares – era tudo sobre *hippocampus*, da cabeça aos pés, pobre animal, como um cachorro cheio de pulgas! [...] E o prof. O.

> disse que ele não estava de maneira alguma nos símios; só na ordem Bimana, ou seja você e eu. [...] Portanto, alguém deve estar certo, e todos os outros, errados, ou então um deles está errado, e todos os outros, certos – você entende isso?[75]

Pouco depois, Kingsley teve a ideia da história para seu livro infantil *The Water Babies* [Os bebês de água]. "Que história", disse agradecido Alexander Macmillan, o editor. *The Water Babies* foi publicado na *Macmillan's Magazine* e depois em livro por Macmillan, em 1863. Ao lado da purificação religiosa e das transformações evolucionárias experimentadas pelo jovem herói de Kingsley, o limpador-de-chaminés-preto-de-fuligem Tom, personificação leiga da ciência contemporânea, ele apresentava as pouco disfarçadas figuras de Huxley, Owen e Du Chaillu e o debate sobre o *hippocampus* a um público leitor vitoriano mais amplo. Se existisse um bebê de água, escreveu Kingsley, ele teria sido cortado ao meio, uma metade para Owen, a outra para Huxley. O professor Ptthmllnsprts (Put-them-all-in--spirits [Ponha-os-todos-em-álcool]) era Huxley. Perspicaz, Kingsley fazia Ptthmllnsprts afirmar que nada era verdadeiro a não ser o que ele podia ver, cheirar, provar ou pegar.

> Ele tinha até se levantado uma vez na British Association e declarado que os símios tinham *hippopotamus majors* nos cérebros, exatamente como os homens têm. O que foi chocante para se dizer; pois, se fosse assim, o que seria da fé, da esperança e da caridade de milhões de imortais? Você pode pensar que há outras diferenças mais importantes entre você e o macaco, como ser capaz de falar, construir máquinas, distinguir o certo do errado, dizer suas orações e outras questões pequenas desse tipo; mas isso é uma fantasia de criança, meu caro. Não se deve confiar em nada que não seja o grande teste do *hippopotamus*.[76]

O choque entre Owen e Huxley se prestou prontamente à zombaria de Kingsley.

> Se um *hippopotamus majors* for algum dia descoberto no cérebro de um único símio, nada vai evitar que sua tata-tata-tata-tata-

---

[75] Kingsley, 1862. Para avaliações de Kingsley, ver Colloms, 1975; Brock, 1996.

[76] Charles Kingsley, *The Water Babies*, Londres, 1863, p.156-7. A observação de Alexander Macmillan é citada de Colloms, 1975, p.256.

-tata-tata-tata-tata-tata-tata-tata-tata-tataravó tenha também sido um símio.

Kingsley também zombava das posições entrincheiradas que os dois homens tinham adotado. Solicitada a explicar por que não havia bebês de água, a personagem de Huxley retrucava com rudeza: "Porque não". Nenhum outro comentador transmitiu de modo tão sucinto o espírito de buldogue de Huxley.

Quando Linley Sambourne ilustrou o livro, em 1886, incluiu caricaturas de Huxley e Owen examinando um bebê engarrafado.[77] Cerca de seis anos depois, o neto do próprio Huxley, futuro biólogo Julian Huxley, fora confundido pela fama literária do episódio o bastante para perguntar ao avô se podia dar uma olhada nesse bebê de água em sua garrafa.[78]

Na verdade, as propostas de Darwin precisavam de uma rixa bem divulgada, como esta. Seguindo a trilha aberta por *Vestígios da história natural da criação* e pelo debate Wilberforce-Huxley, a atenção gerada pelos símios e as discussões sobre símios impeliram as ideias de Darwin sobre evolução para fora dos domínios misteriosos dos periódicos e livros cultos, até o mundo comum do humor, dos jornais e da literatura popular. Os macacos e gorilas de Mr. Punch, as histórias exageradas de Du Chaillu e a batalha de inteligências de Huxley e Owen forçaram todas as implicações da teoria densamente tramada de Darwin a ser entendidas de maneira muito mais rápida e completa do que ele jamais poderia ter esperado.

Dessa vez, George Henry Lewes expressou tudo com absoluta correção na *Blackwood's Magazine*, em 1861.

> A hipótese darwiniana [...] é rejeitada de maneira clamorosa por mentes conservadoras, por ser considerada revolucionária, e aceita com não menos avidez por mentes insurgentes, por ser considerada destruidora de velhas doutrinas.[79]

77 O primeiro ilustrador de *Water Babies*, de Kingsley, foi J. Noel Paton. Em 1886, Sambourne foi reconhecido como o maior caricaturista vivo da Grã-Bretanha e o principal ilustrador da *Punch*.

78 L. Huxley, 1900, v.2, p.435-9.

79 *Blackwood's Magazine*, v.89, p.166, 1861.

Parte II

Experimentador

5.
Olhos entre as folhas

Pouco depois, o tempo mais quente fez surgir as flores selvagens em Downe – uma massa de campainhas azuis no Sandwalk seguida por margaridas olho de boi no prado da casa e outras espécies um pouco mais longe, nos bosques e nos campos na direção da aldeia de Cudham, onde Darwin e Emma gostavam de caminhar à tarde até um lugar a que chamavam Orchis Bank [Ribanceira das orquídeas]. Descansar naquela ribanceira relvada, ouvindo preguiçosamente o zumbido das abelhas em torno dos canteiros, era sem dúvida mais agradável que se preocupar com resenhas. "Observar é um esporte muito melhor que escrever", admitiu Darwin.[1] O local ocupava um lugar especial nos afetos de Darwin e Emma, pois essas caminhadas eram mencionadas repetidas vezes nas lembranças que eles tinham um do outro, e pode muito bem ter sido a mesma ribanceira aprazivelmente emaranhada, "coberta com muitas plantas de muitos tipos", que Darwin tinha em mente ao encerrar o texto de *A origem das espécies*. "Aqui as cotovias são abundantes e seu canto soa muito agradável em todos os lados; rouxinóis são comuns", registrou com prazer logo depois que eles se mudaram para a Down House.[2]

Darwin sempre considerara o estudo de plantas uma combinação atraente de relaxamento e interesse. Quando se sentia muito tenso ou doente, algumas investigações botânicas costumavam aliviar-lhe a mente preocupada. Depois que *A origem das espécies* foi publicado, elas o ajudaram a esquecer como estava abatido: como estava se tornando uma máquina de escrever

---

1 *Correspondence*, v.9, p.269.

2 Nota sobre o aspecto geral, Down House MS 4-3. Ver também *More Letters*, v.1, p.33-6.

cartas, eternamente defendendo seu campo, tentando sem cessar derrubar paredes de resistência, sempre cortejando a aprovação, instigando ou explicando. Perambular pelo jardim ou pelas estradinhas de Kent afastava-o das emoções atiçadas por Huxley e outros em Londres.

Darwin costumava rir desses seus interesses plácidos e afirmava não ter nada de botânico, dizendo que era "um homem que mal distinguia uma margarida de um dente-de-leão". Por certo, ele raramente se aventurava no que pensava ser a verdadeira botânica, as ciências baseadas em herbário da taxonomia e da morfologia nas quais Hooker e Gray eram excelentes. Nisso os amigos eram muito melhores que ele. Mas adorava quebrar a cabeça tentando entender as vidas tranquilas e complicadas das plantas. Desde que chegara a Downe, com seus campos e prados na região rural gredosa, ele observava diariamente a atividade verde que ocorria à sua volta.

Mas até ele ficou surpreso com o ardor por orquídeas que o tomou no meio do ano de 1861 – algo semelhante a um caso de amor inesperado na velhice. Atraído pela beleza e pela diversidade das orquídeas, ele deixou de lado o livro sobre variação e se lançou numa reavaliação completa da anatomia e da reprodução dessas plantas complicadas, terminando por publicar uma pequena monografia sobre o tema em 1862, sua primeira obra teórica depois de *A origem das espécies*. No processo, passou a admirar as orquídeas com a devoção concentrada que antes dedicara às cracas; e às vezes se perguntava se esse vício estava se transformando em "outro trabalho com cracas". Até ele, o estrategista mais atento, podia ver como seria incongruente fazer um livrinho sobre flores depois do feito magistral de *A origem das espécies*.

No fim, o empreendimento tornou-se de fato outro projeto de cracas, por muitas razões e em muitos níveis. Sobretudo, Darwin sentia estar sendo apresentado a algo novo e belo. Em todo lugar ele falava de sua curiosidade e apreço pelas orquídeas, e de como era "muito sortudo" nos "belos fatos" que encontrava.

Além disso, ele provavelmente desejava se distanciar do monótono trabalho de escrita sobre variação para Murray. Darwin dizia sentir-se cansado, às vezes entediado, com a controvérsia sobre a evolução, aborrecido por forçar o cérebro a produzir com rapidez respostas a críticas. Em três anos, ele escrevera ou lidara com três edições inglesas, duas norte-americanas e duas traduções de *A origem das espécies*. Sentia que os amigos poderiam continuar a promover a evolução sem sua intervenção constante, ao menos por algum tempo, na maioria dos casos de modo mais eficaz que ele. E não dispunha de energia para confrontar situações públicas difíceis. Isso, combinado a uma aparente indisposição para se expor a emoções intensas, encorajou-o a um retiro temporário. Sua estufa ou seu estúdio eram bons lugares para estar quando o vento intelectual uivava em seus calcanhares. "Estou intensamente interessado", confidenciou. "Não consigo imaginar nada mais perfeito que os muitos artifícios curiosos."

Portanto, investigações práticas pareciam particularmente atraentes. Ele queria testar de novo sua inteligência contra a engenhosidade natural de animais e plantas, ser capaz de seguir um pressentimento feliz e usar toda sua astúcia e perícia para chegar a uma conclusão satisfatória. Darwin gostava de ganhar – disso não há a menor dúvida. Mais que isso, amava o espírito do jogo em si. Sob a superfície de todo cientista prático espreita o mesmo prazer em competir contra a natureza, o mesmo entusiasmo pelo experimento, a mesma satisfação em imaginar novos gambitos e movimentos inesperados que consigam enganar o mundo natural e levá-lo a revelar seus segredos. A sensação de prazer que Darwin extraía da pesquisa era forte. Ele apreciava as oportunidades criativas que havia na identificação de problemas importantes e sutis que não eram tratáveis por abordagens tradicionais e sentia que sua teoria lhe dava uma maneira de olhar para o mundo que ajudava a abrir portas. "Sou como um jogador, adoro um experimento selvagem", declarou.[3] Até o fim de seus dias, ele disse: "não consigo suportar ser vencido". Talvez sem realmente entender por quê, ele precisava enfrentar de novo a matéria-prima da natureza. O trabalho sobre cracas fizera-o sentir-se concentrado e propositado durante um período difícil de sua vida. As orquídeas pareciam prontas a fornecer um alívio mental semelhante. Escrever *A origem das espécies*, livro pelo qual ele se tornaria conhecido na posteridade, podia ser visto quase como uma provação pessoal encaixada entre essas duas experiências gratificantes.

II

Nem tudo atingia o auge ao mesmo tempo. Quando outras plantas começaram a se agitar no jardim, Darwin iniciou uma grande quantidade de pequenos experimentos que guardara durante os tediosos meses de inverno. Voltou a observar brevemente as droseras e investigou uma dioneia que Hooker lhe enviou das estufas de Kew. Saudou a dioneia com gritos de prazer, porque essa espécie fechava suas folhas articuladas e espigadas sobre as moscas como uma armadilha para pegar intrusos. "Como é curioso ver

---

3 *Correspondence*, v.ii, p.266. Sou grata a Janet Bell Garber por me permitir ver seu estudo do trabalho experimental de Darwin, J. B. Garber, "Charles Darwin as a Laboratory Director" [Charles Darwin como diretor de laboratório], dissertação de Ph.D., University of California, Los Angeles, 1989.

uma mosca ser apanhada e como são belas as adaptações em comparação com a *Drosera*." Especulou sobre possíveis ligações entre os pelos da drosera e os espinhos que margeavam as bordas externas da dioneia.

Assim que pôde sair de casa no fraco sol de primavera, ele também retomou algumas observações sobre plantas de jardim que tivera de interromper por causa da chuva no verão anterior. Aplicadamente, reativou sua correspondência com Daniel Oliver, principal curador em Kew Gardens. Oliver era um contato ideal para Darwin, interessado no mesmo tipo de funções de plantas vivas, disposto a investigar tópicos de pesquisa, e logo se tornaria catedrático de botânica no University College London, onde levou muitas das ideias de Darwin para o mundo da botânica acadêmica. Hooker os apresentara alguns meses antes, o que se revelou um movimento inspirado. "Ele deve estar atônito de não ter recebido uma série de perguntas", observou alegremente Darwin para Hooker. "Temo que ele perca a prática!"

Primaveras e prímulas floresceram no começo daquele ano, e Darwin passou a trabalhar fazendo polinização cruzada dos diferentes tipos. Sob suas instruções, Brooks e Lettington, jardineiros da Down House, transplantaram algumas prímulas selvagens para um canteiro experimental na horta. Darwin pretendia descobrir se as duas formas separadas de flores – a longa (cabeça de alfinete) e a curta (fibrosa) eram especialmente adaptadas para fertilizar uma à outra. Embora cada forma da flor fosse autofértil, pensava ele, com base em suas teorias, que cruzamentos alfinete-fibrosa tinham mais probabilidade de dar certo que cruzamentos entre plantas da mesma forma. Uma discrepância no tamanho dos grãos de pólen sugeria que talvez fosse este o caso. "Não sei se conseguirei entender o significado do dimorfismo", disse ele a Oliver em abril de 1861, "mas não tenho estado ocioso, pois fiz muito mais de cem cruzamentos com o pólen de diferentes tamanhos".

Darwin ficava agachado nos canteiros transferindo, com um pincel fino, grãos de pólen de uma prímula a outra. Então esperava que as plantas fertilizadas produzissem sementes. Em maio, contou o número de vagens em cada planta. Uma ou duas semanas depois, coletou as vagens, abriu-as e pesou as sementes de diferentes lotes, usando sua velha balança de boticário da época de Shrewsbury, tendo decidido que o peso das sementes seria a melhor maneira de estabelecer a fertilidade relativa de cada planta. Em junho, tinha confirmado suas expectativas. Se as duas formas fossem cruzadas, alcançavam o máximo de produtividade. Se fosse permitido que fertilizassem seu próprio tipo, a produtividade era muito menor. Darwin concluiu que as flores eram fisicamente adaptadas para facilitar o cruzamento externo, quase como se a condição hermafrodita original se diferenciasse gradativamente em dois sexos.

> Penso que você vai achar que entendi satisfatoriamente o significado do dimorfismo na prímula, e ela é um caso muito estranho que me deu muito trabalho de cruzamento artificial,

relatou a Hooker. Em novembro de 1861, Darwin enviou um longo texto original sobre o assunto à Linnean Society. A partir de pesquisas aparentemente insignificantes, ele criara algo importante.

Em termos práticos, o experimento de Darwin nessa área talvez não fosse nem melhor nem pior que o que qualquer outro historiador natural ou botânico amador poderia ter feito para se divertir durante os meses iniciais do verão. Mas Darwin agregou a ele uma preocupação preponderante com as consequências dos resultados. Esse aspecto de seu trabalho prático permaneceu constante ao longo de toda a sua vida. Cada experimento que ele imaginaria em anos futuros era realizado tendo em mente sua relevância final para a evolução por seleção natural. Ele raramente experimentava alguma coisa apenas para ver o que poderia acontecer – ou, pelo menos, até suas investigações mais improváveis eram executadas para explorar alguma hipótese ou "especulação extravagante".[4] "Ele costumava dizer que ninguém podia ser um bom observador a menos que fosse um teorizador ativo", observou seu filho Francis muito tempo depois.

> Era como se ele estivesse carregado com uma força teorizante pronta para fluir por qualquer canal ante a mais leve perturbação, e nenhum fato, por menor que fosse, deixava de liberar uma torrente de teoria, e assim o fato era magnificado em importância. Desse modo, era natural que lhe ocorressem muitas teorias insustentáveis; mas felizmente sua riqueza de imaginação era igualada pelo poder de julgar e condenar o que lhe ocorria. Ele era justo com suas teorias, e não as condenava sem ouvi-las; portanto, estava disposto a testar o que à maioria das pessoas

4 O trabalho experimental de Darwin nessas décadas é discutido em Bowler, 1974; Reinberger e McLaughlin, 1984; J. Secord, 1981; 1985; J. Harvey, 1997b; Winther, 2000. A ligação de Darwin com William Tegetmeier é documentada em E. Richardson, 1916, e o mundo dos criadores vitorianos, em Ritvo, 1987. De um grande corpo de literatura sobre ciência experimental, ver Shapin, 1988; Gooding, Pinch e Schaffer, 1989; Gayon e Zallen, 1998. Os microscópios de Darwin são descritos em Burnett, 1992.

> pareceria algo que não valia absolutamente a pena. [...] O amor pelo experimento era muito forte nele, e me lembro de como ele dizia: "Não vou sossegar até ter experimentado isto", como se fosse impulsionado por uma força externa.[5]

Essa "força externa" era o conceito de seleção natural. Além disso, Darwin devia ter uma crença firme – ou ingênua – na possibilidade de obter respostas de seu trabalho. É comum a ciência experimental não chegar a lugar nenhum. Ou ela se vê num beco sem saída ou fornece resultados que não podem ser usados do modo pretendido. Experimentos frequentemente dão errado, e é preciso imaginar uma nova maneira de lidar com o problema. Investigações em pequena escala como as de Darwin carregavam o risco adicional de ser tão pequenas que se tornariam insignificantes para o esquema geral das coisas, apenas uma gota no oceano intelectual. Não obstante, Darwin parece ter se convencido de que as horas de trabalho que dedicava a contar sementes ou medir plântulas eram pertinentes.

> Outra qualidade que se mostrava em seu trabalho experimental era a capacidade que ele tinha de se ater a um tema; ele costumava quase se desculpar por sua paciência, dizendo que não conseguia suportar ser vencido, como se isso fosse um sinal de fraqueza de sua parte,

continuava Francis. "Perseverança me parece expressar mal seu desejo quase feroz de obrigar a verdade a se revelar."

Essa fé no poder do trabalho prático mostrava o Darwin mais pragmático. É evidente que ele acreditava que o melhor tipo de ciência biológica, a ciência que estava tomando forma como disciplina durante os anos intermediários do século XIX, devia se basear em uma cultura de experiência tangível. Ele confiava em que as soluções que queria residiam em algum lugar em suas matérias-primas. A tarefa que se autoatribuía era encontrá-las.

III

Depois de um início encorajador, Darwin se acomodou em um feliz verão de orquídeas. Pois o que tanto o fascinava era a existência de adaptações reprodutivas ainda mais complicadas nas orquídeas. As flores das orquídeas, que normalmente contêm órgãos reprodutivos masculinos e femininos, não costumam se autofertilizar, insistia ele, a despeito da proximidade das partes

---

[5] *Life and Letters*, v.1, p.129-30.

sexuais. Em vez disso, ele pensava que anatomia interna era organizada para assegurar que o pólen masculino fosse carregado por um inseto para outra planta ou flor, e que os órgãos femininos sempre recebiam pólen de outra fonte. Nas orquídeas britânicas e europeias, o processo quase sempre envolvia abelhas e fora descrito pela primeira vez por Conrad Sprengel em 1793. Darwin achava o livro de Sprengel "maravilhoso" e gostava de elogiar os méritos negligenciados de seu autor.[6] Muito tempo antes, Darwin notara também a estrutura interna de orquídeas selvagens e conjecturara que abelhas e mariposas carregavam pólen de uma flor à seguinte.

Mas isso era só a metade do processo. Em seu jardim ou nas imediações, ele pôde encontrar vários tipos nativos. A recatada orquídea com listras verdes (*Orchis morio*) surgiu com as prímulas no campo, e a orquídea comum, *Orchis mascula*, normalmente conhecida como "púrpuras alongadas de Shakespeare", chegou depois, na área arborizada ao lado do Sandwalk, o bosquedo no final do terreno da Down House. Havia outros tipos de ribanceiras e valas ao alcance de uma caminhada; "nenhum condado britânico supera Kent no número de suas orquídeas", disse ele. O lábio inferior das corolas das flores, no qual os insetos pousavam, era lobado ou franzido, ornamentado com pontos e manchas coloridos, e apresentava pelos, quilhas, asas ou esporos. A ideia de que estes eram atrativos para insetos era inevitável. Mais internamente, as massas de pólen masculino eram presas a hastes finas flexíveis, como um par de frágeis antenas móveis, e logo abaixo o que parecia ser o topo dos órgãos femininos expandia-se para fora em uma placa achatada e grudenta de rostelo. O tamanho, a forma e o posicionamento das partes masculinas e femininas eram diferentes em cada espécie. Darwin se perguntou sobre as origens dessas partes e como as flores poderiam funcionar. Sua intenção era mostrar que até as estruturas e os ciclos de vida mais complexos, mesmo aqueles que dependiam de organismos completamente diferentes, como insetos, para ser executados, podiam ser explicados por seleção natural. Enquanto a maioria das pessoas tendia a considerar plantas como as orquídeas obras de Deus, Darwin via as flores como uma coleção maravilhosa de adaptações evolucionárias *ad hoc*.

Armado com um conjunto de latas e caixas de biscoito para servir de recipientes, Darwin perambulou pelo campo em busca de orquídeas, pedindo a Brooks e Lettington que plantassem em vasos os espécimes que trazia. Esses empregados tinham de estender seu repertório tradicional de horta-jardim para lidar com uma variedade de espécies exigentes que

---

6 Sprengel, 1793. Darwin o leu a conselho de Robert Brown em 1841; *Autobiography*, p.127-8.

no fim incluíam a *Epipactis latifolia*, orquídea de bosque que muda de forma de acordo com as condições do solo, e a *Goodyera repens*, nativa da Escócia, que exige um plantio especial em turfa isolada de outras plantas. Darwin descobriu que era melhor para seus experimentos se ele arrancasse a planta inteira do solo, inclusive com as raízes. Ele precisava de um pronto suprimento de esporos florescentes e de acesso a observações *in situ*. As dificuldades de germinação (ele não sabia que muitas requeriam a presença de um fungo especial) e a longa espera até que as flores aparecessem em plantas maduras tornavam-nas um desafio adicional.

Também inevitavelmente, ele começou a se corresponder com naturalistas de campo, horticultores, botânicos e cavalheiros rurais que talvez pudessem ajudar. Esses contatos – em particular Alexander More, que vivia na ilha de Wight, local de especial interesse botânico – mandavam para ele orquídeas nativas de várias partes das ilhas Britânicas. Alexander More despachava com frequência plantas novas no trem da noite para Farnborough, e Parslow, o mordomo de Darwin, ia até a estação para coletar qualquer pacote cuidadosamente selado que tivesse chegado naquele dia.

Darwin também começou a manobrar entre um novo grupo de correspondentes, desta vez, de botânicos. Como assunto, a botânica tinha então enorme popularidade entre não profissionais e costumava ser associada na mente do público a atividades respeitáveis de classe média, como jardinagem e pintura de flores. Era também muito popular entre as mulheres.[7] A conselho de John Lindley, Darwin abordou *lady* Dorothy Nevill, conhecida anfitriã política, para perguntar se ela poderia lhe enviar algumas orquídeas de estufa de sua coleção. *Lady* Dorothy era uma leitora, escritora e jardineira ávida que se interessara muito por *A origem das espécies*. Suas estufas – como Darwin esperava – continham plantas incomuns que ela recebia de amigos de várias partes do mundo. Em sua primeira carta a ela, Darwin foi sedutoramente franco sobre seus desejos exóticos, dizendo que gostaria muitíssimo de "Limodoridae, Vanillidae etc., especialmente Mormodes e Cynoches, Bonatea, Masdevillia e qualquer Bolbopyllum com o lábio inferior ou labelo irritável".

Lady Dorothy colecionava botânicos famosos da mesma maneira como colecionava plantas. Ela evidentemente considerou Darwin uma boa aquisição.

---

[7] Shteir, 1996. Ver também Allen, 1980. As mulheres na ciência são discutidas de forma geral em Abir-Am e Outram, 1987; Pycior, Slack e Abir-Am, 1996; Kohlstedt e Longino, 1997.

> Tenho satisfação de ajudar de qualquer maneira os labores de um homem como este – minha correspondência com ele é para mim uma grande empolgação em minha vida sossegada. Ele promete me fazer uma visita quando estiver em Londres. Estou certa de que descobrirá que sou o elo perdido entre o homem e os símios,

disse ela a *lady* Airlie.[8] Em troca, Darwin estava disposto a se deixar apanhar, caso isso significasse que obteria seus espécimes. Ao longo dos anos, *lady* Dorothy enviou a ele várias plantas raras. E também lhe pediu uma foto para pendurar, como disse, em sua sala de estar privada em frente à de *sir* William Hooker, uma galeria de troféus à qual Darwin se entregou com um suspiro. As outras senhoras que ele conhecia costumavam ser menos exigentes.

Por meio de Hooker, Darwin também foi apresentado a uma série de diretores extremamente competentes de jardins nas colônias britânicas e aos irmãos Roland e Henry Trimen, que trabalhavam respectivamente na África do Sul e no Ceilão, cada um deles uma mina de informações úteis.

As saídas com a família também contribuíam para a causa. Enquanto eles estavam na casa de Elizabeth Wedgwood, Darwin passou uma longa e ativa manhã transplantando *Malaxis paludosa*, a orquídea do pântano, de um local úmido para outro, para ver se os insetos estavam dispostos a visitar um invasor. Ele voltou coberto de lama para dizer que estavam. Seu filho George se lembra de, em outra ocasião, ter sido enviado a Cudham em uma amena noite de verão para apanhar e contar as mariposas que visitavam plantas na Orchis Bank e, depois, ter passado a noite sentado à mesa do pai, cercado por catálogos, identificando as espécies. Uma ou duas vezes Parslow vestiu perneiras de couro para colher espigas de flores de um fosso. Quando o suprimento de seu patrão ficava reduzido, ele tomava o trem para Londres para coletar espécimes especiais do governo enviadas por Hooker.

Os vizinhos de Darwin também eram prestativos – a paixão dele podia ser entendida e atendida. George Turnbull, de Rookery, no outro lado da vila, permitiu que Darwin usasse sua estufa aquecida para os espécimes mais delicados que lhe chegavam às mãos e observou com tolerância seu próprio jardineiro, John Horwood, ser arrastado para o voraz sistema de

8 Nevill, 1919, p.56. R. Desmond, 1977, declara que ela mantinha um jardim notável. Para botânicas em geral, ver Shteir, 1996.

informação de Darwin.[9] Horwood era mais instruído que os jardineiros de Darwin e tinha experiência com técnicas de cultivo em estufa. Em certa ocasião, ele foi a única pessoa capaz de identificar plantas que chegaram de Kew sem as respectivas etiquetas. Provavelmente agradecido por poder exibir seu conhecimento profissional, Horwood passou a fertilizar *Vinca rosea* para Darwin, uma demonstração de virtuosismo técnico que ele só levou a cabo depois que vários colaboradores da *Gardener's Chronichle* registraram fracassos constantes.

Além disso, Darwin teve a sorte de poder fazer uso do vigor hortícola da época. Ele se beneficiou muito do surto de conhecimento botânico especializado que caracterizava a vida vitoriana: novos clubes, sociedades, programas de treinamento, estufas de vidro, sistemas de aquecimento, revistas ilustradas e bibliotecas. Obteve acesso fácil a uma abundância de trabalhadores especialistas em plantas e sementes, cultivadores de plantas, autores que escreviam sobre jardinagem e praticantes capacitados, que contribuíam, todos, de alguma maneira, para o grande fervor por plantas que marcou os anos intermediários do século XIX. Desenvolvimentos rápidos em tecnologia de estufa beneficiavam igualmente amadores e profissionais, ao mesmo tempo em que novas rotas de comércio e ligações com o exterior tornavam mais viável a importação de espécies caras, e os impulsos incansáveis das classes médias se espalhavam para modas e manias de história natural como nunca antes acontecera. A botânica, com todas as suas ramificações no empreendimento colonial, o sistema de *plantation*, horticultura, pesquisa em herbário, agricultura, recreação e moda, era não só um fenômeno popular crescente, mas também a "grande ciência" de sua época. O cultivo de plantas tornou-se para alguns um passatempo absorvente; para outros, a espinha dorsal de uma importante atividade empresarial. A horticultura diversificou-se em propostas comerciais lucrativas à medida que surgiram novas formas de fornos, vidro plano, vigas mestras de ferro, sistemas de ventilação mecânica, encanamentos, e a ânsia de zeladores de parques por projetos de canteiros alegremente coloridos em jardins de lazer, nos anos intermediários do século. Embora os bretões historicamente sempre tenham se considerado uma nação de jardineiros, havia algo de singular nessa combinação particular de plantas, perspicácia comercial, atenção pública e tecnologia que gerava um interesse sem precedentes.

E não poderia haver momento melhor para Darwin iniciar o estudo das orquídeas. Os Royal Botanic Gardens, em Kew, naturalmente se envolveram com as espécies tropicais, fazendo pleno uso da ascendência da

9 John Horwood aparece no censo de 1871 nesse endereço, com a idade de 47 anos.

Grã-Bretanha no exterior para coletar ampla variedade de espécies. Estas eram essencialmente plantas para pesquisa e exposição colonial. Ao mesmo tempo, a Horticultural Society de Londres (que logo acrescentaria "Royal" a seu nome) encorajava seus membros a cultivar espécies para exposição, construindo um orquidário nos jardins públicos que possuía em Chiswick e estimulando o crescimento de firmas comerciais como a James Veitch & Sons, que criou um negócio bem-sucedido cultivando flores novas. Em 1859, a Horticultural Society concedeu seu primeiro Certificado de Mérito Notável em uma exposição para uma catleia cultivada por James e John Veitch. O gosto por orquídeas, até então muito especializado, desenvolveu-se durante as décadas de 1860 e 1870, de modo muito semelhante a como a tulipomania capturara os europeus no século XVII e as rosas e orelhas-de-urso (*Primula aurícula*) empolgaram os jardineiros no período anterior à guerra, no começo do século XX.[10] As reputações cresciam enormemente com o desenvolvimento de uma única flor excepcional. As receitas melhoravam; a especialização botânica, a determinação e o empenho pessoal eram recompensados.

Poucos entusiastas conseguiam manter suas orquídeas vivas por muito tempo. Equívocos iniciais sobre técnicas de plantio em jarro e temperaturas derrotavam quase todos, e novos espécimes eram constantemente importados para substituir os velhos. Depois de observar as bancas em uma exposição de horticultura, Hooker comentou com tristeza que a Inglaterra era o "túmulo das orquídeas tropicais". Ele se referia às depredações no Rio de Janeiro, região em que Darwin havia coletado apenas trinta anos antes, mais tarde despojada de todas as suas orquídeas nativas, que nunca mais reapareceram.

Mas Darwin tinha um recurso pronto na ponta dos dedos.[11]

IV

Darwin percebera antes uma das adaptações mais incomuns. Certo dia, em seu estúdio, ele mexia em uma orquídea, quando de repente as massas de pólen explodiram e atingiram a janela "à distância de cerca de um metro", disse ele surpreso. Darwin tentou detonar outras orquídeas inserindo na boca das flores pincéis finos e lápis. Poucas delas possuíam dispositivos de alta velocidade semelhantes. Mas, se ele observasse com cuidado, todas as massas de pólen exibiam uma capacidade de se deslocar em seus estames – característica mencionada antes em textos de William

[10] Duthie, 1988.
[11] Reinikka, 1972.

Herbert, botânico amigo de Henslow, e de alguns outros autores. Ainda assim, Darwin parece ter sido um dos primeiros naturalistas a perguntar o que esse movimento poderia significar em relação a insetos visitantes. Ele decidiu que as massas de pólen deveriam se inclinar ou se lançar na posição correta para alcançar as costas ou a cabeça de um inseto (normalmente a probóscide), para que este a transferisse a outra flor. Em 1860, ele havia indagado sobre essa possibilidade na coluna de cartas da *Gardener's Chronicle* e recebera algumas respostas. Uma delas chegou à Down House como um envelope vazio. Pouco antes de jogá-lo fora, Darwin o investigou melhor. Enfiadas no fundo do envelope, ele encontrou algumas partes de bocas de insetos cheias de minúsculos pedaços de pólen.

Darwin também percebeu um movimento reflexo secundário das massas de pólen (polínias) depois que eram destacadas da flor. Com seu relógio de bolso, cronometrou esses movimentos, descobrindo que eles normalmente levavam cerca de trinta segundos, apenas o suficiente para que a abelha à qual as massas de pólen costumavam estar presas partisse para outra flor. Ele foi tomado pela fantasia.

> Um poeta poderia imaginar que enquanto as polínias eram transportadas pelo ar de uma flor a outra, aderindo ao corpo de um inseto, punham-se voluntária e ansiosamente naquela posição exata que era a única em que podiam esperar realizar seu desejo e perpetuar sua raça.[12]

De forma mais objetiva, a evolução adaptativa, procedendo às cegas e sem previsão ou plano, podia explicar uma característica primorosa da vida natural que de outro modo seria considerada uma evidência convincente do projeto criado por Deus.

Daí em diante, o trabalho de Darwin sobre orquídeas voltou-se deliberadamente para a questão do projeto. Afinal, explicar o aparente projeto do mundo dos seres vivos tinha sido o eixo central de seu argumento em *A origem das espécies*, e essas plantas lhe davam oportunidade de demonstrar a verdadeira engenhosidade adaptativa da natureza, sua resposta à teologia natural de William Paley, a alternativa secular à perícia divina. Quando ele publicou essa obra, disse a Asa Gray de maneira resoluta que seus estudos de orquídeas representavam "um ataque pelo flanco ao inimigo".[13]

---

12 *Orchids*, p.79.

13 *Correspondence*, v.10, p.331.

Era por causa de Gray que a questão o preocupava tanto nessa época. Em uma série de cartas a Darwin no período de 1860 a 1862, e depois de ter lido *A origem das espécies*, Gray interrogou Darwin sobre a origem do projeto na natureza. Gray acreditava que as adaptações aparentemente perfeitas que o mundo natural exibia – como nas coadaptações mútuas entre insetos e plantas – refletiam o pensamento e a intenção de um criador, independentemente de como tal divindade pudesse ser entendida. Mas ele também reconhecia a eficácia do conceito de seleção natural de Darwin. Em cartas e resenhas, ele apresentou uma solução de compromisso na qual variações favoráveis eram talvez produzidas pela mão de Deus. A seleção natural então recolhia ou selecionava essas variações na competição pela vida. Gray, de fato, queria preservar as vantagens das duas alternativas. Deus continuaria a supervisionar a natureza, pois era o Todo-poderoso que introduzia variações favoráveis. E a seleção natural agiria exatamente como Darwin propusera, como uma força mecânica peneiradora, objetiva, que adequava os organismos a seus ambientes. Ao fazer essa sugestão, Gray diferia marcadamente de outros evolucionistas criativos ou daqueles que defendiam a evolução como obra da Providência. Ele era justo com Darwin e não tornava Deus o agente selecionador.

Darwin entendia o dilema. Gray não defendia formas tradicionais de criação divina. O botânico William Harvey, amigo de Hooker, escrevera a Darwin de maneira inteiramente mais rigorosa, dizendo que "o Criador Divino" poderia invocar "sem semente, da poeira do solo um novo organismo, pelo poder de sua palavra onipotente". Gray sugeria algo muito mais sutil, uma forma de evolução dirigida pela divindade. Darwin percebeu a ameaça. Se estabelecida, ela teria destruído o significado da seleção natural e qualquer esperança de uma biologia positivista.

Ele foi franco. "Lamento dizer que não posso honestamente ir tão longe quanto você a respeito do projeto." O objetivo de *A origem das espécies* fora demolir precisamente uma visão como esta. Ao mostrar como a adaptação às cegas e gradual podia produzir os mesmos resultados que o projeto aparentemente propositado que William Paley glorificava e as adaptações perfeitas no mundo natural que os Bridgewater Treatises expunham em todas as suas ramificações, Darwin pretendera contestar o argumento de que o projeto indicava necessariamente a presença de um projetista.[14] Essa referência, na qual o propósito divino era identificado com a intenção humana, tinha sido usada durante séculos como uma das provas mais fortes da existência de uma divindade infinita. Na seleção natural, Darwin a

[14] Ghiselin, 1969; Gillespie, 1979. Sobre teologia natural, ver Brooke, 1991.

substituía por uma hipótese alternativa que, pensava, era ao mesmo tempo adequada do ponto de vista lógico para produzir os resultados vistos e mais segura do ponto vista filosófico.

Não obstante, o respeito de Darwin por Gray – e, deve-se dizer, sua dependência dele – convenceu-o a mergulhar mais fundo em suas próprias crenças do que ele estava acostumado a fazer, um dos poucos momentos em que ele voltou seu frio olhar analítico para si mesmo. Ele estava perplexo, disse a Gray. "Não consigo pensar que o mundo, como o vemos, é resultado do acaso; e, contudo, não consigo olhar para cada coisa separada como o resultado de um projeto. "[15] Em uma carta atrás da outra eles trocaram opiniões, cada um tentando ser tão honesto sobre si próprio quanto acreditava que o outro merecia.

Nenhum deles tinha formação teológica, e suas visões mudaram à medida que eles envelheceram. Darwin por certo terminou como um não crente. Parecia-lhe que Gray apenas reiterava a antiquíssima afirmação de que o criador pode ordenar previamente os acontecimentos. E quanto a "necessidade e livre-arbítrio" e à "Origem do mal"?, perguntava ele, temas "muito além do escopo do intelecto humano".[16]

> Com respeito à visão teológica da questão, isto é sempre doloroso para mim. Estou desnorteado. Não tive intenção de escrever de modo ateísta. Mas admito que não consigo ver, tão claramente quanto outros, e como deveria querer fazer, evidências de projeto e beneficência em toda parte. Parece haver miséria demais no mundo. Não consigo me convencer de que um Deus beneficente e onipotente teria criado propositadamente os Ichneumonidae com a intenção expressa de que se alimentassem dentro dos corpos vivos de lagartas ou de que um gato brincasse com ratos. Não acreditando nisso, não vejo nenhuma necessidade na crença de que o olho foi expressamente projetado. Por outro lado, não consigo me contentar de forma alguma em ver este universo maravilhoso e especialmente a natureza do homem e concluir que tudo é resultado de força bruta. Estou inclinado a ver tudo como resultante de leis projetadas, com os detalhes, sejam bons ou ruins, deixados a cargo do que podemos chamar de acaso. Não que essa ideia me satisfaça *de forma alguma*. Sinto fortemente

---

[15] *Correspondence*, v.8, p.496. Ver também M. Roberts, 1997.

[16] *Correspondence*, v.8, p.106.

> que todo o assunto é profundo demais para o intelecto humano. É como se um cão especulasse sobre a mente de Newton.[17]

Gray era alguém com quem ele podia falar abertamente. Darwin escreveu também para Lyell, uma indicação da seriedade com que considerava a questão. As pedras caem sem intervenção de Deus, disse ele a Lyell. Os pardais morrem. Todo cientista, disse ele, pode aceitar a ideia de gravidade como uma lei matemática que opera de acordo com regras naturais. "Não consigo acreditar que haja mais interferência do Criador na construção de cada espécie que na trajetória dos planetas."[18]

A existência efetiva, ou não, de um Todo-poderoso era, nesse aspecto, irrelevante, observou Darwin, embora estivesse disposto a permitir que Gray, e sem dúvida Lyell, continuassem a acreditar que uma autoridade divina podia, em determinado momento, ter feito as leis.

> Mais uma palavra sobre "leis propositadas" e "resultados não propositados". Vejo um pássaro que quero para me alimentar, pego minha arma e o mato. Faço isso propositadamente. Um homem inocente e bom está debaixo de uma árvore e é morto por um raio. Você acredita (e eu realmente gostaria de saber) que Deus matou esse homem *propositadamente*? Muitas ou a maioria das pessoas acreditam nisso; eu não posso e não acredito. Se você acredita nisso, acredita que, quando uma andorinha pega um mosquito, Deus projetou que essa andorinha específica pegasse esse mosquito específico nesse instante específico? Eu acredito que o homem e o mosquito estão no mesmo apuro. Se nem a morte do homem nem a do mosquito são planejadas, não vejo nenhuma boa razão para acreditar que o *primeiro* nascimento ou produção deles deva necessariamente ser projetado. Contudo, como disse antes, não consigo me convencer de que a eletricidade atua, a árvore cresce, o homem aspira a concepções mais elevadas, tudo a partir da força cega e bruta.[19]

Décadas depois, ele disse que por essa época provavelmente merecia ser chamado deísta.[20] Na verdade, Darwin estava profundamente condicionado

---

17 *Correspondence*, v.8, p.224.
18 *Correspondence*, v.8, p.258.
19 *Correspondence*, v.8, p.275.
20 *Autobiography*, p.92-3.

a se tornar o autor de uma doutrina inimiga da religião. Mas, só aos poucos, e muito tempo depois de *A origem das espécies* ter sido publicado, ele passou a entender a profundidade de suas próprias implicações. As orquídeas o fizeram pensar tão intensamente sobre suas crenças quanto ele esperava que seus futuros leitores pensassem sobre as deles.

V

Nos meses seguintes, Darwin canalizou seus esforços para entender a anatomia e a embriologia básicas de cada um dos principais grupos de orquídeas, utilizando a ideia evolucionista de que, quando um órgão surge, é invariavelmente uma modificação de alguma outra coisa. A tarefa não era especialmente fácil. As orquídeas eram um grupo enganoso, mesmo com o benefício da teoria evolucionista. Darwin valorizava as observações de Robert Brown sobre fertilização e estudou em particular o texto de Hooker sobre orquídeas britânicas, *Listera ovata*, escrito em 1854. Porém, após várias semanas de trabalho intenso, ele se perguntou se mesmo um botânico judicioso como Hooker poderia estar errado quanto à origem dos vasos espiralados dentro do pedúnculo e enviou diagramas a Hooker pedindo sua opinião. Hooker não conseguiu entender o que o amigo queria dizer; precisou dissecar alguns espécimes em Kew para reexaminar as partes de um modo que um taxionomista anatômico entenderia. Não pela primeira vez, Hooker deve ter se perguntado no que seria envolvido a seguir. Sementes, cracas, droseras, espécies, orquídeas – Darwin podia ser um correspondente muito exigente. Cada mala do correio trazia algo diferente. Os compromissos crescentes de Hooker como diretor em Kew significavam que essas inquirições estavam lhe tomando mais tempo do que ele podia realmente ceder.

Darwin enviou grande quantidade de questões semelhantes a Asa Gray, perguntando sobre *Spiranthes*, uma orquídea muito comum na América do Norte, mas rara na Grã-Bretanha, chamada trança de mulher por causa do efeito trançado das flores, e *Goodyera*, uma parente próxima. Perguntou se o arranjo em espiral das flores ajudava os insetos quando eles rastejavam para cima e em volta da espiga, fertilizando flores no caminho. Ele nunca vira um inseto visitar *Spiranthes*. "De nada serve observá-la", escreveu para Alexander More na ilha de Wight. "Eu a observei no último outono em Eastbourne até me cansar."[21] Os amigos e conhecidos de Darwin começaram a se divertir com a intensidade de seu interesse por tópicos aparentemente obscuros. Mas essas investigações anatômicas precisas o

[21] *Correspondence*, v.9, p.178.

ajudaram a reformular o que seria conhecido como as relações ecológicas entre espécies numa base explicitamente evolucionista.

Além disso, na visão de Darwin, o nectário da orquídea era uma modificação de uma das pétalas e devia secretar algum suco adocicado para atrair insetos. "A menos que as flores fossem por algum meio tornadas atraentes, a maioria das espécies seria amaldiçoada com esterilidade perpétua", observou. Quanto mais longo o nectário, mais longa a probóscide do inseto precisava ser – um bom exemplo de coadaptação. Por mais claro que esse argumento fosse em princípio, Darwin não conseguia estabelecer a existência de néctar. Indisposto a abrir mão de sua teoria, ele mesmo comeu um nectário para ver se o gosto era açucarado. Um pouco depois, adquiriu do maior especialista em orquídeas do país, James Bateman, um espécime de *Angraecum sesquipedale*, que possuía um nectário excepcionalmente longo, medindo cerca de trinta centímetros. "Que probóscide a mariposa que suga deve ter!", exclamou ele.[22] Nenhuma mariposa desse tipo era então conhecida pela ciência. Anos depois da morte de Darwin, uma mariposa com probóscide de trinta centímetros foi descoberta em Madagascar.

Ele estava tão tomado por sua paixão que não parou durante as férias. Em 1861, viajou com a família para Torquay pelo bem da saúde de Henrietta, levando consigo uma seleção de orquídeas plantadas em potes e seu microscópio, tudo apertado em um caixote de madeira que teve de viajar em posição vertical. Lá, Darwin ficou o tempo todo preocupado. Mas disse que estava contente de tirar férias. "Fui um pobre infeliz por muitos meses", disse ao primo Fox, e um grande copo de vinho do Porto na chegada foi "um revigorante muito necessário".[23] Henrietta melhorou no ar marinho de Torquay. A família caminhava pela areia para fazer piqueniques em enseadas próximas, levando Henrietta em um jumento, e, para que ela acompanhasse a moda elegante, alugou uma máquina de banho de mar. "Agora ela se levanta duas vezes todos os dias e consegue caminhar cem ou duzentos metros", relatou Darwin.

As orquídeas dominavam o resto de seu tempo. Ele mandou os meninos menores para as colinas de Devon à procura de espécimes, sabendo que ficariam bastante felizes escalando e se sujando. Das trilhas do penhasco, Darwin dirigia as atividades com sua bengala. Quando William chegou da Cambridge University para passar alguns dias, esperando discutir suas perspectivas futuras, também recebeu ordem de participar. Darwin o pôs para dissecar e desenhar, contente de contar com a ajuda do filho. Nos

[22] *Correspondence*, v.10, p.59.
[23] *Correspondence*, v.9, p.196.

últimos anos, William se tornara perito em botânica e estava acostumado a ajudar o pai nas tarefas científicas. Dócil como sempre, provavelmente ele achava difícil recusar.

É claro que os dois também conversavam. Durante essa visita, ficou combinado que, depois de se graduar em Cambridge, William não estudaria direito, devendo, em vez disso, aceitar uma vaga que John Lubbock encontrara para ele em uma firma bancária em Southampton. Isso exigiria que ele deixasse a universidade sem o diploma. Os dois decidiram que William simplesmente adiaria o exame de bacharelado e retornaria um ano depois, e ele de fato retornou, em 1862, para fazer os exames e completar as exigências residenciais da universidade.

Darwin ficou agradecido pela intervenção de Lubbock nesse assunto. Antes ele não sabia o que recomendar ao filho mais velho, em especial porque a atividade bancária parecia estar fechada a gente de fora. Um potencial banqueiro tinha de ser convidado a entrar em uma firma, invariavelmente por meio da rede de funcionários antigos, como nesse caso, e precisava pagar generosamente pelo privilégio, quase como se comprasse uma patente no exército. Depois que ingressasse, o novo sócio podia esperar uma ocupação relativamente segura e respeitável. Em reconhecimento amistoso, Darwin enviou a Lubbock uma coleção de pequenos insetos de Devon coletados por seus filhos em lugares úmidos e malcheirosos embaixo de troncos, confiando que um naturalista sabia melhor como mostrar gratidão a outro.

O banco em Southampton revelou-se muito mais difícil de agradar. Bancos particulares como este dependiam das garantias dadas pelos sócios para a reserva de capital, e pediu-se a Darwin que garantisse a soma de 10 mil libras em nome do filho, para o caso de haver uma corrida aos depósitos. A exigência dessas garantias se manteve até que a Lei de Bancos e Companhias por Ações, de 1863, passou a permitir a responsabilidade limitada e certa redistribuição do risco, mudança introduzida depois de grandes *crashes* financeiros em 1857 e 1858. Preocupado com o possível risco envolvido e surpreendido pelo tamanho da soma esperada, Darwin instruiu seu advogado a examinar a questão para que soubesse exatamente como ele e William ficariam no caso de um *crash* ou uma fraude (em 1858, o banco do próprio Darwin em Londres foi vítima de uma fraude famosa). Em particular, ele questionava a suposição casual, mas bem fundada de Lubbock de que uma garantia tão enorme era perfeitamente rotineira. Escrevendo algumas cartas determinadas, ele forçou os sócios do banco a reduzir a quantia para 5 mil libras.

No mais, ele se mantinha muito entusiasmado. Hooker recebia pedidos cada vez mais urgentes de espécimes:

> Fiquei realmente envergonhado de lhe incomodar a respeito de *Catasetum*; agora escrevi a Parker & Williams para fazer uma tentativa. E ficaria muito contente com uma *Catleya* ou *Epidendron* e especialmente (pelo que A. Gray escreve) com uma *Arethusa* ou alguma dessa seção. Você tem *Mormodes* com alguns brotos que completariam o que preciso para comparação. Se os racemos fossem cortados e embalados em um recipiente de lata com um pouco de musgo levemente úmido, poderiam ser enviados por correio, e eu pagaria a postagem; possivelmente a *Arethusa* poderia vir em jarro, pois esta parece a mais importante para mim.[24]

Pacotes iam e vinham, e latas eram preenchidas. O ritmo diminuiu quando Erasmus apareceu para uma visita, trazendo consigo Hope Wedgwood (a filha mais nova de Fanny e Hensleigh, aproximadamente da idade de Henrietta). Darwin enviou Emma, Henrietta e Hope juntas para um passeio pitoresco por Devon – a única vez em que Emma foi a algum lugar sem os meninos menores presos à sua saia e, por essa razão, uma viagem lembrada com prazer por Henrietta. Sozinhos, os homens discutiram ciência à mesa de jantar, grudando pedaços de gelo para entender a nova teoria do movimento de geleiras de John Tyndall.[25]

Quando voltaram para Downe, Henrietta estava melhor e Darwin, pior. A viagem o fizera sentir-se mais velho do que realmente era. "Não consigo aguentar essa fadiga e sou de fato um homem de setenta anos." Na verdade ele tinha 52.

VI

O outono e o inverno passaram em uma bruma de preocupações familiares. Charlotte Langton, irmã de Emma, adoeceu e morreu em janeiro de 1862, aos 65 anos. A casa de Charlotte devia ser vendida, dividindo o enclave das irmãs Wedgwood em Hartfield, e Emma não conseguia imaginar como Elizabeth se viraria sozinha. Como se previa, depois de um pequeno período vivendo em uma casa em Londres perto de Erasmus e Hensleigh, em 1868, Elizabeth comprou uma propriedade na vila de Downe, chamada Tromer Lodge, para ficar perto da irmã remanescente.

Na Down House, a gripe prostrou quase todos. Como Parslow foi o único que permaneceu saudável, Darwin o enviou a Bromley com o cavalo

---

24 *Correspondence*, v.9, p.205.

25 *Correspondence*, v.9, p.216.

e a carroça para conseguir um médico que cuidasse de todos. Assim que Darwin se recuperou, foi atacado por eczemas. Foi um "período miserável". Ainda assim, foram tomadas decisões. Emma e ele decidiram por fim mandar Leonard para o internato, sentindo que problemas de saúde não deviam mais adiar sua educação. Darwin temia que Leonard fosse "muito lento e atrasado (em parte devido à perda de tempo por causa da saúde ruim)". No começo de 1862, aos doze anos, ele seguiu os passos dos irmãos e foi para a Clapham School. Henrietta se sentiu suficientemente recuperada para ficar com as primas de Londres algumas semanas no começo da estação.

Com a partida de Leonard e Henrietta, Horace emergiu como uma nova fonte de ansiedade. Era o filho mais novo, na época com dez anos, e começou a ter o que Darwin e Emma descreviam como "ataques" ou tremores. A princípio, pensaram que ele podia ter desenvolvido um distúrbio neurológico causado por uma batida forte na cabeça. Logo Darwin começou a pensar que Horace – como os outros – estava sendo vitimado por um distúrbio hereditário. Porém, com o conhecimento atual, parece igualmente provável que Horace tenha sido consumido por uma paixão infantil por Camilla Ludwig, jovem governanta alemã que ia com eles para todos os lugares e era uma favorita da família. A srta. Ludwig chegou de Hamburgo em 1860, depois da partida da srta. Latter, provavelmente candidatando-se a governanta de uma família inglesa apenas por circunstâncias inesperadamente precárias. As poucas informações encontradas sobre ela indicam que estava apreensiva com o cargo. Na Inglaterra vitoriana, era delicado ser uma governanta, que não era nem uma criada nem uma igual e, no entanto, era mais íntima da família do empregador que de qualquer outra pessoa além de seus próprios parentes ou do futuro esposo.[26] A srta. Ludwig supervisionava as crianças que permaneciam em casa, ensinava alemão a Henrietta e Bessy e ajudava Darwin em suas pesquisas em língua alemã. Era ela quem aliviava Horace depois de cada ataque.

Darwin contou suas preocupações a William:

> [Ele] tem os ataques mais estranhos, muitas vezes por dia, de tremores e falta de ar e soluços histéricos, movimentos semiconvulsivos, com sentimentos muito tensos. Esses movimentos semiconvulsivos se reduziram nos últimos dias e nunca são acompanhados por perda de consciência. Você se lembra de ele ser jogado para fora do vagão: o sr. Headland acha que o

[26] Hughes, 1993. Sobre a família vitoriana, ver especialmente Wohl, 1978; Davidoff e Hall, 1987; M. J. Peterson, 1989. Chase e Levenson, 2000, examinam a privacidade.

> cérebro dele provavelmente sofrera uma pequena concussão; mas não posso deixar de pensar que tudo se deve a alguma irritação extrema do estômago. A srta. Ludwig é indescritivelmente gentil com ele, e ele permanece com ela dia e noite. Não teremos paz na vida até que o pobre e querido homenzinho melhore.[27]

Depois de algum tempo, pareceu que os ataques misteriosos ocorriam principalmente depois das refeições, e Darwin levou Horace a Londres para consultar o sr. Headland, cirurgião geral, que receitou "pepsina" para o problema de estômago e uma batida ocasional com o punho para extrair qualquer toxina. Agora Darwin se culpava, convencido de que havia transmitido por herança ao garotinho sua "constituição deplorável". "Horace tem passado muito mal, com pulso fraco intermitente, como quatro de nossos filhos anteriormente", gemeu para John Innes. "É uma maneira curiosa de herança de minha constituição ruim, embora eu nunca tenha sofrido exatamente dessa maneira."[28] Ele consultou vários outros médicos, inclusive Henry Holland, que perguntou se as inquietações eram causadas por vermes intestinais ("Ele enfia o dedo no nariz?"). O dr. Engleheart, cirurgião da vila, foi talvez o mais perceptivo ao recomendar que a srta. Ludwig tirasse uma pequena folga. Emma achou a ideia interessante.

> A devoção de Horace à srta. L. chegou a tal ponto que não sei o que acontecerá com ele. Ele não suporta sentar do outro lado da mesa durante as refeições e com frequência abre mão do lado da lareira para poder ficar ao lado dela.[29]
>
> O sr. Engleheart está muito ansioso para afastá-lo da srta. L. e pensa que uma mudança ou algo atraente faria bem a ele. Duvido que faça muita diferença quanto à srta. L., mas penso às vezes que a afeição que ele tem por ela o deixa agitado e o faz piorar. Acho que ela é muito judiciosa e rápida com ele.[30]

Logo depois, Emma decidiu que a srta. Ludwig devia fazer uma visita à mãe na Alemanha e que Horace e ela iriam para Southampton, aparentemente para ver William em sua nova situação como banqueiro, mas na verdade para dar a Horace algo com que ocupar a mente. Tudo tinha de ser planejado

---

27 *Correspondence*, v.10, p.80.
28 *Correspondence*, v.10, p.92.
29 DAR 219.1, p.49.
30 DAR 219.1, p.57.

com muito tato. "Pensamos que vai magoá-lo muito menos deixá-la aqui e ir até você, do que ela partir primeiro", notificou ela a William. A separação forçada aparentemente funcionou, e Horace nunca mais ficou tão mal. Para os adultos, foi um bônus descobrir que William se instalara placidamente em sua carreira bancária em Southampton. No meio-tempo, Frau Ludwig enviou outra filha para ocupar o lugar de governanta para Henrietta e Bessy; e, depois de um intervalo adequado, a srta. Ludwig foi autorizada a retornar. Darwin sentia sua falta, pois gostava muito dela e precisava dela para traduzir trechos difíceis de alemão científico. Ele enviou um bilhete amistoso para ela em Hamburgo, cheio de notícias da família. Ao contrário do que fazia com todas as outras governantas que chegavam e iam embora, Darwin a chamava pelo primeiro nome, Camilla.

Ironicamente, o que sustentou Darwin diante de todas essas preocupações foi seu interesse na vida sexual das orquídeas. Por essa época, com um sobressalto de reconhecimento, ele viu que os arranjos sexuais das orquídeas eram semelhantes aos das cracas. Como as cracas, as orquídeas eram basicamente organismos hermafroditas Como as cracas, faziam esforços enormes para evitar qualquer forma de autofertilização, exceto como um último recurso. Elas empilhavam uma adaptação atrás da outra para garantir que não ocorresse atividade sexual solitária – as partes masculinas e as femininas amadureciam em momentos diferentes, ou cada uma se abrigava atrás de uma série complexa de modificações estruturais que exigiam diferentes tipos de acionadores. As flores eram anatomicamente hermafroditas, mas funcionalmente macho e fêmea – exatamente o mesmo fenômeno que ele descobrira nas cracas. Nas teorias de Darwin, o sexo sempre exigia dois.

Além disso, as orquídeas exibiam o mesmo tipo de sequências evolucionárias que ele mapeara nas cracas. Ele não suspeitava de nada desse tipo até receber da América Central tropical várias espécies de *Catasetum*, "a mais notável de todas as orquídeas". Então percebeu que a planta que os botânicos chamavam *Catasetum* era funcionalmente masculina. A fêmea da espécie era erroneamente catalogada como uma planta diferente. Um terceiro tipo continha os dois conjuntos de órgãos sexuais funcionando perfeitamente e era provável que fosse descendente direto do organismo hermafrodita original do qual as duas outras tinham divergido. O que os botânicos haviam descrito durante anos como três gêneros separados foi reunido por Darwin como as formas masculina, feminina e hermafrodita de uma única espécie.

Ele demonstrou o argumento com uma renomada esquisitice conservada em álcool na coleção do museu da Linnean Society, um pedúnculo de flores de orquídea preservado em vinagre que fora coletado na Guiana Britânica por *sir* Robert Schomburgk. Nesse pedúnculo cresciam três flores, cada uma aparentemente de um gênero. "Esses casos abalaram as bases de todas as nossas ideias de estabilidade de gêneros e espécies", observou John Lindley, grande autoridade em orquídeas. Darwin reconheceu que por algum motivo curioso o pedúnculo único replicava em miniatura a separação real dos sexos na natureza. Em abril de 1862, ele foi a Londres para apresentar um pequeno texto sobre *Catasetum* em uma reunião da Linnean Society. "Não penso de forma alguma que produzi um tremendo efeito na Linn. Soc.", disse depois a Hooker,

> mas, por Júpiter, a Linn. Soc. produziu um tremendo efeito em mim, pois vomitei a noite inteira e não consegui sair da cama até tarde da noite seguinte, de modo que me arrastei para casa. Temo que tenha de desistir de tentar ler qualquer texto ou falar. É um aborrecimento horrível eu não poder fazer nada como as outras pessoas.[31]

Por mais doente que Darwin estivesse, este era um feito para um homem que recusava se chamar de botânico. "Às vezes sou meio tentado a desistir das espécies e me ater aos experimentos", escreveu a Hooker depois de uma exibição de virtuose. "Eles são muito mais divertidos."[32]

VII

Enquanto isso, *A origem das espécies* adquiria vida própria.

Em primeiro lugar, ficou claro que Darwin não era o único evolucionista. Embora seu livro por certo captasse grande parte da imaginação geral e a máquina de publicidade de Huxley gerasse muita pressão, outras propostas desenvolvimentistas se faziam notar. *A origem das espécies* estimulou um mercado para todos os tipos de livros e teorias evolucionistas. Velhos argumentos reapareceram para se misturar aos novos; surgiram controvérsias subsidiárias; os editores corriam para obter lucro rápido com produtos semelhantes; e os leitores desenvolviam uma sede evidente por mais leituras. As vendas da edição revisada de *Vestígios*, publicada em 1860, foram extremamente boas, tornando difícil separar a reação a *Vestígios* daquela ao livro de Darwin.[33] Logo atrás da nova edição de *Vestígios* veio um contragolpe teológico correspondente, um relançamento de *Footprints of the Creator*, de Hugh Miller,

[31] *Correspondence*, v.10, p.148.
[32] *Correspondence*, v.10, p.75.
[33] Ver J. Secord, 2000.

apresentado por sua viúva como um "antídoto para algumas das noções mal fundamentadas apresentadas em outros lugares".[34] A sra. Miller avaliou bem o momento. As boas vendas lhe trouxeram o dinheiro que, por algum motivo, nunca se materializara quando seu marido estava vivo.

Ao mesmo tempo, Robert Grant, velho conhecido de Darwin, de Edimburgo, publicou uma sinopse de suas aulas de zoologia no University College com palavras elogiosas dirigidas a Darwin no frontispício. Nesse livrinho insípido, Grant mencionava sua amizade com Darwin e seu – de Grant – antigo compromisso com a evolução.[35] Naquelas circunstâncias, parece justo dizer que Grant deve ter esperado aumentar as vendas de seu livro capitalizando a relação anterior entre eles. As posições dos dois eram deploravelmente invertidas. Essas aulas eram a primeira publicação de Grant em vinte anos, sua renda era parca, seu entusiasmo pela pesquisa estava morto. Ele havia chegado ao ponto mais baixo. Atrelar-se às ideias de Darwin deve ter-lhe parecido uma última chance de renascimento pessoal.[36]

Em um episódio mais notável, Herbert Spencer revelou sua extrema originalidade no livro *First Principles* [Primeiros princípios], produzido em partes, de 1860 a 1862. Nessa obra, ele redefiniu sua versão da evolução, esboçada primeiro em artigos publicados na década de 1850. A esta ele acrescentou ideias afiadas pela leitura de Darwin. Como Chambers, autor de *Vestígios*, Spencer parece ter acreditado que suas visões eram comprovadas pelos textos de Darwin, embora diferisse dele em vários aspectos e sentisse emoções ambíguas em relação à publicidade gerada por *A origem das espécies*. Chambers e Spencer não seriam humanos se não tivessem pensado às vezes que, por ser tão extremamente visível, Darwin tinha vantagem sobre eles. A questão não era só o que se escrevia, decerto pensavam, mas também o que se era e de onde se vinha. Em sua autobiografia, Spencer disse com menosprezo que não conseguia se lembrar das primeiras impressões que tivera sobre *A origem das espécies*, a não ser de um incômodo ao ver que partes de seu próprio esquema estavam "erradas". Ele registrou "gratificação em ver a teoria da evolução orgânica justificada".[37]

Por mais enigmático que o título de Spencer pudesse parecer, seu *First Principles* tratava das leis subjacentes do universo físico e da existência humana. Cada aspecto do mundo está mudando continuamente, declarava, e

---

34 *Athenaeum*, 27 de julho de 1861, p.116, referindo-se a Miller, 1861.

35 Grant, 1861. Ver também Jesperson, 1948-49. A carta dedicatória é reproduzida em *Correspondence*, v.9, p.127-8.

36 A. Desmond, 1989, p.389-97.

37 Spencer, 1904, v.2, p.50.

a direção dessa mudança é do simples para o complexo. A matéria sempre muda de um estado de caos para um estado de ordem, da "homogeneidade incoerente indefinida" para a "heterogeneidade coerente definida". Em outras palavras, a simplicidade se torna complexidade, e a uniformidade, variedade. Ele pensava que essa tendência à mudança ocorria em todos os lugares, na física e na astronomia tanto quanto na biologia e na sociedade humana. A evolução era, por assim dizer, o oposto da dissolução. Spencer captava com precisão a sensação que havia no país de avanço e diversificação progressivos. E com igual precisão argumentava que o mundo do pensamento religioso devia ser separado daquele da ciência, postulando a existência de um "poder incognoscível", responsável por todos os fenômenos cognoscíveis. Tanto a ciência como a religião, dizia ele, deviam reconhecer a impossibilidade de definir esse poder. Ele próprio era um ateísta declarado.

Em essência, Spencer apresentava uma visão geral do mundo que teria efeito penetrante no pensamento do final do século XIX. Grande parte do que acabou sendo atribuído a Darwin foi resultado de mudanças filosóficas esboçadas de algum modo por Spencer. No mínimo, a maior parte do que Spencer propunha sobre desenvolvimento e progresso direcional, embora com uma argumentação basicamente lamarckiana ou ambientalista, se fundia com o ímpeto darwiniano na mente das pessoas. Seus textos, como os de Darwin, voltaram os pensamentos das pessoas para a condição humana e as grandes questões da época.[38]

Mas Spencer não foi abençoado com o dom da clareza. Ele era o "mais imensurável asno da cristandade", objetou Carlyle. Huxley e Hooker entenderam mais ou menos o que Spencer queria dizer, e também Wallace, que reconheceu compassivamente que Spencer buscava chegar "à raiz de tudo".[39] Huxley respeitava os poderes de pensamento de Spencer. Por causa desse respeito, Darwin tentou ler os textos de Spencer com mente aberta. Mas, por mais que tentasse, achava as definições de Spencer inúteis: "o estilo dele é demasiado difícil para mim". Sem jamais dizê-lo de forma clara, talvez ele pensasse que a filosofia de Spencer era muito extravagante.

> A conversa de Herbert Spencer me pareceu muito interessante, mas não gostei particularmente dele e não senti que poderia com facilidade me tornar íntimo dele. [...] Depois de ler qualquer um de seus livros, senti de modo geral uma admiração entusiástica por seus talentos transcendentes e muitas vezes me perguntei se

[38] Paul, 1988.

[39] *Correspondence*, v.10, p.438.

> no futuro distante ele ocuparia uma posição ao lado de grandes homens como Descartes, Leibniz etc., sobre quem, contudo, conheço muito pouco. Não obstante, não penso ter lucrado em minha obra com os textos de Spencer. Sua maneira dedutiva de todos os assuntos é inteiramente oposta a meu modo de pensar. Suas conclusões nunca me convencem; e eu disse reiteradas vezes a mim mesmo, depois de ler uma de suas discussões – "Este seria um ótimo tema para um trabalho de meia dúzia de anos".[40]

Portanto, ele lutou para ler *First Principles* e a maioria das obras subsequentes de Spencer quando foram publicadas, murmurando para si mesmo sobre "especulação infundada", incapaz de evitar um sorriso afetado quando Huxley gracejou que "a ideia de tragédia de Spencer era uma dedução morta por um fato".[41] Darwin nunca se esforçou para conhecer Spencer. Ao contrário, afora tomar emprestada dele a expressão "sobrevivência dos mais bem adaptados" em anos posteriores, fez alguns esforços para se distanciar dos textos de Spencer.

Em segundo lugar, a essa altura, alguns dos pensadores mais notáveis do século XIX estavam contemplando os recessos internos da teoria de Darwin e puxando dela alguns dos fios que os levariam na direção do mundo moderno. Enquanto os teólogos naturalmente continuavam a contestar o significado de *A origem das espécies* para a alma humana e vinculavam a posição supostamente irreligiosa do livro ao crescente furor em relação a *Essays and Reviews* e aos perigos do ateísmo, vários intelectuais importantes elogiavam o método de raciocínio científico de Darwin, estilo que dependia mais do acúmulo de probabilidades e da analogia que da forma clássica de prova por demonstração. Embora John Herschel possa ter se queixado da lei da "*higgledy-piggledy*" [desordem], homens mais jovens, como Henry Fawcett, economista cego de Cambridge, e John Stuart Mill comparavam favoravelmente o novo raciocínio com o antigo. Mill, que leu *A origem das espécies* por sugestão de Fawcett, aprovou a obra de Darwin na edição de 1862 de seu *Sistema de lógica* e disse a Fawcett que

> embora não se possa dizer que provou a verdade de sua doutrina, ele parece de fato ter provado que ela pode ser verdadeira, o que

---

40 *Autobiography*, p.108-9; ver também *Life and Letters*, v.3, p.193-4.

41 Uma troça usada primeiro por Huxley contra Henry Bastian, L. Huxley, 1900, v.1, p.332.

> considero um triunfo tão grande quanto o conhecimento e a engenhosidade poderiam alcançar em uma questão como esta.[42]

O fato de Mill adotar atitude tão encorajadora tão cedo na história de *A origem das espécies* significou muito na república das letras. Acima de tudo, a aprovação de Mill mostrava que as ciências da história natural (basicamente descritivas e não preditivas) podiam ser enquadradas em uma estrutura filosófica aceitavelmente rigorosa.

> A notável especulação do sr. Darwin sobre a origem das espécies é mais um exemplo inquestionável de uma hipótese legítima. [...] Não é razoável acusar o sr. Darwin (como tem sido feito) de violar as regras da indução. As regras da indução se preocupam com a condição de prova. O sr. Darwin nunca pretendeu que sua doutrina estivesse provada. Ele não estava pautado pelas regras da indução, mas pelas da hipótese. E estas raramente foram cumpridas de modo mais completo. Ele abriu um caminho de indagação cheio de promessas, cujos resultados ninguém pode prever.[43]

Fawcett também se revelaria um apoio inestimável na Cambridge University. Em 1860, havia escrito uma resenha favorável ao livro de Darwin na *MacMillan's Magazine* e agora começava a ensinar e discutir a relevância geral de *A origem das espécies* na comunidade matemática e econômica. "Ele era um daqueles tipos astutos e teimosos da região norte tão conspícuos em Cambridge", recordou Leslie Stephen, que o conhecia bem, "e que, é preciso confessar, tendia a ser tão estreito quanto era intelectualmente vigoroso. Fawcett conhecia a economia política de Mill como um puritano conhecia a Bíblia".[44] Seguindo o exemplo de Fawcett, alguns matemáticos, economistas e estatísticos também começaram a considerar o livro de Darwin. A seu modo, *A origem das espécies* contribuiu indiretamente para algumas das mais importantes mudanças nas ideias sobre probabilidade e

---

[42] Fawcett resenhava *A origem* favoravelmente na *MacMillan's Magazine*, Fawcett, 1860. Para a correspondência entre Fawcett e Darwin sobre a questão, ver *Correspondence*, v.9, p.204. A citação em questão é extraída da carta de Mill a Alexander Bain, 11 de abril de 1860, transcrita em ibid., p.205, nota 3. Ver também a discussão de Mill no prefácio de Hull, 1973.

[43] Mill, 1862, v.2, p.18, nota.

[44] Stephen, 1924, p.75. Ver também Goldman, 1989.

as regras matemáticas do acaso no século XIX.[45] Ele reforçou um consenso emergente sobre o valor da estatística para rastrear eventos aleatórios e indicar tendências ocultas, mostrado de forma mais notável no crescente mercado de seguro de vida, mas também apoiado pelo interesse do governo em manter registros mais precisos de mortalidade e políticas financeiras mais rigorosas; e endossou de modo geral a importante noção em ciência de que o universo físico é, em essência, fluido, sujeito a mudança e contingência. As teorias de Darwin contribuíram para os movimentos científicos que acabaram levando à doma do acaso, substituindo a ideia de permanência pela de relatividade.

Em atitude mais óbvia, logo economistas sociais se interessaram por paralelos entre o reino orgânico e a economia política. Competição, luta, adaptação, sucesso e extinção – todos esses conceitos circulavam livremente entre os dois domínios. Eram os paralelos malthusianos aos quais Darwin recorrera primeiro ao elaborar sua teoria.[46] Embora muitos comentadores do período permanecessem divididos sobre o significado de Malthus para a sociedade humana – para aqueles solidários com a classe operária o princípio de Malthus simplesmente culpava os pobres por serem pobres, um contraste nítido com aqueles que o aplaudiam por estimular a responsabilidade e o automelhoramento –, não era possível negar o *status* do conceito. Em certo sentido, pode-se dizer que as imagens de Malthus estavam fechando o círculo, porque Darwin aplicava a economia política à biologia, e agora essas ideias biológicas eram integradas à economia política, fornecendo aparentemente um relato "natural" do modo como as populações humanas e as economias sociais funcionavam.[47] Os princípios de Malthus foram biologizados e depois reabsorvidos no pensamento econômico. Em outro sentido, o social e o biológico dificilmente eram separáveis. Na verdade, as observações de Malthus não viajavam de um lado para outro; já existiam embutidas no mesmo contexto cultural. Seja como for, as doutrinas de Malthus pareciam ser leis incontroversas da natureza a uma nação encharcada de atividade econômica competitiva, animada com os cânticos de Samuel Smiles de autoajuda, adaptação, luta e sobrevivência, e como um corpo político plenamente engajado na expansão territorial e comercial.

45 McKenzie, 1981; T. Porter, 1986; 1995; Kruger et al., 1987; Power, 1996.

46 Ver particularmente Schweber, 1980; Schabas, 1990; Mirowski, 1994; e os ensaios em Cohen, 1994, especialmente Limoges, 1994; e Bowler, 1995.

47 Discutidos de forma geral em Barnes e Shapin, 1979; R. Young, 1985; Cohen, 1994; Golinski, 1998. Esses movimentos sociais se misturaram rapidamente ao ethos competitivo nas atividades comerciais e econômicas; ver, por exemplo, Hofstadter, 1945; Wyllie, 1959; Gasman, 1971; G. Jones, 1980, sobre darwinismo social.

> É notável como Darwin redescobre entre animais e plantas a sociedade da Inglaterra, com sua divisão de trabalho, competição, a abertura de novos mercados, invenções e a luta malthusiana pela existência,

observou Karl Marx em uma carta a Engels em 1862.[48] Marx leu *A origem das espécies* logo depois da publicação, notando "o estilo inglês desajeitado". Ele entendeu mais claramente do que a maioria a ameaça de *A origem* aos padrões vitorianos tradicionais. "Embora desenvolvido no estilo inglês cru, este é o livro que no campo da história natural fornece a base para nossas visões", continuou para Engels. E fez um comentário muito semelhante para Ferdinand Lassalle. "A obra de Darwin é muitíssimo importante e convém a meu propósito no sentido de que fornece uma base em ciência natural para a luta de classe histórica."[49] Marx ria do medo que os britânicos tinham dos símios. "Como Darwin demonstrou que somos todos descendentes dos símios, não há praticamente nenhum choque que possa abalar nosso orgulho ancestral."[50]

Os poetas não demoraram a se manifestar. Parece que Alfred Tennyson encomendou um exemplar de *A origem das espécies* antecipadamente para poder lê-lo assim que fosse publicado.[51] Ele se interessava havia muito tempo por transmutação de maneira geral, usando ideias extraídas de *Vestígios* para algumas das partes mais melancólicas de *In Memoriam*, no qual investia contra as forças estouvadas da natureza. E era conhecido por ter vocalizado muitas das perplexidades da mente vitoriana.

> Existe mais fé na dúvida honesta,
> Podem ter certeza, do que em metade dos credos.

Em *A origem das espécies*, Tennyson não pôde encontrar o Deus que conhecia, o ser amoroso que dirigia o mundo para fins benéficos. Para ele, o aspecto mais sombrio da obra de Darwin era a crueldade generalizada na

---

48 Marx a Engels, 18 de junho de 1862. A tradução é extraída de Marx, 1985, p.381, e é um pouco diferente da de algumas outras fontes. Para as opiniões de Marx sobre Darwin ver Pancaldi, 1994.

49 Marx, 1985, p.234, 246.

50 Marx, 1985, p.543.

51 Stevenson, 1932, p.95. Sobre Tennyson em geral, ver Martin, 1980. Ver também Irvine, 1959; Henkin, 1963; Wolff, 1977, P. Morton, 1984; e Levine, 1988, para o impacto das imagens científicas sobre a literatura criativa.

natureza que ele descrevia, a "fecundidade perdulária" que devia terminar em morte.

> Um criador onipotente que pudesse criar um mundo tão doloroso é, para mim, às vezes tão difícil de acreditar quanto acreditar em matéria cega atrás de tudo. Também a extravagante profusão no mundo natural me estarrece, da vegetação da floresta tropical à capacidade do homem de se multiplicar, a torrente de bebês.[52]

Logo depois, Tennyson mudou uma das alusões bíblicas em *In Memoriam*. O verso "Desde que Adão deixou seu jardim" foi ajustado para a forma, cientificamente mais precisa, "Desde que nosso primeiro Sol se levantou e se pôs".[53] Jamais disposto a aceitar a panóplia do darwinismo e sempre vagamente insatisfeito com a nova visão da natureza, Tennyson se contentou com a conclusão de que a evolução, se verdadeira, indicava que coisas melhores viriam na vida após a morte. Em 1863, ele observou para William Allingham: "Darwinismo, homem proveniente do símio, isso realmente faria alguma diferença? O tempo não é nada, não somos todos parte da divindade?". Desde então, em um esforço para adquirir uma percepção verdadeira, Tennyson leu livros pertinentes e questionou os grandes pensadores da época. Ele se encontraria com Darwin em 1868. E, em 1869, participou da formação da Metaphysical Society (da qual Huxley também fazia parte) para a discussão desses tópicos e de outros similares. Tennyson acabou pensando que a teoria darwiniana era, na maior parte, verdadeira, mas que a humanidade provavelmente estava em um dos degraus mais baixos da escada.[54]

O livro de Darwin levou Robert Browning quase tão longe. *A origem das espécies* aparecera a meio caminho entre *Men and Women* [Homens e mulheres] e *Dramatis Personae* [Personagens do drama], de Browning, e coincidira amplamente com as sérias incertezas espirituais que ele sentira por ocasião da morte de sua mulher, em 1861. Browning voltou a Londres depois da morte de Elizabeth Barrett Browning e por acaso fez amizade com Julia Wedgwood, sobrinha de Darwin. A certa altura, Julia teve esperança, nunca realizada, de casar-se com ele.[55] Muitos dos realinhamentos de fé de Browning durante esse período apareceram em seu "Caliban upon

52 Stevenson, 1932, p.96.
53 Tennyson, *In Memoriam*, 1860, citado em Stevenson 1932, p.98.
54 Stevenson, 1932, p.107.
55 Curle, 1937.

Setebos" [Calibã sobre Setebos], publicado em *Dramatis Personae*, no qual Deus construía o mundo meramente como um brinquedo, destituído de qualquer significado. Browning fazia pouca distinção entre Darwin, Lamarck, Spencer e Chambers. No fim da vida, ele publicou uma explicação formal de sua visão.

> Na realidade, tudo o que parece *provado* no esquema de Darwin era uma concepção com a qual eu estava familiarizado desde o início: ver em *Paracelsus* o progressivo desenvolvimento da matéria sem propósito para a matéria organizada até o aparecimento do homem. [...] No entanto, não considero o argumento dele quanto às mudanças em organização, causadas pelo desejo e pela vontade na criatura, provado.[56]

Outros leram com atenção *A origem das espécies*. Ernest Renan, autor de *Life of Jesus* (1863) – livro que, com a tradução de Strauss feita por George Eliot, suscitou dúvidas preocupantes nas mentes vitorianas ortodoxas –, tinha algo de positivo a dizer. Seu estudo de Jesus havia deliberadamente excluído o divino, aspecto notado com interesse por Darwin quando ele e Emma o leram. Renan era, a seu modo, tão naturalista quanto Huxley.

> Talvez as hipóteses de Darwin sobre o assunto possam ser julgadas insuficientes ou inexatas; mas sem dúvida estão no caminho para a grande explicação do mundo e da verdadeira filosofia.[57]

George Henry Lewes chegou a uma conclusão muito semelhante quando discutiu a teoria da seleção natural em seu livro *Animal Life* [Vida animal], publicado em 1862.[58] "Ela *pode* ser verdadeira, mas não é possível dizer que *é*", relatou. Lewes e Eliot conheciam muitas das pessoas envolvidas no debate sobre evolução, em especial Herbert Spencer, amigo íntimo, e ambos haviam adotado até certo ponto as doutrinas de Spencer antes da publicação de *A origem das espécies*. Lewes, um bom naturalista, estava nesse momento redigindo um ambicioso relato dos princípios da fisiologia animal e recorria a vários conceitos de Spencer; e Eliot, em seus romances, estendia-

56 Stevenson, 1932, p.180-1, nota.

57 Citado de Stebbins, 1988, p.159.

58 As observações ocorrem no quarto e no quinto ensaios, *Cornhill Magazine*, v.1, p.441-7, 598-607, 1860.

-se com afeto sobre o curso emaranhado da sociedade humana. Lewes e Eliot sentaram-se juntos para ler *A origem das espécies* pouco depois que foi publicado. "Embora cheio de material interessante, não é impressionante, por falta de uma apresentação luminosa e ordenada", comentou Eliot em uma carta.[59] Mas recorria a Darwin de maneira tão sutil como qualquer outro. Eliot fez um uso criativo de seu entendimento geral do desenvolvimento evolucionário em *The Mill on the Floss* [O moinho no rio Floss] (1860) e depois teceu histórias em torno da herança para *Middlemarch* e *Daniel Deronda*.[60] Lewes concordou com a parte principal do argumento de Darwin, embora o ligasse explicitamente aos temas de Spencer.

Mas foi o filólogo Friedrich Max Müller quem levou as teorias de Darwin além do mundo da imaginação criativa, para as grandes questões da identidade humana. No verão de 1861-62, ele alvoroçou a alta sociedade em suas palestras na Royal Institution sobre a origem das línguas. Müller obrigou sua audiência a pensar com cuidado sobre o que é ser humano. A linguagem da humanidade primitiva ter-se-ia desenvolvido a partir de imitações de sons naturais? Ele pensava que não. Em vez disso, Müller defendia a ideia de que as palavras estavam relacionadas de modo inseparável a conceitos mentais. Palavras serviam como símbolos para coisas, e não podia haver pensamento sem que a linguagem o expressasse. Ele dizia que era, portanto, impossível que a linguagem surgisse por desenvolvimento natural das vocalizações de animais, precisamente porque os animais não possuíam conceitos humanos. "A linguagem é algo mais palpável que uma dobra do cérebro ou um ângulo do crânio", anunciou.[61]

Ainda assim, Müller elogiava outros aspectos da teoria de Darwin, aplicando a ideia de seleção natural à genealogia de línguas antigas, como o importante filólogo alemão August Schleicher apreciaria.[62] Darwin levava Müller a sério. Ele leu a versão impressa das palestras e as discutiu com Hensleigh Wedgwood, o filólogo da família. "Concordo sem dúvida que é extremamente interessante", disse sobre a tese de Müller.[63] Hensleigh pensava que a fala humana só podia ter surgido aos poucos de sons animais, ponto de vista que combinava com as ideias de Darwin. "H. diz

---

[59] Haight, 1954-78, v.3, p.214.

[60] Especialmente Beer, 1985; Shuttleworth, 1984. Ver também Paradis e Postlewait, 1981.

[61] Müller, 1864, p.357.

[62] Müller, 1901, v.2, p.11, 17. A linguagem e as ideias evolucionistas são examinadas em Beer, 1989; Harris, 1996; e em relação a Schleicher, Alter, 1999. Há observações gerais em Burke e Porter, 1987.

[63] *Correspondence*, v.10, p.505.

que [Max Müller] está totalmente errado e converteu parcialmente Papai a essa opinião", disse Emma em uma carta a William.[64]

Sem fazer barulho, *A origem das espécies* penetrou sorrateiramente nos pensamentos de Elizabeth Gaskell. Ela matutou sobre o que conhecia da história de vida de Darwin, atraída pela narrativa da viagem do *Beagle* e pelas possibilidades de criar um romance em torno do agradável tropo de um colecionador de história natural capturando desavisadamente o coração de uma mulher. Suas meditações continham um elemento pessoal. A família Gaskell tinha parentesco distante com os Darwin (por intermédio dos Holland), e, embora a sra. Gaskell não conhecesse bem Darwin nem Emma, provavelmente só os tendo encontrado um ou duas vezes em duas décadas, era íntima de Hensleigh e Fanny Wedgwood e costumava mandar suas filhas Meta e Marianne para visitar as meninas Wedgwood. Ela também conhecia outros do círculo social deles, como Harriet Martineau e Erasmus Darwin. Meta Gaskell às vezes acompanhava as filhas dos Wedgwood quando iam à Down House ficar com as primas Henrietta e Bessy Darwin. Uma dessas ocasiões foi lembrada por Darwin simplesmente porque ele conseguiu vencer Meta Gaskell no xadrez. Julia Wedgwood trabalhou com Elizabeth Gaskell na biografia de Charlotte Brontë que ela escreveu.[65]

Foi por volta dessa época que a sra. Gaskell criou Roger Hamley, herói de *Wives and Daughters* [Esposas e filhas], baseando-o vagamente em Darwin. Quando ela morreu, a história estava inacabada, embora tenha sido na maior parte publicada como uma série na *Cornhill Magazine* a partir de 1864. A duplicata ficcional de Darwin era um personagem tímido agradável, um naturalista e viajante, um homem cujo coração estava entregue à investigação amorosa da natureza, um experimentador que respeitava seu tema. Mesmo a ciência do tipo mais perturbador ainda podia apresentar uma face humana e generosa.

VIII

Próximas ou distantes, as pessoas se envolviam com o texto de Darwin. Em Boston, Theodore Parker, religioso unitariano, apresentou de maneira divertida "Os pensamentos de um abelhão sobre o plano e o propósito do universo". Na vizinha cidade de Concord, Henry David Thoreau experimentou *A origem das espécies* como um texto revelador. Asa Gray tinha organizado uma reunião transatlântica enviando um exemplar para Concord por intermédio de seu cunhado Charles Brace. "Nunca Thoreau fora tão

64 DAR 219.1, p.64.
65 Uglow, 1993, p.560-1.

cativado por um projeto", notou William Howarth.[66] Lamentavelmente, a morte prematura de Thoreau, em 1862, deixou suas visões sobre o texto de Darwin pouco desenvolvidas.

Mas a comunidade de transcendentalistas via com bons olhos pelo menos algumas das propostas de *A origem das espécies*. Thoreau aparentemente discutiu teorias de desenvolvimento e evolução com Emerson, que estava inclinado a reconhecer alguma forma de progressão na natureza. Antes de *A origem das espécies* ser publicado, Emerson tinha conversado com Moncure Daniel Conway, teólogo protestante, sobre desenvolvimento progressivo na natureza, em que a evolução podia representar a libertação gradual dos seres humanos de suas raízes animais, levando, em última instância, "a um estado de santidade". Conway se perguntava se a existência do mal podia talvez residir nessas raízes animais. Em dezembro de 1859, ele fez em Ohio um sermão sobre Darwin. "Este homem formidável [...] não pretendia dar ao cristianismo dogmático seu golpe de morte; ele pretendia enunciar uma simples teoria da natureza."[67]

Um trio de homens de museu australianos, Ferdinand Mueller, Frederick McCoy e William MacLeay, mostrou-se mais difícil de satisfazer. Cada um deles condenou francamente a evolução. MacLeay admitiu polidamente que conhecia Darwin dos dias que passara em Londres. Não obstante, "oponho-me inteiramente à teoria de Darwin, ou antes, de Lamarck". McCoy se recusou a permitir que os livros de Darwin – mesmo seu inócuo *Diário de um naturalista ao redor do mundo* – ingressassem no National Museum, em Melbourne. Se algum residente de Melbourne quisesse consultar um exemplar público de *A origem das espécies*, teria de viajar até Sydney, onde havia um volume solitário na biblioteca da Mechanic's School of Arts.[68] Em um acesso pouco conhecido de loucura de museu, McCoy passou vários anos tentando sem sucesso obter uma das peles de gorila de Paul Du Chaillu para montar uma exposição no Melbourne Museum. Uma olhada na fera, previa com confiança, convenceria qualquer pessoa de que a evolução era um absurdo. Do outro lado do globo, John William Dawson, da McGill University, em Montreal, soltou uma torrente tão impressionante de invectivas paleontológicas que levou Hooker a observar: "ele parece odiar o darwinismo".[69]

---

[66] Walls, 1995, p.121, 194, 275.

[67] M. Conway, 1904, v.1, p.249-50.

[68] Finney, 1993, p.98-9, 169, nota 55.

[69] Sheets-Pyenson, 1988, tem muito sobre McCoy e Dawson; ver especialmente p.30-1 para um sentimento antidarwiniano. MacLeod, 1982b, trata dos fatores geográficos na estrutura da ciência.

Até mentes da realeza trataram da questão da seleção natural na privacidade dos apartamentos de família. A rainha Vitória falou por milhares de seus súditos quando parabenizou sua filha mais velha pela firmeza em enfrentar *A origem das espécies*. "Quantos livros interessantes e difíceis você lê", disse em 1862 a Vicky, a princesa coroada da Prússia. "Isso agradaria e por certo agradará o amado papai."[70]

Tudo isso para um homem que não queria – ou não podia – aparecer publicamente. Em fevereiro de 1861, John Lubbock levantou-se diante de amigos e vizinhos de Darwin em uma reunião do Bromley Literary Institute para explicar as teorias de evolução por seleção natural do autor ausente.[71]

IX

O livro das orquídeas foi publicado em maio de 1862 com o título *On the Various Contrivances by Which British and Foreign Orchids are Fertilised by Insects and on the Good Effects on Intercrossing* [Sobre os vários artifícios engenhosos pelos quais orquídeas britânicas e estrangeiras são fertilizadas por insetos e sobre os bons efeitos do intercruzamento]. Darwin escolheu a palavra "*contrivances*" (artifícios engenhosos) em especial para indicar que não havia projeto propositado no mundo natural, embora, em uma visão retrospectiva, fosse uma palavra tão imbuída de intenção quanto "adaptação".

> Quando se falou desta ou daquela parte como adaptada para algum propósito especial, não se deve supor que ela fora originalmente formada para esse único propósito. O curso regular dos acontecimentos parece ser que uma parte que originalmente serviu para um único propósito se adapte por mudanças lentas a propósitos amplamente diferentes. [...] Com base no mesmo princípio, se um homem fizesse uma máquina para algum propósito especial, mas usasse velhas rodas, molas e polias, apenas levemente alteradas, poder-se-ia dizer que a máquina inteira, com todas as partes, seria especialmente planejada para seu propósito presente. Assim, em toda a natureza, quase todas as partes de cada ser vivo provavelmente serviram, em uma condição levemente

[70] Fulford, 1968, p.99. Ver também *Life and Letters*, v.3, p.32, em que Lyell relatou a Darwin em 1865 que tivera "uma conversa animada sobre darwinismo com a princesa real".

[71] *Bromley Record*, 1º de fevereiro de 1861, p.12. Agradeço a Randal Keynes por me permitir o acesso a este.

> modificada, para propósitos diversos, e agiram na maquinaria viva de muitas maneiras específicas antigas e distintas.[72]

Murray deu ao livro uma encadernação roxa decorativa (o único dos livros de Darwin publicados por ele numa cor que não o verde) e embelezou a capa com uma *Cynoches* dourada, escolhida por seu contorno forte. Darwin havia emitido enorme quantidade de instruções sobre a impressão e o tamanho do tipo a ser usado, supervisionara as xilogravuras com um olhar aguçado para o detalhe, apressara os compositores e até especificara que "*fertilisation*" [fertilização] devia ser grafada com *s* e não com *z*. Ele disse a Murray que esperava que o livro parecesse suficientemente modesto. Não desejava enganar os leitores levando-os a pensar que estavam comprando um tomo abundantemente ilustrado sobre o capricho pelas orquídeas. Desta vez, ele agradeceu no livro generosamente a quem o ajudara.

Mas ele se sentia estranhamente nervoso em relação à publicação, perguntando-se se estava fazendo algo estúpido.

> Temo que o assunto seja complexo demais para o público e temo ter cometido um grande erro ao não me ater à minha primeira intenção de enviá-lo à Linnean Soc.; mas agora é tarde demais, e devo fazer o melhor de um trabalho malfeito.[73]

No entanto, ele se arriscou a dizer a Murray que "penso que este pequeno volume fará bem a *A origem*, pois mostrará que trabalhei com afinco nos detalhes".[74]

A despeito das preocupações do autor, os resultados impressionaram seus amigos botânicos. Eles notaram o talento de Darwin para a observação. "É um livro muito extraordinário!", declarou Oliver. "Que novo campo para observar as maravilhosas provisões da natureza você abriu", disse Bentham. "Que habilidade e gênio você tem para essas pesquisas. Aprendi esta noite mais do que tudo que sabia antes", ecoou Gray. E das planícies ventosas de Cambridgeshire, Charles Babington (antigo rival de Darwin na coleta de besouros e então catedrático de botânica de Cambridge, sucedendo Henslow), que não era nada amigo da seleção natural, divulgou de maneira resoluta a notícia de que achava o livro "extraordinariamente interessante e valioso". Hooker praticamente explodiu. "Você é em excesso o melhor

---

72 *Orchids*, p.283-4.

73 *Correspondence*, v.9, p.309.

74 *Correspondence*, v.9, p.279.

observador fisiológico e experimental que a botânica jamais viu." O que eles reconheciam, quem sabe pela primeira vez, era a capacidade de Darwin para identificar o que poderia ser valioso em ampla gama de fenômenos divergentes e se concentrar atentamente neles para ver o que constituiria a solução inteira do problema que tinha na cabeça.

O livro de orquídeas atraiu para o lado de Darwin alguns dos botânicos com mentalidade mais tradicional. Deve-se reconhecer que havia algo na ciência do século XIX que capacitava os botânicos britânicos a contemplar a evolução em plantas com muito mais tranquilidade do que os zoólogos consideravam a evolução nos animais. A condição de enraizamento das plantas, sua falta de sentimento, sua dependência do ambiente, a óbvia flutuação em seus números, tudo isso talvez tornasse a possibilidade de sua evolução um pouco mais fácil de aceitar. "Bentham e Oliver começaram a ler seu livro e estão indizivelmente deliciados", relatou Hooker, contente de ver duas figuras importantes capitularem à seleção natural.

Bentham tornou suas visões conhecidas no discurso presidencial que fez em 1862 à Linnean Society e de novo no ano seguinte em um discurso de despedida na mesma sociedade. Ele aludiu ao veredicto de John Stuart Mill. "O sr. Darwin mostrou como mudanças específicas *podem* ocorrer", observou.

> Sua teoria não é, portanto, capaz de prova, mas "um exemplo inquestionável de uma hipótese legítima" que exige verificação, tal como definido por John Stuart Mill em seu excelente capítulo sobre Hipótese.[75]

Esse endosso do presidente deixou sua marca nos membros da Linnean. Um após o outro, Miles Berkeley, Charles Naudin, Alphonse de Candolle, Jean Louis Quatrefages e Charles Daubeny começaram a pensar que afinal podia haver algo importante no que Darwin propunha. Lyell disse que depois de *A origem das espécies* considerava *Orchids* a mais valiosa de todas as obras de Darwin.[76]

Em outros lugares reinou o silêncio. A escolha do tema por Darwin frustrou leitores vitorianos que ansiavam por gorilas e homens das cavernas. O livro dele parecia exótico. Enquanto o *Times* vociferava contra o apoio de Huxley à "teoria enganosa do sr. Darwin", a fonte da controvérsia parecia ter se escondido em uma estufa. À exceção de algumas resenhas em revis-

[75] *Journal of the Proceedings of the Linnean Society of London*, v.7, p.XV, 1862-63.
[76] DAR 112, ser.B, p.100.

tas de jardinagem, quase não houve avaliações cultas. Poucos zoólogos ou filósofos naturais notaram o livro. Suas vendas eram demasiado vagarosas para que Murray se sentisse confortado.

E em uma irritante inversão das intenções de Darwin, um ou dois comentadores entenderam equivocadamente seu tema e trataram o livro como um testamento à maravilhosa engenhosidade de Deus. O *Literary Churchman* encerrou obstinadamente uma resenha com as palavras "Oh, Senhor, como são múltiplas as Tuas obras".[77] Charles Kingsley declarou que o livro apresentava "um acréscimo valiosíssimo à teologia natural", dizendo a Huxley que o Deus mais sábio era aquele que podia fazer todas as coisas se fazerem.[78]

E o pior de tudo, aos olhos de Darwin, foi que o escritor e estadista George Douglas Campbell, oitavo duque de Argyll e *lord privy seal* [guardião do selo real], decidiu se manifestar. Argyll era um homem culto, muito versado em ciências. "Li Darwin com grande interesse", disse ao amigo Richard Owen.[79] Não obstante, ele considerou as explicações de Darwin para as orquídeas "as mais vagas e mais insatisfatórias conjecturas". Os argumentos metafísicos sobre projeto adaptativo e aperfeiçoamento que ele apresentou então na *Edinburgh Review* eram complicados demais para Darwin entender. "O duque de Argyll escreveu um artigo sobre Supernaturalismo na Ed. Rev.", disse Emma em novembro de 1862.

> Ele se opõe muito às visões de seu pai, mas elogia *Orchids* de forma tão entusiástica que ajudará o livro. O artigo é tão obscuro que não consegui entendê-lo. Hensleigh e Snow escreveram um artigo na Macmillan sobre Max Muller que suspeito seja igualmente obscuro.[80]

Argyll propunha que Deus fizera as flores da orquídea de tal forma que os seres humanos pudessem explicá-las em termos humanos. Depois, desenvolveu suas ideias sobre esse tipo de evolucionismo criativo de maneira influente nos três anos seguintes, tornando-se no fim um importante comentador da ancestralidade da humanidade. Argyll ridicularizou particularmente a descrição de Darwin do longo nectário da *Angraecum sesquipedale* e da mariposa faltante necessária para fertilizá-la. "Insolente",

---

[77] *Literary Churchman*, 16 de julho de 1862.
[78] Kingsley, 1874, p.XXVIII, citado de *Correspondence*, v.10, p.634.
[79] Gruber e Thackray, 1992, p.17.
[80] DAR 219.1, p.66.

murmurou Darwin, na defensiva. "Muito inteligente, mas não convincente para mim."[81] Darwin recordou que uma vez encontrara Argyll em um jantar elegante em Londres, embora mal tivesse falado com ele.[82]

Portanto, ele se permitiu um estremecimento de satisfação quando um autor anônimo lançou um ataque retaliatório contra o duque no *Saturday Review*.[83] Emma e ele deleitaram-se com o brio do artigo e o enviaram a Hooker, que o declarou "perfeito". O estremecimento virou orgulho familiar quando se revelou que o autor desconhecido era um sobrinho de Darwin do lado Shrewsbury, Heny Parker, o filho mais velho de Marianne, que deixara a Oxford University e estava tentando se estabelecer em Londres como homem de letras. Que "acaso incomum", exclamou Darwin. Sua vida estava visivelmente mudando quando a geração mais jovem da família começava a se levantar para apoiá-lo.

Tudo considerado, ele suspeitou que talvez tivesse desperdiçado seu tempo nas orquídeas. "Temo que não tenham valido muito a pena os dez meses que ele me custou: era um passatempo preferido e me distraiu".[84]

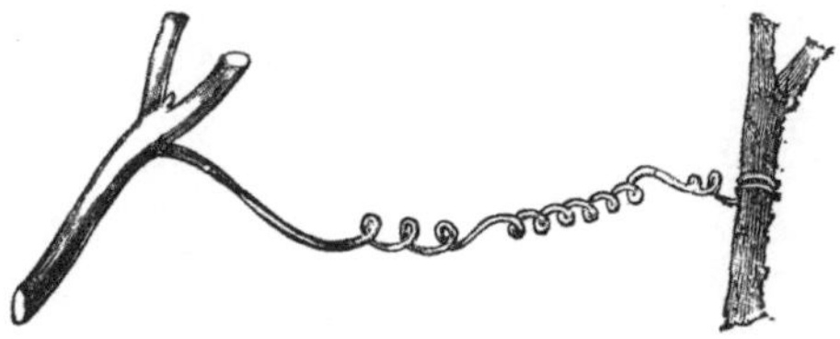

81 *Correspondence*, v.10, p.537.
82 DAR 219.1, p.9.
83 *Correspondence*, v.10, p.641.
84 *Correspondence*, v.10, p.219.

6.
A batalha dos livros

Certa manhã, no começo de 1862, Alfred Russel Wallace desceu do trem vindo de Dover. Suas bochechas estavam encovadas, a pele amarelada, e a barba não conseguia disfarçar o fato de que suas viagens na Malásia o haviam transformado em um espectro. Ele disse depois que o esforço de reunir todos os seus caixotes em Londres foi imenso. Lamentou-se especialmente de se despedir das duas aves-do-paraíso vivas que tinha trazido para casa. Durante a viagem, ele as alimentara com baratas arrancadas de bolachas-da-praia, preocupara-se com noites congelantes no Egito e ficara mais uma ou duas semanas em Malta para que elas pudessem se ajustar a temperaturas mais baixas. Sua primeira tarefa ao chegar a Londres foi transferir essas "aves maravilhosas" para as mãos do sr. Bartlett, o principal zelador dos Jardins Zoológicos. "Atraindo muita atenção", elas eram as primeiras aves-do-paraíso a ser exibidas na Grã-Bretanha, disse o *Saturday Review*, e foram postas em uma gaiola em local fechado até que um novo aviário fosse construído nos jardins. "Assim terminaram minhas viagens malaias", recordou Wallace com melancolia.[1]

Retornar à Europa foi para ele uma espécie de graça ambígua. Ele precisou se atualizar sobre muitas coisas, não apenas em relação ao progresso da seleção natural e à ascensão de *A origem das espécies* de Darwin, mas também à sua vida profissional e privada. Todos aqueles anos de dificuldades tinham causado danos. Londres foi um choque físico para o sistema de Wallace, tão monótona depois da exuberância do Oriente. Ele esquecera como as construções eram sombrias, como era frenético o ritmo da vida no

[1] Wallace, 1905, v.1, p.384. As aves-do-paraíso estão em Scherren, 1905, p.134.

século XIX, e se sentiu estranhamente desorientado pelo ruído dos cavalos e carruagens nas ruas. O ar úmido se entranhava em seus ossos.

> Fui viver com meu cunhado, sr. Thomas Sims, e minha irmã, sra. Sims, que tinham um negócio de fotografia em Westbourne Grove. Ali, em um grande quarto vazio no alto da casa, reuni todas as coleções que reservara para mim e das quais meu agente, sr. Stevens, tinha cuidado em minha ausência. Vi-me cercado por enorme quantidade de caixotes e caixas de embalagem, de muitas das quais eu não vira o conteúdo durante cinco ou seis anos, e por cujo exame e estudo eu ansiava com intensa excitação.[2]

Durante quatro meses, ele fez pouco mais que ficar na casa da irmã e se aclimatar. Ao mesmo tempo, talvez tenha se entristecido por terminar suas viagens. Mas, na primeira oportunidade, entrou em contato com Darwin, enviando-lhe uma colmeia selvagem do Timor, esperando que ela "seja interessante para o senhor". E era – pouco depois, Wallace enviou espécimes das abelhas que a haviam construído.

Ambos pareciam bastante dispostos a adiar um encontro pessoal. Talvez tivessem acontecido coisas demais desde a sua inesperada união literária. Eles preferiram se corresponder de modo educado a respeito das resenhas e críticas à sua teoria, relaxados um com o outro por correio. Poderia ter sido pior. Faminto por contato intelectual enquanto estivera longe, Wallace ansiava por discutir os elementos principais de sua teoria com a única outra pessoa que a entendia verdadeiramente. Ele não conhecia a terceira edição de *A origem das espécies* (o exemplar que Darwin lhe enviara devia estar em Cingapura, disse ele, desculpando-se), mas não demorou a dizer a Darwin que sentia que era uma má ideia listar todas as dificuldades de forma tão proeminente. "O senhor ajudou aqueles que querem criticá-lo *exagerando* as dificuldades e objeções – vários deles citam suas próprias palavras como os argumentos mais fortes contra o senhor", disse.[3] Wallace tirou seu exemplar da primeira edição da bagagem e começou a examinar os pontos em que concordavam ou divergiam.[4]

---

2 Wallace, 1905, v.1, p.385.

3 *Correspondence*, v.10, p.217.

4 O exemplar de Wallace de *A origem das espécies*, de 1859, está na Keynes Collection, Cambridge University Library. Beddall, 1988b, conta essa história e transcreve as anotações de Wallace.

Em junho ou julho de 1862, Wallace visitou Darwin na Down House, embora não exista registro do encontro além da declaração de Wallace de que ele realmente ocorreu.[5] Outros contatos foram interrompidos pela escarlatina contagiosa de Leonard Darwin, seguida por uma longa estada de convalescença da família Darwin em Southampton e Bournemouth, durante a qual Emma também contraiu escarlatina. "Somos uma família desgraçada", declarou Darwin a Fox, "e devíamos ser exterminados. [...] Não há fim para os problemas neste mundo fatigante". Então Wallace adoeceu com pleurisia. Pelo menos, essas doenças forneciam um tema de conversa conveniente, e a sombria troca de notícias sobre enfermidades ajudou a consolidar a relação que se desenvolvia entre eles. No inverno seguinte, Wallace e Darwin se encontraram na casa de Erasmus, em Londres, para um evento breve e cortês que confirmou a cordialidade de um em relação ao outro.

No meio-tempo, Wallace se apresentou em Londres a Lyell e Huxley, ambos ansiosos por conhecê-lo. A originalidade e a perspectiva nova de Wallace os atraíam enormemente. Como um dos cofundadores da seleção natural, eles previam que ele também seria um acréscimo inestimável à campanha em que as fileiras da biologia estavam empenhadas. Essas expectativas se aprofundaram em estima quando eles tomaram conhecimento das explorações de coleta de Wallace, de sua curiosidade intelectual e de seu caráter cortês. Lyell valorizava a opinião de Wallace sobre questões evolucionistas quase como se fosse a de Darwin – às vezes precisamente porque não era a de Darwin. Porque Lyell se lembrava de quanto os primeiros artigos de Wallace haviam estimulado sua imaginação e o inspirado a iniciar um diário científico privado sobre o problema das espécies, e saudou a disposição de Wallace para falar sobre a condição humana e outros tópicos absorventes que Darwin às vezes parecia relutante em sondar. Wallace falava livremente com Lyell sobre arqueologia, cultura primitiva, linguagem, biogeografia, astronomia geológica e o propósito do universo. A apreciação era mútua. Wallace dizia sobre Lyell que

> Passei mais tempo com ele que com qualquer outro homem. [...] Minha correspondência com ele era mais variada nos temas abordados, e em alguns aspectos de interesse mais geral, que minha correspondência mais extensa com Darwin.[6]

5 Wallace, 1905, v.2, p.1.

6 Wallace, 1905, v.1, p.417.

Huxley atualizou Wallace sobre as guerras de gorilas. Wallace logo passou a considerar incomparável o conhecimento especializado de Huxley sobre o lado anatômico da história natural. E ficou agradecido quando Huxley cunhou a expressão "linha de Wallace" para descrever os limites biogeográficos entre as faunas da Ásia e da Australásia.[7] Arrastado na corrente de Huxley, Wallace tornou-se membro da Zoological Society e começou a desfrutar da companhia de uma parte do grupo científico mais avançado da Grã-Bretanha no século XIX.

Seu círculo também incluía Henry Walter Bates, que voltava da Amazônia à Inglaterra. De forma hesitante, os dois viajantes imaginavam o que ainda tinham em comum, se é que tinham alguma coisa, e seu relacionamento, embora permanecesse próximo, nunca mais foi tão solidário como fora em Leicester ou na selva da América do Sul. Juntos, combinaram de se reunir com Herbert Spencer, cujo *First Principles* tinham lido em 1862 e admirado. As ideias de Wallace e Bates estavam repletas do grande problema não resolvido da origem da vida, "um problema que *A origem das espécies* de Darwin deixou na mesma obscuridade de sempre", anunciou Wallace quando eles foram se encontrar com Spencer.

Por baixo das boas-vindas que Wallace recebeu do *establishment* científico, porém, espreitava certa animosidade. Esses homens elegantes caíram sobre ele com velocidade alarmante, aparentemente impacientes para sugar dele tudo o que pudessem. Queriam saber o que ele tinha a oferecer, que espada poderia brandir.

Na verdade, Wallace achou difícil identificar qualquer papel adequado para si na Grã-Bretanha nos anos posteriores a *A origem das espécies*. Por vezes, pode ter-lhe parecido que ele não era necessário. Grande parte da explosão evolucionista acontecera sem sua presença. Darwin parecia controlar plenamente a divulgação da ideia de seleção natural na Inglaterra e no exterior, e a atividade de defesa pública estava nas mãos de indivíduos como Huxley, que dominava praticamente todos os aspectos da controvérsia e não parecia disposto a dividir as atenções. Além disso, o nome de Darwin estava se tornando reconhecidamente sinônimo da teoria da seleção natural. Qualquer chance de um movimento evolucionista chamado wallacismo – mesmo que Wallace desejasse tal coisa – provavelmente desaparecera. Vários anos depois, ao refletir sobre seu retorno à Inglaterra, Wallace disse tranquilamente sobre a teoria que Darwin "a havia tornado sua".

Talvez Wallace tenha preferido deixar as coisas como estavam. Por algum tempo, concentrou-se em distribuir e classificar suas coleções malaias – 3 mil

[7] Camerini, 1994.

peles de pássaro, 20 mil besouros e borboletas –, e passou a maior parte dos cinco anos seguintes escrevendo artigos extremamente informativos baseados nesses espécimes. Ele colaborou com textos importantes para a Zoological Society, a Entomological Society e a Linnean Society. E também não perdeu de vista a seleção natural. Em privado, começou a sondar alguns dos aspectos mais enigmáticos do esquema evolucionista seu e de Darwin, pensando intensamente sobre as cores protetoras dos animais, as capacidades mentais da humanidade e o surgimento das primeiras sociedades humanas.

Mas a existência superficial de Londres não o deixava tranquilo. Sobressaltado, ele se lembrou exatamente de por que abandonara a metrópole em troca do verde impenetrável da Malásia. "Falar sem ter nada a dizer", escreveu ele mais tarde em suas memórias, "e meramente por educação ou para passar o tempo era muitíssimo difícil e desagradável". A impressão da sra. Lyell quando o encontrou pela primeira vez, em 1863, em um almoço em Londres promovido por Lyell em sua casa na Harley Street, foi de uma figura muito recolhida, "tímido, desajeitado e bastante desacostumado à boa sociedade". Para falar a verdade, Wallace ficou chocado com o estilo de vida dos Lyell, com seu conjunto deslumbrante de garfos de prata e sua conversa formal à mesa. Ele preferia que Lyell o visitasse em seus alojamentos. Sentia-se mais à vontade na casa de Huxley, uma modesta *villa* em St. John's Wood, na época um subúrbio barato de Londres, onde Henrietta Huxley e os filhos circulavam despretensiosamente. Leonard, filho de Huxley, recordou-se das maneiras modestas de Wallace durante essas visitas. Em resumo, Wallace sentia que era mais conveniente trancar-se com suas peles de pássaros que aceitar convites para jantar.

Darwin ficou aliviado ao descobrir que ele era tão agradável – talvez, também, tão pouco propenso a criar problemas. Então, fez o que podia para facilitar o progresso de Wallace nos meses seguintes, ajudando-o a apresentar artigos às sociedades científicas das quais Wallace não era membro e escrevendo cartas de apoio. Eles desenvolveram uma amizade sólida, enraizada na boa vontade de um em relação ao outro, em suas experiências de viagem comuns e nos rigores intelectuais do que era agora um empreendimento mútuo muito maior que cada um deles individualmente. Darwin tinha admiração genuína pela mente de Wallace e sempre o tratava com deferência e respeito. Ele odiava divergir de Wallace sobre questões de história natural. Quando o fazia, ficava em dúvida sobre seus próprios poderes de raciocínio. De tempos em tempos, protestava que a teoria da seleção natural era "tanto sua quanto minha".

Era, no entanto, um relacionamento estranho, tão complicado de lidar quanto qualquer casamento arranjado, e os dois se sentiam inclinados a ir devagar. Darwin não deixou que a promissora nova ligação entre eles, por exemplo, interrompesse seus contínuos projetos de pesquisa e escrita. Os dois nunca apareceram juntos em um pódio científico, nunca redigiram juntos um artigo, nunca se levantaram unidos para defender sua teoria combinada contra oponentes, nunca posaram para um retrato duplo, embora um fotógrafo perspicaz de olho na posteridade tenha perguntado se estariam dispostos a fazê-lo. Bastante unidos nesse único momento, os dois recusaram espontaneamente o pedido.[8] Embora a parceria fosse notável, nunca se comportaram como um duo. E isso certamente tinha a ver com o desejo bastante arraigado em cada um de reconhecer a criatividade independente do outro. Eles afirmavam os laços que os ligavam e, normalmente, seguiam seus caminhos individuais.

II

Com seu livro sobre orquídeas publicado, Darwin voltou-se para o que considerava sua tarefa apropriada para o futuro – apresentar todas as evidências em favor da seleção natural. Ele prometera fornecer essas evidências no prefácio de *A origem das espécies*, e seu senso de justiça dizia-lhe que deveria cumprir a promessa, por mais desagradável que a considerasse. Mas isso se tornaria um projeto enorme, inacabado, talvez interminável. De 1862 a 1868, quando o primeiro de seu planejado trio de livros foi publicado, ele se esforçou incansavelmente. Começou com a variação em organismos domésticos, assunto amorfo e difícil. "Oh, Senhor que será de meu livro sobre variação!", exclamara para Hooker no meio de suas felizes experiências com as orquídeas. Agora sua voz se tornava desconsolada, como se a diversão tivesse cessado e o verdadeiro trabalho fosse começar. "É tão mais interessante observar que escrever."

O antigo tema da variação arrastou-o de volta ao mundo dos criadores de animais, adestradores de cães, agricultores e horticultores e permitiu que consolidasse todos os fatos disparatados que vinha coletando durante décadas. O resultado foi um estudo em dois volumes chamado *Variation of Animals and Plants under Domestication* [A variação de animais e plantas em domesticação], publicado em 1868. Ele pretendia segui-lo com um volume sobre a variação em condições naturais, o qual nunca foi escrito.

Os amigos de Darwin confessavam ficar um pouco desnorteados pelos labores que ele se autoimpunha. Como no caso das pesquisas com orquídeas, eles se perguntavam se ervilhas valiam aquele esforço. Mesmo o

---

8 De A. R. Wallace, 4 de dezembro [1869], DAR 106/7, ser.2, p.88-9. Wallace expressou com frequência suas visões sobre o relacionamento deles, por exemplo em Wallace, 1903.

próprio Darwin, que foi atormentado pela saúde ruim durante esses anos, passou a sentir que sua vida talvez "não fosse longa o suficiente" para tudo que ele esperava realizar. E, no entanto, esses livros, e os experimentos feitos em casa nos quais eles se baseavam, puseram-no em um novo caminho.[9] Darwin foi levado a percepções novas que influenciaram o modo como pensaria depois sobre animais e plantas – e também seres humanos. Em grande medida, ele retrabalhou material existente. Detalhes de seus primeiros cadernos de anotações reapareceram quase inalterados no livro, e partes relevantes do antigo manuscrito de "Seleção Natural" foram jogadas no esquecimento.[10] Ele também reformulou seu entendimento dos processos de reprodução, fertilização, hereditariedade e variabilidade, expondo problemas que ocupariam sua mente por muitos anos.[11]

Mais que tudo, ele pretendia usar o novo livro para dar uma resposta extensa a críticos de *A origem das espécies*. Como inúmeros resenhistas disseram, ele não havia explicado a causa da variabilidade, como surgiam as diferenças individuais nos organismos. Em *A origem*, Darwin dizia abertamente: "Nossa ignorância das leis de variação é profunda". Assim, em *Variation* ele pretendia explicar o que conhecia sobre a fonte, a estabilidade e a transmissão de variações, tentando, em essência, entender os fenômenos de hereditariedade cerca de trinta ou quarenta anos antes do surgimento da moderna ciência da genética. Embora Darwin ainda não tivesse imaginado a teoria da "pangênese", que acabaria ocupando lugar de destaque no livro, sentia-se seguro de que a origem da variabilidade residia na perturbação do sistema reprodutor causada por fatores como domesticação, os processos de *out-crossing* (cruzamento entre indivíduos de linhagens não próximas) e *interbreeding* (intercruzamento), mudança das condições de vida e procriação sexuada (distinta da partenogênese e de várias formas de reprodução vegetativa). Ele lembrou a Hooker que "a variação é a base de tudo".[12] Darwin considerava o livro sobre variação uma sequência essencial a *A origem das espécies*.

Ademais, era para ele um projeto que só podia ser levado a cabo em sua casa e jardim. Muito subestimado por leitores vitorianos, o trabalho prático que estava por trás desse livro sobre variação era extraordinário. O livro de

---

9 Os anos de experimentos de Darwin após *A origem* raramente são examinados por historiadores. Ver, porém, Vorzimmer, 1963; 1972; Olby, 1963; Geison, 1969; Rheinberger e McLoughlin, 1984; Bartley, 1992; J. Secord, 1985. Sobre tópicos gerais em experimentação com plantas ver H. Roberts, 1929; Olby, 1985.

10 Discutido em Stauffer, 1975, p.33-4.

11 *Variation* é analisado em Ghiselin, 1969, p.160-86.

12 *Correspondence*, v.8, p.230.

Darwin estava apinhado de resultados experimentais, derivados de investigações feitas por ele próprio em sua estufa e em seu aviário ou reunidos por correspondência de associados espalhados pelo globo. Para isso, ele dependia de seu círculo de correspondentes, sua biblioteca, seus amigos, seus empregados de casa e sua família. Tudo era verificado por correspondência, leitura e experimento. "Você não precisa acreditar em uma palavra do que eu disse sobre gestação de cães", disse ele a Lyell a certa altura. "Depois que lhe escrevi me correspondi mais com o mestre de cães de caça e vejo que o registro dele não vale nada – é claro que pode estar correto, mas não é confiável." Talvez ainda mais do que quando escrevera *A origem das espécies*, ele transformou suas atividades diárias em conhecimento científico.

Apesar de Darwin chamá-las "observações triviais", essas pesquisas eram mais sofisticadas e precisas do que normalmente se supunha. Poucos autores do período, por exemplo, preocupavam-se em dizer em que sentido os descendentes eram parecidos com os pais. Assim, Darwin realizou experimentos de cruzamento nos quais tentou separar as características definidoras de cada planta ou animal entre aquelas cuja aquisição era relativamente recente e aquelas mais antigas, como as listras pretas em asas de pombos. Outras vezes, ele buscou informação sobre reversão ao tipo ancestral, permitindo o livre acasalamento entre diferentes linhagens de frango. Procurou por atavismo (termo definido primeiro em relação a plantas e só mais tarde aplicado a animais e seres humanos), no qual uma variedade bem marcada produz um retrocesso, revelando o passado hereditário, usando como exemplo os laburnos de seu jardim. Quando considerou animais de fazenda, perguntou a fidalgos fazendeiros seus conhecidos sobre características sexuais e traços secundários que eram transmitidos só por um sexo ou só eram visíveis em estágios específicos do ciclo de vida. Pensou profundamente sobre potência, acreditando que variedades mais antigas e bem estabelecidas tinham maior probabilidade que variantes recentes de transmitir suas características inalteradas, fato que visivelmente governava os livros de registro de criação de cavalos ou gado vacum de raça.

Quanto a ele próprio, a maioria de suas investigações práticas agora era feita em plantas. Darwin fez experimentos com esterilidade e fertilidade, investigou híbridos e hibridização, os efeitos de cruzamento de indivíduos com parentesco próximo e distante, o impacto de condições de vida boas ou ruins, fenômenos ligados a enxerto de plantas, monstruosidades, e o modo como variedades de plantas de jardim extremamente desenvolvidas raramente se reproduzem de modo fiel. O tempo todo ele lia e relia fontes autorizadas, em especial as de Thomas Andrew Knight e Carl Gärtner sobre herança e hibridização. Correspondeu-se com pesquisadores experimentais do período, entre eles Charles Naudin, renomado por seus estudos de intercruzamento em plantas, e o botânico suíço Carl Wilhelm von Nägeli, que trabalhava com hibridismo de plantas em Munique. Logo entrou em contato com August Weismann, de Freiberg, que estava interessado em tópicos semelhantes, e começou a escrever a ele. Como Naudin, Gärtner e Gregor Mendel, cada um dos quais investigador do mesmo espectro amplo de fenômenos hereditários durante a década de 1860, Darwin esperava que informações derivadas de experimentação cuidadosa com plantas – organismos experimentais ideais no período – revelassem pelo menos alguns dos mistérios da herança.

Curiosamente, ele incluiu a humanidade em sua pesquisa, considerando os seres humanos como organismos domesticados evidentemente variáveis. Durante esses anos, consultou antropólogos, médicos, estatísticos, anatomistas, missionários e uma variedade de fontes impressas, de literatura de viagem à revista *Lancet*, sobre a questão da variabilidade humana. Quando suas anotações sobre a humanidade se tornaram excessivamente extensas, mesmo para um livro grande como aquele, ele as pôs de lado para um futuro volume, embora incorporasse alguns dos exemplos humanos mais surpreendentes em lugares relevantes de *Variation* – variações anatômicas como polidactilia (múltiplos dedos dos pés ou das mãos), anormalidades como lábio leporino e surdimutismo e doenças herdadas, como gota. Aqui a correspondência de Darwin com médicos como James Paget foi crucial. Também lhe aprouve mencionar alguns dos casos que discutira com o pai antes da morte deste, em 1848.[13]

Não obstante os sólidos objetivos intelectuais que escoravam a obra, insinuava-se um indiscutível ar de *Viagens de Gulliver*. As cartas de Darwin perguntavam sobre gansos ou peixes dourados, cruzamento de variedades diferentes de faisões, pepinos ou rosas abortivas. Nada parecia absurdo demais para contemplar, ainda que brevemente. "O que você diz de o trigo ser cultivado a partir de aveia no segundo ano?", perguntou John Innes em 1862. Darwin estava especialmente ansioso em relação a abelhas melíferas. A presença de abelhas neutras ou assexuadas em todas as colônias tornava problemático entender como a variação e a seleção (que dependem da reprodução) poderiam ocorrer. Os zangões não podiam transmitir características aos descendentes porque não deixavam nenhuma.[14] "Estou meio enlouquecido com o tema."

---

[13] *Variation*, v.2, p.5-10, 13-5, 22, passim.

[14] Sobre insetos sociais e teoria da evolução, ver R. Richards, 1981; Prete, 1990; J. Clark, 1997.

Quando ele perguntou, no *Journal of Horticulture*, se as abelhas poderiam variar, uma comoção de respostas negativas o obrigou a pensar com cuidado. Apicultores de todo o país diziam-lhe que não havia variações óbvias na linhagem nativa. À medida que a teia de perguntas de Darwin se espalhou, até o eminente apicultor alemão Johannes Dzierzon lhe informou que a variação era desprezível. Só um homem, sr. J. Lowe, apicultor amador de Edimburgo, pensava ter visto uma vez uma variedade de cor mais clara visitando suas colmeias. Em desespero, Darwin mudou totalmente a pergunta: se não havia diferença física, talvez houvesse variações no comportamento? Ele pediu com urgência a Lubbock que procurasse campos de trevo.

> Escrevo agora com grande pressa para lhe pedir que olhe (embora eu saiba como você está ocupado, mas não posso pensar em outro naturalista que seja cuidadoso) para qualquer campo de trevo vermelho comum (se houver um campo destes perto de você) e observe as abelhas de colmeia: provavelmente (se não for tarde demais) você verá algumas sugando na boca das florzinhas e poucas sugando na base das flores, em buracos abertos com mordidas através das corolas – tudo que você verá é que as abelhas enfiam a cabeça no fundo da extremidade superior e fuçam. Se você vir isso, pelo amor de Deus, pegue para mim algumas de cada e ponha-as em álcool e mantenha-as *separadas*. Estou quase certo de que elas pertencem a duas castas, com probóscides longa e curta. Esse é um aspecto tão curioso que parece valer a pena entender. Não consigo saber de um campo de trevo perto daqui. Peço que me perdoe por pedir este favor, que não espero nem por um momento que você conceda, a menos que tenha um campo de trevo perto de você e possa dispor de meia hora.[15]

Os coelhos domésticos também o preocupavam. Vasculhando suas antigas anotações, ele encontrou detalhes sobre raças de coelho coletados para ele por Abraham Bartlett, o chefe dos tratadores dos London Zoological Gardens. Muito tempo antes, Darwin e Bartlett tinham ponderado juntos os padrões de herança do chamado coelho himalaio, uma raça de exposição de boa aparência, com pelo branco e orelhas, nariz, rabo e pés pretos. A pedido de Darwin, Bartlett começou a realizar cruzamentos selecionados entre himalaios e outras raças. Esses cruzamentos às vezes produziam

15 *Correspondence*, v.10, p.387-8.

animais coloridos, chamados azuis, resultado desconcertante que só foi totalmente explicado com o advento da genética mendeliana. Darwin ficou desnorteado. "Os efeitos do cruzamento são às vezes maravilhosos ao revelar características antigas e perdidas ou produzir novas características."[16] Mas ele visitou as coleções do British Museum para examinar peles. Passou a acreditar que as marcas (pontos) pretas eram ubíquas, como em gatos, cães, gado de Chillingham, veados e cavalos, e que as pelagens prateadas, azul--acinzentadas, eram reversões a um colorido selvagem aborígine.

Então, ele se concentrou nos ossos, fervendo carcaças de coelho em um telheiro e medindo os esqueletos, convencido de que coelhos domésticos deviam ter uma constituição física mais volumosa que as formas selvagens. Depois de muito tempo, encontrou uso para os coelhos que havia coletado em armadilhas na ilha de Porto Santo, vizinha da Madeira, e trazido vivos da viagem do *Beagle*. Em 1837, ele os tinha enviado para ser expostos no Zoológico de Londres. Darwin entrou em contato outra vez com Bartlett e pediu a ele que matasse dois dos coelhos ("muito mais", disse Bartlett) e lhe enviasse os corpos. Ele imaginava que eram descendentes fugidos de variedades domésticas importadas e deviam ter revertido ao tipo selvagem. Osso após osso, ele construiu seu argumento. Em geral, essas medidas comparativas de ossos de coelho exigiam horas de trabalho paciente, com compassos de calibre graduados e um microscópio. Exasperado, ele os dispunha em fileiras na mesa de bilhar da Down House – sua mesa favorita – para ter certeza de que realmente podia ver uma cadeia de variações.

E Darwin também voltou aos pombos, finalmente produzindo um relato escrito dos anos de atenção amorosa que dedicara a eles. As aves em si haviam se dispersado muito tempo antes. E o velho pombal fora deslocado do pátio do estábulo e abandonado à hera e às crianças que ocasionalmente quisessem brincar dentro dele – embora Darwin e Emma tivessem a princípio pretendido subir pela escada de madeira e observar o pôr do sol desse novo ponto de observação no alto da parede ao lado da horta.[17] A relíquia mais tangível da época em que Darwin era um aficionado por pombos era um conjunto de esqueletos desmembrados e peles secas de espécimes representativos. Seus pombos de estimação haviam se transformado em dados prontos para virar munição.

Cada pombo doméstico, ele afirmava em *Variation*, derivava de uma única espécie ancestral, o pombo-das-rochas selvagem, ou *Columba livia*. Muitos aficionados por pombos, ao contrário, pensavam que talvez esti-

---

[16] *Correspondence*, v.10, p.193.

[17] DAR 112, ser.B, p.220.

vessem envolvidas oito ou nove espécies. "A quantidade de variações foi extraordinariamente grande", concordou Darwin.

> Antes, quando eu entrava em meus aviários e observava aves como *pouters*, *carriers*, *barbs*, *fantails* e *short-faced tumblers* etc., não conseguia me convencer de que todos descendiam da mesma linhagem selvagem, e que, consequentemente, em certo sentido, o homem havia criado essas modificações notáveis.[18]

Mas seus experimentos de reprodução convenceram-no de que era isso o que ocorria. Algo dessa ancestralidade podia ser visto no modo como as listras pretas características reapareciam nas asas. Cada raça extremamente desenvolvida portava o resíduo de sua herança. Ele disse a Hooker que isso era muito semelhante à escrita invisível e só se revelava no estágio posterior.

Sem nenhuma ave na Down House, Darwin necessariamente fazia seus experimentos fora de casa. Era ajudado nisso por William Tegetmeier, naturalista que o auxiliara num trabalho semelhante sobre aves domésticas durante a década de 1850. Tegetmeier possuía uma coleção variada de aves domésticas premiadas e estava disposto a fornecer a Darwin informações de seu quintal em Wood Green, subúrbio de Londres perto de Tottenham, fazendo acasalamentos entre diferentes raças de frangos ou pombos, confirmando resultados, perguntando a amigos que possuíam aves sobre a validade dos resultados, lendo partes do manuscrito de Darwin, providenciando que artistas produzissem ilustrações para *Variation* e, às vezes, escrevendo pequenos artigos sobre questões darwinianas que lhe passavam pelas mãos para publicação em seu nome em outros lugares. Em todos os momentos, Darwin o consultava a respeito das implicações dessas experiências de reprodução para suas teorias.

Embora permaneça misterioso o que Tegetmeier recebeu desse relacionamento, afora a pretensão de estar trabalhando com uma figura eminente como Darwin, Darwin por certo apreciava a ajuda de Tegetmeier – ele reconheceu que sem a contribuição prática de Tegetmeier suas afirmações seriam uma concha vazia. Carta após carta, ele exalava um charme persuasivo. "Estou encantado de saber que você tem as galinhas", escreveu em fevereiro de 1863.

> Assim que você tiver frangos, poderia matar as aves velhas. Penso que três seriam suficientes. Seria melhor cruzar alguns

[18] *Variation*, v.1, p.137, 213 (ed. 1875).

galos e galinhas mestiços dos dois ninhos; de modo a não cruzar irmão e irmã *plenos*. Não tenho muita esperança de que sejam em parte ou totalmente estéreis, mas depois do que me aconteceu, eu jamais ficaria tranquilo sem uma tentativa. Sugeri Turbits [pombos] porque foram publicadas afirmações de que eles às vezes são estéreis com outras raças e mencionei Carriers meramente como uma raça muito distinta. Pensei que Barbs e Fantails eram ruins unicamente porque havia feito vários cruzamentos e descoberto que metade das variações era perfeitamente fértil – mesmo irmão e irmã juntos. Enviei-lhe (*não consigo me lembrar*) uma lista manuscrita de cruzamentos?; se sim, pelo amor de Deus me devolva. Sigo *vagarosamente* em meu trabalho; mas nunca estou ocioso. Eu desejaria muito tê-lo encontrado na Linn. Soc., mas naquele dia estava me sentindo muito mal. Por favor não se esqueça de perguntar aos homens que criam aves domésticas e pombos (especialmente esses últimos) se eles já acasalaram duas aves (por exemplo, dois *almonds*, Tumblers) e não conseguiram que se reproduzissem, mas depois descobriram que ambas as aves se reproduziam quando acasaladas de outra forma.

Espero que tudo esteja muito bem com você.[19]

Ocasionalmente, o charme dava lugar à impaciência. "Você me descartou completamente por ser excessivamente importuno?", perguntou Darwin cerca de dois anos depois.

> Não tenho notícias de você há séculos. Escrevi há cerca de dois meses lhe pedindo que enviasse assim que possível quaisquer extratos e fatos, que você me disse haver coletado, sobre o número de sexos. Também qualquer relato, mesmo de uma ou duas raças das aves domésticas, como cor da plumagem das galinhas e frangos de Pile Game ou Golden Hamburg. Você me ajudará?

Em pequena escala, Darwin estava criando um Jardim do Éden privado, voltando a reunir as aves e animais do mundo doméstico, no papel ou em carne e osso, para descobrir suas origens. "Sou um verdadeiro milionário

[19] *Correspondence*, v.II, p.154.

em pequenos fatos estranhos e curiosos", disse ele a Hooker, "e tenho estado realmente assombrado com minha indústria".[20]

III

Em todo lugar havia sinais da atividade de Darwin. Bandejas de mudas se espalhavam por depósitos e telheiros. Ele encheu a horta com potes de flores emborcados, cada um protegendo uma investigação oculta. Cobriu as azaleias de Emma com redes feias no momento em que elas floresciam. Para estas, era importante usar "rede", dizia, o mesmo material usado em chapéus de senhoras, porque uma redoma ou uma campânula criaria excesso de umidade. Ele atacou a cesta de bordado de Emma em busca de lãs e sedas coloridas para usar como marcadores de plantas e trancou as exóticas orquídeas em flor de Hooker no estúdio, dizendo que eram para pesquisa e não para ornamentar a sala de estar. De vez em quando invadia as fileiras de feijões-trepadores de Lettington e Brooke para cobrir as plantas com gaze, com um propósito desconhecido de todos, exceto ele mesmo. Durante esses anos de experimentos, Darwin deve ter testado a paciência de seus jardineiros, pois tinha propensão a sair de trás de um arbusto quando eles menos esperavam, reduzindo as oportunidades para eles descansarem sobre um forcado e pensarem sobre o que fazer a seguir. Todos os dias, dava instruções à família e aos empregados. "Cobrir aquele pequeno Ervum no Sandwalk, que nunca vi as abelhas visitarem", lembrou a si mesmo, esquecendo que os garotos normalmente corriam descontrolados por lá e poderiam tropeçar em um delicado projeto experimental.

A família aprendeu a conviver com os entusiasmos dele. Algumas das lembranças mais antigas dos filhos eram de ajudar Darwin em experimentos botânicos, e foi provavelmente por meio destes – e de um número crescente de visitas de cientistas destacados à casa – que os menores passaram a perceber que o pai era famoso. Leonard voltou para casa de seu primeiro período na Chapham School decidido a ler *A origem das espécies* – é de se presumir que os outros garotos da escola tenham falado sobre o livro.

> Lembro-me de meu pai entrar na sala de estar na Down House, aparentemente procurando alguém, quando eu, então garoto de escola, estava sentado no sofá segurando *A origem das espécies*. Ele olhou por cima de meu ombro e disse: "Aposto meia coroa que você não vai chegar ao fim desse livro".

20 *Correspondence*, v.12, p.337.

Leonard de fato desistiu logo depois. Darwin "ganhou a aposta, mas nunca recebeu seu dinheiro".[21]

Nessa mesma época, George Darwin pediu ao diretor da escola, Charles Pritchard, que "lesse com ele" partes de *Orchids*, de Darwin, e repetisse alguns dos experimentos na escola. Pritchard era um botânico entusiasmado e um astrônomo de destaque e tinha uma grande estufa na Clapham Grammar School, construída de acordo com especificações dele próprio, que incluía um espaço reservado para o cultivo de samambaias. Quando Emma foi visitar a escola ("Com base no princípio da adulação", disse ela, com pressentimento maternal), foi levada para um passeio guiado nas estufas, "que são muito superiores e cheias de coisas curiosas e belas, especialmente as samambaias".[22] Pritchard provavelmente ficou contente de estimular os filhos de um autor tão eminente.

> Conseguimos fertilizar e amadurecer as sementes de *Oncidium papillo* [uma das espécies da estufa], mas não tivemos sucesso em nossas tentativas de induzir as sementes a germinar como o pai dele nos desafiou a fazer.[23]

Ter filhos de Darwin na escola e algum contato científico direto com o próprio Darwin, por mais ligeiro que fosse, era – embora se lidasse com isso discretamente – uma excelente propaganda para o compromisso de Pritchard com a educação científica.

Darwin incluiu Henrietta e Bessy em algumas pesquisas. Henrietta e ele estudaram os anúncios na *Gardener's Chronicle* e na *Cottage Gardener* e encomendaram uma caixa de Ward, um terrário de vidro, para ficar na *bay window* da sala de jantar, uma peça complicada de engenharia vitoriana que era mantida aquecida pela colocação de travessas contendo água fervente debaixo da estrutura.[24] Eles pretendiam manter nela plantas sensíveis como a mimosa, para se divertir em dias chuvosos, quando não era fácil sair para caminhar. "Há uma caixa misteriosa que chegou para você, marcada com a palavra 'vidro', mas com um tipo de tampa de grade de ferro como se tivesse alguma coisa viva dentro", escreveu Erasmus, de Londres. Mas a caixa de vidro gigante foi um fracasso dispendioso. Nem Darwin nem as meninas nem Parslow conseguiram mantê-la suficientemente aquecida.

21 Keynes, 1943, p.35.
22 DAR 219.1, p.56.
23 Pritchard, 1896, p.60. Ver também Moore, 1977, sobre a educação dos filhos de Darwin.
24 DAR 219.1, p.69.

As begônias e "Oxalis muito curiosas", com folhas que se movimentavam, fornecidas por Hooker, logo morreram.

O tempo todo, novas questões absorventes continuavam a se insinuar. Darwin discutiu a composição do estrume com vizinhos como Innes ou Norman como se nada mais pudesse lhe interessar tanto. Perguntou a parentes sobre repolhos, como se estes fossem filhos caprichosos. Pensou cordialmente sobre batatas, lembrando-se da selvagem *Solanum* que certa vez colhera na chuva na ilha Chiloè, e mandou seus jardineiros plantarem dezoito variedades comestíveis na Down House para que a família pudesse comparar a forma e o gosto dos tubérculos à mesa. Ele se preocupava com infertilidade nas faias. Os efeitos do ambiente sobre as plantas davam-lhe muito que pensar. "Não sei por que estou um pouco triste, mas meu trabalho atual está me levando a acreditar muito mais na ação direta das condições físicas", observou para Hooker. "Talvez eu mude de novo quando conseguir pôr todos os meus fatos sob um único ponto de vista, o que será uma tarefa bastante difícil."

Em outro aparte, ele elogiou prodigamente as groselheiras da Down House, gracejando com o gosto de Hooker por essas frutas antiquadas. Seus filhos participaram da brincadeira, dizendo que deviam reprimir seu apetite para garantir um bom suprimento para o amigo do pai. Francis Darwin disse que as lembranças mais antigas que tinha de Hooker envolviam esse estranho gosto por groselha.

> Lembro-me com clareza de ele comer groselhas conosco quando éramos crianças, na horta da Down House. O amor pelas groselhas era uma ligação entre nós que não existia no caso de nossos tios, que ou não as comiam ou preferiam fazê-lo sozinhos.[25]

Darwin cultivou 44 variedades de groselha na Down House, mera fração das centenas disponíveis aos cultivadores europeus, mas ainda assim suficiente para ocupar uma área substancial em seu pomar. Quase todas as variedades listadas no *Gooseberry Register* [Registro de groselheiras] de 1862, que ele discutiu em *Variation*, desapareceram há muito tempo.

Quando Hooker chegou a Downe levando de presente bananas dos Royal Botanic Gardens, elas foram apelidadas de groselhas de Kew. "Você não acha que devia ser mandado com o sr. Gower para o tribunal?", perguntou Darwin, olhando para um grande cacho vindo das estufas do governo. "Se

---

[25] F. Darwin, 1920, p.125-6.

Etty deixar a temporada de groselha passar sem me convidar, vou matá-la", brincou Hooker de volta.

Darwin também se interessava pelas relações sociais das plantas. Ele tinha curiosidade sobre as ervas daninhas – que sempre ocupavam um lugar de destaque na agenda de um jardineiro. Consideradas de modo abstrato, à luz de sua teoria, as ervas daninhas eram organismos extremamente bem-sucedidos. Eram espécies vigorosas, invasivas, competitivas, a própria imagem da saúde e da adaptabilidade. Um incidente triste no Sandwalk da Down House ilustrou isso muito mais que qualquer raciocínio teórico poderia ter feito. A área havia sido plantada por Darwin e Emma por volta de 1843, logo depois da chegada deles a Downe, com uma variedade de árvores nativas como aveleira, amieiro, tília, carpino, bétula e corniso, para se juntar aos bem estabelecidos carvalhos e faias que já estavam lá, com uma fileira de azevinhos no lado exposto próximo do vale. Emma gostava da aparência natural debaixo das árvores, com anêmonas-dos-bosques e campainhas azuis, por sua vez plantadas entre moitas de hera selvagem. De vez em quando, ela empregava um jovem para arrancar a mercurial, uma erva venenosa e invasiva capaz de avançar até mais de um metro por temporada. Em certo ano, um novo empregado entendeu mal as ordens.

> Quando meu pai e minha mãe chegaram ao Sandwalk, encontraram a terra nua, um grande monte de hera selvagem arrancada pela raiz e a abominada mercurial florescendo sozinha. Meu pai não pôde deixar de rir do desalento dela [...] e costumava dizer que foi a única vez em que ela se irritou com ele.[26]

Darwin perguntou a Asa Gray sobre as propriedades invasivas de ervas daninhas britânicas nos Estados Unidos. O dáctilo, uma grama de prado, estava naquele momento se espalhando rapidamente pelos pomares da América do Norte, o epítome de uma espécie colonizadora e empreendedora, considerada por Darwin representativa de um espírito nacional mais geral e extremamente vigoroso. As ervas daninhas britânicas eram como os colonizadores britânicos, pensava ele.

> Não fere seu orgulho de ianque nós o sobrepujarmos de modo tão irritante? Estou certo de que a sra. Gray prefere ficar com

[26] *Emma Darwin*, v.2, p.164.

> suas próprias ervas daninhas. Pergunte a ela se não são um tipo de ervas daninhas francamente mais honesto.[27]

Ele aconselhou Julius von Haast a atentar especialmente para espécies europeias invasivas na Nova Zelândia.

Sem cessar, ele voltava ao problema intrigante da vida sexual das plantas. Em particular, ao trabalhar, Darwin se concentrava no que ele e Huxley chamavam "esterilidade", mecanismos que espécies incipientes desenvolvem para evitar se misturar de novo em populações das quais tinham vindo. Isso acarretava as dificuldades práticas de manter as espécies separadas. Infelizmente, a maioria das variedades podia se cruzar perfeitamente bem com outra variedade da mesma espécie, e era difícil imaginar como uma população poderia se manter suficientemente separada para se transformar em uma nova espécie sem invocar algum tipo de isolamento geográfico ou funcional. Huxley sempre mencionava o problema quando falava em público sobre *A origem das espécies*. "Obter o grau de esterilidade que se espera em variedades formadas recentemente me parece irrealizável", Darwin protestou para Huxley em dezembro de 1862. Não obstante, era isso precisamente o que Darwin tentava fazer.

Em particular, ele matutou sobre a reprodução de *Linum grandiflorum*, o antiquado linho de jardim, produto típico dos canteiros vitorianos, que tem um estilo longo ou curto dentro de suas flores rosa ou escarlate, um dimorfismo que espelhava as prímulas com cabeça de alfinete e cabeça franjada que ele estudara um ou dois anos antes. Darwin se perguntava se essas diferenças anatômicas conteriam a pista para resolver seus problemas. Parecia provável que a curta e a longa fossem mutuamente adaptadas para garantir a fertilização cruzada. De acordo com sua teoria, flores com estilo longo teriam dificuldade de cruzar com outras flores do mesmo estilo, bem como as de estilo curto, com outras também de estilo curto. Os descendentes poderiam ter vigor reduzido – uma espécie de esterilidade incipiente.

Grande parte desse trabalho experimental era difícil de realizar. Embora a espécie do linho seja considerada resistente ao inverno na Grã-Bretanha, as plantas exigiam um canteiro aquecido. Porém, à medida que acompanhou os processos de fertilização que ocorriam debaixo de seu microscópio, Darwin se convenceu de que estava testemunhando uma diferenciação funcional entre flores que em outros aspectos eram idênticas. A "fertilidade reduzida" e o "vigor diminuído dos descendentes" ajudavam a esclarecer a natureza

[27] *Correspondence*, v.10, p.505.

do cruzamento e os híbridos em geral. Ele enviou um texto sobre o tema à Linnean Society no começo de 1863 e o discutiu em *Variation*.

Então tentou entender os padrões triplos de fertilização da salgueirinha, *Lythrum salicaria*. Essa planta complexa fazia o linho parecer brincadeira de criança. "Estou quase completamente enlouquecido com a *Lythrum*", choramingou para Gray.

> Não consigo publicar este ano sobre a *Lythrum salicaria*: preciso fazer 126 cruzamentos adicionais! Tudo que eu esperava é verdadeiro, mas tenho indicações claras de complexidade muito maior. Há três pistilos com estrutura e poder funcional diferentes e três tipos de pólen com estrutura e poder funcional diferentes, e suspeito fortemente de um total de cinco tipos de pólen, todos diferentes, em uma única espécie![28]

Desconcertado, ele pediu ao filho mais velho, William, que fizesse os cálculos matemáticos. William cumpriu a tarefa, que não era mais cansativa que somar colunas de dados bancários. Impaciente, Darwin pediu mais cálculos. Durante os meses do verão de 1862, William registrou em um caderno dezenas de investigações para o pai. Passou várias semanas estudando *Lysimachia vulgaris* (lisimáquia), comparando-a com *Lythrum* quanto ao tamanho relativo de estames e pistilos. Com a ajuda de uma câmara clara, extraiu grãos de pólen de formatos diferentes de *Lythrum* e enviou as medidas ao pai. "Terça-feira", anotou no começo de agosto, "examinei 102 plantas nesta manhã". Muitas dessas anotações só eram inteligíveis para Darwin e para ele próprio.

> Vinte e cinco flores examinadas de cinco plantas diferentes, dessas 25, 113 tinham o quinto estame mais longo, duas tinham 4x5, quase cinco tinham o pistilo em contato ou quase com o quinto estame, dez não tinham nenhum ponto,

relatou ao pai.[29] Em 1863, ele trabalhou em uma longa lista enviada por Darwin, intitulada "Lista de plantas aparentemente adaptadas para evitar autofertilização".

As desavisadas sobrinhas Wedgwood eram laçadas durante reuniões de família. Depois de uma visita a Downe, Sophy, Lucy e Margaret Wedgwood

[28] *Correspondence*, v.10, p.487.

[29] DAR 117, p.8.

(filhas de Caroline e Jos), escreveram para contar a Darwin que haviam coletado 256 "espécimes de *Lythrum*" em prados em Llandudno, como haviam sido instruídas a fazer, e as separado em três tipos.[30] "Achamos muito difícil saber quais são plantas distintas e quais apenas desvios." Darwin fez a cortesia de responder: "Meus queridos anjinhos! [...] Nunca sonhei em vocês terem tanto trabalho". No fim, alimentado com informações da família e dos amigos, em 1864, Darwin enviou outro texto longo para a Linnean Society.

Nessa atividade, Hooker, Gray e Oliver eram almas gêmeas essenciais. No final de 1862, porém, Darwin ficou encantado de localizar outro botânico com o mesmo agradável pendor experimental. John Scott era curador dos Jardins Botânicos em Edimburgo e muito interessado em hibridização e horticultura experimental. Darwin logo o arregimentou. "Eles me dão ou emprestam plantas em Kew; mas são muito fracos em prímulas", suspirou, de maneira persuasiva. "Estou cansado de encomendar plantas em viveiros de Londres; com muita frequência obtenho a planta errada."[31] Lisonjeado, depois intrigado, Scott forneceu sem restrições seu conhecimento. Ao longo dos anos, Darwin passou a gostar bastante dele e acabou fazendo muito para promover sua carreira.

IV

O melhor de tudo foi que, no final de 1862, ele decidiu construir uma estufa. Darwin estava achando muito longa a caminhada até os jardins de George Turnbull, onde o inestimável Horwood patrulhava as estufas, e provavelmente sentiu que talvez já não fosse tão bem-vindo.

"Agora vou lhe contar uma novidade *importantíssima*!", exclamou a Hooker em dezembro.

> Estou quase resolvido a construir uma pequena estufa: o jardineiro de meu vizinho, que é realmente excelente, sugeriu isso e se ofereceu para fazer planos para mim – e vejo que estão bem-feitos; ele é realmente um sujeito inteligente, que ganha muitos prêmios e é muito observador. Ele acredita que com um pouco de paciência teremos sucesso; será uma grande diversão para mim fazer experimentos com plantas.[32]

30 *Correspondence*, v.10, p.355.
31 *Correspondence*, v.10, p.596.
32 *Correspondence*, v.10, p.625.

Como era previsível, Darwin torceu o nariz para o custo previsto. Consultou vizinhos como Turnbull e Norman, escreveu a Hooker sobre fornos com capacidade industrial e a Fox sobre complicados aparelhos de ventilação mecânica com maçanetas aparafusadas para abrir e fechar, geralmente ocupando-se ele mesmo da questão. Na Down House, ele já possuía uma estufa de vidro sem aquecimento, com base de tijolo, de frente para o sul, com o telhado sobre o muro do pomar. O que ele fez naquele inverno foi construir a primeira de várias extensões aquecidas. Contratou Horwood para desenhar projetos e, durante janeiro e fevereiro de 1863, observou com ar de proprietário a construção surgir das mãos do carpinteiro da vila. Mais tarde, na década de 1870, acrescentou mais duas baias (talvez três) e instalou encanamentos para água quente nestas e na construção não aquecida original, de modo que passou a ter um conjunto de compartimentos em diferentes temperaturas.

A estufa foi concluída em fevereiro de 1863. Darwin perguntou a Hooker se poderia ter algumas plantas de Kew – "Estou ansioso por ocupá-la, exatamente como um garotinho." Ele estava impaciente para começar o trabalho.

> Eu poderia enviar minha carroça de manhã cedo, em um dia não muito frio, forrando-a com esteiras e chegando aqui antes do anoitecer. [...] Haveria cerca de cinco horas (contando a espera) na viagem até em casa.

Hooker mal teve tempo de concordar antes que Parslow estivesse no portão da frente de Kew com a carroça descoberta. Quando 160 plantas diferentes chegaram a Downe, Darwin se sentiu um pouco envergonhado. Ele fez uma observação desculpando-se por depauperar as coleções nacionais.

Desembalar os potes de flores produzidos pelo governo, "rir maldosamente" com Henrietta e contemplar experimentos futuros enquanto desenredava cada planta de sua esteira de coco era exatamente o que melhor convinha a Darwin. "Comecei o trabalho tedioso e regular sobre 'Variação em Condições de Domesticação'", disse ele a Gray. "Mas dedicar-me sem pressa às plantas é um esporte muito melhor."[33]

De um só golpe, a rotina de Darwin foi transformada. Todas as manhãs e tardes, ele passava agora cerca de uma hora na nova estufa antes de caminhar pelo Sandwalk. Havia sempre algo a providenciar, algo para acender sua imaginação, algo a planejar. Lá ele encontrava calor, plantas e paz. Essas três divindades forneciam consolo quando sua saúde deterio-

---

[33] *Correspondence*, v.10, p.300.

rada e sua atenção o afastavam do extenso manuscrito de *Variação*. Nesse aspecto, era uma grande vantagem ser um cavalheiro-amador. Darwin não estava limitado por nenhuma restrição intelectual. Não tinha compromisso de ensinar e fazer palestras, como Huxley, nem ocupação profissional a cumprir, como Hooker, nem tarefa administrativa, como Gray. Podia se dar ao luxo de seguir sua paixão para onde ela o levasse.

V

Aqui e ali, surgia um lampejo de mau humor. Darwin reagiu de modo rude a um jardineiro que escreveu no *Journal of Horticulture* no começo de 1863. O jardineiro, Donald Beaton, observou que nenhum cultivador de plantas reputado na Inglaterra desejaria ter seu nome associado a Karl Gärtner porque, afirmava ele, a maioria das declarações de Gärtner sobre cultivo de plantas não era sustentada pelas evidências. Sobressaltado, Darwin recebeu a observação como se fosse um golpe direto contra ele próprio. Ele conhecia um pouco Beaton e havia se correspondido com ele a respeito das conclusões de Gärtner: se Gärtner estava errado, Darwin também estava. Darwin publicou uma réplica contundente no mesmo periódico, usando sua autoridade de cientista de elite para silenciar Beaton. Talvez tenha feito mais do que pretendia, pois Beaton morreu de ataque apoplético no outono.[34]

Ele mal teve tempo de esfriar a cabeça antes que a *Athenaeum* publicasse um artigo sobre geração espontânea. Inexplicavelmente, Darwin explodiu. Desta vez, um resenhista anônimo do último livro de William Carpenter descartou com desdém Darwin e Carpenter como mestre e discípulo. O resenhista fez observações cáusticas sobre *An Introduction to the Study of Foraminifera* [Uma introdução ao estudo das foraminíferas] (livro de Carpenter sobre uma ordem de organismos marinhos) e depois sugeriu que as forças da vida deviam residir em um limo primal, não no "sopro de um Criador" de Darwin. O autor deixava claro que preferia a origem química de Pouchet para os organismos vivos, "heterogenia" na terminologia da época.

Carpenter respondeu à *Athenaeum* negando qualquer dívida intelectual com Darwin e indo tão longe no sentido oposto que quase afirmou que seus estudos de foraminíferas justificavam uma inferência antidarwiniana. Ele se dissociou completamente do limo sem Deus. Darwin ficou surpreso, pois contava Carpenter como amigo e convertido parcial à teoria da evolução. Perdendo todo o senso de proporção, ele revidou em abril em um artigo

[34] *Journal of Horticulture*, v.4, 1863, p.93. Agradeço a Perry O'Donovan por essa informação. Ver *Correspondence*, v.10, p.114-5 e apêndice V; *Correspondence*, v.11, p.729-40.

também publicado na *Athenaeum*. "Uma massa de lama com matéria em deterioração e passando por mudanças químicas complexas é um ótimo esconderijo para a obscuridade das ideias", fulminou contra o resenhista.

> Há um fato, ou a sombra de um fato, que apoie a crença de que esses elementos, sem a presença de quaisquer compostos orgânicos, e submetidos só à ação de forças conhecidas, poderiam produzir uma criatura viva?[35]

Então, defendia o modo como sua teoria ligava "por um fio de raciocínio inteligível uma multidão de fatos". Depois, "desabafou" com irritação em uma carta a Hooker.

> Levará algum tempo até que vejamos "limo, muco ou protoplasma" (que escritor elegante) gerando um novo animal. Mas lamentei por muito tempo ter cedido à opinião pública e usado o termo pentatêutico de criação, com o qual eu na realidade queria dizer "apareceu" por um processo inteiramente desconhecido. É simplesmente disparatado, no presente momento, pensar sobre a origem da vida; seria o mesmo que pensar sobre a origem da matéria.[36]

Hooker, que normalmente era a alma da paciência, repreendeu Darwin por interferir em questões que deveriam ser deixadas de lado.

> Não consigo suportar essa discussão tensa da ciência diante do público no *Times* e na *Athenaeum* e imploro-lhe, meu caro amigo, que não volte a fazê-lo. [...] A única parte que ganha com essas discussões é o proprietário do jornal, a única que sempre perde é a mantenedora da verdade. A ciência será muito mais aperfeiçoada se mantiver suas discussões dentro de seu próprio nicho.

Darwin nem precisava que lhe dissessem isso, mas mesmo assim enviou uma segunda carta à Athenaeum. Seu humor não melhorou quando ele

[35] *Athenaeum*, março de 1863, p.417; 25 de abril de 1863, p.554-5. Citado de Barrett, 1977, v.2, p.78. Também publicado no apêndice VII, *Correspondence*, v.11, p.754-68.

[36] *Correspondence*, v.11, p.278.

soube que o resenhista anônimo era Richard Owen. No fim, ele se acalmou e se desculpou com Hooker.

> Você dá bons conselhos sobre não escrever em jornais; tenho rangido os dentes diante de minha tolice. [...] se algum dia eu for novamente tão tolo, não tenha misericórdia de mim.[37]

E disse a mesma coisa a Lyell: "Fui um asno em escrever para a Athenaeum".

Não obstante, logo depois, ele quase discutiu com Asa Gray por causa de política. Enquanto a guerra civil dividia os Estados Unidos, os sentimentos de Darwin eram muito, muito mais exaltados do que se costuma pensar. Norte contra Sul, unionistas contra confederados, as ondas de choque reverberavam pelo globo. Desde a primeira conversa sobre secessão dos confederados até a rendição dos estados do Sul em Appotomax Courthouse, ele se envolveu atentamente: "Eu nunca soube que os jornais eram tão profundamente interessantes". Todos os dias, a primeira coisa que ele lia no *Times* eram os relatos de William Howard Russell, correspondente especial de guerra que, para os bretões, era a voz da América nos impressos públicos. Darwin contou a Gray que havia ficado desesperado com o fato de o presidente Lincoln ter inicialmente evitado a questão da escravidão para defender a União. Do outro lado do oceano, Gray apoiava ardorosamente seu presidente. "O primeiro tiro de canhão levantou meu ânimo, que, desde então, nunca se abateu", declarou, deixando que seus sentimentos ianques se mostrassem abertamente. Para ele, a questão primária era a União, não a escravidão.

Toda a fúria abolicionista de Darwin irrompeu. "Não vi nem ouvi falar de uma alma que não esteja com o Norte", escreveu, emocionado.

> Alguns poucos, e sou um deles, até esperam em Deus, embora com a perda de milhões de vidas, que o Norte proclame uma cruzada contra a escravidão. A longo prazo, um milhão de mortes horríveis seriam amplamente compensadas na causa da humanidade. [...] Deus grandioso, como eu gostaria de ver abolida essa suprema maldição da escravidão na Terra.[38]

Darwin sem dúvida simplificava as questões. Embora apoiasse a causa antiescravista de maneira mais completa que qualquer outro princípio social

---

37 *Correspondence*, v.11, p.393.

38 *Correspondence*, v.9, p.163.

em sua vida, era, no entanto, relativamente fácil para ele, instalado tranquilamente em uma aldeia da Inglaterra e escorado em uma renda privada, defender uma cruzada moral nos Estados Unidos. Convenientemente, ele esquecia as fontes coloniais e industriais da riqueza econômica britânica, esquecia que seus próprios capital e ações se baseavam no trabalho manual de trabalhadores de ferrovias, mineiros, trabalhadores fabris presos por contrato e cules que trabalhavam em *plantations*. Cheio de fervor humanitário, ignorava o complexo tumulto político e pessoal pelo qual homens como Gray estavam passando. É claro que Gray abominava o sistema de escravidão. Mas ele achava irritante que seu amigo inglês assumisse posição superior virtuosa sem aparentemente pensar nas terríveis realidades pragmáticas de manter a União.

Por outro lado, o caso do navio *Trent*, de 1861, trouxe à tona os instintos patrióticos de Darwin. Como a maioria dos bretões, ele considerou ultrajante que um navio da União interceptasse e abordasse um navio postal inglês, mesmo que transportasse dois enviados dos confederadas, e disse isso a Gray. Gray jogou as teorias científicas de Darwin de volta contra ele: "Devemos ser fortes para estar seguros e ser respeitados – a seleção natural esmaga rapidamente as nações fracas". Gray acusou os políticos ingleses de serem controlados pela turba.

"Até este momento consegui escrever com alguma solidariedade", murmurou Darwin para Hooker. "Agora devo silenciar, pois vejo o povo como uma nação de patifes consumados." Os dois ingleses concordaram que Gray estava "cego para tudo e, o que é pior, jacta-se como os maiores valentões entre eles".[39] Por algum tempo, trocaram as cartas de Gray, "tão político e quase tão louco como sempre", observou Darwin quando enviou uma delas a Hooker, em novembro de 1862. Sem se comover, Gray, do outro lado do Atlântico, passou um sermão nos dois sobre a capacidade do Norte de perseverar sozinho e expediu lembretes irritados de que os artigos no *Times* não tinham tanto significado nos Estados Unidos quanto Darwin evidentemente pensava. "O tosco, honesto e deselegante Lincoln é o *homem representativo* do país", insistiu Gray.[40] Enquanto isso, as regiões de manufatura têxtil da Grã-Bretanha enfrentavam problemas econômicos à medida que os suprimentos de algodão bruto do Sul americano escasseavam. Apesar de sua aversão à Confederação, Darwin fez uma doação de

[39] *Correspondence*, v.10, p.104.
[40] *Correspondence*, v.12, p.47-8.

dez guinéus para o fundo de auxílio dos tecelões de algodão de Lancashire, muito mais do que dava normalmente para caridade.[41]

O quase colapso das forças da União que defendiam Washington na batalha de Bull Run emocionou-o mais que o esperado.

> Consegui ler superficialmente o jornal, mas não tive coragem de ler todos os detalhes sangrentos. Bom Deus, qual será o fim?; talvez estejamos muito desanimados aqui; mas devo pensar que você está esperançoso demais de seu lado da água. Nunca acreditei na "balela" de que o exército do Potomac havia capitulado. Minha boa e querida esposa e eu mesmo passamos a desejar a paz a qualquer preço.[42]

Foi um momento tenso, embora os dois nunca tenham rompido relações. "Temo que devamos nos ater à ciência, pois ambos parecemos estar passando a ver a conduta do país do outro como sempre pior", disse Darwin em abril de 1863.[43] Quando o *Times* mudou de lado e Russell foi expulso do solo americano, Darwin expressou condolências a Gray, chamando o jornal de "Maldito velho *Times*", como William Cobbett costumava fazer.[44] Quando a guerra terminou, ele refletiu com pesar sobre os problemas mútuos deles.

> Eu o parabenizo e posso fazer isso honestamente, pois minha razão sempre me instigou e me ordenou a ter sinceros bons desejos pelo Norte, embora eu não pudesse fazê-lo com tanto entusiasmo, pois sentia que éramos tão odiados por você. [...] Declaro que ainda mal posso perceber o grandioso, magnífico fato de que a escravidão está chegando ao fim em seu país.[45]

Não muito abaixo da superfície dessa correspondência jaziam pensamentos ansiosos sobre Louis Agassiz. Tanto antes como durante o período da Guerra Civil, a definição de espécie de Agassiz dava crédito à ideia de marcadas diferenças raciais ou humanas. Seus seguidores, e em várias ocasiões o próprio Agassiz, afirmavam que os negros eram uma espécie

---

[41] Down House MS, Classified Account Books.

[42] *Correspondence*, v.10, p.331.

[43] *Correspondence*, v.11, p.333.

[44] *Correspondence*, v.12, p.318-1. Ver também Brogan, 1975.

[45] *Calendar* 4467, datado devidamente de 19 de abril de 1865, e *Calendar*, 16 de abril de 1866. Gray Herbarium, Harvard University.

separada dos caucasianos, ponto de vista que tinha implicações imediatas para o movimento antiescravista. Durante muito tempo, Agassiz estivera convencido de que desde o início os seres humanos tinham sido divididos por Deus em algumas espécies – um corolário lógico para sua crença na identidade criada separadamente de cada forma viva. Ele propunha que os negros eram, em termos fisiológicos e anatômicos, distintos dos brancos, criados por Deus para ser fixados em sua separação.

Ao dizer isso, Agassiz se juntava à controvérsia sobre a unidade ou pluralidade da raça humana, que se havia iniciado décadas antes dos textos de Darwin e espalhara-se amplamente pela cultura contemporânea durante as décadas de 1830 e 1840, em especial nos Estados Unidos, quando ganhara significado científico e antropológico com o estudo de Samuel George Morton sobre crânios e o notório *Types of Mankind* [Tipos de humanidade] (1954), de Josiah Clark Nott e George Robbins Gliddon, que forneciam uma série de justificativas aparentemente biológicas para a inferioridade dos negros. Biologia racial, política e a origem das espécies combinaram-se de uma maneira feia durante a crise da guerra, principalmente porque os textos de Agassiz emprestavam autoridade científica a sulistas determinados a defender o sistema escravista. Agassiz tornou-se dogmático em sua oposição à transmutação, cada vez mais veemente em sua biologia racial e criacionista. Ali estava um homem celebrado na direção da vida intelectual de seu país de adoção, um excelente naturalista e amante da natureza, um apoiador firme da União – Agassiz era um completo quebra-cabeça para seus colegas. Seus alunos sentiam a tensão. Desde aproximadamente 1963, alguns deles começaram a se afastar do museu de Agassiz em Harvard, atraídos pelo universo alternativo de Darwin ou desenvolvendo sua própria forma de evolução não darwiniana.[46]

Opositores como Gray ou Lyell eram francamente repelidos pelos pronunciamentos públicos de Agassiz. Gray, cuja antipatia por ele era agora intensa, extravasou seus sentimentos para Hooker.

> Este homem, que poderia ter sido tão útil à ciência e que prometia tanto, foi durante anos uma ilusão, uma cilada e uma fraude e está nos causando dano maior que o bem que jamais fará.[47]

[46] Bowler, 1983; 1988.
[47] Citado de Lurie, 1960, p.310. Ver também p.312-3.

VI

Em 1863, três livros importantes escritos pelos apoiadores mais próximos de Darwin saíram dos prelos ingleses, cada autor a seu modo defendendo e ampliando a evolução. Esses livros apresentavam evidências indiscutíveis de que a seleção natural não era algo passageiro. O escopo e a lógica da seleção natural eram evidenciados para os contemporâneos, mesmo que não fossem aceitáveis para alguns deles. E como modo de comunicação formal, os livros tinham impacto material. Embora jornais, periódicos e revistas fossem importantes para Darwin na época, os livros eram mais adequados para discutir as múltiplas questões que surgiam agora. O apoio amistoso que Darwin recebeu inicialmente de seu círculo de conhecidos em resenhas foi, com efeito, transformado em um espaço genuinamente público, no qual outros autores e outras audiências começaram a participar do debate e da negociação. Esses livros iam muito além da tese original de Darwin. Contencioso e resiliente, o "darwinismo" começou a se desenvolver como um corpo de pensamento.[48]

Lyell encabeçou a investida. Ele estava mais que disposto a tornar públicos os resultados acumulados de suas investigações sobre a história inicial da humanidade. Ainda acreditava que havia na humanidade um lado espiritual que desafiava a explicação racional. Mas alcançara um estágio tão avançado em suas pesquisas que tinha de publicar, fossem quais fossem as consequências. Suas cartas a Darwin eram cordiais como sempre. Sociável, ele teria gostado de encontrar mais seu velho amigo no circuito científico. Lembrava-se de maneira sentimental da longa amizade entre eles e prometia a Darwin que seu novo livro apoiaria a evolução. Em troca, Darwin admirava a coragem de Lyell – reconhecia que o que havia sido relativamente fácil para ele aceitar era um sofrimento para o amigo mais velho. "Considerando sua idade, suas visões anteriores e sua posição na sociedade, penso que a conduta dele foi heroica neste assunto."[49]

O título de Lyell era direto: *The Geological Evidences of the Antiquity of Man with Remarks on Theories of the Origin of Species by Variation* [As evidências geológicas da antiguidade do homem com observações sobre teorias da origem das espécies por variação]. O livro foi publicado por Murray na primeira semana de fevereiro de 1863, esgotando-se de imediato, tendo sido reimpresso três vezes em 1863 e amplamente resenhado. A firma de G. W. Childs, da Filadélfia, publicou uma edição norte-americana, e em 1864 o livro estava disponível em alemão, francês e holandês. "Estou lendo

---

48 Moore, 1991. Ver também Peckham, 1959; Bowler, 1985.

49 *Correspondence*, v.8, p.299.

seu livro sobre a antiguidade do homem", escreveu William Whewell a Lyell em fevereiro, "como o mundo inteiro fez ou está fazendo". A Mudie's Circulating Library comprou vários milhares de exemplares para distribuir a um público impaciente por tudo ligado a evolução.

Nesse livro, Lyell abria a cortina da civilização para revelar o mundo da história geológica humana. Até então, a escassez de restos fósseis humanos tinha sugerido que a humanidade era muito recente em termos geológicos, visão que combinava bem com a ideia de que a humanidade só aparecera quando a Terra atingira seu estado moderno, depois do período glacial ou – para aqueles que acreditavam no dilúvio bíblico – no momento em que as águas haviam recuado. Lyell empurrava a origem dos seres humanos para muito antes dessa linha divisória aquosa, no passado geológico profundo. Seu texto, como sempre, era vívido. A descrição que ele fazia da descida por corda de Phillipe-Charles Schmerling até as galerias subterrâneas e câmaras de cavernas belgas em busca de ossos ancestrais atraía o interesse dos leitores. Além disso, o uso que ele fez da expressão "elos perdidos" no registro fóssil instalou-se de modo permanente na mente do público.[50]

E ele atiçou a imaginação de contemporâneos tão variados como Julio Verne, que usou a visão ampliada de tempo de Lyell em *Viagem ao centro da Terra* (1864), e o autor de livros de geologia Louis Figuier. Na segunda edição de seu volume ilustrado *La Terre avant le Deluge* [A terra antes do dilúvio] (1867), Figuier jogou fora o Jardim do Éden para mostrar um mundo selvagem habitado por homens e mulheres vestidos com peles e empunhando machados de pedra.[51] Em resumo, o livro de Lyell destruiu o acordo tácito de que a humanidade devia ser uma reserva exclusiva de teólogos e historiadores. De certa maneira, ele deu às pessoas seu passado geológico. Foi o primeiro livro importante desde *A origem das espécies* a abalar a visão que a humanidade tinha de si própria.

Ofendido pelo tema e confiante em que os seres humanos só tinham aparecido na Terra recentemente, Richard Owen escreveu de modo mal-humorado a Murray dizendo que "às vezes pensava em um ensaio sobre a novidade do homem".[52]

---

[50] C. Lyell, 1863, p. xi. Ele já havia usado a mesma expressão, embora com um sentido ligeiramente diferente, em *Elements of Geology*, 1851, p.17. Para a ascensão de "antiguidade humana" como categoria de pensamento ver Grayson, 1983; Reader, 1988; Bowler, 1986; Van Riper, 1993.

[51] Comparar a primeira edição de Figuier, publicada em 1863 e ilustrada por Eduard Riou, e a segunda, publicada em 1867. Discutido em Moser, 1998, especialmente pranchas 5.7 e 5.9. Ver também Rudwick, 1976; 1989.

[52] R. Owen a J. Murray, 21 [sem mês] 1866, John Murray Archives.

Quando Darwin folheou as páginas de Lyell, porém, não conseguiu encontrar nenhum toque de clarim para a evolução. Perto do final, Lyell certamente confirmava haver mudado de ideia sobre a transmutação desde a primeira edição de *Principles of Geology* e que agora estava com Darwin. Mas depois de se estender sobre Lamarck e admitir que cometera uma injustiça a ele em *Principles*, Lyell descrevia de maneira muito minuciosa as objeções técnicas a *A origem das espécies*. Havia um hiato imenso entre homem e animal, declarava ele. Como esse hiato era transposto permanecia um "mistério profundo". "Oh", exclamou Darwin na margem de seu exemplar.

Darwin havia escorado suas esperanças na possibilidade de Lyell fazer uma admissão explícita. Com esse objetivo, tinha pressionado, cutucado, atormentado e bajulado Lyell ao longo dos anos, tudo, ao que parecia, para nada. "Estou enormemente decepcionado com a excessiva cautela de Lyell", anunciou a Huxley. "Profundamente decepcionado", disse a Hooker.[53] O livro era mero "compêndio", declarou desesperançado. Criando uma situação que se revelou constrangedora, ele convidara os Lyell para um fim de semana na Down House após a publicação.

> Os Lyell virão para cá no domingo à noite para ficar até quarta-feira. A situação me apavora, mas devo dizer quanto estou decepcionado por ele não ter falado em espécie, muito menos em homem. E o mais engraçado é que ele pensa que agiu com a coragem de um antigo mártir. Espero ter talvez assumido uma visão exagerada da timidez dele, e ficarei *particularmente* contente em ter sua opinião sobre esse entendimento. Quando obtive o livro dele, folheei as páginas e vi que ele discutira o tema das espécies e disse que pensava que ele poderia fazer mais que todos nós para converter o público; e, agora, (o que torna o caso pior para mim), devo honestamente me retratar. Como eu gostaria que ele não tivesse dito uma palavra sobre o assunto.[54]

Seu estômago o salvou. Emma declarou que ele estava se sentindo demasiado indisposto para receber visitas. Logo depois, Darwin escreveu

---

53 *Correspondence*, v.11, p.173, 181.

54 *Correspondence*, v.11, p.173-4. Darwin se refere a uma carta a Lyell, de 4 de fevereiro, em que diz: "Acabo de receber o grande livro. Agradeço muito sinceramente por ele. [...] Folheei as páginas sobre espécies e estou muito contente de ver que você tocou em muitos dos pontos que me parecem os mais importantes e que geralmente não são tocados por outros. Li o último cap. com grande interesse". Ibid., p.114.

uma carta desnecessariamente franca a Lyell, queixando-se de que ele não estava fazendo o suficiente para ajudá-lo. Então, explicou em detalhe as diferenças entre ele próprio e Lamarck. O volume de Lamarck era

> um livro deplorável; e um livro com o qual (lembro-me bem de minha surpresa) não ganhei nada. [...] Devo acrescentar que Henrietta, que é uma crítica de primeira e a quem eu *não disse uma palavra* sobre Lamarck, ontem à noite comentou "É justo que *sir* C. Lyell sempre chame sua teoria de uma modificação da teoria de Lamarck?".[55]

Lyell ficou transtornado. Respondeu que havia se expressado até o "limite máximo" de suas possibilidades, "muito além do que minha imaginação e meu sentimento podem seguir, o que suponho tenha causado incongruências ocasionais".[56] Da perspectiva de Lyell, provavelmente parecia que Darwin queria extorquir dele a própria alma. Sua ambivalência sobre a evolução era real. Como Hooker observou, Lyell estava "pouco entusiasmado e muito obstinado". Apesar de todos os vínculos amistosos entre eles, Darwin nunca perdoou realmente Lyell por ter traído suas esperanças.

O livro de Lyell estava destinado a provocar contrariedades também em outros lugares – contrariedades que tornavam óbvias as divisões entre esses naturalistas vitorianos. Um após outro, os amigos de Lyell queixaram-se de *Antiquity of Man* por outras razões. Falconer disse que Lyell tinha roubado seus resultados. Prestwich afirmou o mesmo. E também John Lubbock, que tinha provas reais de que Lyell se apropriara de sua obra publicada sobre as habitações lacustres da Dinamarca e consequentemente resenhou o livro em termos inamistosos na *Natural History Review*.[57] Darwin teve de intervir entre Lubbock e Lyell para aquietar seus ânimos exaltados.

Então Richard Owen lançou uma saraivada de tiros na *Athenaeum*, esperando atingir qualquer darwiniano que passasse ao declarar que os fatos apresentados no capítulo de Lyell sobre crânios (que havia sido escrito por Huxley) eram falsos. Deixando temporariamente de lado seus problemas, os darwinianos trabalharam juntos. Falconer atacou Owen na *Natural History Review*, Hooker defendeu Lyell ("pobre caro L.") e Huxley forneceu com insolência a Lyell material suficiente para um revide anatômico. Rolleston apoiou Huxley na *Athenaeum*. Darwin simplesmente declarou que como

---

55 *Correspondence*, v.11, p.223.
56 *Correspondence*, v.11, p.217-8.
57 Bynum, 1984; Wilson, 1996.

adversário Owen era o próprio diabo. "Estou queimando de indignação." Assim, quando Jacques Boucher de Perthes encontrou uma mandíbula humana fossilizada nos túmulos de Moulin-Quignon – a primeira mandíbula humana –, a descoberta foi abatida mesmo antes de levantar voo. Falconer denunciou a mandíbula como uma fraude, enquanto Carpenter, que não tinha nada de especialista, perversamente a autenticou como genuína. Owen retaliou criticando o relato de Falconer sobre o recém-descoberto *Archaeopteryx*, um pássaro-réptil intermediário, "um estranho ser ao estilo de Darwin". Para Owen, os ossos fósseis de maneira alguma representavam um elo entre pássaros e répteis.

Em resumo, esses homens talentosos provocaram uma briga agressiva a respeito da antiguidade humana e da evolução, na qual cada um deles lutava por primazia. Personalidade e compromisso intelectual eram as forças dominantes na avaliação dessas descobertas fósseis importantes e no direito de falar sobre a antiguidade humana. "É deplorável ver homens lutando assim por um pouco de fama", disse Darwin, abstendo-se deliberadamente da controvérsia.

VII

O livro de Huxley se chamou *Evidence as to Man's Place in Nature* [Evidências quanto ao lugar do homem na natureza] e foi publicado algumas semanas depois do de Lyell. "O objetivo de Lyell é tornar o homem antigo", protestou a *Athenaeum*, "o de Huxley é degradá-lo".

Primeiro, porém, Huxley publicou suas aulas para trabalhadores. Ele enviou um exemplar desse panfleto a Darwin, que o declarou

> simplesmente perfeito. [...] De que serve escrever um grande livro trovejante quando está tudo neste livrinho verde, tão desprezível por seu tamanho? Em nome de tudo o que há de bom e de ruim, eu bem poderia parar de trabalhar totalmente.[58]

Contente, Darwin mostrou as aulas à filha Henrietta, que encontrou um par de erros tipográficos e (com a seriedade pomposa da juventude) disse ao pai que desejava que Huxley escrevesse "algo que as pessoas possam ler; ele escreve tão bem". Depois disso, Huxley a chamou de Miss Radamanthus Minor, uma alusão ao juiz com olhos de águia da mitologia grega.[59]

---

[58] *Correspondence*, v.10, p.6n.

[59] L. Huxley, 1900, v.I, p.264, nota; *Correspondence*, v.11, p.176-7.

Man's Place in Nature era muito mais feroz. O texto mostrava Huxley em seu extremo de rispidez. Ele o considerava uma refutação definitiva das visões de Owen sobre macacos, cérebros e seres humanos. Onde Lyell hesitava, ele caminhava com rapidez, alternadamente cínico e acerbo.

Mas era um desenho a traço que realmente dizia tudo. Ao abrir pela primeira vez o livro de Huxley, os leitores viam exatamente qual seria seu argumento. No frontispício, havia cinco esqueletos de pé, enfileirados, cada figura ossuda levemente inclinada para frente e pronta a evoluir para a próxima. De gibão a orangotango, chimpanzé, gorila e homem, a implicação não podia ser mais clara. Os seres humanos eram o resultado de uma série de mudanças físicas a partir do estado simiesco.

Como todas as imagens com uma mensagem política, esta exigira uma preparação cuidadosa. Huxley contratou Benjamin Waterhouse Hawkins, ilustrador de zoologia, para desenhar os esqueletos em escala de espécimes do Royal College of Surgeons e depois aumentá-los ou reduzi-los como fosse necessário para apresentar o argumento. A pose era a mesma em todos os casos, e a sequência (da esquerda para a direita) era um entendimento intuitivo do modo ocidental de ler linhas de desenvolvimento. Uma propaganda visual inspirada.

No texto que se seguia, Huxley mostrava como a humanidade devia, com base em todos os fundamentos biológicos lógicos, ser situada com os símios. Como sempre, Richard Owen era o inimigo a quem ele se dirigia abertamente.

> Não sou eu quem procura basear a dignidade do homem em seu dedão do pé ou insinuar que estaremos perdidos se um símio tiver um *hippocampus minor*. Ao contrário, fiz o melhor possível para acabar com essa vanidade. Empenhei-me em mostrar que nenhuma linha de demarcação estrutural absoluta, mais ampla que a que existe entre os animais que nos sucedem imediatamente na escala, pode ser traçada entre o mundo animal e nós mesmos; e devo acrescentar a expressão de minha crença de que a tentativa de traçar uma distinção psíquica é igualmente inútil e que mesmo as faculdades mais elevadas de sentimento e de intelecto começam a germinar em formas inferiores de vida. [...] O amor materno é vil porque uma galinha o demonstra ou a fidelidade é desprezível porque um cão a possui?[60]

[60] T. H. Huxley, 1863, p.109, 111.

Ele conhecia sua audiência suficientemente bem para incluir algumas palavras sobre sociedades humanas primitivas e suas supostas propensões animalescas, inclusive uma desnecessária descrição de canibalismo, com uma gravura de um chamado açougue no Congo, complementada por vários braços e pernas. Esses bocados sensacionalistas para o público não foram muito bem-vistos pelos amigos de Huxley. Lyell disse: "Espero que você não mande nenhuma dessas folhas *perigosas* para impressão sem o *imprimatur* da sra. Huxley". Falconer protestou que "não deixaria nenhuma moça olhar para isso".[61] Um dos jovens acólitos de Huxley, o anatomista comparativo St. George Mivart, observou com desaprovação que vira o livro à venda em uma banca de livros em uma estação ferroviária, disponível a qualquer pessoa. Resenhistas notaram a mesma falha. Um deles observou secamente: "Ainda não estamos obrigados a ficar de quatro com o professor Huxley".[62] Outro o acusou de mergulhar "nas florestas africanas em busca de seu avô".

O livro era pouco mais que um agrado para a multidão, embora tivesse a vantagem de expressar, em escala pequena, as questões anatômicas que estavam em jogo. No entanto, ele se espalharia pelo mundo quase tão rapidamente quanto *A origem das espécies*. William Appleton, em Nova York, produziu uma edição norte-americana. Charles Mudie, reconhecendo um bom título quando o via, comprou várias centenas de exemplares para sua biblioteca de empréstimo. Darwin o saudou, deliciado. "Viva, o Livro do Macaco chegou", gritou em triunfo. "Anseio por lê-lo, mas estou determinado a me abster até ter terminado Lyell – e estou apenas na metade dele. As ilustrações são esplêndidas."[63]

Rápido como um raio, Huxley respondeu: "Por que a srta. Etty não mandou nenhuma observação crítica sobre esse assunto pelo mesmo correio? Eu ficaria imensamente agradecido por isso".[64]

Comentadores vitorianos foram igualmente rápidos em notar que o nome do jogo de Huxley era beligerância. Em maio, foi publicada, na revista *Public Opinion*, uma paródia bem observada que brincava com o evidente gosto de Huxley pela discussão,

61 Lyell citado de Bibby, 1959, p.92. Falconer citado de *Correspondence*, v.II, p.179.
62 Denison, 1865; Pattison, 1863, p.17.
63 *Correspondence*, v.II, p.148.
64 *Correspondence*, p.177.

> Um relato de um triste caso recentemente submetido ao prefeito, Owen contra Huxley, no qual serão apresentados de modo completo os méritos do Recente Grande Caso dos Ossos.[65]

Nessa paródia, Owen e Huxley eram retratados como vendedores de rua vitorianos arrastados para uma sala de tribunal por brigarem. Ao longo de todo o julgamento fantasioso, eles gritavam insultos cultos um ao outro: "corno posterior", *hippocampus* e assim por diante. Essa vulgaridade não tinha "nada de humana", declarava o juiz, ao que o personagem de Huxley gargalhava com grosseria. Jovens vendedores de mercadorias em carroças, que estavam na galeria, entre eles Hooker, "na fileira do verde e vegetal", e "Charles Darwin, o aficionado por pombos", estimulavam Huxley. O personagem de Owen recusava-se a deixar Huxley prestar o juramento – como o tribunal poderia aceitar uma declaração juramentada de um homem que não acreditava em nada?, perguntava, empedernido. O personagem de Huxley retrucava que Owen era igualmente ruim, porque "não sabe distinguir uma mão de um pé". No fim, o juiz declarava que "nenhuma punição poderia reformar transgressores tão incorrigíveis". Essa farsa de caserna captava de maneira inteligente os principais argumentos que estavam em jogo, o político e o teológico tão facilmente quanto o anatômico. Dizia-se que o inventivo autor era George Pycroft, cirurgião e membro da Geological Society.[66] "É excelente", disse Darwin, muito bem-humorado. "Quanto mais penso no 'triste caso', mais brilhante ele parece."

Quando as risadas amainaram, ele reconheceu que "seria preferível que um homem da ciência chafurdasse em sujeira do que em altercação".

VIII

Logo atrás veio Henry Walter Bates, oferecendo borboletas à causa. Reticente e despretensioso, esse naturalista relativamente desconhecido forneceu a primeira evidência real em favor da operação da seleção natural, inserindo-a em uma evocação à narrativa de viagens na Amazônia que cativou leitores vitorianos em 1863, durante a mesma temporada editorial da primavera.

Bates voltara à Inglaterra no verão de 1859, depois de onze anos de coleta no Brasil, vivendo e trabalhando principalmente na região de Ega (Tefé),

65 *Public Opinion*, 2 de maio de 1863, p.497-8, também publicado separadamente como panfleto. O que é provavelmente o exemplar de Darwin está em DAR 221.4, p.143. Republicado no apêndice VIII, *Correspondence*, v.11, p.769-75.

66 A atribuição a George Pycroft é discutida em *Correspondence*, v.10, p.770.

onde Wallace o deixara, a aproximadamente 330 quilômetros de Manaus, rio acima. Como Wallace, ele levou para casa o trabalho de uma vida inteira em história natural, baseado em uma coleção de mais de 14 mil espécies, muitas delas insetos, dos quais cerca de 8 mil eram novos para a ciência ocidental. Ele estava comprometido com a ideia de evolução, a qual, como Wallace, aprendera primeiro de *Vestígios*, de Chambers, e esse comprometimento foi depois suplementado por suas próprias investigações. Logo após sua chegada à Inglaterra, ele leu *A origem das espécies*. Exatamente como aconteceu com Wallace, os anos que Bates passou na floresta tropical deixaram-no despreparado para viver na metrópole. Depois de quitar suas dívidas, o lucro que obteve por aqueles onze anos de coleta mal chegou a oitocentas libras. Ele não tinha meio de se sustentar. Não possuía nada além de sua capacidade em história natural empírica.[67]

Foi Darwin quem jogou para ele uma corda de salvação. Os dois haviam sido apresentados no começo de 1861, e Darwin imediatamente gostara de Bates. De certa maneira, ele era tudo que Wallace não era. Bates nunca foi um rival para Darwin – por mais agradável que esse rival pudesse se revelar. Ele pôs suas ideias completamente a serviço de Darwin. Ficou agradecido pelos favores de Darwin. Era, disse Darwin a Asa Gray, "um homem de origem inferior, de grande força de caráter e maravilhosamente autodidata". A Hooker, ele disse: "Que pena que este homem tenha precisado trabalhar para obter seu pão de cada dia". Em troca, Darwin talvez conseguisse elogiar Bates como mais fluência do que fazia com Wallace. Se Darwin aprendera alguma coisa com o incidente de Wallace, era a não subestimar o talento de seus correspondentes de história natural. No mínimo, Bates estava ansioso pela ajuda prática de Darwin. Darwin o ajudou a candidatar-se a uma vaga de curador no British Museum e compadeceu-se dele quando o emprego foi dado ao candidato de Owen, Albert Gunther. Continuou procurando um emprego adequado para Bates até que, em 1864, encontrou para ele uma colocação como secretário-assistente da Royal Geographical Society (Wallace se candidatou sem sucesso para o mesmo emprego). "Estou certo de que ele absolutamente não é um homem comum", disse Darwin sobre Bates a seus amigos influentes.[68]

Mais particularmente, Bates chegou à Inglaterra com dois presentes para Darwin. Um deles era o conceito de mimetismo em insetos. O outro era uma coleção de borboletas que exibia a diversificação evolucionária.

---

[67] Ver a memória de Bates em Clodd, 1892.

[68] *Correspondence*, v.10, p.54-5.

O mimetismo era uma característica incomum do mundo vivo que nem mesmo Darwin poderia ter previsto. Enquanto trabalhavam juntos na bacia fluvial amazônica, tanto Bates como Wallace perceberam que espécies ocasionais não aparentadas de borboleta podiam se parecer superficialmente uma com a outra. Wallace levara essa percepção para a Malásia, enquanto Bates continuava a trabalhar nela sozinho no Brasil. Depois, de fato, os dois competiram gentilmente sobre tal noção, cada um acreditando que havia elaborado de modo independente a ideia diretamente a partir das observações e ligeiramente incomodado por seu trabalho individual sobre o tema tender a ser confundido com o do outro. Nesse aspecto, a reputação de benevolência de Wallace não se aplicava. Além de seu relacionamento com Darwin (no qual ele era notavelmente coerente), Wallace era, em geral, muito relutante a ceder sua originalidade a outros homens. Na verdade, talvez tenha sido o choque de colidir com Darwin sobre a seleção natural que o sensibilizara para futuras questões de prioridade. Ele não discutia com Bates – apenas vocalizava sua reivindicação à ideia de mimetismo. Mas discutiu ferozmente com George Romanes, anos depois, quando este o acusou de roubar a noção de "seleção fisiológica". E houve um momento de frieza com Huxley por causa de outro incidente menor.[69] Uma circunstância insignificante no Zoológico de Londres sugeriu a essência do problema entre Wallace e Bates. Certo dia, Charles Lyell viu Bates nos Zoological Gardens e cumprimentou-o como "senhor Wallace". Ao ser corrigido, soltou o disparate: "Oh, peço perdão, eu sempre confundo vocês dois".[70]

Bates propunha que o mimetismo funcionava como um disfarce salva-vida. Um inseto podia ser impalatável para pássaros. Se outra espécie passasse a imitá-lo, ela também se beneficiaria de não ser comida. Quando Bates foi alertado para a possibilidade de insetos imitarem uns aos outros para se proteger, descobriu o fenômeno em todos os lugares, notando até insetos que se disfarçavam como galhos e folhas. Suas expedições diárias tornaram-se caças ao tesouro ou histórias de detetive, em que ele virava folhas e troncos e espiava embaixo de cipós, ajustando constantemente sua perspectiva enquanto procurava o indício involuntário que revelava a perna de um inseto ou a carapaça de um besouro misturada ao cenário tropical. De volta à Inglaterra, Bates explicou a Darwin como esse mimetismo protetor devia emergir por meio de adaptação e seleção. Ao comer alguns insetos e não outros, os pássaros estavam selecionando naturalmente as

[69] Sobre Romanes, ver Marchant, 1916, v.2, p.36-8. Para Huxley, ver Wallace, 1905, v.1, p.36.

[70] Raby, 2001, p.167.

formas e colorações que sobreviveriam. Quanto melhor o mimetismo, maior a taxa de sobrevivência. Ele forneceu um relato completo em um texto apresentado na Linnean Society em Londres, em 1862. Transbordando de entusiasmo, Darwin tomou a atitude incomum de perguntar a Huxley se ele – Darwin – poderia escrever um artigo descrevendo o trabalho de Bates para a *Natural History Review*. Nesse artigo, Darwin tornou explícitas as implicações evolucionárias da "aparência enganosa". Publicado em 1863, era uma apreciação generosa do trabalho de outro homem – um trabalho que apoiava intimamente o dele próprio.[71]

Depois disso, não havia maneira de pará-lo. Esquecido da relutância de Bates, Darwin pressionou-o a fazer uma publicação mais longa sobre a história natural da bacia amazônica.

Dentro de poucas semanas, Darwin havia marcado um encontro de Bates com John Murray, arranjo que não poderia ter sido feito sem as vigorosas representações de Darwin a Murray. Enquanto o manuscrito de Bates era produzido, Darwin o leu e comentou página por página e apoiou o autor quando ele esmoreceu sob a pressão incomum da autoria. Darwin fez sugestões sobre a redação, forneceu dinheiro para ilustrações e convidou Bates para passar um fim de semana em sua casa. Conseguiu de Asa Gray providências para que extratos do livro fossem divulgados nos Estados Unidos. Não pode haver dúvida quanto ao esforço que Darwin dedicou ao bem-estar pessoal e intelectual de Bates para que seu livro fosse publicado. *The Naturalist on the River Amazons* [sic] [O naturalista no rio Amazonas] foi lançado em abril de 1863, tornando-se um clássico duradouro do gênero. Sem dúvida exaurido pela força da atenção de Darwin, Bates disse emocionado que preferiria passar mais onze anos na Amazônia a escrever um segundo volume. Darwin declarou que Bates era quase tão bom quanto Humboldt e ocupou-se em conseguir que o livro fosse resenhado em todos os periódicos.

Do modo como se posicionou, o livro de Bates representou um dos golpes mais sutis em benefício do darwinismo. Diferentemente de Huxley ou Lyell seja no tom, seja no no conteúdo, Bates dirigia-se a uma faceta diferente da mente vitoriana, sedenta por histórias de aventura e relatos heroicos de exploração geográfica muito além dos horizontes da Grã-Bretanha. Seu relato entrelaçava histórias da selva e história natural exótica com descrições da cultura amazônica nativa e suas sobreposições portuguesas. Uma imagem marcante era a de seu autor, a quilômetros de

---

[71] Sobre mimetismo, ver especialmente Blaisdell, 1982. A resenha de Darwin é republicada em *Collected Papers*, v.2, p.87-92.

contato europeu, lendo e relendo desanimado os anúncios em um velho exemplar da *Athenaeum* para suprir a falta de companhia. Sua empatia e seu interesse pelas regiões e pelos povos de onde vivia e trabalhava eram evidentes.

Para Darwin, o material importante aparecia perto do final do livro. Lá, Bates apresentava um relato de testemunha ocular da origem das espécies na natureza. Duas borboletas amazônicas, a *Heliconius melpomene*, pontilhada de preto e roxo, e a *Heliconius thelixope*, se tomadas separadamente, eram espécies perfeitamente distintas. Bates descobriu quatro ou cinco formas transicionais que viviam em áreas geográficas particulares entre as duas, cada uma ligada por uma cadeia de gradações. As formas intermediárias não eram híbridas. Eram raças geográficas, cada uma a caminho de se tornar uma espécie separada. "Parece que temos aqui um vislumbre da manufatura de novas espécies na natureza."[72]

"É um livro grandioso, que, seja ou não vendido rapidamente, permanecerá", parabenizou Darwin. "Você falou com ousadia sobre espécies; e ousadia sobre esse tema parece ser cada vez mais rara."[73] Sua nêmesis, a *Athenaeum*, relatou friamente que Bates distorcia os fatos para apoiar Darwin.

Mas as borboletas estavam destinadas a tornar-se o apoio prático mais elegante para a evolução. Durante os anos seguintes, Wallace produziu sua própria análise do mimetismo de insetos como modo de coloração protetora, revelando sua crença na eficácia da seleção natural e acrescentando a ideia de que uma única espécie pode imitar vários modelos diferentes. Desemaranhar as várias configurações das *Papilonidae* malasianas, como fazia Wallace, exigia um domínio de detalhes assombroso. Não obstante, essa maneira de imitação passou a ser conhecida como mimetismo batesiano, e seu estudo foi levado adiante por Roland Trimen, baseado na África do Sul, outro correspondente de Darwin. Mais tarde, o naturalista Fritz Müller, que tinha a vantagem de viver no Brasil, começou sua própria investigação de longo prazo em outro tipo de mimetismo, no qual os insetos convergem na aparência. Geralmente conhecida como mimetismo mülleriano, essa demonstração adicional da seleção natural foi publicada em 1878. Muitos dos mais firmes crentes no darwinismo nas décadas de 1860 e 1870 acabaram sendo aqueles que estudavam as espécies em seu hábitat natural, naturalistas de campo, como Bates e Trimen, e homens com extensa experiência de campo, como Hooker e Wallace.

---

[72] Bates, 1863, p.261.

[73] *Correspondence*, v.11, p.326.

IX

Com borboletas, humanidade fóssil e símios, Darwin tinha mais que o suficiente para ocupar a mente. Mas sua atenção continuava a se concentrar carinhosamente nas plantas. "Existe alguma *Lythraceae* no Ceilão?", perguntou a George Thwaites, superintendente dos Peradeniya Gardens no Sri Lanka. "O que estou ansioso por saber é, você acha necessário cultivar as diferentes variedades [de malva-rosa] muito separadas umas das outras?", perguntou a Charles Turner, que trabalhava com viveiros em Slough. "O caso da ameixeira amarela é um tesouro", contou a Thomas Rivers, outro viveirista, de Hertfordshire.

> Quero muito, de fato, saber se você plantou alguma semente de qualquer portulaca e se os plantíolos eram portulacas. Uma rosa comum produziu por semente uma portulaca?

Ao longo de toda a primavera e do começo do verão de 1863, ele se deslocou propositadamente da horta para a estufa e para o estúdio, apoiando essas perguntas com suas próprias observações cuidadosas.

Mas sua saúde estava se deteriorando. "Não estou bem e devo escrever com brevidade", disse a John Scott, desistindo de uma discussão interessante sobre a fertilização da *Lobelia*. Darwin contou a Hooker e Huxley que o "menor esforço" parecia levar ao vômito, independentemente de se ele tentasse uma viagem de lazer para ver amigos, fizesse uma visita a Londres para apresentar um texto científico ou ficasse em segurança em casa no seio da família. O alvoroço da viagem vitoriana, longe de propiciar a revigorante animação que costumava trazer, agora simplesmente o esgotava. Às vezes, até ler "faz minha cabeça zumbir".

Fazia algum tempo que isso vinha acontecendo. Quando três antigos companheiros do *Beagle* chegaram à Down House para uma visita de fim de semana, em outubro de 1862, e Darwin desfrutou com eles uma noite de reminiscências e mexericos, na manhã seguinte sentiu-se mal até para conseguir se levantar e se despedir deles. Ele confidenciou a Wallace que essas náuseas tornavam impossível para ele ver amigos. "Sempre sofri com a excitação de conversar, mas agora isso se tornou absurdo", disse a Hooker.

> Conversei ultimamente meia hora (interrompida por mim mesmo para o chá) com meu sobrinho e fiquei indisposto metade da noite. É um mal assustador para mim e para a família.

Mesmo meia hora afável com Lyell, sua companhia mais antiga e mais agradável, podia causar ânsias. Embora seja bastante fácil ver que Darwin por vezes usou essas doenças para restringir compromissos sociais indesejados e que seus ataques talvez espelhassem o fluxo e refluxo de tensões mentais subjacentes, os efeitos práticos não podiam ser ignorados. Leonard Darwin – na época com onze ou doze anos – recordou o ar de intranquilidade em casa.

> Quando era um jovem rapaz, ia até meu pai quando ele caminhava pelo gramado, e ele, depois, creio, de uma ou duas palavras gentis, virava-se como se completamente incapaz de travar qualquer conversa. Então, de repente surgiu em minha mente a convicção de que ele desejava não mais estar vivo. Não devia haver uma expressão tensa e cansada em seu rosto, para ter produzido nessas circunstâncias um tal efeito na mente de um garoto?[74]

No verão de 1862, os vômitos de Darwin alternaram-se com surtos de eczema. Ele entrou em contato com James Startin, especialista de Londres conhecido por suas receitas especializadas para distúrbios de pele, e aplicou com liberalidade "a matéria lamacenta" que adquiriu nos braços e nas mãos, com um pincel de pelo de camelo. Isso aparentemente fez algum bem, porque ele enviou a receita a Hooker. A mesma tendência aos eczemas voltou no verão de 1863.

Desta vez, ele buscou William Jenner, médico recentemente nomeado para a família da rainha Vitória. Apesar da autoridade passageira de suas ligações com a realeza, Jenner foi incapaz de interromper os vômitos de Darwin. Depositando sua fé em remédios caseiros, Darwin então se manteve com doses de Condy's Ozonised Fluid, tônico vitoriano recomendado anteriormente para a escarlatina de Leonard. Quando o tônico acabou, Horace manufaturou para ele água gasosa "em nossa máquina sibilante".[75] Com pedantismo, ele começou a pôr em dúvida cada conselho médico que chegava pelo correio. Quando Jenner receitou podofilo (um purgante drástico), perguntou a Erasmus se a dosagem era inteiramente segura. Depois, quando Jenner o substituiu por "enormes quantidades de giz, magnésio e carb. de amônia", Darwin discutiu extensamente a nova receita com Fox.

---

[74] L. Darwin, 1929, p.121.

[75] *Correspondence*, v.10, p.417, 515.

Em março de 1863, declarou que estava piorando. Os surtos de vômito estenderam-se de quatro para seis e depois para doze dias em sequência.

Evitando temporariamente Jenner e com a aprovação de Hooker e Huxley, Darwin consultou George Busk, a quem já conhecia como autor de história natural e médico com ampla experiência hospitalar. Busk sugeriu que Darwin talvez tivesse "pirose", uma regurgitação de suco gástrico para o esôfago, para a qual enviou uma receita. Armado com esse interessante novo pensamento, Darwin recorreu à alta tecnologia da ciência biológica do século XIX e enviou um pouco de vômito em uma lâmina de microscópio de vidro para John Goodsir, um conhecido especializado em investigações microscópicas, pedindo a ele que pesquisasse esporos vegetais patogênicos. Darwin ficou decepcionado ao saber que os fluidos de seu estômago eram exatamente como deveriam ser.[76]

No fim, os problemas de saúde o obrigaramo a voltar à hidropatia. Em setembro de 1863, ele foi para Malvern, onde passou algumas semanas como paciente externo, vivendo com a mulher e os filhos em uma *villa* alugada na cidade, como haviam feito durante sua primeira visita, em 1849. Horace ainda era uma criança frágil, e Darwin e Emma queriam que ele também tentasse a terapia. "Nosso menino mais novo é um inválido regular com uma severa indigestão, claramente herdada de mim."[77]

Concordar em visitar Malvern era uma indicação de quão mal Darwin se sentia. Desde o período "odioso" que passara em Ilkey, ele considerava qualquer tratamento residencial extenso em uma estação de águas algo a ser evitado a qualquer custo. Perdera contato com Edward Lane, que tinha vendido Sudbrooke Park e saído do negócio de água por algum tempo.[78] Sombriamente, Darwin via Malvern mais como uma punição que como uma promessa de cura. Além disso, sentia desgosto intrínseco por retornar à cidade. Surgiram lembranças dolorosas dos dias, em 1851, em que sua filha Annie morrera durante o tratamento do dr. Gully. Emma e ele se encheram de coragem para enfrentar um período desagradável.

No caminho, pararam na casa de Erasmus. "Ao chegar, ele foi para a cama", relatou Erasmus, preocupado. "Na manhã seguinte, [ele] desceu de imediato para a carruagem, onde improvisamos uma espécie de cama,

---

[76] *Correspondence*, v.11, p.595-6, 603-4, 607-8. Sobre Goodsir, ver Jacyna, 1983. Sobre Busk, ver Cook, 1997.

[77] *Correspondence*, v.11, p.438.

[78] Colp, 1977, p.205, nota 55, traz o último endereço de Lane como Harley Street, centro médico de Londres.

pois ele não conseguia ficar sentado devido à tontura."[79] Darwin estava evidentemente mais doente do que estivera durante muito tempo.

A cura em Malvern fracassou de modo desanimador. Ele perdera seu entusiasmo por terapias energéticas – vapor, tapotagem, fricção e agasalhamento –, preferindo as rotinas mais sossegadas dos anos recentes. O médico costumeiro de Darwin, James Manby Gully, não estava bem (tivera um colapso mental, deu a entender Fox) e não pôde tratar dele pessoalmente.[80] Emma providenciou outro médico, James Ayerst, para supervisionar Darwin, mas o candidato a paciente não ficou contente com a mudança. Ele tinha certeza de estar sendo iludido com a segunda melhor opção. Então Emma convenceu Gully a fazer uma visita para ver Darwin com o objetivo de endossar o regime de Ayerst. A essa altura, os eczemas de Darwin estavam inflamados demais para suportar qualquer água.

De fato, Darwin parece ter tido um esgotamento. Assim que chegou a Malvern, sofreu um colapso completo. Em poucos dias, ficou tão fraco que mal conseguia andar no jardim da *villa* onde estavam. A certa altura, disse, só se manteve ativo com doses de conhaque. Mais tarde, quando Francis Darwin estava preparando as cartas de Darwin para publicação, Henrietta destacou esse tormento em Malvern como um período inesquecível.

> Dois anos de grande desânimo foram 49 e 63. [...] No verão de 63, ele teve perda de memória (mamãe diz que estou errada quanto a isso) e mamãe me disse para estar preparada, que se temia um ataque epilético. Mas ela não gostaria que nada disso fosse dito no livro.[81]

No fim, Darwin não tinha força suficiente para se submeter a mais nenhum tratamento e a visita terminou em confusão. Ele acreditava ter deixado Malvern pior do que quando chegara. Desta vez, a hidropatia "na verdade [me] prejudicou".

Foi um período árduo também em outros aspectos, provavelmente relacionados ao estado de Darwin. Ele escreveu alarmado a Fox sobre o túmulo de sua filha Annie.

---

79 Erasmus Darwin a Fanny Wedgwood, 11 de outubro de 1863, arquivo Wedgwood/Mosely, Wedgwood Archive Collection, Keele University.

80 *Correspondence*, v.11, p.423, 438.

81 DAR 112, ser.A, p.79-82.

> Emma foi ontem ao cemitério e descobriu que a lápide de nossa pobre filha Anne desapareceu. O sacristão declarou que se lembrava dela, procurou bem e chegou à conclusão de que ela desaparecera. Ele diz que o cemitério, há alguns anos, foi muito alterado, e supomos que a pedra fora então roubada. Alguns anos atrás, você com sua gentileza usual visitou o túmulo e nos enviou um relato. Você pode dizer em que ano foi isso? Eu estava muito doente na época e Emma esperava a cada hora seu parto, de modo que fui para casa e não vi o túmulo. Não é provável, mas você poderia nos dizer o que consegue se lembrar sobre o tipo de pedra e onde ela estava; penso que você disse que havia uma pequena árvore plantada. Queremos, é claro, pôr outra pedra. Sei que sua grande e verdadeira gentileza perdoará este incômodo.[82]

Então Emma encontrou o túmulo, com a pedra, mas coberto de vegetação e sem a balaustrada que Darwin pensava lembrar-se de ter encomendado uma vez. "Uma criança querida e boa", dizia o memorial – tão verdadeiro para eles naquele dia como sempre fora. Se tivesse vivido, Annie teria 22 anos. Comovido, Darwin interrogou seu coração e percebeu que já não sentia amargura.

Por um momento, pelo menos. Enquanto os Darwin estavam em Malvern, Hooker escreveu para contar que sua filha de seis anos morrera. Ele derramou seu sofrimento para Darwin. Ela era

> verdadeiramente minha, a flor de meu rebanho. [...] Demorará muito para que eu deixe de ouvir sua voz em meus ouvidos – ou sentir sua mãozinha se enfiando na minha, ao pé da lareira e no jardim – aonde quer que eu vá, lá estará ela.

Ele sabia que Darwin o trataria com compreensão, pois sofrera a mesma desolação.

> Em meu pesar penso mais em você que em qualquer outro amigo. Alguma obstrução intestinal a levou depois de algumas horas de enfermidade alarmante – com todos os sintomas de uma hérnia estrangulada.[83]

---

82 *Correspondence*, v.11, p.620. Os Darwin ficaram na Villa Nuova, Malvern Wells.
83 *Correspondence*, v.11, p.640.

Os dois precisavam um do outro para partilhar compaixão e firmeza. O consolo religioso era impossível para ambos. Só o tempo suavizava a dor, disse a ele Darwin. "Confie em mim, o tempo fará maravilhas", ele o tranquilizou, "e sem causar o esquecimento de sua querida".[84]

[84] *Correspondence*, v.II, p.44-5, 646.

7.
Inválido

O período de saúde ruim que se seguiu à viagem a Malvern foi o pior que Darwin até então vivera. Em um sentido prático, ele alterou permanentemente sua vida privada, e Darwin passou a se sentir um velho, embora ainda estivesse na casa dos cinquenta anos. Seus hábitos tornaram-se os de um inválido. Suas perspectivas mudaram, suas ambições esvaneceram. Darwin começou a ter a aparência de um homem idoso – o cabelo ficou grisalho, o rosto, amarelado, os ombros começaram a arquear. A barbicha caprichada que ele cultivara com tanto orgulho no verão de 1862 tornou-se espessa e descuidada. Durante três ou quatro anos, ele se retirou da sociedade, preferindo dedicar as poucas energias que conseguia reunir a seu trabalho biológico, não ao que considerava conversas ou reuniões sociais inúteis – uma preferência que pode ter sido heroica em sua dedicação à ciência, mas era também uma conveniência bem-vinda que lhe propiciava a privacidade que desejava. Embora Emma lembrasse que durante esse ciclo de saúde ruim ele era "alegre e afetivo" em face de seus "sofrimentos", é provável que ele tenha se tornado cada vez mais queixoso. Seu trabalho foi reduzido. Compreensivelmente, seu ânimo desabou. "Deprimido", ele se considerou a certa altura.

A tirania da doença se tornou flagrante. A família, os amigos e ele tiveram de se ajustar. Um a um, os colegas cientistas, editores, correspondentes e informantes, todos se ajustaram. Se Darwin tinha buscado deliberadamente estabelecer um controle ferrenho sobre seu mundo pessoal, dificilmente poderia ter encontrado artifício mais eficaz. A doença mudou a todos, e a ele ainda mais.

Por um lado, a natureza física da doença de Darwin não podia ser ignorada. Ocasionalmente ele ficava confinado à cama por duas ou três semanas, prostrado com ânsia de vômito, cólica, tontura e fadiga, às vezes mal conseguindo caminhar. Emma registrava a devastação em seu diário. Durante as primeiras semanas de 1864, um ou dois meses depois da volta deles de Malvern, seu marido estava fraco demais para sair da cama, vomitando quatro ou cinco vezes por dia.[1] "Por 25 anos", escreveu ele em 1865, "espasmos extremos diariamente e flatulência à noite; vômitos ocasionais, em duas ocasiões prolongados durante meses. [...] Toda atividade, especialmente balançar, traz sintomas na cabeça, [...] não posso andar mais de oitocentos metros – sempre cansado –; o que mais me cansa é conversa ou excitação".[2] Nesses momentos ele desistia de toda pretensão a ter uma existência normal.

Por outro lado, Darwin reagia com determinação compulsiva – que talvez fosse parte do problema. Ele se voltou para dentro, tentando estabelecer alguma maneira de supremacia sobre o corpo enfermo, forçando-se a obedecer a uma rígida disciplina autoimposta, desejando que sua mente se concentrasse no trabalho, não deixando a saúde ruim exercer influência demasiada – tudo em um esforço para atenuar as forças elementares que a doença impunha ao contexto diário. Ele tinha "horror de perder tempo", disse seu filho Francis – observação que refletia no desejo involuntário de Darwin de registrar em seu diário cada dia perdido por doença. Às vezes o autoexame tornava-se ativamente intervencionista. Ele aplicava à testa uma substância ardida, de um vidrinho mantido com esse propósito, que ele afirmava ser útil para restaurar sua concentração. Mas assim agindo ele provavelmente só conseguia tornar suas doenças o centro das atenções. Para Darwin, abrir mão da autodisciplina era admitir a derrota.

O esforço quase o quebrou. Quando ele reemergiu, tinha se tornado a figura da qual a maioria das pessoas se lembraria depois – o frágil inválido de barba grisalha de Downe.

II

A uma distância tão grande no tempo, é certamente impossível apontar com precisão as bases da condição médica de Darwin. Seu estado físico e mental provavelmente se combinava de modo tão completo com seu cenário familiar e intelectual e com as consequências de ele ser o autor de *A origem das espécies* que, independentemente do que seja sugerido, deve haver

1 Diário de Emma Darwin, DAR 242.

2 Anotações médicas fornecidas por Darwin ao dr. John Chapman, 16 de maio de 1865, University of Virginia Library, transcritas em Colp, 1977, p.83. Com "balançar", Darwin se refere ao movimento de carruagens puxadas por cavalo e trens ferroviários.

margem para dúvida. A multiplicidade de seus sintomas torna improvável que ele sofresse de uma única doença. E as enfermidades que ele exibiu no início da vida não faziam necessariamente parte dos mesmos problemas experimentados depois.[3] Sua personalidade e suas preocupações correntes provavelmente contribuíam de maneira decisiva.

Todavia, não pode haver dúvida em relação aos problemas que ele suportou. Darwin os descreveu reiteradas vezes em cartas a amigos e parentes, e eles eram corroborados por seus familiares e médicos. Os sintomas eram basicamente gastrointestinais, às vezes graves, às vezes só crônicos, com frequência acompanhados por exaustão, distúrbios de pele e tontura. Parece possível que na raiz dos problemas dele houvesse disfunção digestória, talvez (em termos modernos) uma úlcera intestinal, duodenite, diverticulite ou problemas de vesícula biliar e bexiga. Considerando-se os registros de arquivo existentes, é improvável que ele tivesse uma doença do sangue ou imunológica ou qualquer infecção tropical latente contraída durante a viagem do *Beagle*, como a doença de Chagas.[4] Náusea, gases e cólicas eram seus companheiros constantes. "Tenho quase certeza de que o ar é gerado em algum lugar abaixo do estômago", disse a um médico, "e, assim que regurgita no estômago, vem o desconforto".[5] Independentemente do que pudesse resultar de uma imaginação hiperativa, essas dores de cólicas eram terrivelmente reais. "Quando ocorriam os piores ataques, ele parecia quase esmagado de agonia", escreveu Edward Lane, seu médico da hidropatia. "É claro que esses ataques dos quais falei eram só ocasionais – pois nenhuma constituição poderia ter resistido muito tempo a eles em sua fase aguda –, mas até morrer ele nunca esteve inteiramente bem."[6]

A estas devem ser acrescentadas outras idiossincrasias que só aparecem transitoriamente no registro escrito, mas que afetavam a rotina diária de Darwin. Os amigos viam como a mente dele se agitava e fervia horas a fio sob a plácida e afável superfície exterior, examinando sem cessar os fios de sua pesquisa, enfrentando problemas de história natural com detalhamento obsessivo, aparentemente preso em um jogo de xadrez eterno no qual sentia que precisava manter todos os movimentos passados e futuros na cabeça antes de decidir qual jogada fazer. Francis Darwin notou a intensa

---

3 Browne, 1998. Colp, 1977, resenha a extensa literatura, atualizada em Colp, 1998. Alguns dos diagnósticos divergentes podem ser encontrados em Kempf, 1918; Hubble, 1953; Good, 1954; Adler, 1959; Foster, 1965; Winslow, 1971; Pickering, 1974; Bowlby, 1990; F. Smith, 1990; 1992; D. Young, 1997.

4 Bernstein, 1984. Colp, 1998, retoma o argumento em favor da doença de Chagas.

5 Darwin a Chapman, 7 de junho de 1865, University of Virginia Library.

6 DAR 112, ser. B, p.93.

atividade mental do pai, sua incapacidade de dormir quando estava aceso, a fadiga no dia seguinte, e sugeriu que essa abundante energia intelectual era extremamente difícil de saciar. É evidente que a mente de Darwin fervilhava de ideias nas madrugadas, demorando-se em problemas grandes e pequenos. Em certa ocasião, ele acordou o filho William para se desculpar por uma observação que, com o passar dos minutos, amplificara além de toda proporção – ele não conseguiu se acalmar para dormir até corrigir o que tinha dito. Outra vez, ele se vestiu à luz do luar, saiu pela porta dos fundos e visitou John Innes no escuro para esclarecer uma questão que o preocupava. Durante o dia, Darwin despachava para colegas extensas cartas explicativas, quase engraçadas de tão sinuosas, para ter certeza de que não o entendessem mal. Como seria previsível, ele tinha dores de cabeça, dificuldade para dormir, acordava cedo e ocasionalmente pensava detectar leves palpitações no coração.

Com frequência, sentia frio. Dedos dos pés e das mãos frios eram aparentemente um traço familiar, e Darwin talvez sofresse de má circulação e pressão baixa. Durante anos, ele se acostumou a medir regularmente o próprio pulso e o dos filhos, dizendo preocupado que a pulsação era "débil", "irregular" e "hesitante". Má circulação pode ter contribuído para o formigamento que ele às vezes notava nas mãos e nos pés e para a tontura que sentia ao se levantar. Emma considerava esses surtos "atordoantes". As medidas de precaução que ele tomava contra o frio eram simples. Usava as tradicionais roupas pesadas de um cavalheiro inglês acostumado aos aposentos grandes e ventosos das casas de campo vitorianas. De acordo com seus livros de contas, entre estas incluíam-se roupa de baixo de lã de merino, uma camisa de gola alta e gravata, "casaco de caça e colete com peitilho duplo", calça de lã, às vezes um xale tricotado ou um sobretudo por cima, e à noite um robe de seda de cores brilhantes e um camisão de flanela. O fogo ardia na lareira o ano inteiro.

Por fim, e igualmente importante, Darwin era viciado em nicotina na forma de rapé. Ele admitia seu grau de dependência e, de tempos em tempos, fazia esforços para restringir suas cheiradas. Na velhice, Emma registrou com certa dúvida que achava que uma vez ele conseguira desistir por quase um ano antes de reincidir. Darwin cheirava dois tipos de rapé, um deles, apelidado por um criado de "o horrível Lundy Foot escuro", fazia as empregadas fungarem quando varriam o chão.[7] Darwin gostava mais desse. Durante muito tempo, ele manteve seu pote de rapé no corredor,

[7] "A Visit to Darwin's Village" [Uma visita à vila de Darwin], *Evening News*, 12 de fevereiro de 1909, p.4.

a pouca distância da porta do estúdio. Esperava que a inconveniência de parar o que estivesse fazendo e se levantar regulasse o hábito. Essa artimanha nunca funcionou. Ele inventava razões prementes tolas para passar pelo corredor ("a lareira da sala de estar precisa ser abastecida") e, como os filhos lembravam, o barulho da tampa do pote sempre o denunciava.[8]

Outro truque envolveu dois lances de escada: durante seis meses, Darwin trancou seu rapé no porão e guardou a chave em um quarto no sótão. Ainda assim, Parslow o encontrava o tempo todo na escada dos criados. No fim, ele resolveu que só cheiraria rapé se estivesse longe de casa – "um arranjo muitíssimo satisfatório para mim", disse seu amigo Innes, porque Darwin começou a aparecer para bater papo com muito mais frequência.[9] A dependência do rapé provavelmente aumentava a agitação de Darwin à noite. A grande pitada que os filhos se lembravam de ele tomar antes da hora de dormir não era a melhor maneira de acalmar pensamentos inquietos. E ele também tomava café, "todos os dias, às quatro e meia da manhã". Mas na década de 1870 o dr. Andrew Clark o fez abrir mão desse hábito.[10]

Com todas essas enfermidades para administrar, embora não subjugar, a solução preferida de Darwin era ficar quieto em casa. "Nos últimos dois anos, levei a vida de um eremita", disse antes de ir para Malvern a Charles Whitley, seu velho amigo da Cambridge University, "não vendo ninguém, não indo a lugar algum e não fazendo nada além de duas ou três horas de trabalho diariamente sobre história natural nos meus dias bons".

> Eu me tornei esse objeto muito deplorável e desprezível, um valetudinário confirmado. Tenho muito, muitíssimo pelo que agradecer na vida; mas todos têm seus inconvenientes pesados, e nosso penoso inconveniente é minha saúde e ainda mais a de meus filhos. Durante anos tivemos algum de nossos filhos inválido. Mas eu já disse o suficiente e mais que o suficiente.[11]

Coube a Hooker fazer a pergunta óbvia: "Você realmente vomita ou são só ânsias?" Eram as duas coisas, respondeu Darwin, mas quase nunca saía comida. "Você pergunta por minha doença – ela raramente vem até duas ou três horas depois que como, de modo que quase nunca vomito comida,

---

[8] A maioria dessas observações é extraída das recordações manuscritas de Francis Darwin, DAR 140, seção 3.

[9] *Life and Letters*, v.1, p.122.

[10] DAR 140, seção 3, p.15.

[11] *Correspondence*, v.11, p.501.

só ácido e secreção mórbida." Em outro lugar, ele disse: "O que vomito [é] intensamente ácido, viscoso (às vezes amargo), corrói os dentes". Os médicos ficavam perplexos, ele acrescentou.[12] Hooker não arriscou um diagnóstico. Nem Huxley nem nenhum dos amigos mais próximos de Darwin que tinham formação médica. A formação não os levara à prática clínica, embora oferecessem solidariedade e conselhos.

Contudo, é evidente que havia muito mais na doença dele que apenas os vômitos. O próprio Darwin tinha dificuldade de explicar suas dores contínuas, dizendo às vezes que a primeira vez em que ficara "errado" ocorrera durante a viagem do *Beagle* e que desde então tinha piorado regularmente, uma espécie de enjoo perpétuo. Ele disse a Edward Lane que sua condição poderia ser resultado do surto de enjoo que sofrera em Valparaíso. Harriet Martineau disse algo muito semelhante, seguindo a impressão do dr. Henry Holland. Com o passar das décadas, todavia, Darwin passou a atribuir a culpa por seu "estômago amaldiçoado" principalmente à medula espinhal ou ao sistema nervoso ou simplesmente "nervos". Ele tendia a pensar que longos períodos de intenso esforço mental terminavam em um ataque de doença e costumava dizer que seu estômago operava em oposição à cabeça. Isso não era algo tão ruim. "Sei bem que minha cabeça teria falhado anos atrás, se meu estômago não tivesse sempre me salvado de um minuto a mais de trabalho." Pensamento ou conversa demais, declarou ele, normalmente terminava em desarranjo físico.

Mas ele também dizia que o trabalho era a única coisa que o fazia esquecer a dor. Quando se concentrava em um texto difícil ou um experimento complicado, ele se esquecia de tudo mais, e era isso que o tornava relutante a obedecer aos conselhos dos médicos para que reduzisse seus empreendimentos científicos. O tempo passado longe do trabalho era para ele um anátema. Darwin barganhava com Emma sobre as férias deles, cortando uma manhã aqui ou uma tarde ali, só concordando em ir se pudesse levar alguns vasos com plantas para fazer experimentos ou folhas de prova para revisar. Quando um dos filhos lhe perguntou se ele conseguia descansar longe de casa, ouviu que "na verdade ele nunca estava muito à vontade exceto quando inteiramente absorvido em seus escritos". Darwin "abominava" o ócio.[13] No entanto, ele aparentemente reconhecia uma espécie de círculo vicioso em tudo isso. Queria trabalhar, e o trabalho o ajudava a se manter acima da doença, mas era o trabalho também que o deixava doente. Ele falava de férias como se fosse uma punição pelo prazer que

[12] *Carrespondence*, v.12, p.37, 57.
[13] L. Darwin, 1929, p.120.

encontrava no trabalho ou como um balanço inevitável de seu *status quo* físico, um sistema de contabilidade pessoal, no qual ele deveria sacrificar alguns dias para extrair mais trabalho de sua frágil estrutura.

Até que ponto tudo isso estava ligado ao conteúdo perturbador da teoria da evolução ou à defesa que ele fazia de *A origem das espécies*, é difícil dizer. Esses fatores devem ter desempenhado um papel importante, preenchendo os dias dele com obstáculos e preocupações.[14] Darwin deveria pensar sobre as visões religiosas de Emma, lembrando a carta que ela lhe escrevera logo depois do casamento sobre fé, na qual ele anotara: "Quando eu estiver morto, saiba que muitas vezes beijei esta carta e chorei sobre ela. C. D." Em uma carta mais recente, ela lhe dissera como acreditava que "o sofrimento e a doença pretendem nos ajudar a exaltar nossas mentes e ansiar com esperança por um estado futuro". Isso Darwin sabia que não poderia fazer. Como poderia um Deus bom impor sofrimento? Ele não podia partilhar a fé dela nem subscrever a crença de que o sofrimento levava à redenção.

Mesmo sem os dilemas religiosos em que se encontrava, fosse em casa com Emma, fosse no mundo em geral com Asa Gray, Kingsley, Wilberforce e os demais, ele começava a vergar sob a tensão. Passava o tempo todo escrevendo, escrevendo, escrevendo. Empenhava-se mais do que era realista em sua correspondência. Lia as resenhas, preocupando-se com cada questão menor, achando que devia ser capaz de explicar cada detalhe da seleção natural, cada detalhe da enciclopédia da vida. As pessoas perguntavam-lhe sobre a existência de Deus, a origem dos seres vivos, a natureza da mente humana ou escreviam para ofendê-lo, repetindo de maneira pessoal grande parte da apreensão geral da era vitoriana a respeito da reformulação do mundo natural. Darwin respondia a cada uma.

Nessas doenças, Darwin era também um homem de seu tempo.[15] Thomas Carlyle, George Eliot, Charles Dickens, Florence Nightingale, George Biddel Airy (o astrônomo real), Huxley, Wallace, Spencer, Lewes, Hooker e muitas pessoas menos conhecidas sofreram de enfermidades digestórias semelhantes, inclusive o irmão dele, Erasmus. O "demônio da dispepsia" era uma preocupação vitoriana arquetípica sobre a qual fortunas médicas e farmacêuticas podiam ser construídas com segurança. Darwin foi afetado por doenças que eram disseminadas e típicas em sua época.

Da mesma maneira, ele não era o único a sofrer de surtos esmagadores de exaustão nervosa. Seu amigo Huxley era um entre muitos indivíduos cujos

---

[14] A possibilidade de distúrbio nervoso é apresentada principalmente por Pickering, 1974; Colp, 1977. Ver também Bowlby, 1990; Desmond e Moore, 1990.

[15] Discutido em Browne, 1998. Ver também Bynum, 1997.

colapsos ocasionais em geral são esquecidos hoje. Ainda assim, Darwin quase nunca mostrava o sofrimento impenetrável, o desamparo, as distorções mentais ou a incapacidade de participar da existência normal que são os sintomas clínicos comuns da depressão. Num sentido coloquial, seus distúrbios por certo podem ser considerados psiquiátricos ou psicossomáticos. Pesar e culpa certamente cumpriram um papel em sua psique. O medo também, em especial no modo como seu corpo falhava na maioria das vezes em que ele pretendia fazer uma aparição pública, o que sugere um arraigado pavor de exposição. Sua reticência costumeira talvez refletisse o desejo de evitar envolver-se com as emoções de outras pessoas – reticência e modéstia podiam ser a face educada da dissociação, da rejeição da intimidade. Se Darwin fosse mulher, por exemplo, poderia muito bem ter sido chamado de histérico – a atribuição de um distúrbio ligado a um papel feminino restrito em um universo masculino. Se tivesse adoecido mais perto do final do século, talvez fosse chamado neurastênico, vítima da modernidade e do ritmo de vida apressado. A terminologia que ele empregava, de um "completo colapso da saúde", embora vaga, é provavelmente bastante apropriada.

E, como vários contemporâneos observaram, o problema de saúde apresentava numerosas vantagens para um intelectual vitoriano. Ele escusava Darwin de noites entediantes em sociedades científicas e de conversar com pessoas com as quais ele não desejava se encontrar. Sancionava sua retirada após o jantar para alguns minutos tranquilos sozinho com o jornal. Permitia que ele dedicasse as melhores horas do dia ao trabalho. Um estômago fraco fornecia um excelente motivo para ele evitar reuniões sociais, já que era uma desculpa muito mais significativa que um imencionável ataque de furúnculos. Dores do estômago indefiníveis também criavam circunstâncias ideais para manhãs restauradoras na Down House, com Emma ou Henrietta atendendo-o solícitas, e sinalizavam um conveniente momento de interrupção em conversas com hóspedes. Esses aspectos levemente autocomplacentes da meia-idade de Darwin são facilmente compreensíveis. Sua necessidade de paz e quietude por vezes assumia a forma de indisposição cortês, um padrão de existência caracterizado por Nietzsche como "liberdade advinda da saúde boa". Outros da mesma origem social poderiam ter visitado a ilha da Madeira durante a temporada de inverno ou tentado a pintura de aquarela nas Highlands.

Emma era cúmplice dessas escusas sociais.

> Ela costumava repreendê-lo por trabalhar demais e o advertia de que ele conversava demais com hóspedes etc. Esse papel era muito útil para ele, pois lhe dava uma maneira fácil de sair da

> sala antes de ficar muito cansado. Ele dizia de antemão que ela deveria mandá-lo embora cedo.[16]

Por baixo de tudo isso, a doença era então uma parte essencial da vida de casado de Darwin, um momento em que ele era o centro das atenções de Emma. Os benefícios funcionavam nos dois sentidos. Emma comovia-se com a dependência de Darwin em relação a ela quando ele estava doente, e Darwin expressava seu amor por ela de modo muito mais livre quando estava acamado. "Ela tem sido minha maior bênção. [...] Nunca falhou na mais gentil compaixão comigo e tem suportado com a maior paciência minhas queixas frequentes de saúde ruim e desconforto." Embora pareça difícil acreditar que ela não se irritasse com ele, ao longo de toda sua vida Darwin elogiou a atitude compreensiva de Emma.

Talvez também houvesse vantagens para ela. A doença levava Darwin do estúdio para a sala de estar. Quando doente, ele passava muito mais tempo na companhia de Emma do que costumava fazer, ouvindo-a ler ou tocar piano, às vezes recebendo dela uma massagem nas costas ou no couro cabeludo.[17] Assim que se sentia suficientemente bem, retomava o trabalho – e cabe notar que em consequência Emma e os filhos normalmente só o viam quando ele estava doente demais para fazer qualquer outra coisa que não fosse se reunir à família. Esse aspecto da vida de Darwin explica em parte a ênfase que a mulher e os filhos deram, em suas reminiscências, à saúde ruim dele.

Darwin, por sua vez, sem dúvida considerava a saúde ruim um modo eficaz de reivindicar a atenção exclusiva da mulher. No mais, os dias dela eram muito dedicados aos filhos, a parentes, à casa e a assuntos da vila.[18] "Ela tinha dificuldade de ficar sem fazer nada por quinze minutos", lembrou Henrietta.[19] Essas doenças fugazes, como reconheceram romancistas como Elizabeth Gaskell, podiam facilmente se tornar um meio importante de interação social.

III

O certo é que Darwin piorou desde o outono de 1863. Ele voltou de Malvern para Downe com uma anotação do dr. Gully sobre uma nova

---

16 DAR 112, ser.B, p.51. Ver também Graham, 1984; Bailin, 1994.

17 DAR 112, ser.B, p.35, 49. Ver também Ehrenreich e English, 1973.

18 *Emma Darwin*, v.2, p.331. As políticas sociais da doença são analisadas em Sicherman, 1977; Haley, 1978; Bailin 1994. Para o paciente "nervoso", ver Bynum, 1982; 1985; Berrios, 1985; Oppenheim, 1991. A histeria é analisada como categoria em Micale, 1995; Gilman et al., 1993. Há estudos de modelo de caso em Bynum e Neve, 1985; Wiltshire, 1992.

19 *Correspondence*, v.11, p.602-3.

rotina de banho e começou a tomá-los frios, ajudado por Parslow. Mas desistiu logo depois e nunca mais se preocupou com hidroterapia.

Impaciente para obter progressos, ele abordou dr. Jenner pedindo mais medicação. Também voltou a pedir conselhos a George Busk. Desta vez, Busk achou que o problema dele podia ser mecânico – o estômago não empurrava seu conteúdo tão rapidamente como deveria.[20] Busk deu a ele o nome de William Brinton, do Hospital St. Thomas, em Londres, autor de um livro sobre úlceras e doenças do estômago. Ainda assim, Darwin não consultou Brinton sem antes conversar com Stephen Engleheart ("Spengle"), médico da vila de Downe, com quem se encontrava regularmente. "Eles estão tendo muitos problemas para escolher qual médico consultar", escreveu Henrietta a William. "O dr. Gully mandou-o para o dr. Jenner, mas Spengle recomenda fortemente um tal de dr. Brinton, então eles não sabem o que fazer." Engleheart imaginou a possibilidade de infecções contraídas pela água, causa comum de doença. Durante uma ou duas semanas, Darwin se preocupou com o estado dos encanamentos de sua casa.

Grande parte desse procedimento elaborado revelava como Darwin estava se tornando influente. Ele podia pagar pela melhor ajuda terapêutica, e os médicos, por sua vez, estavam dispostos a oferecer seus serviços a um cientista celebrado. Por exemplo, na maioria das vezes eram eles que iam até Darwin. Todas as consultas médicas de Darwin ocorriam de acordo com sua conveniência, em um ambiente doméstico, privado, ou em sua própria casa, por correspondência, ou na casa de seu conselheiro médico. Nenhum dos problemas de saúde dele foi vivido em um cenário hospitalar, e, como costumeiro para pessoas de sua posição social, os cuidados de enfermagem eram fornecidos pelas mulheres da família, às vezes durante períodos longos. Os arranjos práticos para o cuidado de um homem doente – enfermagem, dietas especiais, pedido de receitas e ida ao médico – faziam parte dos deveres de uma esposa como administradora da casa vitoriana. Contudo, em essência, sendo o paciente, Darwin controlava o show médico. Ele não tinha escrúpulo de consultar três ou quatro médicos simultaneamente e estava disposto a ignorar o conselho deles ou recorrer a outros se o tratamento não desse certo. Mantinha seu médico da vila à disposição e fazia perguntas suplementares a amigos ou parentes com formação médica, como seu irmão Erasmus ou Henry Holland. A qualquer momento poderia haver várias pessoas bem qualificadas dando-lhe algum tipo de conselho e recomendando remédios e dietas diferentes.

[20] Sobre a profissão médica e suas relações com pacientes ver especialmente M. J. Peterson, 1978; R. Porter, 1985; Digby, 1994.

Em resumo, Darwin passou a tratar suas doenças com se fossem um problema de história natural e ele estivesse iniciando um projeto de pesquisa complexo, pedindo a todos que conhecia uma segunda e uma terceira opiniões, lendo sobre o assunto, experimentando aqui e ali, bombardeando os colegas com perguntas, descobrindo tudo que conseguisse e reorganizando suas hipóteses para acomodar novas informações. Ao que parece, o velho adágio sobre os médicos serem os piores pacientes também valia para os naturalistas.

E é inteiramente possível que esses distúrbios tenham se tornado, em parte, uma muleta para ele. Talvez tenha passado a apreciar a atenção médica e os rituais de restrições alimentares e sido estimulado pela adoção de uma terapia atrás da outra enquanto buscava uma cura abrangente, de modo muito semelhante a como buscava incansavelmente fatos botânicos ou zoológicos. Talvez tenha passado a depender de conseguir se esconder atrás de uma doença que lhe permitia escapar de compromissos, tanto intelectuais como domésticos.

À medida que ele piorou, Emma aproveitou a oportunidade e assumiu completamente o controle. Tendo sido antes pouco mais que um fantasma na vida de trabalho dele, ela tomou Darwin firmemente pela mão e fez sentir sua presença. Durante alguns meses em 1864, Emma transformou a Down House em um sanatório. Desestimulou os visitantes. Henrietta ou ela lidava com toda a correspondência de Darwin e sentava ao lado de sua cama para anotar o que ele ditava. Emma regulava os horários de inválido de Darwin, dizia a ele quando se levantar ou ficar na cama, monitorava suas caminhadas diárias, estava sempre disponível para ler romances para ele ou lhe oferecer uma nutritiva xícara de caldo de carne. Como acontece com frequência na arena doméstica, a doença lhe deu oportunidade de assumir as rédeas da autoridade. Ela se tornou enfermeira, cuidadora e mãe de Darwin, a verdadeira administradora do estabelecimento, consciente de seu papel na vida dele, disposta a lhe dar o cuidado de que ele necessitava e, em troca, recebendo gratidão. Além de ser a pessoa dócil e infinitamente apoiadora de que ele se recordava, ela mostrava a força de seu caráter e certa satisfação em assumir o comando.

"Ele não sente a menor tentação de desobedecer às ordens sobre trabalhar porque se sente muito incapaz de fazer qualquer coisa", disse Emma com firmeza a Fox.[21] "Um dia está um pouco melhor e outro um pouco pior", escreveu a Hooker, "mas não posso dizer que no momento ele está fazendo

[21] *Correspondence*, v.11, p.690.

progressos. Ele fica no quarto e sai da cama e volta para ela com frequência; ocasionalmente desce para o andar de baixo por muito pouco tempo, mas só consegue suportar visitas muito curtas, mesmo dos meninos".[22] Horace Darwin abriu mão do velho telescópio do *Beagle* para que o pai pudesse olhar todo o jardim de uma janela no andar de cima em busca de alguma atividade de história natural. Prestativos, Horace e Leonard traziam para ele notícias da estufa.

Acima de tudo, Darwin não gostava que as cartas e o trabalho lhe fossem tirados. Sem isso, ele não tinha "nada" que fizesse a vida valer a pena. Então, vez por outra ele implorava a Emma que lhe permitisse ler um pequeno texto científico ou fazer algumas anotações para um projeto. Ele completou as últimas páginas do texto que estava redigindo sobre a tripla fertilização do *Lythrum* e mandou-o para Hooker e para a Linnean Society. Mas Emma não o deixou ler o manuscrito de John Scott sobre fertilização experimental de plantas quando este chegou pelo correio. O texto parecia assustadoramente técnico.

Emma e Henrietta preferiam agir como amanuenses de Darwin. Muitas das cartas escritas por ele durante esses meses têm a caligrafia de suas mulheres – grande, redonda e legível. As duas aprenderam a falsificar a assinatura dele. Uma carta para Daniel Oliver, escrita e assinada por Emma, trazia no fim uma anotação na letra do próprio Darwin: "Perdoe a brevidade e a falsificação, pois estou indisposto e de cama". Uma carta ao filho William em 1866 terminava de maneira semelhante, com a assinatura de Darwin feita por Henrietta, à qual Darwin acrescentou as zombeteiras e autoexplicativas palavras "(falsificação infeliz)".[23] Várias das assinaturas falsas em outras cartas eram acompanhadas de observações de Darwin – "uma falsificação" ou "falsificação rasteira". Quando suas mulheres ficavam entediadas, ele chamava qualquer filho que estivesse disponível. Não hesitou em convocar um sobrinho de um bando de Wedgwoods que jogavam croquê numa tarde em 1866. "Godfrey foi muito gentil e papai o considera tão dócil que lhe pede que escreva por ele", disse Emma.

O ritmo da vida de Darwin se tornou lento como o de uma planta. "Algumas palavras sobre as plantas de estufa", escreveu a Hooker. "Elas me divertem muito. Arrastei-me para vê-las duas ou três vezes." Ocasionalmente, ele se ocupava com as plantas insetívoras que Hooker enviava para temperar seu apetite intelectual, e Leonard se lembrou de andar até o

[22] *Correspondence*, v.11, p.695.

[23] A W. E. Darwin, 22 de junho de 1866, DAR 185. Agradeço a Duncan Porter por essas referências.

jardim para levar um desses espécimes para o estúdio porque – como disse seu pai – ele estava tão "infernalmente saudável". Confinado ao quarto de dormir pela doença em muitas ocasiões, Darwin observava principalmente plantas volúveis que eram trazidas para dentro de casa para ficar em um parapeito de janela aquecido. Ele notava como as gavinhas giravam lentamente em um círculo até encontrar um objeto adequado no qual se enrolar. As gavinhas eram "exatamente como dedos".

John Horwood, jardineiro de The Rookery (propriedade de George Turnbull), pensava de outro modo. "Acredito, senhor, que as gavinhas podem ver, pois onde quer que eu ponha uma planta ela descobre algum galho suficientemente próximo", disse.[24] A partir desse momento, Darwin observou as plantas volúveis com curiosidade crescente. Certa vez, saiu em meio a uma tempestade para ver como uma briônia selvagem da cerca do jardim se saía no vento e encontrou-a oscilando no vendaval como um navio com duas âncoras baixadas, esticando-se na ponta de seus cabos como o *Beagle*. No mais, observar os movimentos de folhas convinha admiravelmente aos hábitos de inválido de Darwin. Durante dois verões, ele observou as gavinhas de ervilheiras circular em busca de algo em que se prender, atividade serena bastante adequada a um naturalista doente que dispunha de tempo. Para ele, a botânica era um consolo: "É a única coisa para a qual sou bom; posso fazer apenas uma ou duas horas de trabalho, quando não posso fazer nada mais", contou a Innes.[25] Pouco a pouco, ele montou um arquivo de observações sobre plantas trepadeiras que publicou em 1865 no *Journal* da Linnean Society.

Emma estimulou William a tomar parte no trabalho botânico de Darwin e manter o ímpeto necessário. "Seu pai quer que seja feita a você a seguinte observação, a saber, que Menyanthes está agora em flor e deve ser deixada à sua compreensão", escreveu em maio de 1864.[26] Mas Darwin sentia falta de sua correspondência com Hooker. Emma participava por procuração.

> Caro dr. Hooker,
>
> Não posso fazer um relato muito bom sobre Charles. Ele tem ataques frequentes de náuseas, mas se recupera deles de uma

---

[24] *Correspondence*, v.11, p.506. Sobre imagens contemporâneas de mulheres como enfermeiras de doentes acamados, ver Bailin, 1994; Winter, 1995. Mulheres atuando como amanuenses e o modo como cartas podem gerar estruturas de poder são discutidos em Goldsmith, 1989. Sobre o papel das mulheres de forma mais geral, ver Vicinus, 1972; Kohlstedt e Longino, 1997. Sobre biografias de mulheres ver Wagner-Martin, 1994.

[25] *Correspondence*, v.11, p.616.

[26] DAR 219.1, p.80.

> maneira maravilhosa, e eles muitas vezes ocorrem com muito pouco sofrimento. O estômago retém a comida de maneira surpreendente, o que explica que ele não fique magro. Os médicos falam com confiança de ele recuperar seu estado anterior de saúde. Ele deseja que eu diga que suas cartas sempre lhe dão o *maior prazer*, embora se ressinta do tempo que o senhor emprega nelas. O pé da perdiz produziu agora 54 plantas que ele espera que fiquem presas na garganta do senhor.[27]

No curto prazo, ele foi obrigado a fazer algo quase igualmente ruim: abrir mão de seus livros de contas, o outro aspecto definidor de sua vida privada. Darwin não tinha ânimo suficiente para manter a contabilidade de dupla entrada que seu pai lhe ensinara. Assim, Emma lançava as contas da família enquanto ele tentava lhe explicar como anotar suas transações no mercado de ações, registros de fundos administrados e receitas de juros sobre hipotecas. Ela estava acostumada a fazer suas próprias contas para as despesas da casa, relacionando carne, manteiga, queijo, velas, roupas, "o melhor chá" e "chá para os criados", em um livro separado, incluindo em cada página um lugar para "erros", que uma ou duas vezes ultrapassaram 7 libras em um único ano.

Mas Darwin ficou alarmado ao ver a despesa da família em 1864, totalizada por Emma em agosto, no final do ano financeiro dele. Estava muito além da soma usual. No fim, ele não conseguiu mais aguentar e examinou os números. "Papai descobriu um grande erro em suas contas e também que não estamos gastando muito mais, se é que estamos, do que nos últimos três anos, o que o alegrou",[28] disse Emma, esquecendo a aflição fiscal que causara. Havia muitos erros em sua aritmética. De algum modo, Darwin nunca mais considerou sua saúde suficientemente debilitante para que ele entregasse suas contas à matemática de outra pessoa.

Hooker obedecia às instruções de não se comunicar, dizendo que considerava isso uma privação positiva. "Fiquei muito contente de receber a carta dele nesta manhã, mas ele não deve tentar me escrever", disse a Emma. Ele sabia que não deveria discutir com uma esposa que havia dado ordens relativas à rotina do doente. Mas acostumou-se a ter notícias de Darwin uma ou duas vezes por semana, em cartas apinhadas de pedidos de informação, descrições de projetos em andamento, livros e artigos a discutir e fofocas científicas, cada uma delas o indício de um homem no auge da atividade

[27] *Correspondence*, v.11, p.689.
[28] DAR 219.9, p.15.

intelectual. Em março de 1863, quando nenhuma carta de Darwin apareceu por oito dias, ele perguntara a Lyell se Darwin estava bem.

> Como Hooker não tem tido notícias suas, está ficando ansioso e espera que isso ocorra porque você está se correspondendo comigo e não por causa de um problema de saúde sério,

escreveu Lyell, obediente.

Darwin também achava a proibição difícil. Ele amava Hooker como a um irmão e gostava de partilhar sua vida com ele. Compreendia os problemas administrativos de Hooker, respeitava seu julgamento, lia seus textos botânicos com admiração, ficava maravilhado com a variedade de seu conhecimento, ria de seu temperamento suscetível e cutucava-o para que cuidasse de sua saúde. De certa maneira, Hooker era quase um irmão, pois Darwin tinha considerado Henslow (sogro de Hooker) o pai substituto que eles tinham em comum. Caracterizado por afeto e consideração, o relacionamento entre eles significava muito para os dois, e a morte da filha de Hooker tornou-se um vínculo pessoal profundo. Nesse aspecto, Darwin ficou aliviado de saber que outros amigos haviam se reunido para aliviar o desespero de Hooker com a morte da filha. Lubbock apressou-se a levar Hooker para procurar sílices em Abbeville como uma distração científica. De seu leito de doente, Darwin insistiu em mandar notícias. "Meu caro velho amigo", rabiscou com a mão pouco firme. "Devo apenas ter o prazer de dizer isto." Mais tarde, eles conversaram mais livremente sobre a morte. A minúscula carta de Darwin foi um lado animador em seu sofrimento, disse Hooker.

Logo depois disso, Hooker perguntou se Darwin poderia posar para um busto a ser feito pelo escultor Thomas Woolner. Sendo ele próprio um aquarelista competente, Hooker tinha um olho bom para belas-artes, escultura e porcelana. Admirava o trabalho de Woolner e havia encomendado anteriormente a ele um busto de seu pai, William Jackson Hooker, e de John Stevens Henslow. Pessoalmente, ele colecionava porcelana Wedgwood, em especial medalhões de retrato, uma preferência que virou piada entre Darwin e ele. "Somos descendentes degenerados do velho Josiah W., pois não temos nada de bela porcelana em casa", Darwin o provocou. Contudo, em novembro de 1863, Darwin pediu a sua irmã Susan que fizesse uma busca minuciosa na antiga casa em Shrewsbury. E então mandou para Hooker um vaso Wedgwood original dado a Robert Waring Darwin pelo primeiro Josiah Wedgwood.

Hooker não sabia ao certo se Darwin concordaria com uma escultura.

> Estou muito ansioso para levar Woolner até aí para fazer um molde em argila de seu busto para mim, como você gentilmente prometeu que eu poderia; e aguardo que a sra. Darwin me informe quando – ele deve esculpir o busto em mármore para mim quando puder. Há uma enorme quantidade de pessoas que querem saber como você é – e as fotografias não são satisfatórias.[29]

Darwin respondeu que estava doente demais para contemplar a agitação que uma encomenda como essa acarretaria.[30] No entanto, ele a aceitou alguns anos depois.

Outros amigos estavam preocupados com sua doença demorada. "O sr. Huxley escreve para papai dizendo que devo tratá-lo como Vivien fez com Merlin e trancá-lo em um carvalho", informou Emma a Henrietta. "Ele depois pede desculpa por Vivien não ser uma pessoa muito apropriada, mas como papai não lê Tennyson, conclui que isso não tem importância."[31] O que exatamente Huxley queria dizer com essa observação permanece uma espécie de mistério – quem era capaz de igualar Darwin ao orgulhoso velho mágico de *The Idylls of the King*, seduzido, por sexo e bajulação, a revelar seus segredos, era sem dúvida um amigo estranhamente inventivo. Huxley talvez se considerasse outra Vivien, a arrancar verdades de uma fonte de conhecimento recalcitrante ou talvez só quisesse dizer que Emma deveria manter o marido isolado no campo frondoso até que sua saúde fosse restaurada.

As doses de antiácidos do dr. Jenner trouxeram uma espécie de alívio. "Viva!", gritou o paciente em março de 1864. "Fiquei 52 horas sem vomitar!" Ele escreveu a Hooker e Huxley elogiando a capacidade de Jenner de recuperá-lo. "Certamente votarei nele para F.R.S. [Membro da Royal Society] este ano", gracejou Hooker e pôs a ideia em prática no fim daquele ano.

A melhora foi só temporária. Nos dois anos seguintes, Darwin continuou "confinado a um túmulo vivo", disse a Hooker, vivendo de "romances tolos intermináveis que são lidos em voz alta para mim por minhas queridas mulheres".[32] E disse o mesmo a Gray. "Nos últimos nove meses, ouvi um número assombroso de cenas de amor."[33] Ele não se encontrava sequer com Hooker. Com o tempo, sentiu-se bem o suficiente para fazer algumas

---

29 *Correspondence*, v.12, p.29.

30 *Correspondence*, v.12, p.311-2.

31 DAR 219.1, p.78.

32 *Correspondence*, v.12, p.387.

33 *Correspondence*, v.12, p.212.

observações botânicas, pedindo que plantas fossem trazidas para dentro de casa e postas ao lado de sua cadeira ou seu sofá ou passando uma hora na estufa. "A única forma de trabalho que posso fazer é olhar para gavinhas e trepadeiras. [...] Isso não aflige meu cérebro enfraquecido."[34]

IV

Em novembro de 1864, Darwin recebeu a Medalha Copley, a honraria científica mais elevada da Royal Society.[35]

A política interna que havia por trás desses prêmios anuais era formidável, e a cada ano os membros da Royal Society lançavam-se em negociações rápidas e furiosas em favor de vários candidatos. Eles regateavam e barganhavam votos, promoviam *soirées* e jantares, faziam *lobby* e campanha por seu candidato como se numa campanha eleitoral para conquistar uma cadeira no parlamento, talvez até mais, pois uma a Medalha Copley assinalava o acesso de um indivíduo ao verdadeiro pináculo da ciência britânica. Por vezes os proponentes tinham de se contentar com uma das medalhas menores para seu candidato, que eram honrarias científicas prestigiosas, mas não exatamente o mesmo que uma Copley. Por vezes, tinham de admitir a derrota ou esperar sua vez. Uma ou duas vezes o tempo de espera de um candidato foi demasiado. Em 1866, William Henry Harvey morreu entre a indicação e o dia da votação. Conseguir para Darwin uma Medalha Copley era um golpe considerável para o exército darwiniano – um reconhecimento de sua posição intelectual e um endosso da abordagem naturalista da ciência. Era bem o tipo de desafio que Hooker e Huxley adoravam. "Muitos de nós estávamos um tanto em dúvida sobre o resultado", disse Hooker.

As indicações haviam começado em 1862, quando John Lubbock e William Carpenter apresentaram o nome de Darwin. O momento não era bom. O debate sobre *A origem das espécies* estava no auge, e o conselho da Royal Society sem dúvida sentia que as propostas de Darwin ainda eram controversas demais para receber um prêmio. A medalha foi dada ao químico Thomas Graham. Em 1863, os amigos de Darwin entenderam melhor como manejar o sistema. Carpenter apoiou a proposta com a passagem extraída de *Lógica*, de John Stuart Mill, na qual Mill elogiava Darwin. "O dr. Carpenter me mostrou o excerto de *Lógica*, de Mill, que leu quando argumentou em favor

---

[34] *Correspondence*, v.12, p.31.

[35] Bartholomew, 1976; MacLeod, 1971. Ver também *Life and Letters*, v.3, p.27-8, *Correspondence*, v.11, p.662; *Royal Society Minutes of Council*, v.3, 1858-69, p.197. Há um relato completo no apêndice IV, *Correspondence*, v.12, p.509-27. Uma avaliação geral da Royal Society nesse período é encontrada em M. B. Hall, 1984.

de lhe concederem a Medalha Copley", refletiu Erasmus. "Você o viu?"[36] O prêmio foi dado a Adam Sedgwick, uma escolha popular, embora ele tivesse sido indicado por Richard Owen quase certamente para bloquear Huxley e os darwinistas. "Os números eram de 8 a 10 a favor de Charles, mas o pessoal de Cambridge se juntou com muita força a favor de Sedgwick", disse Erasmus a Emma. Dadas essas circunstâncias, parece inteiramente possível que a presença de Huxley no conselho, seu conhecido apoio a *A origem das espécies* e seu desacordo contínuo com Owen tenham pesado muito para reduzir as chances de Darwin. Sedgwick era suficientemente mais velho para assegurar uma atenção imediata.

Não obstante, Edward Sabine, presidente da Royal Society, percebeu que a pressão era crescente. Naquele mesmo ano, ele advertiu John Philips, geólogo de Oxford, de que a velha guarda não conseguiria reprimir Huxley com tanta facilidade da próxima vez.

> Com todo o respeito aos grandes serviços de Darwin e reconhecendo que sua obra recente sobre Orquídeas deve ser classificada entre estes, não consigo ver sem extrema preocupação os esforços de um grupo muito forte para obter para ele a Medalha Copley expressamente com base em suas conclusões quanto a "A origem das espécies". [...] Talvez não tenhamos alternativa tão boa no próximo ano.[37]

Em 1864, os apoiadores de Darwin mudaram de tática. Lubbock, Carpenter e Huxley foram obrigados a se retirar do conselho depois de cumprirem seu mandato, e então George Busk concordou em indicar Darwin, apoiado por Hugh Falconer. Parece que os dois minimizaram deliberadamente a importância de *A origem das espécies* em uma indicação formulada com mais cautela. Desta vez, os presságios eram promissores. William Sharpey e Gabriel Stokes eram os secretários, e ambos conheciam Darwin por meio do Philosophical Club (o clube de jantares da Royal Society), e o tesoureiro era William Hallowes Miller, mineralogista de campo que o ajudara com as rochas do *Beagle* e a matemática dos alvéolos de favos de mel de abelha. Embora nenhum desses fosse amigo íntimo ou apoiador, eram homens respeitáveis e justos. Hooker estava no conselho, pronto para encaminhar as coisas de maneira mais sutil do que Huxley jamais foi capaz. Os indicados rivais eram famosos, mas não tão famosos que pudes-

---

[36] *Correspondence*, v.11, p.662.

[37] *Correspondence*, v.11, p.669.

sem criar uma grande ameaça: o químico A. W. Hoffman (que recebeu a Copley em 1875), M. H. V. Regnault (1869) e Hermann Helmholtz (1873).

Falconer estava no exterior quando as indicações foram discutidas, portanto enviou uma carta à Royal Society descrevendo as realizações de Darwin. Ele as dividiu em cinco áreas – "geologia, geografia física, zoologia, botânica fisiológica e biologia genética". Embora não fosse de modo algum um convertido à teoria da evolução, enfatizou a importância de *A origem das espécies*, chamando-o "um grande ensaio". A carta de Falconer tornou-se a base da declaração formal que Busk apresentou.

Essa atenção ao detalhe valeu a pena. Hooker disse a Darwin que o assunto fora administrado de maneira tão inteligente que dois "reacionários" que votavam na câmara do conselho até perguntaram educadamente o que Darwin tinha escrito. A votação pendeu para Darwin – uma maioria de 12. Huxley, animadíssimo, assumiu o crédito. "Os tipos mais ferozes tinham começado a preparar os bicos e afiar as garras." Contudo, em um fraseado esquisito, o livro de atas declarava que *A origem das espécies* não fazia parte das deliberações do conselho. A bênção pública que os darwinistas desejavam foi intencionalmente negada.

Ali estava em jogo a política científica. Quando soube das novidades, Huxley explodiu para Hooker. Não apenas a omissão de *A origem das espécies* era um desrespeito calculado com todos os que apoiavam publicamente Darwin, declarou ele, mas também cheirava a censura científica. "Senti que isso nunca daria certo." Na cerimônia de premiação, em novembro, ele exigiu saber por que *A origem* fora excluído. O conselho estava incluindo o livro em um "*index expurgatorius*"?[38] Ele exigiu que as atas do conselho fossem lidas. Todos ficaram chocados com a explosão, mas havia verdade nas palavras de Huxley. As atas sugeriam que *A origem das espécies* tinha sido deliberadamente omitido. Mais tarde, naquele mesmo dia, no discurso após o jantar normalmente proferido pelo medalhista, Lyell (falando em nome de Darwin) disse aos membros reunidos que apoiava a intervenção de Huxley e considerava *A origem* de Darwin uma realização duradoura.[39] Ao escrever para Darwin no dia seguinte, confidenciou:

> Eu disse que tinha sido obrigado a abrir mão de minha velha fé sem ver inteiramente meu caminho para uma nova. Mas penso que você teria ficado satisfeito com os esforços que fiz.

[38] *Proceedings of the Royal Society of London*, v.13, 1863-64, p.508.

[39] Bartholomew, 1976, p.215-7.

Toda essa agitação ocorreu sem a presença de Darwin – mais uma das ocasiões fundamentais em que os amigos combateram por ele em sua ausência. Dizendo que estava doente demais para ir, ele pediu a Busk que recebesse a medalha em seu nome. Como no caso da reunião da British Association, em Oxford, sua presença teria inibido a liberdade de todos para brigar. Certamente Huxley não teria sido tão franco. "Que pena você não poder estar lá", escreveu Erasmus, "e, no entanto, se você estivesse, a coisa não poderia ter sido tão benfeita".[40] A medalha era uma coisa ótima, continuou cinicamente Erasmus. O ouro não equivalia a um par de candelabros.

Huxley também não pôde deixar a situação como estava. Durante semanas, importunou Stoker para que mudasse o texto do relatório publicado.

> Meu protesto é contra o fato de, sem o conhecimento e o consentimento do proponente e do apoiador de Darwin, uma frase ter sido inserida, o que condensa a quantidade máxima de ofensa da maneira mais conveniente possível para os oponentes de Darwin.

Stokes defendeu seu livro de atas. O buldogue mordeu mais forte. Finalmente, Stokes alterou o texto nos *Proceedings* impressos. E logo depois, quando Huxley publicou o anúncio da medalha no *Reader*, excluiu as palavras ofensivas. Pela força da personalidade ele mostrou que poderia jogar o mesmo jogo com mais eficácia.

"Eu soube por Hooker que houve uma briga sobre o que exatamente Sabine disse", inquiriu Darwin. Quem transmitiu a notícia foi Falconer.

> Você verá o discurso do presidente – e o que ele disse sobre você e o prêmio Copley – no *Reader* desta semana. Da forma como está, penso que você teve um grau muito justo de reconhecimento. Mas a passagem na terceira coluna, "sobre A origem das espécies" – não foi reproduzida como foi apresentada. O *Reader* excluiu uma ou duas frasezinhas. Isso lhe será explicado depois.

A história inteira foi revelada depois em cartas. A única pessoa que não compreendeu a intensidade do drama foi Emma. "Suponho que a senhora tenha sabido que Ch[arles] recebeu a Medalha Copley da Royal Society",

40 *Correspondence*, v.12, p.423.

escreveu a uma tia. "Ele ficou muito contente, mas acho que a parte mais agradável foi o sentimento cordial de seus amigos na ocasião."[41]

Cordiais certamente eles foram, mas também implacáveis.

V

Muito incomodado com o caso da Medalha Copley, Huxley decidiu iniciar um clube de jantar privado próprio, que reuniria um grupo significativo de ativistas com mentalidade semelhante. Durante o jantar, eles punham em dia as fofocas e tramavam a atuação em questões ligadas à ciência. Esses homens logo se tornaram um importante grupo de pressão informal, concentrando atenção na reforma da administração científica e na promoção do naturalismo liberal associado à teoria de Darwin. O primeiro jantar de Huxley incluiu amigos como Hooker, Spencer, Tyndall, Lubbock e Busk, e dois novos conhecidos, Thomas Archer Hirst, matemático, e Edward Frankland, químico brilhante da Royal Institution. Para o jantar seguinte, Huxley acrescentou William Spottiswoode, outro matemático, num total de nove pessoas incluindo ele próprio. "Penso que originalmente havia uma noção vaga de associar representantes de cada ramo da ciência", recordou. "De qualquer modo, os nove que acabamos nos reunindo [...] poderíamos ter nos organizado para contribuir com a maioria dos artigos de uma enciclopédia científica."[42]

Eles nunca chegaram a um acordo sobre um décimo membro e por algum tempo não conseguiram pensar em um título adequado. A sra. Busk sugeriu X Club, que tinha a vantagem de não comprometê-los com nada, como disse Spencer aprovando a ideia. A única regra era que não haveria regras. A sugestão dela também fornecia apelidos divertidos, como o Xquisite [de *exquisite*, refinado] Lubbock, o Xemplary [de *exemplary*, exemplar] Busk, o Xalted [de *exalted*, exaltado] Huxley, e assim por diante, e permitia convites para excursões sociais mistas que incluíssem Xs e Ys (as esposas). Por baixo do humor, os objetivos sérios eram evidentes. "Além da amizade pessoal, o vínculo que nos unia era a devoção à ciência", recordou Hirst depois da primeira reunião,

> pura e livre, não restringida por dogmas religiosos. Entre nós há perfeita franqueza e, sem dúvida, surgirão oportunidades em que uma ação concertada de nossa parte poderá ser útil.[43]

---

41 *Emma Darwin*, v.2, p.204.

42 Jenson 1970, p.64. Sobre o X Club em geral ver MacLeod, 1969; Barton, 1990; 1998; A. Desmond, 2001.

43 Jenson, 1970, p.63.

Algumas das primeiras discussões dos Xs teriam sido absurdamente pretensiosas se os membros do clube não estivessem tão obviamente destinados ao sucesso. Em 1864, por exemplo, quando a *Natural History Review*, de Huxley, desmoronou em desorganização financeira, os Xs discutiram a necessidade de outro periódico que representasse de maneira adequada suas visões. Passaram algum tempo considerando a possibilidade de utilizar para isso o *Reader*, cada um deles depositando cem libras em um fundo para torná-lo uma publicação liberal no estilo das revistas de circulação mais ampla, com uma equipe de colaboradores de mais de trinta intelectuais importantes, entre eles Ruskin, Maurice e Kingsley, todos sob a editoria geral de Francis Galton. O esquema funcionou bastante bem até que Huxley destruiu sua credibilidade com um ataque violento à igreja católica, que assustou até os ateus que havia entre os Xs.

O *Reader* morreria em 1867. Pouco depois, Norman Lockyer, um de seus editores, apresentou a ideia de fundar um periódico que eles chamariam *Nature*, que teria como proprietário e editor Alexander Macmillan, periódico que ofereceria a leitores cultos um fórum acessível para ler sobre avanços no conhecimento científico. Lockyer lançou a *Nature* em novembro de 1869, apresentada por um texto de Huxley ("como se escrito pelo acadêmico inglês mais louco", disse Darwin com indulgência). Comandar o mercado de periódicos era uma tática perspicaz em qualquer arena cultural disputada, mas ainda pouco explorada na ciência, e, embora Lockyer nunca tenha sido membro do X Club, exibia opiniões liberais progressistas igualmente fortes. Muito mais que qualquer outro periódico científico do período, a *Nature* foi concebida, criada e promovida com o propósito de estimular a polêmica.[44] No primeiro ano de sua existência, houve seis ou sete artigos propondo o esquema de Darwin, dois deles escritos pelo próprio Darwin. Darwin se tornou um assinante de vida inteira, declarando que tinha uma espécie de "satisfação" em ler artigos que não conseguia entender.

Os Xs também propunham candidatos preferidos para as eleições do conselho e as medalhas da Royal Society. Em 1865, discutiram seriamente se Tyndall devia aceitar a cadeira de filosofia natural em Oxford. Um a um, os membros se infiltraram em cada painel e comitê do governo que lidasse com questões científicas. Mais tarde, eles cultivaram o editor norte-americano E. L. Youmans, esperando conquistar sua ajuda para providenciar edições norte-americanas de obras científicas inglesas significativas. Ocasionalmente, patrocinavam jovens ou naturalistas visitantes,

---

[44] MacLeod, 1969; Roos, 1981. Ver também a edição do centenário, *Nature*, 1989.

convidando-os para jantar. Com uma atitude de indiferença, desenvolveram uma aura de exclusividade intransponível.

Darwin não era membro do clube – não estava envolvido o bastante com as disputas agressivas da política científica –, mas os Xs promoviam sua perspectiva como parte integrante da deles próprios. Sem os Xs, as ideias de Darwin não teriam se disseminado tanto na cultura britânica. E Darwin fazia tudo que podia para ajudá-los, escrevendo até alguns artigos para a *Natural History Review*. Ele emprestava voluntariamente seu nome aos Xs.

Em troca, os Xs contavam com a possibilidade de usar a influência dele – e eram incansáveis em solicitá-la. "Você tem alguma objeção a pôr seu nome no certificado de Flower para a Royal Society aqui anexado?", perguntou Huxley no final de 1864. "A sra. Darwin talvez possa me fazer a gentileza de enviá-lo para Lyell, no envelope incluído."[45] Em termos semelhantes, Hooker casualmente mencionou:

> Estive pensando em Wallace para a Medalha de Ouro da R.S., mas ela parece estar semiprometida ao dr. Lockhardt Clark este ano. Como você expressaria os direitos de Wallace? Não será difícil citar papelada suficiente?[46]

Wallace teve de esperar sua vez para uma medalha até 1868, quando Huxley o propôs pelo ensaio sobre espécies no *Journal* da Linnean Society. E esperou ainda mais (até 1893) para ser admitido como membro.[47] Curiosamente, os Xs nunca o convidaram para participar do grupo, talvez acreditando que ele não tinha exatamente as mesmas condições de fazer as coisas acontecerem que cada um deles tinha individualmente. É possível que os Xs tenham decidido que conseguir uma medalha para ele – um sinal público de aprovação – era o modo mais eficaz de utilizá-lo.

No fim daquele ano, Huxley ouviu uma conversa entre dois cientistas no Athenaeum Club. "Escute, você sabe alguma coisa sobre o X Club?", um perguntou ao outro. "O que eles fazem?" A resposta divertiu imensamente Huxley. "Bem, eles governam os assuntos científicos e, realmente, em geral, não o fazem mal."[48]

---

45 *Correspondence*, v.12, p.18.

46 *Correspondence*, v.12, p.384. Wallace recebeu a Royal (Gold) Medal em 1868.

47 Agradeço a Gudrun Richardson, da Royal Society, por verificar as indicações entre 1860 e 1893.

48 MacLeod, 1969, p.312.

VI

Escondido em Downe, Darwin perdeu muita coisa durante esses anos de doença. "Suponho que seu destino é deixar o cérebro destruir seu corpo", disse de modo alarmante o primo Fox.

Na verdade, a teoria de Darwin era só uma entre muitas contestações profundas à opinião convencional. Seu livro foi necessariamente apanhado nas transformações de pensamento e modos de vida que ocorriam em todo o mundo desenvolvido no século XIX, tanto que ele e seu *A origem das espécies* tornaram-se parte da própria transformação.

A principal entre estas era a teologia. A dissidência e a fragmentação continuadas da igreja anglicana estabelecida na Grã-Bretanha estavam chegando ao auge mesmo sem o empurrão dado pelos céticos biológicos. A confortável tradição liberal anglicana – a Broad Church [Igreja Ampla] – já enfrentava dificuldades, com a High Church e a Low Church, respectivamente as partes mais e menos assemelhadas à igreja católica romana, e as facções evangélica, tractarianista, episcopal, arminiana e calvinista discutindo sobre pontos de doutrina, debate na vida real tão acirrado quanto o que ocorria na Barchester de Trollope. Sociedades missionárias, empresas editoriais, faculdades teológicas, universidades e mesmo paróquias individuais tendiam a aderir a um grupo particular. Essas dificuldades internas refletiam descontentamentos mais amplos com a igreja da Inglaterra. O censo populacional de 1851 revelara que só cerca de um terço de 17 milhões de pessoas recenseadas frequentava de fato igrejas paroquiais anglicanas. A despeito das dificuldades enfrentadas pelos entrevistadores do censo e do fato de que a declaração de prática religiosa não era compulsória, as estatísticas ainda constituíam uma leitura surpreendente.[49] Do restante, cerca de 4 milhões de pessoas se declaravam dissidentes protestantes não conformistas de algum tipo: metodista, congregacionalista, unitariano, quacre ou algo semelhante. Esses não anglicanos dissidentes não apenas faziam objeções à liturgia teológica tradicional, mas também desaprovavam fortemente o poder civil da igreja. De maneira geral, eles encontravam um lar natural no Partido Liberal, o partido da reforma moderada sob a liderança sucessiva de Palmerston, Russell e Gladstone, cada um dos quais de tempo a tempo tentou reduzir o poder institucional da igreja. Para alguns, o catolicismo parecia cada vez mais atraente. Para outros, a dúvida ou o ceticismo. No mesmo período de dez anos, Francis Galton declarou que a ciência era a alternativa válida a todas as formas de religião, e o devoto John Henry Newman se converteu a Roma. No nível pessoal, homens e mulheres questionavam as evidências em favor

[49] Snell e Ell, 2001.

do cristianismo, essência da crise de fé vitoriana. Em escala mais ampla, a igreja anglicana, que era parte tão importante do Estado, com sua vasta riqueza, suas terras e propriedades, seu direito a extrair renda dos dízimos paroquiais, sua presença parlamentar e seu controle sobre a educação, olhou em volta e se viu assediada por repetidos chamados de mudança. Embora fosse exagerado afirmar que o livro de Darwin acionara esses movimentos, *A origem das espécies* semeou a dúvida e a intensificou onde ela já existia. O livro era geralmente considerado perigoso. Contudo, a fluidez e a adaptabilidade da doutrina religiosa durante esse período tornaram possível que as teorias de Darwin às vezes se harmonizassem com convicções culturais contemporâneas.

Nessa atmosfera instável, alguns sacerdotes anglicanos começaram a pensar que a teologia liberal estava indo longe demais. Eles se perguntavam onde jazeriam a estabilidade e autoridade da igreja se os estudiosos ficassem o tempo todo apontando erros nas histórias conhecidas da Bíblia. A crise causada por *Essays and Reviews* atingiu o clímax em 1864, no mesmo momento em que os livros de Huxley e Lyell expuseram a antiga linhagem animal da humanidade. Para muitos, pareceu que o desejo de explorar explicações naturalistas, especialmente em ciência e religião, estava minando a base primária da espiritualidade.

O bispo Wilberforce ganhou seu caso no tribunal eclesiástico contra *Essays and Reviews* no início desse ano, e os sete autores foram formalmente condenados por sua heterodoxia pela assembleia da igreja. Todavia, o governo anulou de pronto o veredicto. Quase 11 mil clérigos (metade do clero da igreja anglicana no país) assinaram então uma declaração ao arcebispo de Canterbury protestando contra essa interferência em seus assuntos e afirmando que, apesar das dúvidas disseminadas por *Essays and Reviews*, eles pelo menos acreditavam plenamente na inspiração divina das escrituras. Alguns cientistas devotos associados com a Royal Institution prepararam uma petição semelhante. Lubbock tentou brevemente promover uma contraproclamação dos céticos.[50]

Da mesma maneira, a reavaliação liberal feita por John William Colenso dos cinco primeiros livros do Velho Testamento era mais que a maioria dos pastores podia aceitar. Colenso, enérgico bispo missionário de Natal, na África do Sul, considerava as partes mais antigas da Bíblia pouco mais que uma coleção de documentos históricos antigos que havia acumulado termos e leituras errôneas ao longo dos séculos. Como outros comentadores bíblicos

[50] O papel de Lubbock é discutido em Hutchinson, 1914, v.1, p.57-8. Ver também Brock e MacLeod, 1976.

tais como Renan, Strauss e Eliot, Colenso assumiu uma linha interpretativa avançada de crítica elevada, em grande parte de tom naturalista. Ele foi acusado de heresia e fugiu para a Inglaterra para argumentar seu caso com as autoridades da igreja. O bando de companheiros de Huxley do X Club deleitou-se com a confrontação que se seguiu, convidou Colenso para jantar e, em 1864, criou um fundo de subscrição para fornecer uma soma em dinheiro, caso ele fosse destituído de suas funções sacerdotais de forma rude – o que alguns deles quase esperavam que acontecesse. Em pouco tempo, uma petição corria em círculos filosóficos progressistas, "uma declaração em favor da liberdade de opinião e defendendo os direitos do bispo Colenso", como Erasmus a chamava. Erasmus e Darwin a assinaram.[51] Mais uma vez, deve ter parecido a leitores convencionalmente religiosos que a abordagem histórica comparativa de Colenso se baseava na mesma ousada desconsideração pelo divino que caracterizava a teoria das origens da vida de Darwin.

E, na Conferência Diocesana de Oxford, em novembro de 1964, Benjamin Disraeli teve pouca dificuldade para identificar a questão do dia. Disraeli – líder do partido Conservador, que se opunha ao governo liberal – foi o orador visitante na conferência dos clérigos, convidado a comparecer por Wilberforce. Ele aceitara o convite com grande entusiasmo como parte de uma campanha para obter o apoio de clérigos anglicanos, cada um deles um eleitor potencial dos conservadores e muitos deles contando com Disraeli para preservar o sistema de dízimos (a soma em dinheiro anual devida aos clérigos por seus paroquianos), na época sob ameaça dos liberais. Exótico, ex-radical e político consumado, Disraeli estava disposto a prometer o que fosse preciso, fossem dízimos ou ortodoxia bíblica. A ironia da última aparição pública de Wilberforce em Oxford não lhe escapou. "O homem é um macaco ou um anjo?", perguntou Disraeli à sua audiência clerical no auge de seu discurso. "Eu estou do lado dos anjos."[52] Em um mês, ele estava nas páginas da *Punch* caricaturado como um anjo a sorrir afetadamente, adornado com asas falsas, o oportunismo político emanando de todos os poros. Sua frase teve um efeito enorme. Embora essa conferência diocesana dificilmente enfraquecesse Palmerston, que acabou ganhando a eleição geral de 1865, Disraeli farejava uma vitória dos conservadores não muito adiante.

Também em outras áreas, Darwin ficou temporariamente alheio à maioria das mudanças de opinião. Em 1861, havia sido fundada em Londres

---

[51] *Correspondence*, v.12, p.35. Ver Colenso, 1862-79. Colenso é discutido por Hinchcliff, 1964; Rowse, 1989.

[52] Bradford, 1996; Jenkins, 1996. Disraeli foi caricaturado na *Punch*, 10 de dezembro de 1864, p.239. A citação é extraída da legenda.

a Anthropological Society, dedicada à "ciência do homem". Essa nova sociedade foi criada por James Hunt em oposição direta às ligações missionárias filantrópicas da antiga Ethnological Society, um viés que foi em parte estimulado pela intenção da Ethnological Society de admitir mulheres em suas reuniões e por sua posição abolicionista tanto antes da guerra civil norte-americana como durante o conflito. Em geral, os membros da Ethnological Society acreditavam no monogenismo – que todos os seres humanos pertenciam à mesma espécie.

Hunt, ao contrário, estava convencido de que a diversidade geográfica dos seres humanos era consequência de eles terem surgido de várias espécies – a doutrina do poligenismo. Impetuosos, barulhentos e masculinos, os membros da nova sociedade buscavam a biologia da diferença humana. Falavam de crânios e tamanho do cérebro, nádegas e civilizações primitivas.[53] Huxley, Wallace e vários outros interessados nas origens humanas juntaram-se a esse bando extrovertido, pelo menos por algum tempo. Eles compareceram em grande número para ver Colenso ir ao pódio em 1865 para contradizer totalmente a história da criação e do dilúvio com bases científicas. Esses "antropólogos" adquiriram reputação excêntrica, ajudada pela pose do presidente, que usava um martelo encimado por um crânio humano entalhado para chamar os membros à ordem durante reuniões animadas.

Com sua ênfase na anatomia humana e na origem da humanidade, a sociedade de Hunt trouxe de novo para o foco a questão da diversidade humana. Como Louis Agassiz, Nott e Gliddon antes dele, Hunt atiçava preconceitos contemporâneos com suas afirmações de que quatro ou cinco tipos humanos modernos tinham existido desde os tempos primordiais. O que era novo era que Hunt punha essas visões em contexto evolucionário. Ele demarcava os humanos em raças biologicamente distintas, na terminologia da época, e dizia que deviam ser consideradas entidades taxionômicas independentes, separando negros de brancos. A reprodução entre negros e brancos, afirmava, era biologicamente inatural – os descendentes seriam estéreis ou teriam fertilidade reduzida – e "as analogias são mais numerosas entre o negro e o símio que entre os europeus e o símio".[54] Sob a direção de Hunt, alguns membros da Anthropological Society não só adotaram categorias racistas de pensamento, mas também em geral se posicionaram do lado do Sul na guerra de secessão americana.

---

[53] Lorimer, 1978; Stepan, 1982; E. Richards, 1989. De forma mais geral, ver Stocking, 1987.

[54] Sobre antropologia racial em geral, ver Gillespie, 1977; E. Richards, 1989; Edwards, 1992; J. Harvey, 1993; Alter, 1999.

Essas opiniões não deixaram de ser contestadas. Huxley e Busk desaprovaram as afirmações anatômicas de Hunt em seu texto sobre os negros, e outros lembravam a Hunt que a reprodução ocorria atravessando todas as supostas fronteiras humanas. James Horton, um médico africano educado e residente na Inglaterra, perguntou se os membros da Anthropological Society já tinham visto alguma vez um negro, pois ele não podia reconhecer nenhum de seus compatriotas pelas descrições "preconceituosas" e "absurdas" de Hunt.[55] Ainda assim, havia numerosos elementos nessas declarações programáticas que encontravam ressonância. Apesar de toda sua crítica aos disparates de Hunt, Huxley também acreditava em uma hierarquia racial e na inferioridade dos negros. Homens moderados como Lubbock e Darwin relegavam os primitivos a um estágio inicial da organização social.[56]

A Anthropological Society também iniciou um programa de traduções de textos estrangeiros para promover a visão poligenista, incluindo obras importantes de Paul Broca e Carl Vogt. Vogt havia postulado origens dos símios separadas para cada raça humana (seguidas por intercruzamento e combinação) em seu *Vorlesungen über den Menschen*, traduzido pelos antropólogos em 1864 como *Lectures on Man* [Conferências sobre o homem]. Tais visões eram consideradas com suspeita por aqueles que acreditavam em um único ancestral comum, embora Vogt adotasse a evolução e normalmente elogiasse Darwin. Como Wallace se queixou a Darwin:

> os antropólogos [...] fazem o homem vermelho descender do orangotango, o negro, do chimpanzé, ou então o malaio e o orangotango, de um ancestral, o negro e o chimpanzé, de outro.

Darwin ficou contente quando Wallace tornou seu ponto de vista conhecido. Ele foi o primeiro dos darwinianos a aplicar deliberadamente a seleção natural ao surgimento da diversidade humana. Todos os outros tinham publicado suas visões sobre vários aspectos do esquema evolucionário. Wallace sentia que estava pronto para falar também. E o fez em um artigo no *Journal of the Anthropological Society*, em 1864, no qual propunha que os seres humanos tinham surgido em único grupo de ancestrais semelhantes aos símios e depois divergido rapidamente sob o impacto da seleção natural. De fato, ele fazia um relato desenvolvimental cronológico das origens humanas que unia teorias conflitantes de inícios únicos ou múltiplos. Primeiro, eles eram um. Depois eles eram muitos. "Muitíssimo

---

55 Lorimer, 1978.

56 Stepan, 1982; Lorimer, 1978. Ver também Vogt, 1864.

surpreendente, original e convincente", observou Darwin. "Eu gostaria que ele tivesse escrito os capítulos de Lyell sobre o homem. [...] Não há dúvida, em minha opinião, sobre o gênio notável mostrado pelo texto."[57]

Wallace incluía um segundo tema que era diferente de qualquer coisa já dita sobre a descendência humana. Ele propunha que, em um momento inicial da história da evolução humana, a pressão seletiva devia ter mudado do corpo físico para os processos mentais. A seleção natural então agiria principalmente sobre a mente e o comportamento humanos, produzindo a faculdade de fala, a arte de fabricar armas e a divisão do trabalho. Dessa maneira, os seres humanos se ajustariam a seu ambiente local e se libertariam da operação das leis da seleção natural. Absolutamente interessado, Darwin concordou com muito do que Wallace tinha a dizer. Ele também pensava que os seres humanos tinham se livrado gradualmente da necessidade puramente biológica, embora diferisse de Wallace na maneira como isso poderia ter ocorrido.

No final do artigo, Wallace discutia a hierarquia de raças projetada por seus colegas antropólogos. Sobre isso, ele pensava o mesmo que os demais. Os grupos da humanidade não seriam iguais em sua adaptação para sobreviver, dizia. Raças "melhoradas" inevitavelmente "deslocariam as raças inferiores e mais degradadas", aspecto sobre o qual poucos de seus leitores vitorianos teriam discordado. As raças civilizadas estavam destinadas a aumentar à custa dessas últimas, "Exatamente como as ervas daninhas da Europa sobrepujam as da América do Norte e da Austrália".[58] Embora Wallace, como Darwin, fosse, na maior parte, um homem humanitário e culto e rejeitasse muitos dos preconceitos raciais de seus contemporâneos, ele não obstante endossava a superioridade cultural ocidental e a combinava com a teoria da evolução.

Impressionado, Darwin cobriu seu exemplar com marcas a lápis. Ele escreveu a Wallace alguns dias depois, mencionando pela primeira vez suas próprias ideias sobre seleção sexual, que no futuro cumpririam um papel importante em sua explicação da humanidade. Educadamente, repreendeu Wallace. A teoria da seleção natural era "tanto sua quanto minha". Nenhum deles poderia prever que o artigo de Wallace continha as sementes do que se tornaria a diferença mais importante entre os dois.

Logo depois, John Lubbock publicou suas pesquisas em arqueologia e Edward Tylor descreveu o desenvolvimento progressivo das sociedades

---

57 Wallace, 1864. Ver *Correspondence*, v.12, p.204. A carta de Darwin a Wallace sobre esse assunto está em ibid., 216-7.

58 Wallace, 1864, p.CLXV. Ver também R. Smith, 1972; Durant, 1979.

humanas. Ambos acreditavam que as teorias de Darwin os ajudavam na abertura de novas áreas de pensamento sobre a vida e a mente de povos primitivos e nativos.

Em *Pre-Historic Times* [Tempos pré-históricos] (1865), Lubbock trouxe para o primeiro plano a noção de "pré-história" – a palavra que ele inventou para ligar o passado geológico a períodos mais modernos. Sua subdivisão da Idade da Pedra nos períodos Neolítico e Paleolítico dava estrutura intelectual ao tema da antiguidade humana tal como descrito por Lyell, e ele ligava em sequência cronológica os povos da Europa fabricantes de instrumentos feitos de sílex a sociedades que produziam cerâmica e outros artefatos culturais. Bom naturalista com muitas habilidades, Lubbock provavelmente se satisfazia mais ao segurar um caco de cerâmica, recriando em sua mente os homens e mulheres que um dia o haviam usado. Ele tinha passado muitas de suas férias recentes esquadrinhando as margens de lagos e pântanos escandinavos em busca desses objetos antigos ou em detritos de cozinha enterrados, entre estruturas de casas abandonadas, ou em outros resíduos reconhecíveis de habitação humana. Seu livro foi amplamente lido e teve cinco edições no primeiro ano de publicação. Lyell e ele discutiram de novo sobre a atribuição apropriada de seus dados arqueológicos. Lubbock estava certo em afirmar que havia publicado a informação antes. Os outros darwinianos tiveram de acalmar os ânimos.[59]

Por outro lado, Tylor adotou a visão de que o comportamento humano em si estava sujeito a considerações evolucionárias e podia indicar ancestralidade tão seguramente quanto qualquer atributo físico. Suas ideias assinalaram o início do impacto da evolução nas ciências sociais e humanas. Tylor usava disciplinas bem estabelecidas, como linguística, folclore, mitologia e teologia comparativa, para propor que os padrões de pensamento e comportamento humanos podiam ser relíquias ou "sobreviventes" de culturas primitivas, do mesmo modo que órgãos anatômicos vestigiais podiam ser abandonados na sequência da evolução; como ele explicava, o piano era um descendente da harpa. Semelhanças culturais entre grupos disparatados, sustentava, poderiam ser explicadas com base num modelo de desenvolvimento que abrangesse invenção, herança e difusão independentes. Com isso, ele levava o método comparativo a um novo nível de sofisticação. Desde 1865, quando publicou a obra *Researches into the Early History of Mankind and the Development of Civilization* [Pesquisas sobre a história inicial da humanidade e o desenvolvimento da civilização], até

[59] Lubbock, 1865; Van Riper, 1993; Bynum, 1984.

1871, quando foi publicado seu *Primitive Culture* [Cultura primitiva], Tylor foi responsável por assegurar um lugar para a antropologia social e cultural nas mentes de leitores britânicos cultos. Ele e Darwin trocaram cartas de apreço, e mais tarde Darwin consultou-o sobre comportamento cultural e evidências materiais em favor da evolução da humanidade.[60]

Com livros e projetos antropológicos ocupando o centro das atenções, não é de surpreender que as incômodas questões da escravidão e da raça permanecessem em pauta. Ainda doente em Downe, em 1865, Darwin soube da eliminação de escravos emancipados na Jamaica pelo governador Edward John Eyre. Os jornais – e os amigos de Darwin – dividiram-se em campos opostos, e Eyre foi ou severamente criticado como um monstro de crueldade ou admirado por sua ação firme. James Hunt defendeu Eyre a ponto de os antropólogos ficarem identificados com um flagrante sentimento antinegros, acreditando em "barbarismo" negro. Kingsley aprovava abertamente Eyre, assim como Carlyle, Ruskin e Tennyson. Darwin ficou estarrecido ao saber que Hooker também apoiava Eyre. Ele não. "Você vai gritar quando souber que acabo de subscrever o Comitê da Jamaica", escreveu consternado ao botânico, referindo-se ao Comitê da Jamaica de John Stuart Mill, criado para garantir que Eyre fosse processado por assassinato.[61] Huxley também apoiou esse comitê, coletando assinaturas de amigos para esse fundo de combate. Darwin havia enviado dez libras. "Estou contente de saber por Spencer que você está do lado certo (ou seja, *do meu*) na questão da Jamaica", Huxley agradeceu a Darwin em novembro de 1866. "É maravilhoso como as pessoas que comumente agem juntas se dividem em relação a ela."[62]

Em outros lugares, desenvolviam-se grandes acontecimentos políticos. O assassinato de Abraham Lincoln chocou o mundo. "A maneira nobre como nosso país se comportou deveria lhe causar uma satisfação verdadeira", disse Asa Gray logo depois.

> Apreciamos muito os bons sentimentos da Inglaterra em seu luto sincero pelo assassinato de Lincoln. Não fale de nosso "ódio" por vocês –, não suponha que queiramos roubar de vocês o *Canadá* – com o que ninguém se importa.[63]

[60] Leopold, 1980.

[61] *Life and Letters*, v.3, p.52-3. Darwin criticou o filho William por suposições fáceis sobre a questão; ibid., p.53. O caso Eyre é examinado em Semmel, 1962.

[62] L. Huxley, 1900, v.1, p.278.

[63] De Asa Gray, 15 de maio de 1865, DAR 165.

O homem que nasceu no mesmo dia que Darwin nasceu morreu em meio ao luto nacional em 15 de abril de 1865.

> Continuamos profundamente interessados nos assuntos americanos; na verdade não me preocupo com nada mais no *Times*. Como nós ingleses estávamos egregiamente errados em pensar que vocês não conseguiriam manter o sul depois de conquistá-lo. Lembro-me muito bem de pensar que a escravidão floresceria durante séculos em seus estados do sul.[64]

VII

As doenças de Darwin tinham pouco efeito no modo como seu nome se disseminava progressivamente pela Europa. A onda de edições e traduções que levavam o evolucionismo de um lado a outro entre Grã-Bretanha e Europa continental e os Estados Unidos apresentava um verdadeiro fenômeno social e intelectual. Poucos conceitos científicos do século XIX foram tão reformulados, popularizados, negociados e consolidados quanto o corpo de trabalho associado com *A origem das espécies*. Desde 1864, quando o livro foi traduzido para russo, italiano e holandês, até o fim da década de 1870, quando ele havia sido publicado em sueco, dinamarquês, espanhol, húngaro e polonês, uma multidão de comentários, críticas e textos de apoio havia sido publicada e traduzida, e a disseminação do pensamento evolucionista estava firmemente embutida em textos nacionais e religiosos individuais.

No processo, houve muito espaço para confusão. Embora a ciência em tradução atravessasse fronteiras geográficas de modo muito eficiente para o período, a linguagem característica em que ela era expressa raramente era bem entendida fora de cenários nacionais específicos. Os filósofos naturais não partilhavam necessariamente procedimentos e princípios de raciocínio inequívocos. As metáforas raramente viajavam bem, omissões ou acréscimos em traduções podiam afetar o argumento, e um prefácio ou adendo não supervisionado podia solapar os resultados.[65] Como Darwin já sabia pela experiência desagradável das primeiras traduções de seu livro, feitas por Clemence Royer e Heinrich Bronn, esses volumes deviam ser mais apropriadamente considerados reelaborações criativas das ideias de

[64] A Asa Gray, 15 de agosto [1865], Gray Herbarium, Harvard University.

[65] De alguns estudos sobre a tradução de textos científicos, ver especialmente Glick, 1988a, e, mais recentemente, Rupke, 2000. O desenvolvimento de linguagem especializada e jargão é abordado em Burke e Porter, 1995.

um autor, nas quais os textos eram reposicionados em outro meio intelectual e social. E sempre, no fim, quando um livro traduzido chegava às mãos de um leitor, por mais escrupulosamente que ele preservasse o que o autor queria dizer, o leitor podia perceber facilmente mensagens diferentes daquelas que o autor pretendia passar.[66]

Depois da morte de Heinrich Bronn, em 1862, Darwin combinou que seu livro fosse traduzido para o alemão por Julius Carus, mas não antes de Carus se envolver em uma peleja sobre propriedade com Carl Vogt, que também queria ser o porta-voz alemão de Darwin. Em 1866, dois outros possíveis tradutores surgiram como desafiantes a Carus, mas logo foram eliminados por ele.

Carus foi uma boa escolha. Seu entusiasmo assegurava que ele se empenharia em disseminar o darwinismo na Alemanha, e ele foi a força motriz responsável pela primeira edição reunida das obras de Darwin em qualquer idioma, em 1875. Ademais, foi o primeiro autor comercial a capitalizar sua relação com Darwin perguntando se poderia produzir um "pequeno esboço biográfico" incluindo "data de nascimento, escola e assim por diante. Se o senhor não gostar, confio que me diga muito abertamente e não fique irritado comigo". Ele também traduziu *Man's Place in Nature* [O lugar do homem na natureza], de Huxley, livro que deixou uma impressão duradoura nos estados de língua alemã, e depois as obras antropológicas de Tylor. Darwin estava evidentemente em boas mãos.

Um grande número de outros textos sobre evolução também foi publicado na Alemanha. Adolf Meyer traduziu as obras de Wallace à medida que foram publicadas, e o filósofo materialista Ludwig Buchner traduziu *Antiquity of Man*, de Lyell, que teve três edições entre 1864 e 1874. Como era de se prever, pensadores evolucionistas como Vogt, Ermst Haeckel e outros escreveram textos independentes em sua língua natal. As principais editoras de textos científicos em Stuttgart, Frankfurt e Berlim capturaram adicionalmente o mercado disponível casando esses livros, capa a capa, com publicações contrárias à evolução, inclusive traduções alemãs dos ataques a Darwin feitos por Louis Agassiz. Havia muito debate e envolvimento criativo com essas ideias. Talvez o naturalista Friedrich Rolle fosse o único a "engolir todo o remédio", como disse Darwin. Rolle escreveu vários artigos iniciais e, em 1863, um livro sobre darwinismo. Em outros lugares, Karl von Baer rejeitou inteiramente a transmutação; Ludwig Rutimeyer, Carl Nägeli e Oswald Heer concordaram mais ou menos com a visão evolucionista da natureza, embora dispensando a seleção natural e reafirmando o compro-

[66] Altick, 1957; Ellegard, 1957; Eco, 1979.

misso religioso pessoal. Rudolf Virchow, de todos o mais proeminente, nunca aceitou o darwinismo, mas a religião não cumpriu papel em sua rejeição. Apesar da amplitude da reação, Darwin parecia cautelosamente otimista. Em 1868, deixou escapar para William Preyer que achava que "o apoio que recebo na Alemanha é meu principal motivo para esperar que nossas visões acabem prevalecendo".[67]

O quadro se repetiu de maneira geral na Rússia czarista. O discurso de Lyell em 1859 na British Association e a palestra de Huxley em 1860 na Royal Institution logo foram traduzidos para o russo, levando S. A. Rachinski a traduzir *A origem das espécies* em 1864 e o botânico Kliment Timiriazev a escrever um comentário favorável intitulado *Charles Darwin e sua teoria*. Essas obras foram seguidas pela tradução por Vladimir Kovalevsky de *Variation of Animals and Plants under Domestication*, publicado em 1868, por traduções de obras de Lubbock e Vogt e pela publicação de exposições evolucionistas de autoria de naturalistas destacados como Andrei Beketov e Il'ia Mechnikov. Em 1870 era possível para os russos ler em seu idioma todos os textos europeus ocidentais que apresentavam os aspectos mais importantes da controvérsia. É provável que a prontidão com que os cientistas russos tomaram conhecimento desses desenvolvimentos se devesse na maior parte à aceitação pela *intelligentsia* do fenômeno geral da evolução alguns anos antes da publicação de *A origem das espécies*.[68]

Desde o início, todavia, muitos russos consideraram a base malthusiana do argumento de Darwin e Wallace relativamente desimportante. O darwinismo chegou à Rússia sem a economia política da luta formulada por Malthus, mudando de roupa à medida que atravessava fronteiras culturais e ideológicas. Karl Marx julgara Darwin e Malthus juntos como parte do tipo nacional britânico. O mesmo fez Leon Trotsky, que criticou Darwin por trazer "uma lei fictícia" para a biologia. Em *Ana Kariênina*, de Liev Tolstoi, a personagem Liévin atacava as consequências morais das visões de Darwin com tanta contundência que na vida real Timiriazev se sentiu compelido a responder. Apesar disso, Kovalevsky e Timiriazev asseguraram que Darwin fosse eleito para a Academia Imperial de Ciências russa em 1867, uma das primeiras premiações científicas importantes que ele recebeu.[69]

Esses pensadores evolucionistas eram principalmente jovens, não convencionais, patrióticos, com carreiras ainda relativamente indefinidas, e unidos por uma aversão às formas tradicionais de religião, em particular Kovalevsky,

---

[67] *Life and Letters*, v.3, p.88.
[68] Scudo e Acanfora, 1985; Vucinich, 1988; Todes, 1989.
[69] Vucinich, 1988.

Vogt, Kaeckel, Fritz Müller e Buchner. Enquanto Vogt ganhara destaque na imprensa como membro radical da Assembleia Nacional em 1848 e as ferrenhas visões sociais de Buchner eram expressas em numerosos tratados, Ernst Haeckel tinha encontrado pela primeira vez as ideias de Darwin em um contexto biológico. Darwin escrevia a todos eles, estabelecendo cuidadosamente a relação que ele sentia estar no cerne do progresso de sua teoria no exterior. "Ele às vezes ficava preocupado em como responder a Monsieur et très honoré Confrère ou a Hoch verehrter Herr", explicou Francis Darwin, divertindo-se com a cautela do pai. Ele se sentia obrigado a usar "caro e respeitado senhor".

Haeckel defendeu Darwin na Versammlung Deutscher Wissenschaftler und Aertze (Academia de Artes e Ciências) e pregou suas teorias em aulas de biologia em Jena. Ele entrou em contato com Darwin em 1864, enviando a ele um exemplar de seu livro sobre radiolários, diminutos organismos marinhos protoplásmicos que habitam carapaças elaboradas, dizendo a Darwin que nada havia deixado nele uma "impressão tão poderosa" como *A origem das espécies*.[70] Haeckel tornou-se de longe o mais ardoroso darwiniano na Alemanha, influenciando uma geração de estudiosos que incluía Anton Dohrn, Hans Driesch, Hans Spemann e Richard Goldschmidt. Em biologia, ele acreditava que as ideias de Darwin abriam novas áreas de pesquisa e geravam métodos de análise originais. Em termos sociais e políticos, também começou a usar as visões de Darwin para provocar uma transformação cultural.[71]

Fritz Müller tinha uma vida na ciência mais obscura que a de Haeckel e, por isso mesmo, era muito mais típico. Também era um animal político. Queixava-se do fracasso da Revolução de 1848, recusou um cargo no sistema educacional prussiano por causa de sua observância cristã e emigrou para o Brasil, onde passou os últimos anos de vida preso por forças rebeldes. Racionalista dedicado, acreditava no amor livre, em história natural e em Darwin – um entre um número crescente de naturalistas relativamente desconhecidos que passavam a pensar que os princípios de Darwin ajudavam genuinamente seu trabalho. O nome de Müller ficou ligado ao darwinismo por meio de seu livrinho sobre crustáceos, no qual ele aplicava considerações evolucionistas ao ciclo de vida de camarões e espécies semelhantes. *Für Darwin* foi publicado em Leipzig em 1864. Nele, Müller declarava que as

[70] *Correspondence*, v.12, p.265-8; Junker e Richmond, 1996, p.19.

[71] Haeckel, 1866. A obra de Haeckel e o darwinismo na Alemanha são discutidos em Gasman, 1971; Kelly, 1981; Corsi e Weindling, 1985, p.685-98; Montgomery, 1988. De forma mais geral, ver Nyhart, 1995.

teorias de Darwin forneciam "a chave da inteligibilidade para a história do desenvolvimento dos crustáceos".[72]

Darwin ficou encantado. O livro de Müller por fim apresentava a análise embriológica da evolução em ação que ele ansiava por ver – a obra que ele esperava que Huxley, com todos os seus talentos, pudesse ter produzido. Da Down House, ele escreveu para Müller uma carta entusiasmada. "Um homem deve ser de fato um defensor fanático de atos de criação separados se não ficar estatelado depois de ler seu ensaio."

> Vejo a publicação de seu ensaio como uma das maiores honras que já me foram conferidas. Nada pode ser mais profundo e surpreendente que suas observações sobre desenvolvimento e classificação. [...] Que ilustração admirável ele proporciona de minha doutrina inteira![73]

Darwin prontamente tomou providências para que o livro de Müller fosse traduzido para o inglês por William Dallas, naturalista capaz que preparava os índices para os livros de Darwin. A tradução foi publicada em 1869 – custeada por Darwin – por John Murray, como *Facts and Arguments for Darwin* [Fatos e argumentos em favor de Darwin], encadernado no mesmo tecido verde usado nos títulos de Darwin. Darwin assumiu o risco do editor. "Acho que você estaria seguro com 750 [exemplares]", Murray aconselhou-o. Quando o livro foi publicado, as palavras de elogio de Müller ao sistema evolucionário de Darwin estavam lá para todos verem, uma "esplêndida estrutura que ele erigiu com maestria tão admirável", dizia Müller. Isso era publicidade extremamente eficaz.

Darwin sentia que sua situação na França ainda era difícil – impenetrável.[74] Embora a tradução de *A origem das espécies* feita por Clemence Royer dificilmente pudesse ser responsável pelo que Huxley chamou de "conspiração de silêncio", as reações eram decididamente mudas. Vários positivistas influentes seguiam o exemplo de Auguste Comte, atacando o transformismo. A opinião católica, embora muito menos interessada em liberalismo bíblico que a de outras igrejas, em geral se opunha a propostas que favoreciam a existência de leis naturais independentes, ateístas.[75]

---

72 Müller, 1864, citado da tradução inglesa de 1869, p.114.

73 *More Letters*, v.1, p.312.

74 Para a reação fria, ver L. Clark, 1984.

75 Grande parte da reação francesa é apresentada em J. Harvey, 1997. Ver também Conry, 1974; J. Harvey, 1983.

É provável que a centralização do ensino na França permitisse que qualquer hostilidade que surgisse em relação a Darwin se enraizasse e ressurgisse como dogma. Apesar dos esforços de naturalistas de língua francesa como Alphonse de Candolle, François Pictet e Édouard Claparède, todos baseados na Suíça, o darwinismo era malsucedido em Paris, na Académie des Sciences, na Sorbonne e no Musée d'Histoire Naturelle. Assim, quando Pierre-Jean-Marie Flourens, o mais conspícuo acadêmico francês da época, declarou em 1864 que a obra de Darwin era deficiente nas regras básicas da lógica, pareceu haver poucos motivos para os franceses darem qualquer atenção a *A origem das espécies*. Flourens havia escrito "um livrinho insosso contra mim", disse Darwin em 1864, encorajando Huxley a dar nele uma bordoada na *Natural History Review* ("pendure o escalpo em sua tenda!", disse Huxley). Na França, porém, o *Examen du livre de M. Darwin sur l'origine des espèces*, de autoria de Flourens, era muito influente.

De tempos em tempos, havia discussões sobre biologia racial e anatomia do cérebro entre alguns antropólogos parisienses na Société d'Anthropologie. O livro de Darwin também invadiu de maneira geral a discussão permanente entre Louis Pasteur e Charles Pouchet sobre geração espontânea e as características definidoras da vida. Além disso, os livros de Lyell e Huxley foram traduzidos para o francês em 1864 e 1868, e os de Spencer e Haeckel, logo depois. Contudo, durante a década de 1860, apenas quinze novos livros científicos traziam a palavra *transformisme* no título; na década de 1870, o número aumentou para 29. Persistente, Darwin considerava como amigos Jean Louis Armand de Quatrefages, Albert Gaudry, Édouard Claparède, Henri Milne-Edwards, Louis Charles de Saporta e recebeu a aprovação qualificada de Paul Broca, Paul Topinard e Isidore Geoffroy Sain-Hilaire. Sem o conhecimento dele, o psicólogo pioneiro HippolyteTaine mencionou a obra de Darwin favoravelmente em 1863 e outra vez depois. No mais, a luta e a seleção natural eram consideradas conceitos estrangeiros pelos intelectuais franceses.

Darwin naturalmente sentiu que havia muito a fazer para estabelecer suas visões a apenas trinta quilômetros do outro lado do Canal da Mancha. Ele ficou satisfeito com os esforços de Quatrefages para elegê-lo membro da prestigiosa Académie des Sciences, por mais malsucedidos que estes fossem contra a resistência de Flourens. No total, Darwin foi indicado três vezes por Quatrefages, apoiado pelo naturalista Henri-Milne Edwards, em 1870, 1872 e 1873, e finalmente com sucesso em 1878. Mesmo então, Darwin foi eleito com base em seu trabalho botânico, uma afronta que ignorava intencionalmente *A origem das espécies*, de modo muito semelhante a como a Royal Society de Londres omitira qualquer menção a *A origem* quando conferira a Darwin a Medalha Copley. "É curioso como a nacionalidade influencia a opinião", observou ele depois de saber da primeira rejeição da Académie.

> Mal se passa uma semana sem que eu saiba de algum naturalista na Alemanha que apoia minhas concepções e, com frequência, atribui valor exagerado a minhas obras; enquanto na França eu não soube de um único zoólogo, exceto M. Gaudry (e ele apenas em parte), que apoia minhas concepções.[76]

Quatrefages considerava Darwin a única pessoa que havia proposto uma teoria da evolução que era apropriadamente científica e abarcava todos os aspectos do conhecimento natural. Generoso, ele disse que apreciava a "grandiosidade" da obra de Darwin.[77]

O livro de Darwin sobre as viagens do *Beagle* parecia de fato ser a única coisa que os franceses estavam dispostos a ler. "Embora eu seja muito desdenhado pelos grandes do Institute", protestou para Hooker em 1869, "presumo que a estima por mim esteja aumentando entre a massa, pois outro homem se candidatou para traduzir meu Diário de Viagens. Eis uma nota jactanciosa".[78]

Como livro traduzido, *A origem das espécies* estava claramente penetrando em uma gama de contextos sociais repletos de suas próprias tendências de pensamento contínuas, das quais várias já incluíam ideias evolucionistas. Autores espanhóis responderam ao chamado de *A origem* em 1869 com uma onda agitada de comentários sobre a origem química dos seres vivos.[79] Na Itália, por outro lado, a elite intelectual já defendia o secularismo e o naturalismo evolucionista, a ponto de Paolo Mantegazza sugerir que a ciência deveria se tornar uma religião. Da maneira como era exposta por positivistas italianos, a teoria de Darwin era vista acima de tudo como uma genealogia das formas vivas e não como uma explicação do método de mudança.[80] *A origem das espécies* foi traduzido parcialmente para o italiano por Giovanni Canestrini, zoólogo pioneiro, em 1864. Mas foi Filippo de Filippi quem, em Turim, realmente gerou discussão com seu artigo "O homem e os macacos", estimulado pelo livro de Huxley. Filippo aceitava todos os argumentos básicos apresentados por Huxley, mas sustentava que

---

[76] *Life and Letters*, v.3, p.118.

[77] Quatrefages a Darwin, 29 de março de 1869, DAR 175.

[78] A Hooker, 8 de março [1869], DAR 94, p.116-7.

[79] Núñez, 1977; Glick, 1988b.

[80] Pancaldi, 1991.

a moralidade humana não podia ser explicada por descendência do reino animal.[81] Essas polêmicas encorajaram a publicação do texto completo de *A origem das espécies* em 1865, seguida em 1866 por um influente livro intitulado *Origine dell'uomo*. Pouco depois, o botânico Federico Delpino iniciou uma análise do trabalho experimental de Darwin sobre plantas, sustentada por uma crença não darwiniana na natureza dirigida e progressiva da evolução.

A história foi, em geral, a mesma na Austrália, na Nova Zelândia, nos Estados Unidos e no Canadá – nações separadas da Grã-Bretanha por uma língua comum. O autor de *A origem das espécies* manteve seu empenho em todas elas. Fosse a favor ou contra ele ou dispostos a se juntar a ele em algum ponto no meio do caminho, homens e mulheres por todo o globo começaram a participar de um dos primeiros debates científicos internacionais.

VIII

Dia após dia, a condição física de Darwin se deteriorava. "Quando você encontrar Busk, pergunte a ele se algum homem é melhor que Jenner para dar vida a um pobre diabo exaurido", implorou a Hooker em 1865. Emma começou a definhar sob a tensão. "Fiz um pouco de jardinagem no verão e muitas vezes fiquei surpresa, quando estava me sentindo bastante triste, de ver como é animador um pouco de exercício desse tipo."[82] Ávida por companhia, ela instalou uma tia mais velha na Down House para jogar cartas com ela à noite, depois que Darwin ia dormir. Com sua corneta acústica e a tendência a ficar na frente da lareira monopolizando o jornal, tia Fanny revelou-se um acréscimo irritante à família.[83] Quando ela voltou para Gales, Emma percebeu como Darwin "ficou muito animado ontem".[84]

Fosse qual fosse o médico que ele consultasse, a medicina convencional só aliviava parcialmente seu sofrimento. Ele se reanimou um pouco quando encontrou o excêntrico dr. John Chapman, ex-editor e proprietário da *Westminster Review*, que tinha uma ligação próxima com George Eliot e seu círculo. Chapman era o tipo de companhia que Darwin raramente encontrava. Embora mais ou menos qualificado como médico, ele considerava a prática da medicina como uma espécie de seguro contra o desastre no mundo editorial. Com muita frequência, lançava um punhado de geringonças terapêuticas caras no mercado, recorrendo mais a novidades e

81 Descrito em Corsi e Weindling, 1985.

82 *Emma Darwin*, v.2, p.207.

83 *Emma Darwin*, v.2, p.24.

84 Emma a Fanny Allen, final de junho-começo de julho de 1865, arquivo Wedgwood/Mosely, Wedgwood Archive Collection, Keele University, 422.

modas médicas que à prática comprovada. Seu empreendimento na época eram sacos de gelo para enjoo e náusea, e foi um anúncio deles que levou a carta de Darwin à sua porta. Chapman conhecia todo mundo: Huxley, Spencer, Lewes, Dickens, Tom Taylor, do *Times*, John Stuart Mill e Harriet Martineau e seu irmão James. Além disso, ficara impressionado com *A origem das espécies*, dizendo em seu diário que "provavelmente causaria uma imensa revolução mental".[85] Darwin gostou dele de imediato e escreveu sobre seus sintomas a ele de maneira mais aberta que a qualquer outro homem, "Língua roxa pela manhã [...] evacuação regular e boa. Urina escassa" e assim por diante.[86]

As curas de Chapman eram tão ineficazes quanto as outras. Ele certamente condescendeu com o desejo de Darwin por remédios desconfortáveis (ou com seu desespero) vendendo a ele um conjunto de bolsas de água de borracha de vários tamanhos, que deveriam ser resfriadas e postas perto da espinha todos os dias durante uma ou duas horas. "O gelo é um sedativo direto para a medula espinhal", escreveu Chapman em um de seus livros de anotações médicas.[87] Darwin amarrava essas bolsas na parte inferior das costas três vezes por dia. Aparentemente ele não se sentia nem bobo nem ingênuo ao fazer isso. Por mais frias, inconvenientes e desajeitadas que fossem, ao menos ele conseguia caminhar vagarosamente pelo Sandwalk a intervalos regulares. Logo ficou óbvio que "O gelo na espinha não fazia efeito". Mas as bolsas de borracha não foram desperdiçadas. Muito tempo depois, quando William atravessou de barco o Canal da Mancha, seu parcimonioso pai recomendou que ele as usasse como precaução contra enjoo.

Depois veio Henry Bence Jones, do hospital St. George, de Londres, um tipo completamente mais comum de médico, que fez exames com a urina de Darwin para verificar proteínas e ácido úrico e diagnosticou gota suprimida. Jones era um discípulo entusiasmado da filosofia da química de Justus von Liebig e acreditava inteiramente na análise dos constituintes químicos do sangue numa época em que a reumatologia e as pesquisas de laboratório ainda não eram parte estabelecida da terapia médica. Seu forte eram os desequilíbrios nutricionais. Ele fez Darwin parar de comer os alimentos açucarados de que mais gostava e aconselhou que remédios líquidos acidificantes como cólquico e aloés amargos tomassem o lugar de pudins grudentos. "Tenho estado quase meio morto de fome", reclamou o

[85] Haight, 1940, p.237. Para a tradição de medicina empresarial em que Chapman estava envolvido, ver R. Porter, 1989.

[86] Citado de Colp, 1977, p.83.

[87] Chapman, 1864.

paciente depois de duas semanas dessa dieta, "estou sete quilos mais leve, ganhei em capacidade de caminhar e meus vômitos estão imensamente reduzidos". Era uma infelicidade, disse Francis Darwin, "que tantos médicos proibissem a ele coisas doces, pelas quais ele tinha um amor de menino".

> Ele costumava dizer que a carne do jantar era insossa e que os doces eram a única parte que valia a pena. Ele não tinha muito sucesso em manter as promessas que fazia de não comer doces e não as considerava obrigatórias (a menos que) as fizesse em voz alta. Com frequência, fazia uma promessa em voz alta depois de quebrar uma promessa silenciosa.[88]

Ademais, ele estava proibido pelos médicos de comer toucinho defumado, continuou Francis. "Mas como era bem de seu feitio, ele nunca obedecia e costumava rir de toda a raça dos médicos pela má vontade deles com o toucinho defumado."

Jones também receitou exercícios "para manter a química em funcionamento". No início, sugeriu passeios de iate, endossando o conselho médico costumeiro para vitorianos abastados. Talvez Jones tenha reconhecido a inquietação mental de Darwin e pensado que o antigo remédio de uma mudança de cenário funcionaria tão bem quanto qualquer outro. No fim, Darwin preferiu ficar em casa e começou a andar a cavalo, comprando de um vendedor local um confiável velho cavalo castrado chamado Tommy (os garotos o testaram de antemão) e percorrendo a meio trote trilhas do campo durante um ou dois anos, até levar um tombo grave e decidir que estava velho demais para aquela atividade arriscada.

Mas não havia como fugir da atmosfera de pesar na Down House. A morte trouxe tristeza quando Robert FitzRoy cometeu suicídio, em abril de 1865, cortando a garganta com uma navalha, uma horrível reencenação do suicídio de seu tio, *lord* Castlereagh. Darwin ficou arrasado. Com uma pontada de familiaridade constrangida, ele viu nesse último ato muito do comportamento impetuoso, instável e corajoso de seu antigo capitão.[89]

"Ch. ficou muito triste por causa de FitzRoy – mas não muito surpreso. Ele se lembrou dele quase louco uma vez no *Beagle*", disse Emma. Eles

---

[88] H. B. Jones, 1850. Sobre o sistema médico de Bence Jones, ver Coley, 1973; M. Stone, 1998. A recordação de Francis Darwin está em DAR 140, ser.3, p.13.

[89] Mellersh, 1968. Burton, 1986, trata das pesquisas meteorológicas de FitzRoy, especialmente FitzRoy, 1862. Para o suicídio no período vitoriano ver Anderson, 1987; Gates, 1988.

tinham sabido de modo intermitente da existência deteriorada de FitzRoy. Durante anos ele fora informado dos resultados fatais de sua filantropia na Terra do Fogo. Os três indígenas fueguinos que ele levara para a Inglaterra, batizara e reintroduzira na Terra do Fogo durante a viagem do *Beagle* haviam retornado ao comportamento aborígine. Na década de 1840, uma missão cristã à Terra do Fogo havia morrido de fome perto do canal do Beagle. A culpa fora da má organização. Então Jemmy Button, um dos três originais de FitzRoy, ajudou a estabelecer outra missão na baía de Woollya, que terminou no massacre de todos os europeus. FitzRoy recebeu mal essa notícia. De acordo com o capitão do navio que deixara os missionários em Woollya, Jemmy havia gritado de sua canoa para os oficiais num inglês perfeito e pedido um par de suspensórios para suas calças. Ele subiu a bordo e deu a eles um presente para seu antigo capitão.[90] FitzRoy ficou devastado com a aparente traição de Jemmy (embora nunca tenha ficado claro se Jemmy estava diretamente envolvido no massacre).

Além disso, o trabalho de FitzRoy no Departamento de Meteorologia era sempre subavaliado. É verdade que ele era perfeccionista. Mas suas tentativas de introduzir previsões do tempo e avisos de tempestade com base científica para marinheiros no mar eram alvo constante da sátira vitoriana. "A natureza parece ter um prazer especial em confundir as conjecturas da ciência", zombou o *Times* depois que mais um vendaval inesperado perturbou o campo. FitzRoy recebia cada crítica como ofensa pessoal. O naufrágio do *Royal Charter* ao largo da costa de Anglesey, com terríveis perdas de vidas, transformou sua missão em uma cruzada moral.[91] Ele discutiu com o tenente Maury em Washington sobre as causas meteorológicas das tempestades e como prever sua chegada. Darwin soube de tudo isso por Bartholomew Sullivan, que agora era almirante, quando Sullivan fez uma visita no outono à Down House. Os dois velhos camaradas se preocupavam com as depressões e o ardor mal colocado de FitzRoy.

> Nunca em minha vida conheci um caráter tão confuso. Sempre muito disposto a amar e um dia o amei sinceramente; mas um temperamento tão suscetível e tão dado a se ofender, que gradualmente perdi meu amor e só desejava evitar o contato com ele. Duas vezes ele discutiu comigo de maneira muito agressiva,

---

[90] Mellersh, 1968, p.243-6. Grande parte do conhecimento de Darwin sobre esses acontecimentos proveio de Bartholomew Sulivan, seu amigo do *Beagle*; ver Sulivan, 1896.

[91] Burton, 1986.

> sem provocação injusta de minha parte. Mas certamente em seu caráter havia muito de nobre e elevado.[92]

Quando Darwin soube que a sra. FitzRoy fora deixada sem um tostão, enviou a ela um cheque de cem libras (cerca de 5 mil libras em dinheiro de hoje), uma soma grande que provavelmente indicava sentimentos de culpa em relação à memória de seu capitão.[93] Ele não se sentiu nem de longe triste como deveria. De maneira muito semelhante a como reagira à morte de Henslow, Darwin logo pôs de lado a inconveniência do pesar e do arrependimento.

O velho *sir* John Lubbock também morreu, deixando a fortuna, o título, a firma bancária, a propriedade em High Elms e as obras de caridade da vila para seu filho John, amigo de Darwin. Essas riquezas esperadas por tanto tempo foram logo exauridas por John Lubbock, e pouco depois ele decidiu concorrer ao parlamento. Darwin lamentou a decisão, pois sentia que a eleição de Lubbock como parlamentar seria uma perda para a ciência. No entanto, ele se filiou lealmente à West Kent Liberal Association, descobriu novo interesse aos jornais de Maidstone, onde Lubbock pretendia brigar por uma cadeira, e disse a ele que ficaria "muito desgostoso se ele tivesse sucesso, mas muito mais se fosse derrotado".[94] Por baixo dessa declaração estava a suposição não proferida de que os dois partilhavam o mesmo tipo de política avançada encontrado no Partido Liberal de Palmerston e *lord* Russell. Aqueles eram tempos emocionantes, com um sistema partidário cada vez mais dividido dando origem a governos de coalizão fracos, assediados por políticas confusas. Em 1865, Lubbock esperou ingressar no governo de Palmerston, embora se discutisse muito se Palmerston viveria até que isso acontecesse. Nos cinco anos seguintes, haveria três mudanças de governo provocadas por mortes e renúncias. Darwin ansiava por discussões políticas com Lubbock, pois gostava de conversar sobre o governo depois do jantar tanto quanto qualquer um de seus conhecidos.

Lubbock foi derrotado. "Fiquei triste por ele ter ingressado na política", disse Darwin depois,

> e embora tenha ficado triste por ele ter perdido a eleição, suponho contudo, agora que ele foi derrotado uma vez, que nunca

[92] A Hooker, 4 de maio [1865], DAR 115, p.268, Mellersh, 1968, p.283.

[93] Colp, 1985, p.390.

[94] Arquivo Wedgwood/Mosely, Wedgwood Archive Collection, Keele University, 422. Ver também *Life and Letters*, v.3, p.36.

> mais vai desistir da política, e a ciência está acabada. Muitos homens podem dar bons parlamentares; e quão poucos podem trabalhar na ciência como ele![95]

O sucesso eleitoral de Lubbock veio em 1870. A partir de então representou West Kent pelo Partido Liberal por dezoito anos, depois mudou sua linha de ação na questão irlandesa e a seguir representou a Universidade de Londres pelos unionistas. Em 1900, foi sagrado par do reino e passou a integrar a Câmara dos Lordes como barão Avebury, o "baronete banqueiro", renomado por salvaguardar sítios arqueológicos como o círculo de pedra em Avebury (do qual recebeu seu título) e Stonehenge e por introduzir o conceito de feriados bancários e dias nacionais de lazer. Durante todo esse processo, Darwin desejou que Lubbock dedicasse mais tempo à ciência. Quando jovem e ambicioso, ele tinha uma vez confidenciando a Darwin que esperava tornar-se presidente da Royal Society, prefeito de Londres e ministro das Finanças, e Darwin refletia que Lubbock era suficientemente bom para ter alcançado qualquer uma dessas posições se estivesse "disposto a esquecer as outras duas". Lubbock nunca produziu a pesquisa biológica inovadora da qual era capaz. Seu impacto científico depois disso residiu em exposições populares de tópicos de história natural, especialmente em seu livro *Ants, Bees and Wasps* [Formigas, abelhas e vespas], que teve ótimas vendas, e em sua atuação no parlamento e nas políticas do governo.

As mortes continuaram. Em 1865, morreu William Jackson Hooker, deixando para o filho Joseph Hooker o herbário, a biblioteca e a diretoria de Kew Gardens, benefício que também trazia desvantagens e que Hooker utilizou de modo engenhoso. Em suas mãos, a função científica e imperial de Kew viveu uma expansão impressionante. E em 1866 morreram Catherine e Susan, irmãs de Darwin.

A primeira a partir foi Catherine Darwin. Sua vida havia tomado um rumo muito diferente três anos antes, em 1863, quando ela desposara Charles Langton, viúvo de sua prima Charlotte (irmã de Emma). Embora Langton não fosse parente sanguíneo e não estivesse quebrando regra eclesiástica ao trocar tão prontamente uma Wedgwood por uma Darwin, o casamento pareceu vagamente indecente a alguns dos membros mais velhos do círculo. A solidão mútua foi um fator motivador óbvio. Mas Catherine Darwin nunca estava completamente bem, e Langdon era tão obstinado em seus hábitos que Emma duvidava que eles pudessem ser felizes. Os irmãos Darwin reorganizaram as finanças da família para prover a Catherine um

[95] *More Letters*, v.2, p.156-7.

fundo fiduciário que teria atendido aos desejos do velho dr. Darwin. Para administrá-lo, designaram William Darwin, o banqueiro da geração seguinte.

"A vida dela foi um fracasso em relação a suas capacidades elevadas", lamentaram as mulheres da família, uma história que deve certamente ter sido repetida muitas vezes na tapeçaria social das vidas de mulheres de classe média.[96] Depois dessa morte, Langton viveu mais vinte anos, sobrevivendo à maioria de seus cunhados Darwin e Wedgwood. Era um homem alto e benigno que desde cedo renunciara à posição como clérigo, ao que parece depois de ter experimentado todas as dúvidas de um vitoriano culturalmente envolvido. Embora nada se saiba sobre os pensamentos privados de Langton, o contato estreito com as teorias de Darwin provavelmente teve influência na erosão de sua fé. Emma raramente o mencionava em cartas, exceto para dizer: "Pobre C. L. Suponho que sejam as dúvidas sobre a vida futura [que] o preocupem". A história dele é uma das que ficaram perdidas atrás da crônica dos Darwin e Wedgwood: sempre presente, nunca mencionado. Mas um neto Wedgwood lembrou-se dele como membro importante do grupo de tios-avôs.

> Havia meu avô [Frank Wedgwood] e seus três irmãos [Hensleigh, Harry e Jos], e seus cunhados, Charles Darwin e Charles Langton – todos em seus oitenta anos, todos grisalhos, todos muito altos, enquanto um número incontável de primos pequenos corria abaixo deles no chão. Eles nunca riam; nunca pareciam estar zangados. [...] Tinham lido tudo e conheciam tudo e tinham seu próprio julgamento sobre tudo. A opinião do mundo não interessava nada a eles. Seus padrões eram lei e, se os contestássemos, seria como discutir com a divindade.[97]

Susan Darwin morreu solteira alguns meses depois, pondo fim à era Shrewsbury. Erasmus ficou profundamente perturbado. Susan era sua favorita, a única que ele considerava mais parecida com o pai deles em personalidade, uma mulher inteligente e nada sentimental, com uma crença inabalável em geleia caseira e no valor de conversas sobre porcos com Parslow. Emma costumava mandar limpar as janelas antes das visitas de Susan a Downe. Durante o inverno, ela ficava em Londres com Erasmus, indo com ele ao teatro e a exposições, ela criticando o modo como ele administrava a casa,

---

96 *Emma Darwin*, v.2, p.209.

97 J. C. Wedgwood, 1909, p.17. As opiniões de Emma Darwin sobre Langton estão em DAR 219.9.81.

ele cometendo indiscrições sobre seus amigos íntimos de Londres, cada um deles tranquilizado pelas atitudes previsíveis do outro. Quando morreu, estava na casa de Erasmus. "Que coisa fácil é a morte", escreveu ele para Fanny Wedgwood. Darwin contou a Lyell (que a conhecia bem) que Susan sofria muito e que não havia esperança de recuperação. The Mount, em Shrewsbury, foi vendida, e sua mobília, leiloada.

IX

Na primavera de 1866, Darwin começou a se sentir ligeiramente melhor. Retomou seu texto sobre a variação de animais e plantas domésticos e se comprometeu a fornecer a Murray uma quarta edição de *A origem das espécies*. Essa nova edição exigiu dele de oito a dez semanas para ser completada e foi publicada em dezembro de 1866. Darwin revisou o texto meticulosamente para incluir novo material, extraído das publicações recentes de seus amigos, e respondeu a algumas críticas feitas por resenhistas, contente por ter guardado as resenhas e a correspondência.

Logo se sentiu bem o suficiente para se arriscar a ir a uma *soirée* da Royal Society, à qual compareceu o príncipe de Gales (mais tarde Eduardo VII). Essa noite de gala era um evento importante no calendário da sociedade, que tinha como anfitrião o presidente, Edward Sabine. Sabine normalmente realizava três dessas *soirées* durante a temporada, mas "Bertie", o jovem príncipe real, nunca concordara em comparecer a uma delas. Seus interesses eram mais sociais e esportivos, embora ele admirasse os professores de Oxford e Cambridge que haviam sido seus tutores. Em privado, Sabine se queixava da morte intempestiva do príncipe Albert, um patrono entusiasmado do mundo culto, que valorizava muito mais que o filho o papel da ciência e da tecnologia na Grã-Bretanha e endossava o lugar da Royal Society na ordem estabelecida.[98] Mas a presença do príncipe de Gales como patrono real era apropriada e contribuiria muito para a celebração anual das realizações vitorianas pela Royal Society. Como habitual, senhoras não foram convidadas. Os salões da sociedade na Burlington House estavam lotados de exposições e demonstrações de trabalhos. Filósofos naturais vagavam pelas bancas, familiarizando-se com desenvolvimentos em campos fora de seu domínio usual.[99] Na *soirée* a que Darwin compareceu havia cabos de telégrafo incrustados com cracas, fotografias de manchas solares, um aparelho de medida usado durante o Levantamento Trigonométrico

98 Ver, por exemplo, Briggs, 1981.

99 Royal Society of London Archives, Soirée Bills, 1861-72; Posters, 1863-72. Sou grata a M. B. Hall e aos arquivistas da Royal Society por sua ajuda nessa questão.

da Índia e uma bala de canhão recuperada do Forte Summer, cujo ataque pelos confederados deu início à Guerra de Secessão americana. "A recepção do presidente foi uma noite a ser lembrada", disse depois J. W. Rogers em uma nota.[100] Três membros da Royal Society seriam apresentados ao grupo real. Darwin foi convidado a ser um deles – honra que atiçou sua vaidade, mas deixou consternados Emma e o pessoal da Down House.

Prepará-lo para ir a Londres revelou-se um exercício de proporções quase militares, ocupando Emma, Parslow, Erasmus, Henrietta e Fanny e Hensleigh Wedgwood durante uma semana inteira. Emma tomou providências para que o contingente da Down House ficasse com os Wedgwood na ocasião e pediu a Fanny que comprasse ingressos para que as senhoras fossem assistir a *Hamlet* na noite anterior e a um concerto da Philharmonia na noite seguinte. Downe nunca pareceu tão distante do centro de Londres – para Emma, apenas 25 quilômetros; para o naturalista enfraquecido e apreensivo, um continente inteiro. As mulheres riam com irreverência dos resmungos de Darwin. Estavam determinadas a fazê-lo comparecer.

Em 27 de abril de 1866, elas o aprontaram e o depositaram na porta da frente da Royal Society vestido com seu melhor traje. Henry Bence Jones saudou-o na entrada quase como se fosse um anúncio ambulante da ciência médica. "O dr. Bence Jones, médico dele, estava lá e o recebeu com triunfo, como bem deveria, já que era responsável pelo acontecimento."

A apresentação real foi bem, embora Darwin dissesse que o príncipe obviamente não tinha indício de quem ele era. Mas a parte mais notável da noite foi de outra ordem. Após tantos anos de doença, nenhum dos amigos de Darwin o reconheceu. "Na noite, papai estava vestido com muito esmero em seu traje formal", escreveu Emma.

> Eu me senti muito alegre de vê-lo ir. Ele ficou mais de uma hora e viu cada um de seus velhos amigos, que foram cordiais assim que descobriram quem ele era, o que nunca teria ocorrido se ele não tivesse lhes contado, devido a sua barba. O general Sabine apresentou-o ao P. de Gales. [...] Ele fez sua reverência mais respeitosa, e o P. murmurou alguma civilidade que ele não conseguiu ouvir. O Príncipe parecia muito gentil e cavalheiresco, mas inteiramente desinteressado em qualquer coisa ou curiosidade. Papai ficou muito contente de ter ido. Ontem foi excessivamente fatigante – uma longa parada na casa do sr. Grove, alguma coisa sobre forças, depois uma longa visita de

[100] Soirée Bills, Royal Society of London Archives, 1861-72

> *sir* C. Lyell, que foi muito atencioso com Lizzie, levantando-se e conversando um pouco com ela.[101]

Ela repetiu a observação em outra carta: "Ele foi obrigado a dizer o nome a quase todos eles, pois a barba altera demais sua aparência". O marido dela voltou para casa de sua semana na metrópole pasmado com os efeitos de uma longa reclusão no campo.

X

Como Darwin não ia ao encontro de seus acólitos, eles começaram a visitá-lo. Para alguns de seus seguidores, a oportunidade de visitar Darwin começava a parecer uma peregrinação religiosa. Em 1866, Ernst Haeckel fez uma viagem especial de Jena à Inglaterra, durante a qual realizou o desejo de visitar a Down House. A essa altura, Haeckel era um seguidor devotado. Elogiava Darwin em seus livros e artigos e dava aulas sobre *Darwinismus*. Um estudante de Jena, Anton Dohrn, depois de algumas sessões com Haeckel, passou a acreditar que receber uma carta de Darwin era como ser agraciado com um "grau de cavaleiro científico". Haeckel tinha acabado de publicar *Generelle Morphologie der Organismen* (1866), que dedicara a Goethe, Lamarck e Darwin, descrevendo-os como os líderes proeminentes da teoria da evolução. Nesse livro, ele expunha suas visões expansivas sobre morfologia, sistemática, a genealogia da humanidade e embriologia. Ele o enviou a Darwin.

Darwin mais uma vez desejou que Camilla Ludwig ainda fizesse parte da economia da família. Ele descobriu que o alemão escrito de Haeckel era muito difícil de entender. Esforçou-se para enfrentar as definições de Haeckel de conceitos como "ontogenia" e "filogenia", e a "lei biogenética", que condensava paralelos entre embriologia e a árvore da evolução. "A ontogenia recapitula a filogenia", dizia Haeckel em alemão denso. Então, Darwin enfrentou as subdivisões de Haeckel para a hereditariedade (conservadora ou progressista) e a adaptação (indireta ou direta). Ele lutou com o monismo do passado, posição filosófica inventada por Haeckel para expressar o estudo de todos os fenômenos biológicos numa linha mecanicista e naturalista. E contemplou desnorteado ilustrações complexas de história da evolução que mostravam toda a natureza viva emergindo de um único caule ancestral. "Sua ousadia às vezes me faz estremecer", disse, "mas, como observou Huxley, é preciso ser bastante ousado para se pôr a elaborar tabelas de descendência".

---

[101] DAR 219.9, p.42. Pode ser que o par de castiçais de prata mencionado no testamento de Darwin como "presenteado a mim pela Royal Society" tenha sido dado nessa ocasião.

> Recebi há alguns dias uma folha de seu novo trabalho e a li com grande interesse. Você confere a meu livro, "A origem das espécies", o elogio mais magnífico que ele já recebeu, e estou verdadeiramente muitíssimo agradecido, mas temo que se essa parte de sua obra for algum dia criticada, seu resenhista dirá que você usou termos muito fortes. [...] Terei curiosidade de ler seus capítulos restantes quando publicados; mas é para mim um terrível mal eu não conseguir ler mais que uma ou duas páginas de alemão por vez, mesmo quando escritas com tanta clareza como é o caso de seu livro.[102]

Independentemente de qualquer outra coisa, o livro serviu como apresentação, e Darwin convidou Haeckel para uma visita. Ele e a família planejaram a ocasião com todo cuidado. Darwin avisou seu convidado antecipadamente para não esperar conversa científica "extensa". Provavelmente sentiu que um movimento preventivo como esse era necessário, já que o livro de Haeckel indicava uma propensão à prolixidade. Para aliviar qualquer pressão social, convidou Lubbock para jantar com eles. Pediu a Hooker e a Huxley que dessem uma olhada em Haeckel em Londres primeiro e o poupassem do incômodo de atualizar Haeckel sobre questões contemporâneas de história natural. E escreveu outra carta a Lubbock perguntando com urgência se ele poderia levar Haeckel para High Elms para passar a noite.

A visita certamente não justificava tantas precauções. Embora Darwin mal conseguisse decifrar o sotaque pesado de Haeckel e este gritasse como se estivesse em um barco, bramindo contra ventos e ondas, os interesses mútuos deles os conduziram em segurança. Haeckel tratou Darwin como se ele fosse um deus.

> Alto e venerável [...] com os ombros largos de um Atlas que carregasse um mundo de pensamento: uma testa semelhante à de Júpiter, como vemos em Goethe, com uma abóbada elevada e ampla, profundamente sulcada pelo arado do trabalho intelectual. Os olhos ternos e amistosos eram obscurecidos pelo grande teto das sobrancelhas proeminentes. A boca gentil era emoldurada por uma longa barba prateada.[103]

---

[102] Haeckel, 1866, em que ele discutiu ao longo do texto as teorias de Darwin, especialmente v.2, parte 2, p.163-294. Ver Darwin a Ernst Haeckel, 18 de agosto [1866], Haeckel Haus, Friedrich-Schiller-Universitat, Jena. Para a opinião de Haeckel, ver DAR 219.9, p.202.

[103] Citado de Desmond e Moore, 1991, p.539.

Darwin relatou que "raras vezes vi um homem mais agradável, cordial e franco".[104] Ele e Emma o chamaram de "um garotão afável". De todos os jovens que Darwin conheceu, este foi o que mais se comportou como um discípulo religioso.

Fosse entre acólitos ou não, a reputação de Darwin aumentava regularmente. Na reunião da British Association realizada em Nottingham em agosto de 1866, Hooker expressou seus elogios em termos que reverberaram pela comunidade. Os outros darwinistas tinham evitado essa reunião, dizendo que era a vez de Hooker investir contra as "fileiras do inimigo". Hooker escolheu a geografia botânica como tema de sua palestra.

> Você não vai acreditar, aceitei a sangue frio um convite para fazer uma palestra à noite sobre a teoria darwiniana em Nottingham. Estou completamente desgostoso com minha bravata,

vacilou.[105] Ele pretendia expor suas visões sobre floras de ilhas e a possibilidade de suas ligações anteriores com massas de terra continentais, tópico sobre o qual ele e Darwin tinham discutido com satisfação durante anos. "Penso que conheço 'A origem' de cor em relação ao tema", disse.

Em sua fala, Hooker também apresentou um resumo sardônico das batalhas mais gerais ao longo dos seis anos anteriores, aludindo em particular à reunião da British Association em Oxford, em 1860. Para fazê-lo, criou uma metáfora elaborada, "uma parábola", como a chamou, descrevendo seus amigos darwinianos como um bando de missionários que haviam encontrado "selvagens" com convicções primitivas. Seis anos antes, disse ele, os missionários tinham comparecido a uma reunião desses selvagens.

> Os missionários tentaram ensinar a eles, entre outras questões, a verdadeira teoria dos movimentos da Lua, e na primeira das reuniões o assunto foi discutido por eles. O Satchem [chefe tribal] que presidia a reunião sacudiu a cabeça e a lança. Os sacerdotes [...] atacaram a nova doutrina e, com fúria, suas têmporas estavam ornamentadas com símbolos do antigo credo, e seus cantos e ritos religiosos eram proferidos e organizados de acordo com ele. Estando, porém, os curandeiros divididos entre si (como tendem a fazer em todos os países), alguns deles

---

[104] *More Letters*, v.2, p.350; ver também DAR 219.9, p.202.
[105] De Hooker, 16 de janeiro de 1866, DAR 102, p.53-5.

> tomaram o partido dos missionários – muitos por despeito em relação aos sacerdotes, mas alguns, pude ver, por convicção – e depositando minha confiança nestes últimos, nunca duvidei de qual seria o desfecho.
>
> Mais de seis anos se passaram antes que eu estivesse novamente presente em uma reunião semelhante dessas tribos; então encontrei o chefe presidente tratando a teoria dos movimentos da Lua dos missionários como um fato aceito e as pessoas aplaudindo o novo credo!
>
> Vocês querem saber que tribos eram estas e onde ocorriam suas reuniões anuais e quando? Vou lhes contar. A primeira foi em 1860, quando a doutrina derivativa das espécies foi apresentada pela primeira vez perante o tribunal de uma assembleia científica, o da British Association, em Oxford; nem preciso dizer àqueles que ouviram o discurso de nosso Satchem presidente na noite da quarta-feira passada que a última foi em Nottingham.[106]

Com uma centelha de entendimento, os ouvintes perceberam que Hooker falava sobre eles. Eles eram a tribo primitiva, a princípio resistente a novas ideias e agora devidamente esclarecida. Fanny Wedgwood escreveu para a família descrevendo a inesperada capacidade artística de Hooker.

> Quando o *Satchem* começou, por um ou dois minutos ficamos todos desconcertados, então houve grandes explosões de aplauso do público, e continuaram – a fala foi completamente apreciada em meio a rugidos de risada e barulho, criando uma conclusão muitíssimo brilhante. [...] como eu desejei que você ouvisse o barulho que fizeram quando o nome de Charles foi mencionado. "Nosso ilustre compatriota" – isso fez que nos sentíssemos *importantes*.[107]

XI

Logo depois, Darwin concordou em tirar uma foto sua para um álbum de memórias biográficas escrito por Edward Walford e publicado em 1866. Ele já havia dado informações a Carus para a primeira bibliografia acadêmica

---

[106] L. Huxley, 1918, p.98-105. Ver também Beer, 1996, que discute essa história como uma "parábola".

[107] DAR 219.1, p.84.

de suas obras, e um ou dois outros autores tinham redigido artigos sobre ele para dicionários e enciclopédias de homens da época. Concordar com o pedido de Walford assinalou o início de um modo diferente de atividade comemorativa. Além da contribuição de Darwin à ciência biológica, seu rosto e sua vida estavam se tornando interessantes para o público.

Darwin posou para fotografias no estúdio de Ernest Edwards, que depois se tornaria fotógrafo notável nos Estados Unidos. Esse retrato revelava as mazelas de uma doença prolongada. Ele parecia frágil, menos confiante, mais semelhante a um inválido que em fotografias tiradas quatro ou cinco anos antes, um homem diferente dos retratos familiares para seus amigos. Darwin posou de novo para Edwards para outro álbum publicado por Walford em 1868, desta vez chamado *Representative Men of Literature, Science and Art* [Homens representativos da literatura, da ciência e da arte], no qual se tem apenas um vislumbre do punho de sua bengala. Em ambas as fotos, ele dava a impressão constrangida de não saber o que fazer com as mãos.

Os resultados não agradaram. Darwin se absteve de encomendar qualquer exemplar para uso pessoal, embora Emma dissesse que achava que as fotografias de Edwards eram "muito fiéis". Talvez ele ainda precisasse aprender a se sentir à vontade com a ideia de fama fotográfica.[108] Uma coisa era enviar fotografias pessoais a amigos e parentes. Outra, muito diferente, era se ver em um jornal ou em um álbum publicado. Desacostumado à autopropaganda e modesto por natureza, Darwin talvez tenha sentido que uma fotografia para consumo público era um tanto vulgar, a menos que fosse exigida pelo cargo. Naqueles anos iniciais de cultura da celebridade, certamente ainda não estava claro que o público podia querer saber que aparência ele tinha ou que sua imagem acabaria se tornando um elemento integrante de sua distinção científica.

Isso não quer dizer que ele rejeitasse a mania de *cartes de visite* fotográficos que surgiu no final da década de 1860. Ao contrário, mandou fazer seus próprios *cartes* na Maull and Fox, depois em outras firmas, e os trocava entusiasticamente com naturalistas. "Gostamos de ter na mente um retrato de qualquer pessoa em quem estejamos interessados."[109] Depois de visitar a Down House, Haeckel enviou a Darwin uma coleção de *cartes*

[108] Walford, 1868, uma versão atualizada de Reeve, 1863-67. Sobre fama, ver Braudy, 1986; Goffman, 1990.

[109] *More Letters*, v.1, p.264. A mania de *cartes de visite* é discutida em Wynter, 1862; Darrah, 1981. Ver também Browne, 1998. Sobre retratos fotográficos em geral ver Prescott, 1985; G. Clarke, 1994. Sobre representação e autorrepresentação ver Gilman, 1976; Tagg, 1988; Yeo, 1988; Shortland, 1996; Green-Lewis, 1996; Armstrong, 1998; Homans, 1999; Jordanova, 2000.

de visite de biólogos alemães, ao que ele respondeu que "gostava de saber que aparência as pessoas tinham". Hooker, Dana, Quatrefages, Haeckel, Gray, Lyell, Huxley – ele tinha retratos de todos. E eles tinham o dele. Muito da coerência amistosa do grupo de darwinianos, às vezes quase um sentimento de família, era estimulado por essa troca de fotografias. Para comunidades do século XIX que começavam a lidar com novas tecnologias de imagem, era imensa a novidade da fotografia de retrato barata.

Algo da mesma novidade também penetrou no mundo da impressão. Embora declinasse o convite para se juntar a Wallace para um retrato duplo, como Adolf Meyer "propõe friamente",[110] Darwin concordou em deixar Carus publicar sua fotografia como frontispício à terceira edição alemã de *A origem das espécies* (1867) – a primeira oportunidade que pessoas que não eram amigos nem colegas tiveram de ver seu rosto. O mundo do saber, que antes era basicamente um império da mente, aos poucos se tornava visual e pessoal. Frontispícios com retrato pintados dos autores – que sempre foram uma tradição literária distinta – davam lugar a representações fotográficas de autores vivos, cada foto emprestando autoridade pessoal ao livro.[111]

No caso das estátuas era diferente. Em 1867, Darwin concordou com a sugestão de Erasmus de que ele posasse para um busto feito por Thomas Woolner. Erasmus garantiu a ele que tomaria todas as providências. Esta seria uma peça de família, não para exposição pública. Momentaneamente surpreso quando soube da novidade, Hooker lembrou a Darwin que já havia feito a ele um pedido idêntico que ele recusara e perguntou se, caso essa proposta fosse levada adiante, ele poderia ter uma cópia. "Pensei que você tinha desistido da ideia a respeito de meu busto", respondeu Darwin.

> Você não pode ser burro ao ponto de pensar em um busto de mármore. Terei orgulho de lhe dar um molde, e certamente isso servirá. O busto está sendo feito para Erasmus; e estamos brigando aqui, pois Emma vota a favor de uma cópia em mármore e eu sustento que isso é absurdo, e o gesso de Paris é igualmente ou suficientemente bom.[112]

Por causa da saúde ruim de Darwin, as sessões de pose só se iniciaram quase um ano depois, em novembro de 1868. Quando por fim artista e modelo se encontraram em Downe, ficaram agradavelmente intrigados um

[110] Marchant, 1916, v.1, p.248.
[111] Burke, 2001.
[112] A Hooker, 25 de novembro [1867], DAR 94, p.37-8.

com o outro. Darwin descobriu que Woolner era um gigante musculoso de gestos relaxados, um dos fundadores da irmandade pré-rafaelita, que agora esculpia os heróis e intelectuais liberais da época. O busto de Tennyson, os medalhões, as estátuas de Bacon e Moisés feitos por Woolner mostravam sua empatia por temas colossais e sua capacidade de transmitir a dignidade do pensamento. Woolner fizera também um medalhão de George Warde Norman, um dos vizinhos de Darwin, ex-diretor do banco da Inglaterra.

Eles encontraram muita coisa para discutir. Darwin contou a Woolner sobre seu interesse em expressões humanas, pedindo conselho profissional do artista. Quando Woolner disse que havia experimentado a pintura de retratos em Sydney, eles trocaram histórias sobre suas viagens, e Darwin revelou que na juventude esboçara um plano de emigrar para a Austrália em busca de ouro. Woolner contou que em Sydney havia pintado Philip Parker King, o comandante da primeira expedição do *Beagle* e pai do aspirante King, que dividira uma cabine com Darwin.[113]

> Eu deveria ter escrito há muito tempo [Darwin se desculpou com Hooker], mas andei importunado com cartas estúpidas e estou passando pelo purgatório de ficar posando durante horas para Woolner, que, todavia, é maravilhosamente agradável e alivia, na medida do possível, a penitência. Pelo que posso julgar, ele fará um belo busto, e digo a minha mulher que ela terá orgulho de seu velho marido.[114]

Coube a Erasmus transmitir a visão fraterna. "Tenho esperança de que ele não seja muito medonho, e isso é o máximo que espero."[115]

[113] Woolner, 1917.

[114] A Hooker, 26 de novembro [1868], DAR 94, p.98-101.

[115] Erasmus Darwin a Emma Darwin, DAR 105, ser.2, p.121. O busto de Darwin foi exibido por Woolner na Royal Academy em 1870. Atualmente está exposto na Down House.

8.

O fardo da hereditariedade

Em meio a todos esses problemas de saúde, Darwin imaginou uma importante teoria da herança. A realização já teria sido bastante notável se ele estivesse bem. Mas um homem doente ter reunido os poderes concentrados de pensamento responsáveis por ela foi algo impressionante. Darwin passou boa parte do tempo literalmente batalhando consigo mesmo. No fim, ele sentiu que entendia de onde as variações vinham e como eram transmitidas. E pôs a ideia no centro de seu *Variation of Animals and Plants under Domestication*, publicado em 1868, desenvolvendo sistematicamente o texto para sustentá-la. Ele chamou a teoria de "pangênese".[1]

A pangênese era importante para Darwin porque preenchia o hiato deixado em *A origem das espécies*. Ele sabia que todos os seus argumentos permaneceriam preocupantemente incompletos até que as fundações essenciais da herança fossem localizadas. Huxley disse isso a ele; os resenhistas de *A origem das espécies* destacavam constantemente esse aspecto; ele próprio chegava repetidas vezes ao mesmo empecilho. Agora que algumas pessoas estavam aparentemente dispostas a aceitar o argumento geral das ideias evolucionistas, essa última lacuna parecia cada vez mais importante. Para que a seleção natural tivesse pleno sucesso, ele precisava mostrar que "os seres orgânicos [...] variaram amplamente e as variações foram herdadas". A pangênese foi construída para preencher a lacuna. "São os fatos e concepções apresentados a seguir que me convenceram da verdade da teoria", escreveu nas páginas iniciais do manuscrito de *Variation*.

[1] Fontes úteis são Vorzimmer, 1963; Olby, 1963; Geison, 1969; Bartley, 1992; Winther, 2000. Sobre criação comercial de animais, ver Russell, 1986.

Da maneira como Darwin a explicava, a pangênese era a noção extremamente abstrata de que cada tecido, célula e parte viva de um organismo produzia gêmulas (ou o que ele chamava às vezes de grânulos ou germes) diminutas e invisíveis que portavam características herdáveis e eram transmitidas aos descendentes pelo processo reprodutivo. Ele tomou o cuidado de especificar que cada parte de um organismo só produzia informação sobre ela mesma. Havia gêmulas para mãos e pés, não para organismos inteiros. As gêmulas individuais não continham um plano microscópico completo para uma criatura inteira, do modo como Herbert Spencer ou Carl von Nägeli descreviam. Quando as gêmulas de cada um dos pais se misturavam no feto, produziam um novo indivíduo, único.

Ao dizer isso, Darwin se juntava a uma longa linhagem de pensadores que remontava a Buffon, Maupertuis e além, que acreditavam que a estrutura visível dos organismos baseava-se em um arranjo invisível de unidades elementares e que essas unidades de algum modo continham uma memória que poderia ser passada para a geração seguinte – um "molde", como Buffon a chamara mais de cem anos antes. Desde a época de Buffon, a noção de células se tornara corrente, e as funções organizadoras do núcleo da célula eram reconhecidas, se bem que não entendidas de maneira precisa. Contudo, Darwin era incomum por pensar em termos tão realistas, quase como se as gêmulas fossem cartas no sistema postal, transmitindo individualmente um pacote específico de informações. Os óvulos, os espermatozoides e os grãos de pólen "são constituídos de uma multidão de germes liberados de cada átomo separado do organismo".[2]

Os descendentes recebiam, portanto, uma coleção de gêmulas dos pais, algumas da mãe, outras do pai, que se mesclavam e eram expressas de modos diferentes no filho. Algumas gêmulas, propunha ele, podiam permanecer adormecidas por muitas gerações. Algumas perdiam as características distintivas. Outras eram rotineiramente carregadas por todos os descendentes, mas talvez só uma ou outra pudesse se expressar, ou certa combinação fosse necessária para permitir plena representação. Algumas se combinavam. Cada filho era, portanto, o fruto dos órgãos reprodutivos de seus pais – construído de uma mistura das gêmulas dos pais e dos avós de cada um dos lados. Usando uma metáfora cara a seu coração rural, Darwin igualava isso à jardinagem; um canteiro de flores podia ser salpicado com sementes, "das quais a maioria logo germina, algumas ficam adormecidas por um período, enquanto outras morrem". A consciência que ele tinha da vitalidade duradoura das semen-

2 *Variation*, v.2, p.358.

tes – sua fertilidade, superabundância e longevidade – dava-lhe confiança de que suas ideias podiam ser válidas.

Por mais novas que essas ideias fossem para ele, baseavam-se em impressões que ele vinha ponderando havia décadas. Darwin passara a vida inteira tentando decifrar os fenômenos da procriação, com o que ele entendia não tanto a seleção natural, embora aqui e ali ela normalmente entrasse em suas deliberações, mas sim todo o complexo de fenômenos biológicos ligados a reprodução, genealogia, identidade sexual, fertilidade, padrões de acasalamento, embriologia e herança. Mesmo antes de Malthus ter iluminado seu entendimento do mundo natural, Darwin estivera intrigado pela procriação de animais e plantas, vendo-a (da mesma maneira que seu avô Erasmus Darwin) como a justificativa subjacente da natureza, o estímulo móvel essencial que impulsionava todos os seres vivos. "Por que essa geração tão alta de objetos?", ele se perguntara ao iniciar seu primeiro caderno de anotações sobre a evolução das espécies. A resposta surgia na página seguinte: "Geração para se adaptar e alterar a raça para mudar o mundo".[3] O sexo governava tudo, como ele dizia nesses cadernos de anotações secretos. Assim que encontrou a seleção natural como conceito operativo, ele mergulhou em investigações sobre fertilização, hibridação, herança, rituais de corte, escolha sexual, individuação e cruzamento, que se tornaram todas pesquisas extremamente relevantes, porque sua nova teoria transformava a reprodução no mecanismo responsável tanto pela manutenção como pela variação de estruturas vivas. Durante trinta anos, o interesse de Darwin nunca se reduzira. Embora se diga comumente que seu objetivo primário era explicar o significado da adaptação em seres vivos, isso subestima o escopo de seu programa permanente. Na verdade, ele foi a vida inteira um teórico da "geração".[4] Poder-se-ia legitimamente afirmar que a origem das espécies não foi sequer seu foco primário na vida quando comparada com a atenção dedicada que ele deu a questões sexuais e reprodutivas. Entender a procriação era um objetivo fundamental.

As assunções de Darwin sobre a sociedade em que vivia inevitavelmente cumpriam aí um papel. Essas pesquisas em reprodução sempre tiveram um toque de interesse autobiográfico. Por um lado, ele estava mais ansioso que nunca para desmascarar os fatos da hereditariedade. A possível transmissão de problemas de saúde de pais para filhos era uma questão que o preocupava inteiramente. Sua própria saúde estava ruim como jamais estivera, e a

---

3 *Notebooks*, B2, 4.

4 Hodge, 1985. Ver também Farley, 1982, sobre noções de reprodução de animais e plantas no século XIX.

saúde dos filhos era presença constante em seus pensamentos. Durante esse período, ele se perguntou, não pela primeira vez, se poderia ser a fonte das doenças dos filhos, e se seu casamento com Emma, sua prima em primeiro grau, havia desempenhado algum papel importante nesse fardo herdado.

Por outro lado, ele vivia em um mundo no qual a hereditariedade era um princípio organizador óbvio. Afinal, as camadas superiores da sociedade vitoriana eram construídas sobre a noção de genealogia humana e boa procriação, não só no sentido de que a posição de um indivíduo na ordem social existente dependia em grande medida do nascimento, mas também na maior ênfase que se dava na época às maneiras e ao cultivo do gosto e do intelecto.[5] A riqueza familiar era transmitida segundo linhas de descendência, os casamentos eram contratados de acordo com códigos sociais bem conhecidos, e doenças e distúrbios em número crescente eram reconhecidos pelos médicos como "máculas" hereditárias.

Darwin tinha todos os motivos para refletir sobre procriação boa e ruim em seres humanos. Seu círculo pessoal pertencia a um extrato cerrado da sociedade, a aristocracia intelectual da era vitoriana, que via com aprovação a ideia de Stuart Mill de uma "elite culta" e a "aristocracia do talento" de Carlyle. A maioria dos membros dessa elite intelectual se associava com as ideologias ascendentes de meritocracia, utilitarismo e "caráter" pessoal, um senso, na linha de Samuel Smiles, de esforço e determinação pessoal diante da adversidade, embora na maior parte desfrutando de rendas privadas herdadas e de *status* por nascimento. A posição de Darwin como cavalheiro era segura. De maneira expansiva, ele se sentia livre para valorizar qualidades cavalheirescas em outros que podiam não ter nascido em famílias favorecidas como a sua, considerava-se igualitário, aplaudia o mérito e a indústria, promovia o dever civil e o progresso e apreciava os atributos da sociedade refinada. Ele não sentia culpa por ser elitista e, contudo, conseguia, na maior parte do tempo, não ser um esnobe muito óbvio. Abriu espaço em sua vida para a convicção de que esforço, boas maneiras, intelecto e trabalho intenso podiam fazer diferença.

Pressupostos como estes poderiam facilmente alimentar ideias sobre linhas de herança familiar. Qualquer caminhada que fizesse pela comunidade de sua vila poderia revelar famílias locais que existiam no mesmo lugar havia gerações, os mesmos nomes nas lápides ao lado da igreja, os mesmos campos, oficinas e pubs nas mãos das mesmas famílias, as grandes casas como High Elms passadas de pai para filho, embora esses padrões

[5] Maneiras e ligações sociais vitorianas são abordadas em Briggs, 1965; Davidoff, 1973; Curtin, 1987; Collini, 1991; Cannadine, 1999.

nunca fossem tão estáveis quanto as imagens pastorais do século XIX poderiam sugerir. Em todo lugar para onde olhasse, ele podia ver sequências de casamento e hereditariedade, fossem uniões dinásticas entre príncipes e princesas da realeza, fossem os reforços em pequena escala de identidade social que ocorriam em seu próprio círculo. A família era a instituição vitoriana primária na qual o significado das vidas individuais e linhagens de descendência eram construídos e transmitidos ao longo das gerações – o repositório da história pessoal.[6] Arraigado como estava em suas próprias ligações de família, essas noções certamente lhe pareciam uma base natural para suas pesquisas sobre a herança de animais e plantas.

E ele vivia cercado de conselhos reprodutivos, não apenas em textos médicos e manuais domésticos, mas também na ficção romântica do período. Não seria ir longe demais sugerir que durante esses anos de saúde ruim os romances sentimentais lidos para ele por Emma destacavam o acasalamento e a hereditariedade.[7] A trama de amor de repente passava a ter importância, desde as redes emaranhadas de corte e casamento em *Middlemarch* ou *Daniel Deronda*, de Eliot, até os textos mais sombrios de Thomas Hardy que, embora não fosse um autor lido por Darwin, declarou-se um dos "primeiros aclamadores de *A origem*". Os romances que Darwin mais gostava de ouvir eram enfeitados prodigamente com fortunas esbanjadas, nascimentos obscuros, linhagens incomuns, heranças imerecidas, doenças ancestrais, casamentos impróprios e a transmissão de "temperamento" familiar. De fato, as ideias biológicas que estavam no cerne da teoria da evolução transformavam a genealogia humana em um drama palpitante. Grande parte do interesse de Darwin em procriação boa e ruim e sua preocupação solidária com os labores de belas heroínas refletiam, consequentemente, a preocupação geral de sua classe com casamento, posição, maneiras, saúde e o temor de uma saúde ruim congênita. Não admira que ele insistisse em um final feliz.

A atenção que Darwin dava à transmissão de riqueza também era significativa. Embora aristocratas vitorianos criticassem a lei de restrição que transformava um filho mais velho em mero custodiante temporário de uma propriedade imobiliária e proprietários de terra rurais reclamassem da erosão de seu patrimônio, as fileiras recém-enriquecidas da sociedade reivindicavam uma parcela crescente do poder financeiro e político do país, às vezes por meio só de riqueza monetária. A velha ordem se desmontava.

6 Gay, 1984-88; Davidoff e Hall, 1987; L. Stone e Stone, 1986. Ver também M. J. Peterson, 1989, e Wedgwood e Wedgwood, 1980, sobre vínculos familiares no período.

7 A. Richardson, 1998a; 1998b. Ver também Bender, 1996.

O interesse de Darwin no assunto era profundo e provavelmente adquiriu um vívido significado pessoal por meio de suas próprias experiências como investidor e marido, irmão e pai financeiramente apoiador. Ele fazia esforços elaborados para garantir a seus familiares, por meio de herança, segurança financeira. A circulação de capital, nesse sentido, e em particular a acumulação de juros sobre esse capital, poderia facilmente servir como metáfora para a herança de características nos seres vivos.[8]

As doenças hereditárias naturalmente também o incomodavam. Enquanto estava doente, Darwin se estendia sobre o tópico com inquietude mórbida. Suas aflições dariam um estudo de caso alarmantemente personalizado, embora seus temores de que os filhos tivessem herdado sua "constituição deplorável" devam ser tomados na devida proporção. Muitas famílias experimentavam deficiências congênitas – ou medo de que elas ocorressem – no mínimo comparáveis aos da família Darwin. Estômago ruim, melancolia, senilidade precoce, hipocondria, bebês natimortos, gota, "ataques" misteriosos e idiotia apareciam regularmente nos registros médicos do século. Ainda assim, as desordens de seus filhos pareciam a Darwin variantes das suas próprias. Perversamente, não importava do que os filhos sofressem, Darwin sempre pensava que podia identificar algo de sua própria debilidade em cada uma das doenças. "Quando ouvimos dizer que um homem carrega em sua constituição as sementes de uma doença herdada", escreveria em *Variation*, "há muita verdade literal nessa expressão".[9]

Repetidas vezes, o tópico da procriação vinha à tona. Uma corrente subterrânea de autointeresse preocupado permeava as pesquisas de Darwin sobre plantas e animais, pois ele nunca estava seguro sobre se a reprodução entre parentes próximos poderia inadvertidamente legar aos descendentes uma série de fraquezas inatas, infertilidade ou tendência a doença ("diátese", na terminologia do período). Nos assuntos humanos, casamentos consanguíneos eram na época proibidos pela lei civil, e a proibição se estendia de parentes de sangue na linhagem imediata (pais e filhas, por exemplo) a parentes por casamento. Embora não fossem proibidos casamentos entre primos, como no caso de Emma e Darwin, ele sabia que havia advertências médicas suficientes para causar preocupação. Quando pensara pela primeira vez em propor casamento a Emma, Darwin havia estudado cuidadosamente o livro de Alexander Walker sobre casamentos

---

8 Temas econômicos na ciência são explorados em Mirowski, 1994; Power, 1996; Poovey, 1998.

9 *Variation*, v.2, p.404.

consanguíneos, que tratava das "causas pelas quais beleza, saúde e intelecto resultam de certas uniões, e deformidade, doença e insanidade, de outras".[10]

Além disso, na Inglaterra, agitações permanentes em jornais sobre a anulação das leis que proibiam o casamento com a filha de uma esposa morta pesavam de tempos em tempos na consciência da nação. Darwin se indagava sobre os casamentos entre primos, que eram tão comuns em seu círculo pessoal. Além dele e de Emma, três dos irmãos de algum deles haviam se casado com primos, cujos descendentes ele teve oportunidade de observar regularmente na Down House. Casamentos entre primos eram comuns no setor da sociedade ao qual ele pertencia, e às vezes pareciam ser a opção preferida. De fato, as ideias vitorianas sobre casamentos entre primos eram quase o oposto daquelas da época moderna. Dados a estrutura social restritiva da época e os controles sobre o casamento, os primos eram com frequência os únicos membros do sexo oposto que homens ou mulheres jovens podiam chegar a conhecer com alguma intimidade. Essa familiaridade e essa origem social partilhada eram muitas vezes consideradas o melhor ponto de partida para um casamento, como mostrava a experiência do próprio Darwin. As vantagens do casamento entre primos para conservar terras, dinheiro ou títulos na família também eram bem entendidas. Assim, Darwin foi apanhado em um dilema que não é facilmente compreensível em termos modernos. Ele não necessariamente considerava casamentos entre primos algo ruim. Poucas pessoas, além de um punhado de autores médicos ou comentadores sociais, preocupavam-se com casamentos entre primos como fonte provável de defeitos de procriação ou herdados, e mesmo essas advertências teriam sido percebidas como aplicáveis principalmente à aristocracia ou à realeza ou a populações isoladas geograficamente em áreas da Grã-Bretanha como as colinas galesas ou os pântanos de East Anglia, onde se sabia que a ocorrência de casamentos consanguíneos ao longo de muitas gerações resultara em alguns distúrbios físicos e mentais congênitos reconhecíveis. Mas ele não podia deixar de ficar ansioso quanto às possíveis consequências médicas de seus atos para os filhos.

As plantas e a pangênese foram sua salvação. Os experimentos com reprodução que ele realizou na Down House durante esse período destinavam-se em parte a testar essa suposição e – como talvez fosse previsível – ajudaram-no a chegar à conclusão de que os efeitos deletérios da reprodução consanguínea não eram nem de longe tão perniciosos como se supunha.

Com esse objetivo, ele fez cruzamentos entre plantas individuais que tinham parentesco muito próximo, em especial cruzando descendentes

---

10 *Notebooks*, p.690.

Charles Darwin em 1863, cinco anos depois de ter anunciado sua teoria em conjunto com Alfred Russel Wallace na Linnean Society de Londres. A fotografia foi tirada por seu filho William.
(Gray Herbarium, Harvard University)

Uma rara página do manuscrito original de *A origem das espécies*. Darwin destruiu a maior parte.
(Documentos de Karl Pearson, University College London)

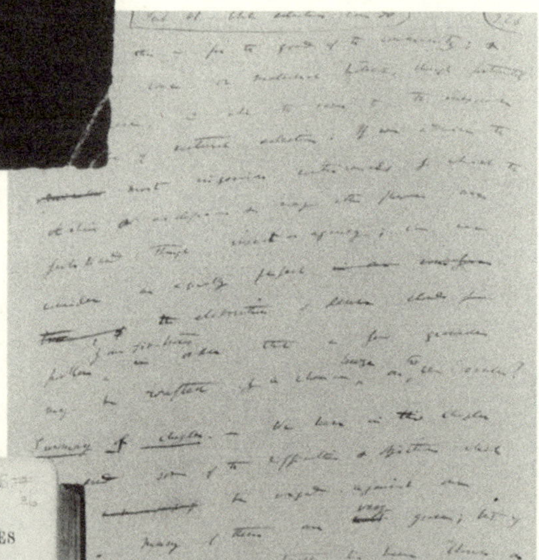

O primeiro exemplar de *A origem das espécies* foi enviado a Darwin em Ilkley, Yorkshire, onde ele se tratava com hidroterapia.
(Coleção Darwin, cortesia dos síndicos da Cambridge University Library)

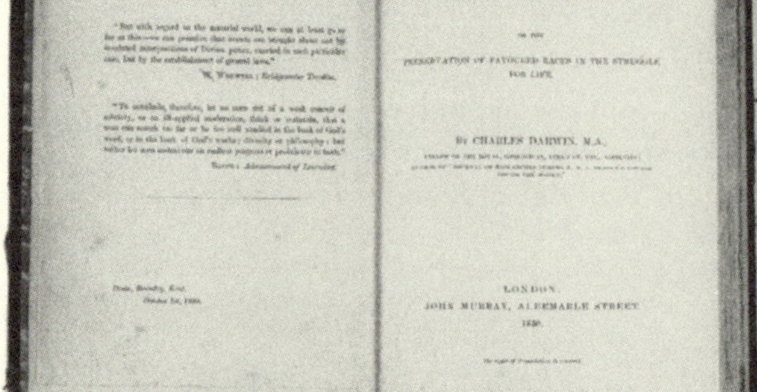

John Murray, editor de Darwin, em sua escrivaninha na Albermarle Street.
(G. Paston, *At John Murray's*, 1932)

Os livros de ciência faziam sucesso entre os leitores vitorianos. Cena na British Library.
(Wellcome Library, Londres)

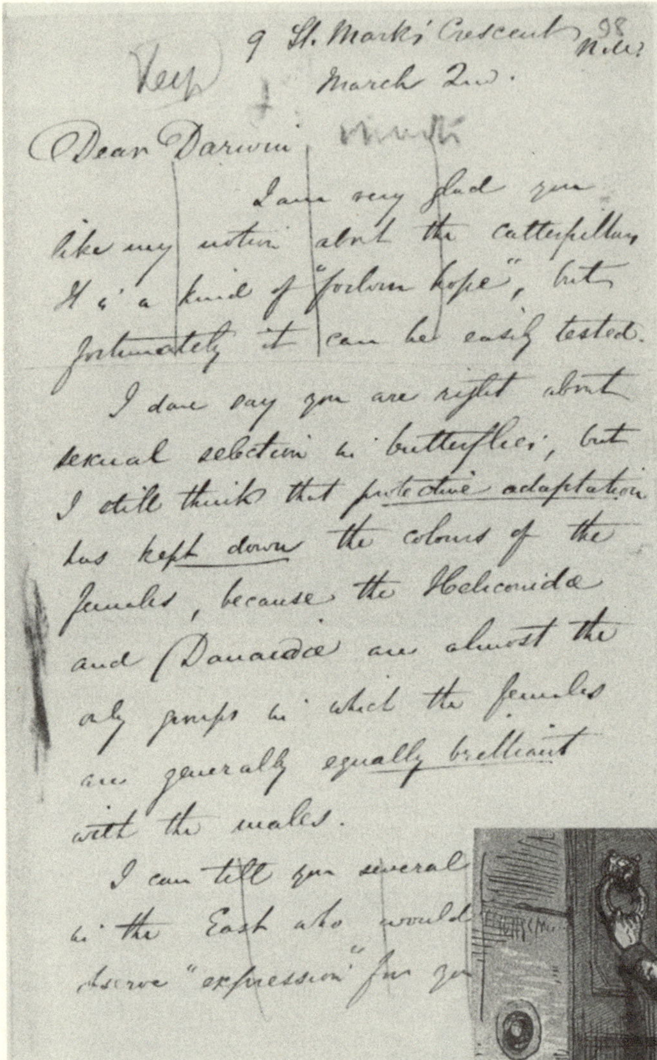

Keep

9 St. Mark's Crescent 98 N.W.

March 2nd.

Dear Darwin

I am very glad you like my notion about the catterpillars. It is a kind of "forlorn hope", but fortunately it can be easily tested.

I dare say you are right about sexual selection in butterflies, but I still think that protective adaptation has kept down the colours of the females, because the Heliconidae and Danaidae are almost the only groups in which the females are generally equally brilliant with the males.

I can tell you several in the East who would observe "expression" for you

A correspondência de Darwin era uma ferramenta de pesquisa importantíssima. Esta carta mostra marcas a lápis feitas por ele e a anotação "Keep" [Guardar].
(Coleção Darwin, cortesia dos síndicos da Cambridge University Library)

A eficiência do sistema postal vitoriano tornou possível a Darwin desenvolver uma extensa rede de correspondentes.
(Mary Evans Picture Library)

Muitos naturalistas relativamente desconhecidos ajudaram Darwin. William Tegetmeier (à esquerda) fazia experimentos com aves domésticas e pombos.
(E. W. Richardson, *A Veteran Naturalist*, 1916)

Na Down House, o próprio Darwin criava pombos e aves domésticas.
(*Illustrated London News*)

Alfred Russel Wallace, que apresentou uma teoria da seleção natural quase idêntica à de Darwin, fotografado em Cingapura em 1862.
(J. Marchant, *Alfred Russel Wallace*: Letters and Reminiscences, 1916)

A cabana de Wallace na ilha Waigiou, Indonésia. "Aqui eu vivi com muito conforto por seis semanas."
(A R. Wallace, *The Malay Archipelago*, 1869)

Exemplar de Wallace de *A origem das espécies*, no qual ele substituiu as palavras "seleção natural" por "sobrevivência dos mais bem adaptados".
(Coleção Keynes, cortesia dos síndicos da Cambridge University Library)

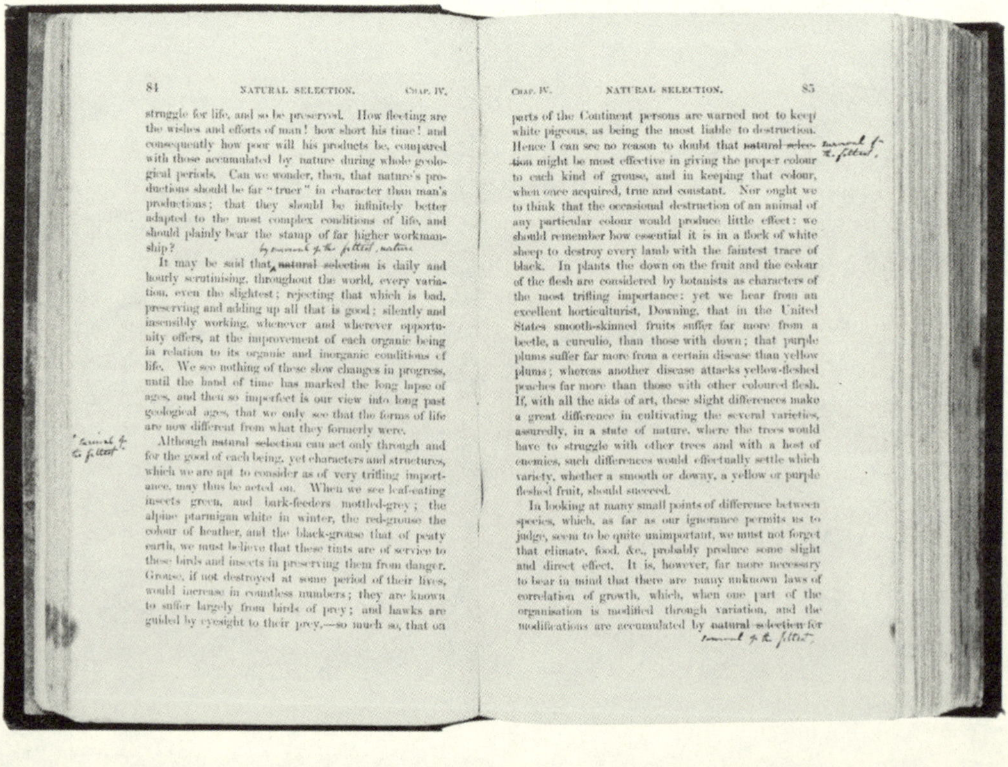

84 NATURAL SELECTION. CHAP. IV.

struggle for life, and so be preserved. How fleeting are the wishes and efforts of man! how short his time! and consequently how poor will his products be, compared with those accumulated by nature during whole geological periods. Can we wonder, then, that nature's productions should be far "truer" in character than man's productions; that they should be infinitely better adapted to the most complex conditions of life, and should plainly bear the stamp of far higher workmanship?

It may be said that ~~natural selection~~ is daily and hourly scrutinising, throughout the world, every variation, even the slightest; rejecting that which is bad, preserving and adding up all that is good; silently and insensibly working, whenever and wherever opportunity offers, at the improvement of each organic being in relation to its organic and inorganic conditions of life. We see nothing of these slow changes in progress, until the hand of time has marked the long lapse of ages, and then so imperfect is our view into long past geological ages, that we only see that the forms of life are now different from what they formerly were.

Although natural selection can act only through and for the good of each being, yet characters and structures, which we are apt to consider as of very trifling importance, may thus be acted on. When we see leaf-eating insects green, and bark-feeders mottled-grey; the alpine ptarmigan white in winter, the red-grouse the colour of heather, and the black-grouse that of peaty earth, we must believe that these tints are of service to these birds and insects in preserving them from danger. Grouse, if not destroyed at some period of their lives, would increase in countless numbers; they are known to suffer largely from birds of prey; and hawks are guided by eyesight to their prey,—so much so, that on

CHAP. IV. NATURAL SELECTION. 85

parts of the Continent persons are warned not to keep white pigeons, as being the most liable to destruction. Hence I can see no reason to doubt that ~~natural selection~~ might be most effective in giving the proper colour to each kind of grouse, and in keeping that colour, when once acquired, true and constant. Nor ought we to think that the occasional destruction of an animal of any particular colour would produce little effect: we should remember how essential it is in a flock of white sheep to destroy every lamb with the faintest trace of black. In plants the down on the fruit and the colour of the flesh are considered by botanists as characters of the most trifling importance: yet we hear from an excellent horticulturist, Downing, that in the United States smooth-skinned fruits suffer far more from a beetle, a curculio, than those with down; that purple plums suffer far more from a certain disease than yellow plums; whereas another disease attacks yellow-fleshed peaches far more than those with other coloured flesh. If, with all the aids of art, these slight differences make a great difference in cultivating the several varieties, assuredly, in a state of nature, where the trees would have to struggle with other trees and with a host of enemies, such differences would effectually settle which variety, whether a smooth or downy, a yellow or purple fleshed fruit, should succeed.

In looking at many small points of difference between species, which, as far as our ignorance permits us to judge, seem to be quite unimportant, we must not forget that climate, food, &c., probably produce some slight and direct effect. It is, however, far more necessary to bear in mind that there are many unknown laws of correlation of growth, which, when one part of the organisation is modified through variation, and the modifications are accumulated by ~~natural selection~~ for

A Mudie's Select Circulating Library distribuía *A origem das espécies* junto da literatura da moda da época. A abertura das instalações da firma de Mudie na Oxford Street foi um evento social importante.
(*Illustrated London News*)

O Natural History Museum, Oxford, cenário da reunião de 1860 da British Association em que T. H. Huxley entrou em choque com o bispo Wilberforce a propósito da ancestralidade simiesca da humanidade.
(*Illustrated London News*)

Em 1861, a revista humorística *Punch* iniciou um relacionamento duradouro com a teoria da evolução.

Thomas Henry Huxley (à direita) e Samuel Wilberforce fotografados por C. L. Dodgson (Lewis Carroll) na reunião de 1860 da British Association.

(M. L. Parrish Collection, Princeton University Library, e W. Tuckwell, *Reminiscences of Oxford*, 1900)

Benjamin Disraeli caricaturado em 1864, depois de ter feito a pergunta "O homem é um símio ou um anjo?".

(*Punch*, Wellcome Library, Londres)

Paul Du Chaillu trouxe peles de gorilas bem no momento em que a controvérsia darwiniana ganhava força. Os vitorianos ficavam chocados com ideias sobre seus possíveis ancestrais.
(P. Du Chaillu, *Explorations and Adventures*, 1861. Wellcome Library, Londres)

A opinião popular associou de imediato as teorias de Darwin a homens-macacos e a elos perdidos. Na década de 1860, Julia Pastrana viajou pela Europa como um objeto de exposição.
(Royal College of Surgeons, Londres)

A polêmica ilustração de T. H. Huxley mostrando a relação anatômica entre primatas.
(T. H. Huxley, *Man's Place in Nature*, 1863. Wellcome Library, Londres)

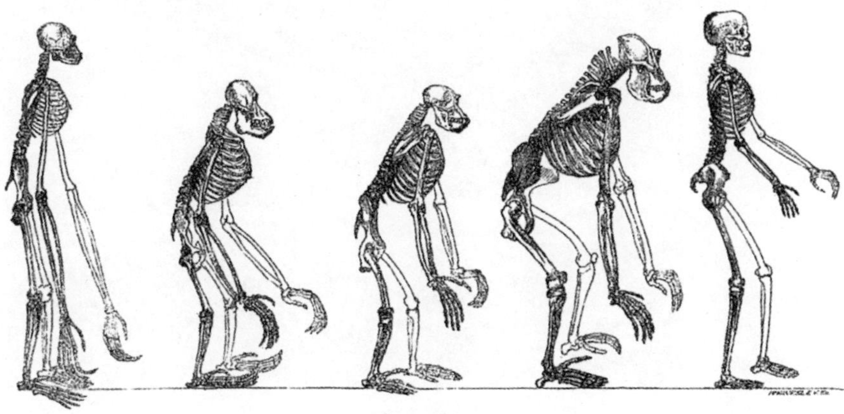

Skeletons of the
GIBBON. ORANG. CHIMPANZEE. GORILLA. MAN.

Asa Gray, talentoso botânico norte-americano, era um grande amigo de Darwin.
(Missouri Botanical Garden Library)

Henry Lettington e William Brooks, jardineiros de Darwin, no gramado da Down House.
(Coleção Down House, English Heritage Photo Library)

Interior da estufa de Darwin. Depois da publicação de *A origem das espécies*, o estudo de plantas foi uma ocupação pacífica.
(*Century Magazine*, 1883)

Das
entdeckte Geheimniss
der
NATUR
im Bau und in der Befruchtung
der
Blumen
von
CHRISTIAN KONRAD SPRENGEL,
Mit 25 Kupfertafeln.
Berlin, 1793,
bei Friedrich Vieweg dem aeltern.

O papel dos insetos no transporte de pólen de uma planta a outra foi reconhecido pela primeira vez por Christian Konrad Sprengel, em 1793. Darwin elogiou profusamente este livro.
(Cortesia dos síndicos da Cambridge University Library)

Kew Gardens, onde Joseph Hooker foi diretor a partir de 1865.
(Coleção da autora)

Darwin considerava as *Droseras*, apanhadoras de insetos, quase como se fossem animais.
(C. Darwin, *Insectivorous Plants*, 1875. Wellcome Library, Londres)

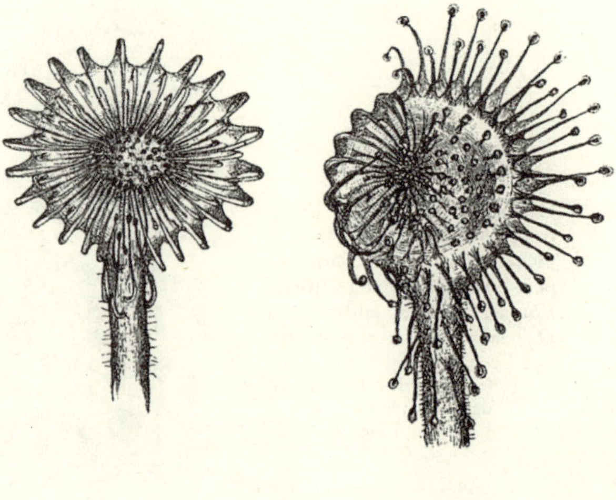

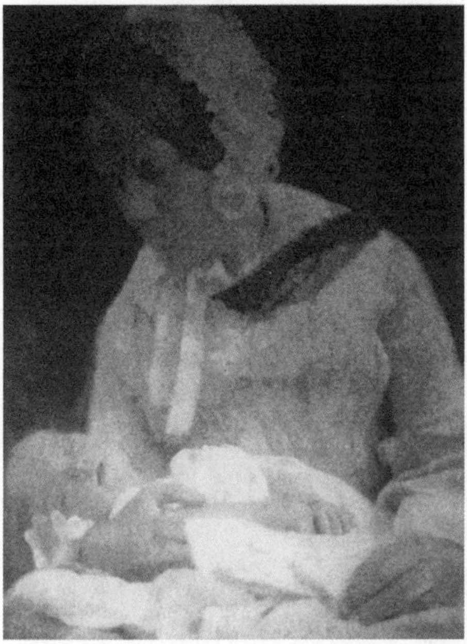

Emma Darwin com o bebê Charles, cuja morte por escarlatina impediu que Darwin comparecesse à reunião da Linnean Society em que a teoria dele e de Wallace foi anunciada pela primeira vez. A fotografia foi tirada provavelmente por William, filho mais velho de Darwin.
(Cortesia de Randal Keynes)

Henrietta Darwin ajudou a editar os livros do pai, especialmente *The Descent of Man*. A outra filha de Darwin, Elizabeth, apresenta-se aos historiadores como uma figura sombria. Quase não é mencionada nos registros de arquivo.
(Coleção Darwin, cortesia dos síndicos da Cambridge University Library)

A família esperava que banhos de mar curassem as doenças debilitantes de Henrietta.
(J. Leech, 1865. Wellcome Library, Londres)

Darwin montado em "Tommy", do lado de fora da Down House. No verso de uma cópia desta fotografia ele escreveu: "Hurra! – nenhuma carta hoje!".
(Coleção Darwin, cortesia dos síndicos da Cambridge University Library)

Erasmus Darwin, irmão de Charles, com quatro dos cinco filhos de Darwin; da esquerda para a direita: Horace, Leonard, Francis (com uma flauta) e William.
(Coleção Darwin, cortesia dos síndicos da Cambridge University Library)

MR. BERGH TO THE RESCUE.

THE DEFRAUDED GORILLA. "That *Man* wants to claim my Pedigree. He says he is one of my Descendants."

MR. BERGH. "Now, Mr. DARWIN, how could you insult him so?"

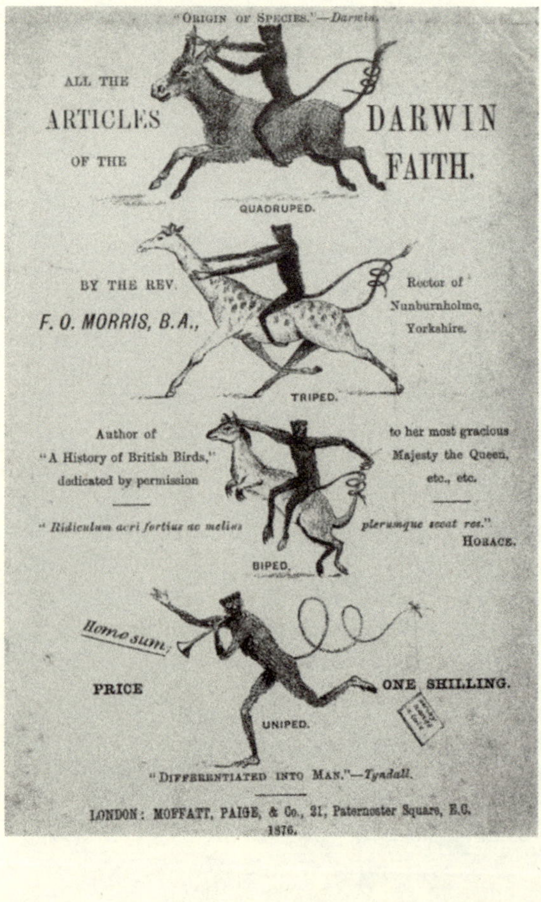

Canções, anúncios e caricaturas punham as teorias evolucionárias no centro do debate público. Os cartuns provêm das revistas *Fun*, *Harper's Weekly* e *La Petite Lune*. O anúncio do Merchant's Gargling Oil é publicado graças a A. Walker Bingham. O livro de Morris *All the Articles of the Darwin Faith* atacava violentamente a ideia de descendência de símios.

(British Library; coleção Darwin, cortesia dos síndicos da Cambridge University Library; Wellcome Library, Londres)

Numerosos *cartes de visite* foram produzidos à medida que Darwin se tornava cada vez mais famoso.
(Wellcome Library, Londres)

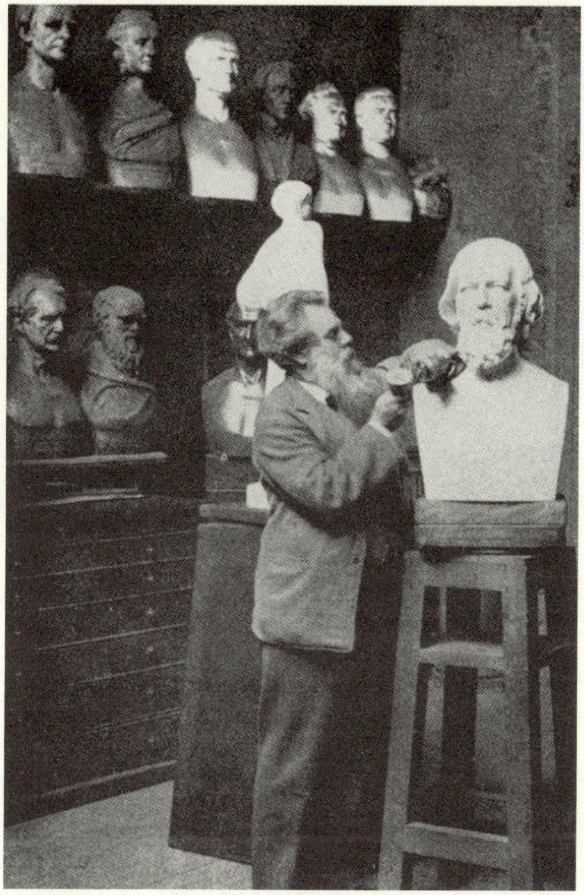

Thomas Woolner esculpiu o busto de Darwin. O resultado pode ser visto na prateleira inferior atrás de Woolner, em seu estúdio de Londres.
(A. Woolner, *Thomas Woolner, Sculptor and poet*, 1917)

Darwin tornou-se um representante notório de concepções avançadas quando seu livro *The Descent of Man* (1871) foi publicado. Este cartum francês de *La Lune* o mostra trombando em aros de circo rotulados Superstição, Erros e Credulidade.
(Coleção Darwin, cortesia dos síndicos da Cambridge University Library)

Novas ideias sobre pré-história estimularam artistas a retratar a humanidade inicial como brutal e primitiva. "Homem primevo", de Louis Figuier, 1867.
(Natural History Museum, Londres)

Ernst Haeckel, biólogo e evolucionista alemão, era um discípulo ardoroso de Darwin.
(E. Haeckel, *Italienfahrt*, 1921)

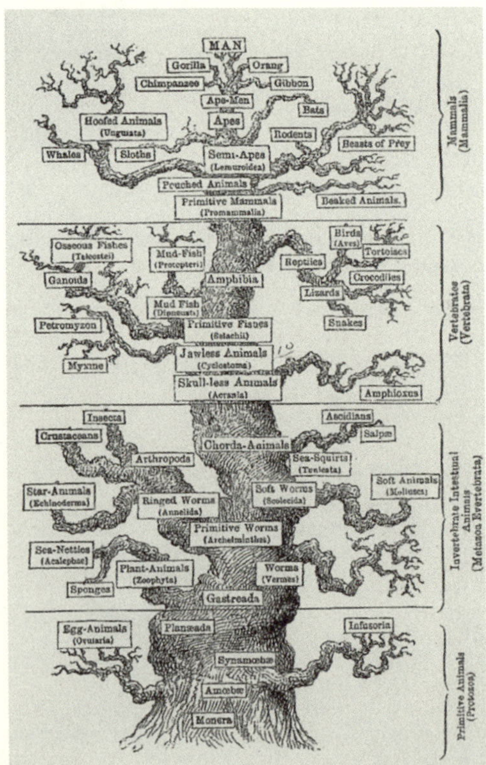

Haeckel foi um dos primeiros a construir árvores evolucionárias.
(E. Haeckel, *The Evolution of Man*, 1887. Wellcome Library, Londres)

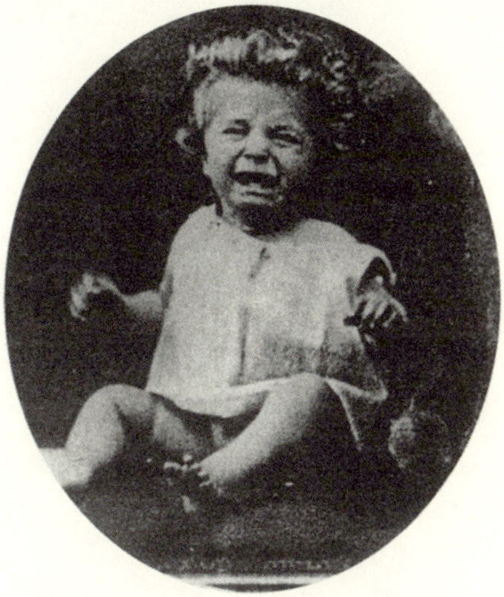

Avanços técnicos na fotografia tornaram possível a Darwin estudar a evolução das expressões faciais. Esta fotografia foi apelidada "Ginx's Baby", com base em um romance popular.

(C. Darwin, *The Expression of Emotions in Man and Animals*, 1872. Wellcome Library, Londres)

O exuberante fotógrafo Oscar Rejlander enviou a Darwin vários estudos de autorretrato de comportamento expressivo. Na fotografia dupla, Rejlander compara o Ginx's Baby com risada, à esquerda, e com choro, à direita.

(C. Darwin, *The Expression of Emotions in Man and Animals*, 1872. Wellcome Library, Londres; e coleção Darwin, cortesia dos síndicos da Cambridge University Library)

Anotações à mão de Henrietta Darwin sobre um desenho de Joseph Wolf pedem ajustes para enfatizar os pelos eriçados do cão.
(Coleção Darwin, cortesia dos síndicos da Cambridge University Library)

Darwin pensava que as expressões faciais seriam mais intensas nos loucos. James Crichton-Browne lhe forneceu fotografias dos internos do asilo Wakefield e discutiu com ele suas teorias.
(Coleção Darwin, cortesia dos síndicos da Cambridge University Library)

Guillaume Duchene deu a Darwin fotografias de seus experimentos com galvanismo mostrando contrações musculares "congeladas".
(C. Darwin, *The Expression of Emotions in Man and Animals*, 1872. Wellcome Library, Londres)

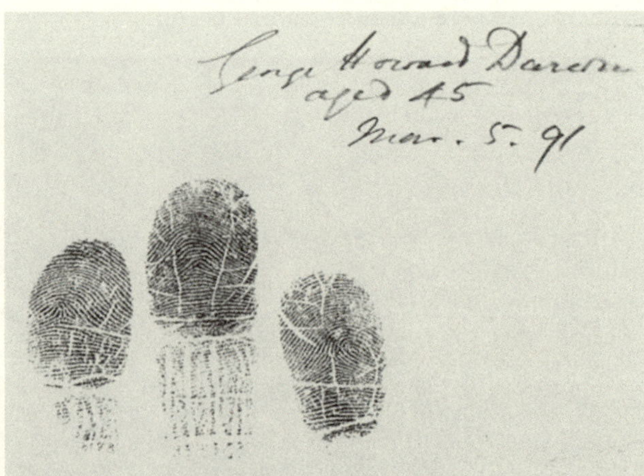

Como parte de suas investigações sobre variabilidade e herança humanas, Francis Galton colheu as impressões digitais de George Darwin.
(Galton Archive, University College London)

Em 1875, a família Darwin encomendou ao pintor William Ouless um retrato de Darwin, depois gravado por Paul Rajon. Darwin disse que parecia "um velho cão muito venerável, profundamente melancólico".
(Wellcome Library, Londres)

Este macaco empalhado, vestido com "trajes acadêmicos de gala", foi pendurado no teto da Senate House da Cambridge University quando Darwin recebeu um título honorário dessa universidade.
(Com permissão do Master e dos Fellows do Christ's Church College, Cambridge)

A teoria da evolução era só um dos muitos novos tópicos de investigação para os vitorianos. Hensleigh Wedgwood, irmão de Emma Darwin e espiritualista dedicado, enviou a Huxley esta fotografia dele próprio na presença de uma manifestação de espírito.
(Imperial College Archives)

Marian, filha de T. H. Huxley, fez este esboço de Darwin durante uma visita à Down House em 1878. Mais tarde, seu marido, o artista John Collier, pintou um retrato formal de Darwin para a Linnean Society.
(National Portrait Gallery, Londres)

Duas das plantas sensíveis que Darwin investigou durante seus últimos anos de vida, mostrando as folhas "adormecidas".

(Coleção Darwin, cortesia dos síndicos da Cambridge University Library)

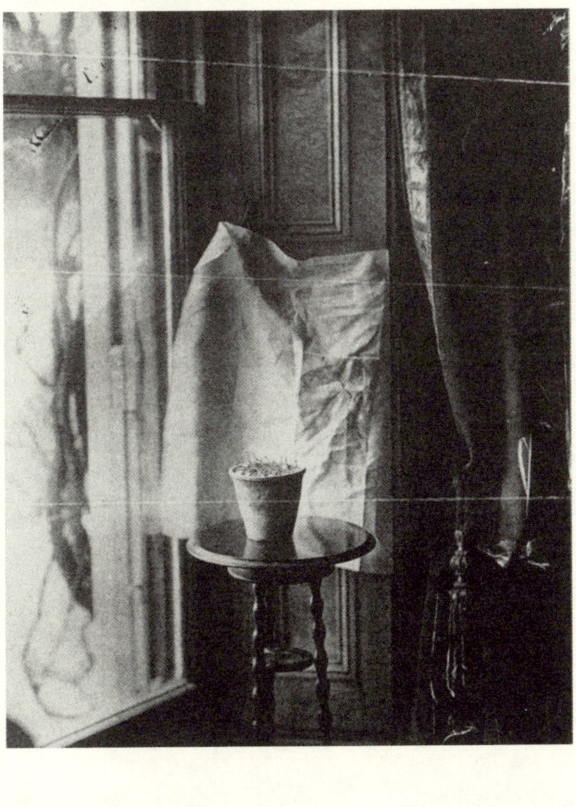

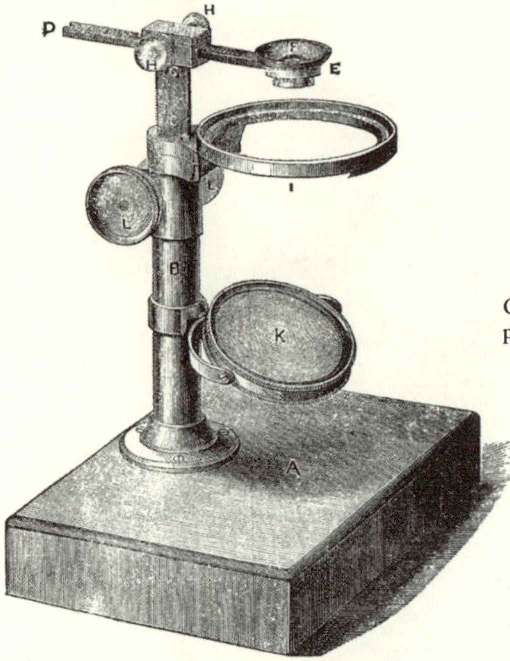

O microscópio simples que Darwin preferia.
(R. Beck, *Achromatic Microscopes*, 1865. Wellcome Library, Londres)

Os empregados da Down House no jardim, no fim da década de 1870. O garoto montado no pônei é provavelmente Bernard, o primeiro neto de Darwin. William Jackson, o mordomo da família depois que Joseph Parslow se aposentou, é o que veste o casaco de cor clara.
(Coleção Darwin, cortesia dos síndicos da Cambridge University Library)

Um dos últimos retratos de Darwin.
(Coleção Darwin, cortesia dos síndicos da Cambridge University Library)

As últimas investigações feitas por Darwin foram sobre minhocas. Este cartum é intitulado “O homem não passa de um verme”. A espiral mostra a evolução dos seres humanos desde o “caos”, na base, até Darwin, na cadeira de Deus, ao centro.
(*Punch's Almanack*, 1881. Wellcome Library, Londres)

com seus pais, e irmãos com irmãs, técnicas bastante usadas por Naudin e Gärtner; e ele consultou criadores de animais e outros agricultores que conheciam o mesmo tipo de padrões de acasalamento em animais com *pedigree* entre os quais era importante conservar e enfatizar linhagens sanguíneas específicas. Em uma época em que *foxhounds* ou cavalos de corrida podiam ser criados com mais cuidado que membros das Casas do parlamento, ele encontrou diversos especialistas para ajudá-lo nesse aspecto. William Tegetmeier realizou para ele experimentos de reprodução semelhantes em aves domésticas, pombos e mesmo em alguns perus. Darwin estudou os resultados de especialistas europeus, voltando repetidas vezes a *Versuche und Beobachtungen*, de Gärtner, bem como a *Botanische Mittheilungen*, de Nägeli (1866) e a *Nouvelles recherches sur l'hybridité dans les végétaux*, de Naudin (1863). Esses três livros estavam em sua biblioteca e traziam em cada página evidências de sua atenção.

Os resultados eram sugestivos. Ele notou que a reprodução consanguínea era primariamente uma característica do reino doméstico. Os agricultores consolidavam suas linhagens de gado cruzando pai com filha, irmão com meia-irmã. A reprodução continuada desse tipo, entre parentes de sangue, certamente diminuía

> o vigor constitucional, o tamanho e a fertilidade dos descendentes; e ocasionalmente leva a malformações, mas não necessariamente à deterioração geral da forma ou da estrutura.[11]

Nas condições de domesticação intensivas, com acasalamentos assistidos e alimentação suplementar, mesmo os descendentes mais fracos conseguiam sobreviver e se reproduzir.

> Infelizmente é muito notório que o homem e vários animais domesticados dotados de uma constituição deplorável e com uma forte disposição hereditária à doença, se não de fato doentes, são plenamente capazes de procriar sua espécie.

Essas situações geralmente não surgiam na natureza. Seguindo um conselho do antropólogo Edward Tylor, Darwin sugeriu que deveria haver na natureza uma forma de tabu do incesto. Se por acaso houvesse acasalamentos como esses, a seleção natural eliminaria qualquer descendente malformado.

---

[11] *Variation*, v.2, p.175.

A surpresa veio quando ele percebeu que acasalamentos entre primos em primeiro grau não necessariamente se enquadravam nessas categorias deletérias. Sua pesquisa na prática agrícola vitoriana lhe mostrou que os agricultores consideravam os primos suficientemente distanciados para apresentar pouco risco para a viabilidade dos descendentes. Com a mesma frequência, esses acasalamentos eram considerados procedimentos bons para conservar, digamos, as melhores características de touros campeões.

Para Darwin, parecia que a pangênese forneceria a resposta. Ele propôs que alguns efeitos limitados do ambiente podiam ser incorporados na constituição de um indivíduo e, portanto, propensos a ser transmitidos, por meio das gêmulas, aos descendentes. Se dois indivíduos com parentesco muito próximo, que tivessem crescido em circunstâncias externas muito diferentes, fossem acasalados, essas pequenas diferenças tornariam cada um deles suficientemente distinto do outro para ter descendentes normais.

> Há uma boa razão para acreditar que, mantendo-se os membros da mesma família em grupos distintos, especialmente se expostos a condições de vida um tanto diferentes, e cruzando-se ocasionalmente essas famílias, os resultados ruins podem ser muito diminuídos ou inteiramente eliminados.[12]

Como ele admitiria em *Variation*, a questão era de "alto interesse, já que afeta a humanidade".

Mesmo assim, ele permanecia incerto. As dificuldades filosóficas e as consequências práticas de casamentos entre primos preocuparam-no ainda por muitos anos. Não houve outro tema na ciência de Darwin que refletisse de forma mais clara as origens pessoais de sua realização intelectual. Ele dificilmente poderia ter chegado à pangênese sem essa atenção a seu casamento, à saúde ruim dos filhos e a sua própria doença.

II

De modo significativo, ele também pensava que a pangênese resolveria algumas das críticas mais importantes apresentadas por resenhistas das sucessivas edições de *A origem das espécies*. Enquanto estava doente e, depois, enquanto escrevia *Variation*, ele produziu respostas.

Uma dessas críticas ia ao cerne da questão. Em 1867, o engenheiro escocês Fleeming Jenkin observou em uma longa resenha de *A origem das espécies*, na *North British Review*, que qualquer variação individual, por mais

[12] *Variation*, v.2, p.143.

favorável que fosse, dificilmente se firmaria com segurança em uma população grande que se reproduzisse livremente, pelo menos não em número suficiente para produzir uma nova espécie.[13] Jenkin era um dos pensadores mais originais de sua geração, amigo de Robert Louis Stevenson, e muito interessado em estudos de população e economia política. Embora tenha levado um ano inteiro para descobrir quem havia escrito essa resenha na *North British*, Darwin levou a objeção a sério e admitiu: "Fleeming Jenkin me deu muito trabalho, mas foi para mim de fato mais útil que qualquer outro ensaio ou resenha".

No centro da resenha havia um problema concreto. Invocando pressupostos raciais vitorianos arquetípicos, Jenkin apresentava o caso hipotético de um marinheiro de pele clara naufragado em uma ilha habitada só por tribos de pele negra. A livre reprodução entre "civilizado" e "selvagem", dizia Jenkin, não levaria à preservação e à disseminação das características do homem branco. Bem ao contrário. As supostas vantagens do europeu seriam mescladas ou "embutidas" na população maior.

> Nosso herói naufragado provavelmente se tornaria rei; ele mataria muitos negros na luta pela existência; teria muitas esposas e filhos, [...] mas alguém pode acreditar que toda a ilha adquiriria gradativamente uma população branca, ou mesmo amarela, ou que os ilhéus adquiririam energia, coragem, engenhosidade, paciência, autocontrole, persistência, qualidades em virtude das quais nosso herói matou tantos de seus ancestrais e gerou tantos filhos?[14]

Surpreendido, Darwin se empenhou ao máximo em explicar em *Variation* que a pangênese permitiria a preservação de algumas variações favoráveis em uma população. As características vantajosas, ele afirmava, nem sempre desapareciam por meio da mistura.[15]

E a pangênese permitiu a Darwin propor que os efeitos do uso e do desuso podiam às vezes ser herdados, um aspecto do mundo vivo que ele sempre hesitara afirmar para não parecer muito semelhante ao naturalista francês Lamarck. É possível que suas dúvidas sobre casamento entre primos o tenham estimulado em parte a adotar essa linha. Contudo, a hesitação

---

[13] Jenkin, 1867. Ver especialmente Morris, 1994; Cookson e Hempstead, 2000.

[14] Citado de Hull, 1973, p.315-6.

[15] Cookson e Hempstead, 2000, p.165-8, embora os autores afirmem que Darwin não tenha ajustado seu argumento para acomodar os comentários de Jenkin.

de Darwin era real. Ele odiava ter seu nome ligado ao de Lamarck. Porque o esquema de Lamarck sempre lhe parecia excessivamente simplista, com organismos esforçando-se para se adaptar a condições externas e depois, de alguma maneira, transmitindo essas características adquiridas para a geração seguinte. Para sua mente, abria-se um grande hiato entre as "especulações" do pensamento francês do final do século XVIII e o pragmatismo vigoroso da ciência britânica de meados do século XIX que ele adotava. "Não consigo ver nada em comum entre *A origem* e Lamarck", disse. A *Philosophie zoologique* de Lamarck era um "livro deplorável", com o qual "não ganhei nada".[16] A seleção natural, como ele a via, era uma teoria completamente diferente, na qual a adaptação de um organismo a suas condições de vida baseava-se firmemente em estatística e nas regras de probabilidade.

Ademais, Darwin desgostava da perspectiva de ser ligado às ideologias ateístas, progressivistas, frouxamente ambientalistas das décadas de 1820 e 1830, doutrinas de pensamento que haviam assombrado suas primeiras explorações da teoria da evolução e eram agora associadas retrospectivamente, nas mentes das pessoas, com a mudança política e os levantes daquele período.[17] Embora ele em geral não fosse vaidoso, era excessivamente vulnerável a troças de que sua obra era mera reformulação da de Lamarck. Ele defendia sua originalidade até o limite permitido pelas boas maneiras, mas sempre corrigia amigos e resenhistas, se fizessem observações sobre as semelhanças. Repetidas vezes, Lyell inocentemente juntou os dois. Repetidas vezes, Darwin o repreendeu e resmungou com deselegância para Hooker sobre os erros de Lyell.

Mas Darwin queria incluir em seu esquema a possibilidade da herança de algumas mudanças adquiridas limitadas. A pangênese dava-lhe a possibilidade de ser lamarckiano sem nenhum dos esforços internos propostos por Lamarck. Como ele dizia, alguns aspectos do ambiente externo podiam modificar as gêmulas herdáveis.

> Em variações causadas pela ação direta de condições alteradas, das quais foram dados vários exemplos, certas partes do corpo são afetadas diretamente pelas novas condições e consequentemente liberam gêmulas modificadas, que são transmitidas para os descendentes.[18]

---

16 *Correspondence*, v.11, p.223. Sobre Lamarck, ver R. W. Burkhardt, 1977; Jordanova, 1984; Corsi, 1988b.

17 A. Desmond, 1989; Desmond e Moore, 1990.

18 *Variation*, v.2, p.387.

Sem dúvida, toda a hipótese da pangênese era extremamente complicada, ele admitia. "Mas os fatos também o são."

III

A terminologia canhestra não ajudava. Tão original em sua perspectiva em outros aspectos, Darwin normalmente ficava desnorteado quando confrontado com a invenção de nomes. Até o processo relativamente direto de nomear animais e plantas deixava-o perplexo. Ele tinha precisado da ajuda de Hooker quando inventara nomes de cracas na década de 1850 e dependera muito de especialistas para identificar, nomear e classificar suas coleções do *Beagle*. Em 1841, Darwin havia ingressado no comitê da British Association encarregado de estabelecer regras para a nomenclatura científica que qualquer "ignorante" pudesse seguir sem ansiedade.[19] Como regra, ele acreditava na magia dos nomes. Como todo naturalista contemporâneo reconhecia, nomear era possuir – um sistema de controle da diversidade com o objetivo de compreendê-la. A precisão do conhecimento podia ser refletida na precisão dos nomes.

Desta vez, Darwin consultou seu filho George, que estudava matemática no Trinity College Cambridge, perguntando se ele poderia encontrar um estudioso clássico para fornecer um nome apropriado para sua teoria da herança. Darwin desejava transmitir sua crença de que os materiais herdados eram derivados de células corporais individuais. "Você conhece algum clássico realmente bom que pudesse sugerir alguma palavra grega para expressar a célula, e que pudesse ser unida com gênese?", perguntou.[20]

George respondeu com uma série de termos gregos exóticos saídos diretamente das poltronas da sala dos jovens bolsistas, entre eles "cyttarogenesis", tradução da palavra "gênese da célula". Confuso, Darwin comentou com Huxley: "Penso que átomo-gênese soa muito melhor, mas um átomo é um objeto que não pode ser dividido". "Talvez eu deva me ater a Pan." Em casa, Emma achava que "pangênese" soava mal do ponto de vista moral, "como panteísmo". Darwin não conseguia saber se ela falava a sério. Mas brincou com Bates: "O grande deus Pã tem sido um imenso alívio para minha mente". A sugestão de um espírito pagão da natureza operando em um mundo não cristão era evidentemente atraente.

---

19 Em 1842, Darwin participou do comitê da British Association que traçou regras para a nomenclatura zoológica; ver *Correspondence*, v.2. Sobre classificação e teoria da evolução, ver Crowson, 1958; Ritvo, 1995; McOuat, 2001.

20 A George Darwin, 27 de maio [1867], DAR 210.1.1.

Perspectivas mais sombrias insinuavam-se. Durante tanto tempo isolado dos amigos e da vida científica devido à doença, Darwin teve tempo para se entregar a pensamentos mórbidos. Estava convencido de que ninguém daria a devida atenção a suas ideias sobre herança. Chamava a pangênese de sua filha amada, seu bebê. Dizia que sua filha seria natimorta, que ele era o único a amá-la. As alusões eram perturbadoramente intensas. Às vezes sua fala adquiria um tom febrilmente sub-religioso.

> A pobre criança Pangênese vai expirar, nem abençoada nem maldita pelo mundo, mas tenho fé em um mundo futuro e melhor para a pobre criancinha!,

disse, alvoroçado, a Bates. "Meu medo sempre foi que a pangênese fosse uma criança natimorta, que não causaria a ninguém nem alegria nem choro", disse a Lyell.[21]

Se alguma vez Darwin esteve à beira da desordem mental, foi nesse momento. Ele estava preso na saúde ruim, lidando interminavelmente com as mesmas questões em sua mente, e a hipótese da pangênese guardava significados ocultos. Filhos mortos ou não amados forneciam uma enervante fonte de metáforas. Ele se sentia protetor, apreensivo, desafiante. Sua filha intelectual anterior – a seleção natural – quase morrera no mesmo momento da morte de seu bebê real, Charles Waring Darwin. Como esta nova filha se sairia? A força das emoções paternas de Darwin o cegava. Ele olhava com indulgência para as fragilidades da teoria, exatamente como se se tratasse de Henrietta ou Horace, adoecendo silenciosamente em seus quartos no andar de cima. Embora sua obra escrita fosse dedicada à ideia de deixar os mais fracos caírem pelo caminho, o caso assumia um tom muito diferente quando envolvia um filho dele próprio.

Além disso, já se passara muito tempo desde que Darwin construíra do zero uma teoria completamente nova. Embora ele tecesse teias interpretativas em torno de tudo o que fazia, grande ou pequeno, esse projeto estava em um plano superior, repleto de intenções ambiciosas. Ele queria fazê-lo da maneira adequada. Mas era retardado pela idade e pela doença, por sua correspondência, sua necessidade de acompanhar as críticas a *A origem das espécies*, seus escritos e pesquisas contínuos. Teimosamente, ele se recusava a admitir que estava cansado, cheio de tensões, não completamente livre do leito de doente, capaz apenas de uma ou duas horas cuidadosamen-

[21] A H. W. Bates, 22 de fevereiro de 1868, Houghton Library, Harvard University; a Charles Lyell, 19 de março de 1868, American Philosophical Society, Filadélfia.

te reguladas de atividade mental plena. Não podia retomar a inspiração animada de seus primeiros cadernos de anotações. Não tinha acabado de desembarcar do *Beagle* em Falmouth, jovem, alerta e ávido.

Ademais, ele dava peso psicológico ao modo como a pangênese se ligava com o que ele considerava enigmas em outros aspectos inexplicáveis. Muito tempo antes, o mesmo tipo de abrangência explicativa o ajudara a convencer-se da validade da seleção natural. Ele não tinha razão para mudar de ideia. Sentia que se uma única teoria da herança podia explicar tanto, ela poderia muito bem se aproximar da verdade. E admitiu isso para o botânico George Bentham.

> Para minha mente, a ideia foi um imenso alívio, pois eu não podia suportar manter tantas grandes classes de fatos flutuando soltas em minha mente sem algum fio de ligação para reuni-las em um método tangível.[22]

A outro, Darwin confidenciou:

> A pangênese tem muito poucos amigos, então permita-me pedir-lhe que não desista dela de forma irrefletida. Talvez seja afeição tola de pai, mas ela lançou uma torrente de luz em minha mente em relação a uma série de fenômenos complexos.[23]

Ele garantiu a Asa Gray que "no fundo de minha mente penso que ela contém uma grande verdade". A Lyell, disse que "ela será um passo até certo ponto importante em biologia". Com o passar do tempo, ele assumiu uma atitude mais ousada. "Temo que minha querida Pang. pareça absurda a todos vocês céticos."[24]

Como era costumeiro, Huxley entendeu a questão essencial. "A gênese é difícil de acreditar, mas com a pangênese a dificuldade é dobrada."

IV

Darwin produziu *The Variation of Animals and Plants under Domestication* em dois substanciosos volumes em janeiro de 1868, tendo adiado a publicação para que William Dallas completasse o índice. Henrietta ajudou o pai a corrigir as provas, pois ele estava esgotado por esse grande

22 *More Letters*, v.2, p.371.

23 A T. H. Farrer, 29 de outubro [1868], Linnean Society of London.

24 A Hooker, 21 de março [1867], DAR 94, p.13.

livro, contente de despachá-lo. A massa de material era de fato tão onerosa que Murray imprimiu as informações especializadas em tipo menor com o objetivo de reduzir o número de páginas, inovação tipológica feia que não foi repetida. Desta vez, Darwin enviou cinquenta exemplares de apresentação às pessoas que o haviam ajudado, entre elas John Jenner Weir, Lubbock, Tegetmeier, John Scott, Fritz Müller, James Paget, seus filhos William e Henrietta e seu sobrinho Edmund Langton, que havia alimentado peixinhos dourados e apanhado aranhas para ele. Um exemplar foi para um colega não identificado, anotado pessoalmente com as palavras "Com mui gentil consideração de seu amigo e oponente o Autor". Outros foram transportados por navio a vapor, camelo e trem para Índia, Austrália, África do Sul e Nova Zelândia. Darwin tornara-se um fenômeno editorial global. Quando a segunda edição saiu, alguns meses depois, ele pôde se dar ao luxo de fazer uma distribuição mais local, dando um exemplar a seu jardineiro, Henry Lettington, e outro a Camilla Ludwig, ex-governanta da família, com quem Emma mantinha correspondência.[25] Camilla havia traduzido para ele alguns textos alemães difíceis sobre herança.

Autor e editor também tomaram providências para que *Variation* fosse lançado em traduções francesa, alemã e russa. A russa foi preparada por Vladimir Kovalevsky, paleontólogo e irmão de Aleksandr Kovalevsky, embriologista em ascensão. Os dois irmãos admiravam Darwin. Vladimir foi tão expedito em seu trabalho que a tradução foi publicada em São Petersburgo em novembro de 1867, dois meses antes da primeira edição inglesa. O título que ele adotou mostrava que mesmo naquele estágio avançado Darwin pretendia publicar em sequência o longo manuscrito original sobre seleção natural – o título russo, traduzido, era *Sobre a origem das espécies, seção I*.[26] Por meio dessa tradução, Vladimir Kovalevsky e sua mulher, Sophie, matemática, tornaram-se amigos pessoais da família Darwin. Ao mesmo tempo, Aleksandr realizou uma pesquisa notavelmente original em embriologia, argumentando com bases darwinianas que a grande classe de organismos vertebrados se originara do humilde *sea-squirt*, o ascidiáceo transparente e sedentário.

25 O exemplar com a inscrição para um "oponente" foi relacionado para venda na Sotheby's, 11 de dezembro de 1992. As listas de apresentação estão em DAR 210.18. Parece que Darwin normalmente enviava um exemplar de seus livros a Camilla Ludwig, como se ela fizesse parte da família. Alguns itens, principalmente separatas de resenhas importantes de obras de Darwin, são listados na venda da Sotheby's mencionada anteriormente, descritos como "da coleção de C. Ludwig, Leipzig".

26 Freeman, 1977, p.122. Ver Scudo e Acanfora, 1985.

Apesar desse evidente entusiasmo inicial, *Variation* nunca foi popular, e durante a vida de Darwin só foram vendidos dele 5 mil exemplares. Os resenhistas queixavam-se de que o livro era excessivamente detalhado. Os leitores procuravam em vão observações sobre ancestralidade simiesca. Poucos notaram que Darwin descrevia algumas variações humanas anômalas, inclusive Julia Pastrana, a "mulher-gorila", conhecida profissionalmente como "a mulher mais feia do mundo", que havia morrido cerca de dez anos antes. Wallace tinha assegurado a Darwin que Julia Pastrana não era uma esquisitice de circo construída artificialmente. Era uma curiosidade genuína, embora nem Wallace nem Darwin conseguissem examiná-la, e em *Variation*, Darwin citava o relato de um terceiro. Ela possuía

> uma espessa barba masculina e uma testa peluda; foi fotografada, e sua pele foi exibida como um show; mas o que nos preocupa é que ela tinha, tanto na parte de cima como na de baixo da mandíbula, um duplo conjunto irregular de dentes, uma fileira colocada dentro da outra. [...] Devido à redundância de dentes, sua boca se projetava e seu rosto tinha uma aparência de gorila.[27]

A carreira de Julia Pastrana como objeto de exposição já havia sido estendida artificialmente depois da morte mesmo sem a discussão de Darwin. Ela se casara com seu empresário e dera à luz um filho natimorto tão incomum quanto ela própria. Depois de sua morte prematura, ela foi mumificada, vestida e exposta em toda a Europa por seu empresário como uma mulher--macaco, dando uma contribuição pessoal bizarra à aversão que cercava grande parte do debate sobre evolução. E reapareceu impressa entre as groselhas e as galinhas que eram o foco primário de Darwin.

Desculpando-se, Darwin deu a Hooker um conselho valioso.

> Pule *todo* o volume 1, exceto o último capítulo (e este só precisa ser examinado superficialmente), e leia basicamente o segundo volume, e então você dirá que é um livro muito bom.

Para Huxley, ele meramente suspirou: "Oh, Senhor, que golpe eu devo receber!"[28]

---

[27] *Variation*, v.2, p.321. Julia Pastrana é discutida em Howard, 1977; Bondeson, 1997.

[28] A Hooker, 17 de novembro [1867], DAR 94, p.35-6. A reação de Hooker à pangênese está em L. Huxley, 1918, v.2, p.109-10. A observação para Huxley está em *More Letters*, v.1, p.287.

Quanto à pangênese, a peça central do argumento, os colegas de Darwin foram indiferentes. Poucos deles entenderam o que ele estava pretendendo, exceto Herbert Spencer, que havia proposto algo similar alguns anos antes, e Francis Galton cujo interesse em hereditariedade era intenso. Wallace a adotou e depois abriu mão dela. Muito mais tarde, na década de 1880, o naturalista Hugo De Vries adotou o que chamava "pangenes" de Darwin para investigar a base material da hereditariedade, descrevendo suas próprias teorias como uma modificação das ideias de Darwin, Darwin e ele se corresponderam nos anos imediatamente anteriores à morte do homem mais velho.[29] No mais, Lyell prevaricou; Huxley tergiversou; Henry Holland a considerou "uma leitura muito penosa". Logo, Huxley alertou Darwin de que a pangênese duplicava a desacreditada obra do naturalista do século XVIII Charles Bonnet, revelação desagradável também mencionada por um resenhista na *Athenaeum*, o qual escarneceu que a pangênese de Darwin era inteiramente semelhante à devoção de Pouchet pela geração espontânea. Darwin pensou (corretamente) que uma resenha tão hostil só podia ser da lavra de Richard Owen.

Um ou dois naturalistas, entre eles Lydia Becker, botânica inteligente que logo redirecionaria suas energias para o movimento sufragista, escreveram para elogiar a pangênese. Mas Darwin podia sentir que sua teoria não estava tendo o impacto que ele desejava. Hooker preveniu-o de que ninguém a compreenderia, "nem um naturalista em cem".[30] Para coroar tudo isso, Clemence Royer acusou-o de roubar o esquema de Spencer, inserindo a acusação em um novo prefácio de sua *A origem das espécies* francesa.

Darwin não sabia se ria ou chorava.

> Devo me divertir e contar a vocês sobre Madll. C. Royer, que traduziu *A origem* para o francês e para cuja segunda edição tive um trabalho infinito,

escreveu a Hooker.

> Agora ela acaba de publicar uma terceira edição sem me informar, de modo que todas as correções etc. na quarta e na quinta edições inglesas se perderam. Além de seu prefácio enormemente longo e blasfemo à primeira edição, ela acrescentou um segundo, insultando-me como um batedor de carteiras pela pangêne-

29 Stamhuis et al., 1999. Ver também De Vries, 1909.

30 De Hooker, 26 de fevereiro de 1868, DAR 102, p.200-3; DAR 94, p.67.

> se, a qual, é claro, não tem relação com *A origem*. Sendo seu motivo, creio, eu não tê-la empregado para traduzir "Animais domésticos".[31]

Portanto, ele ficou agradecido quando Galton professou ser um convertido. O interesse de Galton em hereditariedade já havia sido exposto em círculos científicos. Três anos antes, ele publicara na *Macmillan's Magazine* um par de textos sobre "talento hereditário", argumentando que a capacidade intelectual ocorria em famílias e empregando técnicas derivadas do pioneiro estatístico belga Adolphe Quetelet para apoiar seu argumento. Esses textos levaram, logo depois, a seu extenso estudo *Hereditary Genius* [Gênio hereditário] (1869) e culminaram na cunhagem por ele do termo "eugenia" e no início de desenvolvimentos significativos no estudo da hereditariedade e da genética inicial.

Até esse momento, o relacionamento entre os dois primos, Darwin e Galton, nunca fora particularmente íntimo, embora eles partilhassem o dr. Erasmus Darwin como avô, já que descendiam, respectivamente, da primeira e da segunda mulheres de Erasmus Darwin, Mary Howard e Elizabeth Pole. Quando eram garotos, a diferença de idade de treze anos era um pouco grande para que houvesse entre eles uma camaradagem fácil, embora Darwin se lembrasse de visitar o pai de Galton, seu tio, uma ou duas vezes em Birmingham. O mais jovem desse ramo da família, Galton, era formado em Cambridge e, como Darwin, viajante. Seu livro *Art of Travel* [A arte da viagem] era um relato caracteristicamente desajeitado de uma expedição ao Sul da África, cheio de dicas de acampamentos e de como usar um facão de mato. O livro teve boas vendas e em 1867 chegou à quarta edição. Mas, por alguma razão, Galton era incapaz de penetrar nos círculos internos da ciência britânica, apesar de contribuir para a Royal Geographical Society e cortejar Huxley, Spottiswoode, Tyndall, Spencer e os demais editando por algum tempo o *Reader*. Talvez ele esperasse ser convidado para ingressar no X Club.[32] Suas visões eram tão inflexivelmente naturalistas quanto as dos membros do X Club, e ele fazia questão, como eles, de atacar as doutrinas conservadoras da época. Galton ganhou destaque em dezembro de 1881, ao criticar publicamente o Dia da Intercessão – um dia nacional de prece – imposto pelo governo para dar graças pela restauração da saúde do jovem príncipe Albert depois de um perigoso

[31] A Hooker, 19 de novembro [1869], DAR 94, p.159-61, parcialmente em *Life and Letters*, v.3, p.110.

[32] Waller, 2001. A biografia padrão é Forrest, 1974.

ataque de febre tifoide. Galton questionou a eficácia dessas intercessões, rindo dos que acreditavam na prece como remédio para doenças de gado, cólera ou chuva excessiva, e mais ou menos a sério exigiu testes estatísticos apropriados, nos quais as taxas de recuperação de inválidos de hospital seriam medidas, alguns com preces e algum sem.[33]

Mas ele nunca fez realmente parte do clube darwiniano como os outros. Talvez suas maneiras pedantes contribuíssem para relações pessoais instáveis.[34] Fosse como fosse, Darwin se comprazia em manter contato com ele. De sua parte, Galton declarou que o livro do primo marcava uma "época em meu desenvolvimento mental". Ele "devorou" seu conteúdo, dizendo que assimilava os argumentos de Darwin com a mesma rapidez com que conseguia lê-los.[35] Galton gostava de pensar que Darwin e ele partilhavam a mesma propensão mental hereditária – proposição que provavelmente parecia mais convincente a ele que a Darwin.

Embora as visões de Galton fossem em geral mais sofisticadas do que se costuma supor, não havia como negar o zelo com que ele defendia a ideia de que o talento era uma qualidade herdável inata, não afetada por considerações sociais. A capacidade "se agarra" a famílias, ele afirmava. Inteligência e capacidade eram traços biológicos, produto da natureza e não da educação. Em suas salvas iniciais na *Macmillan's Magazine*, ele listava a genealogia de juízes ingleses desde a Reforma, tema que Darwin, com sua queda por leituras sobre Lords Chancellors e julgamentos famosos, achava absorvente. Os juízes, dizia Galton, eram normalmente descendentes de outros juízes ou de outras figuras eminentes na árvore ancestral.

Ele desenvolveu essas ideias em *Hereditary Genius*, livro que pode ser lido quase como uma autobiografia coletiva da elite masculina vitoriana. Lá, nas páginas de Galton, quase todos os membros da *intelligentsia* britânica podiam encontrar dados a indicar que sua capacidade corria no sangue e, além disso, era herdada pelo lado masculino (embora Galton admitisse que uma mãe capaz poderia alterar o equilíbrio). Na verdade, Galton reuniu materiais impressionantes. Na seção dedicada a "Homens de Ciência", apareciam muitas das pessoas que Darwin conhecia ou tinha lido, como as linhagens familiares de De Candolle, Herschel, Hooker, Humboldt, Geoffroy St. Hilaire e De Saussure, entre outros. O próprio Darwin estava no livro, junto com seu avô Erasmus Darwin, Robert Waring Darwin e um tio-avô botânico pouco conhecido, outro Robert Waring Darwin (1724-1816). De

---

33 Means, 1876.

34 Waller, 2001.

35 Galton, 1908, p.287-8.

maneira um tanto dissimulada, Galton não incluiu seu próprio nome no verbete Darwin, dizendo só que "Eu poderia acrescentar os nomes de outros da família que, em um grau menor, porém decidido, mostraram gosto por assuntos de história natural".[36]

Em tudo isso Galton aparentemente ignorava, ou não era capaz de conceber, os efeitos de uma sociedade distribuída hierarquicamente com base nas vantagens da educação e da riqueza, ou de uma cultura em que as oportunidades profissionais eram costumeiramente compradas ou transmitidas de uma geração a outra. Galton equiparava a capacidade intelectual à posse de talento esportivo. A formação produzia efeitos limitados. Para além deles, a capacidade inata era necessária para grandes realizações.

Todavia, o livro chamou a atenção de Darwin. "Penso que, em minha vida inteira, nunca li algo mais interessante e original", admitiu. Como Galton, ele acreditava que a primogenitura era perniciosa, tanto do ponto de vista social como do biológico. Como Galton, ele estava interessado em hereditariedade e na base biológica para o sucesso.

> Você me tornou em certo sentido um convertido a um oponente, pois sempre sustentei que, à exceção dos tolos, os homens não diferiam muito em intelecto, só em zelo e em trabalho intenso.

Ele moderou esse elogio acrescentando: "Ainda penso que esta é uma diferença *eminentemente* importante".[37]

Galton, que já era um dos apoiadores de Darwin, leu *Variation* com entusiasmo crescente. A pangênese em particular chamou sua atenção. Sem nunca antes ter demonstrado interesse em observações de história natural prática, ele providenciou que fosse feita uma série de experimentos em coelhos abrigados nos Jardins Zoológicos de Londres com a intenção de demonstrar a transmissão de gêmulas. A pedido dele, um zelador injetou sangue de um coelho em outro na esperança de que as gêmulas fossem transportadas artificialmente de um indivíduo a outro, reaparecendo, portanto, na geração seguinte. A cor do pelo serviria de marcador. O sangue extraído do tipo preto e branco comum foi injetado em um cinza-prateado. Galton esperava ver surgir manchas brancas ou pretas nos pelos dos descendentes. Ele aguardou como um pai ansioso para ser chamado para o nascimento. Logo descobrindo que suas visitas paternas ao zoológico eram

---

[36] Galton, 1869, p.210.
[37] Galton, 1908, p.290.

uma inconveniência, ele pediu que as gaiolas fossem transportadas para o jardim de sua casa, em Kensington.

Os primos aguardaram ansiosos.

> F. Galton disse que ficou bastante aflito de ansiedade até que os partos dos coelhos terminassem e agora uma criatura travessa come seus filhotes e a outra tem filhotes perfeitamente comuns,

relatou Emma. "Ele quer que esse experimento seja mantido em segredo, pois pretende prosseguir e pensa que vão rir muito dele."[38]

Por fim, a mensagem chegou: "Boas novas sobre os coelhos!", gritou Galton depois de uma sequência particularmente longa de injeções. Dois cinza-prateados tinham produzido um filhote com uma marca branca.

> Uma das últimas ninhadas tem uma pata da frente branca. Ele nasceu em 23 de abril, mas, como não perturbamos as crias, a pata da frente só foi observada hoje. As coisinhas tinham se juntado deixando à mostra as costas e cabeças e nunca se suspeitou da pata. A mãe foi injetada de um cinza e branco e o pai de um preto e branco. Isto, lembre-se, é de uma transfusão de apenas uma oitava parte de sangue alheio em cada um dos pais; agora, após muitos experimentos malsucedidos, melhorei enormemente o método de operação e estou começando nos outros filhotes de minha criação. Ontem operei em dois que têm nas veias um terço de sangue alheio. No sábado espero um sucesso ainda maior e continuarei com seja qual for a perda de vida de coelhos até conseguir pelo menos metade de sangue alheio. O experimento não fará justiça à pangênese até que eu o faça.[39]

A despeito de sua alegria inicial, Galton acabou descobrindo que essas variações de cor eram comuns em coelhos. Nem um único exemplo de variação induzida ocorreu em um total de 88 descendentes de pais que haviam recebido transfusão. As gêmulas não funcionavam do modo como ele pensava que Darwin as descrevia: "Meus experimentos mostram que elas não são residentes independentes no sangue". Galton podia ter sido malsucedido, mas firmou a linha de pensamento que o levou na direção

[38] DAR 219.9.80.

[39] Pearson, 1914-30, v.2, p.160. A correspondência completa entre Darwin e Galton sobre pangênese está publicada em ibid., p.156-77.

de sua influente "lei ancestral de hereditariedade", na qual propunha que o material herdável era transmitido aos descendentes a partir de gerações anteriores, na devida proporção.[40]

Galton ficou preocupado porque começara o trabalho de boa-fé, pretendendo provar que Darwin estava certo; e em 1869 elogiara a pangênese em *Hereditary Genius*. De alguma maneira, ele havia, sem querer, provado que Darwin estava errado. Com todo o cuidado, criticou a teoria do primo, embora qualificasse suas observações dizendo que as gêmulas de Darwin (ele as chamava "pangenes") deviam ser só habitantes temporárias do sangue e que seus experimentos talvez não tivessem conseguido reconhecê-las.

Como era natural, Darwin queria que Galton guardasse para si esses resultados insatisfatórios. Mas Galton foi em frente e os publicou na *Nature* em 1871, e depois em um artigo nos *Proceedings of the Royal Society*. Darwin objetou contra as deficiências de sua teoria serem anunciadas dessa maneira entre seus amigos cientistas. Ele publicou uma refutação em que sustentava não ter dito nada sobre as gêmulas estarem no sangue. Galton ficou surpreso de receber uma resposta tão lacônica. Ofendido, recuou, afirmando que só estava agindo como "um membro leal do rebanho". No fim, Darwin também recuou. Ele modificou seu texto em edições posteriores de *Variation*, admitindo em uma nota de rodapé que teria esperado encontrar gêmulas no sangue, embora a presença delas ali não fosse absolutamente necessária para sua hipótese. A pangênese de repente parecia muito mais difícil de estabelecer do que qualquer um deles previra. Só os coelhos se beneficiaram. Darwin concordou em reabrigá-los na Down House, enviando seu empregado Mark a Londres para recolhê-los. "Os coelhos chegaram em segurança ontem à noite e estão animados e bonitos nesta manhã", relatou.

O revés não o impediu de encorajar outros. Em 1870, ele agradeceu a E. Ray Lankester por dizer algumas palavras gentis sobre a pangênese:

> Fiquei satisfeito de vê-lo referir-se a minha muito desprezada filha, "Pangênese", a qual penso que algum dia, com uma babá melhor, acabará sendo uma bela moça.[41]

E parabenizou John Tyndall por comentar sobre ela em um discurso presidencial à British Association.

---

40 Bynum, 1991. Pearson, 1913-40, apresenta um relato autorizado das leis de hereditariedade de Galton, v.2, p.298-309. Ver também Forrest, 1974, p.187-206.

41 *Life and Letters*, v.3, p.120.

> Você é um homem destemido por dizer uma palavra em favor da Pangênese, pois é difícil que ela tenha um amigo entre os naturalistas, embora, depois de ponderar por muito tempo (como são verdadeiras suas observações sobre ponderação), eu sinta uma convicção profunda de que a Pangênese algum dia será geralmente aceita.[42]

Em geral, *Variation* foi notada pelos contemporâneos por seus relatos densos de prática horticultural e agrícola, por sua tentativa de classificar tipos de variação e pelo útil resumo feito por Darwin do material histórico sobre raças primitivas.

Um esclarecimento foi útil. Nas páginas finais Darwin fornecia uma explicação da diferença crucial entre variação e seleção. Naqueles dias, nem sempre ficava evidente que estes eram processos distintos. Na verdade, talvez só Darwin, com a vantagem de muitos anos de pensamento sobre a distinção, e um punhado de experimentalistas franceses e alemães experimentados fossem capazes de separá-los facilmente.[43] Era mais comum os investigadores sentirem que havia algum modo de direcionamento embutido no processo de variação – eles repunham no processo evolucionário o propósito ou mesmo a orientação divina que Darwin removia. Asa Gray, em particular, defendia essa visão, tanto em textos publicados como em privado, um dos resultados de suas conversas com Darwin sobre projeto em orquídeas. Em *Variation*, Darwin contradisse deliberadamente a opinião de Gray.

> Se um arquiteto precisasse erigir um edifício nobre e cômodo, sem o uso de pedra cortada, selecionando dos fragmentos na base de um precipício pedras em forma de cunha para seus arcos, pedras alongadas para seus lintéis e pedras achatadas para seu teto, admiraríamos sua perícia e o consideraríamos a força primordial. Ora, os fragmentos de pedra, embora indispensáveis para o arquiteto, têm com o edifício construído por ele a mesma relação que as variações flutuantes de cada ser orgânico têm com as estruturas variadas e admiráveis que são finalmente adquiridas por seu descendentes modificados. [...] Pode-se sustentar razoavelmente que o Criador ordenou

[42] A John Tyndall, 8 de setembro de 1870, Royal Institution of Great Britain. Gayon e Zallen, 1998.

[43] Gayon e Zallen, 1998.

> intencionalmente, se usarmos as palavras em qualquer sentido comum, que certos fragmentos de rocha assumissem certas formas, de modo que o construtor pudesse erigir seu edifício?[44]

Embora o arquiteto ou construtor sempre escolhesse as melhores pedras para construir uma casa, as formas das pedras eram completamente aleatórias – ou, antes, sua produção geológica não estava relacionada de nenhum modo causal à intenção do arquiteto.[45] A configuração final da casa derivava só da capacidade do arquiteto para utilizar recursos locais, não de algum poder adaptativo inato das rochas. "Por mais que possamos desejá-lo, dificilmente podemos seguir o professor Asa Gray em sua crença."

V

Bem-sucedida ou não, a publicação por Darwin de *Variation* assinalou uma mudança acentuada nas atividades familiares. Ele se sentia "muito bem", tanto quanto jamais estivera. E depois de um período tão longo em casa sozinhas com ele e suas doenças, Emma e as garotas ansiavam por "dissipação". Deixando Darwin em sua estufa, elas tomaram o trem para Londres para ir ao teatro. Francis e George, ambos estudando em Cambridge, juntaram-se a elas para se divertir; também Erasmus e as sociáveis primas Wedgwood. Logo Darwin começou a sair para almoços em casas de campo vizinhas, disposto a ficar sentado na sala de estar com as senhoras, especialmente se entre elas estivesse a jovem sra. Lubbock. "Papai a adorou como sempre", observou Emma depois de um desses almoços.

Para os filhos Darwin mais velhos, a independência começava a florescer. Durante esse período, Henrietta faria uma pequena viagem ao continente com a irmã mais nova, Bessy, e uma mais longa em 1870, partindo com o primo Edmund Langton e sua noiva, Lena Massingberd, e esperando em Paris que o irmão George fosse pegá-la para a última perna de volta para casa, embora, como disse Emma,

> Parslow pareça bastante disposto a fazer uma viagem à França até Calais ou Boulogne se você preferir encontrá-lo lá neste lado do canal.

Emma escrevia quase diariamente com conselhos sobre roupas, lugares para ver e "a saúde de Papai". Bessy foi sozinha à Alemanha em 1866.

---

44 *Variation*, v.2, p.430.

45 *Variation*, v.2, p.426-7.

Os nomes pelos quais eles chamavam uns aos outros também mudaram. Em geral, a família era muito dada a apelidos. Ninguém nunca soube realmente por que os filhos receberam seus nomes de batismo específicos, afora William cujo primeiro nome era corrente na família Darwin. Francis costumava brincar que

> nossos pais perdiam sua presença de espírito na pia batismal e nos davam nomes para os quais não havia nem a desculpa da tradição nem a preferência da parte deles.[46]

Também parecia haver pouca justificativa para os apelidos. Ainda assim, fazia muito tempo desde que George era chamado Jingo ou Leonard de Pouter. Em sua viagem de 1870 ao exterior, Henrietta mudou seu nome para Harriot (*sic*), ajuste que Emma eliminou assim que possível. Emma começou a chamar Henrietta de "Body" [Corpo], talvez uma alusão às doenças sempre presentes; Lizzie optou por Bessy; Darwin passou de "Etty" para "Hen"; e Henrietta organizou os irmãos e a irmã para abandonar "Papai" em favor de "F.", uma abreviação de Father [Pai]. Darwin não gostou disso. Quando ela o informou da iminente mudança, ele retrucou: "Tanto faria se eu fosse chamado de Dog [cachorro]".[47]

Muito longe da supervisão dos pais, a mente de William Darwin assumia atitude igualmente independente. Ele escreveu para casa para dizer que estava pensando em se casar. Emma ficou completamente sobressaltada: "Não se case por casar", exclamou. "Veja o exemplo do tio Frank." Ela se referia à mulher de Frank Wedgwood, que era ociosa, dissipada e cara. No próximo correio disponível, ela aconselhou William a escolher uma esposa só entre amigas da família. A seu ver, um casamento bem-sucedido dependia de as famílias se conhecerem de antemão, sem dúvida reflexo de suas próprias circunstâncias matrimoniais e de outros relacionamentos no fechado clã Darwin-Wedgwood. Ela disse ao filho que se lembrava de Darwin ter feito uma lista das desvantagens e vantagens do matrimônio antes de propor casamento a ela e que a entregaria a ele na próxima vez que ele fizesse uma visita à casa.[48] William assentiu graciosamente à pressão materna e por mais dez anos não se aventurou no casamento. Então ele agradou aos pais escolhendo Sara Sedgwick, a irmã de uma amiga íntima da família.

---

[46] F. Darwin, 1916, p.IX.

[47] DAR 140, ser. 4, p.55-6.

[48] DAR 219.1, p.85.

O sucesso de George nos exames finais em Cambridge deu a Darwin uma pontada de surpresa parental muito semelhante. Francis disse depois que o pai parecia – pelo menos para eles – às vezes duvidar de que algum de seus filhos pudesse realmente ter sucesso, situação desanimadora que impelia os meninos a comprovar sua capacidade repetidas vezes.

> Costumávamos rir dele e dizer que ele não acreditava em seus filhos, porque, por exemplo, ficava um pouco em dúvida sobre eles assumirem um trabalho para o qual não se sentia seguro de que eles tivessem conhecimento suficiente.[49]

George, em particular, tivera um início vagaroso na faculdade. Em 1863, tentou sem sucesso obter uma bolsa de ingresso no St. John's College, Cambridge. Ele ingressou no St. Johns's como aluno de graduação comum, mas saiu logo depois para começar de novo no Trinity, sendo reprovado no exame para obter bolsa nessa faculdade em 1864. No fim, obteve uma bolsa da Trinity Scholarship Foundation em 1866, mas "não exibiu nada da colossal capacidade de trabalho e da preocupação infinita que o caracterizaram depois", disse um amigo matemático, *lord* Moulton.[50] Francis Darwin também foi reprovado no exame para a bolsa no Trinity College quando tentou, em 1869 (ele talvez tenha prestado o exame para a nova bolsa de ciência natural no Trinity iniciada em 1867), e também ingressou como aluno de graduação comum. Essas metas ambiciosas e os fracassos subsequentes não podem ter ajudado a visão que os garotos tinham de si. Embora Darwin deva ter em algum grau endossado a decisão deles de tentar bolsas, parece ter pensado neles como muito semelhantes a si próprio na mesma idade, caracterizado mais por aplicação que por brilho. Ao longo dos anos, ele se tornou incerto sobre a aptidão dos filhos para qualquer uma das ocupações tradicionais dos vitorianos bem situados e se convenceu de que o fundo fiduciário de cada um deles seria insuficiente para permitir uma existência financeira independente. Os garotos teriam de conseguir empregos. "Papai está lendo um livro sobre a escolha da profissão", observara Emma num primeiro momento, "o que o deixa muito deprimido porque parece bastante impossível conseguir alguma delas".[51]

Portanto, ele ficou completamente maravilhado quando George mandou a notícia de que tinha ficado em segundo lugar na lista final de honras ma-

[49] *Life and Letters*, v.1, p.135. Ver também DAR 219.1, p.17.
[50] F. Darwin, 1916, p.XII.
[51] DAR 219.1, p.17.

temáticas na universidade, "Second Wrangler", como dizia a terminologia de Cambridge, um dos feitos universitários mais elevados que um jovem podia obter então. Darwin não tinha ideia de que George era matematicamente capaz. Para ele, pareceu ter havido transformação. O garoto que costumava passar o tempo desenhando cavaleiros de armadura e caçando a genealogia da família emergira como uma borboleta de uma crisálida.

> Estou muito contente. Parabenizo-o com todo meu coração e minha alma. Eu sempre disse, desde seus primeiros dias, que uma energia, uma perseverança e um talento como os seus com certeza teriam sucesso; mas nunca esperei um sucesso tão brilhante como este. Parabenizo-o reiteradas vezes. Mas você fez minha mão tremer, então mal consigo escrever. O telégrafo chegou aqui às onze. Escrevemos para W. e os meninos. Deus o abençoe, meu caro velho amigo – que sua vida continue assim.[52]

O sucesso de George reverberou pelo pequeno mundo dos Darwin. Na antiga escola de George, em Clapham, o professor de matemática tomou a honra como um triunfo pessoal e deu aos garotos meio dia de feriado. Leonard e Horace, nos dois últimos anos da escola, eram os heróis da hora. Em Londres, Francis Galton "exultou muito por causa da teoria dele".[53] E na Down House, chegaram cartas de parabéns dos amigos cientistas de Darwin, quase como se ele próprio houvesse excedido todas as expectativas: essas cartas eram muito mais elogiosas, mais jubilantes, mais admiradoras que qualquer uma das cartas que a pangênese inspirava. Homens parabenizavam homens. O prêmio de George era precisamente o tipo de realização que esses homens da ciência entendiam e valorizavam extremamente. Huxley perguntou qual filho era, só se lembrando, de suas visitas, de uma turma de garotos de idades semelhantes. "É o arauto", respondeu Darwin, contente.

Daí em diante, George teve um percurso acadêmico apropriado. Foi eleito para uma bolsa inicial de pesquisa no Trinity College e começou a pensar em estudar advocacia, até que sua saúde, que antes era robusta, se deteriorou. Nesse momento, desistiu do direito e optou por ficar no Trinity como matemático pelo resto de sua vida.

---

52 *Emma Darwin*, v.2, p.216.

53 DAR 219.8.6. Ver também 219.9.56. A carta de George Darwin ao irmão Leonard está em DAR 219.6.2.

Então Leonard passou em segundo lugar no exame de admissão para o Woolwich College, escola de formação de engenheiros militares. "Por Júpiter, como a perseverança e a energia dele foram bem recompensadas", disse seu pai. Leonard era normalmente considerado o inepto da família. Divertido, George mandou a ele um bilhete. "Valha-me Deus, somos mesmo sempre os segundos."

Entusiasmado com a sociabilidade renovada, Darwin, Emma e as meninas passaram o mês de março de 1868 em Londres, na casa de Elizabeth Wedgwood, em Chester Place, jantando com Fanny e Hensleigh Wedgwood e Eramus na vizinhança. Durante essa visita, eles fizeram alguns novos amigos, notadamente Thomas Henry Farrer (mais tarde *lord* Farrer) e sua mulher, Frances, que era parente distante de Fanny Wedgwood. Os homens se uniam tanto pela apreciação do canto de Fanny como pelo interesse mútuo em seleção natural. Thomas Farrer era advogado, funcionário público de alto escalão no Marine Board of Trade, órgão britânico de supervisão do comércio marítimo, um bom botânico amador, com uma variedade de estufas no campo, e tinha muitas perguntas a fazer a Darwin sobre plantas. Depois desse encontro, os dois se corresponderam regularmente. "Que observador primoroso você é", disse Darwin com prazer. "Um naturalista de primeira foi sacrificado, ou sacrificado em parte, para a vida pública." Eles se tornaram amigos íntimos em 1873, quando Farrer, cuja mulher morreu em 1870, casou-se com Effie, filha de Hensleigh, outra excelente cantora. Com redes de relacionamentos como essas, a ciência de Darwin se tornava cada vez mais uma extensão de seu círculo doméstico.

Eles também conheceram Frances Power Cobbe, reformadora social e antivivissecionista. "A srta. Cobbe foi muito agradável", disse Emma. "Ela é muito vivaz e natural."[54] Excêntrica, muito lida, sentimental em relação a cachorros, enfática e irresistível, ela era um tipo de inglesa do campo muito familiar a Darwin e aos membros de sua família. Frances convenceu Darwin a ler Kant, dizendo-lhe que em seus textos ele encontraria muito sobre que refletir, e perguntou a ele sem rodeios: "você nunca vai unir suas linhas de pensamento e permitir que vejamos como a metafísica e a física formam uma grande filosofia?" Com uma animadora visão de vanguarda no que dizia respeito à evolução, ela estava menos disposta a contemplar um fundamento animal para a moralidade humana. A ideia humana de justiça é toda nossa, insistia. Havia escrito um comentário inteligente sobre a ética de Kant e podia falar de modo perceptivo sobre o problema de como os humanos adquirem consciência. Darwin pensava não estar à

[54] *Emma Darwin*, v.2, p.218.

altura da tarefa de ler Kant. Mas leu, instado por ela, *Metaphysic of Ethics* [Metafísica da ética], de Kant, em uma tradução do começo do século XIX.

> Interessou-me muito ver quão diferentemente dois homens podem considerar os mesmos pontos, embora eu tenha plena consciência de como soa presunçoso me situar mesmo por um momento na mesma categoria de Kant; – um homem é um grande filósofo examinando exclusivamente sua própria mente, o outro, um infeliz degradado olhando de fora por intermédio de símios e selvagens para o senso moral da humanidade.[55]

Darwin relutava a lidar com qualquer um dos grandes pensadores europeus, a menos que fosse instado a fazê-lo ou estivesse convencido de que encontraria algo diretamente útil para seu trabalho, preferindo se informar sobre os principais sistemas filosóficos em sinopses vívidas de Huxley. Durante os meses de março e abril de 1869, por exemplo, ele soube muito sobre os aspectos mais refinados das doutrinas de Comte. Huxley havia lançado um ataque violento ao positivismo de Comte no que se tornaria um de seus ensaios mais famosos, "On the Physical Basis of Life" [Sobre a base física da vida]. O positivismo não era nada mais que "catolicismo *menos* cristianismo", como ele dizia com derrisão.[56] A difamação irritou tanto Vernon Lushington, um dos principais comtianos britânicos e um dos conhecidos de Darwin em Londres, que ele mandou a Darwin uma carta irada para ser entregue a Huxley. Lushington sugeriu sardonicamente que Huxley talvez devesse "ler" Comte antes de criticá-lo de forma tão cabal. Foram trocadas cartas concisas entre eles três, até que Huxley teve o descaramento de dizer a Darwin que não gostava desse tipo de briga.

> Começo a entender seus sofrimentos por causa de *A origem* – um bom livro é comparável a um pedaço de carne e os tolos são como moscas que se juntam sobre ele, cada um com o propósito de depositar e chocar sua larva de ideia particular.[57]

---

55 Cobbe, 1904, p.487-8.
56 T. H. Huxley, 1869.
57 L. Huxley, 1900, v.1, p.300.

Ele fez acompanhar esse sentimento elevado de um esboço dele próprio como um cachorro com os pelos eriçados para outro. "Você *tem de* ler Huxley v. Comte", exclamou Darwin depois para Hooker.

> Ele nunca escreveu nada tão inteligente e esmagou todos à direita e à esquerda em grande estilo. Eu tinha um vago desejo de ler Comte, George também, mas ele [Huxley] nos curou inteiramente desse desejo vão.[58]

Ainda assim, Darwin anotou as visões de Kant sobre moralidade e dever e guardou os comentários para usar em sua obra sobre a humanidade.

Num terreno mais ao gosto de Darwin, Frances Power Cobbe e ele discutiram os poderes mentais dos cães, em especial os dos animais de estimação que tinham em casa. Ela ficou satisfeita ao saber do afeto dele por sua cachorrinha Polly, que acompanhava a família para todos os lugares, o que depois lhe pareceu ser a única característica redentora de Darwin. E ele gostava do ar de autogozação de Cobbe. "Embora eu tenha ido no sábado a uma Reunião sobre Direitos da Mulher muito bem-sucedida", ela declararia em 1870,

> sou da opinião de que nosso antigo privilégio de falar absurdos mesmo para aqueles que honramos mais profundamente – não é algo de que devamos abrir mão em nenhuma condição!

Depois dessa visita gregária a Londres, Elizabeth Wedgwood mudou-se para Downe para ficar mais perto de Emma; elas eram as duas últimas irmãs Wedgwood remanescentes. Lá, em Tromer Lodge, ela viveu seus últimos dias, quase cega, até morrer, em 1880. Henrietta Darwin lembrava-se de ela entrar regularmente na sala de estar da Down House, seguida por seu cachorro, perguntando "Onde está Emma?". Parslow não se preocupava mais em anunciá-la, e Emma montou um quarto para que ela pudesse passar a noite a qualquer momento. As meninas Darwin passavam horas lendo para ela em voz alta. A devoção fraternal de Emma às vezes se revelava um fardo para os membros mais jovens da família.

A socialização manteve-se acelerada, embora em junho e julho a saúde de Darwin tenha se deteriorado outra vez. "Não estou bem, [...] não fiz quase nada", ele anotou. Em julho de 1868, ele levou a família para férias

---

58 *More Letters*, v.1, p.313.

na ilha de Wight, alugando uma casa em Freshwater Bay cuja proprietária era a fotógrafa Julia Margaret Cameron.[59]

O feriado acabou sendo memorável.[60] Erasmus também foi, ansioso para experimentar o boêmio *resort* artístico que Julia Cameron e Alfred Tennyson tinham criado juntos; Joseph Hooker alugou por uma ou duas semanas um quarto de hotel na vizinhança, buscando paz e sossego para escrever um discurso para a próxima reunião da British Association; e um punhado variado de sobrinhas e sobrinhos chegava regularmente para passar um ou dois dias. Darwin gostava da sra. Cameron, que era exuberante e cômica, um sopro de ar fresco em sua existência sedada. Ela os arrastou para muitas direções, mergulhando-os no redemoinho social associado à sua casa em Freshwater.

O descanso não foi isolado. Durante a estada de seis semanas, Darwin visitou Tennyson, que morava na Faringford House, próximo dos Cameron, conversou com Henry Wadsworth Longfellow e seu cunhado, o poeta Thomas Appleton, que estavam visitando Tennyson, e em troca recebeu de cada um deles visitas de cortesia, além de se encontrar diariamente com Julia Cameron e seu marido. Darwin gostou de discutir com Longfellow, que logo foi para a Harvard University, onde era professor de poesia. Darwin elogiou Gray e Agassiz. "Que conjunto de homens vocês têm em Cambridge!", disse a Longfellow. "Nossas duas universidades juntas não conseguem fornecer algo semelhante. Bem, há Agassiz – ele conta por três!"[61]

A sra. Cameron tomou gosto por Horace Darwin (de dezessete anos), chamando-o com frequência para ir a Dimbola Lodge ajudar a embalar e desembalar fotografias e, em certa ocasião, levou-o para posar em uma de suas fotografias alegóricas. Os Darwin sorriam em privado das maneiras efusivas dela – tão diferentes do etos contido da Down House –, de seus vestidos de seda esvoaçantes, seu cabelo malcuidado e suas mãos sujas e capazes, manchadas de azul com tintas de fotógrafo. Ela própria fazia todo o trabalho fotográfico, correndo da "estufa" que era seu estúdio para o porão, que funcionava como um quarto escuro. Os homens nunca tinham conhecido alguém como ela. Erasmus foi cativado e posou de bom grado para uma fotografia.[62] O feriado terminou em uma troca de afeição mútua,

---

59 Eles alugaram a Redoubt House, em Freshwater; ver Hinton, 1992, p.18.

60 *Life and Letters*, v.3, p.92, 102; *Emma Darwin*, v.2, p.220-2.

61 E. Agassiz, 1868, v.2, p.666. Longfellow foi convidado para uma recepção ao ar livre na casa de Tennyson, à qual compareceram mais de quarenta pessoas. Thwaite, 1996, p.443.

62 *Emma Darwin*, v.2, p.220. Nenhuma dessas fotografias foi localizada nos catálogos de obras de J. M. Cameron.

com Erasmus gritando para ela da balaustrada: "Você deixou oito pessoas profundamente apaixonadas por você".[63]

Foi Julia Cameron quem tomou providências para que Darwin encontrasse Tennyson. Ela tinha muita consciência de que um encontro entre esses luminares da cultura vitoriana era extremamente apropriado, cada um deles, a seu modo, mergulhando em esferas sombrias do pensamento e da transformação, seus textos distinguidos pela grandiosidade de seus intelectos, e os dois se aproximando do pináculo da celebridade vitoriana. Unir tais leões intelectuais, ela pensava, seria uma maravilha de engenhosidade social. Decerto a sra. Cameron estava convencida de que só ela poderia conseguir isso.[64] Mas, como muitas outras ocasiões preparadas com empenho, o fato da reunião foi mais importante que a ocasião em si.

Embora os dois homens se sentissem educadamente interessados um no outro, acharam difícil trocar amenidades e ainda mais difícil se envolverem em uma verdadeira conversa. Emily Tennyson fez uma anotação em seu diário:

> 17 Ago. Faringford. Sr. D. veio nos visitar e pareceu ser muito gentil, desapegado e agradável. A. disse a ele, "Sua teoria da evolução não contraria o cristianismo", e D. respondeu "Não, certamente não".[65]

Emma Darwin, por outro lado, estava empolgada como uma adolescente. Ver em pessoa o poeta que incendiava sua imaginação foi uma emoção da qual ela se lembrou por muito tempo. Simplesmente estar na mesma sala conversando de maneira inconsequente com Emily Tennyson foi algo que ficou gravado em sua memória. Tennyson deu a ela um copo de vinho e mostrou-lhe a casa, flertando de modo cortês com Julia Cameron. Depois disso, os parentes mais velhos de Emma sempre se referiam a seu "amado Tennyson". Tia Fanny Allen zombava dele como um poeta de segunda classe, bom o bastante apenas para escrever coisas como *Locksley Hall*.

Esse momento excitante teve outro efeito sobre Emma. Ela ficou impressionada com seu marido. Descobriu que gostava de vê-lo ser admirado por suas percepções sobre a natureza. Embora sua lealdade a ele nunca

---

63 *Emma Darwin*, v.2, p.222.

64 Ver p.1983 para entrevistas e recordações de Tennyson, muitas delas preparadas por Cameron.

65 Hoge, 1981. Para Emily Tennyson, ver Thwaite, 1996, especialmente p.459, sobre as teorias de Darwin.

houvesse oscilado, esse encontro com Tennyson pôs sua consideração por ele em uma nova base. Primeiro o príncipe de Gales, agora o Poeta Laureado. Ela sentiu orgulho de Darwin. Sua ciência secularizada, a única coisa que poderia afastá-los, nunca seria um obstáculo sério ao relacionamento deles.

O poeta irlandês William Allingham estava visitando Freshwater Bay na mesma época. Mais cínico que a maioria das pessoas que encontravam Darwin, ele o descreveu como "amarelo, doentio, muito quieto". Notou a fragilidade física de Darwin e a atenção de Emma. Avesso a se ajoelhar diante do santuário da seleção natural, ele insinuou que considerava Darwin egoísta e autoindulgente.

> Ele faz suas refeições à hora que quer, vê ou não as pessoas à sua escolha, tem plenos privilégios de inválido, uma grande ajuda para um homem estudioso. [...] Foi ele próprio chamado O Elo Perdido.[66]

Em seu diário, recordou que Emily Tennyson "antipatiza com a teoria de Darwin". Depois, Tennyson e ele caminharam pelo jardim conversando sobre cristianismo. "O que eu quero", declarou Tennyson, impaciente, "é uma garantia de imortalidade".

Durante essa estada na ilha de Wright, a sra. Cameron agarrou Darwin como tema fotográfico. Ela tinha o olho aguçado para uma celebridade de passagem, saudando a nata da sociedade vitoriana quando esta ia ver Tennyson, e convencendo os visitantes mais importantes a posar para um retrato. Não importa quem fossem eles, normalmente achavam impossível recusar. "Ela pensa que é uma grande honra ser fotografado por ela", disse um convidado exausto. "Posar para ela era uma coisa séria, que não devia ser encarada com leveza. [...] Ela esperava muito de seus modelos."[67] Contudo, as sessões eram uma experiência absorvente, e muitas figuras notáveis disseram depois que estavam lisonjeadas de ter posado.

Além disso, os resultados possuíam impacto duradouro. Julia Cameron, que ainda não estava no auge de sua fama, retratou os gigantes da vida intelectual vitoriana como jamais tinham sido vistos, criando uma aura indefinível que contribuiu para a crescente estatura pública deles e para a preocupação geral com heróis nacionais que permeava a cultura vitoriana.

---

66 Allingham, 1907, p.184-5.

67 Hopkinson, 1986; Hinton, 1992, p.33. Ver também Cameron, 1893; Weaver, 1984. Sobra a fotografia de retrato na Inglaterra vitoriana, ver Prescott, 1985; Weaver, 1989; G. Clarke, 1994; Jordanova, 2000. De forma mais geral, ver Fyfe e Law, 1988; Cowling, 1989.

Ela subscrevia a escola de pensamento dos "homens de gênio", e seus estudos de pensadores do século XIX como Tennyson, Robert Browning e John Herschel mostravam um intenso apreço pelo intelecto viril. Ela adorava revelar o poder do pensamento no rosto de um homem celebrado; e seu maior talento provavelmente se baseava nesses estudos biográficos masculinos monumentais. Seus *tableaux* fotográficos eram bem o oposto. Para esses, ela trajava os modelos com fantasias e os dispunha para compor motivos históricos ou alegóricos, tais como "Aleteia" ou "A filha do jardineiro". Criadas, pescadores e uma miscelânea de jovens visitantes como Horace Darwin adornaram-se com coroas e mantos para retratar a morte do rei Arthur, uma ilustração para *Idylls of the King*, de Tennyson. Esses quadros vivos sentimentais foram ridicularizados na época de Cameron. Além disso, ela dava rédea solta a seu truque especial de indistinção: "de estilo muito ousado", disse a *Photographic News* ao resenhar sua primeira exposição, em 1864; "fora de foco", reclamou o *British Journal of Photography*.[68] Essas imagens estabeleciam um contraste acentuado com suas outras fotografias, mais vigorosas, de homens eminentes.

Julia Cameron tirou três retratos de Darwin. Dois deles o mostram parecendo levemente apreensivo, talvez porque as fotografias de Cameron exigiam dez ou quinze minutos de exposição.[69] Na terceira fotografia, a mais conhecida, Darwin aparece em perfil de três quartos, sereno e pensativo. A sra. Cameron normalmente posicionava seus modelos masculinos com todo o cuidado. Ela fez John Herschel afofar seu cabelo branco para causar boa impressão e vestiu Robert Browning com uma beca de veludo.[70] No retrato que fez de Joseph Hooker, provavelmente tirado durante essa mesma visita a Freshwater, ele está inclinado para a frente, mergulhado em pensamentos. Em contraste, o traje de Darwin era evidentemente o dele mesmo e traía principalmente suas precauções contra o frio, em especial durante férias na costa sul britânica no mês de julho.

No conjunto, o traje de Darwin era apenas uma parte menor da composição. Por meio do uso que fazia da luz no teto, ela assegurou que não houvesse quase nada na fotografia além da grande testa de Darwin, iluminada por cima para enfatizar o vasto domo de seu crânio, a testa enrugada em pensamento, os olhos fundos sob suas enormes sobrancelhas e sua imensa barba de acadêmico. Como na estatuária clássica, o efeito era de uma figura

68 *Photographic News*, v.8 (3 de junho de 1864), p.266; *British Journal of Photography*, v.11, p.261, 1864.

69 Cameron, 1893, p.9.

70 Hopkinson, 1986, p.68.

sábia e venerável. Mais que qualquer outra pessoa, a sra. Cameron criou a imagem visual de Darwin como uma poderosa mente abstrata.

A barba fez a diferença. Nos anos anteriores de saúde ruim, Darwin a deixara crescer livremente, principalmente por conveniência. Agora ela chegava a seu peito, espessa, grisalha e luxuriante, uma contrapartida masculina tranquilizadora à linha do cabelo recuada, um sinal tradicional de maturidade e sabedoria masculina, simbólico de todas as qualidades que os vitorianos estavam passando a valorizar em seus líderes, tanto patriarcais como patrísticos. Quando Darwin distribuiu uma fotografia sua anterior (tirada por William) com essa barba, Hooker respondeu de imediato:

> Glorificado amigo! Sua fotografia me diz onde Herbert conseguiu seu Moisés para o afresco na Câmara dos Lordes – cornaduras e halo e tudo mais. [...] Faça a gentileza de me enviar uma para Thwaites, que ficará encantado com ela. Oliver também está clamando por uma.[71]

Os filhos de Darwin concordaram que o pai parecia Moisés. Asa Gray ecoou o coro geral.

> Sua fotografia com a barba venerável dá a impressão de você ter sofrido e, talvez, a julgar pela barba, de ter envelhecido. Espero que ainda haja muito trabalho em você – mas enfrente-o com calma e gentileza![72]

Era uma barba de filósofo, como a sra. Cameron, Hooker e Gray insinuavam, com sugestões fortemente religiosas. Darwin ficou deliciado com essa ideia heterodoxa: "Não pareço reverente?", perguntou a seus parentes. Mas ele próprio dificilmente deu importância ao possível simbolismo.[73] Ele gostava de usar barba e pretendia mantê-la. Contudo, em algum nível, ela provavelmente servia como emblema de sua vocação intelectual e do aumento de sua idade e *status*. Uma barba como essa simbolizava sua chegada ao ápice da existência masculina vitoriana. Indicava também que

---

71 *Correspondence*, v.12, p.240. A atribuição a William Darwin está em uma carta de Darwin a Asa Gray, ibid., p.212, 214, nota. Hooker se refere ao afresco *Moisés no Monte Sinai*, de J. R. Herbert, na Moses Room, Houses of Parliament, completado em 1864.

72 *Correspondence*, v.12, p.271.

73 Parte da história das barbas é contada em Asser, 1966; Cooper, 1971. A barba de Darwin é discutida em Browne, 1998.

ele não tinha nada de radical juvenil nem de francês perigosamente bem arrumado.[74] A barba, além disso, disfarçava sua expressão, ajudando-o a manter seus pensamentos privados e permitindo, se ele quisesse, ser um sábio ou um profeta.[75] Uma barba como a de Darwin era um símbolo visual da verdadeira sede do poder vitoriano e uma das manifestações externas mais óbvias do que ele próprio logo descreveria como fatores envolvidos na seleção sexual entre seres humanos.[76] Intuitivamente, Julia Cameron captou esses elementos da *persona* pública emergente de Darwin de modo muito mais eloquente que qualquer outro fotógrafo dos anos intermediários do século.

Por baixo dos imperativos artísticos de Cameron, porém, havia uma visível necessidade financeira. O marido e ela estavam praticamente quebrados. O casal dependia financeiramente dos empreendimentos empresariais da sra. Cameron em fotografia e do recebimento de aluguéis de casas de férias, como sabiam a família Darwin e outros (entre eles Benjamin Jowett, Jenny Lind e Anne Thackeray, filha do escritor William Makepeace Thackeray). Usando com astúcia a proximidade de Tennyson como um atrativo, ela quase conseguia sustentar a si e ao marido. A sra. Cameron cobrou de Darwin uma remuneração pelas fotografias e pediu a ele que lhe cedesse o direito autoral. Como no caso de outros estudos que fizera de homens proeminentes, ela depois publicou algumas impressões autorizadas como um empreendimento comercial vendido por meio da firma Colnaghi, de Londres, especializada em belas-artes. Atrás de maneiras vitorianas impecáveis, estava escondido o fato inescapável de que ela precisava ganhar dinheiro com o rosto de Darwin.

Darwin assentiu. Estava interessado em fotografia tanto como processo quanto como sinal dos tempos e gostava da companhia da sra. Cameron. Mais que isso, ele gostou da fotografia dela mais que de qualquer outro retrato seu e escreveu para ela uma frase dizendo isso. Ela prontamente incluiu a observação como inscrição reproduzida mecanicamente na parte de baixo das impressões feitas pela Colnaghi (embora existam algumas sem

[74] James Hannay, "The Beard" [A barba], *Westminster Review*, v.62, p.48-67, 1854, em que Hannay declara que a barba era um símbolo de "revolução, democracia e insatisfação com as instituições existentes. [...] Apenas alguns viajantes, artistas, homens de letras e filósofos a usavam" (p.49).

[75] Colp, 1985. Berg, 1951, resume a visão psicanalítica.

[76] *Descent of Man*, v.2, p.317-23, 372, 379-80. As relações de gênero na biologia evolucionista de Darwin são examinadas em E. Richards, 1983; 1989; Russett, 1989; Jann, 1994. Ver também Mangen e Walvin, 1987; D. Roberts, 1978; Shortland, 1996. A masculinidade é discutida em Tosh, 1999.

a frase).[77] Esta foi evidentemente uma técnica que ela refinou no futuro. Tennyson queixava-se de assinar constantemente fotografias para ela, mas mesmo assim o fazia. No final daquele ano ela registrou seus direitos autorais sobre a fotografia assinada de Darwin.

No fim, a artista e seu modelo ficaram mutuamente contentes. Darwin pagou a Julia Cameron 4 libras e 7 xelins por sua fotografia e depois outras somas por várias reproduções em tamanho in-quarto.[78] Estas ele distribuiu quase como um autógrafo, até que a despesa se tornou demasiada e ele posou para uma *carte de visite*, mais barata, da Elliot e Fry, e depois para outras firmas. A sra. Cameron empreendeu uma ação de venda a varejo na reunião seguinte da British Association, presidida por Joseph Hooker. "Tenho entre 8 e 9 libras para entregar à sra. Cameron pela venda de fotografias, principalmente suas", contou Hooker a Darwin, "mas é grande demais para ser levada por viajantes – escrevi duas vezes para ela de Norwich".[79]

"Pus sua fotografia em cima de minha lareira; gosto muito dela", escreveu Darwin de volta a Hooker, "mas você olha para mim de modo tão penetrante que nunca terei ousadia suficiente para me esquivar de qualquer contradição".[80] Desse modo, o público se tornou mais amplamente familiarizado com o rosto de Darwin.

VI

De volta das férias, Darwin se sentiu tão revitalizado quanto sua família. "O livro de Charles está terminado", disse Emma contente, "e ele está desfrutando o ócio, embora seja muito ruim nisso. Eu gostaria que ele pudesse fumar um cachimbo ou ruminar como uma vaca".[81] Certamente a saúde dele estava melhor – benefício que durou mais ou menos um ano.

Emma percebeu que o ar de antecipação dele voltara. Ao caminhar pela trilha do jardim depois de ter chegado em casa, vindo da ilha de Wight, ele já planejava um excesso de novos experimentos. Sem demora, convidou Hooker a visitá-lo e pediu a ele espécimes de plantas para reabastecer a estufa. Quando pacotes rombudos embrulhados em esteiras de palha de coco começaram a aparecer na soleira da porta, Emma soube que estava

---

77 A cópia da Royal Society, na montagem original de Colnagi, com estampa cega, é a única que vi com esse texto reproduzido mecanicamente na parte de baixo.

78 *Life and Letters*, v.3, p.102; Classed Account Books, 19 de agosto de 1868, Down House Archives.

79 De Hooker, 30 de agosto de 1868, DAR 102, p.229-32.

80 *More Letters*, v.2, p.376-7.

81 *Emma Darwin*, v.2, p.215.

tudo bem no mundo dele. "Vocês são muito bons com os lírios", escreveu Darwin para Kew em tom conspiratório.

> Só queremos alguns para que os potes sejam trazidos para a sala de estar quando estiverem em flor. [...] Não tínhamos a menor intenção de pedir bulbos a vocês.[82]

Ele empurrou *Variation* e suas resenhas ruins para o fundo de sua mente.

> Parei de dar importância ao livro; no entanto, agora estou de novo trabalhando, com a maior intensidade de que sou capaz. É realmente um grande mal que de hábito eu não tenha prazer em quase nada exceto história natural, pois nada mais me faz esquecer minhas sensações desconfortáveis sempre recorrentes. Mas não devo mais me lamuriar, e os críticos podem dizer o que quiserem: fiz o melhor possível e um homem não pode fazer mais que isso. Que atividade esplêndida seria a História Natural, caso resumisse a observar e não escrever.[83]

Se não as plantas, então a humanidade. Antes de terminar de corrigir as provas de *Variation*, Darwin começou a revirar de novo em sua mente os elos entre animais e seres humanos e evidências em favor da descendência de formas anteriores de vida. Para ele, a melhor parte de qualquer projeto estava sempre em reunir uma massa de exemplos.

Ele voltou a se interessar em particular por expressões faciais. Estava seguro de que algumas expressões humanas eram universais, indicando uma origem única para a humanidade. Além disso, pensava que as expressões humanas eram, na maioria, identificáveis como as mesmas dos animais ou pelo menos que suas origens podiam ser rastreadas em movimentos e emoções animais – mais um sinal de ligações evolucionárias. A careta de dor humana seria a mesma em todo o globo, ele imaginava. E era igualmente reconhecível em cães. Ele se perguntava se isso revelava seguramente "continuidades mentais" entre animais e seres humanos.

Essas noções já lhe haviam fornecido uma diversão agradável quando ele estava entediado com a redação de *Variation*. No começo de 1867, ele distribuíra um questionário impresso no qual perguntava a correspondentes do exterior sobre as expressões faciais e gestos de povos indígenas. Todos

---

82 A Hooker, 2 de julho [1870], DAR 94, p.175-76.

83 *Life and Letters*, v.3, p.75.

os povos sacudiam a cabeça para transmitir uma negativa, por exemplo? Assim que *Variation* foi para o prelo, ele tomou providências para que o mesmo questionário circulasse mais amplamente, primeiro por meio de Asa Gray, a amigos na América, depois por Robert Swinhoe no Extremo Oriente, e por fim, em 1868, pela Smithsonian Institution em Washington, chamando-o nesse último caso de "Indagações sobre expressão para investigação antropológica".[84] Ligar-se à Smithsonian foi um movimento astuto. Esse órgão era famoso por seu programa sistemático de coleta de informações do mundo inteiro, essencialmente em meteorologia e etnologia. Darwin esperava obter informações sobre povos indígenas do extremo leste e do norte do continente americano, talvez até do Alasca. Seu sistema de correspondência falhou de modo desconcertante nesse aspecto. Só restou uma única resposta a todos os seus esforços.[85]

Darwin começou a procurar entre seus papéis particulares e recuperou suas anotações sobre os fueguinos e outros grupos étnicos encontrados durante a viagem do *Beagle*. Ele estudou mais uma vez seus primeiros cadernos de anotações e localizou seus arquivos de papel manilha cheios de detalhes variados sobre as propriedades físicas e mentais dos seres humanos. Com ansiedade crescente, folheou sua coleção de materiais impressos, alguns relacionados à cor da pele humana, outros a parasitas ou estudos antropológicos de tribos de floresta, monstruosidades embriológicas, mulheres peludas, comportamento de chimpanzés, crenças religiosas, insanidade, os sentidos humanos e assim por diante.

Mais ansiosamente que em relação a todo o resto, ele recuperou seu caderno de anotações sobre as crianças Darwin quando eram pequenas e comparou as descrições que fizera das expressões faciais de William e Anne com informações obtidas das viúvas e mães de seu círculo social; depois, de zeladores de zoológico observadores como Abraham Bartlett, dos Jardins Zoológicos de Londres. Essa sequência de observações sobre seus filhos tinha sido bastante incomum quando ele as iniciara, na década de 1840. Agora ele estava seguro de que as mães – particularmente aquelas casadas com cientistas e acostumadas aos critérios da ciência – eram tão instruídas em seu campo quanto geólogos ou horticultores nos deles, e que ele podia confiar nelas para lhe fornecer observações precisas sobre as caras que os filhos faziam. Darwin foi um dos primeiros filósofos naturais a fazer uso

[84] Há um exemplar em DAR 53, I, ser. B, p.2.

[85] Freeman, 1977, p.120-2. Impresso em 1868, também distribuído em manuscrito durante o ano de 1867. É reproduzido em fac-símile em Freeman e Gautry, 1975.

dessa área geralmente inexplorada de conhecimento especializado e um dos primeiros a fazer observações comparativas entre símios e crianças.[86]

"Dê à sra. Huxley o anexo", sugeriu a Huxley em 1868, "e peça a ela para procurar (indicações) quando um de seus filhos estiver lutando e prestes a começar a chorar". O que as sobrancelhas dos pequenos Huxley faziam?

> Uma cara jovem senhora perto daqui importunou um filho pequeno a meu pedido, até que ele chorou, e por um ou dois segundos vi as sobrancelhas belamente arqueadas, pouco antes de começar a torrente de lágrimas.[87]

Um bebê humano parecia a ele inteiramente comparável a um macaco. "Quando o *Callithrix sciureus* berra violentamente, enruga a pele em volta dos olhos como um bebê faz?", perguntou a Bartlett. Darwin assediou o dr. Engleheart, médico da vila, com perguntas semelhantes. A experiência de Engleheart nas escolas locais lhe foi muito útil. "O rubor começa aos cinco anos, pois tenho dois ótimos pequenos ruborizadores dessa idade à mostra na Chesham School", disse o médico a Darwin.

E ele se lançou na reconsideração de seu velho tema favorito do comportamento sexual, tanto animal quanto humano. Os cadernos de anotações de Darwin estavam cheios de material sobre rituais de acasalamento entre pássaros, insetos, mamíferos e povos distantes, e estes desembocavam em observações sobre beleza e o senso moral em geral. No entender de Darwin, o casamento era um processo seletivo. "Nossa aristocracia é mais bela [...] que as classes médias, pelo fato de poder escolher as mulheres", disse ele a Wallace, "mas oh, que esquema é a primogenitura para destruir a seleção natural!"[88]

A força motriz responsável por tudo isso jazia na ideia de Darwin de seleção sexual, o mecanismo que ele inventou para explicar características sexuais secundárias como cor diferente de pássaros machos e fêmeas ou a cauda maravilhosamente ornamentada do pavão macho. Em espécies animais, sugerira em *A origem das espécies*, as fêmeas acasalavam-se mais prontamente com machos que exibissem os chifres maiores, as cores mais vivas, o ninho mais bem organizado ou o canto mais belo, e, portanto, deixavam descendentes propensos a possuir essas mesmas características. Ao longo das gerações, esses traços se estabeleceriam em uma população. Às vezes, os

[86] Browne, 1985a.

[87] *More Letters*, v.1, p.287.

[88] *Life and Letters*, v.2, p.91.

atributos podiam determinar o vencedor em uma luta pela posse da fêmea, mas em geral não serviam para nenhuma função adaptativa de preservação da vida. Eles meramente aumentavam as chances de acasalamento e, assim, o número de descendentes.

Darwin estava convencido de que isso explicava muitos aspectos da evolução humana. "Entre os selvagens, os homens mais poderosos escolherão as mulheres e, em geral, deixarão a maioria dos descendentes", ele refletiu para Wallace. Em termos estritos, isso não era seleção natural, já que havia uma escolha. Nos seres humanos, dizia Darwin, a escolha era exercida pelos machos. A situação era diferente no reino animal, onde ele acreditava que as fêmeas assumiam o papel decisivo. Ele estava passando a acreditar que esse processo gerava a maioria das diferenças físicas entre os sexos humanos e entre as raças humanas: "cada raça tem seu estilo próprio de beleza". Atributos superficiais como cor da pele podiam facilmente mudar quando submetidos a preferências reprodutivas como estas.

Wallace discordou. "Como podemos imaginar que uma polegada na cauda do pavão [...] seria percebida e preferida pela fêmea?", perguntou com derrisão. Os besouros não estridulavam com propósitos sexuais. Tucanos machos e fêmeas possuíam ambos bicos de cores vivas. Machos de aves de caça gloriosamente salpicados e adornados eram polígamos, então como as fêmeas poderiam exercer a escolha? Na opinião de Wallace, a cor sem graça das fêmeas de aves dava a elas uma proteção vital contra predadores e, portanto, possuía um valor de sobrevivência genuíno. De longe o melhor naturalista tropical, ele obrigou Darwin sistematicamente a reexaminar suas evidências como se fosse um especialista apontando os aspectos mais sutis de uma espécie rara de porcelana.

Nada poderia ter sido mais adequado a Darwin. Em sua nova mentalidade, uma boa discussão como essa reanimava sua mente, mantinha a máquina em funcionamento. Seu espírito de competição explodiu. "Minha dificuldade é, por que as lagartas são às vezes coloridas de forma tão bela e artística?", perguntou a Wallace em 1867. Seguiu-se uma correspondência abstrusa sobre lagartas. Darwin tentou surpreender Wallace. "As borboletas podem ser polígamas?", sondou. E quanto a galhadas de renas? Presas de elefantes? Cristas de galos?

> É um tremendo exagero acreditar que a cauda de um pavão se formou assim; mas, acreditando nisso, acredito no mesmo princípio um pouco modificado aplicado ao homem,

afirmou. Wallace expôs sua teoria alternativa das cores da lagarta na *Westminster Review* em 1867 e explicou a coloração protetora dos ninhos de pássaros em 1868.

> Acredito que fui o primeiro a dar as razões adequadas para a rejeição da teoria de Darwin de que a coloração ou as marcas brilhantes dos machos se devem à escolha das fêmeas,

afirmou ele, sereno, em sua autobiografia.[89]

Em resumo, Darwin sentiu-se revigorado, pronto para finalmente confrontar a questão pivotal que omitira deliberadamente em *A origem das espécies*. Ele decidiu iniciar um "Livro do homem". O tema era imenso, mas muito atraente para ele. Variação humana, diversidade geográfica, expressões faciais, sensibilidades morais, herança, comportamento reprodutivo e seleção sexual – em essência, toda a história natural da humanidade – por fim prenderam sua atenção.

Nenhum de seus amigos tratava o tema dos seres humanos exatamente como ele esperara. Apesar dos textos e palestras contínuos de Huxley, *Man's Place in Nature* servia principalmente aos propósitos polêmicos especiais de seu autor. Embora Lubbock escrevesse sobre arqueologia e sociedades pré-históricas, não tratava explicitamente da seleção natural. Lyell, apesar de toda sua reinterpretação da antiguidade da espécie humana, fizera o máximo de que era capaz. Spencer interessava-se primordialmente pelo desenvolvimento das civilizações. Asa Gray defendia a existência de variação divinamente orientada. Haeckel estava atarantado com elos perdidos e teoria da recapitulação. Vogt e Hunt acreditavam que os seres humanos tinham surgido de múltiplas origens. Galton investigava o intelecto humano apenas com estatísticas.

Outros autores menos íntimos de Darwin também se esforçaram para lidar com a evolução da humanidade de formas que ele preferia não ter deparado. George Douglas Campbell, duque de Argyll, lançara uma contestação influente às ideias presumidas de Darwin sobre a humanidade em seu livro *The Reign of Law* [O reinado da lei] (1867). Desde que Argyll resenhara *Orchids*, de Darwin, suas observações ocasionais sobre evolução lhe haviam granjeado o epíteto "o duque darwiniano", embora ele apoiasse a ideia alternativa de um Deus providencial atuando na natureza. Huxley se referia com irreverência a ele como o duquezinho. "Como você pode

---

[89] Wallace, 1905, v.2, p.386. Ver McKinney, 1972, e, de forma mais geral sobre seleção sexual, Cronin, 1991. Para Argyll, ver Campbell, 1867; 1869; Gillespie, 1977.

falar assim de um verdadeiro duque vivo?", protestou Darwin. Apesar de todas suas ideias evolucionistas, Darwin ainda sentia uma ponta de reverência pela nobreza hereditária, forte o bastante para que ocasionalmente risse de si mesmo. "Sempre considerei o D. de Argyll muitíssimo esperto", disse a Hooker,

> mas quanto a chamá-lo "um tratantezinho" meus sentimentos instintivos herdados declarariam que era um pecado falar assim de um velho duque verdadeiro.

Argyll dizia que havia muito mais na natureza que mero acaso mecânico. "Ornamento ou beleza é em si um propósito, um objeto, um fim", ele escreveu em seu *Reign of Law*, e reiterou o argumento em vários artigos. Para ele, o progresso no mundo vivo era inexplicável exceto com base no pressuposto de que ele era planejado desde o início por uma mente divina. Esse tipo de evolucionismo criativo era atraente para muitas pessoas que sentiam poder adotar uma solução conciliatória engolindo a evolução, mas rejeitando a seleção natural. Darwin, muito irritado, acusou Argyll de falar "absurdamente" sobre "a existência da beleza independentemente de qualquer ser sensível para apreciá-la" e se permitiu um tremor de satisfação quando Wallace "esmagou" Argyll sobre a questão das cores de pássaros, mostrando como a iridescência dos beija-flores só podia ser explicada por seleção natural.[90]

Lubbock também se encarregou de Argyll. Na reunião da British Association em 1867, Lubbock tinha argumentado que a humanidade primeva vivera em estado de "completo barbarismo" e só havia evoluído gradualmente para um estado civilizado. O duque de Argyll respondeu na revista *Good Words* com uma série de refutações que formaram a substância de seu livro seguinte, *Primeval Man* [Homem primevo], publicado em 1869. Nesse livro, Argyll afirmava que era muito mais provável que a humanidade tivesse degenerado de um estado perfeito anterior que ascendido dos animais. Lubbock e ele entraram em choque sobre a questão na reunião seguinte da British Association. Como poderiam os primeiro seres humanos ter competido com sucesso com símios?, perguntava Argyll. Os símios seriam sempre melhores em viver na natureza.

[90] A Charles Kingsley, 10 de junho [1867], DAR 96, p.28-9, 32.

> Ponham uma autoridade de alto escalão da British Association na presença de um dos gorilas de M. du Chaillu e observem como a luta será curta e contundente

observou acidamente um dos apoiadores de Argyll.[91]

Ainda assim, a relação entre eles era cuidadosamente amistosa. Argyll admirava a erudição de Darwin, dizendo em sua autobiografia que pensava que "o tema jamais poderá retornar ao ponto em que estava antes de ele escrever". E Darwin o considerava com o respeito devido a um intelectual. Mais tarde, quando ele precisou da ajuda política de Argyll, ficou contente de eles não terem discordado de forma irrevogável.

No entender de Darwin, apenas Wallace estava tentando localizar as origens humanas na moldura estrita da seleção natural tal como proposta originalmente, e mesmo aqui Darwin considerava que Wallace rejeitava injustamente sua ideia de seleção sexual. Nenhum desses colegas dizia o que Darwin pensava ser mais necessário. O momento era propício para que ele próprio o dissesse.

VII

Passaram-se meses. Ele soube do discurso de Hooker como presidente da reunião da British Association em Norwich – discurso que Hooker escrevera quando todos o visitaram na ilha de Wight. "Sinto-me como o papagaio que tinha o hábito de dizer em tom de grande desdém depois que as preces da família terminavam, 'Oh, Deus'", disse Hooker.[92] Hooker foi o primeiro dos darwinianos a ocupar a função de presidente da British Association e aproveitou a oportunidade para resenhar a recepção da teoria da evolução. Wallace relatou:

> O darwinianismo estava em ascensão em Norwich (espero que você não desgoste da palavra, pois nós realmente *devemos* usá-la), e penso que isso desgostou bastante alguns dos párocos, junto com a quantidade de *conselhos* que eles receberam de Hooker e Huxley. O pior é que não sobrou oponente que saiba algo de Hist. Nat., de modo que não há nenhuma das boas discussões que costumávamos ter. Vogt me contou que os alemães estão todos sendo convertidos por seu último livro.[93]

---

91 *Dublin University Magazine*, v.74, p.589, 1869, citado de Ellegard, 1990, p.308.
92 L. Huxley, 1918, v.2, p.121.
93 Marchant, 1916, v.1, p.221.

Então Asa Gray chegou para passar uns dias. Darwin ficou contente de finalmente apertar a mão do amigo, um sentimento recíproco. Darwin estava "inteiramente fascinante", comentou a sra. Gray. Ele era

> alto e magro, embora com uma estrutura ampla, e seu rosto mostra as marcas do sofrimento e da doença. [...] Ele nunca ficava muito tempo conosco de cada vez, mas tão logo tinha falado muito, dizia que devia ir descansar.

Ele tinha "o sorriso mais doce, a voz mais doce, a risada mais alegre! e tão rápido, tão perspicaz!"[94] No jantar, ela contou a ele sobre o cachorro de sua irmã, que lambia o rosto como um gato, história que acabou aparecendo nos textos de Darwin.

Gray ignorou magnanimamente suas diferenças com Darwin sobre a Guerra de Secessão norte-americana e deu pouca importância às observações recentes de Darwin contra ele em *Variation*. Eles examinaram juntos o trabalho experimental de Darwin. O botânico visitante se divertiu em silêncio com a bancada de trabalho simples na estufa e a terra revirada no jardim da cozinha pronta para as ervilhas e os feijões científicos do ano seguinte. Para Gray, Darwin parecia decididamente preferir trabalhar em condições humildes. Gray foi embora impressionado pela capacidade de seu amigo de adentrar território científico inexplorado armado só com uma colher de pedreiro.

Quando Gray foi jantar no X Club, descobriu que outros darwinistas da Inglaterra eram homens muito mais mundanos. Cauteloso, ele manteve distância do que chamava "a linha de pensamento inglesa-materialista-positivista", com que provavelmente queria dizer os disparos de canhão Whitworth de Huxley. Nesse momento específico, Huxley estava atacando agressivamente os milagres e a existência da alma. Alguns meses depois, ele cunharia a palavra "agnóstico" para descrever suas posições como nem crente nem descrente, mas alguém que se considerava livre para investigar racionalmente a base do conhecimento, um filósofo da razão pura, como ele gostava de dizer, ligando-se a David Hume e Immanuel Kant. O termo era bem adequado a ele, e, embora a validade da história de Huxley sobre seu parentesco permaneça incerta, o termo chamou a atenção dos outros duvidosos racionais livre-pensadores na esfera de influência de Huxley e passou a significar um modo particularmente ativo de raciona-

94 Dupree, 1988, p.338.

lismo científico durante as décadas finais do século XIX.[95] "A maioria de meus colegas era algum tipo de 'ista', [...] então refleti e inventei o que concebi ser o título apropriado de 'agnóstico'." Em suas mãos, o agnosticismo se tornou tão doutrinário como qualquer outra coisa – uma religião de ceticismo. Huxley usava-o como um credo que o situaria em um plano moral mais elevado até que o dos bispos e arcebispos. Todas as evidências, no entanto, sugeririam que Huxley era sincero em sua rejeição da acusação de ateísmo franco feitas contra ele. Ele se recusava a ser "um mentiroso". Interrogar rigorosamente o domínio espiritual, afirmava ele, era um empreendimento mais elevado que acreditar ou desacreditar de maneira subserviente. "Um senso profundo de religião é compatível com a inteira ausência de teologia", dissera ele a Charles Kingsley em 1860. "Papa Huxley", o *Spectator* o apelidou. O rótulo colou.[96]

De maneira tranquilizadora, Gray descobriu que Lyell estava firme em sua crença na autoridade divina e disposto a discutir com ele algumas das deficiências religiosas da visão de mundo evolucionista. Lyell de fato obteve apoio de Gray.

> Os artigos de Asa Gray, que obtive todos, me parecem os mais capazes e, no conjunto, ao lidar com o tema, tanto como naturalista quanto como metafísico, ele é melhor que qualquer outra pessoa de qualquer lado do atlântico.

Do círculo interno dos amigos de Darwin, apenas Lyell aderiu à posição de Gray sobre projeto e teologia.[97] O suvenir mais óbvio da viagem de Gray foi, todavia, físico. Ele voltou para Boston com uma "barba branca venerável" exatamente como a de Darwin. Reforçado com esse emblema de adesão, promoveu o darwinismo com a mesma dedicação de antes.

Em casa, a vida de Darwin continuou regularmente, dividida entre plantas na estufa e o trabalho sobre a humanidade. Emma entendia que os arranjos domésticos de um homem como ele deviam se basear na rotina. Era suficiente manter as janelas abertas, as refeições chegando e o sofá pronto. Privacidade e sossego eram tudo.

---

95 A ascensão do naturalismo é discutida em R. Young, 1970; Chadwick, 1975; Royle, 1974; F. M. Turner, 1974; Lightman, 1987. Ver também Paradis e Postlewait, 1981; Helmstadter e Lightman, 1990; Lightman, 1997.

96 L. Huxley, 1900, v.1, p.319-20. Ver também A. Desmond, 1997, p.374-5. Para o uso de "agnóstico" antes de Huxley, ver Blinderman, 1995.

97 K. M. Lyell, 1881, v.2, p.341. Ver também Dupree, 1988, p.299-301.

Na primavera de 1869, Darwin caiu de seu cavalo Tommy, machucando muito a perna na queda, o que o fez declarar que não mais cavalgaria, embora tivesse se divertido ao percorrer a mesma rota todos os dias enquanto observava a vívida imaginação de Tommy para lobos ou salteadores quando eles passavam e repassavam pela mesma pilha de grama cortada. O acidente o pôs fora de ação durante semanas. Queixoso, ele pedia para ser rebocado até a estufa num trole improvisado puxado por Horace e alguns rapazes do estábulo. "Temo que a coragem de Ch[arles] tenha acabado seja qual for o animal que ele monte", disse Emma a um membro ausente da família.

> Conseguimos uma cadeira de rodas que é melhor que o vagão em que ele era transportado ignominiosamente para a estufa. Os garotos o levam pelo caminho de areia e depois de seu confinamento ele se sente muito contente.

Foi na sala de estar, cuidando de uma perna ruim, que aparentemente ele próprio se tornou parte da natureza.

> Ontem uma vespa pousou no rosto de P. e pôs sua probóscide no olho dele aparentemente para beber a umidade. Ele se levantou muito silencioso do sofá e ficou olhando para si mesmo no espelho até a vespa se mover.[98]

Como disse Emma, "Uma ferroada no globo ocular teria sido horrível".

VIII

Nessas circunstâncias, ele achava maçante revisar *A origem das espécies* para uma quinta edição. "Esta eterna *Origem*", queixou-se a Fox. "Estou cheio de corrigir." É verdade que ele fez vários ajustes importantes. Depois de estudar o comentário de Carl Nägeli sobre seleção natural, ele pensou que havia provavelmente alguns aspectos dos organismos vivos que não tinham propósito adaptativo. Essa era uma grande concessão. "Ultimamente, isto é, na nova edição de *A origem*, moderei meu zelo", ele confessou a Wallace,

> e atribuí muito mais à mera variabilidade inútil. Pensei em lhe mandar a folha, mas imagino que você não se daria ao trabalho de vê-la, na qual discuto o ensaio de Nägeli sobre a Seleção Nat. não afetar caracteres de nenhuma importância funcional, e que,

[98] DAR 219.9.60.

no entanto, são de alta importância classificatória. Hooker está muitíssimo satisfeito com o que eu disse sobre este tópico.[99]

No que dizia respeito à herança de variações individuais, Darwin também admitia que Fleeming Jenkin podia estar certo sobre a herança mista. Mais uma vez, ele fez confidências a Wallace.

F. Jenkin argumentou em *N. Brut. R.* contra variações únicas jamais serem perpetuadas e me convenceu, embora não de maneira tão ampla como é exposta aqui. Sempre pensei que diferenças individuais eram mais importantes, mas estava cego e pensava que variações únicas poderiam ser preservadas com frequência muito maior que agora entendo que é possível ou provável. Mencionei isso em minha nota anterior meramente porque acreditava que você tinha chegado a uma conclusão semelhante e gosto muito de estar de acordo com você. Acredito que fui enganado principalmente pelo fato de variações únicas oferecerem ilustrações tão simples, como quando o homem seleciona.[100]

Outras questões despontavam. Amigos e resenhistas acusavam-no persistentemente de personificar a seleção natural. Por insistência de Wallace, Darwin usou pela primeira vez em *A origem das espécies* a expressão de Spencer "sobrevivência dos mais bem adaptados", embora observando que os benefícios de uma mudança tão tardia no texto só poderiam ser limitados. "Concordo plenamente com tudo que você diz sobre as vantagens da excelente expressão de H. Spencer da sobrevivência dos mais bem adaptados", observou. Contudo, "duvido que seja possível abrir mão dele [do termo 'seleção natural'] e, com todas as suas falhas, eu lamentaria ver a tentativa feita".

A questão havia de fato surgido antes, e Darwin aceitara o conselho de Wallace e usara a expressão em *A origem das espécies* e em *Variation*.[101] Para esta quinta edição de *A origem das espécies*, ele encarou a questão mais seriamente. Wallace dissera-lhe que qualquer comparação entre seleção artificial e natural tendia a ser entendida literalmente e que a palavra "seleção" implicava necessariamente um selecionado – a antítese do que Darwin e ele realmente queriam dizer. A objeção, disse Wallace, "foi feita

[99] *More Letters*, v.1, p.312
[100] *Life and Letters*, v.3, p.107.
[101] Por exemplo, *Variation*, v.2, p.224.

muitas vezes por seus principais oponentes, e eu mesmo a tenho ouvido com a mesma frequência em conversas".

> Bem, penso que isso decorre quase inteiramente de sua escolha do termo "Seleção Nat." e de compará-la tão constantemente em seus efeitos à seleção do homem, além de personificar com tanta frequência a natureza "selecionando", "preferindo", "buscando só o bem das espécies" etc. etc. Para poucos, isso é claro como a luz do dia e belamente sugestivo; mas para muitos, é evidentemente um empecilho. Desejo, portanto, sugerir a você a possibilidade de evitar inteiramente essa fonte de concepção errônea em sua grande obra (se não for tarde demais) e também em qualquer futura edição da "A origem" e penso que isso pode ser feito sem dificuldade e de maneira muito efetiva adotando o termo de Spencer (que ele geralmente usa de preferência a Seleção Nat.), a saber "Sobrevivência dos mais bem adaptados".[102]

"As pessoas não entenderão que expressões como essas são metáforas", continuava. Em privado, Wallace percorreu seu exemplar de *A origem das espécies*, riscando "seleção natural" e inserindo as palavras "sobrevivência dos mais bem adaptados".[103] Ele nunca possuiu o mesmo compromisso emocional que Darwin tinha com a expressão original. Na verdade, para Darwin, abandonar a palavra "seleção" mudaria completamente o significado do que ele pretendia dizer.

No entanto, a opinião de Wallace importava para ele. Wallace evidentemente sentia que a expressão de Spencer resumia apropriadamente a relação numérica entre morte e sobrevivência na qual se baseava a evolução. Também deixava explícita a importância da adaptação a circunstâncias que os dois acreditavam estar no cerne do processo.[104] Era fácil supor que alguma forma de melhoramento na estrutura animal resultaria desse processo. Alguns autores já estavam aplicando as palavras de Spencer nesse sentido, como ilustrado pela obra inicial de Robert Lawson Tait, cirurgião de Birmingham, que perguntou, no *Quarterly Journal of Medical Science* de 1869: "A seleção natural pela sobrevivência dos mais bem adaptados falhou no caso do homem?". Na verdade, Spencer tinha definido a expressão em parte

[102] *More Letters*, v.1, p.267-8.

[103] O exemplar de Wallace de Darwin, 1859, está na Cambridge University Library, coleção Keynes; ver especialmente p.82-6. Beddell, 1988, transcreve as anotações de Wallace.

[104] Paul, 1988. Ver também Peel, 1971; Haines, 1991.

em relação à seleção natural de Darwin. Em seu *Principles of Biology* [Princípios de biologia], publicado em dois volumes de 1864 a 1867, ele afirmava:

> Essa sobrevivência dos mais bem adaptados, que busquei aqui expressar em termos mecânicos, é o que o sr. Darwin chamou de "seleção natural ou a preservação das raças favorecidas na luta pela vida".[105]

Contudo, nem Darwin nem Spencer nem Wallace aparentemente perceberam até que ponto a expressão estava repleta de raciocínio circular, quase autodefinidora como uma tautologia filosófica e biológica, na qual os mais bem adaptados sobrevivem e os sobreviventes são aptos.[106] A justificativa de Wallace era que a teoria da evolução precisava ser divorciada da noção de um selecionador externo e que essa era a única maneira de fazê-lo. Sem saber ao certo até onde Darwin iria nessa direção, ele pressionou Lyell a acrescentar seu peso ao argumento. Lyell usou "sobrevivência dos mais bem adaptados" quase sem pensar, em uma carta a Darwin em 1869.

É claro que Darwin e Wallace não eram inocentes sociais, e cada um deles acreditava em sua própria forma de determinismo e progresso biológico. No fundo, cada um sentia que a adaptação em geral significava melhora, que o confronto era uma característica intrínseca da natureza e que o melhor indivíduo seria aquele que sobrevivesse. As palavras de Spencer não eram, portanto, apenas convenientes, eram para eles principalmente verdadeiras. Darwin parece ter sentido que havia progresso nos assuntos humanos, ao mesmo tempo em que negava exaustivamente qualquer tendência necessária ao avanço. Mas havia outras questões que aparentemente o preocupavam mais. Por volta dessa época, ele fez uma observação dura a Hooker.

> Concordo inteiramente em quão humilhante é o lento progresso do homem, mas todos têm seu próprio horror preferido, e em minha mente esse progresso lento ou até aniquilação pessoal se reduz à insignificância comparado com a ideia, ou antes, presumo, a certeza de que o Sol um dia esfriará e todos nós seremos congelados. Pensar no progresso de milhões de anos, com cada continente apinhado de homens bons e esclarecidos, tudo terminando nisso, e provavelmente sem novo começo até

[105] Spencer, 1864-67, v.1, p.444-5.

[106] Abordado em Depew e Weber, 1995.

> que nosso sistema planetário tenha sido outra vez convertido em gás ardente. *Sic transit gloria mundi* num grau irrazoável.[107]

Nenhum deles esperava que as palavras pegassem do modo como aconteceu. Eles não conseguiram prever a carga social que a expressão adquiriu imediatamente em termos humanos, onde o "apto" era inevitavelmente associado aos bem-sucedidos socialmente. Nem Darwin antecipou o peso especial que a publicidade em torno de seu *A origem das espécies* daria a essas palavras. Mesmo assim, ele não se retratou. Entre si, Spencer, Darwin e Wallace geraram quatro palavras [*survival of the fittest*] que se tornaram parte essencial do modo de pensar vitoriano.[108]

Enquanto trabalhava nessa quinta edição, Darwin também enfrentou grandes problemas intelectuais a respeito da idade da Terra. William Thomson (o futuro *lord* Kelvin) havia afirmado com base na física experimental que a Terra não era suficientemente antiga para ter permitido que a evolução ocorresse. Em certa medida, Thomson estava contestando Lyell – ele nunca gostara das infindáveis épocas geológicas de Lyell, que se estendiam até a eternidade. Antes ele havia atacado o gradualismo e o uniformitarianismo de Lyell, dizendo que os geólogos ignoravam as leis da física por sua conta e risco e que a Terra era muito mais jovem do que normalmente se pensava, iniciando deliberadamente uma briga entre físicos e geólogos sobre quem tinha mais direito a estudar a Terra que se transformou em uma disputa de fronteiras entre duas disciplinas em desenvolvimento. Em 1866, completamente frustrado pelo que considerava a obtusidade teimosa da fraternidade lyelliana-darwiniana e impulsionado por inclinações presbiterianas escocesas antievolucionistas, Thomson lançou uma polêmica vigorosa contra todos eles, declarando que 100 milhões de anos era tudo o que a física podia aceitar para a história inteira da Terra. Como Darwin observou, Thomson insinuava que a Terra tivera um começo e chegaria a um fim sem Sol.

De maneira perturbadora para Lyell e seus amigos, o argumento de Thomson foi apoiado por Archibald Geikie e James Croll, dois bons jovens geólogos, e pelo sócio de Thomson nos negócios em Glasgow, Fleeming Jenkin, que combinou sua crítica da teoria da herança de Darwin a uma forma de ataque geocronológico. Em 1868, Geikie e Croll admitiram a necessidade de encaixar os dados geológicos no tempo mais curto fornecido pela física. É claro que Lyell não podia ignorar esses argumentos contra ele e tentou responder a eles na décima edição de seu *Principles of Geology*

[107] *More Letters*, v.1, p.261.
[108] Spencer, 1864-67, v.1, p.444-5.

(1867-68). Huxley também fez o melhor que pôde em um discurso que pronunciou como presidente da Geological Society, em 1868. Mas esse foi um dos discursos frívolos e furiosos de Huxley, dando dois passos atrás para cada passo adiante. Darwin sentiu-se temporariamente abandonado quando Huxley declarou: "Se o relógio geológico estiver errado, só restará ao naturalista modificar consequentemente suas noções da rapidez da mudança".

Isso era exatamente o que Darwin não podia fazer. Na primeira edição de *A origem das espécies*, ele havia calculado que a erosão de Sussex Weald devia ter levado cerca de 300 milhões de anos, uma extensão de tempo assombrosa que, considerada juntamente com o resto da tabela extratigráfica, fornecia ampla oportunidade para mudança orgânica gradual. Mas os cálculos de Darwin estavam errados. O tempo real era muito menor. "Aqueles malditos milhões de anos", ele se queixou a Lyell e eliminou o exemplo inteiro.

Assim, não admira que "as visões de Thomson da idade recente do mundo tenham sido por algum tempo um de meus problemas mais doloridos".[109] Os 100 milhões de anos que Thomson admitia não eram nem de longe suficientemente grandes para as taxas de mudança exageradamente lentas que Darwin conjecturava na natureza. A quinta edição de *A origem das espécies* testemunhou seu desconforto. Desconcertado, ele tentou vários modos de acelerar a evolução. Ele tinha consciência de que estava se tornando mais ambientalista, mais lamarckiano, por assim dizer, e produzindo um compromisso pouco entusiasmado. Aliciou George, com sua matemática de Cambridge, para fazer cálculos alternativos, dizendo a ele que a idade da Terra era o aspecto isolado mais intratável levantado contra sua teoria durante sua vida inteira.

Cinco anos depois, Darwin ainda protestava que o período encurtado de Thomson era "um espectro odioso". Surgiu um pequeno alívio quando Wallace analisou de novo a questão e, embora a solução proposta por Wallace (baseada em mudanças climáticas e em eclíptica inclinada) fosse considerada impraticável igualmente por físicos e naturalistas, Darwin a chamou de "admiravelmente clara e bem formulada". Um dos primeiros projetos científicos que George Darwin empreendeu como bolsista de matemática em Cambridge foi refazer os cálculos de Thomson e propor uma modificação que favorecia seu pai. Embora o relacionamento de George com Thomson fosse próximo, ele alertou os acadêmicos a não aceitar todos os resultados de Thomson.[110] Décadas de debate contínuo sobre a idade da

[109] Marchant, 1916, v.1, p.242.

[110] Toulmin e Goodfield, 1965; Gould, 1987; Burchfieid, 1990. Ver também Geikie, 1874.

Terra só foram resolvidas com a descoberta da radioatividade no começo do século XX, que, em termos amplos, admitiu que a Terra era tão antiga quanto os evolucionistas precisavam que fosse.

Dessa maneira, assaltado por dúvidas, introduzindo deliberadamente mudanças nas espécies cada vez mais induzidas pelo ambiente, acelerando seus processos de adaptação e usando a expressão "sobrevivência dos mais bem adaptados", que ele nem inventara nem admirava, Darwin produziu sua quinta edição de *A origem das espécies.*

Praticamente ninguém notou a diferença. Só a *Athenaeum* observou acidamente que "atenção não é aceitação". Essa edição levou o número total de exemplares de *A origem das espécies* para 10 mil, e, como talvez fosse previsível, o interesse foi relativamente reduzido. Murray disse que em novembro os livreiros compraram só 311 exemplares da nova edição e dezoito exemplares de *Variation*: "o que espero que você não considere um trabalho ruim". As vendas baixas não preocupavam demais Murray, considerando-se o lucro a longo prazo que ele estava colhendo. Não obstante, Darwin ficou desgostoso. Decidido, disse que ia vender seus direitos de tradução francesa para Jean Jacques Moulinie. A terceira edição de Clemence Royer foi demais para o estômago dele. Murray sorriu. "Você tem meus melhores votos para se livrar de seus blasfemos parisienses."

IX

Mas foi Wallace o responsável pelo maior solavanco. Embora eles não tenham se encontrado muito durante os anos de doença de Darwin, eram amigos firmes e trocavam notícias de família, parabéns e muita informação de história natural. De todas as amizades científicas de Darwin, esse relacionamento com Wallace era o que mais dependia de cartas – foi iniciado por correspondência e continuado por correspondência, onde eles se encontravam na base igual da pena e do papel. Wallace encontrava Lyell, Spencer e Huxley pessoalmente com muito maior frequência. Em privado, Wallace saboreou saber que fora Huxley quem o indicara para a Royal Medal em 1868. "Huxley foi um amigo e companheiro tão gentil e afável quanto o próprio Darwin." Com Huxley, porém, Wallace disse,

> nunca superei uma sensação de reverência e inferioridade quando discutia qualquer problema de evolução ou temas associados – uma inferioridade que eu não sentia nem com Darwin nem com *sir* Charles Lyell.[111]

[111] Wallace, 1905, v.2, p.39.

A consideração de Wallace por Spencer tinha motivações diferentes.

> Sua maravilhosa exposição das leis e condições fundamentais, das ações e interações do universo material pareciam penetrar [...] profundamente na "natureza das coisas".

Wallace caminhava até a pensão de Spencer em Bayswater (onde Spencer vivia com "um conjunto muito comum de pessoas – oficiais indianos aposentados e outros") para conversar sobre ampla gama de projetos correntes e parece ter sido um dos poucos homens que apreciaram os autênticos interesses biológicos de Spencer, discutindo com ele propostas recentes nas ciências da vida, como a origem do voo. Wallace aprovava os princípios igualitários e ateístas de Spencer. Certa vez, este apareceu para jantar na casa de Huxley em traje de noite, aparentemente endossando o código social tradicional que eles dois esperavam abolir. Onde ele poderia usá-lo, se não nas casas de amigos, insistiu Spencer. "Além disso, você, por favor, observará que eu *sou* fiel ao princípio no sentido de que *não* uso uma gravata branca!"

Foi a Darwin que Wallace revelou sua mágoa quando seu noivado foi rompido abruptamente; e sua felicidade quando encontrou uma esposa, alguns anos depois. Eles dois sabiam quão intimamente suas vidas estavam ligadas. Ocasionalmente, expressavam esses sentimentos. "Sua modéstia e sua franqueza não têm nada de novo para mim", disse Darwin.

> Espero que seja uma satisfação para você refletir – e muito poucas coisas em minha vida foram mais satisfatórias para mim – que nunca sentimos ciúme um do outro, embora em certo sentido sejamos rivais. Acredito que posso dizer isso de mim com verdade e estou absolutamente seguro de que é verdade quanto a você.[112]

Ainda assim, Wallace persistia em assumir o papel menor. Em uma ocasião, ele contou a Charles Kingsley suas visões sobre os recursos e a energia que Darwin empregava.

> Quanto a C. Darwin, conheço exatamente nossas posições relativas e minha grande inferioridade em relação a ele. Eu me comparo a um chefe de Guerilla [*sic*], muito bom para uma escaramuça ou para um movimento de flanco e até capaz de esboçar o plano

[112] *Life and Letters*, v.3, p.121.

> de uma campanha, mas afoito nas comunicações e descuidado em relação ao comissariado; – enquanto Darwin é o grande general, que pode manobrar o maior exército e, atendendo a suas linhas de comunicação com uma base de operações inexpugnável e não esquecendo nenhum detalhe de disciplina, armas ou suprimentos, lidera suas forças para a vitória. Sinto-me verdadeiramente agradecido por Darwin ter estudado o assunto tantos anos antes de mim, que não tenha cabido a mim tentar e fracassar, na grande obra que ele realizou de modo tão admirável.[113]

Wallace foi à Down House em 1868 para uma reunião de fim de semana que incluiu Edward Blyth, retornado recentemente de Calcutá por motivo de saúde, e o ornitólogo e naturalista John Jenner Weir. Darwin escolheu esses convidados com muito tato. Blyth fora um dos primeiros a reconhecer os méritos de Wallace, recomendando que Darwin lesse os ensaios de Wallace em 1855, e Jenner possuía ótimo conhecimento de história natural britânica. "O sr. Blyth é uma terrível chateação", escreveu Bessy a Henrietta depois.

> Ele fala sem cessar e está sempre interrompendo. Penso que Wallace é muito agradável. [...] Levamos a sra. Wallace à igreja de manhã e os cavalheiros saíram para uma caminhada.[114]

Wallace saudou a intimidade com Darwin que essa visita trouxe.

No começo de 1869, ele enviou a Darwin um exemplar de apresentação de seu *Malay Archipelago* [Arquipélago malaio], dedicado a Darwin "não só como sinal de estima e amizade pessoal, mas também para expressar minha profunda admiração por seu gênio e suas obras". O livro era "magnífico", respondeu Darwin, digno do trabalho que Wallace investira nele. Ao lê-lo, Darwin ficou cheio de consideração renovada pelo pensamento científico de Wallace. "Você às vezes me faz sentir jovem de novo, como se eu estivesse outra vez coletando espécimes", asseverou. "A dedicatória é algo para os filhos de meus filhos se orgulharem."[115]

Portanto, foi ainda mais inesperada a atitude de Wallace quando, em sua publicação seguinte, eliminou a maior parte do chão sobre o qual se

---

[113] A. R. Wallace a Charles Kingsley, 7 de maio de 1869, Knox College Library, Galesburg.

[114] DAR 219.8.9. Os contatos de Darwin e Wallace com Blyth são discutidos de forma variada em Eisley, 1959; Beddall, 1973; Schwartz, 1974. Há um relato geral da vida de Blyth em Geldart, 1879.

[115] Marchant, 1916, v.1, p.235.

apoiavam os pés combinados dele e de Darwin. Em abril de 1869, em um longo artigo na *Quarterly Review*, Wallace recuou em seu compromisso com a seleção natural. Afirmou que a seleção natural não podia explicar os atributos mentais dos seres humanos modernos.

Wallace inseriu essa nova opinião surpreendente em uma longa e deferente discussão das visões de Lyell sobre as espécies. Na décima edição de *Principles of Geology*, Lyell tinha finalmente anunciado sua aceitação completa da teoria de Darwin e Wallace – um esforço pessoal, como seus amigos notaram, e uma declaração notável no caso de um homem idoso, pois ele poderia facilmente ter mantido sua posição até morrer sem essa aceitação pública. Wallace elogiou a honestidade de Lyell nessa questão. E mais, Lyell reformulou completamente seu relato da história da vida na Terra, admitindo que a evolução por seleção natural fornecia a única hipótese viável para os naturalistas (misturando de forma característica lamarckismo e darwinismo, e deixando Darwin de mau humor).

Foi sobre a grande questão da humanidade que Wallace sentiu que podia acrescentar algo à declaração de Lyell. Ele disse que tinha mudado de ideia desde seu texto de 1864 sobre as origens humanas. Wallace agora afirmava que, em algum momento durante a história inicial da humanidade, a evolução física havia parado e alguma força motriz ou espírito superior havia assumido o controle. Apenas a mente humana continuava a avançar, as sociedades humanas emergiam, os imperativos culturais se impunham, uma natureza mental e moral se tornava importante, e a civilização tomava forma. A humanidade moderna escapava, assim, do feroz escrutínio da seleção natural. O desenvolvimento do pensamento humano libertava a humanidade das inexoráveis leis da natureza.

> Aqui, então, vemos a verdadeira grandiosidade e dignidade do homem. [...] Ele é, na verdade, um ser à parte, já que não é influenciado pelas grandes leis que modificam de modo irresistível todos os outros seres orgânicos.

A humanidade era composta por uma estrutura material (descendia dos símios) e de um espírito imaterial (infundido por um poder superior) que impulsionava o desenvolvimento mental e cultural.

"Espero que você não tenha assassinado muito completamente sua filha, que é também minha", exclamou Darwin, horrorizado.[116] Folheando

[116] Wallace, 1869b. A observação de Darwin está em Marchant, 1916, v.1, p.241.

as páginas do artigo de Wallace, ele cobriu o texto com marcas de lápis. "Não!!!", rabiscou na margem, sublinhando três vezes.

> Se você não me houvesse contado, eu teria pensado que [suas observações] tinham sido acrescentadas por outra pessoa. [...] Divirjo pesarosamente de você e fico muito desgostoso com isso.

Antes disso, Darwin sempre supusera que Wallace e ele estavam muito juntos. "Fiquei horrivelmente decepcionado em relação ao homem; a coisa me parece incrivelmente estranha", confidenciou a Lyell. Mas Lyell ficou na defensiva.

> Eu prefiro saudar a sugestão de Wallace de que pode haver uma vontade e força suprema que talvez não abdique de suas funções de interferência, mas pode guiar as forças e as leis da natureza.[117]

Pouco a pouco, Wallace contou a Darwin de sua crença na existência de forças espirituais e nas profundidades disponíveis, mas não utilizadas da mente humana. Devia haver algo mais que mera matéria neste mundo, sustentava Wallace: "quer o chamemos de Deus, ou de espírito", ele devia desempenhar um papel importante na evolução humana. Com sinceridade, confessava seu fascínio de muito tempo com as sessões espíritas e o espiritualismo.

> Minhas opiniões sobre o assunto foram modificadas unicamente pela consideração de uma série de fenômenos notáveis, físicos e mentais, que agora tive toda a oportunidade de testar plenamente, e que demonstram a existência de forças e influências ainda não reconhecidas pela ciência. Sei que isso lhe parecerá uma alucinação mental. [...] Tenho esperança de que você suspenda seu julgamento por algum tempo até que exibamos alguns sintomas de insanidade corroborativos.[118]

Numa frustração desmedida, Darwin se perguntava se Wallace poderia destruir o projeto deles de dez anos com essa conversa sobre forças e

---

[117] K. M. Lyell, 1881, v.2, p.441.

[118] Marchant, 1916, v.1, p.244. O espiritualismo de Wallace é discutido em R. Smith, 1972. Ver também Wallace, 1866; 1875.

poderes misteriosos. Talvez isso não lhe importasse tanto se o artigo da *Quarterly Review* tivesse sido escrito por uma figura menor. Nem ele teria considerado sua publicação em uma das principais revistas literárias algo insuperável. Mas um dos proponentes conjuntos da seleção natural sugerir publicamente que a seleção natural devia agora ser modificada para incorporar a intervenção espiritual certamente entregaria a vitória a seus opositores. O *Morning Post* disse tudo: "A referência do sr. Wallace [...] à vontade de um Criador mina toda a hipótese do sr. Darwin".[119] O brilhantismo descomplicado de Wallace, tão caprichoso, tão inovador, tão indisciplinado, colidiu completamente com as crenças mais íntimas de Darwin.

Wallace se manteve impenitente. Sua vida tinha sido transformada pelo espiritualismo quando a sra. Marshall, uma conhecida médium, interceptara uma mensagem de seu falecido irmão Herbert. Ele agora circulava com facilidade entre frenologistas, mesmeristas, deslocadores de mesa e médiuns que forneciam a um número cada vez maior de vitorianos uma alternativa à religião organizada. Esses homens e mulheres ofereciam a eles percepções do outro mundo que ele achava que devia existir ao lado do universo material. Wallace disse que possuía pessoalmente "poder mesmérico considerável", embora não tão bom quanto o de seu irmão Herbert. Ele sentia mesas se moverem, via flores aparecerem, ouvia "fenômenos musicais curiosos".

Ao dar essa atenção arrebatada aos espíritos, Wallace era inteiramente um homem de seu tempo e lugar. Seus pensamentos sempre contemplaram a estrutura metafísica mais ampla, suas indagações sempre sondaram o significado da existência. Enquanto Huxley escrevia sobre "o lugar do homem na natureza", Wallace acabaria escrevendo um livro chamado *The Man's Place in the Universe* [O lugar do homem no universo]. O interesse nessas formas de fenômenos estava então chegando ao auge, refletindo por vezes uma curiosidade crescente sobre o modo como a mente funcionava, como aconteciam as revelações por hipnotismo, mesmerismo, profecia, transes religiosos e misticismo e por aparentes evidências de milagres e pelo aparecimento ocasional de fantasmas.[120] As operações invisíveis da eletricidade e do magnetismo caíam na mesma categoria, especialmente quando eram notadas semelhanças entre as batidas a longa distância do telégrafo elétrico e as batidas feitas por um guia espiritual. Em escala mais ampla, o interesse no espiritualismo também representava um desejo de certeza em uma era de incerteza, a própria esperança vitoriana de que houvesse nesta vida mais que forma material, um anseio provavelmente exacerbado pelas

[119] Citado de Ellegard, 1990, p.309.
[120] Oppenheim, 1985. Sobre mesmerismo, ver Winter, 1998.

dúvidas levantadas por *A origem das espécies* e outras obras secularizantes. Na casa de Lyell, por exemplo, havia uma busca por maior conhecimento espiritual. Arabella Buckley, secretária de Lyell, era uma entusiástica participante de sessões espíritas, permitindo ser mesmerizada e usada como um canal para comunicação. Em 1874, quando morreu Bertie, filho de Wallace de apenas seis anos, Buckley tentou entrar em contato com o garoto morto para ajudar Wallace. Mal conseguindo, de tão triste que estava, lidar com as mensagens que ela lhe trouxe, Wallace descobriu que sua crença no mundo espiritual estava emaranhada com sua infelicidade pessoal.

E repetidas vezes ele insistiu com Darwin e outros cientistas para que experimentassem o espiritualismo sem preconceito ou cinismo. "Eu tive muitas oportunidades de testemunhar alguns dos fenômenos mais extraordinários nas condições mais favoráveis", insistia, convidando todos eles em algum momento para acompanhá-lo a uma sessão espírita. William Carpenter e John Tyndall aceitaram, mas repudiaram o que viram. "O que vejo não é falta de lógica", queixou-se Tyndall, "mas uma disposição que deploro a aceitar dados que não são dignos de sua atenção". Huxley estava menos inclinado a tergiversar.

> Nunca me preocupei com fofocas em minha vida e fofocas desencarnadas, como as que esses fantasmas meritórios oferecem a seus amigos, não são mais interessante para mim que quaisquer outras.[121]

Obrigado a procurar em outro lugar, Wallace ganhou o apoio de Robert Chambers. "Só temos de alargar nossa concepção do que é natural, e tudo ficará certo", disse a ele Chambers.[122] Todavia, suas paixões foram tumultuadas em 1868 por um ataque de G. H. Lewes em um número do *Pall Mall Gazette*, em que Lewes desmascarou a sra. Hayden, uma médium popular, como fraude. Em defesa dela, Wallace se pôs a coletar testemunhos e evidências de mediunidade, inclusive sua própria aventura de ficar agachado sob uma mesa para verificar que um acordeom estava sendo tocado por mãos invisíveis. Seus amigos darwinianos começaram a se perguntar se ele estava se tornando uma espécie de fardo para o mundo da ciência vitoriana profissional.

Darwin não conseguia acreditar em nada disso. Depois que as piadas morreram, ele temeu que esses entusiasmos levassem Wallace à loucura.

[121] Wallace, 1905, v.2, p.280.
[122] Wallace, 1905, v.2, p.286.

Ele estava atônito de ver que um naturalista de observação da estatura de Wallace podia ser tomado pelo que considerava ficções óbvias. E, em sua opinião, a ideia de um mundo espiritual não avançava a questão da evolução humana.

> Fico muito contente de que você vá publicar todos os seus textos sobre seleção natural: estou seguro de que você está certo e de que eles farão muito bem à nossa causa. Mas lamento profundamente o homem – você escreve como naturalista metamorfoseado (na direção retrógrada) e você é o autor do melhor texto que já foi publicado na Anth. Review! Ai, ai, ai, seu infeliz amigo, C. Darwin.[123]

Ele esperara o bastante. Admitiu a outro amigo que se sentia "exasperado por ocultar minhas opiniões".[124] Mais uma vez, Wallace o obrigou a se mostrar muito veloz.

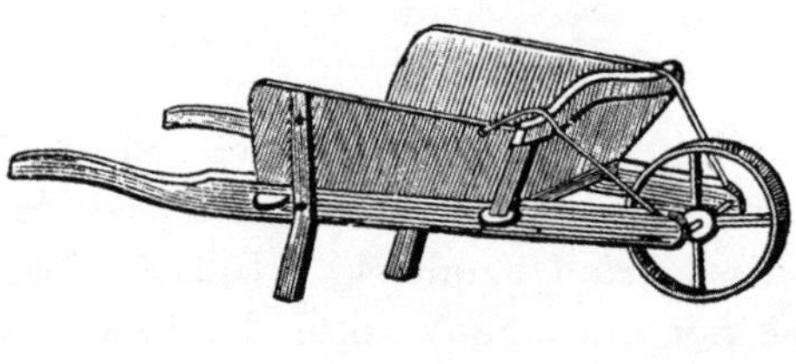

[123] Marchant, 1916, v.1, p.251.
[124] *Life and Letters*, v.3, p.112.

Parte III

Celebridade

9.
Filho de um macaco

Darwin calculava que a escrita de *The Descent of Man* [A descendência do homem] lhe tomara três anos, talvez quatro, se ele incluísse todo o trabalho preliminar sobre seleção sexual e expressões faciais. O número de páginas continuava a aumentar inexoravelmente. No fim, o livro foi publicado em dois grossos volumes por John Murray, em fevereiro de 1871. "Vou ser insultado", murmurou o autor em antecipação inquieta.

O livro tinha, de fato, exigido de Darwin uma vida inteira para ser produzido. Ele fez muito mais que expor de forma detalhada sua antiga convicção de que os seres humanos tinham evoluído de animais. Usou todo o seu conhecimento acumulado de história natural para tratar da questão da ancestralidade humana, toda a sua experiência da condição humana aprendida na viagem do *Beagle* e em sua vida como naturalista, marido, pai e amigo. Estava finalmente lidando com o que uma vez chamou "o problema mais elevado e mais interessante para o naturalista".[1] Desde o início, ele percebeu que seu "Livro do homem" era uma contrapartida necessária a *A origem das espécies*. Nele, Darwin transporia deliberadamente a última fronteira da doutrina evolucionista que ele e Wallace tinham começado a estabelecer.

II

Como era seu costume, Darwin não trabalhou isoladamente. Mas o que houve de novo e de útil foi que conseguiu tirar proveito das mudanças no foco científico causadas em parte por *A origem das espécies* e

---

[1] *Correspondence*, v.6, p.515.

recorrer extensivamente às pesquisas de naturalistas e anatomistas que já operavam dentro do esquema darwiniano, consultando Huxley, Haeckel, Broca, Quatrefages, Claparède, Vogt, Wallace, Galton, Lubbock e Tylor sobre diversos aspectos. Ele encontrou especialistas para guiá-lo em áreas que lhe eram relativamente desconhecidas, como o estudo da loucura ou a história da escravidão, e conseguiu mais uma vez explorar seu sistema de correspondentes ao redor do globo, os resenhistas de sua obra e membros de seu círculo familiar.

A fama como autor favoreceu-o. Quase todos estavam dispostos a ajudá-lo. "Li sua última carta com um prazer muito grande", escreveu um agente do governo, William Winwood Reade, de Accra, na costa ocidental da África.

> Devo considerar uma carta de *Darwin* um prazer em qualquer lugar – e muito mais aqui! Nem preciso dizer que qualquer coisa que eu lhe escreva está inteiramente à sua disposição. Meu único temor é que não consiga lhe enviar nada que valha a pena ter.[2]

Reade provou ser uma fonte útil de informações antropológicas. E Darwin reservou tempo para pensar sobre a obra de seus contemporâneos em filosofia, teoria da linguagem e história cultural.

Às vezes era relativamente fácil entender os fatos que ele queria. O escultor Thomas Woolner foi uma fonte que recebeu uma carta com perguntas. Darwin disse que havia notado que a estátua *Puck*, de Woolner, exposta nas galerias da Royal Academy, exibia um belo par de orelhas pontudas e perguntou se Woolner já havia encontrado aquilo na vida real. Woolner ficou suficientemente intrigado para passar um ou dois domingos examinando macacos no zoológico e depois (mais discretamente) estudando as pessoas que lhe encomendavam retratos humanos enquanto posavam para ele de perfil. Ele enviou a Darwin o desenho de uma orelha humana que mostrava uma pequena projeção voltada para dentro na borda superior e sugeriu que poderia ser o vestígio dobrado de uma extremidade pontuda semelhante à de um animal.[3] Darwin ficou contente. "A extremidade woolneriana tem para mim valor imenso", ele respondeu, e incluiu-a de pronto em seu livro.[4] Mesmo uma ninharia como esta, escreveu Darwin, indicava vínculos estruturais estreitos entre animais e seres humanos. Há de chegar

---

2 De W. W. Reade, [janeiro-abril de 1870], DAR 176.

3 Woolner, 1917. Não está inteiramente claro quando Darwin viu a estátua. Ela foi exibida nas galerias da Royal Academy em 1866.

4 A T. Woolner, 10 de março [1869?], Bodleian Library, Oxford. Ver *Descent*, v.1, p.22.

o momento, declarou, em que se julgará absurdo acreditar que a raça humana e cada espécie animal foram "obra de um ato separado de criação".[5]

Em outros casos, ele foi menos bem-sucedido. Incitado por sua pesquisa sobre endogamia em plantas e animais para *Variation under Domestication*, em 1869-70, Darwin investigou a questão dos casamentos entre primos, esperando estabelecer a expectativa de vida de filhos resultantes dessas uniões. Ele admitia ter objetivos pretensiosos. Suas ambições para o "Livro do homem" o encorajaram a tentar incluir uma pergunta sobre casamentos entre primos no censo populacional britânico de 1871, escrevendo cartas cada vez mais urgentes a seus amigos políticos, John Lubbock, William Farr (do departamento de registro civil) e Thomas Henry Farrer, entre outros, à medida que a data de impressão dos formulários do censo se aproximava. "Estou tentando convencer o sr. Bruce a inserir no censo [uma] pergunta sobre se em cada domicílio os pais são primos", contou a Farrer em maio de 1870.

> Estou profundamente convencido de que é um assunto relevante: se você puder influenciar algum membro do governo, peço-lhe que o faça. Alguns poucos membros do parlamento aceitarão a pergunta. – Apresentei minhas razões em um cap. no vol. 2 de meu "Animais domésticos". [6]

O interesse de Darwin baseava-se nos supostos perigos da endogamia continuada durante muito tempo entre seres humanos. Ele imaginava que uma pergunta simples no censo nacional – se a dona da casa era casada com um primo – permitiria fazer uma correlação entre o número de casamentos entre primos e o número de descendentes vivos. Esses dados forneceriam uma estimativa grosseira da fertilidade entre parentes próximos. Nos meses seguintes, ele conseguiu convencer Lubbock a apresentar uma moção à Câmara dos Comuns e buscou o apoio de William Farr, estatístico médico que fizera tanto para que os dados fossem coletados pelo departamento de registro civil de forma útil. Darwin havia se correspondido anteriormente com Farr sobre estatísticas médicas e recebera dele por empréstimo grandes volumes de relatórios impressos sobre as doenças da nação. Farr sugeriu que poderia concordar com o pedido de Darwin. Em um domingo no verão de 1870, disse Emma,

---

5 *Descent*, v.1, p.33.

6 A T. H. Farrer, 13 [de maio de 1870], Linnean Society of London.

> a campainha tocou depois do almoço e o dr. Farr entrou para falar sobre o censo. Ch. tinha se arrumado todo pensando que era Snow [Julia Wedgwood], mas foi maravilhoso como ele se reanimou e gostou de conversar e se acertar com ele.

Darwin não poderia esperar alcançar esse objetivo sem contar com amigos em altos cargos – objetivo que refletia sua posição na Inglaterra vitoriana. Não havia na época tradição explícita de perguntas sobre questões médicas nos formulários do censo britânico, nem mesmo sobre filiação religiosa, embora fossem pedidas informações sobre idade, ocupação e estado civil de todos os ocupantes de cada domicílio. Desde 1851, porém, os formulários tinham incluído uma pergunta sobre deficiências físicas de visão, audição e fala. Na verdade, o pedido de Darwin fazia parte de uma tendência médica crescente, e o censo de 1871 seria ampliado pelo parlamento para incorporar uma pergunta sobre "lunáticos, imbecis e idiotas", apresentada por Farr a pedido de médicos eminentes. Essa pergunta só fez parte de um censo e seria eliminada em 1881. Os moradores não estavam dispostos a fornecer a informação. Em atitude ousada, Darwin procurou o secretário do Interior, do Partido Liberal, Henry Austin Bruce, que depois seria *lord* Aberdare, e apresentou sua proposta.

Lubbock incluiu a moção na agenda em julho de 1870 e leu em voz alta para a Câmara dos Comuns uma carta de Darwin sobre a questão, possivelmente a primeira vez em que as opiniões de um biólogo foram anunciadas formalmente naquele recinto. "Como vocês estão cientes, fiz experimentos sobre o assunto durante vários anos", começava a carta.

> Tenho a clara convicção de que há agora amplas evidências da existência de uma grande lei fisiológica, o que torna uma investigação com referência à humanidade muito importante. Na Inglaterra e em muitas partes da Europa, os casamentos entre primos são desaprovados com base em suas supostas consequências danosas; mas essa crença não se baseia em nenhuma evidência direta. É, portanto, manifestamente desejável que deva ser provada falsa, ou confirmada, de modo que nesse último caso os casamentos entre primos possam ser desencorajados. Se as perguntas apropriadas forem inseridas, os resultados mostrariam se primos casados têm em suas casas na noite do censo a mesma quantidade de filhos que têm pais que não são aparentados; e, se o número se revelar menor, poderemos com segurança inferir ou menor fertilidade dos pais ou, o que é mais provável, menor

> vitalidade dos descendentes. Ademais, é muito desejável que a verdade da afirmação repetida com frequência de que casamentos consanguíneos levam a surdez e mudez, cegueira etc. seja averiguada; e todas as afirmações como estas poderiam ser facilmente testadas pelos resultados de um único censo.[7]

O pedido foi rejeitado, e pelo menos dois membros do parlamento insinuaram que seria um precedente perigoso satisfazer a curiosidade de "filósofos especulativos". É inteiramente possível que vários membros do parlamento fossem, eles próprios, casados com primos, como de fato a rainha Vitória se casara com um primo, e a proposta pode muito bem ter parecido uma desnecessária intromissão na vida pessoal. A influência de Darwin tinha seus limites. Lubbock sentiu-se pessoalmente responsável pelo fracasso. "Você não acha que poderia obter a maior parte do que quer com um questionário em um ou dois dos maiores asilos de idiotas?", arriscou, em desespero.

Na realidade, Darwin tentou entrar em contato com o médico John Langdon Down, do Royal Earlswood Asylum for Idiots, em Redhill. Langdon Down (cuja carreira se concentrava em doenças mentais congênitas e que deu seu nome à síndrome de Down) havia escrito, em 1870, um pequeno artigo para a *Nature* sugerindo que a endogamia podia ser danosa.

> Uma seleção metódica e judiciosa no casamento de parentes próximos teria enorme valor para a comunidade na raça de homens melhorada que seria por esse meio obtida,

afirmava Langdon Down.[8] Este era precisamente o aspecto que Darwin tentava verificar com a autoridade dos números. Não se conhece o resultado de seu contato com Langdon Down.

Darwin descobriu um aliado inesperado em seu filho George. Desde que lera o livro *Hereditary Genius*, de Galton, George tinha ficado intrigado com as propostas do autor sobre capacidade herdada. Tais propostas misturaram-se com seu interesse em genealogia, e ele gostara de preparar gráficos de *pedigree* familiar para Galton. Assumindo o papel de seu pai, George se queixou amargamente do veredicto desfavorável da Câmara dos Comuns.

---

7 *Life and Letters*, v.3, p.129. A visita de William Farr à Down House está em DAR 219.9.90.

8 *Nature*, 28 de abril de 1870.

> O tom assumido por muitos membros da Câmara mostra quão pouco eles estão permeados pela ideia da importância da herança para a raça humana.[9]

Nada resultou do plano de Darwin, e ele foi obrigado a deixar seu livro sobre a humanidade seguir adiante sem os dados estatísticos pelos quais tinha esperado.

> Quando os princípios da reprodução e da herança forem mais bem entendidos, não ouviremos membros ignorantes de nossa legislatura rejeitarem com desdém um plano para verificar por um método fácil se casamentos consanguíneos são ou não danosos para o homem.[10]

Melancolicamente, ele continuou a viver sua vida com a prima Emma, incerto do fardo de hereditariedade que poderia ter imposto aos próprios filhos.

III

A teoria e a vida pessoal de Darwin estavam agora entrelaçadas de forma tão estreita que se tornava difícil para ele manter a imparcialidade acadêmica. Enquanto preparava *The Descent of Man*, ele discordou de forma irrevogável de um jovem naturalista seu conhecido, St. George Mivart.

Mivart era um biólogo evolucionista talentoso que logo se tornara um dos favoritos de Huxley, apesar do potencial para discórdia que havia em seu compromisso inabalável com o catolicismo. A princípio, Mivart ignorou os insultos contra a teologia proferidos por Huxley, acreditando que eles representavam, nesse caso, uma forma de afeto agressivo. Mas, por volta de 1869, Mivart rompeu relações com Huxley e o cerrado bando de darwinianos, passando a ver o grupo como uma claque ditatorial e autocentrada, uma poderosa irmandade de homens mais velhos no auge de suas carreiras, que insistiam em que seus acólitos adotassem sua posição e promovessem a nova biologia *in toto*. Em muitos sentidos, Mivart entendeu a situação com precisão. O círculo interno de sociedades e clubes privados que administrava a Londres científica – o X Club, os laboratórios de ensino e museus em South Kensington, os filósofos e parlamentares na Metaphysical Society e no Athenaeum Club – eram fechados a forasteiros. Seus membros eram pessoas influentes que mantinham um controle firme

9 G. Darwin, 1875, p.22.
10 *Descent*, v.2, p.403.

do leme do progresso científico. Huxley gostava de suas claques e acreditava que grupos pequenos de "homens conscienciosos" eram de longe o modo mais eficaz de fazer as coisas.[11]

Mivart não queria nada disso. Durante todo o ano de 1969, ele publicou no periódico católico *Month* artigos evolucionistas renegados sobre "dificuldades da teoria da seleção natural", sustentando que as ideias de Darwin não conseguiam explicar a totalidade da natureza. Ele se demorava em casos anatômicos esquisitos, como a semelhança estreita entre "lobos" marsupiais australianos e lobos europeus ou aquelas entre os olhos de cefalópodes e os de vertebrados. Era difícil explicar essas semelhanças como coincidência.

> Que elas tenham ocorrido em dois exemplos independentes meramente por variações acidentais indefinidas e diminutas é uma improbabilidade que equivale praticamente a impossibilidade,

declarava Mivart. Como Asa Gray, ele optava pelo compromisso teológico, argumentando que devia haver uma orientação superior no processo de variação que fornecia um elemento de projeto ou direção no processo evolucionário. Por baixo dessa declaração corria um desprezo bem pouco velado pela posição inflexível dos darwinianos.

Quando foi apresentado a Mivart, Darwin gostou dele e saudou a óbvia capacidade do jovem como cientista natural. Ele se sentiu desnorteado, depois traído, por aqueles artigos críticos, pois parecia que Mivart ignorava deliberadamente aspectos anatômicos quando não convinham e distorcia as palavras de Darwin unicamente para fazê-lo parecer tolo. Com o ânimo esmorecido, Darwin se perguntou se Mivart poderia tornar-se mais um transtorno, outro Owen. Destemperado, ele deu vazão a seus sentimentos. Acusou Mivart (pelas costas) de excesso de catolicismo, de ser exageradamente engenhoso com as palavras, como se fosse um padre jesuíta em treinamento. Quando Mivart apontou a improbabilidade de qualquer passo intermediário na evolução, Darwin revidou:

> Se alguns peixes estivessem extintos, quem se teria arriscado sequer a conjecturar que os pulmões tinham se originado em uma bexiga natatória?[12]

---

[11] Barton, 1990; 1998; A. Desmond, 2001.

[12] *More Letters*, v.3, p.135.

De tempo a tempo, Mivart escrevia cartas conciliatórias para Darwin declarando a alta consideração em que tinha *A origem das espécies*. Darwin julgava as cartas hipócritas.

Quando Mivart reuniu seus artigos, em 1870, para um livro chamado *The Genesis of Species* [A gênese das espécies], publicado pouco antes de *The Descent of Man*, Darwin sentiu que os fatos estavam sendo distorcidos em proveito da religião. Ele cobriu seu exemplar com observações amargas. "Nego inteiramente", "O que isso significa?", "Assim não se poderia fazer um *greyhound* e um *pug*, um *pouter* ou um *fantail* – isso é seleção natural e sobrevivência dos mais bem adaptados". A gota d'água foi a afirmação que Mivart fez em um texto, de que Darwin havia mudado suas ideias sobre herança mista na edição anterior de *A origem das espécies* apenas para não se desmoralizar. "Não é justo", lamentou Darwin na margem.[13]

Ele achava assombroso que Mivart ainda conseguisse lhe escrever cartas. Continuando cegamente a dar trancos, Mivart explicou de modo temerário: "Meu primeiro objetivo era mostrar que a teoria darwiniana é insustentável e que a seleção natural *não* é a origem das espécies", um ponto de vista com probabilidade zero de melhorar as relações entre eles.[14] Exasperado, Darwin se abriu com Wallace.

> Você me tomará por fanático quando digo, depois de ter estudado Mivart, que nunca antes em minha vida estive tão convencido da verdade geral (isto é, não em detalhe) das concepções em *A origem*. [...] Reclamei para Mivart de que em dois casos ele cita só o começo de sentenças que escrevi e, portanto, modifica o que eu quis dizer; mas nunca supus que ele teria omitido palavras. Há outros casos do que considero tratamento injusto. Concluo com pesar que, embora ele pretenda ser honrado, é tão fanático que não consegue agir com justiça.[15]

Irritado pela defecção de Mivart, Darwin passou a ter aversão por ele. O catolicismo foi um inimigo conveniente, representando para Darwin tradições, superstições e rituais obsoletos que ele sentia que deviam ser forçosamente expulsos da vida moderna. Embora estivesse inteiramente disposto a tolerar as fórmulas discretas da igreja da Inglaterra e admirasse

---

13 Mivart, 1871, p.60. O exemplar de Darwin está na Darwin Library, Cambridge University Library.

14 A vida e a obra de Mivart são discutidas em J. Gruber, 1960. Citação de ibid., p.52.

15 *More Letters*, v.3, p.144-5.

os valores sociais de vários clérigos que conhecia, como Henslow, Innes e Kingsley, ele reverteu facilmente para o preconceito anticatólico irrefletido das classes médias inglesas. Quase todos que Darwin conhecia consideravam o catolicismo romano com aversão ou horror. Seus amigos e sua família podiam se solidarizar com ele em relação aos truques jesuítas supostamente ultrajantes de Mivart. Em sua imaginação, ele via Mivart opondo-se a ele não com os argumentos da ciência, mas com sinos e incenso.

Confrontado com a desaprovação de Darwin, Mivart tentou manter alguma dignidade.

> Encerro aqui esta correspondência e não direi nada, mesmo nesta carta, calculado para incomodá-lo o mínimo que seja. Sinto muitíssimo ter lhe causado mortificação e protesto, a despeito de tudo o que o senhor possa pensar, que me *senti*, *sinto* e *sentirei* mais que "amistoso" em relação ao senhor.[16]

Por um momento, Darwin pareceu descontrolar-se. Ele também perdeu a paciência com Frances Power Cobbe, quando seus caminhos se cruzaram brevemente em Gales durante aquele mesmo verão de 1869. Os Darwin e os Wedgwood de Londres foram, em um grupo familiar, passar alguns dias em Caerdeon, no estuário do rio Barmouth. A caminho de casa depois desse feriado, Darwin foi até Shrewsbury dar uma última olhada na velha casa e nos jardins, ocasião que ele viveu com relativa equanimidade. Em Caerdeon, ele se sentira infeliz. Estorvado por uma perna ruim, mal conseguia sair para passear nas colinas ou aproveitar o ar claro galês.

> Até agora tenho estado em uma condição muito ruim; parece que assim que o estímulo do trabalho mental para, toda a minha força cede. Por enquanto, mal consegui rastejar até meia milha da casa e depois me senti enormemente fatigado. Isso é o suficiente para fazer alguém desejar estar sossegado em um túmulo confortável.[17]

Foi num desses rastejos de meia milha que Darwin encontrou a srta. Cobbe. Ele estava pacificamente sozinho em uma encosta quando foi localizado. Sem preliminar, Cobbe berrou para ele do gramado uma pergunta a respeito das teorias de John Stuart Mill sobre instintos herdados. Atô-

---

[16] De Mivart, 10 de janeiro de 1872, DAR 171.

[17] *Life and Letters*, v.3, p.106.

nito, mas educado, Darwin começou uma discussão recôndita sobre Mill, falando o mais alto que conseguia, e parou, constrangido, quando chegou um amigo. Cobbe riu de "palavras voando pelo ar que com certeza aqueles vales e rochas nunca tinham ouvido" e apelidou a trilha de "Caminho do Filósofo".[18] Desalentado, Darwin passou a escolher suas caminhadas com mais cuidado. Em privado, pediu a William que lesse exaustivamente Mill e lhe dissesse o que pensar.

Logo depois, Cobbe ofendeu-o publicando extratos de uma das cartas dele no *Echo*, o jornal de campanha ao qual estava associada.[19] Darwin escrevera a Cobbe contando de seu interesse em um caso particular de erro judicial na região de Bromley e mencionando que também havia escrito uma carta em sua condição de magistrado local para o secretário do Interior (Henry Bruce, *lord* Aberdare). Uma edição inteligente do texto fez parecer que ele estava criticando publicamente os magistrados de Kent e se oferecendo para iniciar um fundo de subscrição para "assegurar uma justiça equilibrada", situação que ele negou energicamente. Darwin nunca mais confiou nela. Esse par ocasional depois se separou de forma permanente por causa do movimento contra a vivissecção, quando Cobbe atacou a defesa por Darwin do uso de animais em experiências científicas. Após a morte de Darwin, Emma sentiu-se obrigada a recusar a Cobbe permissão para publicar a correspondência sobre os magistrados em sua *Autobiography* [Autobiografia]. Mesmo assim, ela a publicou.[20]

Se não bastassem Mivart e Cobbe, Wallace continuava a afirmar que a seleção natural não se aplicava aos seres humanos, pressionando seus amigos cientistas a comparecer a sessões espíritas, caçando com devoção o mundo espiritual com fotografias, detectores de calor e aparelhos de registro elétrico. "Devo acrescentar que acabo de reler seu artigo na Anthropol. Rev. e o *desafio* a derrubar sua própria doutrina", resmungou Darwin.[21]

Ele sentia a pressão crescente de histórias alternativas. O evolucionismo criativo do duque de Argyll ganhava terreno. *Principles of Biology* [Princípios de biologia] e *Essays: Scientific, Political and Speculative* [Ensaios: científicos, políticos e especulativos], de Herbert Spencer, integravam conceitos evolucionistas com ideias políticas, sociais e religiosas que já eram atraentes para os contemporâneos. As críticas de Galton à pangênese foram publicadas.

---

18 Cobbe, 1904, p.485-8. A citação é da p.487.

19 A carta adaptada está em *Echo*, 25 de agosto de 1870, p.2. Ver *Emma Darwin*, v.2, p.432, e DAR 219.9.91.

20 Cobbe, 1894, v.2, p.126.

21 Marchant, 1916, v.1, p.251.

Entre 1869 e 1870, a obra de Darwin foi resenhada em 52 periódicos importantes, cerca de 15% de todas as resenhas de que ele foi objeto durante sua vida inteira,[22] e muitos outros livros e panfletos evolucionistas tinham sido publicados nos doze anos transcorridos desde a primeira edição de *A origem*. A Mudie's Circulating Library fazia questão de distribuir muitos deles, tornando possível de maneira indireta que mesmo os leitores mais isolados geograficamente tivessem oportunidade de se familiarizar com as questões do dia.[23]

Darwin tinha muito a elaborar, reformular e dar forma adequada. Acima de tudo, havia o problema infindável da propriedade. Em seu "Livro do homem", ele atacava diretamente Adão e Eva. Durante doze anos, os vitorianos tinham debatido se a seleção natural podia – ou devia – explicar as origens humanas. Muitos resenhistas pensavam que esses assuntos não eram uma área legítima de estudo. O alvorecer da humanidade era um assunto para teólogos, diziam, não para naturalistas. Para se contrapor a essa visão, Darwin precisava demonstrar de forma indubitável que os seres humanos faziam parte da natureza tanto quanto qualquer animal.

Ele começou a se sentir doente devido ao esforço e à preocupação. "Formigamentos" o impediam de trabalhar, explicou ele a Henry Bence Jones. "Tudo ficou paralisado comigo ultimamente, pois não tenho tido força para fazer quase nada", contou a Hooker. "Com respeito a meu livro, o assunto cresce tanto que realmente não posso dizer quando serei publicado".[24] Talvez por desespero, em 1870 ele comprou charutos, além de rapé e cigarros, pagando quase 5 libras a seu fornecedor de Londres.[25]

Contudo, ele sentia que era hora de ser franco. "O homem ainda carrega os selos indeléveis de sua origem inferior", escreveu em seu manuscrito sobre o "Homem".

> Os primeiros progenitores do Homem eram sem dúvida cobertos de pelo, e os dois sexos tinham barba; suas orelhas eram pontudas e capazes de movimentar-se; e seus corpos eram providos de um rabo, com os músculos apropriados. [...] Os pés, a julgar pela condição do dedão do pé no feto, eram então preênseis; e nossos progenitores, sem dúvida, tinham hábitos

---

22 Calculado a partir de Ellegard, 1990.

23 Palestra não publicada, Janet Browne, "Science and Medicine in Mudie's Circulating library", University of London, fevereiro de 2000.

24 A David Forbes, 31 de julho [1870], American Philosophical Society, Filadélfia.

25 Classed Accounts, Down House Archives.

arbóreos, frequentando um local quente e coberto de floresta. Os machos eram dotados de grandes dentes caninos, que lhes serviam como armas formidáveis.[26]

IV

Enquanto ele escrevia e se preocupava, seus filhos mais novos adotavam caminhos separados. Francis (Frank) tinha seguido George para o Trinity College Cambridge, primeiro estudando matemática e depois se voltando para ciências naturais e graduando-se nessa disciplina em 1970. Os exames finais de ciência natural, que datavam de 1851, tinham sido reformulados em 1861 e seriam completamente reestruturados em 1871, coincidindo com a inauguração das instalações do laboratório e do museu, um início do ritmo crescente das preocupações científicas do auge do período vitoriano.[27] Em Cambridge, Francis fez amizade com alguns jovens evolucionistas e fisiologistas que admiravam o trabalho de seu pai. Depois de se graduar, ele entrou em contato com Michael Foster, o carismático novo professor de fisiologia, e voltou-se para a medicina. Ele foi para a St. George's Medical School, em Londres, obtendo bacharelado em 1875, mas nunca exerceu a profissão de médico.

Leonard, o próximo mais velho da família, ingressou no exército assim que concluiu a escola e foi para a Woolrich Military Academy, onde se formou como engenheiro militar. Ele se interessava particularmente por fotografia e tornou-se um membro útil de expedições de levantamento topográfico. Horace, o filho mais novo, cujos estudos eram constantemente interrompidos por doença, tinha sido posto aos cuidados de um tutor privado antes de, como os irmãos, entrar no Trinity. Ele ingressou em 1868, mas não assumiu seu lugar de imediato por causa da saúde ruim, e levou seis anos, em vez dos quatro costumeiros, para se graduar, em 1874. A entrada de Leonard e Horace nessas instituições foi comovente. Leonard escolheu o exército porque se julgava o mais estúpido dos filhos e, a certa altura, perguntou a Darwin se um homem podia esperar se desenvolver como gênio depois dos 20 anos.[28] Horace, de modo semelhante, subestimava-se, pensando que só era bom para ocupações mecânicas. Darwin escreveu aos tutores de Horace na universidade para dizer como o garoto era frágil fisicamente e como sua educação deveria proceder com cautela. A atitude duvidosa

---

26 *Descent*, v.1, p.206.

27 Searby, 1997, v.3, p.203-33; MacLeod, 1982a.

28 Keynes, 1943, p.4.

do pai provavelmente não ajudou a encorajar a confiança deles. "Estive especulando ontem à noite o que faz de um homem um descobridor de coisas desconhecidas", disse Darwin a Horace em 1871, depois de este ter sido aprovado em seu primeiro exame em Cambridge. "Muitos homens que são muito inteligentes – muito mais que os descobridores – nunca originam nada."[29]

A segunda filha de Darwin, Elizabeth (Bessy), era muito mais silenciosa. Ela fora uma criança incomum, dada ao que Darwin chamava de estranhos "tremores, e faz tantas caretas extraordinárias como sempre". De acordo com Emma, sua fala era às vezes confusa e sua pronúncia, esquisita, embora as cartas que ela escreveu da escola e durante visitas ao exterior mostrem poucos sinais disso. "Ela não era boa em coisas práticas", disse um membro da geração seguinte que gostava muito dela, "e não poderia ter administrado sua vida sem um pouco de ajuda e orientação de vez em quando".[30] Àquela altura com vinte e poucos anos, parecia provável que ela permanecesse em casa com os pais.

Em todo caso, os filhos interessavam e davam satisfação a Darwin.

> Quando todos ou a maioria de vocês estão em casa (como, graças aos Céus, acontece com muita frequência), nenhum grupo pode ser, para meu gosto, mais agradável, e não desejo outra companhia,

ele escreveria em sua *Autobiografia*.[31] O sentimento era evidentemente recíproco. Quando os garotos vinham fazer visitas em grandes grupos sociáveis, acompanhados por amigos da universidade, todos tendo em mente danças, cavalos, bilhar e excursões de bicicleta, traziam para a velha casa um barulho e um vigor bem-vindos.

No entanto, eles descobriram que a crescente fama de Darwin podia às vezes ser uma imposição pesada. George, Francis e Horace davam-se com algumas pessoas da universidade que estavam passando a basear suas trajetórias profissionais nas teorias de Darwin. Eles aprenderam a reverenciar graciosamente as pressões da vida de celebridade a certa distância e devem por vezes ter-se perguntado se recebiam convites sociais porque se chamavam Darwin, nunca tendo muita certeza de que poderiam fazer uma carreira própria, especulando com frequência se colegas estavam tentando

---

29 *Emma Darwin*, v.2, p.253.

30 Raverat, 1952, p.146.

31 *Autobiography*, p.97.

conseguir um convite para jantar na Down House. Os textos de seu pai espreitavam todas as conversas. Francis encontrou *A origem das espécies* em seu currículo universitário, por exemplo, como resultado prático do entusiasmo de Alfred Newton e Henry Fawcett pela evolução por seleção natural. Nos exames finais de ciência natural, em 1871, o ano seguinte ao da graduação de Francis, Newton perguntou aos candidatos de biologia:

> Quais são as objeções às subdivisões cuvierianas da classe Aves? Que progresso foi feito na direção de uma organização mais natural e satisfatória da classe?

As melhores respostas incluíam uma discussão das propostas de Darwin. Fawcett foi explícito (e muito mais exigente) no exame de ciências morais:

> Como você considera que os princípios orientadores da teoria darwiniana se situam em relação à doutrina das Causas Finais?[32]

Na Down House, esses membros mais jovens da família eram obrigados a dividir o almoço de domingo com seguidores de Darwin. Os visitantes eram, às vezes, fonte involuntária de diversão. Henrietta sempre achou engraçados os fraseios excêntricos de Ernst Haeckel, em especial na vez em que ele elogiou os banquetes de Londres com as palavras: "Gosto de um bom pedaço de carne em uma restauração". Emma via os hóspedes com uma mistura de resignação e bom humor. "Hoje tivemos um Ianque consumado", observou em 1971.

> Ele é uma espécie de chacal do editor Appleton e tão divertido que todos tivemos grande dificuldade em evitar rir e não ousamos olhar um para o outro.

Em outros momentos, os visitantes eram um estorvo. Cada filho e filha parecia aceitar sem questionar as teorias de Darwin e era capaz de contribuir para a conversa. Até Emma, que talvez nunca tenha realmente aceitado as visões dele, embora conseguisse conviver com elas de modo bastante confortável, era uma anfitriã disposta e educada com evolucionistas dedicados. Como costuma acontecer nas famílias de pessoas famosas, a mulher e os filhos de Darwin eram engolidos em seu renome. No fundo,

32 Documentos de exame da Cambridge University Examination, 1871-72.

filhos e filhas eram obrigados a aceitar que Darwin não era apenas seu pai. Ele pertencia a todos.

Em certa medida, os filhos de Darwin não tinham muita consciência das consequências de seu envolvimento, até que começaram a fazer seu próprio progresso na vida. Estavam, claro, acostumados a ajudar Darwin em muitas tarefas menores em casa. Ao se tornarem adultos, todavia, viram que a fama crescente de Darwin transformava aquelas que em outras condições seriam pequenas tarefas familiares em contribuições úteis das quais cada um deles podia se orgulhar. Gradativamente, Darwin atraiu-os para suas táticas de disseminação pública de suas concepções.

Quando George levou Bessy a Paris para passar um período de férias com um grupo de Wedgwoods, em 1869, por exemplo, Darwin pediu a ele que fizesse visitas sociais a alguns de seus correspondentes evolucionistas. Destes, Jean Louis Quatrefages era para ele certamente o mais útil, embora nunca tenha aceitado as doutrinas de Darwin.[33] "Vous êtes incontestablement le chef de toutes les théories transformistes", escreveu ele a Darwin em 1869. "J'ai été heureux d'exprimer, publiquement tou l'estime que je porte en vous à l'homme et un savant." Darwin queria muito que seus amigos franceses entendessem a profundidade de sua gratidão. Obedientemente, George mandou seu cartão a Quatrefages ("um homem alto de boa aparência com suíças grisalhas e uma espécie de barba"), que lhe deu tanta atenção que George começou a pensar que "devo ter sido eu, afinal, quem escreveu *A origem*".[34]

Então, em maio de 1870, quando Darwin e Emma visitaram Cambridge para ver Francis em seu último ano como aluno de graduação no Trinity College, Darwin descobriu que poderia se dar facilmente com os jovens naturalistas do futuro. Emma e ele ficaram no Bull Hotel, admiraram o verdor da primavera ao longo dos Backs [a área atrás dos edifícios universitários que margeia o rio Cam] e almoçaram nos aposentos de Francis na faculdade. Darwin fez uma visita científica ao ornitólogo de Cambridge Alfred Newton, que havia adotado a teoria darwiniana, e não deixou de conversar com o embriologista Frank Balfour, irmão de Arthur Balfour, futuro primeiro-ministro, que já era um experimentalista famoso. Depois Francis convocou Frank Balfour para uma visita de fim de semana à Down

[33] Stebbins, 1988. Ver também carta de J.-L. A. Quatrefages, 29 de março de 1869, DAR 175.

[34] George Darwin a Henrietta Darwin, abril de 1869, arquivo Wedgwood/Mosely, Wedgwood Archive Collection, Keele University, 473.

House, e Darwin gostou imensamente dele. "Está aqui um jovem sr. Balfour, amigo de meu filho", escreveu a Galton mais tarde naquele ano.

> É muito inteligente e cheio de zelo por Hist. Nat. – Ele tem transplantado pedaços de pele entre ratos marrons e brancos, em relação com a Pangênese![35]

Darwin apreciou-o inicialmente como amigo de seu filho e como bom biólogo. O sentimento de família era facilmente traduzido em respeito científico, e vice-versa.

Durante a mesma visita a Cambridge, Darwin caminhou penosamente para ver seu antigo professor de geologia, Adam Sedgwick, no Trinity College. Sedgwick não perdera sua animação. Bem avançado nos oitenta anos, ele deixou Darwin esgotado ao conversar pelo gramado, enquanto lhe revelava que achara impossível perdoar seu ex-aluno quando da publicação de *A origem das espécies*.[36]

> Na segunda-feira, vi Sedgwick, que foi muitíssimo cordial e gentil: pela manhã, pensei que sua mente estava debilitada; à tarde, ele foi brilhante e estava como realmente o conhecemos. Seu afeto e sua gentileza encantaram a todos nós. Minha visita a ele foi, em certo sentido, infeliz; porque, após um longo período sentado, ele propôs me levar ao Museu; e não pude recusar, e em consequência ele me deixou inteiramente prostrado; de tal modo que partimos de Cambridge na manhã seguinte, e ainda não me recuperei da exaustão. Não é humilhante ser morto assim por um homem de 86 anos, que evidentemente nunca sonhou que estava me matando? – Como ele me disse, "Oh, eu o considero mero bebê".[37]

Os dois se desculparam a respeito de *A origem*. Mas "Cambridge sem o querido Henslow não era a mesma".

A inevitabilidade dessas ligações familiares baseadas no trabalho emergiria de forma semelhante no verão de 1871. Darwin enviou George e Francis aos

[35] Pearson, 1914-30, v.2, p.176.

[36] Emma Darwin a Fanny Allen, arquivo Wedgwood/Mosely, Wedgwood Archive Collection, Keele University.

[37] *Life and Letters*, v.3, p.124. Ver também carta de Sedgwick, 30 de maio de 1870, *More Letters*, v.2, p.236-7.

Estados Unidos para uma viagem de férias acompanhada de uma grande quantidade de apresentações a todos os correspondentes norte-americanos. Os filhos estabeleceram contatos pessoais valiosos para ele entre os darwinianos transatlânticos. Além disso, em um hotel em San Francisco, dois hóspedes viram o nome Darwin no livro de registro e foram visitá-los. Um deles tinha almoçado com Darwin um ou dois anos antes na casa de Erasmus, em Londres.[38]

V

Enquanto Darwin escrevia *The Descent of Man*, sua crescente celebridade assumiu um novo aspecto. Em 1870, recebeu uma carta de *lord* Salisbury, chanceler da Oxford University, concedendo-lhe um título honorário de D.C.L. [Doutor em Direito Civil], a honra pública mais elevada que a universidade podia conceder.

Ele ficou totalmente surpreso. Oxford era o último lugar do qual ele poderia esperar ter notícias. A universidade era renomada por sua religiosidade *high church* e por seu conservadorismo em todas as questões científicas. Afinal, tinha sido o cenário do duelo entre Huxley e Wilberforce. John Phillips, velho oponente de Darwin, ainda dominava o Natural History Museum com mão de ferro. Holman Hunt estava prestes a instalar sua pintura chamada *Light of the World* [Luz do mundo] na capela do Keble College, e Burne-Jones, seu vitral de Santa Catarina na catedral da Christ Church. Hunt tinha "um horror santo de Darwin", exclamou seu amigo Edward Lear.[39] Ao mesmo tempo, Charles Lutwidge Dodgson, tutor de matemática em Christ Church e autor de *Alice nos país das maravilhas*, recorria aos professores e à política interna da vida universitária para se inspirar. A duquesa de *Alice no país das maravilhas* era a própria imagem do bispo Wilberforce. "Se todo mundo cuidasse de sua vida", resmungava, "o mundo giraria um pouco mais depressa do que gira".[40] Em resumo, Darwin não podia imaginar uma instituição menos propensa a apreciar o racionalismo frio de sua obra. Não obstante, ele de fato tinha conhecidos em alguns dos novos departamentos de ciência, entre eles Henry Acland, professor de medicina, George Rolleston, de anatomia, e o jovem Benjamin Brodie, professor de química, livre-pensador que se recusava a subscrever os 39 Artigos do credo conservador da igreja anglicana.

---

[38] Emma Darwin a Fanny Allen, carta sem data, arquivo Wedgwood/Mosely, Wedgwood Archive Collection, Keele University.

[39] Woolner, 1917, p.284.

[40] Ver Jones e Gladstone, 1998.

Acabou ficando claro que a honra vinha diretamente de *lord* Salisbury, conhecido reacionário doutrinal. Mas Salisbury era também um homem culto da velha escola, amplamente lido nas humanidades, que logo se tornaria líder do partido conservador e no fim (depois da morte de Disraeli) o primeiro-ministro favorito da rainha Vitória. Era também, por acaso, tio do biólogo Frank Balfour, de Cambridge, e parente distante, por casamento, do lado Allen da família Wedgwood. ("George vai voltar para o baile Hatfield?", perguntou uma tia Allen depois de saber de um convite para visitar a mansão de Salisbury. "*Lady* Salisbury está se recordando muito graciosamente de seus primos.") Tentando firmar a importância da ciência de Oxford, embora sentisse que as universidades não deviam ensinar nada contrário às escrituras, Salisbury indicou Darwin, Huxley e Tyndall para sua primeira leva de títulos honorários. Em retrospecto, parece claro que o novo racionalismo agora era aceitável até para *lord* Salisbury.

Mas o conselho Hebdomadal – órgão dirigente dos professores – entrou em erupção. Edward Pusey, ritualista *high church*, recebeu a proposta de Salisbury como um ataque direto à fé. Irritado, ele apresentou três nomes alternativos. Quando Benjamin Jowett se opôs às indicações de Pusey unicamente para exasperá-lo, Henry Acland e Henry Liddon tentaram convencer Pusey a aceitar as indicações originais. "Quero evitar a questão de se as inferências de Darwin estão corretas", disse Acland a Pusey.

> São a excepcional eminência e o caráter como trabalhador de Darwin que justificam e exigem que eu lhe peça respeitosamente que pare antes que provoque a rejeição dele aqui.[41]

No fim, Pusey disse que não estava "contra Darwin" nem sequer contra a ciência como tal. Ele discutia ocasionalmente questões ligadas à evolução do mundo com Rolleston, professor de anatomia da universidade, e mais tarde fez um sermão ponderado conciliando ciência e revelação. Era Huxley quem o irritava. Ele se permitiu ser persuadido a respeito de Darwin desde que o nome de Huxley fosse eliminado. É provável que a história toda refletisse de forma clara o modo como Huxley e Darwin eram considerados individualmente pelo *establishment* teológico da época – um era aceitável se necessário, o outro, enfaticamente não.[42]

---

41 Aday, 1903, p.348. Ver também Ward, 1965.

42 A. Desmond, 1997. Royle, 1984, dá uma ideia de quão perigosas as opiniões de Huxley podem ter parecido aos professores conservadores de Oxford. Ver também Lightman, 1987.

Huxley expressou uma satisfação enganosa com sua rejeição.

> Parece ter havido um tremendo tumulto no conselho do Hebdomadal sobre certas pessoas que foram propostas; e me disseram que Pusey veio a Londres para se certificar por um amigo confiável de quem eram os heréticos mais malévolos da lista proposta – e que ele ficou contente em concordar com você receber o doutorado, quando voltou – para manter de fora sete demônios piores que esse primeiro![43]

O título de Darwin nunca foi concedido. Embora ele fosse anunciado no *Daily News* em 20 de junho de 1870, Darwin escreveu de volta a Salisbury dizendo que estava doente demais para fazer a viagem até Oxford para a cerimônia. Como os títulos honorários só eram conferidos em pessoa, Darwin aparentemente tomou uma decisão consciente de recusar a honra. Depois de ter recebido a carta de Huxley, é provável que as circunstâncias lhe tenham parecido tão problemáticas que sua reação imediata foi se retirar, apesar de Huxley declarar que "Eu queria que você pudesse ter ido a Oxford, não em seu benefício, mas no deles". Darwin aparentemente não queria ser usado como ferramenta política. Totalmente mais animado, Huxley tirou proveito da mudança de situação e enfiou um parágrafo na *Nature* comprazendo-se maliciosamente de que Darwin "declinou a homenagem" de Oxford.

Alguns dos professores de Oxford não estavam dispostos a deixar Darwin se livrar com tanta facilidade. Em uma moção do Hebdomadal que até este momento não havia sido divulgada, Liddon propôs que o título de Darwin lhe fosse conferido *in absentia*, concessão que exigiria uma resolução separada e outra votação do conselho. Isso ocorreu. A votação ficou empatada e, de acordo com as regras, a moção não foi aprovada. De fato, o título de Darwin foi retirado e Salisbury sofreu uma derrota.

Darwin nunca expressou queixa a respeito da recusa do título de Oxford. Mas teve dificuldade de se explicar. Quando Bartholomew Sulivan, seu velho amigo do *Beagle*, escreveu para parabenizá-lo pela honraria, ele só conseguiu dizer:

> Neste outono publicarei outro livro versando em parte sobre o Homem, que ouso dizer que muitos censurarão como perverso. – Eu poderia ter viajado a Oxford, mas não teria suportado

[43] L. Huxley, 1900, v.1, p.331.

> a empolgação de uma comemoração assim como não suportaria um baile no Palácio de Buckingham.[44]

Huxley, por outro lado, teve grande prazer em rejeitar a cátedra de anatomia Linacre da universidade quando esta lhe foi oferecida em 1881; depois recusou o mestrado do University College Oxford porque, como disse de modo condescendente, estava "muito ocupado". Mas cedeu quando lhe ofereceram um título honorário por seus méritos em 1885. Aceitou-o alarmado. "Começo a pensar que talvez eu ainda me torne bispo", murmurou gratificado.

VI

Enquanto isso, Darwin levava adiante sua luta com o livro. "Muitas interrupções", anotou em seu diário. A julgar pelo produto final, ele estava tentando fazer uma quantidade excessiva de coisas diferentes. Para mostrar que os seres humanos eram membros incontestáveis do reino animal, apresentou uma pletora de informações sobre a história natural da humanidade, extraídas de ampla variedade de fontes. Também elaborou as ligações entre faculdades mentais de animais e seres humanos. Então, discutiu linguagem, moral e música. Ainda mais importante, deu a suas concepções sobre "seleção sexual" um desenvolvimento importante em seus esquemas, que explicava, como ele pensava, os padrões físicos comportamentais divergentes entre machos e fêmeas, animais ou humanos. Perto do fim do livro, ele argumentou que essa noção de seleção sexual poderia explicar a origem da diversidade geográfica humana, talvez até os fundamentos da própria civilização humana.[45] O resultado foi um livro abarrotado de detalhes que mais ou menos obscureciam os argumentos importantes que ele tentava apresentar.

Darwin abria o ataque declarando que "não há diferença fundamental entre o homem e os mamíferos superiores em suas faculdades mentais". Ele substanciava isso com uma série de observações engenhosas do comportamento animal, desde cavalos que conheciam o caminho para casa, até formigas que defendiam sua propriedade, chimpanzés que usavam perucas como implementos, *bowerbirds* [pássaros-construtores] que admiravam a beleza de seus ninhos, e gatos que sonhavam com coelhos.[46] A natureza doméstica das observações de Darwin nessa área, as grandes doses de an-

---

44 A B. J. Sulivan, 30 de junho de 1870, *Calendar*, 7256.

45 Cronin, 1991. Ver particularmente Jann, 1994.

46 *Descent*, v.1, p.35.

tropomorfismo voluntário, seu evidente prazer em atividades campestres tradicionais e os vislumbres que ele fornecia da agradável vida doméstica de um cavalheiro vitoriano, "esses contos de fada da ciência", como Frances Power Cobbe os chamaria, provavelmente contribuíam para abrandar um pouco os leitores antes de ele confrontá-los com o choque dos símios na árvore genealógica da família.

Grande parte do livro era dedicada a discutir as origens animais das faculdades que tornam os humanos plenamente humanos – linguagem, capacidade de raciocínio, moralidade, autoconsciência, senso religioso, memória e imaginação.

> Ninguém supõe que um dos animais mais inferiores reflita sobre de onde vem ou para onde vai – o que é a morte ou o que é a vida, e assim por diante. Mas podemos ter certeza de que um velho cão com uma memória excelente e algum poder de imaginação, como mostrado por seus sonhos, nunca reflita sobre seus prazeres passados na caça? e isso seria uma forma de autoconsciência.[47]

Explicar o poder da fala humana era obviamente crítico para ele, não só porque o dom da linguagem era intrínseco à definição de ser humano, mas também porque a linguística e a filologia comparativa detinham na época uma posição de liderança na erudição acadêmica. Na década de 1870, desenvolvera-se uma espécie de reviravolta evolucionária no estudo especializado da linguística, em que ideias sobre a "descendência" das palavras produziam percepções frutíferas sobre as histórias das línguas.[48] As imagens funcionavam nos dois sentidos. Lyell havia ilustrado o valor dos paralelos entre línguas e o registro fóssil em seu *Antiquity of Man*, e Darwin também os mencionava em várias edições de *A origem das espécies*, elogiando seu primo Hensleigh Wedgwood, F. W. Farrar e o filólogo alemão August Schleicher por terem identificado reveladores vestígios de línguas antigas em palavras modernas. Grupos de línguas podiam ser classificados por relacionamento, exatamente como as espécies, e a presença de rudimentos tanto em línguas como em espécies "é notável". Darwin ficou interessado ao saber por carta que Haeckel tinha dado um exemplar da tradução alemã de *A origem das espécies* a Schleicher em 1860, e que este reconstruíra a genealogia das línguas indo-europeias em parte imitando as

---

47 *Descent*, v.1, p.62.

48 Taub, 1993; Alter 1999, p.73-9, 100. Ver também *Descent*, v.1, p.53.

árvores evolucionárias de Haeckel.[49] Schleicher brincou com Haeckel que os filólogos eram muito melhores para rastrear ligações ancestrais entre palavras que os evolucionistas o eram para fazer o mesmo com animais.

Mas a genealogia das línguas era um tanto diferente do surgimento da fala humana. Darwin desejava particularmente contestar a visão de Friedrich Max Müller de que a faculdade da linguagem apresentava uma barreira insuperável entre animais e humanos. Müller tinha dito isso ao resenhar uma tradução do panfleto de Schleicher sobre "Darwinism tested by the science of language" [Darwinismo testado pela ciência da linguagem] para a *Nature*, em 1870.[50] Darwin passara a acreditar que a capacidade de falar surgira de modo muito diferente, gradualmente a partir das vocalizações sociais dos símios, e fora mais desenvolvida nas primeiras sociedades humanas por meio da imitação de sons naturais.

> Como os macacos certamente entendem muito do que lhes é dito pelo homem, e como em estado de natureza eles emitem gritos sinalizadores de perigo para seus companheiros, não parece inteiramente incrível que um animal incomumente sagaz semelhante ao símio tenha pensado em imitar o rosnado de uma fera predadora, de modo a indicar a seus companheiros macacos a natureza do perigo esperado. E esse teria sido um primeiro passo na formação da linguagem.[51]

Darwin tinha uma atitude igualmente ousada ao lidar com a religião. Usando uma sugestão do antropólogo cultural Edward Tylor, ele traçou uma evolução comparativa do senso religioso, propondo que a crença religiosa era, em última instância, nada mais que um impulso primitivo para atribuir uma causa a eventos naturais de outra maneira inexplicáveis. A princípio, os sonhos podiam ter dado origem à ideia de espíritos, como sugeria Tylor, ou a animismo, em que plantas e animais pareciam estar imbuídos de espíritos. Darwin sugeria que essas crenças poderiam facilmente se transformar em uma convicção sobre a existência de um ou mais deuses que dirigiam os assuntos humanos. À medida que as sociedades avançavam em civilização, os valores éticos seriam ligados a tais ideias. O politeísmo se transformaria em monoteísmo. "Superstições e costumes estranhos" dariam lugar ao

---

49 Alter, 1999, p.111-26.

50 *Nature*, 6 de janeiro de 1870, p.257, referindo-se a Schleicher, 1863, traduzido por Bikkers em 1869.

51 *Descent*, v.1, p.56.

"melhoramento da razão, à ciência e a nosso conhecimento acumulado". Darwin tomou o cuidado de separar esse impulso instintivo para acreditar em qualquer sentimento moral em desenvolvimento. Ao manter os dois separados, ele podia mostrar as raízes biológicas de ambos, evitando críticos que poderiam argumentar que sentimentos morais mais elevados eram conferidos por uma única divindade onipotente. Em resumo, ele não fazia segredo de sua descrença de que a religião tivesse uma base racional. Os seres humanos têm uma necessidade biológica de acreditar, sugeria. Com audácia, comparava a devoção religiosa ao "amor de um cão por seu dono".

Darwin testou cuidadosamente essas visões, primeiro com seus amigos e parentes mais ponderados, aproveitando uma visita ocasional aos Wedgwood, em Londres, para consultar sua sobrinha Julia (Snow) Wedgwood. "P. está trabalhando intensamente na questão moral do homem", disse Emma em 1870,

> e teve conversas com Snow sobre a definição do sentimento religioso, nas quais ela só admitiu amor e reverência e excluiu o medo, mas no fim reconheceu que estava enganada. P. está profundamente interessado na questão e eu queria que ela estivesse concluída, porque o absorve demais e ele teve de passar um dia descansando.[52]

Quanto à moralidade, ele não pôde resistir a ponderar que o conceito era apenas relativo. Uma longa experiência de observação com animais de estimação domésticos e sem dúvida também com seus filhos dizia-lhe que os seres vivos tinham de aprender a diferença entre "bom" e "mau" comportamento – o conhecimento não era inato. Membros de sociedades "primitivas", da mesma maneira, tinham ideias muito diversas sobre comportamento. Ele citava o modo como algumas tribos aderiam a sistemas de valores que chocavam os europeus. Se as abelhas de colmeia algum dia se tornarem tão inteligentes como os seres humanos, continuava perversamente, fêmeas solteiras pensariam que era "um dever sagrado matar seus irmãos, e mães pensariam em matar suas filhas férteis; e ninguém pensaria em interferir".[53]

É claro que Darwin propunha isso mais para causar efeito que por necessidade lógica, porque em seguida ele argumentava que os valores humanos mais elevados só emergiam e se disseminavam quando a civilização humana progredia, o que significava que dever, autossacrifício, virtude, altruísmo e

---

52 A carta de Emma Darwin está em DAR 219.9.72. A crítica de Julia Wedgwood está em DAR 139.12, p.17.

53 *Descent*, v.1, p.73.

humanitarismo eram adquiridos muito tarde na história humana e talvez não no mesmo grau por todas as tribos ou grupos. Alguns grupos exibiam essas qualidades mais que outros, observou; e é claro que ele pensava que tinha havido avanço progressivo do sentimento moral das sociedades antigas (tais como a Roma antiga), que ele dizia serem "bárbaras", para o mundo educado que ele pessoalmente habitava.

> Quão pouco os antigos romanos sabiam de [compaixão] é mostrado por suas abomináveis exibições de gladiadores. A própria ideia de humanidade, pelo que pude observar, era nova para a maioria dos gaúchos dos pampas.

Dessa maneira, ele mantinha a nobreza inglesa em sua mente e na mente de seus leitores como representativa de tudo que havia de melhor na cultura do século XIX. Os valores "mais elevados" eram, para ele, evidentemente os de sua classe e de sua nação.

Mesmo senso de dever era para ele baseado biologicamente nos instintos sociais.

> O estágio mais elevado da cultura moral a que podemos chegar é quando reconhecemos que devemos controlar nossos pensamentos.

Por certo, Darwin elogiava a nobreza intrínseca desse sentimento moral, citando Immanuel Kant.

> Dever! Pensamento maravilhoso que não opera nem por insinuação afetuosa nem por bajulação nem por qualquer ameaça [...] é por isso original?[54]

Contudo, ele afirmava que até o sentimento de dever podia emergir de fontes animais. Tal como ele o descrevia, uma macaca que se sacrificava voluntariamente por seus descendentes não apenas assegurava a sobrevivência de seus filhos, mas também supria a geração seguinte com as "gêmulas" hereditárias que favoreciam de novo essa ação. Aí havia a influência dos valores sociais de Darwin. Pessoalmente, declarava, ele preferiria descender de uma macaquinha heroica que sacrificava a vida que de um selvagem

[54] *Descent*, v.1, p.71.

> que tem prazer em torturar seus inimigos, oferta sacrifícios sangrentos, pratica o infanticídio sem remorso, trata suas esposas como escravas, não conhece decência e é assombrado pelas superstições mais grosseiras.[55]

É evidente que, embora rejeitasse as armadilhas exteriores da religião anglicana estabelecida, ele subescrevia vigorosamente seus valores subjacentes e a presumida marcha para a frente da civilização. Como Wallace, e tantos outros contemporâneos, Darwin acreditava na hierarquia das nações.

> Por mais obscuro que seja o problema do avanço da civilização, podemos pelo menos ver que uma nação que produzisse durante um período extenso o maior número de homens extremamente intelectuais, enérgicos, bravos, patrióticos e benevolentes possivelmente prevaleceria sobre nações menos favorecidas.[56]

Mas, na verdade, ele achava difícil atribuir uma verdadeira ancestralidade biológica aos seres humanos. De modo breve, ele rastreava os seres humanos até os macacos do Velho Mundo (Catarrhina), dizendo que a espécie humana devia ter divergido do macaco padrão original consideravelmente antes dos símios antropoides, provavelmente em um momento próximo das formas hoje extintas de Lemuridae. Ele reconhecia também os grandes símios como os parentes mais próximos da humanidade. Darwin sabia muito pouco sobre macacos fósseis e só podia nomear o *Dryopithecus*, o maior símio fóssil identificado nos depósitos da Europa naquela época. E sabia quase tão pouco sobre a humanidade fóssil, fazendo apenas uma referência de passagem ao crânio Neanderthal, que ainda era um fóssil contestado. Para a segunda edição de *The Descent of Man*, ele pediu a Huxley que preenchesse essa lacuna com um ensaio atualizado sobre achados fósseis. Ele só podia palpitar sobre as possíveis razões de formas humanas ancestrais terem abandonado as árvores, perdido sua cobertura de pelos e se tornado bípedes. Não obstante, ele usou o trabalho de Haeckel nessa área para fazer a linhagem primata recuar através de marsupiais, monotremados, répteis, anfíbios e peixes, terminando nos ascidianos, avôs de todos eles. Darwin escreveu que Aleksandr Kovalevsky o havia informado de suas pesquisas em ancestralidade dos vertebrados na Estação Zoológica, em Nápoles.

---

55 *Descent*, v.2, p.404-5.
56 *Descent*, v.1, p.180.

> As larvas de ascidianos estão relacionadas aos vertebrados, em sua maneira de desenvolvimento, na posição relativa do sistema nervoso e na posse de uma estrutura estreitamente semelhante à *chorda dorsalis* dos animais vertebrados. Parece, portanto, se pudermos confiar na embriologia, que sempre provou ser o guia mais seguro em classificação, que finalmente obtivemos uma pista para a fonte da qual os vertebrados derivaram.[57]

No fim de sua discussão da árvore genealógica humana, ele prestava um tributo à variedade e à profundidade do saber de Haeckel, declarando que, se tivesse publicado antes seu *Natürliche Schöpfungsgeschichte* (1868, tradução inglesa de 1870), no qual discutia a genealogia da humanidade, Darwin não teria levado adiante seu próprio livro sobre o mesmo assunto.

Essa era uma proposta de ancestralidade surpreendente. Contudo, mesmo aqueles com mentalidade mais tradicional veriam algo de admirável na absoluta sinceridade de Darwin. William Darwin Fox considerou interessante o trabalho do primo. Ele não ficou tão surpreso quanto achava que devia ficar. Era uma situação curiosa para ele – como pároco rural – ter um autor perigoso como amigo e parente.

> Suponho que você esteja prestes a provar que o homem é um descendente de macacos etc. etc. Ora, ora! – gostarei muito de ler isso. Agora desisti desse argumento. Os três principais pontos de diferença para minha mente eram os homens bebem, fumam e surram suas esposas – e as feras não. [...] Acho que nem mesmo *você* vai me convencer de que meus ancestrais foram algum dia símios – mas veremos. Não tenho escrúpulo *religioso* sobre nenhuma dessas questões. Vejo claramente como enfrentá--las – mas vejo muitos pontos que não consigo superar, que me impedem de concordar com você "de cabo a rabo". [...] Por que você e a sra. Darwin não vêm até aqui, quando você tiver terminado seu livro – e você poderá estudar meus macaquinhos e macaquinhas.[58]

---

57 *Descent*, v.1, p.205.

58 De W. D. Fox, 18 [de novembro de 1870], DAR 164.

VII

No centro, estava a ideia de Darwin de seleção sexual. Esta era sua contribuição especial para a história evolucionista da humanidade, sua resposta a Wallace, Lyell e outros, e a todos os resenhistas e críticos dos doze anos anteriores. "Não pretendo afirmar que a seleção sexual explicará todas as diferenças entre as raças", escreveu no livro. Não obstante, ele tinha certeza de que ela era "o principal agente na formação das raças do homem". A seleção sexual era "o meio mais poderoso de mudança das raças do homem que conheço".

Em resumo, Darwin afirmava que os seres humanos eram como animais, no sentido de que possuíam muitas características preservadas e desenvolvidas unicamente porque contribuem para o sucesso reprodutivo. Assim como os faisões tinham desenvolvido penas na cauda para aumentar suas chances no jogo do acasalamento, os humanos tinham desenvolvido traços característicos que promoviam o sucesso reprodutivo individual. Esses traços eram fluidos, mutáveis e não diretamente relacionados a adaptação e sobrevivência. Mas Darwin levava essa afirmação muito além da mera aquisição de características sexuais secundárias. Por esses meios, ele pensava poder explicar também os atributos geográficos e comportamentais divergentes dos seres humanos, tais como cor da pele, textura do cabelo, sentimentos maternais, bravura, coesão social e assim por diante. A preferência por certas cores de pele era um bom exemplo. Ele sugeria que os homens escolhiam esposas de acordo com ideias localizadas de beleza. Em consequência, a cor da pele de uma população mudava gradualmente.

De modo semelhante, a seleção sexual entre seres humanos podia reforçar traços mentais como amor materno, bravura, altruísmo, obediência, trabalho intenso e a "engenhosidade" de qualquer população dada; ou seja, a escolha humana funcionaria sobre os instintos animais básicos e os impulsionaria em direções particulares.

> Os homens mais fortes e mais vigorosos – aqueles que podiam melhor defender e caçar para suas famílias, e, em tempos posteriores, os comandantes ou chefes –, aqueles que eram dotados das melhores armas e que possuíam a maior propriedade, tal como um maior número de cães ou outros animais, teriam conseguido criar um número médio de descendentes maior que os membros mais fracos, mais pobres e inferiores das mesmas tribos. Não pode haver dúvida de que tais homens em geral teriam sido capazes de selecionar as mulheres mais atraentes. [...] Se, então, as várias proposições decorrentes forem admitidas, e não

> consigo ver que elas sejam duvidosas, seria uma circunstância inexplicável se a seleção das mulheres mais atraentes pelos homens mais poderosos de cada tribo, que criariam na média um número maior de filhos, após o lapso de muitas gerações, não modificasse em certa medida o caráter da tribo.[59]

Com efeito, a humanidade constituía-se produzindo e preservando diferenças, processo que espelhava amplamente o entendimento que Darwin tinha da seleção artificial em que agricultores escolhiam traços para "uso ou ornamento", imprimindo seu próprio gosto ou julgamento aos organismos.

Quando analisou as sociedades humanas desse modo, Darwin aventurou-se por um terreno espinhoso. Seu naturalismo expressava explicitamente a noção de raça em termos evolucionistas e biológicos, reforçando ideias contemporâneas de uma hierarquia racial que replicava a ordenação dos animais. E ele não tinha escrúpulos em usar as desigualdades culturais entre populações para substanciar sua hipótese evolucionista. Darwin certamente acreditava que os princípios morais e culturais de seu povo e de sua época eram de longe os mais elevados que tinham surgido na história da evolução. Ele acreditava que a biologia sustentava o vínculo matrimonial. Acreditava na superioridade intelectual inata do macho, afiada pelas pressões seletivas de éons de caça e luta.

> Evitar inimigos ou atacá-los com sucesso, capturar animais selvagens e inventar e modelar armas requer a ajuda de faculdades mentais superiores, a saber, observação, razão, invenção ou imaginação. Essas várias faculdades terão, portanto, sido continuamente testadas e selecionadas durante a vida adulta masculina. [...] Assim o homem acabou se tornando superior à mulher.[60]

A possibilidade de escolha feminina entre os seres humanos dificilmente encrespava a superfície do argumento de Darwin, embora ele afirmasse repetidas vezes que a escolha feminina era o motor primário da seleção sexual nos animais. As sociedades primitivas, ele concedia, podiam ser matriarcais ou polígamas. Todavia, ele considerava isso como um estado de coisas tosco, um passo muito pouco distanciado dos animais. A sociedade

---

59 *Descent*, v.2, p.368-9.

60 *Descent*, v.2, p.327-8. Jann, 1994, analisa os pressupostos masculinos que sustentavam a biologia sexual de Darwin. Ver também E. Richards, 1983.

humana avançada, para a mente de Darwin, era patriarcal, baseada no que era então assumido a respeito do comportamento dos primatas e da chamada estrutura "natural" das sociedades civilizadas. Para ele, era evidente que em regimes civilizados os homens é que faziam as escolhas. Um número limitado de mulheres podia às vezes estar em condição de escolher seus parceiros (talvez pensasse em herdeiras, na realeza ou em belas heroínas em romances). Mas sua visão do comportamento de acasalamento era uma expressão explícita de sua classe e seu gênero. A personalidade de Darwin também era bastante evidente. Sua descrição das práticas de corte em *The Descent of Man* apresentava um quadro romantizado de "rústicos" em uma feira campestre, "cortejando e brigando por causa de uma bela moça, como pássaros em um de seus locais de reunião". Para ele, os machos vitorianos estabeleciam o alcance da evolução.

Por mais que tentasse, ele não podia escapar das complicações de sua obra. "Acho o ensaio sobre o homem muito interessante, mas muito difícil; e as dificuldades do senso moral me causaram muito trabalho", contou ele a Asa Gray em 1870.[61] Ele estava ansioso sobre abrir novo terreno em tantas áreas diferentes. Acima de tudo, queria que essas noções sobre seleção sexual ficassem absolutamente corretas. "A seleção sexual foi uma tarefa tremenda", escreveu a Wallace. "O destino ordenou que praticamente todos os pontos sobre os quais divergimos fossem aglomerados neste volume."[62]

VIII

Por fim, ele terminou e despachou o manuscrito para John Murray, seu editor. Murray fez um pouco de cara feia para o tema. Apesar de sua familiaridade com os tópicos inortodoxos de Darwin e de sua determinação de não deixá-los atrapalhar uma relação de negócios bem-sucedida, esse livro sobre ancestralidade humana abalou sua crença na história da Bíblia muito mais que *A origem das espécies*. Previdente, ele pediu a opinião de seu amigo Whitwell Elwin e não ficou surpreso com o golpe que voltou no retorno do correio. Elwin não era mais editor da *Quarterly Review*, de Murray, mas ainda possuía os princípios de um clérigo rural. "Poderia ser inteligível que o rabo de um homem fosse jogado fora quando ele não tivesse mais ocasião para balançá-lo", trovejou,

> embora eu devesse pensar que os selvagens ainda o teriam achado útil, em climas tropicais, para afastar insetos. [...] Os argumen-

[61] A Asa Gray, 15 de março [1870], Gray Herbarium, Harvard University.

[62] Marchant, 1916, v.1, p.247.

> tos nas folhas que você me enviou me parecem pouco melhores que bobagens.[63]

Murray concordou em parte. Pouco a pouco, em seu tempo ocioso, à noite, o editor começou a montar seu próprio comentário científico, uma crítica modesta de Lyell e seus associados, que ele intitulou *Scepticism in Geology* [Ceticismo em geologia], publicada em 1877 sob o pseudônimo "Verifyer" [Verificador], na qual ele, de modo educado, mas decidido, dissociava-se da história natural secular que apresentara com tanto sucesso ao público. Murray não era nem radical nem conservador em questões religiosas, ficando no meio do caminho, e seu dilema pessoal em relação à idade da Terra e ao "desenvolvimento natural em outros ramos da história natural" certamente refletia pelo menos uma parte do desconforto de muitos dos leitores mais comuns de Darwin. Se Murray alguma vez mostrou suas opiniões pessoais, foi nesse caso. Ele retrucou.

Henrietta Darwin era evidentemente feita de matéria mais dura, pois revisou as provas de *The Descent of Man* enquanto estava no sul da França com seus primos Edmund e Lena Langton, praticamente não se abalando com a conversa rude de seu pai sobre a exibição sexual. Ao pedir a ela que fizesse isso, Darwin confiava em sua competência editorial. Mais tarde naquele inverno, quando Thomas Farrer encontrou Henrietta em um evento social em Londres, ele a "repreendeu" de forma bem-humorada em nome de Darwin por ela estar na cidade se divertindo quando *The Descent of Man* ainda não havia sido publicado.

Henrietta revisara provas para o pai pela primeira vez quando tinha dezoito anos e ele estava produzindo orquídeas; e ele havia cada vez mais recorrido a ela e durante sua longa doença, de 1864 a 1866. Todos os membros da família estavam acostumados a ajudar os livros dele de uma forma ou de outra. Francis se lembrava de como o pai corrigia as provas primeiro a lápis, depois a tinta, pedindo então aos filhos menores que apagassem as marcas de lápis. Emma às vezes copiava manuscritos para ele, o que é comprovado por uma das poucas páginas restantes do manuscrito original de *The Descent of Man*, que apresenta sua caligrafia.[64] Ela também revisava provas, embora

[63] W. Elwin a John Murray, 21 de setembro de 1870, John Murray Archives. Publicado em parte em Paston, 1932, p.230-2.

[64] University College London, Arquivos, Pearson papers 613, p.3. Para a ajuda feminina em assuntos científicos, ver M. J. Peterson, 1989.

> principalmente para encontrar erros de impressão e criticar a pontuação; e então meu pai costumava discutir com ela especialmente vírgulas.

É claro que o papel de Henrietta como editora se destacava dos demais. Ela era boa nisso.

> Ele costumava dizer como Hen. era uma boa crítica e às vezes citava, rindo, as anotações a lápis feitas por ela, como "esta sentença é horrível".[65]

Há poucas evidências a sugerir que Darwin a usava meramente como uma censora feminina conveniente ou como uma vigilante moral padrão, que o ajudava a identificar em *The Descent of Man* qualquer insinuação de impropriedade novecentista.

Ao contrário, ela comprimia a prosa dele, escrevia comentários na margem e indicava passagens difíceis de entender. Todas tarefas que ele se sentia incapaz de pedir que um de seus amigos do sexo masculino fizesse. Começou a surgir entre a filha e ele uma apreciação amistosa do intelecto um do outro, uma solidariedade mútua apreciada por ambos. Ainda que a produção intelectual de suas mulheres fosse estritamente demarcada, é evidente que Darwin apreciava os conselhos e o trabalho delas.

Ele não conseguiu evitar a emissão de um monte de instruções paternas.

> Minha querida H.
>
> Por favor, leia o Cap. I *do começo ao fim* sem um lápis na mão, para poder julgar o esquema geral; já que, também, desejo particularmente saber quais partes são extratediosas; mas lembre-se de que o manuscrito é sempre *muito* mais tedioso que o impresso. O objeto do cap. é simplesmente a comparação da mente em homens e animais: no cap. seguinte, discuto o progresso da moral etc. [...] Não mando notas de rodapé, pois não tenho cópia e elas são quase inteiramente meras autoridades. – Depois de ler uma vez do começo ao fim, quanto mais tempo você puder dedicar à crítica profunda ou correções de estilo, mais grato serei. – Por favor, faça qualquer correção longa em tiras de papel separadas, deixando uma margem branca estreita, e cole-as na margem de cada folha, para que eu possa virar cada uma para

---

[65] DAR 112, p.144.

> trás e ler enquanto ainda estiver presa à página apropriada. – Isso me poupará de um mundo de problemas. Só Deus sabe o que você pensará do todo, pois não posso conjecturar. – Você é mesmo uma garota muito boa por assumir a tarefa. [...] (Temo que partes sejam parecidas demais com um sermão: quem jamais teria pensado que eu me tornaria um pároco?)[66]

Henrietta deve ter parecido uma figura curiosa no exterior, passando a manhã a corrigir a explicação de seu pai para a seleção sexual, depois pondo um boné e um xale para caminhar pelo passeio na "perversa Mônaco", o *resort* de jogo da moda e centro do *beau monde* europeu. Essa experiência dual provavelmente contribuíra mais para moldar suas visões sobre as relações humanas que qualquer outra antes de seu casamento. Ela gostava de trabalhar com o pai e sentia que entendia os argumentos dele. De fato, com certeza aprendeu mais sobre os impulsos biológicos dos homens do que seus pais jamais esperaram que ela soubesse. Fica claro pelas poucas folhas de prova que ainda existem que ela leu o manuscrito inteiro, da atração sexual das barbas à proporção numérica dos sexos.

"Suas correções e sugestões são *excelentes*", garantiu Darwin a ela.

> Adotei o maior número e estou certo de que elas são melhoramentos muito grandes. – Algumas das transposições são justíssimas. Você me prestou um bom serviço; mas por Júpiter, como você deve ter trabalhado com afinco e quão completamente [*thoroughly*, grafado por Darwin incorretamente como *thoroughily*] você deve ter dominado meu manuscrito. Estou contente com este capítulo agora que ele vem novo para mim.

Ele assinou "Seu afetivo, admirador e obediente pai".[67] Depois, deu a ela um presente de 30 libras dos lucros, como reconhecimento pela ajuda que recebera.

> Vários resenhistas falam do estilo lúcido e vigoroso etc. Agora sei quanto devo a você nesse aspecto, que inclui a organização, sem mencionar os auxílios ainda mais importantes no raciocínio.[68]

[66] A Henrietta Darwin, [março? de 1870], British Library, Add 58373.
[67] A Henrietta Darwin, [março-junho de 1870], DAR 185.
[68] *Emma Darwin*, v.2, p.241.

Não obstante essas intervenções femininas, Emma Darwin teve apreensões sobre o tema do livro. "Penso que será muito interessante, mas que desgostarei dele porque de novo põe Deus muito distante", suspirou para Henrietta. Esses pensamentos não eram partilhados com Darwin. Marido e mulher estavam provavelmente fixados demais em seus modos individuais para que qualquer discussão sobre esse ponto fizesse alguma diferença. Cada um deles conhecia a posição do outro. Além disso, ambos aparentemente sentiam-se mais à vontade fazendo confidências a Henrietta. Ainda assim, Emma também leu as provas *The Descent of Man* com um desejo consciencioso de ser útil. Ela alertou o marido para os perigos de um excesso de antropomorfismo. "P. está pondo Polly em seu livro do homem, mas duvido que deixarei ela permanecer", ela observou. Só uma esposa podia ser tão ingênua sobre um exemplo preferido. Polly era a cadela de Henrietta, uma pequena *terrier*, tão devotada a Darwin quanto Darwin era a ela. "Não se deve confiar em um avô amoroso", declarou Emma com determinação.[69]

Logo depois, Darwin descobriu que seu editor também estava apreensivo com o assunto. Símios, padrões de comportamento reprodutivo e seres humanos no mesmo livro pareciam a John Murray uma receita para o desastre.

> É com o objetivo de eliminar qualquer impedimento à leitura cuidadosa geral do livro que eu chamaria sua atenção para a passagem relativa à proporção de avanços feitos pelos dois sexos em animais. Eu sugeriria que ela deve ser atenuada – bem como qualquer outra sentença tendente à imputação de indelicadeza, se houver alguma.[70]

Surpreso, Darwin indagou quais passagens Murray achava indelicadas. Quando elas foram reveladas, ele as mudou para citações diretas dos autores originais. Um mês depois, Murray manifestou preocupações com o título. A proposta de Darwin fora simples – "Sobre a origem do homem". Mas Murray queria algo menos provocativo, algo mais relacionado ao conteúdo, ou mais explicativo para futuros compradores. Ele rejeitou a sugestão seguinte de Darwin, sentindo que a palavra "sexual" não podia ser usada numa página de título. "A descendência do homem e a seleção de acordo com o sexo" seria muito melhor, ele propôs, e "se livraria de um adjetivo censurável".[71] Mais tarde, o título foi mudado para "em relação ao sexo".

---

69 DAR 219.9.72. Ver *Descent*, v.1, p.77-8.

70 De John Murray, 28 de setembro [1870], DAR 171.

71 De John Murray, 1º de julho de 1870, DAR 171.

Desta vez, Murray preparou alguns exemplares especiais para Darwin dar de presente aos amigos, os quais Darwin assinou pessoalmente, cheio de consideração calorosa pelos homens que o haviam acompanhado por tanto tempo. "Eu soube que você foi publicado e anseio com temor e estremecimento ser esmagado debaixo de uma montanha de fatos", observou Wallace com um sorriso amistoso.[72]

Apesar das preocupações, *The Descent of Man* foi o primeiro dos títulos de Darwin a obter um belo lucro editorial no momento da publicação, fevereiro de 1871. "Suponho que a ofensa é tão boa quanto o elogio para vender um livro", observou o autor. Murray enviou a Darwin um cheque de 1.470 libras com um assentimento apreciativo.

> Você produziu um livro que levará os homens a levantar o pouco que lhes restou de *orelhas* – e a erguer as sobrancelhas. [...] Penso que é impossível que ele não seja muito lido.[73]

Apesar de todos os receios, ele estava agradecido por abrigar um autor valioso. Embora outras editoras estivessem tirando proveito do crescentemente lucrativo mercado evolucionista, Murray mantinha o ganso de ouro.

IX

A princípio, 1871 não foi um ano auspicioso para nenhuma das formas usuais de publicidade estratégica de Darwin. A guerra Franco-Prussiana, que então estava no auge, aparentemente eliminava qualquer perspectiva de edições europeias. Ainda assim, otimista, ele enviou folhas de prova para todos os amigos no exterior que tinham expressado disposição de traduzir, admitindo que "pode ser aconselhável um adiamento".[74]

Surpreendentemente, em vista da situação política na Prússia, das derrotas esmagadoras para a França em Sedan e Metz e especialmente durante o "ano terrível" do sítio de Paris e dos acontecimentos pavorosos em torno da Comuna, *The Descent of Man* foi traduzido para holandês, francês, alemão, russo e italiano em 1871 e para sueco, polonês e dinamarquês logo depois, um testemunho da firmeza dos colegas de Darwin e do interesse geral em assuntos ligados à evolução.

Na Grã-Bretanha, os comentários foram atenuados. Com certeza, os resenhistas não estavam dispostos a preencher a óbvia lacuna entre animais

---

[72] Marchant, 1916, v.1, p.253.

[73] De John Murray, 28 de setembro [1870], DAR 171.

[74] Freeman, 1977.

e humanidade e faziam objeção à descendência de "girinos". Como poderia a humanidade se tornar "mais engenhosa que a raposa, mais construtora que o castor, mais organizada em sociedade que a formiga ou a abelha?", perguntou *sir* Alexander Grant de maneira hostil na *Contemporary Review*. Dado que os seres humanos primitivos não mostravam sinal discernível de progresso, era inconcebível para ele que pudesse haver vínculo entre "as águas paradas e os pântanos da torrente de humanidade" e cavalheiros ingleses cultos. A *Harper's Weekly* reclamou que "O sr. Darwin insiste em apresentar Jocko [o chimpanzé] como quase um de nós". O *Times* foi ainda mais enfático.

> Os exemplos mais antigos conhecidos das características mais essenciais do homem exibem suas faculdades com perfeição jamais atingida. Nenhuma poesia supera Homero.[75]

Outros resenhistas em outros periódicos trataram dos mesmos pontos. Se as ideias de Darwin fossem aceitas, disse o geólogo William Boyd Dawkins, na *Edinburgh Review*,

> a constituição da sociedade seria destruída. [...] Talvez nunca na história da filosofia generalizações tão amplas tenham sido derivadas de uma base de fatos tão pequena.[76]

Um resenhista anônimo na *World*, revista literária de Nova York, apresentou opinião muito semelhante:

> O sr. Darwin, como o resto de sua escola ateísta, evidentemente rejeita com aversão a ideia de um Deus espiritual que cria e sustenta o Universo.[77]

O *Truth Seeker* chamou o livro de "precipitado" e "fantasioso". Outro autor anônimo no católico *Tablet* explicou, em um texto maçante, que os seres humanos possuíam racionalidade, uma "faculdade perfeitamente distinta de qualquer coisa encontrada nas bestas". O resenhista do *Spectator* disse que "o sr. Darwin chocou os preconceitos e pressupostos mais profundos" do povo inglês. Um correspondente do *Guardian* resumiu tudo apelando à evidência direta da Bíblia.

---

75 *Times*, 8 de abril de 1871, citado de Ellegard, 1990, p.300.

76 *Edinburgh Review*, julho de 1871, p.195-235.

77 *World*, 19 de março de 1871.

> A Sagrada Escritura considera claramente a criação do homem como uma classe de operações totalmente distinta daquela dos seres inferiores.[78]

Um colunista no *San Francisco Newsletter* rebaixou-se a uma piada de mau gosto sobre o filho imaginário de Darwin ser "não exatamente quadrúmano", mas "apenas tão hábil com os pés quanto é desajeitado com as mãos".[79]

Poucos entre esses aprovavam a descendência de animais. Mas os autores eram extremamente educados em relação a Darwin. Um resenhista na *British and Foreign Evangelical Review* elogiou a profundidade da cultura de Darwin. O *Daily Telegraph* referiu-se à prosa "graciosa e conciliatória" e ao tom de voz "digno". O *English Independent* sugeriu que "nenhum servidor leal da verdade temerá a emissão de um tal apelo". O *New York Express* observou as "inatacáveis integridade e franqueza" do autor, enquanto o *Field* descreveu sua "maravilhosa meticulosidade e veracidade honesta". As observações mostravam que a posição de Darwin como respeitado homem de letras era elevada. Resenhistas desconhecidos em jornais e periódicos sentiam claramente que as opiniões dele mereciam uma consideração cuidadosa. E o debate sobre evolução agora tinha se distanciado da guerra salpicada de sangue do começo da década de 1860. A reputação de Darwin como homem honesto reforçava o modo como seu livro era recebido. Até um jornal de distribuição ampla como o *Liverpool Leader* podia fechar os olhos e pensar na Inglaterra, propondo que *The Descent of Man* era "perfeitamente coerente com a crença em Deus, o Criador".[80] Com um aceno afoito, o periódico religioso *Nonconformist* desejou a Darwin "que Deus o acompanhe em suas investigações".

Darwin notava tudo isso com surpresa divertida.

> Acho que você ficará contente de saber, como uma prova da crescente liberalidade da Inglaterra, que meu livro vendeu maravilhosamente,

disse ele a Ray Lankester,

---

[78] Citações extraídas de resenhas reunidas em DAR 129. Ver também Ellegard, 1990, p.293-331.

[79] O texto em inglês faz um trocadilho com os substantivos *feet* (pés, plural de *foot*) e *hands* (mãos) e os adjetivos *handy* (hábil) e *footy* (desajeitado): "just as handy with his feet as he is footy with his hands" (N. T.). DAR 140-4, p.19.

[80] Resenhas em DAR 129, p.75, 104.

> e até agora nenhuma ofensa (embora algumas, sem dúvida, devam vir, bastante fortes), e apenas desdém, mesmo na pobre velha Athenaeum.

Darwin lamentou muito que a *Athenaeum* estivesse perdendo seu nervo antidarwiniano. Um versificador anônimo no periódico *Tory Blackwood's Magazine* desistiu completamente do ataque e ofereceu um poema sobre símios, a ser cantado com o ar campestre tradicional de *Greensleeves*.[81]

Quase no momento certo, o reverendo Francis Orpen Morris explodiu abertamente em um livrinho chamado *All the Articles of the Darwin Faith* [Todos os artigos da fé de Darwin] (1875). Morris parodiava o credo anglicano iniciando cada sentença com a expressão "Eu creio [...]", seguida de uma observação tirada ostensivamente de *The Descent of Man*. Cada observação se tornava progressivamente mais insultuosa.

> *Eu creio* que embora o relato mosaico da criação seja sustentado pelo testemunho das rochas de maneira muitíssimo maravilhosa, contudo dado que ele não se adapta à teoria que tenho na cabeça, não pode ser verdadeiro, e não creio em uma palavra dele. *Eu creio* que ninguém que creia na Bíblia tem em comparação comigo nenhum senso ou sabedoria.[82]

Ao preço de um *shilling* e encadernado de forma atraente em capas ilustradas, esse tratado afirmava a vitalidade da controvérsia sobre evolução no mercado popular da Grã-Bretanha. "Guardar como uma curiosidade de ofensa", escreveu Darwin no alto de seu exemplar.

Em contraste, Wallace foi completamente generoso. "O livro de Darwin é em geral excelente!", disse a um amigo. "Há muitos pontos vulneráveis à crítica, mas ele é uma contribuição maravilhosa para a história do desenvolvimento das formas de vida."[83] Ele o resenhou, em um artigo assinado, na *Academy*. Sincero, apontou os pontos em que discordava de Darwin, em especial as diferenças deles sobre as razões para a coloração protetora. Wallace jamais concordou com a seleção sexual. Contudo, comentou de modo cortês a visão de Darwin sobre evolução humana. Darwin respondeu com apreciação. "Se eu o tivesse ofendido, isso teria me deixado mais magoado do que você admitiria de bom grado."

---

81 *Blackwood's Magazine*, abril de 1871.

82 F. O. Morris, 1875, p.15. O exemplar de Darwin está em DAR 139.12, p.1.

83 Marchant, 1916, v.2, p.32.

> Seu bilhete me deu um prazer muito grande, principalmente porque eu estava muito ansioso por não tratá-lo com o menor desrespeito, e é tão difícil falar com justiça quando divergimos de alguém. [...] Agora dou muito pouca importância ao que outros dizem. Quanto a nós, não concordarmos exatamente; em assuntos tão complexos é quase impossível para dois homens que chegam de forma independente a suas conclusões concordarem plenamente, e seria inatural eles o fazerem.[84]

Foi provavelmente por volta dessa época que Erasmus Darwin escreveu à sua sobrinha Henrietta:

> Penso que o modo como ele [Wallace] leva adiante a controvérsia é perfeitamente belo, e nas histórias da ciência futuras o episódio Wallace-Darwin formará um dos poucos pontos brilhantes entre reivindicantes rivais.[85]

Para o público, todavia, evolução normalmente significava a teoria de Darwin, não de Wallace. Quando Wallace foi para a reunião da British Association em Edimburgo, naquele ano, ouviu *lord* Neaves, um espirituoso e autor de canções famoso, recitar versos satíricos sobre a "Origem das espécies à la Darwin".[86]

Quanto ao próprio Darwin, considerou que a *Saturday Review* e a *Pall Mall Gazette* publicaram as resenhas mais perceptivas. Ele nunca descobriu quem era o autor da primeira, mas a segunda era de John Morley, autor literário e político liberal. Tudo considerado, ele ficou

> muito impressionado pelo assentimento geral com que minhas concepções foram recebidas. [...] todos estão falando sobre isso sem ficar chocados.[87]

Em grande medida, isso certamente se devia a seu estilo vigilante de escrita e a seu elevado *status* pessoal na vida cultural britânica, que ele cultivara ciosamente durante a década anterior. Talvez tenha havido uma sensação de *déjá vu* para os resenhistas em ensaiar mais uma vez as con-

---

84 *Life and Letters*, v.3, p.134, 136.
85 Marchant, 1916, v.1, p.127.
86 Wallace, 1905, v.2, p.48.
87 *Life and Letters*, v.3, p.133.

trovérsias que haviam surgido quando *A origem das espécies* fora publicado pela primeira vez. Já se havia lidado com símios e anjos dez ou doze anos antes. Confrontados com um novo livro sobre descendência em 1871, os jornalistas pareciam encontrar pouco mais a dizer. Seus leitores e eles haviam se acostumado à ideia de evolução, embora não necessariamente estivessem à vontade com ela. Darwin chegou até a aludir a esse fato na introdução a *The Descent of Man*.

Em outras áreas, o clima também estava mais relaxado. Os leitores de ciência estavam mudando notavelmente de foco. Em 1872, em um artigo inicial escrito em resposta a *The Descent of Man*, "Darwinismo e divindade", Leslie Stephen falou por muitos da geração seguinte ao perguntar: "Que possível diferença pode fazer para mim se me origino de um símio ou de um anjo?".[88] Stephen depois chegou a "abrir mão da Arca de Noé", abandonou as ordens sagradas e optou pela vida refinada de uma agnóstica endinheirada, amiga de Henry Fawcett, George Meredith, James Russell Lowell e Charles Eliot Norton.[89] Esses homens eram racionalistas que defendiam a liberdade religiosa. Como refletiu Darwin, "em geral, os resenhistas foram extremamente favoráveis".[90]

Todos, exceto St. George Mivart. Em 1871, ele escreveu um artigo feroz para a *Quarterly Review* ("uma resenha muito cortante de mim"), destacando os riscos de considerar qualquer forma de evolução humana. Essa resenha foi uma das mais importantes da carreira posterior de Darwin, certamente com impacto igual ao do ataque de Wilberforce a *A origem das espécies*, que também fora publicado na *Quarterly Review* cerca de dez anos antes. Whitwell Elwin, ex-editor da *Quarterly Review*, foi mais uma vez a força atuante. Ele havia encarregado Mivart de escrever tendo em mente sobretudo as dificuldades teológicas. Embora Elwin nunca tenha encontrado Darwin e nunca tenha querido fazê-lo, seu efeito sobre a vida de Darwin por meio dessas duas resenhas foi substancial.

Mivart cumpriu a tarefa com eficácia mortal. Em resposta, Darwin lançou seus canhões. Primeiro, entregou-se a uma breve, mas feroz guerra de panfletos, que satisfazia sua urgência de retaliação imediata. E providenciou a reimpressão de um artigo de Chauncey Wright (já publicado nos Estados Unidos) que havia criticado severamente o livro de Mivart, *Genesis of Species*, de 1870. Essa técnica defensiva indireta havia servido bem a Darwin no passado e permitia-lhe convenientemente atacar com as palavras de outros

88 *Fraser's Magazine*, n.5, p.409-21, 1872.
89 Stephen, 1924, especialmente p.88-9.
90 *Life and Letters*, v.3, p.139.

enquanto mantinha uma reputação de não confrontação. Mas nesse caso só os darwinianos apreciavam os argumentos esotéricos apresentados por Chauncey Wright. Sob a direção de Darwin, Wright esclarecia precisamente o que era e o que não era "darwinismo". O panfleto não foi lido por aquelas pessoas que seriam mais influenciadas por Mivart.

Frustrado, Darwin deu vazão a sua irritação com algumas respostas contundentes na edição seguinte de *A origem das espécies*. Para essa sexta edição, publicada em 1872, ele acrescentou de maneira desafiante um novo capítulo dirigido expressamente contra Mivart. Ele parecia estar no limite de suas forças. Transigia. Defendia a pangênese e neutralizava a seleção natural de maneira que permitia uma mudança nos organismos de acordo com o uso e o desuso e os efeitos do ambiente, o mais lamarckiano que ele jamais se tornara. Era uma edição barata, destinada à venda em massa. Darwin havia sido informado de como um grupo de trabalhadores de Lancashire estava se reunindo em um clube para comprar um único exemplar.[91] Impressionado, ele percebeu que havia mais mercados a penetrar, mais audiências a alcançar. Contudo, ele se sentia encurralado, nervoso e forçado a ir além do que normalmente julgaria aceitável. Fazer essas mudanças preocupava-o mais que o normal, e ele pediu ao filho William que revisasse as provas. Mivart tinha uma importância desagradavelmente grande em sua imaginação.

Ele principalmente observou com interesse quando Huxley criticou com violência Mivart na *Contemporary Review*. Todas as propensões de buldogue de Huxley se revelaram, e em "Os críticos do sr. Darwin" ele corrigiu impiedosamente tanto a biologia de Mivart quanto sua interpretação da doutrina católica, localizando velhos tratados teológicos na cidade universitária de St. Andrew (onde ele estava de férias) para apoiar seu canhoneio. "Como você esmaga a teologia de Mivart: é quase igual ao seu artigo contra Comte", exclamou Darwin.[92] "Os cães têm latido demais ultimamente nos calcanhares [de Darwin]", explicou Huxley. Hooker achou que o ataque de Huxley era excessivamente cruel e disse isso a Darwin. Darwin respondeu que obviamente não era um cristão tão bom quanto Hooker, "pois desfrutei minha vingança". Hooker achou um pouco surpreendente ouvir Darwin escarnecer o "fanatismo, a arrogância, a iliberalidade e muitas outras belas qualidades" de Mivart. Até Huxley e Hoooker pensavam melhor de Mivart.

Talvez a discussão houvesse terminado aí – repugnante, desagradável, mas final –, se Mivart não tivesse então criticado um dos filhos de Darwin.

---

[91] A John Murray, 3 de junho [1871], John Murray Archives.

[92] *Life and Letters*, v.3, p.149. Ver também *More Letters*, v.1, p.333.

Em 1873, George Darwin publicou um pequeno artigo na *Contemporary Review* sugerindo que o divórcio devia ser tornado mais fácil em casos em que crueldade, abuso ou distúrbio mental ficassem evidentes. Nisso George estava explorando as concepções que desenvolvia sobre hereditariedade, sentindo que um divórcio mais rápido e mais simples ou um acesso mais fácil à contracepção poderia evitar que traços como criminalidade ou deficiência mental fossem transmitidos pela linhagem familiar. Muitos textos semelhantes eram publicados a cada ano na Grã-Bretanha. Contudo, como o dele era de um Darwin, atraiu a atenção de Mivart.

Mivart leu o artigo com horror indisfarçado. E reagiu violentamente, acusando George de ignorar toda decência ("criminalidade sexual medonha [...] licenciosidade irrestrita"), e chegou perto da difamação, como Darwin notou, indignado. Se as declarações de Mivart fossem aceitas pelos leitores como verdadeiras, a reputação de George como cavalheiro ficaria aos frangalhos, disse Darwin, enraivecido. Pai e filho consultaram-se desesperadamente, com o resultado de que George exigiu uma desculpa pública. Mivart reiterou sua acusação.

Abalado, Darwin examinou a possibilidade de uma ação judicial. "Preocupo-me pouco comigo, mas o sr. Mivart [...] acusou meu filho George de encorajar a devassidão sem o menor fundamento." Ele arrasou o artigo de Mivart na frente de todos os seus amigos, exigindo a opinião deles; e declarou a Wallace que "a acusação foi uma falsificação deliberada". Huxley lealmente contra-atacou na *Academy*, ignorando o alerta de Hooker de que seria melhor enviar a Mivart uma reprimenda privada. Mas a coisa já tinha ido longe demais para que uma desculpa, mesmo que fosse oferecida, fizesse alguma diferença. Huxley cortou todas as ligações com Mivart, dizendo a Darwin que estava disposto a defender seu filho como se fosse o dele próprio. "Acho que não resistirei a contar-lhe como o considero um homem desprezível", fulminou Darwin. "Você foi, meu caro Huxley, muitíssimo generoso em todo esse assunto."[93]

Irritados e poderosos, os dois se uniram na aversão ao inimigo comum. Um incidente rancoroso trivial selou o triste episódio. Quando Mivart tentou ingressar no Athenaeum Club conforme a regra que permitia que homens de excelência evitassem o período de espera usual, sua eleição foi impedida por todos os X Clubbers darwinianos. Huxley desferiu o golpe mais feroz possível ao declarar que o trabalho científico de Mivart não

---

93 G. Darwin, 1873. Ver L. Huxley, 1900, v.1, p.425-6. Foram trocadas numerosas cartas entre dezembro de 1874 e janeiro de 1875; ver *Calendar*, 9759 a 9823, passim. Há um relato em A. Desmond, 1997, p.71-2.

estava "à altura de uma eleição para o comitê", que não era tão excelente quanto as regras exigiam. Mivart e seu proponente foram danados como "irmãos jesuítas até o osso".[94]

Na verdade, o episódio Mivart fascina há muito tempo os historiadores pelo modo como expôs rachaduras não vistas no movimento darwiniano e pelo pesado investimento emocional canalizado para ele por figuras importantes como Darwin e Huxley. Parece mais que provável que Darwin tenha sido pessoalmente ferido pela defecção de Mivart. Pois Mivart rejeitar a teoria de Darwin, nesse aspecto, era rejeitar o próprio Darwin. Darwin nunca o perdoou. De sua parte, Huxley reagiu como se Mivart estivesse criticando toda a ciência moderna e se enterrando ainda mais profundamente nas bases da igreja. Os dois se sentiram traídos. Mivart também não saiu ileso do entrevero. Ele não foi apenas excomungado pelos darwinianos como traidor, também o foi por sua própria igreja em razão de sua crença na evolução, um cordeiro sacrificial para cada campo implacável. De todas as baixas do movimento darwiniano, a dele foi a mais lamentável.

Solidariamente, os amigos de Darwin arregimentaram-se para ajudá--lo. "Sinto muito que você esteja tão mal e que permita que as críticas o preocupem tanto", escreveu Wallace no verão de 1871.

> Lembre-se do nobre exército de *convertidos* que você criou! E das hostes dos homens vivos mais talentosos que o apoiam inteiramente.[95]

"Oh, Senhor, como é difícil a precisão!", disse Darwin enquanto não paravam de chegar cartas na Down House contestando suas declarações.

X

O momento mais crítico para Darwin e Emma naquele ano foi o casamento de sua filha, em agosto de 1871. De todos os filhos, Henrietta foi a primeira a se casar e também a única filha mulher a fazê-lo. Bessy permaneceu uma solteirona. Os pais de Henrietta receberam o acontecimento com emoções ambíguas, apreensivos com a rapidez do noivado. Eles dependiam de Erasmus, muito mais próximo do cenário da ação em Londres, para lhes contar se Richard Litchfield era adequado. "[P]arece muito esquisito que Hen seja tão íntima de uma pessoa de quem sei tão pouco", preocupou-se Emma. "Eu me sinto bem à vontade com ele e ele é bastante agradável,

[94] J. Gruber, 1960, p.112-4.
[95] Marchant, 1916, v.1, p.269.

mas realmente não o vi muito."[96] Erasmus garantiu a eles que Litchfield, embora pobre, não era um "caçador de ouro". A observação não escapou ao pai dela, que, com George Darwin, estava providenciando o acordo de casamento. George relatou que o advogado deles recomendava um acordo de "5.000 libras de algo da natureza da Debênture" e que Darwin devia "elevar a renda anual para 400 libras ou 350 libras, já que Litchfield não é um tipo de homem cobiçoso".[97]

Litchfield era dez anos mais velho que Henrietta, formado advogado, mas não praticante, e assumiu um posto menor na Comissão Eclesiástica essencialmente pelo dinheiro que receberia. Desde cerca de 1860, ele havia dedicado suas energias ao Working Men's College, em Londres, empreendimento educacional filantrópico do qual ele foi mestre de canto e depois diretor. O *college* promovia uma visão de automelhoramento socialista utópica, na qual os homens eram ensinados por pensadores progressistas como John Ruskin, F. D. Maurice, Thomas Hughes e Vernon Lushington, outro amigo dos Darwin. Os irmãos de Henrietta consideravam Litchfield um "sujeito frio", mas, apesar de tudo isso, passaram a gostar dele e no fim respeitavam sua opinião. Henrietta informou acidamente a George que

> você deve tentar gostar dele por mim. [...] ele parece ser amigo de todos os tipos de pessoa, Spottiswoode, Vincent Thompsons, Lushingtons etc.[98]

Ela o conheceu enquanto estava com Erasmus Darwin e os Wedgwood e foi atraída basicamente por sua aptidão musical. Litchfield não era um reformador político extremado, mas tinha visões liberais, em especial sobre educação no sentido mais amplo. Ele organizava excursões nas tardes de domingo para seus trabalhadores, durante as quais um grupo de trinta ou quarenta pessoas, homens e mulheres, caminhava para fora de Londres para passar um dia saudável no campo, voltando de trem depois do chá, com frequência cantando madrigais e *glees*, espécie de cânones para vozes masculinas. Henrietta ficou enamorada. Com sua grande barba castanha, princípios morais elevados e dedicação ao dever, ele talvez tenha parecido a ela outra versão de seu pai. Uma nova vida acenou para Henrietta. Ela o conheceu em junho, noivou em julho e estava casada em agosto.

---

96 Emma Darwin a Fanny Allen, carta sem data, arquivo Wedgwood/Mosely, Wedgwood Archive Collection, Keele University.

97 DAR 210.2.

98 Henrietta Darwin a George Darwin, junho de 1871, DAR 245, p.298.

Antes disso, ela indicou algumas hesitações em seu diário. Lamentou que Litchfield não a levantasse nos braços. "Que alegria primorosa" sentiria, escreveu ela, se ele tivesse aparecido espontaneamente na Down House para procurá-la em um domingo. Ela se perguntou brevemente – como todos os filhos de Darwin devem ter feito – se ele a amava pelo que ela era. "Penso que devo tomar cuidado – pode ser só que ele pense que eu deva ser um tipo de pessoa boa para casar." Ela lamentava que as convenções da época exigissem que ela não tomasse as primeiras iniciativas amorosas, aspecto enfatizado por *The Descent of Man*, de seu pai, bem como pela finura da época. E registrou suas discussões sobre fé com Hope Wedgwood. Henrietta pensava não ser muito religiosa. Dizia que não sentia nenhuma das "emoções transcendentais" de Hope.

Ela arrancou uma folha do livro de Darwin e confidenciou algumas dessas deficiências religiosas a Litchfield antes do casamento. Arthur J. Munby, um amigo de Litchfield, disse que essa

> pequena jovem de 27 anos, com um rosto não diferente das fotografias de seu pai, mas muito feminina e terna, com olhos castanho-claros brilhantes e todos os traços cheios de vida e expressão,

havia dito a Licthfield que "não acreditava em um Deus pessoal".[99] Talvez se deva mencionar que Bessie Darwin também contestava a fé convencional. Em 1866, ela havia se recusado a ser crismada, dizendo à mãe que não acreditava nem na Trindade nem no catecismo.

> Lizzy diz que se sentiria hipócrita de ter qualquer coisa a ver com o Cat e que como não acredita na trindade nem no batismo não se sente muito entusiasmo por ele,

observou Emma. Essas filhas não eram hierofantas submissas. Muitos anos depois, Henrietta contribuiu com uma ou duas palavras apreciativas sobre Munby para o *Working Men's College Journal*, embora seja claro que mesmo então ela não tinha ideia sobre os arranjos de vida não convencionais de Munby com sua criada Hannah. Um tanto subestimada pelos historiadores e evidentemente mais ponderada sobre sua posição religiosa do que se supunha antes, Henrietta aparece nesses registros como uma

[99] Hudson, 1972, p.298.

jovem inteligente, independente e carinhosa. Os pais achavam um desastre deixá-la ir embora.

O casamento iminente deixou Darwin com "saúde muito ruim". Com a aproximação da data, ele lançou um olhar melancólico sobre os procedimentos. Era seu dever acompanhar Henrietta até o altar e "entregá-la" formalmente. Mas a combinação entre a admissão da separação que ocorreria entre ele e a filha, a caminhada pela nave e o desempenho público diante de um Deus em que ele não acreditava possivelmente foi demasiada. "Ele mal conseguiu suportar a fadiga de estar presente durante a curta cerimônia", disse Francis.

"Foi com muito esforço que ele veio à igreja da vila para o casamento", recordou Henrietta muitos anos depois.

> Qualquer tipo de festividade estava totalmente fora de questão, e nenhum amigo ou parente foi convidado. Mas alguns trabalhadores amigos de Richard conseguiram descobrir o dia e a hora e caminharam os seis quilômetros da Estação Orpington para estar presentes na cerimônia. Surgiu uma grande preocupação na mente de nosso velho mordomo (que de fato fazia parte da família) em relação a quem seriam aqueles estranhos, pois na pequena vila todos os rostos eram conhecidos.[100]

Depois desse começo, provavelmente era inevitável que tanto Henrietta como Richard Litchfield ficassem doentes em sua viagem de lua de mel pela Europa, situação que ecoava o casamento dos pais dela e que se revelou para os recém-casados difícil de lidar com equanimidade tão longe de casa. O silêncio dela quanto à causa do problema talvez indique algum problema ginecológico. Pelo que sei, Henrietta nunca engravidou, embora no início do casamento certamente esperasse ter filhos. As visões de Darwin sobre a questão eram ambíguas. Um ano depois, quando alguns sinais de gravidez poderiam ter sido esperados se todos estivessem bem, ele explicou a seu primo William Fox que "Henrietta não tem filhos, e espero que nunca possa ter; porque ela é extremamente delicada".[101] Henrietta sofreu de colapsos de saúde intermitentes nos quatro ou cinco anos seguintes, alguns dos quais foram muito debilitantes, e Litchfield e ela passaram a ter uma forma de relacionamento que espelhava as experiências anteriores dela como inválida. "R. é uma joia de enfermeiro", escreveu ela de Cannes na lua de mel.

---

[100] Litchfield, 1910, p.124-5. Ver também Harrison, 1954.

[101] A W. D. Fox, 16 de julho de 1872, American Philosophical Society, Filadélfia.

> Sentimo-nos muito casados os dois deitados doentes em nossas camas como se estivéssemos assim há 30 anos como papai e você.[102]

Darwin ressentia terrivelmente a separação. "Eu era um de seus favoritos antes de quando você possa se lembrar", recordou sentimentalmente.

> Quão bem me lembro de como ficava orgulhoso quando, em Shrewsbury, depois de uma ausência de uma semana ou quinze dias, você vinha sentar em meu joelho e ali ficava por muito tempo, parecendo solene como uma pequena juíza. – Bem, é um fato espantoso e estarrecedor você estar casada; e sentirei tristemente sua falta. Mas não há como evitar isso, e eu tive minha época e uma vida feliz, apesar de meu estômago; e devo isso quase inteiramente a nossa querida velha mãe, que, como você bem sabe, é tão boa quanto ouro duplamente refinado. Mantenha-a como um exemplo diante de seus olhos, e então Litchfield no futuro não só a amará, mas a adorará, como eu adoro nossa querida velha mãe. Adeus minha querida Etty. Não a verei como uma mulher realmente casada até que você esteja em sua própria casa. O que faz a diferença é a mobília.[103]

XI

Ainda bem que ele tinha outro projeto para mantê-lo ocupado. Assim que *The Descent of Man* foi publicado, voltou ao intrigante tema da expressão facial. Fazia décadas que o assunto o atraía. No início, ele pretendera incluir todo o material sobre o assunto em um único capítulo de *The Descent of Man* e já havia coletado muita coisa com esse propósito. Mas o texto ficou volumoso demais para ser incluído. "Resolvi guardar meu Ensaio sobre Expressão no Homem e nos animais para uma publicação subsequente e independente." Agora ele apreciava a oportunidade de moldar suas ideias em um volume separado que seria uma sequência a *The Descent of Man*.

Seu prazer era óbvio. "Sinto um grau exagerado de interesse pelo tema da expressão", disse a Franciscus Donders, de Utrecht, antes de fazer a ele uma complicada pergunta de fisiologia. Darwin adorava a sensação de

[102] DAR 245, p.45. Ver também carta de Emma Darwin a Henrietta Litchfield na qual ela disse "a doença casa as pessoas", DAR 219.9.95.
[103] *Emma Darwin*, v.2, p.247.

explorar novos terrenos, de unir campos disparatados e o entusiasmo de estabelecer uma nova linha de investigação.

Os amigos e a família também achavam o tópico atraente. Pessoas de todos os cantos da vida diária de Darwin forneciam-lhe histórias curiosas sobre expressões animais. O dr. James Paget conhecia um *terrier* que franzia a testa quando estava concentrado. *Lady* Lubbock descreveu as caras inteligentes apresentadas por seu cão *pug*. Johann Krefft, zelador de museu da Austrália, contou a ele sobre macacos tendo ataques de mau humor como uma criança, enquanto Alois Humbert viu um beija-flor ser persistentemente enganado por papel de parede florido. As cartas não paravam de chegar, cada uma ganhando um lugar nas pesquisas de Darwin. Charles Spence Bate, dentista e naturalista de quem Darwin se recordava de seus dias de craca, escreveu com um relato interessante, embora antropomorfizado, de um velho cão que mostrara "coragem moral" quando seus dentes foram extraídos.

Darwin, por sua vez, mergulhava em suas próprias experiências e nas de sua família. O desconforto, é claro, era um companheiro mais ou menos diário. Ele escreveu a Donders sobre vômitos.

> Eu não tinha pensado sobre substâncias irritantes entrarem no nariz enquanto vomitava; minha clara impressão é de que a mera ânsia provoca lágrimas, mas vou tentar me certificar disso. Quando reflito que no *vômito* (sujeito à dúvida acima), na tosse violenta do engasgo, no bocejo, na risada violenta e na violenta ação para baixo do músculo abdominal durante a evacuação de fezes quando se está constipado, e em seus próprios casos muito curiosos de espasmos, que em todos esses casos, os músculos orbiculares são contraídos fortemente e inconscientemente e que ao mesmo tempo por certo brotam com frequência lágrimas, devo pensar que há algum tipo de ligação entre esses fenômenos.[104]

Em casa, ele estudava Francis quando este tocava flauta, observando sua boca e os músculos tensos em seu pescoço.[105]

> Obtive muita informação sobre o beicinho feito por filhos de selvagens, e isso me faz desejar muito detalhes precisos sobre o beicinho de crianças inglesas,

[104] *More Letters*, v.2, p.100-1.

[105] A William Ogle, 17 de novembro [1870], Down House MS 5, p.4.

pediu a William.

> Nenhum de vocês quando eram crianças jamais fez beicinho. Estou ainda mais interessado, pois acredito plenamente que o beicinho é um vestígio (uma relíquia embrionária durante a juventude) de uma expressão muito comum dos símios adultos antropomorfos quando excitados de muitas maneiras.[106]

Então, depois que retornou da lua de mel, Richard Litchfield tentou oferecer ao novo sogro algumas ideias sobre as origens da música e do canto. Elas pareceram a Darwin "muito boas". Ansiosos por encontrar algo em comum, os dois descobriram que esse livro sobre a expressão das emoções dava-lhes um tópico de interesse mútuo. Litchfield ajudou Darwin a escrever uma seção sobre o surgimento do canto como um ritual de corte entre os animais. A capacidade da música para despertar as emoções era algo que Darwin também podia evidentemente discutir com Litchfield, e ele confidenciou ao genro que a beleza expressiva da voz de Effie Wedgwood (então Farrer) comovia-o até as lágrimas.[107] Juntos, eles criticaram a teoria de Herbert Spencer sobre a origem da música. Até um genro podia ser atraído para as preocupações de Darwin.

As jovens no círculo de conhecidos de Darwin revelaram-se observadoras antropológicas capazes. Margaret Vaughan Williams (filha do meio de Jos e Caroline Wedgwood) ajudou-o com as expressões de bebês, primeiro descrevendo seus próprios filhos e depois os de suas amigas e de outros membros da família.

> A filha de três anos e meio de Mary Owen tem o hábito de esticar os lábios quando está tímida, mas *não* é um beicinho de rabugice, não sei se o senhor se preocupa com isso,

ela relatou.

> Ela não emite nenhum som. Os lábios não parecem ficar tubulares (ou seja, os cantos não são juntados ou o são muito pouco). O lábio superior é enrijecido e projetado além do infe-

[106] A W. E. Darwin, 11 de fevereiro [1872], British Museum (Natural History). Para o trabalho de Darwin sobre expressão, ver Browne, 1985a; Montgomery, 1985; e a edição de Paul Ekman de *Expression of the Emotions*; C. Darwin, 1872.

[107] *Expression*, p.94; Litchfield, 1910, p.216-7.

> rior (mas ambos se projetam em certa medida), com os lábios às vezes não exatamente fechados.[108]

Tópicos como esse davam a ele um acesso fácil aos reinos domésticos governados principalmente por mulheres. Darwin era lembrado por suas sobrinhas por dar atenção apreciativa ao desenvolvimento de seus bebês.

Os cães, como era previsível, também desempenharam um papel. Darwin incluiu em suas pesquisas sua cadela Polly, a *terrier* que antes pertencera a Henrietta, e Bob, o cão do estábulo. Depois do casamento de Henrietta, Polly adotou completamente Darwin.

> Ela pôs na cabeça que P. é um filhote grandão. Ela é totalmente dedicada a ele. [...] Deita nele sempre que pode e lambe suas mãos tão constantemente que chega a ser bastante problemática. Tenho de arrastá-la para longe à noite,

declarou Emma. Essa era a cadela que dormia em um cesto ao lado da lareira do estúdio enquanto Darwin escrevia. Ela apareceu em seu *A expressão das emoções*, pegando um biscoito com o nariz (Darwin a achava muito inteligente) ou como um exemplo pictórico de uma "cadelinha observando um gato sobre uma mesa", uma ilustração de prontidão e atenção típica de um caderno de exercícios. E essas não foram suas primeiras aparições científicas. Darwin estava acostumado a afirmar, com um afago de admiração, que o pelo multicolorido da cadela provava sua hipótese da pangênese. Depois de ela ter sofrido uma queimadura grave quando filhote, seu pelo havia crescido vermelho em vez de branco.

> Meu pai costumava elogiá-la por esse tufo de pelo estar de acordo com sua teoria da pangênese; o pai dela era um *bull terrier* vermelho, portanto o aparecimento de pelo vermelho depois da queimadura mostrava a presença de gêmulas vermelhas latentes.[109]

Huxley via o lado divertido dessa filosofia de lareira e zombava do lugar elevado ocupado por Polly na doutrina darwiniana. Ele a chamava de *Ur-hund* (cão ancestral ou tipo idealizado de cão) e enviou um desenho de sua árvore evolucionária imaginária na qual apareciam doses iguais de

---

[108] M. Vaughan-Williams a Henrietta Darwin, sem data, DAR 180. Ver também DAR 219.9.84.

[109] *Life and Letters*, v.1, p.114. A carta de Emma Darwin está em DAR 219.9.85.

gato e porco.[110] Ela era "mais notável pela beleza de seu caráter que por sua forma", retrucou Henrietta, na defensiva.

Aqui e ali também aparecia Bob, um cachorro grande, cheio de caráter. Parslow e ele costumavam ficar embaixo das cerejeiras todos os verões, Parslow com uma arma para assustar os pássaros, Bob esperando para latir para eles.[111] Darwin o usou para explicar seu princípio de antítese emocional, no qual expressões individuais se desenvolveriam como opostos a uma emoção anterior, mais básica. A atitude de submissão de um cão provavelmente emergia como uma inversão deliberada dos sinais para agressão.

De modo semelhante, a atitude de abatimento era o inverso da expressão de prazer. Bob era o cão que costumava assumir uma "cara de estufa", atitude de completo desespero, quando percebia que seu dono pretendia visitar a estufa em vez de sair para uma longa caminhada no campo.

> Esta consistia em a cabeça ficar muito abaixada, o corpo inteiro afundando um pouco e permanecendo imóvel; as orelhas e o rabo caíam de repente, mas o rabo não balançava de maneira alguma. Com a queda das orelhas e de suas grandes bochechas, os olhos ficavam com a aparência muito mudada, e eu imaginava que pareciam menos brilhantes. Seu aspecto era o de abatimento penoso e desamparado; e isso era, como eu disse, risível, já que a causa era tão insignificante. [...] Não se pode supor que ele sabia que eu entendia sua expressão e que ele podia portanto amolecer meu coração e me fazer desistir de visitar a estufa.[112]

XII

Para sua pesquisa das expressões, Darwin fez uso extenso de fotografias e desenhos a traço. Antes, ele tivera pouca necessidade de ilustrações em investigações ou textos escritos, exceto alguns gráficos e diagramas minimamente informativos. Isso não quer dizer que não tivesse apreciação visual ou que não pensasse em termos pictóricos. Bem ao contrário. Quando precisava de fato de ilustrações, como em seu trabalho anterior sobre cracas ou no copiosamente ilustrado *Zoology of the* Beagle [A zoologia do *Beagle*], ele contratou bons artistas de história natural e trabalhou na precisão dos detalhes. Darwin usou diagramas e mapas em seus tratados geológicos e

---

110 British Library Add MS 58373.

111 DAR 219.9.14.

112 *Expression*, p.62.

incluiu alegremente imagens de pombos em *Variation* e outros animais e pássaros em *The Descent of Man*. Ele pagou para que George Darwin tivesse aulas de gravura com George Brettingham Sowerby, destacado artista de história natural. Seus dois filhos mais velhos, William e George, fizeram muitos dos desenhos a traço originais para seus ensaios e artigos botânicos.

De modo significativo para o projeto das expressões, porém, Darwin se interessou por fotografia, a arte florescente do século. Em sua época, Darwin conheceu ou se correspondeu com vários fotógrafos capazes, entre eles o dr. George Wallich, cujo trabalho de história natural inicialmente os reuniu, Adolphe Kindermann (Camilla Ludwig, a governanta, comprou fotografias para ele no estúdio de Kindermann) e Oscar Rejlander, que se especializou em fotografar expressões emocionais. Ele também adquiriu algumas imagens de retrato da firma fotográfica Bopp, de Innsbruck, e *cabinet cards* (fotos montadas sobre cartão, em formato maior que o dos *cartes de visite*) de Giacomo Brogi, em Florença. No fim, sua coleção chegou a cerca de cem imagens. Durante o ano de 1866, ele pagou um total de 14 libras em pequenas somas por fotografias, quase dobrando seus custos gerais para a "Ciência" naquele ano.[113]

Esse interesse se estendia também a sua vida pessoal e laboral. Em casa, ele gostava de trocar retratos com outros homens da ciência e posava regularmente para fotógrafos com esse propósito, embora não sem declarar que "de todas as coisas do mundo, o que mais odeio é o incômodo de posar para fotografia". Quando a ocasião exigia, também mandava Emma e outros membros da família para os estúdios de Londres. E encorajou William e Leonard a tirar fotografias informais dentro e em volta da casa, contente de ver os filhos experimentarem a alegria de montar sua própria parafernália e mexer com produtos químicos. Mas a informalidade não se estendia a ele próprio. Darwin nunca foi fotografado pelos garotos em mangas de camisa ou trabalhando no jardim ou no estúdio. Não obstante, Leonard tirou várias fotos do pai que depois se tornaram famosas, esforçando-se por obter efeitos artísticos em uma imitação dos retratos de Julia Cameron, e em uma ocasião retratou Darwin em uma poltrona na varanda.

O novo meio de reprodução foi um recurso importante para Darwin. Pela primeira vez, a evidência visual tornava-se útil para seu trabalho na área da evolução, contribuindo a seu modo para o momento transformador nas ciências do século XIX, em que representações pictóricas começaram a desempenhar papéis cada vez mais empolgantes (e cada vez mais problemáticos) na construção do conhecimento. Bastante naturalmente, enquanto

[113] Classed Account Books, Down House Archives.

trabalhava em *Expressão*, ele estudou livros de ilustrações de arte. A certa altura, deve ter pedido que uma ou duas cenas animais tipicamente expressivas de Landseer fossem fotografadas, pois tinha exemplares dessas e de algumas madonas e santas em sua coleção. Ele se concentrava principalmente em fotografias representacionais, provavelmente pensando que eram de algum modo mais objetivas no sentido de que apresentavam a realidade, documentos mais diretos até que a própria natureza. Mas passou por todos os problemas comuns que os cientistas encontram para transformar artefatos em evidências para teorias – problemas de atribuição e autenticidade, de entendimento dos limites do que o material poderia lhe dizer, de aprender o modo característico como a fotografia participa no processo criativo, de forma muito semelhante a como ele havia uma vez ensinado a si próprio a "ver" as estruturas geológicas embaixo de uma paisagem ou as ligações evolucionárias escondidas em penas de pombo ou valvas de craca.[114]

Darwin logo descobriu que as técnicas relativamente primitivas do século XIX – que dependiam de longos períodos de exposição – eram incapazes de captar expressões faciais fugazes como ele desejava.[115] Apesar dessas limitações, ele colecionou algumas fotografias de estúdios de retrato profissionais, de instituições médicas e psiquiátricas e de indivíduos na Inglaterra e no exterior, inclusive uma hoje atribuída a Charles Dodgson, e uma série da Biblioteca do Congresso americana.[116] Sua coleção continha poucas fotografias antropológicas, sem dúvida reflexo das dificuldades de fotografar no campo, sendo a exceção mais notável um retrato que ele possuía de membros da família von Ambras, uma "família peluda" considerada curiosidade médica.[117]

Dada a impossibilidade de registrar uma expressão oscilante, Darwin ficou especialmente grato pela pesquisa que era realizada por Guillaume Duchenne, médico francês que fazia experimentos sobre a atividade dos músculos. Inteiramente por acaso, Duchenne havia encontrado em um hospital de Paris um homem de meia-idade cujos nervos faciais eram sensíveis à dor. Duchenne usou-o como uma cobaia humana para analisar a contração e o relaxamento de diferentes músculos faciais. Em uma série incomum de experimentos, ele aplicou correntes elétricas (galvânicas) a certos

[114] Ver especialmente Lynch, 1985; Lynch e Woolgar, 1988; Tagg, 1988; Tucker, 1997; Armstrong, 1998. De forma mais geral sobre questões de representação, ver Edwards, 1992; Gilman, 1995; Green-Lewis, 1996.

[115] Sou grata a Phillip Prodger por me chamar a atenção para essas opiniões. Ver também Prodger, 1998.

[116] Agradeço a Edward Wakeling por confirmar essa atribuição.

[117] Discutido em Bondeson, 1997.

pontos das bochechas e da testa do homem, assim como um trabalhador de laboratório faria uma perna de rã se contrair usando a mesma técnica, notando, ao fazê-lo, que o processo era como "trabalhar com um cadáver ainda irritável".[118] Os músculos faciais do homem podiam ser galvanizados e depois mantidos fixos por tempo suficiente para que se tirassem fotografias deles. Essas imagens foram publicadas em um álbum médico (não para circulação geral) em 1862 como *Mécanisme de la physionomie humaine*. As fotografias eram perturbadoras. A justaposição das expressões forçadas do homem e do aparato de cabeça elétrico que as criava constituía uma visão incômoda.

Darwin não se importou. Ele estava impressionado pela análise de Duchenne, exatamente o que ele próprio estava tentando fazer com resultados menos satisfatórios. Duchenne demonstrava que não havia músculo especial no rosto humano dedicado às emoções superiores, subvertendo a visão tradicional estabelecida por Charles Bell em 1806. O relato de Bell havia sido definitivo durante a maior parte do século. Nele, Bell organizava as "paixões" em um sistema baseado em dor e prazer, esforço e relaxamento, sistema que servia como manifesto para entender o sistema nervoso, e também exemplificava a visão teológica natural de que as expressões humanas eram projetadas por Deus com o propósito de comunicar sentimentos.[119] Havia músculos no rosto humano, afirmava Bell, especialmente projetados para exibir as emoções providas por Deus, como moralidade, vergonha e espiritualidade. Darwin – e outros, como Pierre Gratiolet – tinha passado a rejeitar completamente esse ponto de vista.

Então, Darwin deu mais um passo. Quando obteve o álbum de Duchenne, possivelmente presente pessoal do próprio Duchenne (com quem se correspondeu em 1871), mostrou várias das fotografias a pessoas de diferentes idades e sexos para descobrir qual emoção elas achavam que estava sendo expressada. Como ele esperava, a maioria das expressões foi identificada e descrita mais ou menos nos mesmos termos. Medo, raiva e tristeza foram localizados imediatamente, um aspecto que Darwin mencionaria em seu livro para comprovar sua opinião de que algumas expressões eram universais, reconhecidas no mundo inteiro. Outras fotografias causavam mais perplexidade. O retrato de Duchenne de um sorriso induzido eletricamente confundiu quase todos os ajudantes de Darwin, cuja maioria identificou a expressão como inatural, possivelmente maliciosa. Um sorriso genuíno do mesmo paciente era facilmente reconhecido. Darwin reproduziu várias

---

[118] Prodger, 1998.

[119] Browne, 1985a; 1985b. Ver também Hartley, 2001.

dessas imagens em *A expressão das emoções*, mas não antes de suas impressoras mascararem as sondas galvânicas em todas as ilustrações exceto uma (uma fotografia de sofrimento mental simulado).

Desse e de outros exemplos de confusão ou erro de identificação, Darwin extraiu conclusões valiosas. O olho humano tinha uma capacidade de discernimento muito grande, até quixotesca. Ele mostrou uma antiga imagem de êxtase religioso a seu primo Hensleigh e registrou que "Hensleigh W. acha que um lado é mais seráfico que outro".[120] Sua pesquisa revelou que as pessoas só reconheciam expressões se todos os detalhes musculares estivessem exatamente certos – sem pálpebras enrugadas, uma boca sorridente não significava nada. Portanto, o olho aprende a ler rostos e tropeça em erros na sintaxe deles.[121]

Fascinado, ele acossou o dr. James Crichton-Browne no Wakefield Asylum, em Yorkshire, para ter acesso a registros fotográficos de internos de asilo. Darwin achava que os loucos provavelmente teriam pouco controle sobre seus processos mentais e portanto exibiriam emoções de forma clara e descomplicada. Ao comparar os rostos dos pacientes a seus registros médicos, poderia investigar a racionalidade e a consciência humanas, questões que deixara relativamente intocadas em *The Descent of Man*. Ele se perguntava como a consciência poderia estar relacionada ao surgimento do que chamava de comportamento "civilizado". A racionalidade era perdida pelos loucos tal como se presumia que era ganha pelas primeiras sociedades?

James Crichton-Browne foi um dos mais eminentes psiquiatras do final do século XIX, admirado pelo trabalho em patologia neurológica e na classificação de distúrbios mentais. Como muitos de seus contemporâneos, Crichton-Browne acreditava que havia "rostos" característicos de loucura e, sendo um fotógrafo perspicaz, fotografou (ou providenciou que fossem fotografados) todos os seus internos, rotulando cada imagem com o diagnóstico médico do paciente, invariavelmente uma das "manias" que constituíam parte essencial da classificação psiquiátrica vitoriana. Crichton-Browne rotulou e enviou quarenta ou mais fotografias de pacientes de asilo, no mais não identificados, à Down House, e discutiu esses e muitos outros aspectos de expressão facial com Darwin em cartas. Sua contribuição ajudou enormemente. "Tenho feito um uso imenso quase todos os dias de seu manuscrito", afirmou Darwin com extravagância.[122] Diplomaticamente,

[120] DAR 53, 1, p.40.

[121] Eckman, introdução, *Expression*, p.XXI-XXXVI.

[122] DAR 143. Para o sistema de psiquiatria de Crichton-Browne, ver Neve e Turner, 1995. Para fotografia e expressões dos dementes, ver Gilman, 1976; Browne, 1985b; de forma

Darwin não reproduziu nenhuma dessas fotografias psiquiátricas em seu livro, com exceção de uma xilogravura do cabelo de uma mulher eriçado como os pelos de um animal irritado. E não deixou de consultar outros administradores de asilo ocultos, como Patrick Nicol, do Sussex Lunatic Asylum, em Hayward Heath. Embora Darwin hesitasse em vincular pacientes com distúrbios mentais diretamente a primitivos, crianças ou grupos sub-humanos na escala da evolução, não há como negar que ele considerava a atividade mental em todas as suas manifestações como uma rota segura para mapear os traços biológicos distintivos da humanidade e o desenvolvimento das nações.

Tomando uma iniciativa que se revelou a mais útil de todas, Darwin estabeleceu contato com Oscar Rejlander, fotógrafo de arte da Suécia que abriu estúdios em Wolverhampton e depois em Londres, e cujos estudos de gênero eram apreciados pelo príncipe Albert, por Julia Cameron e por Charles Dodgson. Esse contato afortunado elevou as pesquisas de Darwin muito acima do comum e estabeleceu um precedente para décadas de investigação seguintes. A personalidade jovial e envolvente de Rejlander, seu entusiasmo para estimular novos projetos e sua paixão pela fotografia expressiva eram exatamente o que podia prender a atenção de Darwin. Rejlander se pôs com todo vigor a ajudar Darwin nesse projeto científico.

Rejlander tendia a se especializar em estudos de caráter de crianças. Suas obras *Percepção*, *O jovem filósofo* e *Contemplação precoce* eram consideradas singularmente expressivas por aqueles que buscavam um significado moral inequívoco (embora excessivamente enfáticas para o gosto moderno) e suas imagens de garotos de rua sombrios e uma vasta fotografia composta exibida em 1857 intitulada *Dois modos de vida* angariaram para ele certa fama. Volúvel, com um comportamento comicamente teatral e gesticulando de modo desenfreado, Rejlander adulava ou provocava seus modelos até que a expressão que buscava florescesse naturalmente. As dificuldades técnicas de capturá-los em fotografias eram formidáveis. O dinheiro era sempre curto.

Foi a fotografia de gênero feita por Rejlander de um bebê chorando vigorosamente que alertou Darwin. Ela foi apelidada *Gynx's Baby*, título de um romance popular publicado em 1870, de autoria de John Edward Jenkins. No livro, o bebê interrompia todas as situações com choros e berros.[123] Rejlander se opôs, mas o nome colou e logo ele foi inundado

mais geral sobre imagens de demência, Gilman, 1995. Para as tradições persistentes de fisionomia, ver Cowling, 1989; Edwards, 1992; Hartley, 2001.

[123] J. E. Jenkins, *Ginx's Baby: His Birth and Other Misfortunes* (Londres, 1870), que em 1876 chegou a 36 edições. A edição ilustrada por Frederick Barnard foi publicada em 1876.

com pedidos de cópias. Sessenta mil impressões e 250 mil *cartes de visite* foram produzidos. Como ele reconheceu, não era arte elevada, mas pagava as contas.[124] Ele não gostava de dizer que havia manipulado extensamente a imagem, primeiro retocando-a, depois copiando-a à mão em giz para então fotografar o desenho a giz isolado.[125] O que Darwin viu foi a imagem fotografada do desenho a giz.

Aos olhos de Darwin, a imagem ilustrava exatamente a informação sobre rostos de bebês que ele tentara extrair de suas amigas. Ele estava convencido de que crianças muito novas choravam sem lágrimas e de que a expressão característica de tristeza dava à boca um contorno quadrado e criava covas nas bochechas. Ele só precisava de uma fotografia para demonstrar o argumento. Darwin abordou Rejlander para perguntar se poderia reproduzir *Gynx's Baby* em *A expressão das emoções*. Nas semanas seguintes, Rejlander forneceu a ele algumas outras imagens de expressões em crianças e adultos.

O melhor de tudo foi que Rejlander se ofereceu para posar. Vestido com um traje de veludo escuro boêmio, ele assumiu atitudes histriônicas – tristeza, prazer, nojo e assim por diante – e se fotografou com um dispositivo de atraso de tempo ou pedindo a sua mulher que o ajudasse. As imagens resultantes dependiam tanto de gestos comicamente exagerados e da posição do corpo quanto da expressão facial. No verso de uma fotografia, ele rabiscou a lápis: "Minha mulher insiste em que eu lhe envie esta, para que suas senhoras possam ver que eu consigo assumir uma expressão mais amistosa". A mulher de Rejlander posou para uma fotografia de um sorriso falso (Darwin pensava que o sorriso falso evoluíra da expressão de nojo). Corajosa, ela autorizou ter sua imagem reproduzida no livro de Darwin.

Essas fotografias atendiam ao propósito de Darwin. Ele visitou Rejlander em seu estúdio de Londres e manteve com ele um contato amistoso durante vários anos, contente o bastante para lhe pedir que fotografasse a cadela Polly para *A expressão das emoções* (a fotografia foi reproduzida como um desenho a traço) e, em 1871, posando pessoalmente para Rejlander para um retrato depois reproduzido como gravura a traço em várias revistas. É possível que ele tenha posado de novo para Rejlander em 1874, quando registrou o pagamento de dois guinéus por uma fotografia dele. Nesse mesmo ano, Darwin deu a Rejlander um presente de dez libras para animar seu

[124] E. Jones, 1973. Ver também Prichard, 1988.
[125] Prodger, 1998.

declinante negócio – embora com pouco resultado.[126] Rejlander morreu quase na penúria, em 1875.

Apesar de todo o seu histrionismo divertido, Rejlander assumiu uma linha de pesquisa além do que Darwin imaginava. Quando soube que Darwin estava achando difícil determinar com precisão as diminutas diferenças físicas entre o riso e o choro – os sinais visuais eram difíceis de distinguir –, começou a fotografar a si próprio sentado ao lado de uma ampliação de *Gynx's Baby*, imitando primeiro a risada e depois a tristeza. Usando técnicas de composição, Rejlander imprimiu as duas fotografias em uma única prancha para comparação. Ele já havia feito truques semelhantes muitas vezes, tanto como uma brincadeira privada, em uma das quais ele aparecia duas vezes, apresentando-se a si mesmo, quanto em sua grande fotografia composta, *Dois modos de vida*.[127] No verso, ele explicava: "Só diversão – aqui eu ri – rá, rá, rá, violentamente. Na outra eu chorei ê ê ê. Mas como a expressão é semelhante".[128] Darwin achou a comparação útil e guardou a fotografia em segurança em sua coleção, talvez a única cópia feita e certamente a única que restou.

> Devo ter o prazer de expressar minha dívida de gratidão com o sr. Rejlander pelo empenho que teve em fotografar para mim várias expressões e gestos,

relatou Darwin generosamente no livro.

XIII

O livro foi intitulado *A expressão das emoções no homem e nos animais* e publicado em novembro de 1872. Outra vez doente, Darwin teve de se esforçar muito para conseguir escrevê-lo.

> Tive problemas ultimamente: raramente tive uma hora de conforto, exceto quando adormecido ou imerso no trabalho; e então quando ele termina me sinto morto de fadiga,

contou a Wallace.

---

[126] Classed Account Books, Down House Archives.

[127] E. Jones, 1973, p.102. O volume também reproduz metade do *Ginx's Baby* composto, p.107.

[128] DAR 53, I, ser.C, p.95.

> Agora estou corrigindo meu livrinho sobre *Expressão*; mas ele só será publicado em novembro, quando, é claro, um exemplar lhe será enviado. Tentarei ver se consigo me ocupar, sem escrever nada mais sobre um tema tão difícil como a evolução.[129]

O livro acabou sendo o mais bem-sucedido e o mais legível que ele produzira até aquele momento, e nos quatro primeiros meses foram vendidos cerca de 9 mil exemplares, muito mais que *A origem das espécies* vendera em período semelhante. "Não acho que seja um livro para afrontar ninguém", disse Emma com óbvia satisfação. "Penso que será, em geral, interessante."

Um dos fatores que contribuíram foi certamente que Darwin incluiu ilustrações. O livro era notável por apresentar algumas das primeiras fotografias reproduzidas mecanicamente do período, além de alguns desenhos a traço dos ilustradores zoológicos Josef Wolf, Briton Rivière e Thomas Wood. Eles ajudaram o interesse geral e o apelo popular do livro. Reproduções fotográficas do *Gynx's Baby* juntaram-se a imagens do homem de meia-idade eletrificado de Duchenne, de crianças amuadas e de alguns gatos e cães domésticos em ação. As ilustrações transmitiam graficamente o argumento de Darwin. Contudo, embora gerando o aparecimento da excelência técnica, elas haviam causado a ele problemas enormes. Antes da publicação, a maioria das imagens teve de ser reforçada a mão ou simulada de alguma forma, para mostrar o que Darwin exigia. "O pelo é geralmente liso nos quadris, e isso torna o arrepio nas costas e no pescoço mais aparente", comentou sobre o desenho de um cão zangado feito por Wolf. Suas cartas aos artistas, nas quais pedia de forma queixosa que detalhes minúsculos fossem mudados, revelavam muito sobre a teoria da expressão emocional que ele estava tentando estabelecer.

Não obstante o comentário de Emma, Darwin considerou o livro parte crucial de seu projeto evolucionista da vida inteira. O tema da expressão levou seu ciclo antropológico a uma conclusão, procurando demonstrar um *continuum* entre a vida mental de seres humanos e animais. Nele, Darwin aceitou a visão sensata de que as expressões faciais e os gestos corporais eram uma indicação primária de estados emocionais internos – que eles eram a manifestação inata e incontrolável do que acontecia dentro. A dor era acompanhada por uma careta. O prazer, acompanhado por um sorriso. Darwin sugeria que essas expressões deviam ter surgido por meio dos mesmos mecanismos evolucionários em todo o reino humano e animal. As

[129] Marchant, 1916, v.1, p.272.

expressões que aparecem nos rostos humanos eram, para ele, uma prova viva cotidiana da ancestralidade animal.

Além disso, em *A expressão*, ele propunha que alguns hábitos e comportamentos adquiridos poderiam, se vantajosos para um animal, ser preservados e acabar se tornando inatos. Olhando intensamente para o cerne de sua hipótese original de adaptação por seleção natural, ele descobriu que devia admitir em parte o argumento ambientalista com respeito ao comportamento.[130] Comportamento e biologia estavam inextricavelmente entrelaçados de maneiras que a seleção natural – a bigorna na qual ele testava todas as teorias – era insuficiente para explicar. Tranquilamente e sem qualquer estardalhaço, Darwin modificou suas concepções, aceitando que a herança de características adquiridas precisava fazer parte de seu sistema.

Robert Cooke, novo gerente na editora de John Murray, propiciou um oásis de calma antes da publicação. Ele previa grandes vendas e não ficou decepcionado. "Talvez seja aconselhável chamar a polícia para defender a casa", declarou Cooke brincalhão em 25 de novembro de 1872. Murray ficou assombrado. "Sua modéstia em relação a *A expressão* me levou equivocadamente a subestimar as vendas do livro."

Darwin ficou contente. Sua série de obras evolucionistas estava completa. Na mesma semana, a revista *Fun* publicou um cartum no qual uma jovem rechonchuda bem-vestida era agarrada no punho por um Darwin com aparência simiesca que tomava seu pulso. "Francamente, sr. Darwin", exclamava ela, "diga do que o senhor gosta no Homem; mas eu gostaria que o senhor deixasse minhas emoções em paz!".

[130] Montgomery, 1985.

10.

Darwin na sala de estar

Durante a década de 1870, Darwin tornou-se o naturalista mais famoso do país, "o primeiro entre os homens da ciência da Inglaterra", como disse Edward Aveling, com seu nome ligado de forma inextricável à ideia de evolução e às mudanças mais gerais na opinião pública que ganhavam força próximo do fim do século.[1] Na verdade, ele era um herói relutante, ansioso por desacreditar qualquer avaliação inflada de seu valor entre os amigos e a família. Sua fama, como ele estava nervosamente ciente, costumava oscilar à beira da notoriedade. Mas ele entendia que a maré da mudança o arrastava na crista de uma onda impossível de parar. Seu rosto e seu nome estavam se tornando conhecidos muito além dos confins da discussão acadêmica. O termo "darwinismo", quase por falta de alternativas, cobria todos os tipos de evolucionismo e eclipsava injustamente a obra de Huxley, Wallace e outros. Até o livro do próprio Darwin era agora aparentemente mais discutido que lido.

> Foi tão fácil aprender algo da teoria darwiniana de segunda mão que poucos se deram o trabalho de estudá-la tal como exposta pelo autor,

[1] Edward Aveling, *Students' Magazine of Science and Art*, 2 de setembro de 1878.

disse Wallace com muita precisão depois da morte de Darwin.[2] Lentamente, e com certo constrangimento, Darwin reconheceu que essa celebridade, por mais que ele desgostasse dela, funcionava em proveito de sua teoria.

Como se poderia prever em uma era dedicada ao cultivo de heróis e heroínas nacionais, grande parte da proeminência pessoal de Darwin se expressava de modo caracteristicamente vitoriano. Byron, Dickens e o duque de Wellington, David Livingstone e Jenny Lind: todos tinham alcançado a fama em consequência das expectativas crescentes do que podia significar ser uma celebridade. A noção de evolução por seleção natural era, por exemplo, incomum no modo como se tornava parte do mundo ricamente variado da cultura popular do século XIX. Afinal, poucas pessoas leigas tinham acesso direto à ciência ou aos cientistas. Elas podiam deparar com o conhecimento científico por meio de publicações não científicas gerais, como livros e revistas, às vezes em um tribunal ou em uma cirurgia, ou de quadros, biografias, anúncios e jornais. Havia ainda muitos lugares para a produção e o consumo de ciência popular, onde conceitos evolucionistas também podiam se enraizar, tais como museus de história natural, exposições de horticultura, coleções de animais selvagens, exibições de esquisitices, galerias de arte, concursos agrícolas, salões de música e manias da moda que envolviam o psiquismo humano, como o mesmerismo.[3]

Para Darwin, a ascensão dramática na cultura de consumo teve um efeito material específico. Embora nunca tenha encontrado seu rosto em uma lata de biscoito, como ocorreu com a rainha Vitória, ou permitido conscientemente que seu nome endossasse produtos domésticos como sabonete ou rapé, ele viu a si próprio e a sua teoria transformados em vários tipos de mercadoria. Aquelas pessoas que tinham consciência dos tempos de mudança podiam, se quisessem, comprar uma estatueta de cerâmica de um macaco contemplando um crânio humano.[4] Elas podiam pagar para se

---

2 Wallace, 1883, p.420. Sobre "darwinismo" como categoria, ver Moore, 1991. Vários dos amigos mais próximos de Darwin publicaram livros de ensaios tendo no título variantes das palavras "darwinismo" ou "darwiniana". Ver T. H. Huxley, 1893; Gray, 1876; Romanes, 1892; Wallace, 1889.

3 Discutido, por exemplo, em Altick, 1978; Jardine, Secord e Spary, 1996; Yanni, 1999. O surgimento de uma sociedade de consumo é examinado em McKendrick, Brewer e Plumb, 1982; T. Richards, 1990. Ver particularmente P. Anderson, 1991, sobre a imagem impressa e a transformação da cultura popular; Ashton, 1991; 1996, sobre Lewes e Eliot, respectivamente.

4 Existem várias versões, algumas em bronze. Uma delas é ilustrada na capa da *Kew Books Newsletter* 6, 1976. Uma ilustração mais conveniente está em Service, 2000. Um "macaco com a cabeça de Darwin" foi listado na Darwin Centenary Exhibition, Cambridge, 1909; ver Freeman, 1978, p.98.

embasbacar vendo William Henry Johnson, o "Homem-macaco" vivo, na Leicester Square.[5] Podiam encomendar uma peça elegante de porcelana Wedgwood decorada por Émile Lessore com querubins agrupados em volta da árvore da vida, pendurar na parede uma caricatura darwiniana da *Punch*, cantar um dueto ao piano sobre a "Teoria darwiniana", ler romances populares edificantes como *Survival of the Fittest* [A sobrevivência dos mais bem adaptados], *The Lancashire Wedding* [O casamento Lancashire], ou *Darwin Moralized* [Darwin moralizado], ou dar aos filhos cartilhas chamadas *What Mr. Darwin Saw* [O que o sr. Darwin viu].[6] Um almanaque de livre-pensamento produzido em 1874 incluía citações dos livros de Darwin nos pensamentos para cada dia. No exterior, além da costa inglesa, *gourmets* espanhóis podiam tomar um copo de licor de anis de uma garrafa ilustrada com um macaquinho darwiniano. "A ciência diz que ele é o melhor – e essa é a verdade", declarava o rótulo.[7] E agricultores no norte do estado de Nova York podiam medicar seu gado sob o olhar desatento de Darwin. A firma agrícola de G. W. Merchant, de Lockport, perto de Rochester, anunciava seu óleo para gargarejo com um símio pictórico que cantava:

If I am Darwin's Grandpa
It follows, don't you see,
That what is good for man & beast
Is doubly good for me.[8]

Esses produtos comerciais variados tornavam Darwin e sua realização intelectual tangíveis para sua geração e para aquelas que se seguiram.

Para um homem como Darwin, porém, a fama exigiria alguma habituação. Ele era uma alma reticente, pouco à vontade com qualquer coisa que exigisse aparição pública e – embora apreciasse a aprovação de seus

---

5 Howard, 1977. Para monstruosidades como parte do pensamento biológico, ver E. Richards, 1994.

6 A porcelana Wedgwood, "The Darwinian Theory", é ilustrada em Reilly, 1989, v.2, p.130, e foi produzida por Émile Lessore em 1862. Tenho dúvida sobre se foi algum dia produzida em massa. Agradeço à Royal Photographic Society e à sra. Debbie Ireland por me ajudar em questões sobre os direitos autorais de Cameron. R. D. Wood forneceu gentilmente acesso a sua lista dos Registros de Copyright da sra. Cameron's Copyright Registrations, dos quais foi extraída essa informação.

7 Agradeço a Teresa Termet Huget por essa informação.

8 [Se eu sou o Vovô de Darwin,/ Segue-se, você não vê,/ Que o que é bom para o homem e para o animal/ É duplamente bom para mim – N. T.] Bingham, 1994. Sou extremamente grata a A. Walker Bingham por me fornecer informações sobre essa firma e seus anúncios. Ver também Holcombe, 1979, p.367-77.

colegas cientistas – tinha problemas com a noção de dançar conforme a música mais popular. Antes, os cientistas raramente tinham sido figuras de interesse. Mais que isso, ele não gostava da ideia de pessoas o reconhecerem ou saberem coisas sobre ele sem que ele as conhecesse. Público e privado tornaram-se categorias extremamente problemáticas para os indivíduos mais conspícuos da sociedade, como há muito tempo se reconheceu em estudos de outras celebridades. Portanto, foi talvez um alívio para ele que esses primeiros rebuliços de celebridade ocorressem em um contexto no qual sua presença literal não era desejada. Os livros e revistas que publicavam artigos sobre ele e os suvenires e caricaturas evolucionistas que apareciam no mercado eram fenômenos relativamente abstratos, dissociados de sua vida privada, e por essa mesma razão empreendimentos com os quais ele podia, até certo ponto, se envolver. Ele se sentia relativamente à vontade – e muito menos exposto emocionalmente – no mundo familiar da impressão, das imagens e dos objetos.

E, contudo, não estava claro como um cientista como Darwin podia ser representado naquele mundo. A ciência no conjunto possuía poucos estereótipos comumente aceitos. Naquela época, o tema da ciência era esotérico, com frequência bastante distinto das noções de senso comum baseadas na experiência ordinária, e ainda hesitava em se deslocar de cenários institucionais convencionais bem conhecidos, como a sala de aula da universidade, para os espaços mais modernos do laboratório ou da clínica. Se os cientistas tivessem de ser representados em público, digamos na *Illustrated London News*, não estava claro quais poderiam ser os símbolos visuais apropriados para suas atividades ou qual seria a melhor maneira de indicar a vida interior da mente. Os estereótipos que viriam a dominar as imagens futuras da ciência e de seus praticantes – o complicado equipamento mecânico espreitando no fundo, o microscópio, o jaleco branco e a bancada de laboratório – ainda não tinham um peso unânime. Esses dispositivos só se tornariam conhecidos com o crescimento da própria ciência, acompanhado pela simplificação da fotografia e por meios mais baratos de reprodução e circulação em massa.[9]

Quando Darwin ascendeu à fama, os comentaristas culturais passaram, portanto, a retratá-lo em livros e imagens com aspectos vitorianos mais familiares – às vezes como um viajante, colecionador ou naturalista. Dada sua história de vida, era apropriado retratar Darwin como um explorador,

---

[9] Cantor, 1996, examina imagens públicas de um herói da ciência. Ver também Fara, 1997; 2000. Em geral, ver Tagg, 1988; Edwards, 1992; Green-Lewis, 1996; Armstrong, 1998; Jordanova, 2000. Há estudos de caso úteis em Friedman e Dorley, 1985; Rose, 1999.

tanto literalmente, em suas viagens no *Beagle*, como metaforicamente, como um homem que trazia uma visão objetiva, imparcial para novos terrenos de conhecimento. Na Grã-Bretanha do século XIX, os exploradores geográficos ganhavam uma posição especialmente privilegiada como contadores da verdade, principalmente porque tinham visto com os próprios olhos, e a obra de Darwin era ocasionalmente representada em livros e artigos como se fosse uma descoberta geográfica na mesma escala da descoberta da fonte do Nilo.[10] Darwin descobriu que podia ingressar sem esforço nesse quadro de referência, disposto a pensar em sua vida como uma viagem de descoberta, iniciada por sua viagem verdadeira, e modelando sua futura autobiografia e, em alguns lugares, *A origem das espécies*, em molde muito semelhante.

> Sempre senti que devo à viagem o primeiro treinamento ou educação real de minha mente. [...] Tudo sobre o que eu pensava ou lia era relacionado diretamente ao que eu vira e provavelmente veria; e esse hábito mental foi continuado durante os cinco anos da viagem. Tenho certeza de que foi esse treinamento que me capacitou a fazer tudo que fiz em ciência.[11]

E era fácil retratar Darwin como um colecionador de história natural, absorvido nas minúcias da natureza, construindo sua realização espécime por espécime.

Mas era como símio que Darwin era mais comumente representado – uma imagem visual muitíssimo adequada e flexível, que explorava o tema central de seus textos e marcava sua passagem para o contexto comum da cultura popular vitoriana.

II

A teoria evolucionista revelou-se um assunto irresistível para caricaturistas. É claro que caricaturas e cartuns em geral já forneciam aos vitorianos sua forma de sátira mais contundente e mais desenvolvida, uma forma especial de comentário que sancionava ataques públicos selvagens a pessoas no noticiário – os políticos, a realeza, a nobreza rural e borboletas sociais da época – combinando ridículo, exagero, obscenidade, sentenciosidade e distorção deliberada de fatos para zombar das vítimas sem piedade. Grande parte do humor era grosseira. Grande parte emergia de um moralismo puritano que odiava a pretensão ou que se deleitava em expor o que outros tentavam

[10] Ryan, 1996, discute algumas dessas metáforas de cartografia e exploração.

[11] *Autobiography*, p.78.

esconder. Essas ilustrações cômicas davam aos satiristas do século XIX uma lente com a qual podiam refletir os tempos para a opinião contemporânea, como tinha na verdade sido o caso na Grã-Bretanha desde que a sagacidade cáustica de James Gillray reagira aos anos turbulentos de George III e às revoluções americana e francesa.[12] Portanto, não surpreende muito que os satiristas vitorianos logo recorressem à ideia de ancestralidade animal e evolução como um veículo tópico para comentar as preocupações da nação. Ademais, paródias satíricas sobre símios se encaixavam de maneira atabalhoada na longa tradição de identificar traços animais em seres humanos e desacreditar as pretensões intelectuais no mundo inteiro. Tropos muito antigos de metamorfose e da existência do animal por baixo da superfície humana – tópicos padrão para comentário político – ganharam um novo significado, que refletia as preocupações da época.

Mesmo assim, havia algo de especial na vigorosa combinação de tecnologias pictóricas avançadas, ampliação do número de leitores, afrouxamento das fronteiras culturais e a publicação de *The Descent of Man* e *A expressão das emoções* que instigou os satiristas no começo da década de 1870 a produzir abundante variedade de paródias, cartuns, versos e esquetes de humor relacionados ao tema geral da progressão evolucionária.

As imagens visuais ocuparam o centro do palco. Na Grã-Bretanha, na era das revistas ilustradas baratas, como *Comic Almanack* (fundada em 1835), *Punch* (1841), *Comic Times* (1850), *Fun* (1861), *Judy* (1867) e *Figaro* (1870), os cartunistas abraçavam avidamente a ideia de transformação física, endossando obstinadamente tipos simbólicos básicos que perdurariam até bem entrado o século XX, transformando políticos em animais desagradáveis ou convertendo John Bull, ícone nacional reacionário, em uma peça de rosbife, o prato nacional. A maioria dessas imagens recorria a preconceitos bem estabelecidos, às vezes datando de séculos antes, e muito de seu impacto residia nessas alusões múltiplas. A evolução nessa forma se misturava de modo amplo a vieses contemporâneos, abrangendo anti-intelectualismo, imperialismo, escravidão, classe, raça, cor e identidade política, pois o darwinismo podia facilmente reforçar estereótipos crus contra negros, aborígines, mulheres, judeus, criados e irlandeses.[13] Não obstante, cada artista só podia selecionar seu tema de um repertório de tópicos e tecnologias de impressão disponíveis. Uma medida da publicidade que acompanhava os

[12] A história da caricatura é discutida em George, 1959; Weschler, 1982; Townsend, 1992; Hallett, 1999. Para caricatura e sátira na ciência, ver Rudwick, 1975; 1976; Browne, 1992; Paradis, 1997.

[13] De ampla literatura sobre caricatura médica, ver Haslam, 1996; R. Porter, 2001.

textos evolucionistas era o fato de que eles tinham de expressar algumas de suas observações mais mordazes em termos da teoria de Darwin. Fora da Grã-Bretanha, caricaturistas talentosos como "André Gill" na *La Charivari* (1832), Wilhelm Busch na *Fliegende Blatter* (1844) e Thomas Nast na *Harper's Weekly* (1851), esse último documentando de maneira memorável a Guerra de Secessão e gravando os símbolos do elefante e do burro na mente americana, forneciam o evolucionismo e Darwin com as ironias de sua própria cultura. Em um mundo de popularização engenhosa e irrestrita, as caricaturas e sátiras sobre a teoria da evolução eram um recurso extremamente útil.

Cerca de vinte ou trinta caricaturas impressas sobre teoria da evolução foram produzidas na Grã-Bretanha de 1865 a 1882 – grosso modo as duas últimas décadas de vida de Darwin –, muito mais que as de qualquer teoria científica comparável, se bem que, é preciso dizer, nem de perto tantas quanto as relativas a figuras nacionais conspícuas como Disraeli ou Gladstone. A revista *Punch*, em particular, que desenvolveu relação duradoura com a teoria darwiniana, no longo prazo deu mais atenção a Disraeli, fazendo a crônica de sua ascensão com aversão indulgente, ou aos irlandeses, que eram um alvo especialmente veemente durante os anos de debate sobre o governo autônomo da Irlanda. Poucos desses desenhos da *Punch* revelavam a mordacidade feroz de artistas anteriores, como Hogarth, Gillray ou Rowlandson. E tampouco exibiam a agressividade de Honoré Daumier em Paris ou o fervor patriótico de Thomas Nast, cada um dos quais empenhado em expor a hipocrisia pública.[14] Os dias de campanha satírica maldosa tinham passado – pelo menos nas mãos de Mr. Punch.[15]

Um modo inteiramente mais brando de comentário tópico era aparente nas revistas ilustradas britânicas. Essa forma de cartum atenuado tinha, de fato, se desenvolvido na Grã-Bretanha em 1843 com os desenhos de John Leech, na *Punch*, e foi rapidamente reproduzida em periódicos ilustrados como *Miscellany*, de Richard Bentley, *Cornhill* e *Good Words*, e especialmente em edições de romances com grandes tiragens, novo fenômeno comercial que só se tornara possível pelo avanço das tecnologias de impressão e que era mais visível nas obras de Dickens, como as ilustradas por George Cruikshank e Hablot Browne (Phiz). Estes eram desenhos domesticados, recorrendo a valores de classe média conhecidos, mais galhofeiros que cruéis. Nas mãos capazes de John Doyle ("HB") e de seu filho Richard Doyle, seguidas pelas de *sir* John Tenniel, Edward Linley Samborne, Ernest

[14] Weschler, 1982, para Paris; Townsend, 1992, para Berlim.

[15] *Grove Dictionary of Art*, v.5, p.755-61. Ver também J. R. Harvey, 1970.

Griset e Charles Keene, cartuns na *Punch* e na *Fun* passaram a expressar as ideias de membros do público com mentalidade convencional quando confrontados com os absurdos da vida moderna. "Então veja, Mary, o bebê descende de um quadrúpede peludo, com orelhas pontudas e rabo. Todos descendemos!", dizia Jack, na *Punch*, depois de ter lido para sua mulher passagens de *The Descent of Man*.

"Fale por você, Jack! Eu não descendo de nada desse tipo, lamento dizer", retrucava Mary. "E o bebê puxou a mim, e chega!"[16]

Os artistas da *Punch* visavam precisamente àqueles leitores que decodificariam e aprovariam com mais facilidade suas mensagens. Sob a direção geral de Shirley Brooks, editora desde 1870, e depois, a partir de 1874, do humorista Tom Taylor, seus desenhos mostravam homens e mulheres de classe média bem-comportados como Jack e Mary discutindo ancestrais peludos ao pé da lareira ou frequentando *soirées* noturnas conduzidas pelo "dr. Fóssil". Eles vestiam símios como cavalheiros ou punham Darwin na cadeira celestial de Deus. Nenhuma dessas imagens era tão chocante ou subversiva quanto poderia ter sido em Paris ou Berlim. Em uma palavra, os cartuns da *Punch* e da *Fun* espelhavam a aquiescência preguiçosa e tolerante que caracterizava as classes prósperas e complacentes da Grã-Bretanha. Com apenas algumas caretas passageiras para os desatinos da ciência, essas imagens atenuavam pelo menos algumas das ansiedades inerentes à evolução, transformando-as em trivialidades de sala de estar.[17] Os satiristas da *Punch* estavam talvez criando uma nova estrutura de consenso.

Portanto, esses cartuns britânicos aparentemente falavam com a voz do *establishment*, não como seu flagelo.

> À vista de um macaco se coçando nos Jardins Zoológicos, o filósofo poderia com muita propriedade observar, "Com exceção da Seleção Natural e da Luta pela Existência, eis aí Charles Darwin",

dizia prosaicamente a *Punch*. Quando a princesa Louise, a filha mais velha da rainha Vitória, casou com o marquês Lorne, em 1874, a *Fun* parodiou a procissão de casamento incluindo, entre os trombeteiros e os convidados reais, as figuras de "dr. Darwin e nosso distinto ancestral".

---

16 "A logical refutation of Mr. Darwin's theory" [Uma refutação lógica da teoria do sr. Darwin], *Punch*, 1º de abril de 1871, p.130.

17 Uma estimativa grosseira é de que havia uma imagem em cada página da *Punch*. Um volume anual chegava a cerca de 270 páginas. Ver Huggett, 1978.

Nesse cartum, Darwin escoltava um símio pela nave central da igreja. Em 1871, nas páginas da edição de Londres do *Figaro*, já aparecera uma representação de Darwin, na qual este convidava educadamente um símio para contemplar seu futuro em um espelho de mão, apoiada por citações apropriadas de Shakespeare. Casamento, realeza e Shakespeare dificilmente poderiam ter sido veículos mais aceitáveis para comentários. Ao endossar as verdades tradicionais da vida britânica, esses humoristas davam à teoria de Darwin um lugar relativamente inofensivo nos lares vitorianos – ou, pelo menos, descreviam a ciência como um desatino praticado por outros e com o qual homens e mulheres respeitáveis não precisavam se preocupar demais.

Um aspecto significativo das caricaturas evolucionistas do final do século XIX é a frequência com que Darwin aparece como o próprio símio. Seus atributos faciais pessoais, como a barba, o grande domo do crânio e as sobrancelhas peludas e projetadas, estavam se tornando conhecidos do setor intermediário da sociedade por meio de retratos em xilogravuras e gravuras a traço reproduzidas de fotografias na *Illustrated London News* desde 1871. Outras imagens de Darwin estavam disponíveis em publicações em estilo de álbum como *Representative Men of Literature, Science and Art* [Homens representativos da literatura, da ciência e da arte] (1868). A mais conhecida, no entanto, era provavelmente a cromolitografia da *Vanity Fair*, publicada como "Homens do Momento, N. 33. Seleção Natural" em setembro de 1871, seis meses depois do lançamento de *The Descent of Man*. Essa caricatura da *Vanity Fair* foi feita por Carlo Pellegrino sob seu pseudônimo costumeiro de "Ape" [Símio] (embora a gravura de Darwin na verdade não fosse assinada), e parentes de Darwin achavam que ela captava de maneira precisa sua figura alongada e sua postura característica. Ela fazia parte de uma das séries de estudos de caráter de Pellegrini que abrangia cientistas, eclesiásticos, políticos, esportistas e outras figuras de nota, cada ilustração acompanhada por uma legenda jocosa e, na parte impressa da revista, um resumo biográfico que invariavelmente brincava com os valores superficiais da época. Os retratos de Huxley e Wilberforce, encarando um ao outro, publicados na *Vanity Fair*, tinham sido um par muito divulgado alguns anos antes, e Richard Owen ("Ossos Antigos") e Herbert Spencer ("Filosofia") também estavam na série. Essas imagens não pretendiam se sustentar sozinhas; precisavam ser vistas com o texto. Além disso, tinham uma vida estendida como impressos separados. A caricatura de Darwin pode às vezes ser encontrada com uma legenda diferente, "Você sabe que todos nós somos um salto a partir dos macacos?" Essa variante existe na coleção pessoal de Darwin, acompanhada por uma caricatura semelhante de Owen, retrucando, "Que pena que você não deu um salto um pouco maior". Pellegrini abordou Darwin por meio de John Murray para pedir permissão para levar adiante a caricatura, atitude prudencial que raramente era tomada por outros artistas vitorianos, e prática que normalmente não era adotada pelo próprio Pellegrini.

Assim reconhecidas, as características faciais de Darwin eram enfatizadas em todas as caricaturas britânicas na época da publicação de *The Descent of Man* e *A expressão das emoções*, embora por certo tenha havido uma ou duas em que o artista claramente trabalhou sem essa informação. Até certo ponto, os artistas também brincavam conscientemente com a iconografia da intelectualidade. A maioria dos caricaturistas, na época ou hoje, poderia recorrer a atributos convencionais de saber acadêmico, como uma postura de alheamento, um quadro-negro, gênero, um par de óculos, calvície e assim por diante. "Uma pequena aula do professor D____n sobre o desenvolvimento do cavalo" mostrava Darwin, com uma barba prolífica, como um professor distraído na frente de um quadro-negro, com um lenço saindo do bolso da calça imitando um rabo de macaco. A piada estava em sua laboriosa explicação da evolução de um *horseradish* [rábano-picante] para um *racehorse* [cavalo de corrida] através de dez estágios cavalares absurdos, entre eles um *clothes-horse* [cabide para arejar roupas], *Louis Quart-horse* [Luís XIV] e um *Hors-de-combat* [fora de combate]. Em 1871, quando *The Descent of Man* era resenhado em periódicos americanos, Thomas Nast desenhou para a *Harper's Weekly* um gorila do lado de fora da Sociedade para a Prevenção da Crueldade contra Animais. O gorila protestava para uma imagem reconhecível de "Mr. Darwin" que seu *pedigree* estava sendo roubado.

A barba de Darwin – aspecto chamativo dos retratos dele reproduzidos comercialmente – era, portanto, um bônus para os cartunistas. Sua pelosidade geral implorava por ser transformada em pelo animal. Acrescente-se um rabo, e lá estava uma imagem gritante de ancestrais simiescos ou macacais (o público em geral nunca se preocupava muito em saber qual dos dois). Em março de 1871, um mês depois da publicação de *The Descent of Man*, artistas da *Hornet* produziram uma imagem de Darwin como um "Venerável Orangotango: Uma contribuição à História Inatural". Uma imagem como essa, de Darwin como símio ou como macaco, identificava-o de imediato como o autor da teoria de modo muito semelhante a como uma bota militar de cano longo teria indicado o duque de Wellington durante o período napoleônico. Uma carta não datada nos arquivos de Darwin (provavelmente escrita em 1871) refletia exatamente esse aspecto.

> O senhor me permite lhe dirigir algumas linhas sobre sua teoria elaboradamente desenvolvida da descendência, ou (como prefiro nomeá-la) ascendência do homem da criação inferior?,

perguntou um certo sr. D. Thomas, presumivelmente de Gales.

> Ora, senhor, não fique ofendido se eu simplesmente lhe disser o que me chocou quando vi seu retrato na *Illustrated News* no sábado e não apenas eu, mas outros com quem falei, [notaram] a impressionante semelhança que há com um símio, o crânio espesso, olhos fundos e rosto peludo, todos lembram o de um magnífico e venerável velho símio, e como é impressionante que a pessoa que está mais propensa a ligar a raça dos macacos à nossa se assemelhe tanto a um deles na forma externa.[18]

A árvore evolucionária também começou a aparecer em cartuns. Depois da publicação de *The Descent of Man*, Darwin era descrito com frequência como um macaco balançando em uma árvore, às vezes rotulada de "árvore da vida". Os caricaturistas da *Punch* puseram um símio em uma árvore lendo diligentemente um exemplar de *A origem das espécies*. A revista *Figaro* pôs um Darwin peludo entre os ramos de "Uma hipótese darwiniana", e o periódico satírico parisiense *La Petite Lune* o pôs pendurado com aparência de macaco na "arbre de la science", com um elegante rabo enrolado no braço.

Poucas outras teorias científicas eram tão prontamente identificáveis nos impressos públicos da época – talvez só a eletricidade e o telégrafo, os principais avanços tecnológicos da era, viessem a exercer impacto comparável sobre o público britânico, e estes raramente eram ligados de maneira tão óbvia a seus originadores humanos. Um Darwin peludo e simiesco e uma árvore tornaram-se imagens facilmente reconhecíveis da evolução – talvez tão reconhecíveis aos vitorianos como a dupla hélice de DNA é para muitas pessoas hoje.

Essa caracterização visual de árvores tinha efeito sutil, mas definido. Os satiristas poderiam ter invocado algumas outras imagens evolucionárias possíveis. Em 1863, Charles Henry Bennett tinha desenhado sequências circulares de homens se transformando em gansos assados e pudins de Natal e as rotulara de transformações darwinianas, sem dúvida uma piada com noções clássicas de metamorfose e talvez também com transformações fisionômicas do século XVIII entre homem e animal, tal como eram

[18] De D. Thomas [1871?], DAR 178.

discutidas nos textos de Johann Caspar Lavater. Mas Bennett parece ter entendido a sequência de evolução antes como um círculo que como a árvore ramificada de Darwin. A circularidade como motivo apareceu com a mesma força no cartum de página inteira de autoria de Henry Woolf publicado na *Harper's Weekly* em 1871 de "O Sonho Depois do Jantar do Estudante Darwiniano", no qual facas e garfos se metamorfoseavam em estágios na bela moça com quem o estudante queria se casar.[19] Depois, Linley Samborne retratou uma grande espiral a partir do "Caos" até o trono de Deus no céu, no qual Darwin se escarranchava sem cerimônia.[20]

Os satiristas do século XIX quase nunca retratavam Wallace ou Huxley em situações semelhantes, embora estes fossem de longe as outras pessoas mais proeminentes associadas à questão dos gorilas. Um cartum na *Fun* incluiu Huxley e Spencer (mas não Wallace) em uma crítica a *A expressão das emoções*, mostrando os cientistas recuando diante de uma fêmea de hipopótamo irritada que protege o filhote. Ele brincava com o anúncio muito divulgado do nascimento de um filhote de hipopótamo no Jardim Zoológico de Londres um ou dois meses antes. A legenda dizia: "Um semblante franco denota caráter gentil e bondoso". Aqui e em outros lugares, parece que Wallace era ignorado e que os livros de Darwin é que eram percebidos como os textos primários na geração de uma transformação geral no pensamento. Os caricaturistas retratavam a teoria da evolução como se ela fosse só de Darwin. Na verdade, esse entrelaçamento de imagens evolucionistas e retratos de Darwin provavelmente contribuía de maneira considerável para a sensação de que evolucionismo e darwinismo eram uma coisa só.

Quanto ao velho símio grisalho em si, Darwin demonstrou interesse amistoso em colecionar as caricaturas. "Ah, a *Punch* se interessou por mim?", disse ele a um visitante de passagem pela Down House, o geólogo James Hague. Hague relatou o resto da conversa deles.

> "Vou obtê-la amanhã", disse: "Guardo todas essas coisas. Você me viu na *Hornet*?". Como eu não tinha visto o número a que ele se referia, ele pediu a um de seus filhos que fosse buscar o jornal no andar de cima. Ele continha uma caricatura grotesca representando um grande gorila com a cabeça e o rosto de Darwin, parado ao lado do tronco de uma árvore com um bastão na mão. Darwin mostrou-o com muita satisfação, dizendo,

[19] *Harper's Weekly*, 23 de dezembro de 1871, p.1209.

[20] "Man is but a worm" [O homem não passa de um verme], *Punch's Almanack*, 6 de dezembro de 1881.

> devagar e com crítica característica: "A cabeça é feita de forma inteligente, mas o gorila é ruim: excesso de peito; não poderia ser assim".[21]

Contudo, aqui e ali era possível identificar uma nota perigosa. Uma caricatura do artista francês André Gill (L. A. Gosset de Guine) no periódico parisiense *La Lune*, publicada em agosto de 1878, extrapolou impiedosamente de *The Descent of Man*. Essa gravura deixava absolutamente claras as ligações entre seleção natural e a doutrina filosófica do materialismo. Sob a legenda "L'homme descend du singe", Darwin aparecia como um macaco no circo, irritado por causa de uma argola de papel rotulada com "Credulité" e apontando para outra em que estava escrito "Superstitions-Erreurs". As argolas eram seguras por Émile Littré, autor de textos de medicina e popularizador de Comte, que foi denunciado repetidas vezes como o arquifanático do positivismo científico. As insinuações ameaçadoras do darwinismo eram, portanto, tornadas óbvias para os homens e mulheres da Terceira República, envolvidos em controvérsias sobre positivismo, republicanismo, a igreja católica, a origem química da vida, o livre-pensamento e a questão do progresso. Embora muito poucos franceses ou francesas aceitassem as ideias de Darwin, preferindo suas próprias versões de determinismo ambiental, Gill evidentemente queria mostrar como as ideias de Darwin estavam sendo assumidas por positivistas.

Do outro lado do Atlântico, questões raciais apareceram de modo desagradável quando Sol Eytinge usou o darwinismo para expor as divisões na cultura americana. Amigo íntimo de Charles Dickens e, em certo momento, ilustrador norte-americano de Dickens, Eytinge fez regularmente comentários sobre as causas negras durante os anos mais difíceis que se seguiram à Guerra da Secessão. A partir de 1874, o principal período para questões de direitos civis, em sua série ocasional "Blackville", para a *Harper's Weekly*, ele costumava colocar famílias negras em situações tipicamente brancas. Em janeiro de 1879, esboçou um debate político imaginário em sua cidade natal no qual o presidente negro perguntava "se *lord* Dorwin envolvia a si próprio ou a mais alguém" em sua teoria da evolução. A insinuação de que só os negros podiam ter descendido de símios refletia grande parte da teoria contemporânea, retomando as visões divulgadas por Agassiz, James Hunt e outros durante o período da guerra, que sustentavam que os negros deviam ser uma espécie de humanidade diferente e inferior.[22] Todavia, os artistas

---

21 Hague, 1884, p.760.

22 *Harper's Weekly*, 4 de janeiro de 1879.

da *Harper's* não tinham certeza exatamente de onde se situavam na questão da cor. Um esboço feito por outro autor apresentava o "desenvolvimento darwiniano" com animosidade mordaz. Um casal de negros rurais em uma loja de tecidos pede um *chignon* para a senhora, sugerindo aspirações sociais impossíveis.[23] Nessas imagens, divisões arraigadas eram tornadas claras.

Darwin também apareceu como um personagem menor em um enorme jornal satírico publicado sob o nome "Ion" em Londres em 1873 (que teve depois outra versão, em 1883). Essa sátira era atribuída (provavelmente com acerto) ao inteligente e gentil George Holyoake, principal secularista radical do período e autor de *Half-Hours with Freethinkers* [Meias horas com livres-pensadores], sobrevivente de um notório julgamento espetacular por blasfêmia em 1842. Holyoake havia dedicado a vida a criar uma alternativa secular à igreja britânica estabelecida, movimento liberal assumido e dominado por Charles Bradlaugh, líder carismático, muito mais duro e inflexível, da National Secular Society.[24] O jornal ligava dissensão eclesiástica com descendência. Era intitulado *Our National Church* [Nossa igreja nacional] e apresentava uma crítica abrangente das crenças religiosas fragmentadas da nação, retratando seitas rivais de Broad Church, Low Church, High Church, Dissidentes, "No Church" [Nenhuma igreja], catolicismo e ciência. Em um dos cantos superiores, ele incluía os três sacerdotes do naturalismo científico, Darwin, Huxley e John Tyndall. Essa imagem complexa jogava primariamente com as tentativas amplamente divulgadas de James Martineau, durante a década de 1870, de unir todos os clérigos sob o guarda-chuva único de uma igreja "nacional", e a teoria da evolução era apenas uma de várias ameaças percebidas ao *establishment* teológico.

A gravura mostrava o domo da catedral de St. Paul como um guarda-chuva gigante incapaz de abrigar tradicionalistas religiosos dos ventos tempestuosos da inquietação doutrinária. Não conformistas empurram as hastes para longe, ateístas arengam em um canto, católicos convertidos seguem uma placa "Para Roma", e nem os membros da Broad Church nem os da Low Church conseguem controlar os estais do domo, tensionados pelo vendaval. Um burro grita de forma rude: "Zurremos". Era um comentário justo, disse o religioso radical Moncure Daniel Conway.[25] Huxley, Tyndall e o clérigo renegado bispo Colenso investem para o alto na direção da

---

[23] Sem atribuição de autoria, *Harper's Weekly*, 22 de fevereiro de 1873, p.160.

[24] W. Smith, 1967.

[25] M. Conway, 1904, v.2, p.357, discute as gravuras, embora confunda uma com a outra. A atribuição a Holyoake é feita em W. Smith, 1967, p.XIII-XVI, que reproduz a segunda versão como guardas. Sou grata a Jim Moore por sua ajuda nessa questão.

figura simiesca de Darwin, em uma encosta, que grita: "Nesta direção para a luz do dia, meus filhos". O texto denso informava os leitores que além do horizonte estava o alvorecer de uma era intelectual que poria fim à "influência apavorante da igreja".

A segunda versão, normalmente impressa em vermelho e preto, foi revisada para enfatizar o argumento evolucionista. Mostrava um símio carregando a bandeira do darwinismo, seguido por uma fila de filósofos agnósticos e clérigos dissidentes bem conhecidos, entre eles Spencer ("Filosofia"), Conway ("Devemos seguir em frente"), Huxley e Tyndall ("Ciência"), todos voltados para um pedestal sobre o qual estava o busto de Darwin, cercado por uma nuvem de "Protoplasma".[26] As duas versões da gravura estavam na coleção pessoal de Darwin, embora não se saiba quantas outras foram impressas e distribuídas, nem a quem.[27] O artista, fosse quem fosse, considerava Darwin e sua teoria parte essencial do mundo secular extremamente politizado que surgia.

Declarações visuais poderosas como essas impulsionavam a ideia de evolução para fora dos domínios misteriosos das sociedades cultas e das revistas literárias, para o mundo do humor, dos jornais e da literatura popular. Sem os macacos e os gorilas de Mr. Punch, o espelho da natureza do *Figaro* e a nuvem de protoplasma de Holyoake, é provável que a transformação no pensamento do século XIX tivesse permanecido um fenômeno predominantemente de elite. As implicações integrais da descendência humana teriam levado muito mais tempo para ser entendidas. As caricaturas não eram apenas um meio transparente de ilustração, mas um conformador efetivo do pensamento contemporâneo, tão representativas a seu modo quanto qualquer das belas-artes ou dos textos literários do período. Os temas de *The Descent of Man*, de Darwin, eram reembalados graficamente em uma forma cultural versátil que dispunha de distribuição ampla e tinha apelo popular. Os cartuns podiam aparecer na mesa de qualquer casa de classe média do país.

"Não deveríamos, portanto, proferir um protesto brando contra Darwin no jantar e Darwin no chá?", indagou um jornalista cínico no *Globe*.[28]

---

[26] Os exemplares de Darwin estão em DAR 141, p.10-1.

[27] A primeira versão certamente chegou a três impressões, mas provavelmente cada tiragem foi pequena. Como um exemplar estava pendurado na City Temple, instituição central para a pregação revivalista dirigida por Joseph Parker, seria justo dizer que o público visado era extremamente não conformista. Um exemplar marcado com "Third Impression" [terceira impressão] foi posto à venda na Sotheby's, em 11 de dezembro de 1992. Ver W. Smith para o exemplar da Temple.

[28] *Globe*, 7 de novembro de 1872.

III

As pessoas queriam vê-lo também em carne e osso. Um membro comum do público normalmente só podia esperar ter o vislumbre mais fugaz de vitorianos eminentes. Oportunidades de ouvir suas vozes eram ainda mais raras. Era possível ver duquesas passando em carruagens puxadas por quatro cavalos ou inaugurando um hospital, Gladstone podia ocasionalmente aparecer em reuniões políticas pré-eleitorais, Tennyson podia ler para um grupo de amigos ou Dickens fazer uma excursão pelas províncias em elaboradas leituras teatrais encenadas. Mas em pouco tempo celebridades vitorianas de vários tipos começaram a fazer aparições públicas mais óbvias, alimentando explicitamente os desejos das audiências. Quase não importava que essas oportunidades fossem extremamente estruturadas e limitadas, pouco mais que uma versão da exibição ritual que sempre foi um aspecto da liderança. Uma rainha e seus familiares, por exemplo, esperavam ver e ser vistos. Os elementos cerimoniais dessas ocasiões eram claros. Um encontro genuinamente pessoal, por outro lado, podia criar uma comoção notável, como Browning entendeu em seu verso famoso: "Ah, você alguma vez viu Shelley em carne e osso?" Essas visões eram registradas como incidentes memoráveis na vida daqueles que se encontravam face a face com uma estrela. Muitas das pessoas que conheceram Darwin em seu ambiente doméstico não podiam resistir a escrever sobre ele, mesmo quando estavam cientes de que esses comentários eram uma retribuição ruim pela atenção hospitaleira recebida dele. Havia um senso indefinível do crescente direito do público a sentar ao pé da lareira dos famosos.

Ao ver uma celebridade em pessoa, um devoto podia, além disso, satisfazer sua curiosidade e evitar ou suplementar de maneiras importantes todo o laborioso processo de leitura. No século XIX, as peregrinações para ver figuras literárias se iniciaram a sério. Wordsworth era importunado no Lake Distcrict, e bisbilhoteiros tornaram-se um aborrecimento tão grande para Tennyson na ilha de Wight que ele fugiu para as colinas intensamente arborizadas de Surrey. "Não consigo ser anônimo. [...] em razão de suas malditas fotografias", ele se queixou à sra. Cameron em agosto de 1868.[29] Darwin descobriu que sua situação não era muito diferente.

Durante a década de 1870 e o início da de 1880, uma torrente de turistas visitou ou tentou visitar Darwin na Down House. Visto de hoje, este era um senhor empreendimento. A viagem de Londres era inconveniente, envolvendo uma jornada de trem e depois o aluguel de transporte da estação ferroviária mais próxima. Além disso, vista de fora, a Down House

[29] Allingham, 1907, p.185.

apresentava uma aparência intimidante para visitantes socialmente não sofisticados. O caminho de cascalho, os portões fechados e a imponente porta da frente – que era aberta por um criado – assinalavam o domínio privado de um inglês. Por mais relaxadas e íntimas que fossem as histórias sobre o cenário familiar de Darwin, esses prazeres e amabilidades eram só para as pessoas que tinham acesso assegurado.

Não obstante, as pessoas iam. Vários desses visitantes, Darwin conhecia por reputação ou por meio de cartas de apresentação de amigos; alguns já estavam familiarizados por correspondência; outros se tornaram amigos calorosos e fizeram repetidas visitas. Os demais eram desconhecidos e não convidados, e para Darwin não eram bem-vindos. Alguns poucos eram uma verdadeira provação. Darwin se queixou à família sobre a necessidade de manifestar entusiasmo com *lady* Dorothy Nevill quando ela chegou para discutir orquídeas. Contudo, ele considerava sua obrigação de entreter como um dever inevitável. Os diários de Emma Darwin indicam que, embora ele guardasse ansiosamente sua privacidade, recebia muito mais visitantes do que sua reputação de isolamento sugeria.

É possível identificar aqui as inter-relações entre a fama de Darwin, a crescente influência de suas teorias e o modo astuto como administrava sua publicidade pessoal. Muitos desses visitantes consideravam o encontro com Darwin um momento decisivo em suas vidas. Anton Dohrn, jovem naturalista prussiano, ansiou por visitá-lo durante uma viagem à Inglaterra em 1867, mas teve medo de pedir. Ele ouvira tanto sobre Darwin de Haeckel, seu professor e colega de profissão em Jena, que desejava literalmente sentar aos pés de Darwin e venerá-lo. Depois de vários anos de correspondência sobre zoologia, em 1870, Darwin convidou-o educadamente para almoçar. Dohrn descreveu esse dia como uma lembrança cara, embora notando de maneira desconcertada que Darwin não parecia nem de perto tão doente quanto ele esperava.[30] O tempo para discussão privada foi racionado em uma hora. Darwin manipulou descaradamente sua reputação de saúde ruim – seu tempo era limitado, sua força, débil, seu prestígio, alto. Em consequência, Dohrn sentiu que estava se encontrando com a realeza. Ele foi embora radiante com o endosso dado por Darwin a seus empreendimentos biológicos. De sua parte, Darwin gostou daquele jovem que adotava o projeto evolucionista com tanto ardor. Ambos se beneficiaram do relacionamento. Em 1874, Darwin se tornou patrono da Estação de Pesquisa Zoológica de Dohrn, fundada em Nápoles em 1874, e depois fez muito para promover o trabalho da estação por meio de pre-

[30] Groeben, 1982, p.93-4, nota 33.

sentes e recomendações pessoais.[31] Em troca, a estação se tornou um dos principais centros de pesquisas evolucionistas – no caso de Dohrn, pelo trabalho sobre as ligações evolucionistas entre diferentes artrópodes e as origens ancestrais dos vertebrados.

Homens adultos podiam desmoronar na presença do deus. O matemático e filósofo norte-americano Chauncey Wright fez uma visita a Darwin em 1872 e falou abobado sobre uma experiência quase religiosa. Recém-saído dos exames finais de ciência natural na Cambridge University, George Romanes, de 22 anos, registrou emocionado que Darwin o saudou com as inesperadas palavras "Como estou contente por você ser tão jovem!". Durante a década de 1870, Romanes se tornou um dos discípulos ingleses mais dedicados de Darwin. John Lubbock disse que outro admirador de Darwin, levado por ele à Down House para uma visita de cortesia de uma hora, irrompeu em lágrimas quando se viu seguramente a caminho de casa. O visitante ficara tão transtornado durante a visita que não conseguira reunir coragem para falar com o grande homem.[32] Alguns desses jovens transformavam Darwin em um santo secular e o darwinismo em uma religião.

Ocasionalmente, Darwin não sabia ao certo se os visitantes estavam obtendo vantagens indevidas. Às vezes conhecidos chegavam com um colega desconhecido a reboque. Nesse caso, Darwin simplesmente manipulava os elaborados rituais sociais desenvolvidos pela nobreza rural vitoriana, apresentando-se para ser visto só durante o tempo que a etiqueta exigia. Ele pedia desculpas e se retirava, citando sua saúde ruim, sua necessidade de privacidade e de uma soneca ou os deveres ininterruptos do trabalho científico, conforme a audiência. Amigos íntimos normalmente conspiravam para ajudar esses planos. Mary Lyell escreveu a um geólogo norte-americano que propôs uma visita lembrando a seu correspondente que, embora ele

> pudesse encontrar o sr. Darwin com boa aparência e forte, devo lembrá-lo de seu vigor realmente delicado, e de não permanecer tempo demais.

Lubbock disse solicitamente: "Você deve estar, tenho certeza, cansado e não deve se exceder". Os visitantes normalmente notavam como esses mecanismos de escape eram egoístas, destinados a minimizar as dificuldades só para Darwin. Como um antigo patriarca, Darwin só concedia o que

---

31 Groeben, 1982.

32 Maitland, 1906, p.301. Para Romanes, ver Schwartz, 1995.

era conveniente e mais ou menos ignorava as atividades entre seus amigos e familiares que asseguravam que tudo transcorresse com tranquilidade.

Nesse aspecto, a *entourage* de Darwin funcionava como se fosse uma firma familiar, protegendo e apoiando sua figura de proa. Emma Darwin e os filhos ou as filhas que estivessem em casa deviam se mobilizar e assumir um papel importante no entretenimento dos visitantes. Hooker ou Huxley era com frequência convidado para facilitar os procedimentos. Francis Darwin era necessário por sua proficiência em línguas ou para explicar experimentos botânicos, George por sua tagarelice sobre os aposentos frequentados pelos decanos da Cambridge University, Leonard para histórias da vida militar, Henrietta para recitais de piano. A família de Darwin era uma empresa corporativa integrada.[33] Emma e Parslow administravam o negócio com eficiência treinada.

Inevitavelmente, esses eventos sociais passaram a ser vistos na privacidade do círculo familiar com certo cinismo enfastiado.

> Estivemos bastante assoberbados com os alemães esta semana. Haeckel veio na terça-feira. Ele foi muito agradável e cordial e afetuoso, mas bramiu seu inglês ruim numa voz tão alta que quase nos ensurdeceu. E isso não foi nada em comparação com ontem, quando o professor Cohn (bastante surdo) e sua esposa (muito agradável) e um tal de professor R. vieram para o almoço – nunca ouvi nada como o barulho que eles fizeram. As duas visitas foram curtas e P. ficou contente de tê-los visto.[34]

Dessa maneira, estrangeiros eram atraídos para a teia personalizada do trabalho de Darwin, seu lar e sua família. Fazer uma visita à Down House tornou-se por si só uma abstração importante, representando o *status* de Darwin e, cabe dizer, a realização intelectual do visitante. Maliciosamente, Huxley enviou um esboço de alguém prestando devoções no santuário do "Papa Darwin".[35] Puxados para o âmbito da Down House e da família, muitos desses visitantes tornaram-se defensores ferrenhos de Darwin.

---

33 Empresas familiares são examinadas em Davidoff e Hall, 1987; M. J. Peterson, 1989. A relação entre espetáculo e intimidade familiar é examinada em Chase e Levenson, 2000.

34 *Emma Darwin*, v.2, p.278.

35 Ilustrado em Desmond e Moore, 1990.

IV

Os famosos também apareciam. Thomas Carlyle ficou atônito de ver o jeito alegre de Darwin quando o visitou em 1875. Ele esperava encontrar um inválido.

> Fazia vinte anos que eu não o via. Ele é um homem agradável, de disposição alegre, com muita observação e um modo claro de expressá-la. Há muito tempo é um inválido. Perguntei a ele se pensava que havia possibilidade de homens se transformarem de novo em símios. Ele riu muito disso e voltou ao assunto repetidas vezes.[36]

Esse encontro de algum modo atenuou as opiniões de Carlyle sobre evolução, amolecendo-o o suficiente para que ele declarasse a Huxley em um jantar em Edimburgo: "Se meu progenitor foi um símio eu lhe agradecerei, sr. Huxley, se for educado o bastante para não mencionar isso". A evolução era "uma descoberta muito humilhante e quanto menos se falar dela, melhor".[37] Essa observação possivelmente serviu de base para a anedota de George Bernard Shaw envolvendo uma duquesa que expressa a mesma visão.

Samuel Smiles chegou em 1876 e também foi surpreendido pelo choque de ilusões desfeitas. Sobressaltou-se com a vivacidade de Darwin.

> Ele quase *me abraçou*. Fiquei para almoçar com ele e sua família. Ele estava cheio de conversa – e, como eu mesmo, mal conseguia *comer* em vez *falar*. [...] Ele não chegava ao fim de coisa alguma. Que discernimento perspicaz ele tem. Parece ter percepção de tudo. Fiquei quase contente de ir embora, pois suas bochechas começaram a ficar congestionadas; e ele está acostumado nessas ocasiões a sair correndo da sala e se refugiar no sofá em seu estúdio.[38]

Por baixo das palavras de Smiles jaz a suspeita de uma insinuação de que Darwin podia ser entediante quando não parava de falar. Smiles levou consigo um exemplar de seu último livro, *Life of a Scotch Naturalist: Thomas Edward*

---

36 Allingham, 1907, p.239.

37 M. Conway, 1904, v.1, p.358-9. Ver também Wilson e MacArthur, 1934, v.6, p.328.

38 Leeds University, Samuel Smiles Correspondence, *SS/Ah*,72. Sou grata a Anne Secord por essa citação.

[A vida de um naturalista escocês: Thomas Edward] (1876), mais uma de suas histórias de autoaprimoramento heroico. Darwin agradeceu, dizendo que havia lido cada uma das biografias de Smiles com "extremo prazer".

Hooker, Huxley e outros testemunhavam o bom humor de Darwin e sua conversa animada. Em casa, em seu próprio território, onde tinha confiança de poder controlar as interações com os visitantes, Darwin parecia aos convidados um homem loquaz, hospitaleiro, envolvente, não um eremita doentio. Na verdade, era sua normalidade que cativava pessoas que esperavam encontrar um sábio. "Às vezes acho muito estranho que alguém ligado a mim cause tanto burburinho no mundo", disse Emma à tia Fanny Allen.[39]

Os convidados mais incomuns naturalmente ficavam gravados na memória coletiva da família. Emma Darwin escreveu a um dos filhos:

> Você se lembra de um trabalhador da Austrália que correu para cumprimentá-lo um ano atrás e saiu de imediato sem dizer mais nada? Ouvimos falar dele de novo por um canadense que o encontrou na estrada para a Califórnia, a pé, sem nada além de ceroula e camisa, em cujo bolso ele carregava seu cachimbo e uma carta do P. da qual ele tem muito orgulho e que mostra a todos.[40]

Alguns, como o novo médico de Downe, eram simplesmente maçantes. "Ele ficou sentado por uma hora e meia e expressou tanto prazer diante da ideia de um bate-papo com o prof. D.", disse Emma com sarcasmo, "que tenho medo que o professor tenha de tratá-lo com um pouco de rudeza para se livrar dele".[41]

Com o passar do tempo, parecia que Darwin era uma casa ou construção histórica grandiosa aberta por pouco tempo a visitação. Em 1873, Henrietta e Richard Litchfield levaram um grupo de trabalhadores de Litchfield, acompanhados pelas mulheres, à Down House em uma excursão dominical. Darwin saudou a aglomeração de visitantes com algumas palavras e depois os deixou para "um excelente chá no gramado, perambulando pelo jardim e cantando debaixo das tílias".[42] Acomodar esses grupos maiores era algo

---

39 *Emma Darwin*, v.2, p.260.

40 *Emma Darwin*, v.2, p.278-9.

41 Emma Darwin a Fanny Allen, carta sem data, arquivo Wedgwood/Mosely, Wedgwood Archive Collection, Keele University.

42 *Emma Darwin*, v.2, p.264.

que não ocorria sem que algumas preocupações sobre ladrões passassem pela mente de Darwin. Quando 67 garotos vagabundos errantes vieram para uma excursão, John Innes, amigo de Darwin, projetou, para sua edificação, o último tipo de alarme para casas, com "fogos de artifício", se necessário.[43] Mesmo na década de 1880, quando Darwin era um idoso, grupos de entusiastas idealistas podiam aparecer a qualquer momento. Leslie Stephen e seus amigos caminhantes, "os Andarilhos", registraram como foram entretidos por Darwin na Down House. Em outras excursões, esses jovens determinados visitaram John Tyndall em Hindhead e George Meredith em Box Hill.[44]

> De todos os homens eminentes que já vi, ele é sem comparação o mais atraente para mim. Há algo quase patético em sua simplicidade e amabilidade,

disse Stephen.[45]

Mas a situação tinha seu reverso. Darwin e Emma descobriram que gostavam de ter acesso fácil aos bons e aos grandes. Alguns visitantes eram interessantes ou eminentes demais para ser perdidos. Moncure Conway, ministro não ortodoxo americano, que tinha sua própria igreja dissidente em Londres, a South Place Religious Society, evidentemente apreciava os textos de Darwin e em 1873 fez um sermão intitulado "O mundo pré-darwinista e o mundo pós-darwinista". Logo depois, foi convidado para uma estada de fim de semana na Down House, com Charles e Susan Norton, amigos de Darwin que tinham saído de Boston para uma visita. Foi provavelmente nessa ocasião que Darwin deu a Norton um exemplar de *The Descent of Man* no qual escreveu "Com o respeito afetuoso do Autor".[46]

O fim de semana foi um grande sucesso. Conway era um excelente contador de histórias, dotado de memória prodigiosa, e tinha várias delas para contar sobre a vida em Cincinatti, suas amizades com os transcendentalistas de Boston, sua participação no movimento abolicionista e uma excursão aflitiva que fizera pelos campos de batalha da Europa depois da Guerra Franco-Prussiana. Ao chegar à Inglaterra, ele tinha convencido Lyell e Pengelley a levá-lo à Kents Cavern para examinar ossos extintos. "Tive o

43 Stecher, 1961, p.247.

44 *Dictionary of National Biography*, 22v. (Oxford: Oxford University Press, 1882-1912), suplemento 1901-11, ed. S. Lee, v.1, verbete sobre Leslie Stephen.

45 Maitland, 1906, p.300. Ver também Annan, 1984, p.97-8.

46 Catálogo da Sotheby's, 11 de dezembro de 1992, item 143.

privilégio de conhecer os principais homens da ciência na América e na Europa", disse em sua autobiografia. "Nenhum deles era ortodoxo, e o que a intolerância poderia dizer contra uma árvore que portava tais frutos?"[47]

Conway estava disposto a admirar Darwin. Da janela de seu quarto, ele viu seu anfitrião perambulando pelo jardim certo dia, de manhã cedo. "Sua cabeça grisalha se inclinava para cada arbusto como se ele lhes desse bom-dia. E que cabeça!"[48] Embora Conway não tenha feito o paralelo, não seria muito fantasioso sugerir que ele viu naquele ternura matinal algo do Cristo ressuscitado que Maria Madalena tomou por um jardineiro.

Outra presa foi George Eliot. Em 1873, delicadamente, Darwin fez sondagens para ver se Emma e Henrietta poderiam ser apresentadas a ela. Elas admiravam muito os textos de Eliot. A desaprovação geral que cercava a vida de descasada que Eliot levava com George Henry Lewes estava lentamente se dissipando, e Darwin (que gostava de Lewes, principalmente por causa de suas observações encorajadoras sobre a pangênese) tinha visitado sozinho a casa londrina deles em um domingo de 1868. Em março de 1873, ele compareceu a uma das reuniões dominicais de literatos organizadas por Eliot e Lewes. Naquele momento, perguntou se poderia levar Emma e os Litchfield.

> Minha esposa se queixa de que foi muito desconsiderada e que eu deveria ter pedido permissão para ela visitá-los comigo quando formos da próxima vez a Londres; mas eu digo a ela que tenho um pouco de pudor

(com isso, ele queria dizer constrangimento de pedir abertamente um convite).

Eliot respondeu na manhã seguinte. Estava acostumada a esse tipo de turismo pessoal.

> Ficaremos muito contentes de ver o sr. e a sra. Litchfield em qualquer domingo em que seja conveniente para eles virem até aqui. Nossas horas de recepção são de duas e meia até seis, e, quanto mais cedo nossos amigos puderem chegar, mais plenamente poderemos desfrutar a conversa com eles. Por favor, não nos decepcione na esperança de que virá nos ver outra vez e traga consigo a sra. Darwin da próxima vez que estiver na cidade.[49]

---

[47] M. Conway, 1904, v.2, p.173.
[48] M. Conway, 1904, v.2, p.324-6.
[49] Haight, 1954-78, v.9, p.87-8.

Ela assinou M. E. Lewis. Henrietta e Richard Litchfield compareceram a uma festa mais tarde naquela primavera. Emma foi apresentada a ela algum tempo depois, durante uma visita à casa de Erasmus.

V

O outro lado da moeda da celebridade era que as pessoas também queriam saber o que ele pensava. Elas escreviam pedindo seu autógrafo ou que ele descrevesse suas teorias de próprio punho. Muitos naturalistas amadores forneciam a Darwin informações sobre tópicos que devem tê-lo surpreendido – uma rã dentro de um pedaço de carvão, uma galinha que punha ovos com a imagem de um relógio, um híbrido de gato e coelho, feijões que cresciam do lado errado da vagem em anos alternados, uma declaração de que a alma humana era na verdade só magnetismo. "Caro senhor", começava uma carta,

> suponho que ficou muito espantado ao receber alguns meses atrás uma caixinha da Alemanha com diferentes frutos de laranjas, uma amostra de vinho e uma espécie de feijão sem qualquer carta.[50]

Mas agora havia pouca coisa capaz de espantar Darwin. Pedidos de dinheiro, empregos, testemunhos, fotografias, seu apoio a eleições para clubes e sociedades e o fornecimento de exemplares grátis de seus livros chegavam pelo correio a cada manhã.

Se não fosse nada disso, estava claro que os correspondentes de Darwin tinham lido seus livros e encontrado neles pessoas exatamente iguais a elas que haviam fornecido informações. Elas queriam tomar parte, participar da construção de evidências relatando suas experiências; e talvez dar uma contribuição, por menor que fosse, ao conhecimento.

Na década que se seguiu a *The Descent of Man*, é provável que Darwin tenha escrito cerca de 1.500 cartas por ano e recebido em resposta um número muito semelhante. Muitas estão hoje perdidas, em particular aquelas de natureza rotineira.[51] Só restaram 672 cartas do ano de 1872 e 420 do ano de 1876, por exemplo – e foram provavelmente salvas porque incluíam informações úteis para o trabalho científico dele. De acordo com Francis Darwin, seu pai guardava todas as cartas que chegavam durante um período de seis ou sete anos, dizendo que nunca sabia quando uma poderia ser útil para obter um endereço, e depois queimava periodicamente o lote inteiro quando precisava

[50] De Adolph Reuter, 11 de janeiro de 1870, DAR 176.
[51] Moore, 1985b.

de uma caixa vazia para reiniciar o processo.[52] Não obstante, Darwin pagou as somas relativamente grandes de 37 libras, 8 xelins e 6 pence em 1872 e 38 libras, 4 xelins e 11 pence em 1876 por "artigos de papelaria, selos e jornais", mais ou menos a mesma quantia que pagou por "peixe e carne de caça".[53] A uma taxa padrão de 1 penny por selo postal, e 240 pence em cada libra antiga, Darwin tinha uma despesa substancial para pagar.

Francis Darwin confirmou que todos os dias seu pai passava várias horas lidando com a correspondência.

> Às 9h30 da manhã, ele vinha para a sala de estar cuidar de suas cartas – ficando feliz se o correio era leve e às vezes muito preocupado se não era. Então ele ouvia as cartas de parentes lidas em voz alta sentado no sofá. A leitura em voz alta, que também incluía parte de um romance, durava até cerca de dez e meia, quando ele voltava a trabalhar até o meio-dia ou meio-dia e quinze.[54]

Alguns anúncios e circulares também chegavam pelo correio, continuava Francis, e Darwin "os levava para o estúdio, tendo uma espécie de orgulho em encher seu cesto de papel". O momento de escrever respostas se iniciava depois do almoço e terminava por volta das três da tarde. Tudo isso sugere que cerca de quatro ou cinco cartas devem ter partido da Down House a cada dia.

Em geral, Darwin tratava os correspondentes com paciência, por vezes respondendo a perguntas que provavelmente lhe pareciam tolas. Uma das poucas vezes em que demonstrou estar evidentemente irritado ocorreu em 1880, quando Robert Lawson Tait sugeriu a realização de um festival darwiniano em Birmingham. Tait era um cirurgião abusado que pedia constantemente favores. A resposta de Darwin foi ácida: "Não seria melhor esperar até eu estar no túmulo?"[55] Aparentemente, também chegavam pelo correio comentários críticos capazes de exasperar Darwin. "Eu gostaria de uma sociedade formada de tal modo que todos pudessem receber cartas agradáveis e nunca respondê-las", ele se lamentou para Huxley.[56]

---

52 DAR 140, ser. 3, p.30.

53 Classed Account Books, Down House Archives. Darwin lançava as despesas para cada volume separadamente.

54 *Life and Letters*, v.1, p.112-3, 121.

55 A R. L. Tait, 13 de janeiro de 1880, Shrewsbury School. Ver também Shepherd, 1982.

56 *More Letters*, v.2, p.443.

A logística do empreendimento era considerável, e em várias ocasiões Darwin brincou com a ideia de seguir o exemplo de Lyell e empregar uma secretária. A secretária de Lyell, Arabella Buckley, era uma amiga fiel do geólogo. Mais tarde, ela publicou obras de história natural de sua própria autoria. Darwin ficou consequentemente tentado por uma proposta apresentada por uma anônima "srta. I.". Emma escreveu em nome dele declarando que "ele diz que ficará contente em fazer uma experiência por um mês". A coisa não deu em nada. A seguir, ele descobriu que Wallace estava passando dificuldades financeiras e se perguntou se poderia – se deveria – contratá-lo para editar a segunda edição de *The Descent of Man*. Wallace estava tão quebrado que ajudava secretamente Lyell por 5 xelins a hora. No fim, Darwin pagou ao filho George para que ele editasse *The Descent of Man* (Henrietta estava doente).

Então Francis Darwin ofereceu-se para ajudar a aliviar a carga de trabalho, "prometendo ser o mais civilizado que ele poderia desejar". Darwin relutava em abrir mão da tarefa. "Quando ele me permitia", recordou Francis, "costumava dizer que eu me saía bem em civilidade".[57] Mas, em 1874, Darwin capitulou e empregou Francis como secretário e assistente. Francis gostava de descrever o momento em que Darwin se deu conta de que precisava de ajuda. Alguém enviou a ele um livro chamado *Ingoldsby Letters* [Cartas de Ingoldsby], que tratava de uma revisão do *Book of Common Prayer* (o livro de orações habituais da igreja anglicana), e, ao agradecer pelo envio, Darwin mencionou que seus filhos sempre riam do livro – referindo-se ao irreverentemente cômico *Ingoldsby Legends* [Lendas de Ingoldsby], de R. H. Barham. Naquele mesmo ano, Francis casou-se com Amy Ruck, filha de um amigo da família de Gales, e passou a viver em uma casa na vila de Downe. Todos os dias, Francis caminhava pela estrada para ajudar o pai em experimentos botânicos e responder a cartas de correspondentes. Não parece ter ocorrido a Francis que Darwin estava lhe dando o emprego para compensá-lo por seu fracasso em exercer a profissão de médico, para a qual se formara.

A posição de Darwin no mundo estava se tornando muito importante. Com o encorajamento de Francis, ele encomendou alguns cartões de correspondência pré-impressos que poderiam ser usados como resposta, em especial se um *carte de visite* assinado fosse incluído no envelope. A despeito dessa conveniência, Francis disse que o pai raramente usava os cartões, porque ficava ansioso se não desse uma resposta adequada de próprio punho. A certa altura, sem dúvida pensando em suas obrigações,

57 DAR 140, ser. 3, p.31.

Darwin também encomendou um carimbo de borracha de sua assinatura. Ao que parece, foi muito usado. (O carimbo ainda existe, manchado de tinta, e serve como lembrete para caçadores de autógrafos de que talvez nem tudo seja o que parece.)

A vida de Darwin era levada avante por meio dessas cartas, como era seu hábito. Às vezes, velhos conhecidos interessantes reapareciam em um envelope. Thomas Burgess, companheiro de bordo do *Beagle* havia muito esquecido, escreveu a ele em 1875 pedindo uma recordação. Burgess tinha sido um dos fuzileiros dos Royal Marines incorporados ao *Beagle*, e, a julgar pela grafia fonética, sua carta foi provavelmente ditada a um escriba precário. Ele evocou um tempo em que a vida de Darwin era vigorosa e descomplicada.

> Muitas vezes pensei que gostaria muito de seu retrato como uma lembrança de respeito durante o tempo em que estive a bordo do *Beagle*, quando ele estava fazendo o levantamento da Costa Sudoeste do Chili [*sic*] e do Peru, comandado pelo capitão Fitzroy, por quatro anos, e o senhor estava ligado ao levantamento a bordo do *Beagle* o tempo todo. Por exemplo, o senhor se lembra de eu o chamar até o tombadilho uma noite, quando o *Beagle* estava em Chilomay, para testemunhar a erupção vulcânica de uma montanha quando eu estava de guarda no Turno da Madrugada, e o senhor exclamou, Oh, meu Deus, que vista, eu nunca vou esquecer. Outro exemplo, quando caminhamos onze milhas do rio Santa Cruz e, ao voltar, o senhor tinha esquecido sua bússola e tivemos de voltar sem eles. Também, o senhor se lembra de eu lhe dar minha água em nossa volta para o navio quando o senhor estava exausto de sede. Espero poder ter dito o suficiente para convencê-lo de que não sou um impostor, mas alguém que deseja ter na lembrança daqueles dias felizes que passei com o senhor a bordo do *Beagle*, isto é, a presença de seu retrato. Confio que o senhor não vai pensar que sou presunçoso em pedir o pequeno favor de respeito, porque, posso lhe assegurar, peço pelos motivos mais puros.[58]

[58] [No texto original, há vários erros de grafia. Além do apontado "Chili" em vez de "Chile", capitão está grafado como Captian, não Captain, que seria o correto – N. T.] De Thomas Burgess, 26 de março de 1875, DAR 106/7, ser. 4, p.15-6.

Mensagens do passado estimulavam Darwin a fazer suas próprias indagações sobre amigos havia muito perdidos. Em 1872, entrou em contato com Sarah Owen, dos velhos dias de Shropshire, a essa altura enviuvada duas vezes e aparentemente vivendo em Londres. Fanny, irmã mais nova de Sarah, tinha sido o primeiro amor de Darwin.

> Nenhuma cena em minha vida inteira passa com tanta frequência ou de maneira tão vívida por minha mente quanto aquelas relacionadas aos felizes velhos dias em Woodhouse,

escreveu sentimentalmente a Sarah, enviando um exemplar de *A expressão das emoções*.

Sarah respondeu em uma carta longa e amistosa, que o deixou contente. Ele respondeu e a chamou de Sarah ("veja como começo com audácia"), como se ela fosse uma irmã ou uma esposa. Darwin conservou a correspondência até que eles finalmente se encontraram na casa de Erasmus, em 1880. O fascínio das coisas que poderiam ter sido era forte. "Talvez você gostasse de ver uma fotografia minha agora que sou velho", comentou, hesitante.

Mais que qualquer outra coisa, as pessoas perguntavam sobre as concepções religiosas dele. Àquela altura ele havia, em privado, dispensado as ambiguidades que coloriam o texto de *A origem das espécies*. Sentia-se decidido – esses foram os anos mais ateístas de sua vida. Sem dúvida, a suposta afronta de que ele sentia ser alvo em razão do comportamento de Mivart e o modo exagerado como ele ainda reagia às constantes agressões da *Athenaeum* prejudicavam sua percepção da religiosidade. Mas ele também saudava o ritmo crescente de mudança e os primeiros marcos de uma nova topografia intelectual em que os indivíduos se sentiam capazes de expressar variedades de descrença, uma topografia que seu livro contribuíra tanto para expor. Ele respondia a perguntas sobre sua fé pessoal com uma afirmação enérgica de sua incapacidade de acreditar, usando o termo "agnóstico", de Huxley, sempre que apropriado. Por vezes triste, por vezes inamistoso, por vezes altivo, ele dizia aos correspondentes que nessa questão não podia confiar nas evidências de sua própria razão, porque a humanidade era pouco mais que um macaco promovido.

> Nunca consigo decidir até que ponto uma convicção interior de que deve haver um Criador ou uma Primeira Causa é uma evidência realmente confiável,

observou para Francis Abbot, clérigo e autor religioso liberal norte-americano. Todo o conceito de divino estava "além do alcance do intelecto humano".

Como lhe era característico, evitava declarações públicas nesse sentido, embora entabulasse uma correspondência estimulante com Abbot, editor de um periódico de livre-pensamento, o *Index*. Abbot contatou-o pela primeira vez em 1871, perguntando se Darwin forneceria algumas observações sobre religião que pudessem ser usadas em uma palestra pública. Darwin respondeu prontamente e com honestidade: "Não sinto que tenha pensado sobre isso com profundidade suficiente para justificar qualquer publicidade". Alguns meses depois, Abbot publicou no *Index* um relato judicioso da crença religiosa contemporânea (os "latitudinários" eram "platitudinários"), que incluía comentários sobre o impacto exercido por Darwin e Tylor no pensamento moderno. Em seguida, publicou, em um editorial, parte de uma carta de Darwin sob o título "O império vindouro da ciência: uma carta do sr. Darwin". Darwin ficou interessado o bastante para que assinasse o *Index* pelo prazo de alguns anos. Abbot era amigo de Charlie Eliot Norton, e ambos eram membros fundadores da Free Religious Association, proprietária e editora desse periódico. A associação queria encorajar o humanismo racional, invocando "Verdade, Liberdade, Progresso, Direitos Iguais e Amor Fraterno".

O que Darwin não fazia publicamente, às vezes se dispunha a fazer em privado. Quando Abbot lhe enviou um exemplar de seu panfleto *Truths for the Times* [Verdades para os tempos] (1872), Darwin permitiu que ele publicasse uma recomendação do livro no *Index*, na qual ele endossava calorosamente os princípios de Abbot, dizendo: "Admiro-os do fundo do coração e concordo com quase todas as palavras". Abbot ficou imensamente grato. Um tanto desnorteado quanto ao que poderia oferecer em troca, ele deu a Darwin uma assinatura gratuita.

> Minha intenção era continuar a enviar o periódico indefinidamente, pois você pagou por ele muitas vezes com sua gentil permissão de que fosse usada sua expressão concernente a *Truths for the Times*. Ela teve grande valor para mim; e nem posso lhe dizer como fiquei encantado com sua carta de 8 de janeiro, dizendo que você estava contente com a maneira como eu apresentara seu nome. Nunca consigo me lembrar sem imensa gratidão de sua generosidade comigo nessa questão.[59]

[59] De F. E. Abbot, 18 de julho de 1872, DAR 159.

Darwin evidentemente prezava muito os interesses de Abbot. Algum tempo depois, durante um desses momentos difíceis que periódicos especializados de pequena circulação costumam viver, Darwin enviou a Abbot um presente de 25 libras. A julgar pelos comentários rabiscados nas margens de seus exemplares, ele dava atenção aos artigos sérios que Abbot publicava, especialmente em 1874, quando houve uma longa discussão sobre a filosofia moral que emergia de *A expressão das emoções* e *The Descent of Man*. Darwin escreveu para dizer que, embora não tivesse "nenhuma prática de acompanhar raciocínio abstrato e abstruso" e não conseguisse ver como a moralidade poderia ser "objetiva e universal", sentia que o elogio era "magnífico".[60] Inexplicavelmente, em 1880, ele pediu a William que escrevesse para solicitar a retirada de seu endosso a *Truths for the Times*.

Com sondagens religiosas, chegavam perguntas sobre os primórdios da vida. Muitas vezes, pediam a Darwin sua opinião a esse respeito, e em 1871 ele se sentiu instado a escrever a Hooker sobre o tema de modo mais reflexivo que o usual.

> Diz-se com frequência que todas as condições para a primeira produção de um organismo vivo estão hoje presentes, que sempre puderam estar presentes. Mas se (e oh! que grande se!) pudéssemos conceber um laguinho quente, com todos os tipos de sais de amoníaco e sais fosfóricos, luz, calor, eletricidade etc. presentes, que um composto de proteínas fosse formado quimicamente pronto para passar por mudanças ainda mais complexas, nos dias atuais essa matéria seria instantaneamente devorada ou absorvida, o que não teria sido o caso antes de as criaturas vivas serem formadas.[61]

Em outras palavras, ainda que a vida pudesse ter se originado em cadeias de proteínas ativas, se essas cadeias simples de matéria orgânica fossem geradas hoje, seriam destruídas antes de ter chance de evoluir para qualquer coisa. Da maneira como Darwin o expressava, esse laguinho quente não era inteiramente uma fantasia. Para ele, a origem da vida era provavelmente

---

60 F. Abbot, "Darwin's Theory of Conscience and Its Relation to Scientific Ethics" [A teoria da consciência de Darwin e sua relação com a ética científica], *Index*, 12 de março de 1874. Carta a Abbot, 30 de março de 1874, Harvard University Archives, citado de *Calendar* 9377.

61 *Life and Letters*, v.3, p.18, nota, mas sem atribuição exceto 1871. A citação verdadeira é carta a J. D. Hooker, 1º de fevereiro [de 1871], DAR 94, p.188-9.

um fenômeno histórico, não repetível nem repetido – uma refutação direta da proposição de Lamarck e de Pouchet de que a geração espontânea continuava no período moderno.

Mas ele permaneceu em silêncio. Desde a discussão de Louis Pasteur e Charles Pouchet sobre a presença de organismos simples em soluções aparentemente estéreis e de sua própria explosão contra o "limo, muco ou protoplasma" de Owen na *Athenaeum*, ele por certo acompanhara a literatura, às vezes a favor, às vezes contra. Sua teoria da evolução provavelmente lucraria caso mostrasse que a geração espontânea era possível – ela adquiriria seu ponto de partida necessário. Mas era fácil cometer erros temerários. Ele deixou isso claro para Anton Dohrn, dizendo que "a cautela [é] quase a alma da ciência".

> Por favor, tenha em mente que, se um naturalista for uma vez considerado, ainda que injustamente, como não verdadeiramente confiável, passarão muitos anos até que ele consiga recuperar sua reputação de exatidão.[62]

Sem dúvida afirmações excitadas de Huxley, Carpenter e Haeckel de que tinham encontrado organismos primitivos, até mesmo protoplasma puro, no limo do assoalho marinho haviam exposto um erro constrangedor.[63] Outros anúncios apenas complicavam o quebra-cabeça da vida. Quase isolado entre os cientistas praticantes, John Tyndall pôs o peso da física moderna por trás da teoria do germe das doenças, na qual era sugerido de maneira contenciosa que um germe sempre nasce de outro germe, ponto de vista que excluía de imediato a geração espontânea. Mas um jovem pesquisador chamado Henry Bastian indicou que não havia fronteira real entre substâncias orgânicas e inorgânicas – "a transubstanciação, caso revele verdadeira, não será nada comparada a isso", proclamou Huxley com escárnio. John Hughes Bennett pensava, de modo semelhante, ter evidências de "moléculas ativas". E, embora a teoria da célula estivesse então firmemente estabelecida, o *status* das bactérias e dos protozoários como organismos unicelulares permanecia indistinto – Ferdinand Cohn, amigo de Darwin, atacava de frente esse problema.

Para os espectadores, as interligações entre essas ideias e as pessoas que as propunham pareciam próximas – a teoria da evolução e a base física

---

[62] Groeben, 1982, p.29.

[63] O'Brien, 1970; Farley, 1977; especialmente Strick, 1999. Investigações microscópicas e celulares no século XIX são discutidas em Churchill, 1979.

da vida pareciam partes essenciais do mesmo enigma intelectual desconjuntado de ceticismo, agnosticismo e materialismo. Assim, a provocativa palestra de Huxley em 1869 sobre "a base física da vida" foi de pronto vista como a declaração de apoio dos darwinistas à geração espontânea, embora Huxley depois negasse isso. Quando Tyndall descartou de maneira sucinta a teologia – preces, batina, púlpito e tudo mais –, durante seu notório discurso na reunião da British Association em Belfast, em 1874, pareceu que os naturalistas estavam afirmando a exclusiva suficiência da ciência como um meio de compreender o universo inteiro. Segundo se dizia popularmente, Huxley declarara: "Dadas as forças moleculares em uma costeleta de carneiro, delas se deduzem Hamlet e Fausto".[64] Fazia tempo que Darwin se afligia com a possibilidade de evolucionistas vacilantes serem confrontados com especulações tão ímpias como essa.

Portanto, depois de ter lido, em 1872, a enorme publicação de Bastian em dois volumes sobre os inícios químicos da vida e a resenha que Wallace fez dela na *Nature*, Darwin escreveu a Wallace com ambivalência. Bastian insinuava que a noção de Lamarck de uma fonte constantemente reabastecida de organismos primitivos podia ser exata. "Estou desconcertado e assombrado pelas declarações dele, mas não estou convencido. [...] Preciso ter mais evidências", disse Darwin. Wallace sugeriu que essas transformações velozes de matéria simples poderiam apressar a evolução ao ponto de as advertências de Thompson sobre a idade encurtada da Terra poderem ser ignoradas com segurança. Darwin entendeu o valor que isso tinha. Ele gostaria de ver a geração espontânea comprovada, disse a Wallace, "pois isso seria uma descoberta de importância transcendente".[65] Pelo resto de sua vida, ele observou e ponderou.

VI

Em 1873, Emma tomou providências para que eles alugassem uma casa em Londres durante o mês de janeiro, inovação que se tornou um hábito regular. Nesse primeiro ano, foram para a Devonshire Street, acompanhados por Henrietta e o marido. Queriam acompanhar a saúde delicada da filha. No ano seguinte, Henrietta melhorara o bastante para montar sua própria residência de casada na Bryanston Street, perto da casa de Erasmus. A partir de então, Darwin e Emma ficavam com Henrietta em vez de com Erasmus ou com os Hensleigh Wedgwood. Na verdade, Henrietta assumiu grande parte do papel que Erasmus cumprira antes na vida de Darwin, fornecendo

[64] Huxley a Spencer, ver Marchant, 1916, v.2, p.239.
[65] *Life and Letters*, v.3, p.168-9.

um porto seguro em Londres e ligações sociais agradáveis. Ela participava dos círculos de amigos liberais de Litchfield, entre eles F. D. Maurice, John Ruskin, Leslie Stephen e Arthur Munby, os quais, aliás, apreciavam o sutil atrativo de conhecer uma das filhas de Darwin. Se ela fosse filha de outra pessoa, é de se duvidar que Munby teria lhe dado tanta atenção.

> Terça-feira, 19 de novembro [de 1872] [...] à Bryanston Street, 2, e jantei com Litchfield. Só sua esposa e o irmão dela George Darwin. O novo livro do pai dela sobre a expressão da emoção estava sobre a mesa; e a sra. L. disse que com frequência, em casa, ele costumava fazê-la e a seus outros filhos sair para o jardim para procurar depressa algum objeto, tal [como] um galho específico em uma árvore, para estudar seus rostos enquanto eles olhavam. Mas muitas vezes, acrescentou, quando o pai em suas caminhadas tinha parado para observar a expressão do rosto de uma criança chorando, ele se via dizendo "Pobrezinha!" e perdendo o poder de observação em sua compaixão pelo objeto observado.[66]

Durante esses meses em Londres, havia muita convivência relaxada. "Charles gostaria muito mais de ter ficado em casa, mas conhece seu lugar e se submete", disse Emma com aprovação. Quando era acrescentada uma viagem anual a Southampton para visitar William em sua casa, Basset, em New Forest ("uma *villa* vitoriana realmente tenebrosa", disse Gwen Raverat, neta de Darwin), os dias passavam prazerosamente.

Na vez seguinte em que esteve em Londres, em 1873, Darwin ficou desconcertado ao descobrir que Huxley estava à beira de um colapso nervoso. Ele andava fazendo coisas demais, com frequência excessiva, em um ritmo exageradamente intenso e em troca de um pagamento deploravelmente inadequado – e Darwin ficou chocado de não ter percebido isso antes. Solidárias, as esposas sugeriram aos maridos que alguns amigos íntimos se cotizassem para dar a Huxley uma quantia em dinheiro suficiente para que ele tirasse férias. Henrietta Litchfield disse: "Meu pai adotou ansioso a ideia e se tornou o promotor ativo do esquema". O coração dele era facilmente atiçado pelos problemas de Huxley. Darwin desejava fazer alguma coisa – qualquer coisa – para mostrar seu afeto e sua elevada consideração. Depois de uma conversa conspirativa com Lyell e Hooker, na qual eles se viram desnorteados quanto a como evitar que Huxley se ofendesse, ele escreveu carta atrás de carta a amigos comuns pedindo subscrições e

66 Hudson, 1972, p.315.

guardou o dinheiro em segredo até poder apresentá-lo a Huxley em um cheque. O total chegou a 2.100 libras, montante enorme para a época (e para Huxley, cerca de dois anos de salário), que testemunhava o respeito com que Huxley era considerado.

> Se você pudesse ter ouvido o que foi dito [escreveu Darwin] ou lido aqueles que eram, creio, nossos pensamentos mais íntimos, saberia que todos nos sentimos em relação a você como nos sentiríamos em relação a um irmão honrado e muito amado. Estou certo de que você retribuirá esse sentimento e ficará, portanto, contente de nos dar a oportunidade de ajudá-lo em certa medida, e isso será para nós uma felicidade até o último dia de nossas vidas.[67]

Comovido, Huxley aceitou o presente, como se pretendia. Os amigos, porém, não correram riscos – eles o conheciam muito bem. Primeiro, encarregaram Hooker de cuidar dele, reconhecendo que seria uma tarefa difícil fazer o paciente relaxar tão completamente quanto Andrew Clark, seu supervisor médico, recomendava. E lá foi o par, deixando para trás as mulheres e as famílias, para um feriado de caminhada nos Alpes, uma ocupação favorita desde o tempo em que, jovens e vigorosos, Hooker, Huxley e Tyndall costumavam subir pelas montanhas, localizando geleiras e caçando plantas, chamando-se de Smith, Brown e Robinson, personagens de uma popular sátira vitoriana do turismo. Mas agora não tinham nada de Smith, Brown e Robinson. Huxley era o principal biólogo da época, Tyndall, o principal físico, e Hooker, o presidente da Royal Society.

Hooker enfrentou um ou dois momentos difíceis. Em uma banca de venda de livros de uma ferrovia suíça, ele teve de arrancar das mãos de Huxley um livro sobre os milagres de Lurdes, precavendo-se contra a possibilidade de perder de novo totalmente a calma por causa do catolicismo e de Mivart. Na França, ele deixou temerariamente Huxley subir o Pic de Sancy, só para vê-lo fazer febrilmente anotações sobre atividade glacial até então insuspeitada. Em um pequeno museu provincial, Huxley pensou ter visto um esqueleto humano pré-histórico não registrado e não descansou até ter anotado detalhes dos ossos. Mas, por fim, o pupilo desregrado se acalmou. Quando Hooker partiu e Henrietta Huxley foi se juntar ao marido, deixando os filhos aos cuidados de Emma, Huxley proclamou-se "maravilhosamente melhor". Ele nunca esqueceu a gentileza dos amigos naquela ocasião. Em

[67] L. Huxley 1900, v.1, p.366-7.

um de seus humores mais alegres, rabiscou uma nota para Tyndall contando que raspara a barba como sinal de afeto.

VII

No começo de 1873, Francis Galton deu a Darwin algo diferente para pensar. Pediu que ele listasse as qualidades mentais especiais que julgava possuir. Galton estava completamente envolvido em um levantamento dos atributos mentais de cientistas, pretendendo identificar em termos quantitativos o "gênio" ou talento para ciência que, ele acreditava, caracterizava a nação britânica. Suas conclusões se baseariam primordialmente em questionários distribuídos entre membros da Royal Society. Seu livro foi publicado em 1874 com o título *English Men of Science, Their Nature and Nurture* [Homens de ciência ingleses, sua natureza e sua instrução].

Fazia muito tempo que Galton vinha coletando essas informações, embora nem sempre de forma tão metódica. Ele foi instado a agir por uma crítica a seu livro, *Hereditary Genius*, feita pelo geógrafo de plantas suíço Alphonse de Candolle, cujo trabalho era admirado por Darwin. Na mente de Candolle, os vínculos entre botânica e hereditariedade humana eram inesperadamente próximos, porque ele se preocupava com a adaptação de uma planta ao meio ambiente, abordagem que o capacitava a ver muitas falhas no argumento de Galton em favor da transmissão hereditária de características. Então, em 1873, Candolle produziu uma história biográfica da ciência na qual mergulhava com mais profundidade na mesma questão.

> Poucas vezes li algo mais original e interessante que seu tratamento das causas que favorecem o desenvolvimento de homens da ciência,

disse apreciativamente Darwin a Candolle. Galton decidiu reexaminar o papel da educação no desenvolvimento inicial.

Ele não era o primeiro a fazer essas perguntas a Darwin. Àquela altura, várias pessoas haviam investigado o que imaginavam pudesse ser a vida mental privada de Darwin. Algumas perguntas se originavam de simples curiosidade sobre os gostos e as antipatias dos famosos. Outras derivavam de um interesse crescente no que viria a ser chamado de psicologia desenvolvimental ou buscavam alguma forma de vinheta idealizada sobre o "caráter" científico.[68] Darwin era perguntado ocasionalmente sobre suas visões a

[68] Colp, 1985, p.385, nota 6. A correspondência de Galton com Candolle sobre essa questão está em Pearson, 1913-40, v.2, p.134-49. Para visões contemporâneas sobre caráter, ver

respeito de educação escolar, por exemplo, e estava sempre disposto a repetir a opinião negativa que tinha sobre o latim e o grego.

> Estou bastante inclinado a pensar que a verdadeira educação só começa depois dos dias de escola e colégio; estou certo pelo menos de que foi esse o caso comigo.[69]

Essas opiniões dissidentes não lhe granjeavam a afeição de muitos diretores de escola, e cabe notar que os dias de escola de Darwin não foram transformados em uma história moralizante para garotos, pelo menos não durante o século XIX, quando esse tipo de narrativa era comum. Suas viagens no *Beagle* tampouco eram usadas como base para histórias de aventura populares, talvez porque as teorias científicas que haviam emergido da viagem ainda fossem um saber extremamente contestado. O relato de Arthur Nicholls da história da Terra, escrito para crianças e intitulado *The Puzzle of Life* [O quebra-cabeça da vida] (1877), certamente incluía descrições dos fósseis sul-americanos de Darwin, mas evitava qualquer referência direta ao próprio Darwin e chegava a uma conclusão teológica elevada. Na época, havia provavelmente pouco espaço para que um ethos vitoriano adequado fosse extraído da história de vida de Darwin. As viagens missionárias de David Livingstone na África e as buscas nos ermos árticos empreendidas pelo explorador John Franklin eram alternativas populares.

Com mais frequência, pediam a Darwin informações biográficas, solicitações que faziam parte da moda na Inglaterra vitoriana, de histórias de vida real que pudessem corresponder à abundância de tropos contemporâneos sobre caráter e personalidade. As doutrinas de Samuel Smiles de autoajuda e determinação na superação de dificuldades apareciam amplamente nessa literatura. Um conhecido de Darwin, William Preyer, fisiologista e psicólogo na Universidade de Jena e amigo de Haeckel e Dohrn, escreveu a ele em 1870 para perguntar se poderia publicar um esboço biográfico. Fazia alguns anos que Preyer vinha ensinando *Darwinismus* a estudantes de biologia em classes que chegavam a quinhentos alunos. Preyer estava alerta às honras da ciência e, em 1868, conseguira que Darwin fosse agraciado com um título honorário da escola de medicina de Bonn. Ele explicou que estava particularmente interessado no desenvolvimento mental de Darwin

---

Galton, 1865; Candolle, 1873; Smiles, 1859; 1871; 1887. De forma mais geral sobre caráter e biografia, ver os ensaios em Shortland e Yeo, 1996; especialmente Cantor, 1996; Sõderqvist, 1996.

69 A Hyacinth Hooker, 31 de janeiro de 1877, Case Western Reserve University.

e perguntou "qual livro, ou livros, deixou impressões profundas no senhor na juventude?"

Lisonjeado com o pedido, Darwin forneceu a Preyer um relato generosamente longo de suas lembranças das universidades de Edimburgo e Cambridge, de seu amor por Henslow, sua admiração pelos textos de Gilbert White e Humboldt e de sua crença de que sua "educação de fato começou a bordo do *Beagle*". Por mais simples que fosse o relato, com ele em mãos Preyer tinha tanto para trabalhar quanto qualquer outro biógrafo do período. Mesmo com a melhor vontade do mundo, Darwin nunca sondou muito seu próprio caráter e normalmente recorria a estereótipos confortáveis, que transmitiam simultaneamente o que ele considerava a verdade sobre si e traços relativamente não excepcionais que ecoavam as convenções de seu tempo. Darwin era reservado. Esse tipo de texto autoanalítico era difícil para ele. Contudo, ele achou que o artigo resultante era mais completo – e mais verdadeiro – que qualquer coisa até então publicada a seu respeito – provavelmente porque tanta coisa nele era de sua própria lavra.[70] Mas riu da descrição de Preyer das trilhas de carroça que levavam à Down House:

> você atribui [...] um caráter muito ruim a nossas estradas, ou, antes, sendas; elas são bastante estreitas e ruins; mas quando você vier à Inglaterra, espero que comprove ao me visitar aqui que elas não são intransitáveis.[71]

Ao responder a indagações como essa, Darwin assumia um papel cada vez mais ativo na construção de sua *persona* pública e na codificação de seu papel na apresentação da evolução ao mundo. Em 1874, a *Nature* iniciou uma série de "Eminências científicas" na qual Darwin apareceu em um artigo escrito por Asa Gray. Um artigo semelhante foi escrito para o *Judische Literaturblatt* de 1878, editado pelo dr. Moritz Rahmer, que destacava Lamarck, Etienne Geoffroy Saint-Hilaire, Haeckel e Darwin como os pais fundadores da evolução.[72] Arabella Buckley, secretária de Lyell, escreveu *A Short History of Natural Science for Young People* [Uma breve história da ciência natural para jovens] (1876), que incluía comentários biográficos sobre Darwin e Wallace e a elaboração por eles, de maneira independente, da

[70] Publicado em *Das Ausland*, 2 de abril 1870. Ver também Preyer, 1891.
[71] A William Preyer, 15 de maio de 1870, DAR 147.
[72] Recorte de jornal em DAR 226.2, p.5.

evolução por seleção natural. "Você coroou a Wallace e a mim com muita honra e glória", observou Darwin cordialmente.[73]

O pedido de Galton incentivou Darwin a adotar uma abordagem muito mais autoanalítica, e ele fez o melhor para responder. O questionário tinha sete páginas, cobrindo antecedentes familiares, saúde, temperamento, crenças religiosas, educação e interesses científicos. Uma segunda coluna pedia as mesmas informações de seu pai. Darwin achou mais difíceis as perguntas pessoais. Para responder a uma delas, sentiu-se obrigado a pedir a opinião do filho George. "Ele pensa que isso se aplica a mim", escreveu em resposta à indagação de Galton sobre "originalidade ou excentricidade".

> Não penso assim – isto é, quanto à excentricidade. Suponho que mostrei originalidade em ciência, já que fiz descobertas em relação a objetos comuns.[74]

Outras eram mais diretas. "Considero que tudo que aprendi de algum valor foi autoensinado", declarou. Onde Galton perguntava "Seus gostos científicos parecem ter sido inatos?", Darwin respondeu que eram "certamente inatos, [...] meu gosto inato por história natural [foi] confirmado fortemente e dirigido pela viagem no *Beagle*".[75] À pergunta "O credo religioso que lhe foi ensinado na juventude teve efeito inibitório sobre a liberdade de suas pesquisas?", respondeu "Não". Darwin apresentou sua filiação religiosa como "Nominalmente da igreja da Inglaterra".

Quanto ao resto, "Preenchi as respostas da melhor maneira que pude, mas é simplesmente impossível para mim estimar os graus".

> *Política?* – Liberal ou radical.
> *Saúde?* – Boa quando jovem – ruim nos últimos 33 anos.
> *Temperamento?* – Um tanto nervoso.
> *Energia do corpo?* – Energia mostrada por muita atividade e, enquanto tive saúde, capacidade de resistir à fadiga. [...] Costumo levantar cedo.
> *Energia da mente?* – Mostrada por trabalho rigoroso e continuado por muito tempo sobre o mesmo tema, como 20 anos na "Origem das Espécies" e 9 anos em *Cirripedia.*

---

[73] *Life and Letters*, v.3, p.229.

[74] *Life and Letters*, v.3, p.179. Os objetivos de Galton são discutidos em Pearson, 1913-40, v.2, p.178-9.

[75] *Life and Letters*, v.3, p.177-9.

> *Memória?* – Memória muito ruim para datas e para aprender por repetição; mas boa para reter uma recordação geral ou vaga de muitos fatos.
> *Aplicação ao estudo?* – Muito estudioso, mas nenhuma grande aquisição.
> *Independência de julgamento?* – Penso que bastante independente; mas não posso dar exemplo. Abri mão da crença religiosa comum quase independentemente de minhas próprias reflexões.
> *Peculiaridades mentais fortemente marcadas?* – Perseverança, grande curiosidade sobre fatos e seu significado. Algum amor pelo novo e maravilhoso.

Para a última pergunta, ele desconsiderou alegremente todas as contribuições ao pensamento científico e afirmou que seu único talento especial era para negócios e finanças.

> *Talentos especiais?* – Nenhum, exceto para negócios, evidenciado por administração de contas, respostas a correspondência e investimento muito bom de dinheiro. Bastante metódico em todos os meus hábitos.

No fundo, estava a convicção de que seus resultados eram produzidos por "trabalho rigoroso e continuado por muito tempo". Talvez precisasse acreditar nisso. Se Darwin fosse capaz de se ver com os olhos de outro, talvez não tivesse ignorado a engenhosidade intelectual que exibiu ao longo de toda a sua vida pensante, reconhecidamente de maneira não treinada nos primeiros dias anteriores ao *Beagle*, mas depois se desenvolvendo nos anos extremamente produtivos de *A origem das espécies* e culminando em *The Descent of Man* e *A expressão das emoções no homem e nos animais*, em 1871 e 1872. Sua aparência costumeira de modéstia lhe permitia afastar inquirições pessoais sem necessidade de autoexame embaraçoso.

Em outro nível, porém, ele talvez tenha sentido que a qualidade de perseverança era, na verdade, o aspecto mais importante de sua personalidade, ou pelo menos aquele que mais contribuíra para seu sucesso em ciência. Isso não quer dizer que ele considerasse a diligência um caminho seguro para a realização científica, embora aqui e ali fizesse de fato exatamente esse tipo de afirmação e com frequência elogiasse os homens que revelavam qualidades semelhantes. A questão era mais que identificava em si a capacidade de persistir e a tinha transformado retrospectivamente em uma metodologia absorvente e em uma justificativa – que esse era seu modo de enfrentar as questões. Ao passo que Huxley ou Wallace poderiam contar com lampejos de brilhantismo, ou Hooker com sua memória prodigiosa, parece possível que Darwin considerasse verdadeiramente que seu talento especial para a ciência residia na determinação mental. Ele dedicara a vida à documentação incessante de fatos, pensando e repensando as espécies até que tudo ficasse claro. De tempo a tempo, ele usava a expressão "It's dogged as does it" [É o obstinado que vence], recorrendo à frase usada por Anthony Trollope em *The Last Chronicle of Barset* [A última crônica de Barset].[76]

VIII

Em agosto de 1873, Darwin teve o que Emma chamou de "um acesso", no qual perdeu temporariamente a memória e não conseguia se mover. "Muito indisposto, perda parcial de memória doze horas, acessos debilitantes", ela rabiscou com urgência em seu diário. Frenética, consultou Huxley e, aconselhada por ele, mandou buscar Andrew Clark, de Londres, renomado pela maneira sensível como lidava com pacientes nervosos. Clark chegou no dia seguinte e não aceitou ser pago pela consulta, embora Emma desejasse remunerá-lo. O veredicto foi tranquilizador: "ainda havia muita habilidade nele". Clark pôs Darwin em uma dieta rigorosa, que pareceu funcionar bastante bem por algum tempo, e prescreveu pílulas especiais, contendo estricnina e iodo. "Graças a Deus", suspirou o inválido para Hooker. "Eu preferiria morrer a perder o juízo".

No mais, ele se sentia realizado, nem de longe tão doente como de costume. No ano seguinte, Leonard tirou uma fotografia agradável do pai sentado em uma cadeira de vime no alpendre, parecendo cansado, mas bondoso. Esse alpendre tinha sido construído em 1872, depois de um feriado de família em uma casa alugada perto de Sevenoaks, onde Emma e Darwin "familiarizaram-se com o encanto da vida ao ar livre". Eles voltaram para a Down House cheios de visões arquitetônicas e construíram um alpendre com estrutura de madeira ao longo do terreno do jardim em frente à sala de estar, com teto de vidro e assoalhado com ladrilhos coloridos pintados em encáustica. Emma instalou bancos almofadados para os meninos e a poltrona para o marido.

[76] *Life and Letters*, v.1, p.149. Sou grata a Ann Dally pela citação de Trollope. As palavras são ditas pelo velho Giles Hoggett, que exorta Mr. Crawley quanto ao melhor curso a seguir na vida e muda o rumo do enredo. Ver também Colp, 1998, p.223, nota 50.

> Tanto de toda a vida futura foi passado ali, ele é associado com horas tão felizes de conversa e ócio, que nos parece quase um amigo,

disse Henrietta.

> A bela fileira de tílias a oeste abrigava-o do sol da tarde, e enquanto estávamos lá sentados ouvíamos o zumbido de abelhas e sentíamos o cheiro das flores doces como mel. Os canteiros e o querido velho relógio de sol, pelo qual nos velhos tempos meu pai regulava os relógios, ficavam na frente, e além do gramado o campo estendendo-se para o sul. Polly também o apreciava e tornou-se uma visão familiar, deitada enrolada em uma das almofadas vermelhas aquecendo-se ao sol. Depois de meu casamento, ela adotou meu pai e o seguia aonde quer que ele fosse, deitando no sofá dele em seu próprio tapete durante as horas de trabalho.[77]

Francis recordou esses dias com afeto semelhante. Para ele, o alpendre era perfumado e tinha os sons do verão.

> O alpendre que foi construído adjacente à sala de estar foi ideia dele e lhe dava muito prazer, pois ele costumava ficar lá sentado em sua cadeira de vime japonesa alta, que é mostrada na fotografia de Leo. Era um belo alpendre, com piso em mosaico e postes de madeira cobertos com a pequena Virginia Creeper e clematite branca ao longo dos caibros e Adlúmia cultivada de semente brotando em uma grande floreira no canto e frequentemente decorado com plantas grandes como Vallota em potes. [...] Um som que havia lá era peculiar a Downe – falo do som de extração de água. Naquele campo gredoso seco, nós dependíamos, para ter água potável, de um poço fundo do qual saía fria e pura, em baldes. Estes eram içados por uma corda de arame em uma haste girada por um volante pesado, e era a canção monótona da roda girando que se tornava tão familiar para nós.[78]

---

77 *Emma Darwin*, v.2, p.259.

78 DAR 140, ser. 3.

Quando os filhos cresciam e se mudavam, Darwin e Emma sentavam-se ali juntos. Às vezes caminhavam pelos campos gredosos até bosques nas proximidades das vilas de Cudham e Keston ou ficavam sentados lá fora à noite para ouvir o canto de rouxinóis.

> Ficamos fora ontem à noite ouvindo os rouxinóis até 10h30 e voltamos para comer alguma coisa. Havia um excelente no Rookery e na Green hill o ouvimos perfeitamente,

contou Emma a William. Uma caminhada favorita era para o belo local chamado Green-hill; outra era para o que eles chamavam de Hangrove, um terraço abaixo de Stoneyfield. "Havia coelhos no bosque, e Polly, a pequena *fox-terrier*, também adorava essa caminhada", disse Henrietta.

> Meu pai andava para cima e para baixo, e minha mãe às vezes ficava sentada na encosta gredosa seca esperando por ele, e era puxada por ele pela pequena escarpa inclinada acima, a caminho de casa.[79]

Muito do amor que Charles e Emma tinham um pelo outro, recatado e temperado por mais de trinta anos de casamento, era atado nessas caminhadas tranquilas que faziam juntos. As emoções de Darwin pela esposa eram semelhantes a seu senso de lugar, a ligação que ele tinha com seu jardim e o campo em volta. Estar com ela tornava-o completo. Quanto a Emma, embora deva por vezes tê-lo achado absorto, retirado e insidiosamente exigente, esses eram os momentos em que ele estava mais relaxado, em paz consigo e com seu mundo. Ela se tornou sua protetora, esforçando-se para conservar as energias do marido. Seu comprometimento com ele jamais vacilou.[80]

Quando queriam ficar mais perto de casa, andavam pelo Sandwalk. Esse terreno, com o tamanho de não mais que um alqueire, era alugado por ano de John Lubbock, que, desde que entrara em posse de sua herança, era de longe o maior proprietário de terras da região. No começo de 1874, Darwin perguntou se poderia comprar o bosque de Lubbock, oferecendo em troca uma terra de pastagem que possuía. A transação causou certo desagrado

79 *Emma Darwin*, v.2, p.355, 376. Ver Bermingham, 1986, para paisagem e a tradição rústica inglesa; Paradis, 1985; Krasner, 1992; e Worster, 1985, para a visão ecológica de Darwin.
80 Healey, 1986. Ver também Keynes, 2001.

entre os amigos.[81] Lubbock – com todas as suas riquezas – elevou o preço com excesso de zelo, dizendo que Darwin devia pagar como se a terra fosse adequada para construção e não simplesmente para uso agrícola. A mesma acusação poderia ser feita a Darwin, homem abastado que se comportou de forma rude em relação a um preço que ele podia muito bem pagar. Francis disse que o pai

> ficou muito magoado por *sir* John fazer um negócio tão notavelmente bom com o Sandwalk, que ele vendeu ao mais elevado preço de acomodação. Ele costumava comparar a venda bastante amargamente com a venda pelo sr. Farrer a preço agrícola a seus vizinhos.[82]

Mas o Sandwalk era o lar espiritual de Darwin. Os meninos gostavam de ouvir o clique de sua bengala nas pedras enquanto ele caminhava pela trilha sozinho, primeiro do lado claro, dando para o vale, depois do escuro, sob as árvores. Como um homem prático, ele empilhava um monte de seixos de sílex na virada da trilha e destacava um com a bengala toda vez que passava, para ter certeza de que faria um número predeterminado de voltas sem ter de interromper seu encadeamento de ideias. Cinco voltas na trilha totalizavam cerca de uma milha. O Sandwalk era onde ele ponderava. Nessa rotina calmante, um senso de lugar tornou-se proeminente na ciência de Darwin. Ele moldou sua identidade como pensador.

No meio-tempo, os tributos não paravam de chegar. Alguns ele tratava com bom humor, como em 1872, quando aceitou um convite de John Jenner Weir para se tornar patrono de uma exposição de gatos, alertando que "as pessoas podem se recusar a ir admirar um bando de gatos ateus".[83] No mesmo ano, alunos da Universidade de Aberdeen pediram que ele fosse seu reitor; por um privilégio antigo, os alunos de graduação tinham permissão para eleger anualmente um líder honorário entre os homens públicos da época.[84] Ele recusou, mas ficou deliciado ao saber que os alunos estavam tão determinados a ter um evolucionista que pediram a Huxley, que aceitou.

Expressões sérias de admiração também proliferavam. Durante a década de 1870, Darwin foi tornado muitas vezes membro e associado de muitas

---

81 Ver carta a John Lubbock, 23 de fevereiro de 1874, DAR 97, ser. C, p.44-5.

82 DAR 210.15.

83 A J. J. Weir, 18 de setembro [de 1872], Countway Library, Harvard University.

84 De J. S. Craig, 4 de novembro de 1872, DAR 96, p.II2.

instituições. No fim da vida, ele pertencia, na condição de honorário, a mais de sessenta instituições ou corpos cultos no mundo inteiro.[85] Alguns dos diplomas que chegavam à Down House eram extravagantes.

Havia também outros tipos de honraria. Em 1873, Karl Marx enviou a ele um exemplar de *Das Kapital* com a inscrição: "Sr. Charles Darwin da parte de seu sincero admirador Karl Marx". Darwin tinha consciência do cumprimento que lhe era prestado.

> Desejaria cordialmente ser mais digno de recebê-lo, por entender mais do profundo e importante tema da economia política. Embora nossos estudos tenham sido tão diferentes, creio que ambos desejamos sinceramente a extensão do conhecimento e que a longo prazo este com certeza contribua para a felicidade da humanidade.[86]

O livro permaneceu na biblioteca de Darwin com as páginas não cortadas, não aberto e quase certamente não lido. O contato entre esses dois pensadores notáveis foi, na verdade, enigmático. Há evidências insuficientes da história de que Marx perguntou se poderia dedicar uma edição futura de *Das Kapital* a Darwin, em reconhecimento pelo entendimento por Darwin da luta na natureza. É muito mais provável, porém, que tenha sido Edward Aveling quem perguntou se poderia dedicar um de seus livros a Darwin, e que essa solicitação tenha sido recusada. A confusão surgiu só depois da morte de Darwin, por desejo de Aveling de ligar o darwinismo a sua própria variedade de ateísmo revolucionário ou porque os papéis de Marx foram subsequentemente misturados com os de Aveling. Seja como for, Marx consultou os livros de Darwin quando estava redigindo *Das Kapital* e de novo quando trabalhou na segunda edição. Ele acrescentou uma nota de rodapé apreciativa à segunda edição alemã, aquela que enviou a Darwin, falando da seleção natural como

> a história da tecnologia natural, ou seja, da formação dos órgãos de plantas e animais, que servem como instrumentos de produção para sustentar sua vida.[87]

---

[85] Outra contagem chega ao total de 84. A maioria dos certificados, convites formais e rolos está em DAR 229 e 230.

[86] Feuer, 1975; Colp, 1982; H. Gruber, 1961. O volume está na Down House.

[87] Pancaldi, 1994, p.265.

Ao que se sabe, a troca desse exemplar de apresentação e da mensagem de agradecimento foi o único contato formal entre eles.

IX

Quando não eram cartas e diplomas, era o espiritualismo. O livro mais novo de Wallace foi publicado, com o título ousado de *Miracles and Modern Spiritualism* [Milagres e espiritualismo moderno] (1875); médiuns celebrados atuavam em todos os centros metropolitanos; fraudes e caçadores de emoções davam as mãos a céticos e entusiastas em salas escurecidas em volta de mil mesas. Todos buscavam a afirmação de que havia alguma forma de existência depois da morte. Darwin não conseguia se divorciar dessas questões, assim como não o conseguia de indagações sobre suas crenças religiosas. Impetuoso, disse que não acreditava "em nada disso".

Alarmado, ele notou que a credulidade já estava na porta da frente de sua casa. Darwin teve um sobressalto quando Wallace lhe disse que toda matéria era força e que a força tinha de ser o produto de uma mente divina. Ele sacudia a cabeça diante dos jornais e protestava contra o modo como os médiuns exploravam os parentes dos mortos. Hensleigh Wedgwod, irmão de Emma, também tinha corrido para o movimento espiritualista, frequentando sessões espíritas, comungando com guias espirituais e coletando fotografias de espíritos. "Hensleigh em seu estúdio, vivendo sua vida isolada entre os espíritos", lamentou Emma. Não estava muito errada. Hensleigh Wedgwood mais tarde foi um dos membros fundadores da Society for Psychical Research, na década de 1880.

Para Darwin e Emma, parecia que a mente de Hensleigh estava quase perturbada. "Eu sempre sinto hoje em dia que ele acha tudo muito monótono e desinteressante, exceto o espiritualismo", murmurou Emma, infeliz. "Sua companhia não tem o velho caráter fácil e confortável que costumava ter."[88] Em 1874, Hensleigh tentou fazer que Huxley se envolvesse, enviando a ele fotografias de uma suposta aparição. "Considero a fraude impossível", disse, pois o processo inteiro fora supervisionado por ele próprio e sua filha Effie. Ao contrário, Huxley dificilmente podia acreditar que a fotografia representava a realidade. Ele explicou pacientemente que o próprio fotógrafo devia ter posto uma segunda imagem na chapa dentro da câmera antes de tirar a foto.[89] Hensleigh recusou-se a acreditar nele.

---

[88] DAR 219.1.92. Sobre espiritualismo, ver Oppenheim, 1985.

[89] Imperial College Archives, Huxley Papers 28, p.221-3, e correspondência de apoio datada de 1874.

Não obstante, esses homens oscilavam entre ficar intrigados e exasperados. Até Francis Galton, um arquicético, compareceu a algumas sessões e ficou “totalmente confundido” pelos misteriosos eventos. Membros do X Club e da Metaphysical Society expressaram interesse em pelos menos alguns fenômenos espiritualistas. George Romanes, evolucionista comprometido, foi intensamente envolvido pelo movimento, para grande desgosto de Darwin, embora isso fosse parte integrante do fascínio de Romanes com a atividade mental como fenômeno.

Por fim, Darwin e Huxley cederam às instâncias de Hensleigh. De modo um tanto surpreendente, Darwin concordou em comparecer a uma sessão organizada por seu filho George na casa de Erasmus Darwin em janeiro de 1874. Foi uma ocasião extremamente sociável, unindo céticos e crentes, abrangendo os Litchfield, Emma e Charles Darwin, Francis Galton, Frederic Myers (classicista de Cambridge e depois membro proeminente da Society for Psychical Research), Hensleigh e Fanny Wedgwood com sua filha mais velha, Julia, George Lewes e Mary Ann Evans (George Eliot) e a sra. Bowen, amiga de Erasmus, além do médium contratado para a ocasião, Charles Williams. Darwin queria que Huxley estivesse lá e, depois de reiterar que também não acreditava em nada daquilo, Huxley chegou como participante anônimo, embora Williams dificilmente deixasse de reconhecê-lo. Também pode ter havido outras pessoas presentes, porque Emma mencionou em seu diário “sessão espírita de vinte pessoas”. De sua parte, estava ansiosa por encontrar a autora de *Middlemarch* e aproveitou a oportunidade para se apresentar como uma leitora entusiasta. Darwin e Lewes também estavam próximos como nunca em sua vida intelectual, porque Lewes sempre defendera a seu modo a teoria da evolução e estava prestes a iniciar o periódico *Mind*, um empreendimento de interesse mútuo.

Aquela não seria uma sessão comum, mas sim um teste científico, com o médium completamente imobilizado pelos pés e pelas mãos e a sala cuidadosamente monitorada para evitar a manipulação que todos previam. Erasmus e George passaram uma ou duas horas de antemão espiando embaixo de cadeiras e tapetes. Williams – e John King, seu guia espiritual – eram bem conhecidos de Hensleigh Wedgwood, que comparecia regularmente a suas sessões. Na verdade, a maioria dos médiuns de Londres devia estar exaustivamente familiarizada com esse tipo de investigação científica, pois Wallace, Crookes e os outros insistiam todos em precauções rigidamente controladas para afastar o ridículo. Mas quando Williams exigiu completa escuridão, Lewes e Mary Ann Evans “saíram repugnados".[90] Darwin fez o mesmo, embora depois descrevesse a cena com segurança de segunda mão.

> Divertimo-nos muito, certa tarde, pois George contratou um médium, que fez as cadeiras, uma flauta, um sino, um candelabro e agulhas flamejantes pularem na sala de jantar de meu irmão, de maneira que assombrou a todos e os deixou sem fôlego. Estava escuro, mas George e Hensleigh Wedgwood seguraram os pés e as mãos do médium dos dois lados o tempo todo. Achei aquilo tão quente e cansativo que fui embora antes que todos esses milagres assombrosos, ou manipulações, ocorressem. Como o homem poderia fazer o que foi feito está além de minha compreensão. Desci para o andar de baixo e vi todas as cadeiras etc. sobre a mesa, que havia sido erguida acima das cabeças dos que estavam sentados a sua volta. O Senhor tenha piedade de todos nós, se tivermos de acreditar em tal disparate. F. Galton estava lá e diz que foi uma boa sessão espírita.[91]

Henrietta Darwin disse: "Lembro-me de que o sr. Lewes estava inconveniente e inclinado a fazer piadas e não se sentar no escuro em silêncio". Francis depois explicou que seu pai lamentava a enorme energia que as pessoas gastavam a investigar o sobrenatural quando o mesmo esforço poderia ser dirigido para entender a realidade. Francis disse que Darwin declarou que "era tudo impostura".

Por outro lado, Huxley, Galton, Hensleigh Wedgwood e George Darwin ficaram suficientemente tantalizados para organizar outra sessão algumas semanas depois, na casa de Hensleigh. Depois Huxley descreveu a ocasião a Darwin, com diagramas, explicando como o médium devia ter produzido seus efeitos, tais como tocar cordas de guitarra com a boca, ou, como sugeriu Emma cinicamente, tocar na mão de George com o nariz. Alegremente, Huxley se lançou a expor Williams como charlatão. Perto de conseguir seu objetivo, ele não parou diante de nada, ensinando a si próprio a estalar as juntas de seus dedos dos pés dentro das botas numa imitação de pancadas de espírito na mesa. Meias finas eram essenciais, disse. "Minha conclusão é que o sr. Williams é trapaceiro e impostor", informou a Darwin. Era exatamente o que seu amigo queria ouvir.

---

90 Haight, 1968, p.469; diário de Lewes citado de Baker, 1995, v.1, p.223.

91 *Life and Letters*, v.3, p.187.

> Ora, para minha mente seria necessário um peso de evidência enorme para fazer alguém acreditar em qualquer coisa além do mero truque.

Pouco depois, Williams foi desmascarado como fraude por George Romanes, que paradoxalmente continuou a dar crédito ao mundo espiritual. De maneira semelhante, Hensleigh Wedgwood insistiu obstinadamente na existência independente do guia espiritual de Williams, John King, ao mesmo tempo em que falava irritado sobre a "molecagem de Williams".[92] Com certa satisfação, Darwin disse a Romanes que ele devia comprar um exemplar do *Spiritualist*, que publicara um longo artigo sobre o desmascaramento. "Caramba, que disparate tudo isso parece ser", disse Darwin.[93]

Mas o fracasso de um único médium não foi suficiente para pôr fim à curiosidade. Em 1876, quando o médium mais famoso de todos, o norte-americano Henry Slade, foi denunciado de modo humilhante, Wallace testemunhou em seu benefício. Nem uma sombra de suspeita obscureceu a mente de Wallace. Ele disse depois que Slade não recebera julgamento justo. Em um aspecto ele estava certo, ao pensar que os cientistas haviam conspirado contra Slade. O biólogo Ray Lankester, amigo de Huxley e Darwin dos laboratórios de South Kensington, desempenhou o papel central na derrocada de Slade em uma carta ao *Times*, itemizando os truques que Slade usava. Durante alguns meses, Lankester e Huxley haviam trocado receitas de técnicas fraudulentas. Os espiritualistas eram alvos ideais para cientistas como esses – *sparrings* perfeitos – porque, não fosse por outro motivo, a disputa os capacitava a usar toda a força de suas mentes. Huxley achou o exercício totalmente revigorante.

Esse não era o momento para exibições excessivas de lealdade a Wallace, pensou Darwin. Seus sentimentos estavam tão exaltados que ele enviou privadamente a Lankester 10 libras, junto com uma carta de parabéns, para ajudar no processo contra Slade.[94]

---

[92] Ver L. Huxley, 1900, v.1, p.421-2, para a descrição de Huxley. Há relatos da sessão em DAR 154, p.124-8, e DAR 119.1, p.116.

[93] A G. H. Darwin, 2 [de abril de 1875], DAR 210.1.2.

[94] Oppenheim, 1985. Milner, 1996, discute o caso Slade.

11.

A terra verde e aprazível da Inglaterra[1]

Charles Darwin encontrou a paz entre os potes de planta. Ele já conhecia bem seus gostos e desgostos. Uma visita à estufa para uma conversa com seus jardineiros e depois uma caminhada pelo Sandwalk com um cachorro o seguindo eram uma parte essencial de seu dia. Ao longo de todos os anos de escrita, ele guardara com devoção uma variedade de pequenas investigações botânicas, dizendo a Emma que elas serviam como sua melhor forma de relaxamento.

Não obstante, suas ambições experimentais haviam sido postas de lado pela redação de *The Descent of Man* e *A expressão das emoções*. Agora que ele estava livre da escrita, outra rodada de novas obrigações aparecera. Ele produziu uma edição revisada de *The Descent of Man* em 1874 e uma segunda edição de *Variation* em 1875 e fez mudanças menores para a sexta edição de *A origem das espécies* (a mesma que tinha sido lançada em 1872), as últimas a serem incorporadas durante sua vida. Darwin pagou a Henrietta 20 libras para que revisasse as provas de *Variation*. Murray lançou a sexta edição de *A origem* em 1876, com uma página de título indicando que só na Inglaterra haviam sido impressos 18 mil exemplares desde 1859.[2] No ano da morte de Darwin, esse número tinha aumentado para 24 mil. Nesses livros revisados, Darwin adotou uma mentalidade

1 No original, "England's green and pleasant land", verso de um poema do inglês William Blake (1757-1827) que, musicado, se tornou conhecido como "Jerusalem". A estrofe completa é: "I will not cease from mental fight,/Nor shall my sword sleep in my hand,/Till we have built Jerusalem/In England's green and pleasant land" [Minha luta mental não cessará/Nem a espada dormirá em minha mão,/Até que tenhamos construído Jerusalém/Na terra verde e aprazível da Inglaterra]. (N. T.)

2 Freeman, 1977, p.87.

mais adaptacionista, sugerindo que havia um papel na teoria da evolução para a herança de algumas características adquiridas – o resultado de ele ponderar os mecanismos subjacentes à pangênese, à seleção sexual e à expressão das emoções. Embora nunca tenha excluído categoricamente de seus textos adaptações induzidas pelo comportamento ou pelo ambiente, sentia que deviam cumprir um papel mais importante e disse a Wallace que "Penso ter subestimado [...] os efeitos da ação direta das condições externas na produção de variedades". Como sempre, John Murray, com seu novo parceiro de negócios, Robert Cooke, produziu os volumes. Cada um deles vendeu relativamente bem.

Ao mesmo tempo, a firma de Smith & Elder, que ainda detinha os direitos autorais dos primeiros livros geológicos de Darwin, encorajou Darwin em 1874 a produzir uma versão revisada de *Coral Reefs* [Recifes de coral], dando conta das teorias de formação de recifes de James Dana e das observações de Alexander Agassiz. Eles também queriam produzir uma versão atualizada de *Geological Observations on the Volcanic Islands and parts of South America* [Observações geológicas sobre as ilhas vulcânicas e partes da América do Sul] em 1876. Esses livros tinham sido os primeiros textos científicos de Darwin nos anos pós-*Beagle*. Ele tinha a impressão de estar fechando o círculo. Sem hesitação, Darwin concordou. Tivera orgulho deles antes; ainda tinha.

Se tivesse parado para considerar o assunto, Darwin talvez tivesse desanimado ante um cronograma autoimposto tão exaustivo. A cada ano, desde 1860, ele havia publicado pelo menos um livro, às vezes dois, ou um novo título ou uma edição revisada, e desde essa data um total de cerca de 55 artigos sérios o bastante para ser listados no *Royal Society Catalogue of Scientific Papers*. Ele persistiu nesse regime até a morte, exceto por cinco anos isolados em que esteve doente ou ocupado demais coletando fatos. Arquivo após arquivo, as anotações se empilhavam enquanto ele trabalhava para cumprir essas obrigações editoriais. "Não tenho nenhuma notícia sobre mim mesmo, já que estou meramente escravizado ao trabalho enjoativo de preparar novas edições", resmungou gentilmente. "Eu gostaria de ter um pouco dos sentimentos do pobre Lyell, de que era delicioso melhorar uma sentença, como um pintor aprimorando um quadro."[3]

No meio-tempo, ele se recompensou com um conjunto notável de projetos botânicos. Enquanto antes usara plantas simplesmente para explorar a teoria da evolução e como uma diversão mental agradável, agora revertia o processo e fazia as teorias servirem como um motor poderoso para

[3] *Life and Letters*, v.3, p.195.

revelar os segredos da fisiologia. Darwin mudou de abordagem. Desejava o trabalho verdadeiro da investigação experimental cotidiana, não tanto a busca dos chamados experimentos "cruciais" aos quais indivíduos poderiam dar seu nome, mas a sondagem paciente dos mecanismos da natureza sem nenhum modo particular de saber onde qualquer linha de exploração terminaria, a característica não louvada da vida de um cientista que todos os pesquisadores sabem ser autêntica. Ele queria recolher problemas enquanto prosseguia, usar as técnicas que entendia melhor, sobrepujar a engenhosidade dos organismos vivos.

Depois de muito tempo, ele conseguiu dar às plantas insetívoras toda a sua atenção, pedindo a Hooker e a Gray, e depois a um exército de correspondentes, que enviassem espécimes para Downe para que ele pudesse alimentá-los com dietas cada vez mais incomuns e observar no microscópio sua atividade celular. Nenhum projeto nesse sentido jamais foi terminado. Darwin esperara por esse prazer durante dez anos ou mais e passava horas estudando as folhas e mecanismos de armadilha, ainda sem saber exatamente como as plantas podiam digerir insetos. Com Francis, muito versado na nova fisiologia, a seu lado, ele começou um grande programa de pesquisas limitado apenas pela natureza *ad hoc* de seus recursos domésticos. Teve de escrever se desculpando a Hooker para dizer que Lettington havia destruído um espécime primoroso de Kew.

> Estou extremamente exasperado. [...] Tenho certeza de que foi um lapso de Lettington e não falta de cuidado, pois ele estava muito orgulhoso do estado da *D. capensis*.

Ele comprou para si um microscópio maior e melhor, um aparelho de lentes compostas Smith and Beck, para poder estudar os movimentos do protoplasma dentro das células. Hooker surpreendeu-o dizendo que o saber aceito da época era que as folhas de plantas não podiam absorver substância. A absorção era uma função limitada apenas às raízes. "Você tentou folhas de *Begonia*?", perguntou Hooker. "Devo procurar para você algumas plantas com células epidérmicas vesiculares hialinas para você operar nelas?" Desnorteados, os dois velhos amigos consultaram William Thiselton Dyer, um jovem que havia se formado fisiologista com Foster e Huxley e era diretor assistente em Kew (e logo também se tornaria genro de Hooker), muito mais próximo da mais moderna ciência fisiológica que qualquer um deles podia pretender ser. Em seu tempo ocioso, Dyer estava traduzindo a importante obra de Julius Sachs sobre fisiologia de plantas do alemão para o inglês. Dyer "estaria a par das últimas descobertas", garantiu Hooker a Darwin.[4]

E ele se deleitou com a engenhosidade macabra das próprias plantas: armadilhas, chamarizes e ciladas que elas imaginavam para capturar sua presa. A *drosera* de folhas pegajosas "é uma planta maravilhosa ou, antes, um animal muito sagaz". Um entendimento profundo do trajeto de vida assassino da *drosera* era o tema central de suas investigações. Nisso ele foi ajudado intensamente por Edward Frankland, do Royal College of Chemistry, em Londres, e John Burdon Sanderson, o novo professor de fisiologia no University College London, que responderam com paciência a suas indagações. Quando um dos experimentos caseiros de Darwin revelou-se excessivamente complicado de manejar em sua cozinha, Frankland se ofereceu para macerar folhas de *Drosera* em seu laboratório e analisar os sucos em busca de vestígios de pepsina e ácido clorídrico, ácidos digestórios dos animais.

John Burdon Sanderson havia estudado sob a direção de Claude Bernard e depois sucedera Michael Foster na London University, em 1870.[5] Nesse momento ele estava começando seu trabalho de vida inteira sobre as propriedades fundamentais do tecido vivo, e preocupava-se particularmente com o modo como os músculos funcionam. Para esse fim, ele se especializou em identificar as pequenas mudanças elétricas que ocorriam durante a contração e o relaxamento. Interessava-se também em histologia e patologia celular, em especial na estrutura de corpúsculos sanguíneos. Tudo isso era música para os ouvidos de Darwin. Em junho de 1873, entrou em contato com Burdon Sanderson (por intermédio de George Romanes, que trabalhava no mesmo laboratório) para perguntar se ele examinaria suas investigações das atividades celulares da *Drosera*. Darwin ainda estava incomodado com o processo a que chamava de "engrumamento" ou "agregação" protoplásmica dentro de células quando as folhas eram estimuladas a se alimentar. Hooker disse a ele que a clorofila em células de plantas fazia a mesma coisa quando exposta à luz do sol. O novo microscópio de Darwin, com melhor magnificação, lhe disse apenas que o processo permanecia incompreensível.

Burdon Sanderson não ficou a princípio convencido de que as plantas podiam sequer se movimentar – Darwin pôde perceber que Sanderson achava

---

4 L. Huxley, 1918, v.2, p.151-3. Para a botânica experimental de Darwin, ver Allan, 1977; F. Darwin, 1899; 1909. Sachs, 1890; A. G. Morton, 1981, apresentam um levantamento dos desenvolvimentos do final do século XIX. Grande parte do trabalho de Darwin envolvia investigações baseadas em Gartner, 1849; Kölreuter, 1761-66.

5 Bynum, 1994.

que ele estava imaginando tudo. Então passou a demonstrar a sensibilidade da *Drosera* a Burdon Sanderson e a Huxley, pedindo que visitassem a Down House. Eles espiaram um dos espécimes de *Drosera* de Darwin até que "o sr. Huxley gritou 'Ela está mesmo se mexendo!'".[6] Burdon Sanderson concordou em fazer os experimentos. No mesmo mês, Darwin também o convenceu a investigar os movimentos de uma dioneia. Seria possível, perguntou, que as folhas possuíssem algum equivalente botânico de nervos e músculos? Então Burdon Sanderson ligou suas sondas elétricas a folhas individuais de dioneia e as estimulou com surtos diminutos de corrente. As folhas reagiram "como um músculo animal", relatou em uma reunião da British Association em 1873. Tinha sido um exemplo assombroso de perícia de laboratório. Além disso, o anúncio foi uma revelação para os fisiologistas experimentais presentes no público, que raramente davam atenção a plantas. "Então, não apenas há fenômenos de digestão nessa planta maravilhosa como os dos animais", disse Hooker com admiração, "mas os fenômenos de contratibilidade também concordam com os dos animais".[7]

Em pouco tempo, Darwin contou a Thiselton Dyer que estava "naquele estado em que sacrificaria amigo ou inimigo".

> Temo que você me ache um grande maçante, mas não posso resistir a lhe contar que acabo de descobrir que as folhas de Pinguicula possuem um poder de movimento muito bem adaptado. Ontem à noite, pus uma fileira de pequenas moscas perto da borda de duas folhas *novinhas*; depois de 14 horas, essas bordas estão belamente dobradas de forma a agarrar as moscas. [...] eu me certifiquei de que pedaços de certas folhas, por exemplo espinafre, excitam muita secreção na Pinguicula e que as glândulas absorvem material das folhas.[8]

O caso era uma história sensacional de inocência superficial e astúcia oculta, exatamente o tipo de coisa que Darwin apreciava em sua leitura recreativa. Quem acreditaria que a bela *butterwort* comum, com sua estrela dourada de folhas, tinha uma natureza tão sinistra? Ou que sob a superfície tranquila de um lago havia plantas lançando redes pegajosas, como a Dictyna na mitologia grega, para apanhar suas presas? Algumas plantas

---

6 F. Darwin, 1909, p.390.

7 Hooker, 1874. Sobre a dioneia, ver Nelson, 1990.

8 Allan, 1977, p.243; *Life and Letters*, v.3, p.324.

se especializavam em afogamento, outras, em nocautear suas vítimas com anestésicos, e ainda mais em asfixiamento ou enredamento grudento.

Intrigados com a evidente empolgação de Darwin, seus amigos botânicos acorreram para ajudá-lo. *Lady* Dorothy Nevill enviou a ele uma utriculária incomum de seu conservatório, espécime de planta aquática que normalmente flutuava na superfície de rios na América do Sul. Darwin só a tinha visto em forma seca. Quando ele e Francis abriram as vesículas, encontraram no interior muitos restos de animais. Um espécime de *Gentilisea ornata* os animou ainda mais. Nada podia escapar da armadilha que ela montava, pois a rota da mosca para a câmara da morte era revestida com uma grade de espigas. Uma vez dentro, a vítima não conseguia se retirar.

> As grandes protuberâncias sólidas semelhantes a vesículas quase na superfície são objetos maravilhosos, mas não são as verdadeiras vesículas. Esses eu encontrei nas raízes perto da superfície e a uma profundidade de duas polegadas na areia. [...] Fiquei confiante de encontrar uma presa capturada. E, para meu prazer, encontrei em duas vesículas, com prova clara de que tinham absorvido alimento da massa em deterioração. Pois a Utriculária se alimenta de carniça e não é estritamente carnívora como a *Drosera*. [...] Dificilmente tive um dia mais proveitoso em minha vida que quando fiz esse trabalho; e devo isso à grande gentileza de sua senhoria.[9]

Mensagens viajavam pelo globo com as mesmas afirmações deliciadas. "Seu magnífico presente de Aldrovanda chegou bastante seguro. [...] O senhor é um homem bom de me dar tal prazer."

Divertido com os entusiasmos de Darwin, Asa Gray enviou uma pegadinha pelo correio – um artigo descrevendo uma planta carnívora de Madagascar que se alimentava de seres humanos. Darwin confessou que "comecei a ler [...] muito seriamente". Ele não percebeu que era uma fraude até chegar à mulher que era o almoço.

No começo de 1875, Darwin se sentiu pronto para despachar o manuscrito sobre plantas insetívoras a Murray. Inevitavelmente, ele continuava encontrando coisas novas para observar. "Você pergunta sobre meu livro", disse a Hooker em fevereiro daquele ano.

---

9 *Life and Letters*, v.3, p.327-8.

> Só posso dizer que estou disposto a cometer suicídio; pensei que estava escrito de forma decente, mas encontro tantas carências ao reescrevê-lo que ele não ficará pronto para o prelo antes de dois meses.

Em maio, ele ainda estava cobrindo suas folhas de prova com uma floresta de tinta – suas alterações. Confrontado com a crise de pôr palavras no papel, decidiu que as plantas insetívoras deviam possuir o que só podia chamar de "matéria nervosa", análoga aos nervos de animais. Ele se sentia incapaz de descrever mais essa matéria nervosa sem a autoridade de centenas de experimentos detalhados.

Emma perdeu as esperanças de levá-lo para a costumeira parada em Londres.

> P. resiste muito e temo que não consiga convencê-lo a sair, pelo menos não mais que durante dois dias na Q. A. [Queen Anne Street, a casa de Erasmus], o que ele acha que pode descansá-lo; então ouso dizer que seria por alguns dias. Mas as folhas de prova estão chegando em grande velocidade. [...] P. teve notícias prósperas hoje do doutor B. Sanderson. [...] *Lady* Dorothy Nevill vem almoçar na terça-feira! É algo bastante sério. P. terá de ser simpático e amável (se possível).[10]

O livro era belamente ilustrado com diagramas feitos por George e Francis e foi publicado por Murray em julho de 1875, com o título *Insectivorous Plants* [Plantas insetívoras]. Ele se revelou excessivamente especializado para um público geral e não foi reimpresso enquanto Darwin viveu. Para um público acostumado a ler sobre símios e dissidência religiosa, esse Darwin parecia um autor muito diferente do que era discutido nos jornais.

II

Ao mesmo tempo, Darwin iniciou outro surto de investigação em orquídeas. "São criaturas maravilhosas, essas orquídeas", disse a Bentham. "Às vezes penso com um brilho de prazer, quando me lembro de entender algum pontinho em seu método de fertilização."[11]

E ele mergulhou de novo em uma reavaliação total e extensão de seu trabalho anterior sobre fertilização cruzada e autofertilização em plantas.

---

[10] DAR 219.1.89.

[11] *Life and Letters*, v.3, p.289.

Isso era talvez algo mais que seu impulso comum para completar projetos deixados pendentes muitos anos antes. "Não consigo suportar não fazer nada", disse ele a Jenyns em 1877. Era quase como se temesse o momento em que sua mente pudesse se esvaziar, quando seu trabalho pudesse estar terminado; e, para protelar esse abismo, ele encontrava constantemente velhos e novos tópicos para investigar. Quando não era o pavor do ócio, era o pavor da decrepitude. Ele costumava dizer que seu trabalho o fazia sentir-se vivo, ajudava sua mente a cantar, era a única coisa que o fazia esquecer suas preocupações. Embora se chamasse de "uma espécie de máquina para produzir leis gerais a partir de uma grande coleção de fatos", a verdade é que ele só sentia ser ele mesmo quando estava imerso em algum novo projeto exigente.

Francis Darwin ajudava nas pesquisas. Mais tarde, Francis explicou que seu pai havia sido impulsionado pela ideia de que plantas de fertilização cruzada produziriam descendentes mais bem-sucedidos na competição pela sobrevivência, e qualquer mecanismo desenvolvido para assegurar a transferência de pólen de uma flor a outra dava, portanto, à espécie uma vantagem adaptativa importante. Essa convicção havia feito parte da crença de Darwin na evolução por seleção natural durante mais de trinta anos. Todo o reino vivo, como ele o considerava, estava dedicado a assegurar a reprodução sexual – homem e mulher, flor e animal. Agora, em particular, ele desejava sondar mais profundamente aspectos da fertilização, da hereditariedade e da esterilidade das plantas.

Por baixo, parece inteiramente possível que Darwin estivesse também ficando ansioso sobre o futuro reprodutivo de sua própria família e que seus experimentos botânicos ecoassem essa preocupação. Seus sete filhos estavam crescidos. William, o mais velho, tinha 35 anos em 1874. Horace, o mais jovem, 33. Cinco desses filhos ainda não haviam casado, e os dois que eram casados, Henrietta e Francis, não tinham filhos. Mesmo deixando de lado qualquer preocupação que pudesse sentir com doença hereditária, Darwin provavelmente se perguntava se sua família se revelaria um beco sem saída biológico. Para um homem cuja vida intelectual era estruturada em torno do sucesso reprodutivo, deve ter sido perturbador considerar a possibilidade de não ter descendente. Seus filhos não estavam fazendo o que ocorria naturalmente à maioria dos seres vivos. Em termos biológicos, afinal, ele estava convencido de que a reprodução mantinha as espécies evoluindo ativamente. Organismos autofertilizantes estavam provavelmente a caminho da extinção. Francis Darwin recordou que seu pai

> uma vez observou para o dr. Norman Moore que uma das coisas que o faziam desejar viver alguns milhares de anos era seu desejo

de ver a extinção das ervas-abelha – um fim ao qual ele acreditava que o hábito de autofertilização da planta a estava levando.[12]

Meditar sobre netos e investigar as origens da esterilidade incipiente em plantas ou as vantagens da fertilização cruzada eram tópicos propensos a ressoar em um nível fundamental com sua existência privada.

Mais uma vez, ele ficou à espera nos canteiros para observar abelhas entrando num nectário, em busca de coadaptações que haviam se desenvolvido entre flores e seus insetos polinizadores. Mais uma vez, isolou plantas experimentais debaixo de redes de gaze esvoaçantes e, com delicadeza, polinizou-as manualmente usando um pincel de pelo de camelo. Com o passar dos verões, ele plantava bandejas de adubo composto com as sementes de cruzamentos específicos e contava as mudas. "Tomei todos os tipos de precaução", garantiu a Gray, dizendo como germinava plantas em um pote em sua chaminé para evitar contaminação. O tempo todo, ele pretendia demonstrar que os descendentes de indivíduos gerados por fertilização cruzada eram mais vigorosos e mais numerosos que os descendentes de plantas autofertilizadas. "Nada em minha vida me interessou tanto quanto a fertilização de plantas como *Primula* e *Lythrum* ou *Anacamptis* ou *Listera*", disse ele a Hermann Muller em 1878.[13]

Na verdade, a investigação era extremamente entediante e revelava Darwin no auge da paciência e da disposição para caminhar. "É notável", recordou Francis, que esse trabalho "devesse sua origem a uma observação casual".

> Meu pai havia plantado dois canteiros de *Linaria vulgaris* – um conjunto descendente de um cruzamento e outro de autofertilização. Essas plantas eram cultivadas para que fossem feitas algumas observações sobre herança, sem nenhum cruzamento em mente, e ele ficou assombrado ao observar que os descendentes de autofertilização eram claramente menos vigorosos que os outros. Parecia-lhe incrível que esse resultado pudesse se dever a um único ato de autofertilização, e foi só no ano seguinte, quando ocorreu precisamente o mesmo resultado no caso de um experimento similar sobre herança em Cravos, que a atenção dele foi "inteiramente despertada" e ele se determinou a fazer uma série de experimentos dirigidos especialmente a essa questão.[14]

---

12 *Life and Letters*, v.3, p.276, nota.

13 *More Letters*, v.2, p.419.

14 *Life and Letters*, v.3, p.290.

"Estou fazendo experimentos numa escala muito grande", confessou a Bentham em outra ocasião.

> Sempre supus, até recentemente, que nenhum efeito ruim seria visível até depois de várias gerações de autofertilização; mas agora vejo que uma geração às vezes é suficiente.

Se o vigor podia ser perdido no decorrer de uma única geração, as chances de sobrevivência eram consequentemente reduzidas.

Ele registrava principalmente "vigor" medindo a altura das mudas. "Lyell, Huxley e Hooker viram algumas de minhas plantas e ficaram atônitos." Mas Wallace disse a ele, tarde demais, que o peso seria um critério muito melhor que a altura – o peso total das sementes produzidas por uma planta era provavelmente melhor indicador de produtividade, disse ele. Então Darwin repetiu os experimentos no ano seguinte, desta vez calculando pesos. Ele germinou todas as mudas novamente, rotulou cabeças de semente que amadureciam e então as pesou em pacotes, um para cada planta, em sua velha balança química. Para variar, tentou plantar algumas das mudas fora de casa no outono (um teste duro para as variedades de estufa) e contou aquelas que sobreviveram ao inverno. Depois de uma boa geada em uma manhã de Natal, ele estava lá no jardim com sua caderneta fazendo uma chamada dos sobreviventes. Como esperava, acabou substanciando seu argumento. Os descendentes cruzados eram mais vigorosos que os autofertilizados.

Pai e filho achavam esses dias juntos prazerosos. Ficavam sentados lado a lado com microscópios e bandejas de plantas, trocando comentários quando necessário. Francis disse que o jeito de Darwin era brilhante e animado.

> O amor dele por experimento específico e seu zelo ansioso de não perder o fruto dele apareciam marcadamente nesses experimentos de cruzamento – no cuidado elaborado que ele tomava de não fazer confusão ao pôr cápsulas em bandejas erradas etc. etc. Lembro-me de sua aparência quando contava sementes embaixo do microscópio simples com uma atenção que normalmente não caracteriza um trabalho mecânico como uma contagem. Penso que ele personificava cada semente como um pequeno demônio tentando enganá-lo indo para pilha errada ou pulando completamente para fora; isso dava ao trabalho a empolgação de um jogo.[15]

[15] *Life and Letters*, v.1, p.147.

À noite, Darwin relaxava com livros sobre orquídeas. Ele mantinha uma correspondência agradável com especialistas tropicais como Fritz Müller e William Ogle, esse último um estatístico médico que trabalhava no departamento de registro civil e que ele conhecera por intermédio de William Farr. Tudo isso ele considerava repousante e eminentemente útil. Os amigos apreciavam os modos modestos que ele apresentava nesses momentos. Sentiam-se capazes de provocá-lo. Uma vez, quando Darwin caminhava pelo jardim na Down House na companhia de William Ogle, parou para pegar uma flor e disse que era perturbador ter de acreditar que as belas adaptações que ela mostrava eram resultado da seleção natural. A isso o dr. Ogle respondeu: "Meu caro senhor, permita-me aconselhá-lo a ler um livro chamado *A origem das espécies*".

Thomas Henry Farrer, o marido de Effie Wedgwood (sobrinha de Darwin), tornou-se colega íntimo nesses assuntos botânicos, já que era muito lido e suficientemente ocioso para participar de algumas das investigações de Darwin. Darwin gostava de sua companhia e começou a aceitar convites para ficar em Abinger Hall, propriedade de Farrer perto de Dorking, em Surrey. Era praticamente o único lugar que ele visitava fora de seu circuito costumeiro de Henrietta, Erasmus, William e sua irmã Caroline, em Leith Hill Place. Essa "casa agradável e amistosa era acrescentada aos pouquíssimos lugares onde meu pai se sentia suficientemente à vontade para fazer visitas", notou Henrietta. Effie os recebia bem, e com a mesma frequência Erasmus aparecia para passar um ou dois dias, pois Effie era sua favorita entre as filhas adultas de Fanny e Hensleigh. À noite, ela cantava para grupos de familiares, tão "admirável quanto qualquer concerto", diziam os Darwin entusiasticamente. Em Abinger, Emma sabia que seu marido comeria, conversaria e descansaria. Ele "se descontrolava bastante – subornado por torta, pêssegos, uvas etc. Ele prometeu se reformar. Conversa muito sobre botânica com THF".[16]

A rotina de Darwin e Farrer era bastante simples. Visitavam as estufas, depois saíam, caminhando até o "Rough", um trecho de terra selvagem comunitária. Farrer gostava dessas perambulações amistosas.

> Sua figura alta, seu chapéu panamá de aba larga e sua bengala comprida como um *alpenstock* [bastão usado em montanhismo], andando solitário e lento em nossos trajetos favoritos, é uma das muitas associações agradabilíssimas que tenho com o lugar.[17]

16 DAR 219.11, p.30.

17 *Emma Darwin*, v.2, p.265.

Por baixo das amabilidades, Farrer também servia como um contraste útil para as ideias botânicas de Darwin. Ele ajudou Darwin a entender as complicadas adaptações para fertilização em *Passiflora*, a flor da paixão trepadeira, na época uma raridade nos jardins ingleses. Durante uma visita de verão a Abinger, os dois ficaram pensativamente no crepúsculo ao lado do espécime de Farrer, em plena floração, esperando para ver se algum inseto local serviria de emissário fertilizador na ausência de beija-flores. Não viram "nem abelhas nem borboletas nem qualquer outro inseto grande". Em outras ocasiões, observavam as abelhas dos arranjos de canteiro de verão de Farrer, notando como se concentravam nas variedades de estufa amarelas e ignoravam as rosas ou brancas. Nesses momentos, a admiração de Farrer por Darwin não conhecia limites. Ao que parece, ele nunca se irritava com o hábito de Darwin de sempre seguir uma observação de Farrer dizendo: "Oh, sim; mas uma vez fiz algumas observações sobre esse aspecto particular; e penso que você concluirá etc. etc."[18]

Eles também discutiam as teorias de Darwin sobre plantas trepadeiras. Farrer contou a ele como as passifloras "procuram e encontram e seguram e puxam como um animal". Vivendo no campo de Kent, com campos de lúpulo em toda a volta, Darwin não podia deixar de notar as gavinhas retorcidas que escalavam as plantas por seus arames ao som do fim da primavera. As trepadeiras ornamentais no alpendre da Down House chamaram sua atenção. Ervilhas-de-cheiro e vagens disputando espaço sobre a rede deram uma diversão. "Mantive uma planta envasada, durante a noite e o dia, em um aposento bem aquecido ao qual estava confinado pela doença", disse Darwin, e observou os pontos de crescimento se deslocarem com a luz, como o ponteiro de um relógio. Para ele, o campo local era uma fonte constante de investigações.

> O número de arbustos diferentes nos Hedge Rows, emaranhados pela alegria dos viajantes e pelas briônias, é flagrante se comparado com as cercas dos condados do norte,

anotara ele em antecipação na primeira vez que chegara a Downe.[19]

Surgiam muitos fatos estranhos. Carregando consigo, de maneira um tanto absurda, sua régua de madeira nas caminhadas em volta dos canteiros da Down House, Darwin descobriu que a glicínia podia se deslocar mais depressa do que a glória-da-manhã. Algumas espécies, ele viu, escalavam

---

[18] *Life and Letters*, v.3, p.279.
[19] DAR 251.

usando as folhas, outras com ganchos e trincos. A maioria preferia se deslocar no sentido anti-horário, exceto a *Loasa eurantiaca*, que seguia em um sentido e depois no outro, até alcançar algo que pudesse servir como suporte. Até sua bengala participava nessa fonte de interesse privado, pois era esculpida de uma corda torcida e endurecida de madressilva, um lembrete diário dos estranhos desvios pelos quais sua teoria o estava conduzindo. Doravante, ele obtinha espécies sensíveis de Farrer ou das estufas em Kew e as punha a trabalhar em sua estufa ou no estúdio, escalando, se retorcendo ou dormindo. Ele as olhava com a mesma ternura que dedicava à cadela Polly.

> P. está muito absorvido na *Desmodium gyrans* e foi vê-la dormindo ontem à noite. Ela estava totalmente adormecida – com exceção de suas pequenas orelhas, que estavam fazendo os jogos mais animados que ele jamais vira durante o dia,

escreveu Emma.

Francis chegou mais perto de entender a dedicação do pai. Era

> uma espécie de gratidão pela própria flor e um amor pessoal por sua forma e sua cor delicadas. Acho que me lembro de ele tocar gentilmente uma flor da qual gostava.
>
> Isso ocorria em toda a relação dele com coisas naturais – um sentimento muito aguçado da vida delas. Às vezes isso ocorria como ofensa e não elogio, por exemplo, de algumas mudas – "Essas tratantes estão fazendo exatamente o que não quero que façam". – Ou o jeito meio provocador, meio admirativo como ele falava da engenhosidade de uma folha de Mimosa ao sair se contorcendo de uma bacia de água na qual ele tentava mergulhá-la.[20]

O livro dele sobre plantas trepadeiras foi lançado em 1873, uma versão ampliada do texto que ele publicara no *Journal* da Linnean Society dez anos antes. A despeito da atenção que Darwin prodigalizou a suas contratoras, retorcedoras, trepadeiras e escaladoras, esses artifícios adaptativos não prenderam a atenção do público mais que os poderes digestórios da *Drosera*. O livro foi um dos que tiveram vendas mais lentas.

[20] DAR 112, p.105; também parcialmente em *Life and Letters*, v.1, p.117.

III

A velha ordem começava a terminar. A mulher de Hooker, Frances, morreu em 1874, ano seguinte àquele em que ele aceitou a presidência da Royal Society. Ele disse a Huxley que ainda pensava nela como a jovem com quem sonhara quando caçava plantas no Himalaia. Vinte e cinco anos depois, a lacuna que a morte dela deixara em sua vida era enorme. Ele recorreu a Darwin em busca de consolo, visitando Downe depois do enterro, na companhia dos filhos. "Nem posso dizer como me sinto deprimido às vezes." Dois anos depois, ele se casou com Hyacinth Symonds, viúva de *sir* William Jardine – casamento que trouxe companhia, um gosto comum pela ciência e depois o nascimento de um filho. O casal causava alvoroço sem precedentes ao deixar "o bebê do presidente" com o porteiro nos apartamentos da Royal Society quando Hooker era chamado a Londres para compromissos científicos.

Lyell morreu no dia 22 de fevereiro de 1875, aos 78 anos. "Quão completamente ele revolucionou a geologia: pois me lembro muito bem dos dias pré-lyellianos", meditou Darwin. "Nunca esqueci que quase tudo que fiz em ciência devo ao estudo de suas grandes obras." Para Hooker, ele admitiu que a morte não o apanhara desprevenido. Lyell tinha fenecido desde a morte de Mary Lyell, de febre tifoide, em 1873, e Darwin ficara contente por seu amigo ter conservado suas faculdades intactas. "Eu não abominava nada tanto quanto a sobrevivência dele com faculdades mentais prejudicadas." Entre as lembranças que Darwin mais desejava manter ilesas estavam a "liberdade de todo fanatismo religioso" de Lyell e seu interesse em política e no avanço social.

> Ele era, de fato, um homem nobre em muitos sentidos; talvez em nenhum mais que em sua simpatia calorosa pelo trabalho de outros. Lembro-me muito vivamente de minha primeira conversa com ele e de como ele me assombrou com seu interesse no que lhe contei. E como eram grandes também sua franqueza e seu amor puro pela verdade. Bem, ele se foi, e tenho a sensação de que em breve todos nós iremos.[21]

Como presidente da Royal Society, Hooker providenciou para que Lyell fosse enterrado na Abadia de Westminster, um tributo tanto ao homem em si quanto à propaganda da nova ordem de coisas. Katherine Lyell, cunhada de Lyell, perguntou se Darwin poderia se juntar a Hooker, Huxley e ou-

[21] *Life and Letters*, v.3, p.197.

tros para carregar o féretro. Darwin recusou. Disse que "não ousaria", pois "muito provavelmente cairia no meio da cerimônia e minha cabeça sairia rodopiando de meus ombros". Ele também não compareceu ao funeral. De acordo com o diário de Emma, Darwin mandou Bessy, Francis e Amy, mulher de Francis. Foi um fim triste para uma amizade notável, no fundo refletindo certamente a mesma forma de egoísmo, a mesma autoindulgência, que manchara sua reação à morte de John Stevens Henslow, o outro homem que o tornara quem ele era e que lhe dera tanta ajuda dedicada quanto Lyell. Darwin podia ser cruel ao se separar daqueles com quem tinha as maiores dívidas. Talvez ele pensasse que ir ao funeral de Lyell – adoecer em benefício de Lyell – não serviria a nenhum propósito. Não admira que de repente ele se sentisse "velho e inútil".

Um problema passageiro foi encontrar palavras apropriadas para a lápide da Abadia. Katheryne Lyell redigiu duas propostas que Hooker julgou excessivamente religiosas ("Desmaiei duas vezes", disse cinicamente). Darwin concordou. "Elas me parecem bajulatórias aos párocos ou à Abadia de Westminster."[22] Juntos, eles imaginaram uma forma de palavras que aludisse às forças de Lyell e não ao que secretamente tinham passado a considerar como falhas privadas dele. Mas o epitáfio não era tão derramado quanto poderia ter sido. Para eles, talvez Lyell tivesse vivido além de sua utilidade.

> Durante uma vida longa e laboriosa ele buscou os meios de decifrar os registros fragmentados da história da Terra na investigação paciente da ordem presente da Natureza, ampliando as fronteiras do conhecimento e deixando uma influência duradoura no pensamento científico.

IV

Aqueles dias de jardinagem ruminativos eram interrompidos pelos problemas políticos da ciência. A posição de Darwin como biólogo, como figura nacional e como homem cada vez mais envolvido em pesquisas fisiológicas o puxou para a última grande controvérsia médica do século – a vivissecção.

Sempre um problema delicado, e muito bem regulada na Grã-Bretanha por meio de um código de prática estabelecido em 1871, a vivissecção suscitava questões sociais, morais e profissionais fundamentais que colidiam

[22] DAR 93, p.413. As propostas estão em DAR 93, p.414.

com a opinião do público durante as décadas de 1870 e 1880.[23] Os temores sobre crueldade com animais eram apenas uma parte do problema. Os fisiologistas experimentais britânicos enfrentavam extrema hostilidade, não só do público, mas também de médicos e clínicos que naquele momento não viam necessidade de ajustar suas habilidades diagnósticas extremamente aprimoradas para acomodar o conhecimento laboratorial. Na época, só alguns hospitais ofereciam instalações para pesquisa médica. As grandes instituições públicas eram primariamente entidades de caridade para alívio dos doentes, administradas por um conselho de governadores que não consideravam parte de sua atividade estabelecer laboratórios caros para investigação acadêmica de doenças. Na Grã-Bretanha, o University College Hospital, o St. Bartholomew's, o Guy's e o St. Thomas's eram exceções. Da mesma forma, as universidades achavam difícil entender o novo desejo de laboratórios para estudar sangue, músculos ou nervos, embora Huxley tivesse feito um início promissor em South Kensington. Um médico com inclinações experimentais tendia, portanto, a equipar uma sala em sua casa como um pequeno laboratório voltado para microscopia ou química, de acordo com seus custos. Em consequência, os fisiologistas na Grã-Bretanha lutavam para estabelecer o valor de suas pesquisas no vácuo de avanços espetaculares feitos em outros lugares da Europa. Ademais, nomeações muito divulgadas para cadeiras universitárias de homens como Burdon Sanderson, Edward Sharpey-Schafer e Michael Foster punham em xeque questões de autoridade médica – por que deveria a medicina, até então dominada pelos Royal Colleges, levar a sério professores universitários cujas indicações e cujos interesses de pesquisa estavam fora do sistema clínico? Questões mal ocultadas de poder e autoridade alimentavam o debate, impulsionado pelas atividades políticas da Royal Society for the Prevention of Cruelty to Animals (RSPCA) e pela indignação pública contra o uso de animais vivos para pesquisa.

Quando Burdon Sanderson publicou um *Handbook for the Physiological Laboratory* [Manual para o laboratório de fisiologia] para estudantes, em 1873, seus leitores tornaram-se desconfortavelmente conscientes dos métodos adotados por jovens experimentalistas em ascensão. No ano seguinte, em reunião médica em Norwich, a British Medical Association autorizou uma demonstração experimental particularmente mal escolhida dos efeitos do absinto em um cão. A sessão terminou em tumulto e queixas

[23] Detalhadamente documentado em French, 1975; Rupke, 1987. Ver também Cobbe, 1904; Hutton, 1989. O surgimento da fisiologia como disciplina de pesquisa é discutido particularmente em Geison, 1978; Bynum, 1994. Ver também Butler, 1988.

criminais por crueldade foram apresentadas contra o neurologista francês Valentin Magnan.[24]

Os vitorianos sentiam-se alternadamente alvoroçados, repreendidos, irritados e estarrecidos com relatos dessas práticas que apareciam na imprensa. Liderada, de um lado, por Frances Power Cobbe, a fundadora em 1875 da Victoria Street Society for the Protection of Animals Liable to Vivissection, e, de outro, por Richard Hold Hutton, editor do jornal *Spectator*, a repugnância pública contra experimentos de laboratório em animais vivos ganhou força. Mas havia também um desconforto acumulado sobre o que se afirmava ser a insensibilidade da ciência, uma agenda de investigação livre de valores, temores que eram expostos no romance incomum *Heart and Science* [Coração e ciência], de Wilkie Collins, no qual o comportamento insensível do vilão era atribuído a suas pesquisas vivisseccionistas. O principal argumento dos antivivisseccionistas era que os experimentos em animais vivos eram cruéis, inúteis e imorais. Cobbe os chamava de "torturas". Ela argumentava que os seres humanos tinham deveres morais em relação a outras criaturas, as quais também possuíam a capacidade de sofrer. Talvez sentisse que a exploração desumana de animais refletia algo do vácuo político e social no qual as mulheres então existiam. A ligação com a história feminista sempre fora forte. Além disso, os antivivisseccionistas expressavam livremente seus receios quanto à crescente ascendência da ciência e da medicina. A muitos, parecia que os experimentalistas realizavam suas pesquisas sem qualquer obrigação legal ou moral com a sociedade ou com o mundo superior do divino. Os grupos de campanha que surgiam eram inabaláveis em sua oposição. Quando Darwin tentou descrever a inflexibilidade de Hutton na questão dos experimentos animais, disse, estupefato, "ele parece ser um tipo de srta. Cobbe masculina".

A questão envolvia diretamente Darwin como figura de proa de modos avançados de pensamento. Ao mesmo tempo, porém, ele ficava desgostoso com qualquer tipo de crueldade praticada contra animais. Como magistrado local, Darwin às vezes deparava com casos de crueldade contra animais de fazenda e era inexorável ao impor multas e punições. Em 1853, havia travado uma vingança particular contra um certo sr. Ainslie na vila por crueldade com seus cavalos de carroça, mandando buscar um oficial da RSPCA e ameaçando "fazê-lo comparecer diante de um magistrado, e também seu aradeiro". De tempos em tempos, ele descia da carruagem para

[24] *British Medical Journal*, n.2, p.741-54, 828, 1874, no qual Magnan é identificado erroneamente como Eugene Magnan.

repreender cocheiros que usavam excessivamente chicotes ou esporas.[25] E despediu um empregado da Down House que deixara o cavalo da família arreado durante horas. Isso era mais que simples sentimento. Darwin se lembrava vagamente dos gritos de escravos brasileiros durante os dias de sua viagem. Uma profunda aversão pelo tratamento desumano de qualquer ser vulnerável marcava fortemente sua perspectiva, e ele dizia que a ideia de animais de laboratório serem levados a sentir dor simplesmente para satisfazer a curiosidade humana lhe era "abominável". Em uma passagem pouco notada de *The Descent of Man*, ele escreveu que

> Todos souberam do cão sofrendo sob vivisecção que lambeu a mão do operador; esse homem, a menos que tivesse um coração de pedra, deve ter sentido remorso até a última hora de sua vida.[26]

Nessas visões, Darwin era apoiado por Emma e Henrietta. Cerca de dez anos antes, em 1863, Darwin e Emma haviam escrito uma carta conjunta para o *Bromley Record*, o jornal local, protestando contra o uso de armadilhas de aço contra animais nocivos. A carta era acompanhada por um desenho a traço – feito a pedido de Darwin – da pata de um coelho fraturada por uma armadilha acionada. Foi republicada, sem a ilustração, na *Gardener's Chronicle*, acompanhada apenas das iniciais de Darwin, e de novo como um panfleto separado que Emma distribuiu a amigos e parentes para levantar fundos para que a RSPCA investigasse armadilhas humanas. Darwin registrou o pagamento pelo custo de distribuir um "panfleto sobre crueldade", e seu nome foi listado durante vários anos ao lado de um anúncio na *Animal World*, revista da RSPCA, de sua intenção de dar um prêmio em dinheiro ao inventor de um artefato alternativo, mais humano. Em 1876, o prêmio ainda era listado. Com o debate antivivissecção a pleno vapor, Emma baseou-se naquele texto publicado para outra carta que aparentemente enviou em seu próprio nome ao *Times* ou ao *Spectator*, embora ela aparentemente não tenha sido publicada.[27]

Em casa, portanto, a antipatia à vivissecção era alta. Quando George Romanes fez uma visita, Darwin o avisou: "Quando estiver na presença de minhas senhoras, não fale sobre experimentos com animais". Mas Darwin também acreditava que a fisiologia era "uma das maiores ciências,

25 *Life and Letters*, v.3, p.199-201.

26 *Descent*, v.1, p.40.

27 *Bromley Record*, 1º de setembro de 1863, p.168; também em Barrett, 1977, v.2, p.83-4. Ver *Emma Darwin*, v.2, p.200-1, para o texto da segunda carta de Emma.

com certeza, [...] e deve beneficiar muito a humanidade". Sua devoção à ciência – sua crença nela como modo de avançar – assegurava que desse um apoio sincero aos ideais da pesquisa pura. A solução pessoal que ele adotava para o dilema era menos clara. Darwin acreditava que animais experimentais deviam ser tornados completamente "insensíveis". Então, mais uma vez, já em 1871, ele disse a Edwin Lankester que, embora sentisse que a vivissecção era essencial para o progresso do conhecimento, ela não devia ser feita por "simples curiosidade deplorável e detestável. É um assunto que me deixa doente de horror, portanto não direi mais uma palavra sobre ele, senão não dormirei à noite".

Ele não seguiu seu próprio conselho. Recusou-se a assinar a petição antivivisseccionista que Henrietta lhe apresentou em janeiro de 1875 e escreveu a ela uma longa carta explicando seus motivos. Eram principalmente pragmáticos. O sistema de licenciamento proposto lhe parecia propenso a ser francamente restritivo. Além disso, "Não vejo quem deverá determinar se qualquer homem específico deveria receber uma licença". Os esportes campestres tradicionais dos cavalheiros ingleses, acrescentou, eram muito mais cruéis que um experimento executado da maneira apropriada. Acima de tudo, ele temia um efeito deletério sobre a pesquisa.

> Se leis rigorosas forem aprovadas, [...] o resultado será seguramente que a fisiologia, que tem estado até os últimos anos imobilizada na Inglaterra, vai definhar ou morrer completamente. Será então praticada unicamente no continente; e haverá ainda menos trabalhadores sobre esse tema grandioso, e eu lamentaria isso profundamente. [...] Sem dúvida os nomes dos médicos terão grande peso na Câmara dos Comuns; mas muitos clínicos nem conhecem nem dão importância alguma ao progresso do conhecimento. Não consigo no presente ver como poderia assinar nenhuma petição, sem ouvir o que os fisiologistas pensam que será seu efeito, e depois julgar por mim mesmo. Certamente eu não poderia assinar o texto que me foi enviado pela srta. Cobbe, com seu ataque monstruoso (é o que me parece) a Virchow.[28]

Alguns meses depois, *lord* Hartismere foi convencido por Cobbe e outros antivivisseccionistas a apresentar ao parlamento um projeto para regular laboratórios fisiológicos. O projeto propunha que a vivissecção se limitasse

[28] *Life and Letters*, v.3, p.202-3. Virchow é discutido em Ackerknecht, 1953.

a locais que fossem registrados anualmente com o secretário do Interior e que os animais fossem adequadamente anestesiados. O curare foi destacado como inadequado para esse propósito.

Darwin ficou consternado com os termos desse projeto, principalmente porque estudiosos privados precisariam de licença pessoal para trabalhar na própria casa. Com eficiência mortal, ele se pôs a redigir uma contrapetição para proteger "os animais e também a ciência da fisiologia". Seus amigos fisiologistas ficaram espantados de vê-lo despertado para uma ação política tão intensa. Espantados e agradecidos. Talvez, naquele momento, só alguém com a presença olímpica de Darwin pudesse ter unido um bando tão disparatado. Sua petição chegou às caixas de correio de amigos, e eles a assinaram aos borbotões.

A atividade aumentou durante a visita costumeira dele a Londres. Embora a reação a sua petição fosse gratificante, Darwin decidiu que seria melhor conseguir que fosse apresentado um projeto em bloco no parlamento. Ele fez *lobby* com todos os conhecidos políticos importantes. Richard Litchfield redigiu uma proposta de projeto para ele, que Darwin enviou para a aprovação de Burdon Sanderson e outros fisiologistas importantes, todos conhecidos pessoalmente. Hooker assinou como presidente da Royal Society, e Darwin escreveu para avisar *lord* Derby de que o projeto seria apresentado ao parlamento por Lyon Playfair (como Lubbock recomendara). Darwin certificou-se de garantir apoios prestigiosos em ambas as casas, inclusive de *lord* Cardwell e do conde de Shaftesbury. Com uma premência e um propósito que devem ter surpreendido até a si próprio, ele usou deliberadamente seu *status* para promover a causa.

E fez bem o trabalho. Os projetos opostos da ciência e do público (que tinham mais base comum do que se suporia à primeira vista) causaram tal alvoroço que uma Royal Commission foi indicada para investigar toda a questão. A comissão foi posta sob a direção de *lord* Cardwell, um antigo estadista liberal que costumava ser arregimentado por Gladstone para resolver problemas de arbitragem aparentemente impossíveis. Como era previsível, Darwin foi convocado para apresentar evidências a essa comissão. "P. foi à Comissão de Vivissecção às duas", escreveu Emma.

> *Lord* Cardwell foi até a porta para recebê-lo e Darwin foi tratado como um duque. Eles só queriam que ele repetisse o que tinha dito em sua carta (uma espécie de confissão de fé sobre os direitos da fisiologia e o dever da humanidade), e ele praticamente não teve palavra a acrescentar, de modo que tudo terminou em dez minutos, *lord* C. o acompanhando até a porta

> e lhe agradecendo. Foi um grande cumprimento à opinião dele, querer que ela fosse incluída nas minutas.[29]

Darwin foi envolvido repetidas vezes até o ano de sua morte. A autoridade de sua presença nesse debate e suas qualidades incontestáveis como testemunha o tornavam mais visível do que fora durante anos. Ele sentia o espírito de combate voltar-lhe às veias envelhecidas. A fama nem sempre era um fardo.

V

Por fim, seu filho William o convenceu a posar para um retrato a óleo. O processo de convencimento demorara séculos. William primeiro fez a sugestão em 1872, depois de uma visita da família a Southampton, confidenciando a Henrietta:

> Pretendo encomendar um retrato de Papai a Watts, a menos que alguém consiga me convencer de que ele será um fracasso, provavelmente ou por Watts não aceitar esse tipo de tema ou por estar doente etc. etc. etc. A despesa não será mais de 500 libras e, se P. não se dispuser, estou disposto a pagá-la. [...] Por favor, mantenha isso em segredo.[30]

Darwin encontrava objeções o tempo inteiro. "Ele costumava falar rindo do pequeno valor dos retratos", lembrou Francis se queixando,

> e dizia que uma fotografia valia muitos quadros, como se estivesse cego para a qualidade artística em um retrato pintado. Mas isso era geralmente dito em suas tentativas de nos convencer a desistir da ideia de mandar pintar seu retrato, operação muito maçante para ele.[31]

A causa que estava na raiz dessas objeções era provavelmente a sensação que muitas pessoas têm em relação aos retratos – ansiedade sobre ser julgado vão, e o tempo que exigiria. Por baixo, ele talvez tenha sentido que o processo de ter um retrato seu pintado era uma forma de avaliação pessoal intensa. Darwin realmente não gostava da ideia de alguém chegar

---

[29] *Emma Darwin*, v.2, p.274.
[30] DAR 219.8.29.
[31] *Life and Letters*, v.1, p.125.

tão próximo. Ele havia colocado seu busto feito por Woolner em um canto despercebido na sala de jantar e desviava rotineiramente qualquer comentário, rindo dele com menosprezo. "Ele costumava apontar com escárnio para o modo convencional como a cabeça, em grande quantidade de bustos, como a daquele na sala de jantar, estava presa ao pescoço", disse William, com certa tristeza.[32]

Com muita paciência, William desviou todas as objeções do pai. No fim de 1874, Darwin concordou. Por motivos desconhecidos, o artista Frederick Watts não foi abordado, embora na época trabalhasse em seu "Hall of Fame", os retratos de figuras eminentes que ele acabou presenteando à National Portrait Gallery. A encomenda foi feita a Walter William Ouless. O retrato foi concluído em março de 1875. William pretendia que permanecesse na família. No fim, o quadro foi distribuído de maneira muito mais ampla. Ouless o exibiu na Royal Academy em 1875. Depois ele foi gravado por Paul Rajon e publicado no *Illustrated London News*, em 1877. Um pouco depois, Ouless fez uma cópia a óleo para o Christ's College Cambridge, antiga faculdade de Darwin.

Ouless ficou na Down House para as sessões durante alguns dias em fevereiro de 1875, com Darwin resmungando que podia ter aproveitado melhor o tempo em sua estufa e Emma imaginando como entreter o artista entre suas atividades de pintura. No fim, ela teve uma ideia que revelou a Leonard, que estava com o exército na Nova Zelândia.

> O sr. Ouless está pintando P. e eu! Ele quase não consegue preencher seu tempo com P., então foi um momento conveniente para que eu posasse. Os dois retratos por enquanto estão impronunciáveis; mas ele se empenha em apresentar a juventude e a beleza.[33]

Ela nunca gostou dos resultados. Apesar dos elogios de Francis e William à pintura de Darwin, Francis considerando-a "a melhor representação de meu pai que foi produzida", Emma sentia que não retratava o homem que ela conhecia. Jamais foi encontrado um vestígio do retrato de Emma feito por Ouless. Quando Rajon apareceu, em 1877, para mostrar sua gravura, ela disse:

---

[32] DAR 112, ser. B, p.3d.

[33] *Emma Darwin*, v.2, p.273. Nenhum retrato ou esboço de Emma Darwin feito por Ouless foi localizado.

> Esperamos o sr. Rajon hoje com o quadro e uma folha de prova da gravura, a qual prevejo que vá exagerar os defeitos do quadro, por exemplo imperfeição e melancolia.

Três dias depois, ela ainda estava intratável.

> O sr. Rajon veio na quinta trazendo o quadro e uma folha de prova da gravura. Todos a admiraram, mas eu desgosto muito de águas-fortes e não gosto do quadro; portanto ela tendia a não me agradar.[34]

Darwin também tinha sentimentos ambivalentes. Ao escrever para Hooker depois que a pintura foi completada, refletiu: "Pareço um cão muito venerável, agudamente melancólico – se minha aparência é realmente essa, não sei".[35] Silenciosamente, ele e Emma retiraram essa pintura de seu ambiente imediato. Quando a amiga e vizinha deles Alice Bonham Carter perguntou se o quadro poderia ser exposto na Bromley School of Science durante uma *conversazione* noturna, para estimular naturalistas e cientistas locais, eles não consentiram. "Alice quer que enviemos o quadro de Ouless", disse Emma a William, "mas P. não conseguiria suportar exibir-se daquela maneira".[36] Na primavera seguinte, como de costume, ele e Emma foram a Londres visitar Henrietta. Desta vez, Darwin expressou o desejo de ver Hooker sentado na cadeira de presidente da Royal Society. Os dois filhos de Cambridge, George e Horace, foram a Londres reunir-se a ele.

> G. e Horace vieram na quarta-feira para à *soirée* da Royal Soc. e P. foi com eles! Havia uma multidão tão grande que ele só pôde se comportar como uma cabeça coroada cumprimentando, e antes de poder iniciar qualquer conversa, alguém mais aparecia. Muitos deles ele não conhecia, e um foi tão afetuoso que ele ficou com vergonha de perguntar e se separou dele com a maior efusão. Acho que não valerá a pena ele ir outra vez. Mas essa ida não lhe causou prejuízo.[37]

Darwin tinha uma visão diferente.

---

[34] DAR 219.1, p.95-6.
[35] A Hooker, 30 de março de 1875, DAR 93, p.382.
[36] DAR 219.1.103.
[37] DAR 219.1.91.

> Diga a Hooker que me sinto muito injustiçado por ele. Fui à Royal Society para vê-lo por uma vez na cadeira da Royal e admirar sua dignidade e desfrutar dela, e veja só, ele não estava lá.

VI

Com o passar do tempo, Darwin redigiu algumas recordações de sua vida. Não havia pressão para fazê-lo, dizia; nenhuma ambição de preservar seu passado; e, no entender dele, nenhuma necessidade particular de buscar causas e efeitos autojustificativos. Outros podiam considerá-lo um herói, ou, como disse Emma, uma cabeça coroada da ciência, mas ele não sentia nenhuma convicção desse tipo.

No entanto, havia muitas coisas que o estimulavam a pensar nos tempos passados. Um pouco antes, no outono de 1875, Ernst von Hesse-Wartegg, exilado alemão que vivia em Paris, pedira a ele algumas reminiscências biográficas. Hesse-Wartegg tinha sido um dos poucos resenhistas a falar favoravelmente sobre *Insectivorous Plants*, e consequentemente Darwin gostava dele. Ele perguntou se Darwin poderia fornecer informações sobre o desenvolvimento de sua mente e seu caráter para um artigo em um periódico de Leipzig chamado *Pioneer*, que seria então reproduzido em enciclopédias alemãs.[38] Darwin normalmente não gostava de lidar com esse tipo de pedido. Contudo, a carta de Hesse-Wartegg atiçou sua imaginação. Como Huxley, ele caiu na armadilha compreensível de pensar que o relato mais preciso seria o que ele próprio escrevesse.[39]

Detalhes esquisitos do passado também provocavam sua memória. Ele se solidarizou com Katheryne Lyell, que fazia o melhor possível para memorializar Lyell em um livro sobre vida e cartas. Melancolicamente, ele reuniu as cartas que recebera do amigo geólogo ao longo das décadas e as enviou para que Katherine as usasse em seu livro, uma amizade duradoura agora reduzida de forma ignominiosa a dois pacotes de papel marrom. "Espero que possa morrer antes que minha mente falhe em um grau considerável", ele se pegou pensando. Lembrava-se de William Darwin Fox, da longa intimidade entre eles. A cada manhã, enquanto folheava suas anotações botânicas, muitas escritas em Maer Hall ou em Shrewsbury quando ele era recém-casado, outras durante feriados havia muito esquecidos nas casas de Elizabeth e Charlotte, em Hartfield, ele contemplava seu passado e sentia que o tempo fugia. Tantos amados mortos, tantas mudanças na ciência.

---

[38] De Ernst von Hesse-Wartegg, 20 de setembro de 1875, DAR 166.
[39] De Beer 1983, p.110.

Mas o que forneceu o verdadeiro impulso foram as novidades familiares. Na primavera de 1876, Francis e Amy anunciaram que teriam um filho. Darwin e Emma comemoraram: o bebê seria o primeiro neto deles. Eles se preocuparam um pouco com a continuada falta de filhos de Henrietta, e, em uma nota não intencionalmente pungente escrita depois do anúncio de Francis e Amy, a própria Henrietta reconheceu em parte a lacuna.

> Sinto que como tenho o pai e você isso é suficiente em vez de nós termos filhos e torna nossas vidas muito completas, pois vocês são o pai e a mãe mais queridos que alguém já teve.[40]

Afora Francis e Henrietta, nenhum dos outros filhos se movera na direção do casamento, nem mesmo William, já com a idade avançada de 37 anos.

A ideia da breve chegada do bebê deixou Darwin muito satisfeito. Ele amara muito seus filhos. Assim, quando vislumbrou algumas semanas tranquilas depois de uma visita à casa de campo de Hensleig e Fanny Wedgwood, em maio de 1876, começou a escrever uma curta memória autobiográfica, iniciando-a com a esperança de que divertisse seus filhos e os filhos deles.

> Sei que teria me interessado muito ter lido mesmo um esboço tão curto e insosso da mente de meu avô escrito por ele próprio, e o que ele pensava e fazia e como trabalhava,

confidenciou.[41]

Nos meses seguintes, ele acrescentou parágrafos aqui e ali à medida que as coisas lhe ocorriam e, em maio de 1881, preencheu conscienciosamente o hiato desde agosto de 1876. Um acréscimo importante foram catorze páginas de reminiscências de seu pai, dr. Robert Darwin, de Shrewsbury. Darwin queria muito escrever essa seção não apenas para honrar o pai e assegurar que gerações sucessivas fossem postas em contato com a história deles, mas também para resolver sua própria relação com o passado em Shrewsbury. “Penso que ninguém poderia amar um pai mais do que amei o meu e não creio que se passem três ou quatro dias sem que eu ainda pense nele”, revelara com franqueza incomum a Hooker quando o pai deste morrera. Havia muito autoengano nessas palavras. Em sua autobiografia, Darwin transformou o pai em um valentão. Disse que não devia nada a ele em

---

[40] DAR 245, p.55.

[41] *Autobiography*, p.21. Um relato perceptivo da autobiografia de Darwin é apresentado em Colp, 1985. Ver também Rosenberg, 1989; a introdução a Neve, 2002.

termos de capacidade mental. "A mente de meu pai não era científica, e ele não tentava generalizar seu conhecimento segundo leis gerais. [...] Penso que não ganhei muito dele intelectualmente." Ademais, evidentemente pensava que o pai o julgara de modo injusto. Ele ainda ressentia a explosão que anotou em sua autobiografia: "Você não se preocupa com nada além de atirar, cães e caçar ratos, e será uma desgraça para si mesmo e para sua família", lembrando-se exatamente das palavras e da mortificação que sentira, mas não do ano nem do contexto em que ocorrera. Depois da morte de Darwin, quando sua irmã Caroline leu essas passagens, ficou transtornada ao se dar conta de que mesmo na velhice ele não tinha ideia de quanto tinha sido amado pelo pai deles.[42] Talvez ela não conseguisse ver – como Darwin também não conseguia – que ele estava se distanciando do pai ao insistir em ser independente, mantendo-se sozinho. Quanto ao lado feminino de seus antepassados, foi completamente ignorado por Darwin. Ao que parece, como muitos intelectuais vitorianos, ele considerava o desenvolvimento de sua mente dentro de uma descendência predominantemente patrilinear.[43]

Depois que se habituou a escrever sobre si mesmo, Darwin descobriu que o trabalho era um modo agradável de passar o verão, ainda mais porque ele não precisava consultar nada em periódicos cultos nem verificar a precisão de seus fatos. Ele deu algumas pequenas escorregadas, como seria previsível em uma memória familiar informal escrita no fim de uma vida plena e variada. Havia muitas anedotas e reminiscências. Ele incluiu histórias sobre as pessoas famosas que conhecera, exatamente o tipo de coisa que as pessoas já estavam recordando sobre ele, e riu de Lyell por apreciar os mesmos entretenimentos de alta sociedade que ele rejeitava. Darwin não se preocupou com o estilo, pois as páginas não se destinavam a ser lidas por ninguém além dos membros da família. Não se incomodou em ir atrás de episódios que lhe fugiam à lembrança, deixando a narrativa correr em uma linha direta na direção de suas realizações. O resultado foi que o trabalho incorporou muitos dos encantos e esquisitices de um cavalheiro inglês em casa: educado, atencioso, tímido e divertidamente autodepreciativo; e, no entanto, incapaz ou indisposto a mergulhar muito fundo sob a superfície. Com um sorriso modesto, Darwin afastava cada pergunta difícil que um autor autoanalítico mais exigente podia ter feito a si mesmo.

Ele era claro sobre o texto não se destinar a publicação. Ao escrever para Julius Carus em 1879, disse: "Nunca sequer sonhei em publicar minha

---

[42] DAR 112, p.117. Ver Graber e Miles, 1988.
[43] Broughton, 1999.

autobiografia".[44] Embora em retrospecto seja difícil aceitar inteiramente essa observação, parece justo dizer que na época em que a escreveu Darwin acreditava – ou queria acreditar – que estava dirigindo suas observações só a amigos e familiares. As escassas explicações de seus atos que ele oferecia, a expectativa confiante de que seria acreditado, a evitação de lembranças difíceis ou emoções problemáticas, tudo isso sugere que ele encarou o projeto informalmente, com disposição relaxada. Não obstante, ao escolher quais lembranças registrar em palavras, ao selecionar as anedotas, ele estava se autoconstruindo na forma em que desejava se conhecer ou ser conhecido.[45]

Perto do fim, ele tentou de fato avaliar seu caráter, refletindo sobre a variedade de perguntas que o questionário de Galton e outros investigadores lhe haviam apresentado. Mas Darwin, por natureza, não era introspectivo. Provavelmente sentia uma mistura de antipatia e apreensão em relação a pessoas esquadrinharem sua vida, mesmo no caso de a pessoa ser ele próprio, e não estava disposto a se abrir para um exame minucioso. Mais importantes, evidentemente sentia, eram palavras de apoio aos filhos, cuja aptidão, ele acreditava, residia, como a dele próprio, na perseverança e em nada mais.

Acima de tudo, parece que ele julgava impróprio ou difícil revelar seus sentimentos mais íntimos. Darwin não tentou nada parecido com a análise e o acerto de contas que normalmente acompanham o gênero autobiográfico. Ele reconheceu suas dívidas com Lyell e com Henslow com cortesia, mas com muito pouco fervor. Sua voz era escusatória, humilde, aceitando de bom grado os motivos dele próprio e de outros, sem contestar, equilibrada, coloquial, um desdobramento da *persona* agradavelmente despretensiosa que acabaria ocupando o centro da lenda de Darwin. Essa não era apenas a linguagem superficial da respeitabilidade cavalheiresca. Para ele, emoções cruas eram provavelmente intensas demais para ser escritas. A única exceção foi seu texto privado sobre a filha morta, Annie, páginas destinadas só aos olhos dele e de Emma.

Mas em muitos casos a crueza havia evidentemente se dissipado com os anos. Ao escrever essas "recordações", ele não sentiu nada da exuberância de suas primeiras cartas de Cambridge ou Shrewsbury, nada da verve de sua correspondência do *Beagle*. Isso não quer dizer que rejeitasse as paixões que sentira um dia, em especial a paixão pela história natural. Em geral, olhava para seus entusiasmos do passado com contemplação indulgente, cheio

---

[44] A J. V. Carus, 17 de julho de 1879, Deutsche Staatsbibliotek, Berlim.

[45] Há análises úteis do gênero autobiográfico em Cockshut, 1984; L. Peterson, 1986; Henderson, 1989; Machann, 1994; J. Conway, 1998.

de afabilidade e carinho, quase como se fosse inteiramente outro homem. Talvez acreditasse de fato que era outro homem. Nessa memória, enfatizava suas relações intelectuais, seus livros, sua contribuição para o avanço do conhecimento, tendendo a subvalorizar seu envolvimento criativo. Parecia dizer que a ciência o fizera, não que ele fizera a ciência. Em um fraseado desconcertante, disse que escrevia "como se eu fosse um morto em outro mundo olhando para minha própria vida", e suas sentenças econômicas, sem enfeites, realmente transmitiam algo dessa neutralidade sombria. "E nem achei isso difícil, pois", continuava, "a vida está quase terminada para mim".

Darwin mencionava Emma só para louvá-la. Raramente mencionava os filhos, exceto para recordar a morte de Annie em 1851 ("só sofremos um desgosto muito severo") e a lembrança cara de infâncias superadas. "Quando vocês eram muito pequenos, eu tinha prazer em brincar com todos e penso com pesar que aqueles dias nunca poderão voltar."[46] Ele dizia que sua vida depois do casamento era meramente a história de escrever seus vários livros. Falava sobre si não como uma pessoa viva e se desenvolvendo, mas como uma série de publicações, um autor.[47]

No único lugar em que descreveu as mudanças que notara em sua personalidade, seus filhos depois fizeram esforços consideráveis para desconsiderar a autoavaliação. Darwin declarava que seu senso estético havia se amortecido gradualmente com o passar dos anos. Ele não mais se emocionava com paisagens belas ou uma peça de música, como costumava fazer.

> Antes, os quadros me davam um prazer considerável, e a música, um prazer muito grande. Mas já há muitos anos não consigo suportar ler um verso de poesia; tentei ultimamente ler Shakespeare e o achei tão intoleravelmente entediante que me causou náuseas. [...] Minha mente parece ter-se tornado uma espécie de máquina para produzir leis gerais a partir de uma grande coleção de fatos, mas por que isso deveria ter causado a atrofia só dessa parte do cérebro, da qual dependem os gostos mais elevados, não consigo conceber.[48]

Sua honestidade sobre esse aspecto incomodou o resto da família. Era como se Darwin estivesse negando sua sensibilidade à natureza, quase voltando as costas para seus dons especiais. Um a um, depois de sua morte,

46 *Autobiography*, p.97.
47 Machann, 1994.
48 *Autobiography*, p.138.

membros da geração seguinte apontaram contraexemplos nos quais Darwin apreciara uma vista pitoresca ou uma noite de música. "No que se refere à sua imaginação", disse Leonard Darwin defensivamente,

> penso que a paisagem, a beleza das flores e a música e os romances eram suficientes para satisfazê-la. Lembro de uma vez ele ter me dito com um sorriso que acreditava que poderia escrever um poema sobre a *Drosera*, com a qual estava então trabalhando.[49]

Não havia necessidade real de a família reajustar com tanta diligência o registro, porque as normas culturais daquela época eram capazes de acomodar facilmente uma falta de gosto artístico nos grandes e nos bons. Sempre houve lugar entre as classes altas inglesas para o filistinismo, mesmo entre a *intelligentsia*. Havia mais em jogo. Francis evidentemente sentia que a desconsideração de Darwin pela estética era indigna da chama do intelecto e disse isso quando escreveu *Life and Letters* [Vida e cartas], sobre seu pai. Unanimemente, os filhos rejeitaram a visão do pai sobre si mesmo como um homem amortecido e não estético.[50]

A despeito dessa sombra ocasional, o texto de Darwin era característico. Ele se estendeu sentimentalmente sobre os dias passados em Cambridge. "Meu tempo foi desperdiçado, no que diz respeito aos estudos acadêmicos. [...] às vezes bebíamos demais, cantando alegremente e jogando cartas depois." Contou sua história do *Beagle* com um entendimento apreciativo do modo como ela transformara sua vida. Uma aresta desagradável surgiu em sua narrativa de FitzRoy. Darwin elogiou Henslow em excesso, provavelmente culpado por não ter agradecido a ele adequadamente em vida. Deu uma cutucada de despedida em Richard Owen e explicou, ao menos para se satisfazer, sua decisão de nunca se envolver em controvérsia. Silenciou sobre seu trabalho de caridade na vila, observando apenas que desejava ter feito mais. Absteve-se de descrever sua renda – e tomou o cuidado de subestimar sua extravagância juvenil.

Em particular, enfatizou o tempo todo seu esforço pessoal, apresentando-se como um homem comprometido com o *ethos* da autoajuda, uma parte de sua identidade que evidentemente se baseava nos ideais de autodeterminação, "caráter" e iniciativa encontrados de forma mais geral nos livros de Samuel Smiles. Como dissera a Galton, ele valorizava muito essa

---

[49] *Emma Darwin*, 2.ed., 1915, v.2, p.170.

[50] Fleming, 1960. Algo do mesmo desejo continua entre historiadores; ver, por exemplo, Kohn, 1966.

qualidade. Acreditava que tudo o que havia alcançado era resultado de sua própria indústria. Olhando para trás, reconheceu que não aprendera nada na escola; nada de seu pai, que o considerava "um garoto muito comum"; nada das duas universidades, exceto o que era executado com sua própria energia. Tudo alcançado na viagem o fora por meio de seu próprio trabalho intenso. Ele afirmou ter ouvido a defesa eloquente de Lamarck feita pelo dr. Robert Grant "sem efeito em minha mente". As visões de seu avô não produziam "nenhum efeito em mim". Havia nisso um elemento decididamente autocongratulatório. Ele não podia sequer acreditar que o tema da evolução tinha estado "no ar". O besouro preto e roxo que ele vira durante um feriado em Plas Edward, em Gales, aos dez anos, era recordado com mais clareza que sua mãe moribunda. Tudo isso transmitia – intencionalmente ou não – sua crença na criatividade e na autonomia pessoal. Como todos os memorialistas, ele montava sua própria visão de si, lembrando-se só daquelas coisas que endossavam sua imagem interior particular, e moldava suas lembranças às convenções e aos pressupostos ocultos que conformam a maneira como qualquer indivíduo pensa sobre sua vida.[51] Com muita astúcia, ele se pintou como tendo se desenvolvido de um ignorante de bom coração, sempre "surpreso" e "atônito", em um príncipe improvável.[52] Essa era a individualidade não questionadora da era do *laissez-faire*, tipo de autobiografia capitalista na qual, por meio de habilidade e esforço pessoal, as perdas do autor eram transformadas em ganhos. Ela era cheia de pressupostos masculinos sobre o mundo do trabalho e a atividade intelectual positiva.[53] Os momentos de incerteza de Darwin e os caminhos que ele não tomara eram descartados.

Além disso, Darwin suavizava a trajetória turbulenta de suas primeiras especulações evolucionistas e as transformava em uma marcha regular dos fatos para a teoria. Omitir, ou esquecer, a eletricidade intelectual de seus anos em Londres, o orgulho e a empolgação que sentira por sua teoria, seu desespero ao ler a carta de Wallace e o apoio constante dado a ele por outros era reescrever seu passado. O velho Darwin esquecia como o jovem Darwin voltara da viagem do *Beagle* obstinado e cheio de ímpeto. Ele nada dizia aos filhos sobre a coragem ou a competitividade científica nem

---

51 *Autobiography*, p.22, 45.

52 Colp, 1985; L. Peterson, 1986; Rosenberg, 1989, para comentários sobre os artifícios organizadores que podem ser encontrados na *Autobiography* de Darwin. Da extensa literatura sobre automodelação, ver Gagnier, 1991; Shortland, 1996; e os ensaios em Lawrence e Shapin, 1998.

53 Poovey, 1989; Nye, 1997; Broughton, 1999, tratam de algumas dessas questões. Sobre masculinidade na vida vitoriana, ver Mangen e Walvin, 1987; Tosh, 1999.

sobre o êxtase das ideias.[54] Evitava falar sobre centelhas que explodiam em percepções. Mesmo seu relato do momento de inspiração criativa que o tornara o que ele era parecia sem graça e cheio de futuro trabalho intenso.

> Quinze meses depois de ter iniciado minha investigação sistemática, li por acaso, para me entreter, Malthus, sobre população, e estando bem preparado para avaliar a luta pela existência, [...] ocorreu-me de imediato que naquelas circunstâncias favoráveis as variações tenderiam a ser preservadas e as desfavoráveis a ser destruídas. O resultado disso seria a formação de novas espécies. Aqui, então, eu tinha por fim obtido uma teoria com a qual trabalhar.[55]

Sua natureza afável, seu desejo de ser gentil, sua sensação de ter uma vida privilegiada, seu amor pela família: tudo isso obscurecia os choques muito reais que ele enfrentara. Como outros observaram sobre o gênero da autobiografia, o autor não depende tanto da arte de recordar, mas da arte de esquecer.[56] Em nenhum lugar Darwin admitiu aquele elemento competitivo empedernido que o impulsionava. Huxley depois acreditou que os melhores atributos de Darwin eram uma "inteligência clara e rápida, uma grande memória, uma imaginação vívida", que eram subordinadas a "seu amor pela verdade".[57] Darwin era incapaz de se ver como outros o viam. De maneira singularmente envolvente, ele permanecia um estranho para si mesmo.

Essa turvação do passado suavizava seu relato sobre *A origem das espécies* e a dedicação inexorável com que ele havia assegurado a consideração em que era tido no mundo inteiro. Lançando todas as lembranças aos ventos, ele oferecia um agradável encômio a seus resenhistas.

> Quase sempre fui tratado honestamente por meus resenhistas, evitando aqueles sem conhecimento científico por não serem dignos de nota. Minhas concepções foram com frequência grosseiramente deturpadas, amargamente contestadas e ridicularizadas, mas isso em geral foi feito, creio, de boa-fé.[58]

[54] Sobre essas omissões, ver especialmente Colp, 1985.

[55] *Autobiography*, p.120.

[56] J. Conway, 1998.

[57] L. Huxley, 1900, v.2, p.39, 113.

[58] *Autobiography*, p.125.

VII

Nessa autobiografia, Darwin expressou visões surpreendentemente ácidas sobre o cristianismo. Como muitos pensadores vitorianos que finalmente encontravam uma maneira de conviver com sua perda de fé, ele atribuiu a culpa por suas dúvidas crescentes à ausência de qualquer prova racional da existência de Deus. Nenhum "homem sensato" acreditaria em milagres, disse; era possível demonstrar que os Evangelhos não eram relatos literais do passado; estudos comparativos das fés hindu, maometana e budista, com descrições eruditas de animismo primitivo e adoração de espíritos, mostravam que o cristianismo não podia ser considerado uma revelação monoteísta divina. Antes, disse, ele acreditara em uma divindade pessoal. Lembrava-se de estar na floresta brasileira e de sua "convicção de que há mais no homem que o mero respirar de seu corpo". A descrença só havia "se insinuado" lentamente nele. De fato, seu relato é distintivo nos anais dos textos autobiográficos pela falta de qualquer momento de perda decisivo. Darwin não teve epifania. Quando redigiu *A origem das espécies*, retinha algumas visões religiosas. Mas agora, ao escrever, dizia que nem mesmo os cenários mais grandiosos fariam brotar esses sentimentos.

Para ele, o Deus dos cristãos era cruel.

> Na verdade, mal consigo entender como alguém deve desejar que o cristianismo seja verdadeiro; pois, nesse caso, a linguagem clara do texto parece mostrar que os homens que não acreditam, e isso incluiria meu pai, meu irmão e quase todos os meus melhores amigos, serão para sempre punidos. E esta é uma doutrina execrável.[59]

Talvez fosse por autoproteção que ele não se alongasse sobre os dilemas morais e éticos que haviam assediado seus cadernos de anotações. Ele não mencionou sua consciência. Havia pouco aqui para guiar seus filhos sobre o caminho correto para viver uma vida moral no mundo recém-secularizado que ele ajudara a criar, e não havia tampouco senso de transformação ou rebelião pessoal, em que um conjunto de visões fosse finalmente alijado em favor de outro. Ele não lutou para encontrar significado em sua perda de fé, aparentemente aceitando-a como um aspecto inevitável da vida de um cientista. Nenhuma outra experiência,

[59] *Autobiography*, p.87.

insinuava, nem mesmo a perda da fé, podia se comparar àquelas que ele encontrara na ciência.[60]

Quanto à evidência apresentada por uma profunda convicção interna de que Deus devia existir, ele admitia que não podia confiar em sua mente para raciocinar de modo apropriado sobre a questão, sabendo que suas faculdades eram "desenvolvidas de uma mente tão lenta quanto a possuída pelo animal mais inferior". Seria como se um cão especulasse sobre a mente de Newton, dissera uma vez. De modo mais convincente, ele pôs as mesmas palavras na boca de seu pai, contando a história ouvida do dr. Darwin de uma paciente idosa que o havia repreendido. A senhora acreditava em Deus sem nunca se perguntar por que o fazia. "Doutor, eu sei que o açúcar é doce em minha boca, e sei que meu Redentor viveu."

Todas essas eram opiniões que Darwin repetia aqui e ali em cartas durante a década de 1870, às vezes usando o mesmo fraseado. Eram evidentemente opiniões sentidas com firmeza. "A ciência não tem nada a ver com Cristo", disse ele a Nicolai von Mengden, biólogo russo, em uma carta escrita em 1879,

> exceto na medida em que o hábito da pesquisa científica torna um homem cauteloso em admitir evidências. Quanto a mim, não acredito que jamais houve qualquer Revelação.[61]

Como se comprovou depois, Emma Darwin havia uma vez sugerido a ele que sua abordagem científica poderia fazê-lo questionar a validade da religião. Darwin parece ter concordado com a verdade dessa opinião. Sua sobrinha Julia Wedgwood recordou que quando ele escrevia *The Descent of Man* dissera a ela que "suponho que o hábito de procurar um tipo de significado amortece a percepção de outro". Julia admirava a reticência de Darwin.

> Se ele algum dia tivesse dito uma palavra que fosse favorável, ou contrária, ao que entendemos por religião, não poderia ter ocupado o lugar que ocupou. Seus livros teriam sido em qualquer caso mais interessantes para muitas pessoas, mas ninguém poderia ter sentido, como todos devem sentir agora, que eles

---

60 Desconversão e epifania são discutidas em Barbour, 1994; Barros, 1998. Ver também Henderson, 1989.

61 Emma Darwin a N. A. von Mengden, 8 de abril de 1879, citado de Junker e Richmond, 1996, p.154.

> são uma manifestação da ciência em sua pureza absoluta. Isso dá a eles frieza e serenidade, diferentemente de qualquer outro escrito nos últimos trinta anos.[62]

Vivenciando sozinho a crise de fé vitoriana arquetípica, Darwin talvez reconhecesse que perdera os últimos vestígios de fé ao descobrir que a biologia fornecia as respostas que mais desejava. No fim, em sua autobiografia, ele afirmava que a crença religiosa era pouco mais que instinto herdado, aparentado ao medo que um macaco tinha de uma cobra.

A posição de Emma Darwin em relação a essas opiniões era complexa. Seu marido provavelmente escreveu essas palavras tendo-a em mente, preocupado em não ofender ou perturbar, sensível ao medo dela de que sua falta de fé os separasse depois da morte e, ao mesmo tempo, tentando ser fiel a seus compromissos. Mas ele talvez tenha sido quase sensível demais. A fé de Emma refluía gradualmente à medida que ela envelhecia. "Ela mantinha um desejo pesaroso de acreditar mais, e sei que era uma tristeza permanente para ela que sua fé fosse menos vívida do que tinha sido na juventude", disse Henrietta.[63] Ela desenvolvera uma tolerância liberal às opiniões do marido. Não obstante, quando a família considerou a publicação de partes dessa autobiografia depois da morte de Darwin, Emma pediu que a sentença sobre o medo que o macaco tinha de cobra fosse omitida, dizendo a Francis que "a opinião de seu pai de que *toda* moralidade se desenvolveu por evolução é dolorosa para mim". Essa observação específica, ela sentia, corria um risco real de ofender crentes, em especial aqueles que conheciam e amavam Darwin como homem.

> Eu desejaria se possível evitar causar dor aos amigos religiosos de seu pai que são profundamente ligados a ele, e imagino o modo como aquela sentença os atingiria, mesmo aqueles tão liberais quanto Ellen Tollett e Laura [Foster, uma das amigas de Henrietta], e muito mais o almirante Sullivan, tia Caroline etc., e até os velhos empregados.

A política familiar que acompanhava seu pedido e seu desejo de omitir um ou dois outros comentários religiosos que ela sentia ser "não dignos da mente dele" tornaram-se um episódio significativo no saneamento das crenças religiosas de Darwin nos anos imediatamente seguintes à sua mor-

---

62 DAR 139.12, p.17.

63 *Emma Darwin*, v.2, p.190.

te.[64] No fim, a seção foi diplomaticamente omitida da primeira impressão da autobiografia de Darwin.[65]

Darwin concluiu a parte religiosa de sua autobiografia com uma declaração de ignorância honesta.

> Não posso pretender lançar o mínimo de luz sobre problemas tão abstrusos. O mistério do início de todas as coisas é insolúvel por nós; eu, por exemplo, devo me contentar em permanecer um Agnóstico.[66]

Quando o verão se inflamou e o jardim murchou, Darwin começou a escrever durante o começo da tarde, passando o restante do dia deitado na grama debaixo das tílias, preguiçosamente entrando e saindo de suas lembranças. Quando o livro foi concluído, Emma disse: "P. acabou sua Autobiografia e eu a acho muito interessante, mas outra pessoa que não tenha conhecido de antemão tantas das coisas a acharia ainda mais".[67]

VIII

O tempo todo, ele trabalhava em silêncio para promover as carreiras dos filhos. Cada um deles, de uma forma ou de outra, exibia aspectos particulares do caráter e das capacidades de Darwin. William puxou o talento secreto do pai para finanças, além de ajudar Darwin em algumas de suas pesquisas botânicas. Sua virtude permanente era a confiabilidade. George e Francis optaram pela ciência; um teórico, o outro experimental. Leonard viajou pelo mundo como engenheiro militar antes de disputar (sem sucesso) uma cadeira no parlamento pelo partido Liberal e depois se tornou presidente da Eugenics Society, enquanto Horace acabou satisfazendo seu fascínio de vida inteira por máquinas fundando o que se tornaria a principal empresa de instrumentos científicos da Grã-Bretanha, cuja sorte melhorou com o surgimento da escola de física de Cambridge, no Laboratório Cavendish.[68] Horace se graduou no Trinity College Cambridge em 1874.

---

64 *Autobiography*, p.93-4, nota.As cartas de Emma Darwin a William Darwin, o filho mais velho, sobre essa questão estão em DAR 219.1. Ver também Colp, 1985; Moore, 1994.

65 *Life and Letters*, v.1, p.26-107. A seção religiosa tal como publicada em *Life and Letters* deve ter começado na p.69. Algumas dessas cartas estão em DAR 112, ser. A, p.19-27; 210.8, p.43. Ver Barlow, 1959.

66 *Autobiography*, p.94.

67 *Emma Darwin*, v.2, p.278.

68 Cattermole, 1987.

Francis era indispensável para Darwin em casa, tanto como secretário quanto como botânico experimental. Um homem letrado e realizado, ele se sentia inteiramente inadequado à profissão de médico para a qual se qualificara. Era o filho que os outros julgavam mais entender os sentimentos do pai pela natureza – embora Henrietta considerasse George mais parecido com Darwin em sua capacidade de trabalho e no "calor e amplitude de seus afetos".

Darwin tinha orgulho das realizações de Francis. O filho era para ele um segundo par de olhos e mãos. Na Down House, Darwin identificava problemas botânicos interessantes para Francis resolver, monitorava seus experimentos, recomendava suas pesquisas a editores de periódicos científicos, punha-o à vontade em sua teia de correspondentes eminentes e enviava os resultados obtidos por ele a Hooker e outros botânicos importantes. Assim que foi possível fazê-lo de maneira decente, em 1875, Darwin indicou Francis e George Romanes para se tornarem membros da Linnean Society e encorajou o filho a produzir seus primeiros textos botânicos sobre questões não resolvidas que surgiam de seu próprio trabalho sobre plantas insetívoras. Ele ansiava por ver Francis um naturalista estabelecido e fez todo o possível para ajudá-lo nesse sentido.

Darwin ficou, consequentemente, indignado quando a Royal Society rejeitou um dos primeiros textos de Francis sobre os filamentos absorventes do cardo, quase como se tivesse rejeitado uma de suas próprias investigações. "A perversa R. S. rejeitou publicar o texto de Fr. sobre cardo", relatou Emma, "o que deixou P. dez vezes mais aborrecido que Fr".[69] Com truculência, Darwin enviou o texto de Francis a um periódico menos importante para publicação, escreveu uma nota laudatória sobre ele para a *Nature* e disse a Ferdinand Cohn:

> Tenho motivos para saber que alguns de nossos principais homens de ciência desacreditam as afirmações de meu filho e isso não me mortificou nem um pouco.[70]

Com um olhar observador, Emma disse que Darwin enviou deliberadamente a carta para a *Nature* com o objetivo de "irritar a Royal Soc.". Sentindo-se culpado, Darwin começou a se perguntar se sua reputação tornaria mais difícil para Francis estabelecer suas credenciais. Seus antigos adversários atacariam um filho, alvo muito mais vulnerável que ele próprio?

[69] DAR 219.1.93.

[70] F. Darwin, 1877. Ver Darwin a F. J. Cohn, 8 de agosto de 1877, DAR 143.

Um empurrão paternal muito semelhante ocorreu em suas tratativas com George. O trabalho inicial de George Darwin tinha a ver com ciências sociais, pois ele defendia a reforma do casamento; em um artigo importante de 1875 ele examinara os supostos efeitos deletérios de casamentos entre primos. Como no caso de Francis, esses estudos derivavam da teoria da evolução de seu pai, mesmo um artigo não intencionalmente divertido sobre roupas escrito para a *Macmillan's Magazine* em 1872, no qual discutia "sobrevivências" em roupas, como fitas de chapéu e fraques, do ponto de vista da adaptação e da seleção contínuas, apimentado com uma pitada de antropologia de Tylor.

George começou seu estudo sobre casamentos entre primos e distúrbios congênitos tendo muito presente *The Descent of Man*. Um texto de Alfred Huth, *The Marriage of Near Kin* [O casamento de parentes próximos], publicado em 1875, pode muito bem ter sido o fator estimulante, pois Huth examinava casamento e incesto de um ponto de vista antropológico, recorrendo ao livro de Charles Darwin como um suporte e defendendo a ideia de incluir uma pergunta sobre casamentos entre primos no formulário do censo populacional. Como muitos de sua geração, George se sentia perturbado com o aparente enfraquecimento ou degeneração da raça humana, reação bastante comum à aplicação por seu pai da ideia de seleção natural à humanidade, que também refletia tendências antigas do pensamento social e econômico. George decidiu examinar a questão do casamento entre primos usando estatística. Ele reuniu essas estatísticas da publicação genealógica *Burke's Landed Gentry* e das colunas de anúncios da *Pall Mall Gazette* e dos registros de asilos de loucos, fazendo contato com dois dos correspondentes médicos de Darwin, os psiquiatras James Crichton-Browne e Henry Maudsley. Seguindo uma sugestão do pai, e de Francis Galton antes dele, também distribuiu questionários, mas descobriu tarde demais que as pessoas relutavam em divulgar a um estranho os problemas mentais de seus filhos.

George concluiu que havia algumas evidências estatísticas de vitalidade levemente reduzida entre os descendentes de primos em primeiro grau, mas nenhuma de uma taxa de mortalidade excessivamente alta na infância. Não se sabe como ele considerou essa informação sabendo que seus próprios pais eram primos em primeiro grau e que dois outros conjuntos de tios e tias também o eram. Parece provável que aqui ele estivesse sondando sua própria herança, buscando seu lugar no esquema da natureza e talvez tenha ficado aliviado ao descobrir que seus resultados só sugeriam algumas incapacidades pouco importantes para ele próprio e seus filhos. O estômago ruim darwiniano de George não seria sua morte, por exemplo. Os perigos de casamentos consanguíneos poderiam ser superados, disse em seu artigo, por características diferentes de criação entre pais aparentados.

> Isso concorda de maneira surpreendente com alguns experimentos não publicados de meu pai, o sr. Charles Darwin, sobre a procriação "consanguínea" de plantas; pois ele descobriu que plantas cruzadas com parentes próximas, quando se permite a elas espaço suficiente e solo bom, frequentemente mostram pouca ou nenhuma deterioração, ao passo que quando postas em competição com outra planta, elas com frequência perecem ou são muito tolhidas.[71]

Esses dois filhos, George e Francis, começaram claramente suas carreiras defendendo e expandindo os princípios do pai. No texto seguinte de George, ele atacou William Thomson a respeito da idade da Terra e suas implicações para a teoria da evolução. George questionou os números apresentados por Thomson, sugerindo que o eixo de rotação da Terra estava sujeito a flutuações grandes o suficiente para pôr em dúvida suas conclusões.

> Opor-se a ele é muito semelhante a uma ervilha ir de encontro a uma bala de canhão, mas me sinto toleravelmente seguro no momento, e, se eu estiver certo, o triunfo será ainda maior,

escreveu para casa em 1876. Essas flutuações significavam que no fim das contas a Terra podia ser antiga o bastante para que a evolução biológica gradual ocorresse. O texto foi lido na Royal Society em 1876, publicado em suas *Philosophical Transactions* em 1877 e seguido pela indicação de George como membro. Darwin quase explodiu de orgulho. "Oh, Senhor, que conjunto de filhos eu tenho, todos fazendo maravilhas." Thomson reconheceu a precisão da matemática de George. Essa linha de trabalho e uma amizade crescente com Thomson ocupariam George durante a maior parte de sua vida científica.

Mais que felizes com esses desenvolvimentos, Darwin e Emma ansiavam pela chegada do neto. A tragédia se abateu sobre eles em setembro de 1876, quando Amy, a mulher de Francis, morreu dois dias após o parto, "um golpe muitíssimo horrível", disse Darwin, que a conhecia desde quando ela era criança. "Acho que era a criatura mais gentil e mais doce que já conheci." Francis e ele estavam com Amy quando ela morreu, uma morte

[71] G. Darwin, 1875, p.41.

horrível, de convulsões seguidas por falência dos rins, provavelmente febre puerperal, uma espécie de choque séptico. Ele contou a William: "É a coisa mais horrível que já aconteceu, pior que a morte da pobre Annie, embora não tão angustiante para mim. Não consigo suportar pensar no futuro".

> Deus sabe o que será do pobre Frank, sua vida vai ser uma desgraça. Ele é jovem demais para cuidar do Bebê, que deve ser trazido para cá; confio em Deus que possamos convencê-lo a vir para cá e não viver em sua casa cercado por lembranças dela. Nenhum pai jamais teve filhos melhores do que temos, e você é um dos melhores de todos. – Deus o abençoe. – Espero que você se mantenha muito bem. Conte-nos sempre sobre você.[72]

A Leonard, ele escreveu a mesma mensagem infeliz, acrescentando apenas que "Frank parecia bastante desnorteado e zonzo". E recorreu a Hooker. "Meu caro velho amigo, sei que você me perdoará por extravasar meu sofrimento."

Essa experiência de morte e sofrimento atingiu duramente o coração da família. Não foi em nenhum sentido a boa morte, cara a escritores sentimentais. Amy tinha "sofrido muito". Paradoxalmente, Darwin estava mais familiarizado que Emma com as realidades físicas de corpos moribundos, pois estivera no leito de morte de seus três filhos e agora de Amy. Ele suportou essas experiências com uma força moral que desmente a suposição comum de que normalmente fugia do envolvimento emocional.[73] Embora por certo devesse preferir evitar esses eventos pessoais traumáticos, Darwin era capaz de enfrentá-los quando necessário. Desta vez, foi ele quem deu à mulher e à família o apoio emocional do qual tanto necessitavam.

Francis estava desesperadamente infeliz, e o bebê recém-nascido e ele, um menino que chamaram de Bernard, se mudaram para a Down House, única medida sensata naquela situação. Sua mulher foi enterrada em Gales, na aldeia do pai, e Francis passou algumas semanas lá antes de voltar para fechar Down Lodge, o lar do casal. "Eu sentia que *não podia* suportar a perda de A.", disse Emma, descobrindo que seus sentimentos de compaixão pelo filho eram quase "intoleráveis". Emma providenciou enfermeiras e catres para a Down House, enquanto Darwin tentava manter Francis preocupado com plantas. Pai solidário, ele esperava que Francis pudesse ser capaz de superar o sofrimento por meio do trabalho.

---

[72] DAR 210.6.

[73] Jalland, 1996, p.343-50.

E Francis de fato viveu e trabalhou com eles. Por algum tempo, reinou o caos doméstico. Emma abriu a antiga ala do berçário e transformou a sala de bilhar em uma sala de estar para Francis, vizinha ao estúdio do pai. Uma moça chamada Mary Anne ("Nanna") veio da vila para servir de ama de leite para Bernard, e um círculo admirador de mulheres logo se reuniu em torno dele. Felizmente para todos, Bernard era gordo, plácido e saudável, representando pouco problema para uma casa grande e bem arrumada, a despeito das circunstâncias tristes de sua chegada. Ao crescer, ele se tornou naturalmente o centro de atenção. Darwin estava apaixonado. Emma contou a Henrietta: "Seu pai está dedicando um bom tempo ao bebê. Pensamos que ele (o bebê) é uma espécie de Grande Lama, ele é muito solene".

Desta vez, Emma soube como relaxar e aproveitar a experiência de outro bebê na casa. Seu marido também se transformou. Ele não catalogava nem observava Bernard, como havia feito com os filhos. Simplesmente adorava o santuário, junto com os outros. À medida que o tempo amenizou o golpe da morte de Amy, Bernard trouxe muita alegria para a vida deles. "O bebê é um primor em termos de peso e saúde e pode se tornar belo, embora esteja longe disso agora", disse Emma. "Ele tem uma boca bonita, expressão e se diverte particularmente com o rosto do avô. Fico surpresa de ele distinguir a expressão em uma massa de barba tão grande." A verdadeira baixa era Francis. Ele ansiava por contato físico.

> Quantas vezes, já adulto, desejei, quando meu pai estava atrás de minha cadeira, que ele passasse a mão em meu cabelo, como costumava fazer quando eu era menino.[74]

Logo depois, Darwin publicou os resultados de seu trabalho sobre fertilização cruzada, aceitando tristonho a verdade de sua suspeita de que "não há muitas pessoas interessadas em fertilização de flores".[75] Então, no fim do ano foi publicada a segunda edição de *Orchids*.

IX

As cartas continuavam a chegar, alternadamente úteis ou bizarras. Um editor alemão chamado Otto Zacharias perguntou se poderia traduzir para o alemão o artigo de George sobre casamentos entre primos. O panfleto resultante vendeu muito bem, relatou Zacharias alguns anos depois.

---

74 *Life and Letters*, v.1, p.135.
75 A J. P. M. Weald, 30 de julho de 1870, American Philosophical Society, Filadélfia.

Zacharias também perguntou se poderia usar o nome de Darwin em um novo periódico que desejava começar na Alemanha, chamado *Darwinia*. O plano não deu em nada, e Zacharias abandonou o projeto em 1877, quando Ernst Krause fundou o *Kosmos* com o endosso de Darwin. Esses periódicos, como todos reconheciam, cumpriam papel fundamental na distribuição das ideias evolucionistas. A história da concepção da *Nature* em 1869 era uma evidência primorosa do valor de ter um porta-voz estritamente controlado e bem distribuído, e parece que primeiro Zacharias e depois Krause pretendiam ocupar o mesmo nicho cultural de base ampla na ciência alemã. Sem dúvida havia uma lacuna no mercado. Um dos primeiros periódicos a adotar as concepções de Darwin na Alemanha tinha sido a revista semanal *Ausland* ("Exterior"), uma mistura estonteante de biologia e sociedade, reforçada com uma série de artigos de Haeckel e outros evolucionistas. Durante a Guerra Franco-Prussiana, o editor, Friedrich von Hellwald, reivindicou o darwinismo como prova de que a guerra entre as nações era uma lei natural, uma visão padrão da época que não evitou que seu periódico expirasse alguns anos depois.

O *Kosmos* de Krause convenientemente preencheu a lacuna. Krause baseava o periódico explicitamente na "teoria da evolução relacionada a Charles Darwin e Ernst Kaeckel". Ele favorecia a teoria do monismo de Haeckel e tornou as colunas do periódico notáveis por discussões de alto nível sobre hereditariedade. Além disso, foi nas páginas do *Kosmos* que foi travada a discussão entre Haeckel e Rudolf Virchow sobre o significado político do darwinismo na Alemanha. Virchow – que nunca gostou das propostas de Darwin, apesar de ter um interesse moderado em transformismo – atacou com veemência a seleção natural com argumentos políticos na reunião de naturalistas e físicos alemães realizada em Munique em 1877.[76] Ele denunciou as raízes ideológicas da teoria de Darwin, chamando a seleção natural de uma fantasia perigosa de automelhoramento individualista. Se ela fosse adotada por democratas, bem como por socialistas radicais, dizia, poderia contribuir para a desestabilização do Estado alemão. Haeckel contra-argumentou observando que o darwinismo (como ele o via) era estritamente hierárquico e "aristocrático" por causa da força propulsora da sobrevivência dos mais bem adaptados.[77] Na Alemanha de Bismarck, com norte e sul unidos pela força apesar das crescentes fissuras políticas e sociais, a ameaça de desestabilização era bastante real. O periódico *Kreuz*

[76] Ackernecht, 1953, p.200.

[77] Prospekt, *Kosmos*, n.1, p.1-3, 1877. De forma mais geral, ver Gasman, 1971; Kelly, 1981; Weingart, 1995.

Zeitung culpou a teoria da descendência pela "traiçoeira" tentativa de assassinato contra o imperador Guilherme por parte do social-democrata Emil Hodel. Haeckel respondeu a Virchow com seu livro *Freedom in Science and Teaching* [Liberdade na ciência e no ensino], traduzido para o inglês em 1879 com um prefácio empolgante de Huxley. Com esse contexto fértil para plantar um periódico, Krause publicou dezenove volumes do *Kosmos* de 1877 a 1886.

Darwin também recebia cartas que revelavam de maneira incongruente o lugar elevado que ele ocupava na mente de outras pessoas. Durante uma correspondência com o jardineiro de um asilo de loucos, ele descobriu, certa vez, escondido em um envelope, um bilhete de um dos pacientes, no qual o autor afirmava estar confinado por engano e implorava para ser salvo. Como um personagem saído de *The Woman in White*, de Wilkie Collins, Darwin tentou libertar o homem, só para descobrir que o interno escrevia o tempo todo cartas como aquela. Em Hamburgo, uma criança desconhecida foi batizada em honra dele. Um correspondente pediu sua opinião sobre a possibilidade de uma máquina voadora propelida por pássaros. Um homem que vivia em Yorkshire disse a ele:

> Tenho dois jacarés agora com cerca de 3 pés de comprimento, que mantenho nos lagos do moinho. Tenho boa oportunidade de notar os hábitos deles se o senhor desejar saber sobre eles.[78]

Muitas dessas transações eram uma fonte de divertimento gentil. Em fevereiro de 1877, Darwin recebeu como tributo de aniversário um enorme álbum de fotografias de naturalistas alemães, encadernado de modo suntuoso. Concebido como um sinal de respeito, o álbum fora organizado por Haeckel, Otto Zacharias e William Preyer, e enviado à Down House por Emil Rade, de Munique. Mais de 150 homens da ciência apresentavam suas fotografias e assinaturas. "É de longe a maior honra que já recebi", escreveu Darwin, agradecido, a Haeckel. Na mesma mala do correio chegou uma enxurrada de cartas de naturalistas que haviam sido omitidos no volume, cada um deles se apressando a assegurar a Darwin sua devoção imorredoura e sua atitude moderna em relação à biologia.

Na mesma semana, outro pacote enorme chegou da Holanda. Emma anotou o conteúdo.

[78] De John Brigg, 6 de julho de 1877, DAR 160.

> P. estava esperando por esta época (seu aniversário é hoje) um álbum contendo fotos de homens da ciência alemães, quando ontem chegou um álbum holandês magnífico de veludo vermelho e prata do mesmo tipo com 219 retratos – alguns de crianças, algumas moças e algumas mulheres gordas, suponho que todos que subscreveram. Não se conseguiriam meninos e mulheres gordas na Inglaterra para subscrever e mandar suas fotos como sinal de respeito.[79]

A fama também se manifestava de outras maneiras. Em 1877, William Gladstone, líder do partido Liberal, fez uma visita com um grupo de hóspedes de fim de semana de John Lubbock. Os membros masculinos do grupo, entre eles Gladstone, Huxley, Lyon Playfair e John Morley, caminharam para ver Darwin na Down House no domingo, 11 de março.[80] Morley havia resenhado *The Descent of Man* na *Pall Mall Gazette* e, como os demais, estava ávido para conhecer seu autor.

Lubbock sabia que a visita seria aceitável. Darwin a considerava muito claramente "uma honra" e depois a mencionou com grande reverência. Gladstone foi menos afetado, mas mesmo assim estava interessado em conhecer o naturalista. Ele escreveu em seu diário: "Visitei e vi o sr. Darwin, cuja aparência é agradável e notável. [...] conversa com sr. Morley, prof. Huxley e outros".[81] John Morley registrou cinicamente uma visão alternativa. Disse que Gladstone se instalara em uma cadeira na Down House e os entediara durante duas horas lendo em voz alta as provas de seu último panfleto sobre a Turquia. Darwin contou a Charles Eliot Norton sobre o episódio com excitação mal ocultada.

> Nossa quietude, porém, foi rompida dois dias atrás pela chegada aqui de Gladstone. – Eu nunca o vira e fiquei muito contente com ele: esperava um tipo de homem duro, dominador, mas o achei suave e liso como manteiga, além de muito agradável. Ele me perguntou se eu pensava que os Estados Unidos cumpririam doravante um papel muito mais importante que a Europa na

---

79 DAR 219.1.86. As cartas de agradecimento de Darwin estão em *Life and Letters*, v.3, p.225-7.

80 Colp, 1983. O diário de Emma Darwin menciona a data como domingo, 11 de março de 1877.

81 Matthew, 1986, v.9, p.199. Ver também Gladstone a sua mulher, ibid., p.221. Para Gladstone em geral, ver Bassett, 1936; Checkland, 1971. A visita é discutida em Colp, 1983.

história do mundo. Eu disse que pensava que sim, mas por que ele me fez essa pergunta é algo que não consigo conceber, e eu disse que ele devia ser capaz de formar uma opinião muito melhor, mas qual era ela ele não revelou de maneira alguma.[82]

Depois disso, Darwin e Gladstone trocaram algumas cartas sobre percepção de cores em crianças, tópico que evitava sabiamente questões teológicas, mas os intrigava como uma possível pista para o que podia ser o estado primal dos sentidos humanos.[83] Gladstone nunca se desviou da linha mais rigorosa possível de cristianismo ortodoxo. Alguns anos depois, ele enviou a Darwin um de seus ensaios sobre Homero, destacando as observações exatas deste sobre movimentos expressivos. Darwin respondeu obsequiosamente:

> Embora o senhor seja muito gentil em me dizer para não acusar o recebimento de seu ensaio, no qual mostra quão maravilhosamente Homero distinguiu diferentes tipos de movimento, devo, no entanto, pedir permissão para lhe agradecer por essa honra.[84]

Depois disso, Darwin e Emma sempre sentiram ter tido em primeira mão uma experiência de política de alto nível. Liberais de vida inteira, eles estavam predispostos às políticas de Gladstone e acompanhavam conscienciosamente os discursos dele e de Lubbock, discutindo os jornais e panfletos à noite ao pé da lareira, até que a posição de Gladstone sobre a questão de um governo autônomo para a Irlanda suscitou a ira deles. Tê-lo entretido em sua sala de estar fazia toda a diferença. Depois da morte de Darwin, Emma tornou-se uma unionista ardente.

Inevitavelmente, com um bebê na casa, a mente de Darwin também voltou a suas antigas anotações sobre comportamento infantil. Em abril de 1877, quando Bernard tinha seis ou sete meses ("um belo patinho", disse Francis com indulgência), Darwin publicou extratos de seu diário de observações sobre desenvolvimento infantil como "Biographical Sketch of an Infant" [Esboço biográfico de uma criança], no novo periódico de fisiologia *Mind*. Em um número anterior, Hippolyte Taine havia apresentado um ensaio no

---

82 A C. E. Norton, 16 de março de 1877, Houghton Library, Harvard University.

83 O interesse de Gladstone em percepção de cores surgiu de seu trabalho em história clássica. Ele pensava que a vagueza da terminologia para cores na Grécia antiga significava que aqueles povos estavam em um estágio inferior de desenvolvimento e eram incapazes de discriminação refinada de cores. Darwin discutiu aspectos semelhantes em relação às maiores percepções mais elevadas de povos primitivos. Ver Kuklick, 1994.

84 A W. E. Gladstone, 4 de agosto [de 1879], British Library.

qual descrevia o desenvolvimento de sua filha durante os primeiros dezoito meses de vida, tratando particularmente da aquisição de linguagem. Darwin pensava que suas observações ampliavam algumas das observações feitas por Taine. Ele enviou as anotações ao editor, George Croom Robertson. "Se o senhor não julgar adequado, como é muito provável, por favor, me devolva".[85]

Depois de publicadas, as observações de Darwin foram vistas como uma contribuição valiosa ao emergente campo da psicologia desenvolvimentista. Como Taine e como Tiedemann um século antes dele, o material fornecia dados para teorias contemporâneas de individualidade, consciência e vontade, além de contribuir para o entendimento do surgimento das habilidades de linguagem e do intelecto. A metodologia de Darwin – a observação e o registro cuidadosos – era um instrumento de pesquisa sensível.[86] O fato de as observações serem feitas por um naturalista tão renomado sem dúvida ajudou. O estudo com as dimensões de um livro de William Preyer, *The Soul of a Child* [A alma de uma criança] (1882), se baseou nas pesquisas de Darwin e de Taine e foi amplamente considerado um importante trabalho inicial em psicologia da criança moderna. Mas Darwin ficou desconcertado com o fato de um estudo de um bebê, desprovido de qualquer observação interpretativa óbvia, ser tão popular quando seus livros sobre plantas vendiam tão lentamente. Seu artigo no *Mind* logo foi traduzido para alemão e francês e gerou uma correspondência substanciosa.

X

Sem parar para respirar, Darwin e Francis seguiram adiante com um volume chamado *The Different Forms of Flowers on Plants of the Same Species* [As diferentes formas de flores em plantas da mesma espécie], publicado em julho de 1877. O livro foi dedicado a Asa Gray, "como um pequeno tributo de respeito e afeto".

Esse livro sobre flores foi mais um tratado extremamente técnico em que Darwin justapunha a novas pesquisas suas ideias publicadas anteriormente sobre a questão. "As plantas são esplêndidas para fazer alguém acreditar na Seleção Natural", disse a Huxley por essa época, "já que estão excluídas a vontade e a consciência". Seu feito foi revelar os resultados de diferentes

85 C. Darwin, 1877, republicado em H. Gruber, 1974, p.464-74.

86 H. Gruber, 1974, p.224-9. George Darwin fez bom uso dessas observações de crianças em discursos em jantares. Quando eleito presidente da Cambridge Philosophical Society ele leu em voz alta extratos relativos a ele próprio. *Christ's College Magazine*, período Michaelmas [de outubro ao Natal, N. T.], 1914.

"casamentos" em plantas, por exemplo a prímula com seu desfiamento e as flores com cabeça de alfinete. Se duas flores exatamente do mesmo tipo se acasalassem, os descendentes eram menores em número e exibiam com frequência fertilidade reduzida.

> Nenhuma pequena descoberta minha me deu tanto prazer como entender o significado de flores com estilo heterogêneo. Os resultados do cruzamento dessas flores de uma maneira ilegítima creio serem muito importantes por se relacionarem à esterilidade dos híbridos; embora esses resultados só tenham sido percebidos por poucas pessoas.

A metáfora do casamento era para ele muito real, como fora para Lineu.[87] Darwin via as vidas sexuais dessas plantas como se fossem seres humanos de carne e osso, propensas a todos os equívocos matrimoniais e anseios impróprios da ficção romântica. Ele escreveu sobre "uniões ilegítimas" entre flores e sobre a má qualidade dos descendentes, refletindo em suas imagens todos os sentimentos subjacentes a sua obra e à obra de George sobre casamentos entre primos em primeiro grau. Trabalhando em sua estufa e criando energicamente bandejas de bastardos e degenerados inférteis, iniciou uma ampla variedade de acasalamentos de plantas que teria feito corar qualquer religioso que o visitasse. Ele fazia discursos a seus amigos botânicos sobre a questão, cego para o fato de que só especialistas seriam capazes de entender as questões complexas envolvidas. Lia os livros mais recentes sobre cruzamento, hibridação e herança de plantas, adotando com entusiasmo parte do trabalho de August Weismann sobre herança. Ali, pensava, estavam as causas funcionais da esterilidade incipiente às vezes observada entre variedades da mesma espécie. Ali, de fato, estava a divergência em ação, uma resposta pelo menos para a queixa de Huxley de que a seleção natural nunca poderia selecionar a esterilidade. Dizendo-o da maneira mais simples, Darwin pensava que mudas "ilegítimas" eram quase como híbridos entre membros de uma única espécie.

XI

Um *frisson* de escândalo tremulou brevemente no horizonte. Por um momento, ele se envolveu no notório julgamento por obscenidade de Charles Bradlaugh e Annie Besant, o primeiro ateísta e autor proeminente, a segunda vista popularmente como uma livre-pensadora em assuntos sexuais.

---

87 Browne, 1989; Schiebinger, 1991.

O julgamento iminente empolgou e agitou a nação, uma contrapartida vitoriana à comoção legal que quase um século depois cercou *O amante de Lady Chatterley*, de D. H. Lawrence. Em um panfleto de 6 pence lançado no começo de 1877, Besant e Bradlaugh haviam descrito os perigos da superpopulação e recomendado vários métodos de contracepção. O panfleto era uma versão revisada de *Fruits of Philosophy or the Private Companion of Young Married Coiuples* [Frutos da filosofia ou manual privado para jovens casais casados], livro que já estava disponível havia várias décadas. Desta vez, nas mãos de Besant e Bradlaugh, o panfleto se dirigia a um público completamente novo, emitindo ousadas advertências malthusianas sobre degeneração, dissipação e "gratificação irrestrita do instinto reprodutivo". Ao explicar os meios de contracepção às massas, eles esperavam evitar essas calamidades.

O escândalo resultante reuniu as mentes mais cultas do sistema legal vitoriano. Em abril de 1877, Besant e Bradlaugh foram detidos e acusados de obscenidade por seu "livro indecente sórdido".[88] Em junho, Bradlaugh escreveu da prisão a Darwin perguntando se ele poderia testemunhar em apoio a eles. Bradlaugh tinha todos os motivos para crer que Darwin – que era um conhecido pensador secular, autor de *The Descent of Man* e um defensor destacado das visões malthusianas na natureza – estaria propenso a defender a aplicação racional da seleção natural à humanidade e atestar as visões do panfleto sobre superpopulação.[89] Ele não conhecia Darwin, exceto por reputação, embora talvez tenha esperado que a ligação de Annie Besant com Moncure Conway, conhecido de Darwin, pudesse ajudar seu pedido.

Bradlaugh esperou em vão. Darwin respondeu de imediato, declarando que não teria nada a ver com uma intimação ou um julgamento por obscenidade. Se convocado ao tribunal, testemunharia vigorosamente contra o caso de Bradlaugh e Besant.

> Não vi o livro em questão, a não ser por notícias no jornal. Suponho que se refira a meios de prevenir a concepção. Nesse caso, eu seria obrigado a expressar em juízo uma opinião muito decidida em oposição ao senhor e à sra. Besant. [...] Creio que qualquer dessas práticas levaria com o tempo a mulheres malsãs e destruiria a castidade, da qual depende o vínculo familiar; e o

[88] Chandrasekhar, 1981.
[89] De Charles Bradlaugh, 5 de junho de 1877, DAR 160.

> enfraquecimento desse vínculo seria o maior de todos os males possíveis para a humanidade.[90]

Aqui, Darwin deixava claro que acreditava que as sociedades civilizadas avançavam melhor por meio de nascimentos ocorridos só dentro dos limites respeitáveis do casamento – ponto de vista que fora também o âmago das observações originais de Malthus. Como Malthus, Darwin depreciava a contracepção, que considerava um impedimento dos processos naturais. Ele pensava que o acesso fácil à contracepção levaria a atividade sexual desenfreada fora do casamento, o que, por sua vez, introduziria a licenciosidade e o vício, o cuidado inadequado dos filhos, insegurança financeira, morte e doença.

> Caso se soubesse universalmente que o nascimento de crianças poderia ser evitado e isso não fosse julgado imoral por pessoas casadas, não haveria grande perigo de extrema devassidão entre mulheres solteiras?,

escreveu preocupado a George Arthur Gaskell, defensor do controle da natalidade.

Também como Malthus, ele aparentemente acreditava que a contracepção tampouco deveria ser usada dentro do casamento. Seus dez filhos eram prova dessa visão. “Oponho-me fortemente a todas essas visões e todos os planos”, reiterou em 1878, quando lhe pediram para defender outra publicação contraceptiva.[91] Mas Darwin era humano o suficiente para sentir uma espécie de dilema sobre até onde a sociedade poderia ser justificada na intervenção no processo reprodutivo humano – ele não desejava que os seres humanos existissem em um completo estado de natureza e sem dúvida permanecia ciente de que a fertilidade tem consequências sociais. De tempo a tempo ele questionava a justificativa para medidas de caridade para aliviar os doentes e os pobres, dizendo que esse tipo de intervenção tendia a preservar os inadaptados. Mas também declarava que os seres

---

[90] A Charles Bradlaugh, 6 de junho [de 1877], DAR 202, publicado em parte em Bradlaugh, 1895, v.2, p.24, em que há um relato completo do julgamento. Ver também Manvell, 1976; Arnstein, 1965. Para visões vitorianas sobre contracepção ver McLaren, 1978; Hall e Porter, 1995.

[91] A(?) Truelove, 1º de julho de 1878, American Philosophical Society, Filadélfia. Truelove estava sendo julgado por obscenidade depois de ter publicado uma edição barata de *Moral Physiology, or, a Plain and Brief Treatise on the Population Question* [Fisiologia moral, ou, um plano e breve tratado sobre a questão populacional], de Robert Dale Owen.

humanos civilizados eram civilizados precisamente porque cuidavam de seus fracos e necessitados. "O mal que decorreria de refrear a benevolência e a solidariedade não acolhendo os fracos e os doentes seria maior que permitir que eles sobrevivessem e depois procriassem."[92]

Depois de tal resposta, era difícil para Bradlaugh continuar a pedir a presença de Darwin no tribunal. Como previsto, Bradlaugh e Besant foram julgados culpados, embora a sentença fosse relativamente leve, apenas uma multa e uma promessa de retirar o livro de circulação. Mas o dano pessoal estava feito. Depois disso, a vida de Annie Besant entrou em uma espiral descendente. Seu marido abandonado promoveu uma ação judicial para tirar a filha de seus cuidados, mais um momento de virada na história legal. Ela se converteu às doutrinas místicas de reencarnação e teosofia de Madame Blavatsky e se envolveu com Edward Aveling no *National Reformer*. Perto do fim da vida, voltou os olhos para a Índia. Bradlaugh conquistou uma cadeira no parlamento, que nunca ocupou porque se recusou a prestar um juramento de lealdade ao monarca.

Derivada diretamente de seu trabalho sobre uniões "legítimas" e "ilegítimas" entre plantas, de sua vida privada como um lago tranquilo, de princípios sociais liberal-conservadores acompanhados por uma visão da sociedade britânica em avanço, construída com base na retidão moral e financeira, a resposta de Darwin a Bradlaugh deixava claro que nunca ele acreditara mais fortemente nos valores da família.

[92] Carta a G. A. Gaskell, *More Letters*, v.2, p.50. Ver também Weikart, 1995.

12.

O marinheiro está em casa[1]

Darwin passou os anos seguintes mirando o passado. Descartando suas outras obrigações no verão de 1877, ele começou a cavar em busca de minhocas, retomando um projeto que iniciara mesmo antes de se casar. Já fazia tempo que adquirira interesse por minhocas. Pouco a pouco, este se desenvolveu em seu último grande empreendimento em história natural.

Ele acreditava que as minhocas eram agentes imensamente subestimados na transformação da superfície da terra ao trazer de baixo terra cultivável, criando bolor fértil e causando o afundamento das pedras. "Pode-se duvidar se há muitos outros animais que tenham cumprido na história do mundo papel tão importante quanto o dessas criaturas de organização inferior."[2] Ao chegar pela primeira vez à Down House, em 1842, ele registrara tratamentos agrícolas específicos com vista a entender quais mudanças de superfície ao longo de alguns anos podiam ser atribuídas à ação de minhocas. Essa investigação desenvolvera-se a partir dos primeiros artigos sobre a atividade de minhocas que ele apresentara à Geological Society em 1837 e por si só havia indicado que ele pretendia lançar raízes e ficar permanentemente na região. Darwin registrou dados semelhantes quando visitou a propriedade do pai de Emma e as de seus tios e, de tempos

1 No original, "Home is the sailor", citação de um poema do poeta inglês A. E. Housman (1859-1936), escrito como tributo ao escritor Robert Louis Stevenson (1850-1894), autor, entre outros livros, de *A ilha do tesouro*. O poema de Housman reproduz literalmente um verso do poema "Réquiem", de autoria do próprio Stevenson. O verso completo diz: "Home is the sailor, home from the sea" [O marinheiro está em casa, retornado do mar]. (N. T.)

2 *Earthworms*, p.313. Sobre as investigações de Darwin, ver Satchell, 1983; Elliott, 1995.

em tempos, perguntava a eles como iam vários campos. Ocasionalmente, pedia a amigos e parentes obsequiosos para investigar para ele dejetos de minhocas em manhãs de verão.[3] (Amy Ruck, mulher de Francis, ganhara inicialmente a afeição de Darwin ao se dispor a medir a profundidade dos buracos de minhocas galesas.) O que Darwin mais queria era se certificar de até onde e com que rapidez adubos de marga esbranquiçada, ou cinzas, ou estrume estável, afundavam abaixo da superfície; e com que velocidade pedras grandes podiam ser enterradas pelo solo. Ele atribuía as mudanças à atividade constante das minhocas trazendo terra arável fina para a superfície em seus excrementos, cobrindo gradualmente qualquer item da superfície e transformando as camadas superiores da terra. As minhocas estavam fazendo história, pensava de maneira grandiloquente. Eram arqueólogos ao inverso, enterrando a face da natureza.

Este era um projeto perfeito para um homem bem relacionado com proprietários de terra. E perfeito também para um cavalheiro rural de movimentos lentos, propenso a caminhadas preguiçosas e apreciativas em casa e nas propriedades de amigos e parentes. Emma e ele perambulavam à noite para os campos de greda ao longo do topo das colinas baixas vizinhas, até o bosque de Cudham, Keston, e por toda a região, de modo que ele podia cutucar o chão com a bengala, virar pedras e examinar a terra em busca da atividade de minhocas.

Era uma ocupação que Emma também achava atraente, lembrando os dias relaxados do início do namoro deles. "P. ficou muito feliz ao encontrar duas pedras muito antigas na base do campo", observou ela quando eles estavam na casa de Caroline (Leith Hill Place), em junho de 1877. Eram lajes antigas de um forno de cal, com cerca de 1,5 metro de comprimento, bastante afundadas no solo. No dia seguinte, os jardineiros de Caroline as ergueram para Darwin. Embaixo, o fino bolor preto das minhocas era evidente. Foi um trabalho demorado, e Emma ficou preocupada sobre se Darwin estava tomando as precauções apropriadas. "P. se divertiu muito com as pedras, mas achei que ele poderia ter uma insolação."[4]

Sub-repticiamente, as minhocas invadiram todos os dias dele. Darwin pediu a Williams que procurasse excrementos de minhocas durante uma viagem a Malvern. Contou com George para fazer o mesmo quando ele estava na ilha da Madeira. Em dias chuvosos, Francis Galton contava minhocas mortas para ele nas trilhas asfaltadas do Hyde Park ("uma a

---

3 A Francis Darwin, 10 de junho de 1877, DAR 211, em que Darwin se refere a esses maços de notas.

4 *Emma Darwin*, v.2, p.281.

cada dois passos e meio"). E ele mandava uma pergunta atrás da outra a George Romanes, pedindo definições de inteligência animal que pudessem ser ampliadas para incluir as respostas limitadas dessas criaturas simples. "Tentei observar o que se passava em minha mente quando fiz o trabalho de uma minhoca", disse ele de maneira cativante.

> Se encontrar um metafísico professo, pedirei a ele que me dê uma definição mais técnica, com algumas palavras grandes sobre o abstrato, o concreto, o absoluto e o infinito; mas, falando a sério, eu ficaria grato por qualquer sugestão, pois dificilmente servirá supor que os tolos sabem o que significa "inteligente".[5]

E havia também diversão. Em certo ano, durante a peregrinação anual dele e de Emma a William, em Southampton, Darwin decidiu impulsivamente caçar minhocas em Stonehenge. Emma e ele tomaram um trem para Salisbury armados de uma pá e um pedaço do papel com anotações de *lady* Lubbock, no qual havia uma imagem gravada do círculo de pedra: Lubbock era um destacado defensor no parlamento da preservação arqueológica, muito antes de sítios como aquele serem considerados tesouros nacionais. Na época, o acesso era franqueado a todos, até a cientistas decididos a cavar. Darwin cavou na base de pedras caídas enquanto Emma admirava a paisagem.

> Caminhamos por lá e conversamos muito com um agradável velho soldado posto lá por *Sir* Ed. Antrobus (proprietário), que estava mantendo guarda e lendo um livro de orações, de óculos. Ele era muito receptivo a qualquer escavação, mas às vezes apareciam visitantes problemáticos, e uma vez um homem com um martelo de forja foi muito difícil de administrar. [...] Eles não tinham muito interesse por minhocas, que lá parecem ser ociosas. A sra. Cutting nos ofereceu um almoço magnífico e água Apollinaris. Voltamos por um trajeto mais baixo, muito bonito, à beira do rio, e por belos vales logo abaixo do Old Sarum – bastante impressionante.[6]

---

5 *More Letters*, v.2, p.214. Para uma visão mais geral sobre inteligência animal, ver Boakes, 1984; R. Richards, 1987.

6 *Emma Darwin*, v.2, p.282.

Com a curiosidade despertada, Darwin também procurou minhocas na propriedade de Thomas Farrer, em Surrey. Em um golpe de sorte, em 1877 um dos empregados de Farrer revolveu acidentalmente os restos de uma *villa* romana em um campo arado, e Farrer convidou Darwin para observar as escavações. Trincheiras de 1,5 metro de profundidade descendo através do tempo até o período romano eram exatamente o que Darwin queria. Ele passava as noites com Farrer nas covas, depois que os homens iam para casa, medindo a profundidade da fina terra negra das minhocas e as camadas intermediárias de pedra e terra, até chegar à argamassa quebrada e ao piso em mosaico da base, com subsolo intacto embaixo. Fazendo cálculos para trás através dos séculos, ele computou quanta terra havia sido depositada por minhocas desde que o pavimento fora deposto na superfície, uma variante da técnica que usava com frequência para calcular a idade de depósitos geológicos. Ainda assim, foi cuidadoso, sem dúvida se lembrando dos erros de cálculo que havia cometido quando calculara a idade do Weald. E pediu a George que verificasse os resultados que obteve. No fim, ele estimou que as ruínas eram cobertas à taxa de uma polegada a cada doze anos. Apenas a atividade das minhocas, disse a Farrer, triunfante, havia submergido tão completamente a *villa* que ninguém sabia que ela estava lá. Farrer concordou em ficar de olho para qualquer novo movimento de minhocas sobre o pavimento romano durante as próximas seis semanas. "Não consigo me lembrar de uma semana mais deliciosa do que a última", escreveu Darwin, agradecido.

Essas atividades caseiras eram bem do que ele precisava – lentas, pouco exigentes e suficientemente interessantes para mantê-lo absorvido. Em retrospecto, fica claro que ele havia se fixado inteiramente em sua casa, ao ponto de mesmo sua imaginação científica não poder evitar voltar-se para dentro, na direção dela. Depois de ter explorado seu jardim, transformado sua casa em uma fábrica de teorias e seus filhos em crescimento em fatos, ele olhava para baixo, para a própria terra sobre a qual caminhava. Nesse aspecto, sua ciência passara a ser absolutamente do lugar, uma expressão dele próprio, de sua personalidade e de suas aspirações, então bastante distintas de qualquer pesquisa comparável realizada em biologia por amigos como Huxley ou Hooker. Enquanto os empreendimentos botânicos de Hooker estavam no fundo fixados em uma empresa taxonômica colonial, na qual ele evidentemente encontrava inspiração e muita motivação em motivos imperiais mundiais, Darwin havia progressivamente reduzido seu olhar do grande para o pequeno, tornando seu próprio ambiente o centro de seu projeto intelectual. Ao passo que Huxley, ou Anton Dohrn, podiam estudar anelídeos e ascidianos como indicações da forma ancestral do primeiro vertebrado possível na história da evolução e fazer investigações de laboratório continuadas em embriologia e fisiologia dos anelídeos, Darwin queria saber como muitos vermes – igualmente membros da família dos anelídeos – estavam trabalhando debaixo de seu gramado. Com certeza, essa era a abordagem clássica de história natural que havia caracterizado suas obras por décadas. E era também o aspecto distintivo que ele trazia para as suas atividades científicas individuais.

Ocasionalmente, as minhocas davam lugar a outras preocupações. William anunciou que queria se casar com Sara Sedgwick, irmã mais nova de Susan Norton, mulher do amigo de Darwin Charles Eliot Norton, de Massachusetts. Darwin e Emma gostavam muito dos Norton, e Sara combinava bem com William. Por alguma razão, o noivado seria mantido em segredo, pelo menos por um ou dois meses, e Darwin sorriu ao ver como Emma podia mentir bem quando necessário. "Você devia ter visto sua mãe", disse ele conspirativamente a Henrietta. "Parecia que ela tinha cometido um assassinato, e contou, com o rosto mais inocente, uma lorota sobre Sara voltar para a América." O casamento ocorreu em novembro de 1977, uma união duradoura e sem filhos.

Naquele mesmo novembro, Darwin recebeu um título honorário de Doctor of Laws da Cambridge University, sua *alma mater*. George foi o primeiro a lhe contar a novidade, escrevendo diretamente do Trinity College com o resultado da votação. Darwin aceitou a honra com entusiasmo – ele a valorizava muito, provavelmente mais que qualquer outra em sua vida. Como George contou, a votação foi muito mais direta que no atabalhoado caso de Oxford. Edward Atkinson, vice-chanceler da Cambridge University, era um dos proponentes do avanço científico e ficou orgulhoso de anunciar no mesmo ano a abertura do Laboratório Cavendish e a eleição de Darwin. A resolução foi facilmente aprovada.

O título foi conferido em uma cerimônia especial realizada só para Darwin no sábado, 17 de novembro de 1867, na Senate House de Cambridge. A princípio, Emma duvidou que Darwin conseguisse lidar com a cerimônia, uma maratona de duas horas concluída com um desfile. Ele usaria beca vermelha e teria de prodigalizar reverências e sorrisos. Ela subestimou seu homem. Darwin era perfeitamente capaz de esforço, quando necessário. "Pensei que ficaria esgotado, mas ele estava bastante firme e sorridente."[7]

No entanto, eles ficaram pasmos com o barulho. A Senate House estava apinhada de membros da universidade acompanhados de suas senhoras,

---

7 *Emma Darwin*, v.2, p.285-6. De acordo com Emma, Darwin a princípio quis declinar o título por causa do "incômodo" de visitar Cambridge para recebê-lo. DAR 219.9.146.

como noticiou o *Cambridge Chronicle*. Lá estavam também os filhos de Darwin, George, Horace e Francis. A galeria palpitava com alunos da graduação dando vivas e gritando. Assim que Darwin apareceu em sua beca, um macaco empalhado em miniatura foi pendurado no teto vestido com toga e barrete de formando.

> A aparição dele foi o sinal para uma ovação lisonjeira e, depois de um breve momento de silêncio, foram dados vivas ao "homem primevo". [...] Um par de cordas esticadas entre as duas galerias então ficou visível, e nelas estavam afixados a efígie de um macaco em traje acadêmico e um objeto para ilustrar o "elo perdido", pendendo sobre a cabeça de Darwin.[8]

Quando foi possível ouvir as palavras acima do tumulto, a oração latina conferindo a ele o título foi elegantemente incompreensível. Darwin pediu a George que lhe enviasse jornais de Cambridge depois, para o caso de ser publicada uma tradução. Todas as suas obras em biologia e geologia eram mencionadas, ainda que em latim, de "tudo o que voa, ou nada, ou rasteja" até "minúsculas gavinhas de trepadeira". A semana se encerrou com um almoço social promovido por George em seus aposentos do Trinity. "J. W. Clarke nada agradável", disse Emma do superintendente do departamento de zoologia,

> mas ele me prestou um auxílio, pois segui sua orientação e provei Gallantine, que é muito superior. [...] Agora estamos esperando F. Galton e Fawcett para uma visita noturna e queremos terminar o dia na capela do Trinity, o que não consigo acreditar que P. conseguirá fazer. Ele ficou inteiramente contente com a cordialidade de todos.[9]

Fosse de propósito ou por descuido, eles perderam o sermão da manhã de domingo na Great St. Mary's, no qual o dr. Wordsworth, o pregador da universidade, lembrou sua congregação de encarar os fatos da natureza com um espírito reverencial apropriado.

A ironia de uma universidade cheia de *fellows* e professores ordenados conferir uma honraria a Darwin não passou completamente despercebida. Um editorial no *Rock*, periódico anglicano, comentou:

---

8 *Cambridge Chronicle*, 24 de novembro de 1877, p.4.
9 *Emma Darwin*, v.2, p.285-6.

> Sem dúvida o caso tem seu lado absurdo, embora um crente não deva deixar de considerar que a honra prestada ao apóstolo da evolução de modo algum é um assunto risível.

O *Manchester Weekly Times and Examiner* foi mais cortês.

> O sr. Darwin causou dano considerável aos fundamentos do cristianismo. [...] E só posso perguntar como os doutores de divindade de Cambridge e os guardiões oficiais da ortodoxia conseguirão acertar as contas com o sr. Darwin. Talvez se acredite que seja possível encontrar para ele um nicho em algum canto retirado da estrutura cristã.[10]

Ao separar o homem de sua teoria, evidentemente revelou-se possível para a Cambridge University, e para quase todos os elementos do *establishment* britânico nas décadas seguintes, saudar com relativa equanimidade o novo regime de biologia evolucionista. Mesmo a igreja da Inglaterra reconhecia a integridade pessoal de Darwin e sua busca pela verdade. Talvez fosse meramente hipocrisia britânica tradicional, ou o espírito de concessão e adaptabilidade em face do que parecia cada vez mais uma verdade científica. Não obstante, ao empilhar honras sobre a cabeça de Darwin, ao elogiar suas qualidades individuais de probidade, compromisso, decência e modéstia, a nação podia glorificar em comemoração sem ter de fazer absolutamente qualquer julgamento sobre evolução.

Uma consequência secundária desse título honorário foi que a Cambridge Philosophical Society requisitou um retrato de Darwin em sua beca. Darwin era membro da sociedade desde a época de Henslow, e lá seu primeiro panfleto publicado, montado por Henslow com observações extraídas de suas cartas do *Beagle*, foi lido para os outros membros. Quarenta anos depois, ele se sentiu privilegiado em aquiescer. Subscrições de membros e de outros formados em Cambridge logo atingiram a soma de 400 libras, e a sociedade contratou William Blake Richmond, que logo se tornaria professor de belas-artes em Oxford (era filho do artista George Richmond, que havia desenhado retratos de Darwin e Emma na época do casamento deles), para fazer um retrato. Richmond vivia em Sevenoaks, a pequena distância de Downe. Darwin posou para ele em junho de 1879, embora não sem reclamar um pouco. George Darwin teve de alugar com urgência a beca roxa em uma loja de roupas e levá-la para a Down House;

[10] Citado de Brent, 1981, p.499.

e precisou alugá-la outra vez, algumas semanas depois, para mandá-la pelo correio para o estúdio de Richmond, para os toques finais. Artista e modelo conversavam prosaicamente. "Certa vez perguntei ao sr. Darwin quais dos anos da vida de uma criança eram os mais sujeitos a impressões incubativas", disse Richmond. A resposta dele foi "Sem dúvida, os três primeiros".[11]

Emma desgostou muito da pintura e ficou contente de vê-la partir para Cambridge. Quando a viu pela segunda vez, no começo da década de 1880, estava tão ruim quanto na lembrança que ela tinha. "Fomos ver a pintura vermelha e achei-a muito horrível, feroz e suja. Mas ela está debaixo de um vidro e em uma posição muito alta, portanto ninguém consegue vê-la."[12]

II

Imperturbável, Darwin fixou-se em uma rotina regular, um esteio da comunidade da vila, assumindo muito da identidade de um fidalgo rural.[13] Ele convivia com outros proprietários de terras, clérigos, agricultores e ilustres vizinhos, cada um deles parte essencial do setor da sociedade tradicionalmente mais preocupado com os assuntos da vila. Apesar de sua proximidade com a metrópole, Downe ainda tinha uma estrutura essencialmente rural, com sua superfície praticamente inabalada por demarcações sociais alteradas ou qualquer surto de recém-chegados com novas ocupações ou ideias. Darwin executava algumas atividades filantrópicas menores na vila e em torno dela, atuando primordialmente como tesoureiro do Coal and Clothing Club, de 1848 a 1869; em 1850 criou a Downe Friendly Society [Sociedade de Amigos de Downe] (também chamada de Downe Benefit Society [Sociedade Beneficente de Downe]), da qual foi tesoureiro durante trinta anos. Ele cuidava da contabilidade das duas organizações e lidava com a papelada oficial e as regulações do governo para essas sociedades. Além disso, era um dos curadores fundadores do Bromley Savings Bank e estimulava pequenos investidores na comunidade de Downe providenciando para eles contas de poupança nessa instituição.[14] Francis, Leonard e Darwin continuaram a mesma forma de estímulo fiscal paternalista, fundando em Downe um "banco de poupança" para homens, mulheres e crianças.

---

[11] Stirling, 1926, p.101.

[12] *Emma Darwin*, v.2, p.321.

[13] Atkins, 1974; Moore, 1985a.

[14] Auditoria Anual, Bromley Savings Bank, *Bromley Record*, 1º de fevereiro de 1863. Para a correspondência de Darwin com John Innes sobre alguns desses assuntos, ver Stecher, 1961, p.216.

Do lado feminino, como era costumeiro para sua idade e posição na sociedade, Emma "visitava" regularmente algumas mulheres levando comida, roupas usadas e conselhos médicos, concentrando-se principalmente em membros do Coal and Clothing Club cujos esforços para poupar pequenas somas de dinheiro os fazia, na terminologia da época, os pobres merecedores. Suas cartas a Henrietta e Bessy eram salpicadas de comentários sobre seus casos, e seus livros de contas revelam que ela apoiava essas intenções caridosas com constantes pequenas quantias de dinheiro, 6 pence aqui, 6 xelins ali. Em 1870 o total anual destinado por ela a "presentes" foi de 27,5 libras, 5 xelins e 4 pence, mais ou menos a mesma quantia gasta em velas para casa. Durante cerca de quarenta anos, ela também emitiu "cupons de pão de 1 pêni" para aqueles que tocavam a campainha na Down House. Esses cupons eram resgatáveis na padaria da vila.[15] Darwin podia ficar irritadiço se achasse que a generosidade de sua esposa com os cupons estava sendo explorada. "Os Darwin eram pessoas caridosas maravilhosas", disse John Lewis, carpinteiro da vila, em uma entrevista depois da morte de Darwin.

> Costumavam dar cupons de 1 pêni para pão no padeiro. Eu recebi milhares e milhares. E eram muito bons para os pobres com cobertores, carvão e dinheiro, até que se sentiram usados. Um sujeito costumava se gabar nos *pubs* de que conseguia viver sem trabalhar – até que o sr. Darwin ouviu falar disso.[16]

Emma dedicava a maior parte de suas energias à escola dominical, na qual as filhas e ela, e outras jovens do distrito, ensinavam voluntariamente a crianças os rudimentos da leitura e da escrita. Como parte desse projeto, Emma mantinha uma pequena biblioteca de empréstimo e, em anos posteriores, promoveu uma sala de leitura dominical para adultos. Todas essas atividades, porém, não eram mais nem menos do que se esperava delas. Nem Emma nem o marido chegaram ao ponto de fazer parte da diretoria de um hospital de caridade, o que exigiria que emitissem notas de internação no hospital, nem as mulheres Darwin frequentavam a Bromley Workhouse com propósitos filantrópicos (como faziam as Bonham Carter). Elas cumpriam os deveres cívicos que escolhiam com senso de satisfação, sem demonstração pública sobre seu compromisso.

O Coal and Clothing Club estava mais próximo do coração contabilista de Darwin. O vigário, o reverendo John Innes, e ele haviam criado desde

[15] Wedgwood e Wedgwood, 1980, p.345.

[16] "A visit to Darwin's Village", *Evening News*, 12 de fevereiro de 1909.

cedo esse sistema, no qual alguns pence eram coletados dos moradores da vila todo mês e doações maiores eram obtidas da nobreza local. Darwin dava 5 libras a cada ano. O dinheiro era gasto em necessidades de inverno. Os membros acumulavam uma conta na loja da vila que era liquidada a intervalos por Darwin, como tesoureiro, contra subscrições. As intenções desse "clube" eram caracteristicamente vitorianas ao encorajar a autoajuda e a autodisciplina nas despesas. Darwin, por exemplo, controlava o dinheiro e podia facilmente exercer o poder sobre aqueles que eram incapazes de administrar sua poupança e suas compras com bom-senso sóbrio. Ele continuou a administrar esse clube junto com outros cavalheiros locais depois que Innes partiu para morar na Escócia.

A Friendly (ou Benefit) Society atendia a um propósito um pouco diferente, pois fornecia cobertura de seguro contra perda de emprego, doença ou despesas com enterros. Sociedades semelhantes surgiram ao longo de todo o século XIX como um modo de proteção de grupo, equiparadas, em escala maior, aos sindicatos e às sociedades cooperativas e desenvolvendo-se em resposta aos desafios da vida urbana, da industrialização e da incerteza rural. Todos os instintos de Darwin diziam-lhe que era seu dever iniciar esse tipo de esquema local no qual a autoajuda e a independência financeira podiam ser promovidas, uma espécie de seleção natural monetária na qual o conselho dado por ele poderia conferir a seu rebanho a vantagem da prudência. Acreditava que os moradores de Downe, sozinhos, provavelmente não agiriam dessa maneira. Innes e ele tinham buscado se aconselhar com John Stevens Henslow, que fora pioneiro em esquemas de seguro locais. "Consegui convencer nossos Matutos a se inscreverem em um Clube", declarou Darwin energicamente em 1850.[17]

Darwin não gostava de ter sua autoridade contestada na administração dessas organizações. A Downe Friendly Society balançou em 1877, quando dois ou três membros com ideias independentes quiseram recuperar seu investimento de uma vez só. Devido à natureza da apólice de seguro, que era calculada sobre o número de contribuições esperado em anos futuros, isso teria significado a dissolução da sociedade com perda para outros membros. Irritado, Darwin lançou mão do poder de influência da burocracia para evitar insubordinação. Armado de documentos oficiais do Registrar of Friendly Societies, órgão que regulava esse tipo de associação, ele se dirigiu a seus vilões no *pub* da vila.

---

[17] Russell Gebbett, 1977, p.29-41. A citação é da p.31. Ver Gosden, 1961, sobre Friendly Societies; Gosden, 1973, sobre as outras associações.

> Ontem à noite fiz uma longa reprovação ao clube e penso ter produzido algum efeito; pelo menos ela teve o efeito de uma bomba, pois todos os membros parecem ter passado as duas horas seguintes brigando. Acho que não há a menor chance de dissolução do clube. Fiquei muito satisfeito de ler em voz alta a cláusula penal.[18]

Darwin venceu, mas não antes de ter mandado imprimir e distribuído uma folha impressa de um lado só contendo extratos da lei das Friendly Societies, de 1875, e uma lei emendando-a, de 1876.[19] Ele obteve autorização do órgão regulador para sacar 290 libras do National Debt Office e distribuiu-os entre os membros como um bônus provisório – um agrado. O restante permaneceu no banco.

Darwin também participava das atividades educacionais da paróquia e foi por alguns anos membro do "conselho paroquial", órgão supervisor da educação local. Ele se juntou a Lubbock, Innes e outros dignitários da paróquia para criar o externato não denominacional "Nacional" cujo único salão foi depois utilizado como sala de leitura noturna para trabalhadores. Innes e Darwin trabalhavam bem juntos nesses projetos. Os dois eram muito diferentes – o vigário e o cientista, o conservador e o liberal –, mas mesmo assim gostavam um do outro. A tendência de ambos a assumir posições opostas tornou-se uma fonte de humor. Na visita final de Innes a Downe, antes de ir para a Escócia, Darwin declarou:

> Brodie Innes e eu fomos amigos leais por trinta anos e nunca concordamos inteiramente em qualquer assunto com exceção de uma vez; nessa ocasião, olhamos fixamente um para o outro e pensamos que um de nós devia estar muito doente.[20]

"Nós costumávamos divergir", escreveu Darwin a ele depois,

> mas você é um desses raros mortais dos quais se pode divergir e mesmo assim não sentir nenhuma sombra de animosidade – e essa é uma coisa da qual eu teria muito orgulho, se alguém pudesse dizê-la de mim.

[18] Stecher, 1961, p.242.
[19] Freeman, 1977, p.157.
[20] *Life and Letters*, v.2, p.289.

Innes apreciava da mesma maneira sua ligação com Darwin. Quando ele se estabeleceu em Morayshire, lar do sectarismo carola e raivoso, desfrutou matreiramente do silêncio com que era recebido seu comentário casual de que Charles Darwin era um de seus amigos mais íntimos.

> Deus do céu! Se algum de seus naturalistas e meus amigos ritualistas nos ouvissem dizendo coisas civilizadas um ao outro, diriam que o tempo ia mudar ou que Paris seria libertada, ambas coisas que eu gostaria que pudessem acontecer.[21]

Depois da partida de Innes, Darwin às vezes escrevia a ele para falar dos curas apontados para substituí-lo interinamente. Innes, como detentor do benefício eclesiástico, tinha o privilégio de indicar seus substitutos eclesiásticos, mas isso era sempre temperado pelo sistema administrativo centralizado da igreja. Muitas vezes, ele aceitava referências sem contestar. Por isso, o sr. Robinson, um cura que imprudentemente se encantou com uma empregada doméstica, teve de sair. O próximo era pouco melhor. Essas idas e vindas produziam em Darwin certo preconceito contra jovens curas e os bispos que os indicavam. Aparentemente ele repetia com satisfação implacável o adágio de Harry Wedgwood: "Um conselho de bispos é o jardim de flores do demônio".[22] A certa altura, os curas tornaram-se tão insatisfatórios que Innes se ofereceu para transferir seu direito de indicação a Darwin, esquecendo-se momentaneamente de que a maioria dos clérigos consideraria o autor de *A origem das espécies* o último homem na Inglaterra apropriado para supervisionar um benefício eclesiástico. As cartas entre eles sobre essas questões revelam muitos dos mecanismos internos de uma pequena paróquia rural.[23] Darwin e Innes partilhavam o mesmo senso de resignação quando confrontados com a insensatez humana ou as regras bizantinas da burocracia da igreja. Innes, Fox, Henslow e Langton eram uma linhagem de clérigos despretensiosos que Darwin respeitava.

Essas atividades paroquiais sofreram interrupção abrupta quando Darwin discutiu com George Ffinden, vigário a partir de 1971. Ffinden vinha da ala passional e santarrona da doutrina da igreja, com uma aura característica de ritualismo e tratarianismo, alguém que estaria muito mais bem situado em um *college* de Oxford que em uma comunidade rural cujos habitantes eram

21 Stecher, 1961, p.233.

22 DAR 140, ser. 4, p.64.

23 Stecher, 1961, p.219. Sobre as obrigações dos clérigos vitorianos, ver Colloms, 1977; Haig, 1984.

relativamente indiferentes à igreja anglicana e à capela não conformista. Ffinden evidentemente tinha sido avisado de que sua paróquia incluía o grande cientista.

> Confesso que sou, talvez, um pouco desagradável em relação a Darwin e suas obras. Entenda, sou antes e acima de tudo um clérigo. Ele nunca vinha à igreja, e isso era algo muito ruim para a paróquia, um mau exemplo.[24]

Ffinden começou com ousadia, incluindo os ensinamentos da ala ortodoxa da igreja anglicana no currículo da escola. Darwin pensava que algumas preces antes das aulas eram "aceitáveis", mas não recitar em coro todos os 39 Artigos.

Então Ffinden interferiu no uso noturno do salão da escola como um clube de leitura social adulto, uma das atividades preferidas de Emma. Irritado, Darwin dirigiu-se por carta à inspetoria de educação em Londres para obter aprovação independente do uso noturno da sala. Ele enviou a resposta oficial, com uma nota dura, ao conselho paroquial. Seguiu-se uma sucessão de retaliações, a própria matéria que impulsiona a vida provinciana. Ffinden considerou que sua posição como ministro das almas da paróquia fora usurpada e foi lacônico com Darwin na vez seguinte em que eles se encontraram. Em resposta, Darwin renunciou ao comitê escolar. Então Ffinden passou a se recusar a cumprimentá-lo quando eles se encontravam na rua. Logo depois, John Lubbock, que também fazia parte do comitê escolar, tomou o partido de Darwin e ameaçou construir uma nova sala de leitura, fora da jurisdição de Ffinden. Emma retirou-se para prestar suas devoções em Keston, jamais voltando à igreja de sílex em Downe. Há algumas evidências anedóticas de que Lubbock também parou de frequentar a igreja de Downe por causa da interferência de Ffinden em seu costumeiro patronato da vila. Emma certamente acreditou que Ffinden tratara Joseph Parslow, o mordomo da Down House, de maneira muito grosseira no funeral da mulher deste em Downe, em 1881, como uma retaliação vulgar contra tudo que era darwiniano.

> Eu lhe contei da morte da sra. Parslow. O pobre P. tem tido muita paciência em aceitá-la e foi bastante beneficiado por todos, com exceção do comportamento brutal do sr. Ff no enterro. [...] Ele acha que o Arcebispo deveria ser informado.

[24] "A Visit to Darwin's Village", *Evening News*, 12 de fevereiro de 1909.

No fim da década de 1870, Darwin instou o filho Francis a ingressar no comitê escolar. Francis tentou tirar Ffinden do comitê, talvez com sucesso, porque logo depois Ffinden renunciou, embora tenha permanecido como vigário da paróquia até depois da morte de Darwin. Darwin enviou 25 libras para o fundo de restauração da igreja e evitou qualquer outro contato. "Lembro-me de ele me dar uma subscrição para a igreja e a construção ou restauração da casa", disse Ffinden depois.

"É claro", ele me disse, "que não acredito absolutamente nisto".

"Imagino que o senhor não acredite", disse eu a ele. Muito franco da parte de ambos.[25]

III

No começo de 1878, os Darwin completaram uma extensão da Down House destinada a Francis e a seu filho, Bernard. O trabalho de construção na verdade vinha sendo feito havia algum tempo, pois eles tinham contratado o arquiteto, William Cecil Marshall (que se tornou um bom amigo), dois anos antes, logo depois da morte de Amy. Darwin gastou mil libras nos aposentos e na mobília. Essas novas obras deviam fornecer uma sala de bilhar (Francis ocupava a antiga) e mais um quarto de dormir e um de vestir no andar de cima. Mas a família mudou de ideia assim que os novos aposentos ficaram prontos. Os filhos sugeriram que Darwin ficasse com a sala do andar de baixo como um estúdio maior e melhor. Em fevereiro, ele se mudou para lá.

Conservador na velhice, Darwin fez o novo estúdio parecer o máximo possível com o antigo. Pôs os quadros no mesmo lugar sobre o consolo da lareira, a poltrona e a mesa onde estava acostumado a encontrá-las. Todavia, ele mesmo gostou da novidade. Dizia que estava contente com o sofá que Emma comprara, as mesas grandes para seus potes de planta, a luz clara do noroeste. Praticamente sem se queixar, vendeu sua mesa de bilhar especial e pendurou uma fotografia de Emma ao lado de sua poltrona, ato de homenagem que aparentemente a agradou. Francis ficou com o estúdio original do pai, que, junto com a antiga sala de bilhar, criava um pequeno conjunto de aposentos para ele. Alegremente, os velhos experimentaram um telefone que Leonard trouxe de Chatham, provavelmente um modelo militar para uso no campo e não uma das unidades com bobina magnética de Graham Bell.

---

[25] "A Visit to Darwin's Village", *Evening News*, 12 de fevereiro de 1909. Ver também Atkins, 1974, p.48.

> Leo tinha trazido um telefone, mas é uma criatura bastante decepcionante. Eles não vêm com um fio comprido o bastante, de modo que ficamos ouvindo a conversa de fora da sala do modo natural, e eu não consegui escutar nada da voz de Leo (praticamente), embora ouvisse muito bem Elinor. Tia Eliz ficou muito interessada, mas não conseguiu ouvir muito bem.[26]

Em um sentido mais geral, o papel paternalista de Darwin na comunidade externa de Downe era repetido dentro de casa. Atrás da porta verde que separava as dependências dos criados, outro mundo corria, paralelo ao de Darwin. Em 1878, havia mais de 1 milhão de empregados domésticos na Grã-Bretanha, o que tornava os serviços a segunda maior ocupação, atrás apenas do trabalho agrícola. Um domicílio do tamanho do de Darwin normalmente incluiria um mordomo, que poderia também assumir a função de camareiro, um ou mais lacaios (vestidos com libré), um cocheiro ou cavalariço (em libré), uma ou duas arrumadeiras, uma cozinheira, uma camareira para as senhoras, uma babá, uma copeira, uma lavadeira e jardineiros, trabalhadores de estábulo e governantas, conforme necessário. A resposta ao censo de 1861 para a Down House listava doze empregados, um pouco mais de 2% da população total da vila, 496 habitantes. O censo de 1871 listava só seis ou sete, porque a família estava fora de casa naquele dia. Entre os empregados que viviam na propriedade de Darwin estavam William Brooks, o chefe dos jardineiros (com 70 anos no censo de 1871), que ocupava um chalé no terreno da propriedade com a mulher e a filha; Samuel Jones, um cocheiro, originalmente de Llandudno; e George Bridger, um lacaio contratado da irmã de Emma quando as casas de Elizabeth e Charlotte em Hartfield foram vendidas. No fim da década de 1870, John (cocheiro), Fred (cavalariço) e James (lacaio) juntaram-se a eles. Esses e outros empregados ficavam com os Darwin durante anos, às vezes a vida inteira, envelhecendo juntos. Moffat, o lacaio mais antigo, chegou em 1858 e permaneceu por vinte anos. A maioria dos empregados vivia na casa sem pagar nada, nem refeições nem uniformes, e ainda recebia um pequeno pagamento mensal ou trimestral em dinheiro. Os custos totais de Darwin com salários para empregados variavam em torno de cem libras por ano, cerca de metade de sua conta anual com o açougueiro.

A natureza assentada dos empregados de jardinagem revelava os padrões estáveis de emprego tradicionalmente promovidos pela nobreza proprietária

---

[26] DAR 219.1, p.110. Bell demonstrou seu primeiro telefone disponível para comercialização na Exposição do Centenário, na Filadélfia, em 1876.

de terras. William Brooks permaneceu na Down House como chefe dos jardineiros até 1872, quando se aposentou, aos 71 anos. Henry Lettington, o segundo jardineiro, com 48 anos no censo de 1871, casado com a filha de Brooks, assumiu a posição do homem mais velho e ficou até depois da morte de Darwin. O sr. e a sra. Brooks talvez tenham continuado a viver no chalé do jardineiro em Downe, com a filha e o genro: os registros não são claros. Havia estremecimentos ocasionais nesse regime. A certa altura da década de 1870, os filhos de Darwin o convenceram a contratar um ativo jovem escocês para o jardim.

> Os dois antigos empregados ficaram terrivelmente alvoroçados com [o escocês], e lembro-me bem de seus rostos congestionados depois da primeira manhã cavando à maneira séria escocesa,

disse Francis.[27] Atencioso, Darwin dispensou o jovem. Lettington acabou sendo substituído por Tommy Price, de quem Emma disse que "o trabalho dele não vala 1 *shilling* por dia".

Em estabelecimentos pequenos como aquele, o mordomo reinava soberano, e seu *status* exaltado era enfatizado pelo fato de ele usar roupas civis, não libré. Entre outras obrigações, Joseph Parslow cuidava dos vinhos e dos tonéis e da prataria da família e assumia responsabilidade geral pela sala de jantar, o que incluía limpar ele próprio as melhores louças e copos de vinho. A prataria era uma grande responsabilidade, avaliada em 179 libras, 12 xelins e 6 pence na década de 1840 (cerca de 10 mil libras em moeda de hoje), e incluía os presentes de casamento dos Darwin e o bracelete de "ouro, diamante e esmeralda" de Emma. Parslow mantinha sua despensa de mordomo trancada, e possivelmente também dormia lá. Sua mulher, Elza (costureira), e seus três filhos viviam adiante na estrada em um chalé arrendado enquanto ele estava a serviço. A vida cotidiana de Parslow estava inextricavelmente entrelaçada com a da casa. Uma de suas filhas trabalhava como empregada na casa, provavelmente Anne Parslow, com 19 anos no censo de 1861. Mary Anne, babá de Bernard, casou-se com Arthur, filho de Parslow, em 1881.

Parslow fazia muito mais que cuidar da prataria. Como vários hóspedes mencionaram, ele era quase um membro da família. Era o camareiro de Darwin, acostumado a ajudá-lo em todas as suas exigências pessoais. Ao longo dos anos, desempenhou as funções de enfermeiro e auxiliar de banho, às vezes embalando Darwin qual um bebê enquanto ele estava doente. "Há

27 F. Darwin, 1920, p.58.

cerca de trinta anos, muitas vezes quando eu estava ajudando a cuidar dele, pensei que ele ia morrer em meus braços", disse depois da morte de Darwin.[28] Parslow era um assistente de história natural e um mensageiro de confiança. Viajava com a família, jovens e velhos, em feriados, ia à escola e a excursões; ensinava os meninos a atirar; comprava vacas e vendia cavalos para seu patrão; jogava bilhar; e dizia aos rapazes para tirar as botas no corredor. Mais que isso, era patriota e tinha espírito público, participando da vida da vila. Ele se alistou na milícia de voluntários em Bromley antes de ser transferido, na companhia dos filhos mais velhos de Darwin, para fazer treinamento no High Elms Rifle Corps, um corpo de voluntários criado pela família Lubbock. Serviu como supervisor da Downe Friendly Society, o que provavelmente significava que ele coletasse as subscrições. Darwin pagou para que ele ingressasse na West Kent Liberal Association. Sua vida era uma imagem espelhada da de seu patrão, a outra metade da existência de um cavalheiro vitoriano. Ele conhecia todas as casas que a família visitava, cujos nomes lhe eram tão familiares quanto eram a Darwin – High Elms, Hopedean, Leith Hill Place, Queen Anne Street, Abinger Hall, Kew e Bassett. Um amigo especial dele era o mordomo de John Lubbock em High Elms. Quando Lubbock foi eleito para o parlamento, Darwin deu a Parslow uma tarde de folga para que ele se reunisse aos empregados de High Elms na comemoração da vitória no salão dos empregados. Com maior frequência do que gostava de se lembrar, Parslow guiava a carruagem até Kew Gardens para recolher plantas ou tomava o trem para entregar manuscritos a John Murray na Albermarle Street. "Nenhum homem teve afeto mais verdadeiro pela família do que Parslow", disse Francis.

Parslow se aposentou do serviço de Darwin em 1874, com uma pensão anual de 50 libras. Ele se mudou para o "Home Cottage" e depois aparecia ocasionalmente na casa para tarefas de um dia quando a família estava com escassez de empregados ou precisava que gralhas fossem abatidas. Ele gostava muito do pequeno Bernard, que o chamava de "Pa", e às vezes convidava Bernard para visitar o chalé sozinho para tomar chá. Em troca, quando Bernard ganhou um boneco suíço batizou-o de Parslow. "É dedicado a ele, alimentando-o com guloseimas e levando-o para o banho para olhar para ele", disse Francis. Na aposentadoria, a atenção de Parslow se voltou para sua horta: prêmio de primeiro lugar para as batatas na ex-

[28] Nash, 1921, p.27. Ver Colp, 1977, p.228, nota 30. Os empregados do período vitoriano são discutidos em Horn, 1995. Ver também Girouard, 1978; Mitchell, 1996. Uma fonte--padrão sobre as classes trabalhadoras na Grã-Bretanha vitoriana é E. Thompson, 1963. Atkins, 1974, p.72-7, descreve o domicílio de Darwin.

posição da vila, e dois anos depois para os feijões-verdes. Ele compareceu ao funeral de Darwin e viveu mais dezesseis anos. Morreu em 1898 e foi enterrado no cemitério de Downe.

O lugar de Parslow foi assumido por William Jackson, nem inteligente nem eficiente nem ordeiro – um homenzinho com bochechas vermelhas e suíças encaracoladas, semelhante ao cavalariço que fora antes, um personagem distinto também muito amado por Bernard enquanto este crescia. Jackson se considerava plenamente parte da família. Enquanto servia à mesa, ele às vezes contribuía com suas observações. Bernard certa vez perguntou a Emma sobre o que era a peça *Electra* e se era boa. Emma disse que muito. "Sobre o que é?", perguntou Bernard, ainda um garotinho. "Sobre uma mulher que assassinou a mãe", disse Emma, ao que Jackson se dobrou de rir.[29]

Jackson gostava de ter um garotinho por perto e fazia com frequência coisas para ele, tendo construído uma cabana de sentinela no pomar e depois algumas bengalas em miniatura, rotuladas por Bernard de acordo com as casas que costumava visitar com seu pai, Francis. Bernard também observou com admiração Jackson construir um modelo em escala da Down House com cortiça e cola, sua obra-prima, à qual se dedicou durante anos. O tratamento que Jackson dava às *bay windows* semicirculares e ao vidro do teto do alpendre pareciam a Bernard "o máximo da engenhosidade humana".[30] Quando Bernard aprendeu a montar num jumento, aos três anos, foram Jackson, Jones e Fred que andaram pelas trilhas e pelo Sandwalk com ele. E foram Jackson, Jones e uma babá francesa chamada Pauline que ensinaram a ele croquet no gramado – isto é, até que Harriet, "robusta, rosada e bonita" e com uma risada alta, assumiu o controle, lançando uma bola de tênis para Bernard pelo corredor do andar de cima com um pequeno atiçador de brasa servindo de aro.

De acordo com esses empregados, Darwin era um empregador atencioso, incansavelmente educado, mas evitava tomar medidas disciplinares. A sra. Evans, a cozinheira, parecia incapaz de organizar as coisas na cozinha de modo tão eficiente quanto ele desejava em privado, mas ele não conseguia repreendê-la. Certas áreas das despesas da casa eram descuidadas. Darwin ressentiu a descoberta irritante de que um moleiro o enganara durante anos no fornecimento de farinha. Um jardineiro vendeu uma vaca e embolsou o dinheiro sem que ninguém soubesse até o momento em que Darwin fez

---

[29] Atkins, 1974, p.74.

[30] Atkins, 1974, p.73. O modelo foi dado a Karl Pearson e exposto por vários anos no University College London antes de retornar à Down House.

a contabilidade de fim de ano. Francis, que registrou esses detalhes, disse que ele "costumava se lamentar de que não cuidava das coisas como seu pai fazia". Em particular, Darwin evitava mudanças em seus arranjos domésticos, tendo aversão pelas ocasiões em que precisava pôr um empregado no olho da rua – mais um exemplo de sua antipatia inata a se envolver em circunstâncias potencialmente desagradáveis. Os empregados que eram satisfatórios muitas vezes ficavam na casa por longos períodos. Parslow observou que eram empregados satisfeitos.

> Ele era um tipo de cavalheiro muito sociável e amável, na verdade brincalhão e alegre, bom marido e bom pai e um patrão excelente. Mesmo seus lacaios ficavam com ele por até cinco anos. Eles preferiam ficar com ele a receber um salário maior em outro lugar. A cozinheira chegou lá jovem e ficou até a morte dele – quase trinta anos.[31]

Embora esses homens e mulheres partilhassem tão plenamente a vida de Darwin, o trabalho dele permanecia um mistério para eles. John Lubbock certa vez perguntou a Lettington, o jardineiro, sobre a saúde de Darwin.

> Oh!, [disse ele], meu pobre patrão tem estado muito triste. Várias vezes desejo que ele tivesse alguma coisa para fazer. Ele fica perambulando pelo jardim, e eu o vi parado sem fazer nada diante de uma flor durante dez minutos de cada vez. Se pelo menos ele tivesse alguma coisa para fazer, eu realmente acredito que estaria melhor.[32]

Bernard descreveu claramente essa perplexidade quando recordou o comentário de uma nova enfermeira. "Era uma pena que o sr. Darwin não tivesse algo a fazer como o sr. Thackeray; ela o vira observando um formigueiro durante uma hora inteira."[33]

---

[31] Jordan, 1922, v.1, p.273. A antipatia de Darwin por repreender empregados foi demonstrada em suas tratativas com um lacaio chamado Duberry; ver DAR 219.9.8 e 12; sobre a "ociosidade" de Lettington, DAR 219.9.59 e 210.

[32] John Lubbock, falando nas comemorações do Centenário Darwin-Wallace, Linnean Society, 1908, p.57-8.

[33] B. Darwin, 1933, p.22.

IV

Nesse momento, Darwin era mais próspero do que jamais esperara ser. "Ele dizia com frequência que estava realmente orgulhoso do dinheiro que tinha poupado", recordou Francis. "E também sentia muito prazer com o dinheiro que ganhava com seus livros."[34] A renda dos livros de Darwin era agora relativamente alta, cada nova edição e tradução trazendo-lhe um cheque de 100 ou 200 libras de Murray. Quando Darwin totalizou isso, em 1881, notou que as "receitas totais de ganhos com livros" durante sua vida chegavam a 1.248 libras (perto de meio milhão em valores de hoje). Essa soma era grande para livros de ciência, embora talvez não para a literatura criativa como um todo. Anthony Trollope avaliou que seus romances, até 1879, haviam lhe rendido 70 mil libras.[35]

Desde cerca de 1878, Darwin passou a dividir seu excedente anual entre os filhos, um plano emprestado de um amigo local, George Norman. A divisão não era equitativa. Os números de 1881 foram 474 libras para cada filho e 316 libras para cada filha. Isso refletia suas disposições alternativas para as moças, baseadas em fundos custodiados que forneciam a elas uma renda independente. Depois do casamento de Henrietta ele continuou a fazer a ela uma doação anual de cem libras.

A principal fonte de conforto financeiro de Darwin era sua renda de investimento, baseada em algumas compras de ações sagazes ao longo dos anos. Ele raramente assumia riscos. Grande parte do capital que possuía era mantido em alguns fundos custodiados para Emma ou para os filhos individualmente, e ele reinvestia neles com diligência os pagamentos de juros. O restante era dele, herdado indiretamente dos pais, e uma parte ainda permanecia em forma de empréstimos e hipotecas. Darwin também era proprietário de Beesby Farm, em Lincolnshire, terra que ele alugava e que gerava renda regular. Erasmus e ele, com Charles Langton, genro deles, que era notado na família por ter um olho bom para investimento, movimentavam cuidadosamente o capital remanescente. Darwin falava com admiração do modo como Langton dobrara a fortuna de sua primeira esposa por meio de investimentos inteligentes e cuidadosos. Pouco a pouco, a geração mais velha atraiu William, o banqueiro, para o processo, tornando-o um curador das doações de seus irmãos e irmãs e executor testamentário dos pais, tios e tias.

O último terço do século foi uma época boa para investidores dispostos a aplicar dinheiro na nação. O sistema bancário de sociedades anônimas

---

[34] DAR 140, ser. 4, p.77-8.

[35] Paul Harvey, *Oxford Companion to English Literature*, 4.ed., 1967, verbete sobre Trollope.

era estável, o império em expansão enchia os cofres do governo, a inflação não apresentava ameaça e, por meio de seus excelentes títulos, o governo garantia um retorno fixo sobre empréstimos e investimentos.[36] Darwin consequentemente comprava empréstimos e títulos consolidados do Tesouro. Em seus últimos anos de vida, ao aconselhar sua irmã Caroline, recomendou fortemente que ela comprasse "títulos do governo comuns de 3%" e reforçou o conselho acrescentando: "Meu pai costumava dizer que todos deviam ter um pouco desses títulos". Ele olhava para o exterior e para companhias de importação e exportação, comprando participações em empresas como Pennsylvania Oil, London Docks, Massachusetts Railway e East and West India Docks. "O que você acha da Southampton Docks para as mil libras de sua mãe?", perguntou ele a William. "Penso que a Leeds Corporation ou a Leicester Corporation seriam melhores, depois a Canada Bonds." Darwin evitava ouro e algodão, ambos instáveis depois dos anos da Guerra de Secessão norte-americana.

Embora, na metade do século, lucros inesperados de empresas ferroviárias o tivessem ajudado a criar uma carteira extensa de participações em ferrovias, ele vendera a maior parte dessas ações na década de 1870 para reinvestir com mais segurança em outros lugares. Em 1860, por exemplo, recebeu dividendos de 8 mil libras da North Western e 7 mil libras da Great Northern, parte dos quais usou de imediato para comprar 5 mil libras em títulos consolidados do governo como proteção para William. Aplicou 10.150 desses ganhos na Lancashire and Carlisle Railway e (encontrando mais 340 libras) acrescentou 990 libras a suas debêntures ferroviárias da North Eastern Preference Berwick. De tempos em tempos, comprava participação em companhias ferroviárias que se encaminhavam para fusões lucrativas ou construíam uma nova linha, como a London and North Western ou a North Eastern, essa última uma companhia notoriamente agressiva que pilhava empresas mais fracas. Aqui a visão de Darwin sobre a luta pela existência entre animais e plantas se entrelaçava de maneira exata com a economia política – o mundo biológico e social unificado que Spencer pensava funcionar de acordo com a "lei da moral ferroviária".

Darwin também encontrava espaço para algumas atividades locais remuneratórias. Lubbock e ele eram os principais acionistas da Mid-Kent Railway Company e da South Eastern Railway, que durante as décadas de 1860 e 1870 abriram um emaranhado de linhas ferroviárias de vida curta na área em torno de Beckenham e Bromley, onde ambos viviam. Em 1855, Darwin e Lubbock tinham apoiado uma linha chamada Mid Kent and

[36] Anderson e Cottrell, 1974.

North Kent Junction, um trajeto de menos de 8 quilômetros de Lewisham a Beckenham, e por um período Beckenham foi a estação mais próxima da casa de Darwin. Então, em 1858, ele e Lubbock financiaram uma linha secundária de Bromley a St. Mary Cray, que foi vendida com lucro para a London, Chatham and Dover Company. Darwin e Lubbock apoiaram a South Eastern Railway, que gradativamente absorveu outras linhas, e ajudaram o desenvolvimento das estações de Farborough e Orpington. Mais tarde eles se interessaram pelas novas estações em Londres, em Blackfriars Bridge e Ludgate Hill.[37]

Os dividendos podiam ser muito bons. Em 1863, Darwin calculara que possuía 122.131 libras.[38] Em 1881, ano anterior ao de sua morte, William estimou o capital de Darwin em 282 mil libras (quase 13 milhões em moeda atual). Isso incluía o valor residual dos bens de seu irmão Erasmus. "Você algum dia pensou em possuir mais de ¼ de milhão?", perguntou o filho. Além disso, Emma possuía 24 mil libras investidas de forma independente em seu nome.[39]

Do outro lado da moeda, as despesas da casa de Darwin eram modestas – até frugais. Seus livros de contas mostram uma despesa anual de cerca de 3 mil a 4 mil libras, soma relativamente pequena para um estabelecimento de cerca de vinte pessoas vivendo em uma propriedade de vinte alqueires. Esses livros de contas eram as obras de arte privadas de Darwin, às quais ele dedicava uma quantidade exorbitante de tempo e atenção. Tudo era listado, totalizado e tabulado. Com apenas uma olhada, ele podia observar se um ano era mais dispendioso que outro em carvão, cerveja, estábulos, livros, remédios, férias ou doações para caridade. As contas de Emma eram feitas separadamente, mas ele as totalizava com a mesma eficiência. Na base de cada coluna havia um lugar para registrar erros, os ajustes diminutos que para ele faziam toda a diferença. Excluído o lucro obtido com a publicação de livros, sua renda pessoal anual às vezes chegava a 6 mil ou 7 mil libras. A cada ano ele investia, da poupança, 2 mil, 3 mil ou 4 mil libras. Não tinha muitos gastos além das despesas domésticas. O imposto sobre a renda e outros pagamentos obrigatórios, como seguro contra incêndio e a Poor Rate, taxa paga pela comunidade como auxílio aos pobres, eram baixos no século XIX, para ele um total de apenas 111 libras em 1873. Darwin pagava pensões a seus empregados mais antigos, como Parslow, e era generoso

---

[37] Jackson, 1999. A interação entre os princípios de Darwin e a atividade econômica é discutida de forma concisa em Wyllie, 1959.

[38] Down House MS 11.5

[39] Atkins, 1974, p.95-100; Down House MS 11.14.

com ex-governantas que, como as velhas senhoras no romance *Cranford*, de Elizabeth Gaskell, normalmente estavam reduzidas à pobreza vigilante, entre elas Brodie, a primeira babá dos filhos de Darwin, a quem Emma escreveu regularmente até sua morte, em 1873. Darwin pagava 30 libras por ano à sra. Pugh, ex-governanta, para que ela pudesse tirar férias anuais do asilo em que vivia.

Tudo isso lhe trazia satisfação pessoal. Entender e regular a economia doméstica de sua casa era uma obra de arte tão delicada quanto qualquer de seus projetos de história natural, e os resultados eram tão intricados e judiciosamente equilibrados quanto um trecho de floresta natural. Darwin não era um patriarca vitoriano rematado, financeiramente dominador, todo-poderoso. Antes, tinha um entendimento perceptivo e compassivo da posição de um homem na chefia da casa. Seus objetivos eram proteger, prover, ser íntimo de seu lar e ligado a ele. Mesmo assim, esperava supervisionar os orçamentos da mulher e dos filhos, ser consultado e, se necessário, dar permissão.[40] "Penso que eles eram um casal modelo no modo como a máquina da vida em comum deles funcionava", disse Francis, todo sentimental.

> Minha mãe era sempre consultada sobre tudo, mas a decisão final de qualquer coisa importante realmente cabia a meu pai; e minha mãe sempre parecia inteiramente feliz de que fosse assim. Por outro lado, ele ficava contente de ser administrado em todas as pequenas coisas. Muitas vezes ele dizia, fazendo graça, que a mulher era a verdadeira senhora em uma casa. Ele a considerava uma espécie de consciência em coisas pequenas e questões de etiqueta.[41]

A natureza frugal de Darwin era uma piada familiar. Os filhos avisavam uns aos outros sobre o ar de abstração preocupada dele quando chegava o momento da contabilidade anual. Todo mês de setembro esperavam previsões de pobreza. Chamavam isso de "temporada do asilo de pobres". "Graças a Deus vocês terão o que comer", disse certa vez aos meninos, e Francis se lembrou de ser pequeno o bastante para entender literalmente o que ele disse.

O zunido regular dessas engrenagens financeiras foi alterado inesperadamente em 1878, quando Anthony Rich, advogado, informou Darwin de

[40] Ver D. Roberts, 1978; Tosh, 1999.

[41] DAR 140, ser. 4, p.49.

que desejava deixar para ele sua fortuna como prova de admiração.[42] O sr. Rich aparentemente era sincero em seu desejo de honrar Darwin, do mesmo modo como um paroquiano devotado poderia legar ativos a uma igreja local ou um ex-aluno faria o mesmo para a faculdade em que se formara. Apanhado completamente de surpresa, Darwin tentou demover o sr. Rich da ideia. Ele não era uma instituição venerável necessitada de um fundo de dotação. Além disso, ocorreu-lhe que a carta podia ser uma brincadeira para ridicularizá-lo ou uma fraude ou que ele seria de algum modo exposto ao constrangimento público. Darwin tomava muito cuidado para não ser amarrado pelos laços da generosidade. Então Huxley, como representante de Darwin, pegou um trem para dar uma olhada em Rich em sua cidade natal, Worthing, e ao voltar disse que ele era um homem inteiramente respeitável, interessado em ciência, liberal, decente e sem filhos. Era formado em Cambridge e ocasionalmente publicava obras pouco lidas sobre antiguidades clássicas. O advogado, por sua vez, ficou tão impressionado com Huxley que também o incluiu em seu testamento, deixando para ele em 1881 a casa que causara admiração em Huxley, cujo valor foi estimado informalmente por Darwin em 3 mil libras.[43]

Quando Darwin e Rich encontraram-se, depois, um pretendendo doar, o outro, recusar, Darwin descobriu que Rich não mudaria de ideia. No fim, ele aceitou o dinheiro com base no fato de (como Rich observou) ter cinco filhos para sustentar. Ao considerar a soma como um legado para seus filhos, Darwin conseguiu justificar para si a transação. Daí em diante, ele cumpriu escrupulosamente as obrigações que essa situação incomum lhe impusera, correspondendo-se com Rich, perguntando educadamente sobre seu bem-estar, atraindo-o para suas pesquisas e mantendo-o atualizado sobre o progresso dos filhos, em especial o relacionado a desenvolvimentos científicos. Rich respondia de modo abrangente, adquirindo um interesse informado em questões evolucionistas. Sabe-se pouca coisa mais sobre ele ou seu legado.

O restante da família encarou o legado como um bônus maravilhosamente inesperado. Emma mal pôde acreditar que seu marido frugal havia concordado.

> Seremos *repugnantemente* ricos e P. está pensando com extravagância imprudente na questão de Chutney & Bananas; Bessy

[42] Textos em DAR 210.23.
[43] A. Desmond, 1997, p.104, 132-3.

> e eu temos nos dedicado descontroladamente a bulbos e flores. Leo está planejando uma nova quadra de tênis.[44]

Se Rich esperava reconhecimento público, porém, ele não viria. Darwin considerou o legado um assunto inteiramente privado, assim como os filhos, que eram os beneficiários. Ele praticamente não foi mencionado nas recordações deles da vida de Darwin. E Darwin nunca viu o dinheiro. Rich morreu em 1891, muito depois dele. Os filhos aparentemente herdaram desse legado vários milhares de libras cada.

V

Ter Francis em casa fazia toda a diferença para as pesquisas botânicas de Darwin. Desde cerca de 1876, Francis realizara ampla gama de investigações microscópicas, examinando a aglomeração ("engrumamento") que seu pai afirmava ver em células de *Drosera* e também fazendo observações sobre fluxo protoplásmico. Os dois trabalharam muito próximos sobre o movimento de plantas e as espécies insetívoras.

No verão de 1878, e de novo em 1879 e 1881, Francis foi a Würzburg, perto de Frankfurt, na Alemanha, para estudar alguns meses com o botânico experimental Julius Sachs e aprender a perícia que tornava o laboratório de Sachs o principal centro de fisiologia de plantas do mundo. Passar um período no laboratório de Sachs era exigência fundamental para jovens botânicos ambiciosos. De fato, a disseminação das técnicas de Sachs para Cambridge marcou o início da fisiologia de plantas na Inglaterra, e a história se repetiu em todas as capitais europeias onde a botânica era estudada de forma intensiva. Francis foi com a intenção de investigar os padrões de crescimento de raízes e brotos. Voltou com seus horizontes botânicos ampliados em todas as direções.

A imaginação de Francis foi atiçada em particular pelo laboratório prodigamente equipado de Sachs – uma sucessão invejável dos projetos instrumentais mais avançados, um desfile de tambores giratórios, mostradores, terminais elétricos, cilindros enfumaçados, micrótomos para cortar fatias muito finas, microscópios de alta resolução e aparelhos engenhosos para amplificar e medir o crescimento e o movimento das plantas. Vários desses instrumentos eram adaptados por Sachs de pesquisas de fisiologia animal e só podiam ser encontrados em seu laboratório. Francis ficou muito impressionado. Sentiu que Sachs era mais inventivo até que Darwin, especialmente na maneira como transformava plantas em participantes ativos no experi-

[44] DAR 219.1.147; 219.9.270. Ver também *Emma Darwin*, v.2, p.321.

mento ao ligar o organismo vivo a qualquer forma de máquina que fosse necessária e deixá-lo inscrever, ou registrar ele próprio, seus movimentos em um gráfico. Desse modo, cada planta escrevia seu autógrafo pessoal.[45] Esse foco nos instrumentos – uma mudança fundamental na ciência do século XIX – transformava o organismo vivo, com todas as suas fraquezas e atributos, em um objeto de pesquisa padronizado.

Assim inspirado, Francis injetou um novo senso de propósito nas pesquisas de Darwin. Ele queria ter instrumentos como os de Sachs, insistiu em que o pai adotasse controles experimentais rigorosos e iniciou investigações sobre estrutura e atividade química celular mais amplas do que Darwin estaria inclinado a fazer sozinho. Parece provável que o caro microscópio Hartaack listado nas posses de Darwin quando de sua morte tenha sido escolhido e levado para a Down House por Francis. Em 1881, Darwin pediu a Haeckel conselho sobre um instrumento Zeiss, também provavelmente para Francis. Em suma, Francis se tornou os olhos e as mãos experimentais do pai, trazendo a ele novos modos de pensar sobre funções de plantas. Ele impeliu Darwin para novas áreas, mais notavelmente os meios pelos quais as plantas percebem os estímulos, campo que Sachs também investigava.

Uma das áreas de pesquisa era estabelecer que, ao crescer, todo broto desenvolvia no ar minúsculos círculos ou espirais. Darwin pensava que essas "circum-nutações" formavam a base de todos os outros movimentos das plantas, sendo cada torcida ou virada adicional uma adaptação às circunstâncias de vida especiais da planta, a caligrafia que distinguia uma espécie movente de outra. O aspecto evolucionário empolgava pai e filho. Nessa pesquisa, Darwin e Francis fizeram uso extensivo de plantíolos de grama (coleóptilos), uma escolha de organismo experimental copiada de Sachs, e a seu modo tão significativa quanto o uso de ervilhas florescentes para Mendel ou moscas-de-frutas para Thomas Hunt Morgan. Dia após dia, eles mediam bandejas de plantíolos que se esticavam na direção da janela. Essas medidas confirmaram, de maneira aceitável para a ciência, que plantas jovens sempre crescem na direção da luz e podem corrigir sua orientação em questão de horas, se necessário.

Eles também investigaram o que ajudava as plantas a reconhecer a vertical e a rapidez com que elas sentiam e reagiam a estímulos, como o toque. Uma gavinha de passiflora podia se mexer 25 segundos depois do estímulo. Foi esse fenômeno, mais que qualquer outro, que os fez duvidar da opinião de

[45] Chadarevian, 1996. Sobre instrumentos de autorregistro em fisiologia, ver Chadarevian, 1993. Ver também Lynch, 1985; Lynch e Woolgar, 1988. Os microscópios de Darwin são descritos em Burnett, 1992.

Sachs de que o movimento tinha origem no crescimento desigual dos dois lados da gavinha. Bem-humorado, Darwin considerava brotos e gavinhas quase como se fossem minhocas, com cérebros minúsculos em suas pontas.

> É impossível não ficar impressionado com a semelhança entre [...] o movimento das plantas e muitas das ações executadas inconscientemente pelos animais inferiores.[46]

Outra área de pesquisa era identificar o que fazia as raízes se deslocarem para baixo. No tempo de Darwin supunha-se que a gravidade agia mecanicamente sobre a raiz inteira (radícula), puxando-a para baixo por seu próprio peso. Sachs certamente dizia isso em seu autorizado livro-texto *Lehrbuch der Botanik* (1868, tradução inglesa de 1875), e esse fenômeno fazia parte do que Francis estudara em Würzburg. Se a raiz fosse posta horizontalmente no solo, pensava-se que as células da parte inferior ficariam intumescidas e mais pesadas, puxando a raiz para baixo na terra. Darwin desconsiderava essa explicação mecanicista e acreditava poder mostrar que a ponta da raiz era o agente ativo. Quando esta era cortada, as raízes perdiam a sensibilidade e permaneciam horizontais. Novos experimentos o levaram a sugerir que a ponta transmitia um "estímulo" interno desconhecido ao restante, que então reagia. Hoje conhecidos como tropismos, esses estímulos estavam quase além dos limites da imaginação botânica do século XIX. Por um lado, não se pensava que as plantas fossem agentes ativamente reativos como os animais e, por outro, as propostas de Darwin foram feitas alguns anos antes de os conceitos de hormônios animais e, posteriormente, vegetais serem plenamente enunciados. Interpretar movimentos de plantas como respostas a estímulos era incomum. Darwin provavelmente chegou a essa posição ao pensar nas raízes como semelhantes a animais simples agindo de acordo com instintos inconscientes. Sachs "vai praguejar e amaldiçoar quando descobrir que lhe escapou a sensibilidade do ápice", disse ele com satisfação a Francis.

Mas não havia como negar que Francis se sentia restringido pela falta de instalações laboratoriais em Downe. De modo engenhoso, ele usou negro de fumo para escurecer pedaços de vidro finos e papel, como aprendera em Würzburg. Usando uma coleção prosaica de pedaços de linha e gotas de parafina, ele prendeu esses papéis pretos a pontas de raiz para registrar seus movimentos. Era uma imitação pobre da técnica de Sachs, e os papéis enegrecidos que restam em arquivo mostram só rastros tênues e incom-

[46] C. Darwin, 1880, p.571, 573.

preensíveis das raízes de planta que um dia colearam por eles. Darwin ficou agradecido, disso não há dúvida. Mas estragou o efeito profissional ao acrescentar contas de vidro da caixa de costura de Emma como pesos ou agulhas.[47]

Poucos desses experimentos *ad hoc* podiam ser repetidos com facilidade. Darwin trabalhava no estilo antiquado de um cavalheiro-amador, tradição que lhe servira bem no passado e ainda era bastante comum no último terço do século XIX, mesmo no caso da física; indivíduos providos de recursos podiam fazer experimentos com bombas de ar em casa e no campo ou manter enormes baterias elétricas em seus porões para investigações científicas. Muitos desses experimentadores independentes consideravam suas atividades um aspecto importante da integridade intelectual. Ser pago por trabalho científico ainda sugeria a possibilidade de ficar endividado com um empregador. No mínimo, os dados científicos que surgiam do trabalho pago não eram propriedade pessoal do cientista. E um projeto não era necessariamente escolhido por ele.[48] Se um homem pudesse ter os meios para isto, tenderia a fazer pesquisa independente e, portanto, "ser dono" de seus resultados.

Mas Darwin estava em um momento cuspidal. As mudanças culturais ocorridas na ciência durante a década de 1870 estavam mudando a ênfase para esforços realizados em ambientes especializados, normalmente metropolitanos, onde os achados podiam ser testemunhados por outros, ser repetidos muitas vezes e emergir como fatos validados.[49] Na verdade, a repetição era valorizada principalmente quando havia desacordo, já que os procedimentos experimentais envolviam uma dose de subjetividade e dados mais incompletos do que a maioria dos praticantes gostava de admitir. Não obstante, essas mudanças criavam grupos de indivíduos que partilhavam os mesmos critérios de julgamento sobre resultados experimentais, e logo se desenvolveram como subculturas, com regras, práticas técnicas e linguagens próprias. Os espaços, ou lugares, em que a ciência devidamente autenticada podia ser feita estavam mudando. O estúdio e a estufa de Darwin pareciam cada vez mais amadorísticos e inadequados. A mudança fora encabeçada pelo inovador programa de treinamento em laboratório de Huxley nas Sciences Schools, em South Kensington, em que um grupo de naturalistas vitorianos aprendia padrões elevados de técnica laboratorial, entre

---

47 Uma descrição de um experimento típico é dada em *More Letters*, v.2, p.415.

48 J. Secord, 1986.

49 Sobre a história do experimento, ver Shapin, 1988; Gooding, Pinch e Schaffer, 1989. O trabalho experimental de Darwin é discutido em Rheinberger e McLaughlin, 1984.

eles Edwin Ray Lankester, William Rutherford, William Thiselton Dyer, Frank Bower e H. G. Wells. Wells considerava o período que passara no domínio do andar de cima de Huxley o ano mais educativo de sua vida.[50] Mais longe, Foster mantinha seus esforços em Londres e Cambridge e Hooker e Thiselton Dyer ocupavam-se da criação de um laboratório em Kew, financiado por T. J. Phillips-Jodrell e inaugurado em 1876. Darwin escreveu a Hooker recomendando a compra de "bons instrumentos" para o avanço da ciência. Disse que o Laboratório Jodrell possuía uma centrífuga ou helióstato que ele gostaria de usar.

Obstinado, Darwin se recusou a comprar qualquer um dos equipamentos caros que Francis tanto desejava. Francis disse depois:

> Sempre achei isso um fato curioso, que ele, que alterou a face da ciência biológica e é, nesse aspecto, o principal dos modernos, escrevesse e trabalhasse em um espírito e uma maneira tão essencialmente não modernos.

No estúdio da Down House, eles se viravam com uma coleção variada de engenhocas e aparelhos de medida improvisados. Nenhum deles teria sido aprovado para as bancadas do laboratório de Sachs. "Se alguém olhasse para suas ferramentas etc. sobre a mesa", admitiu Francis, "ficaria surpreso com a aparência de simplicidade, improviso e peculiaridade".[51] A régua de madeira que Darwin usava para medição, com sete pés de comprimento, era calibrada pelo carpinteiro da vila. Ele media objetos muito pequenos com um pedaço de cartão marcado com base em um livro antigo que acabou se revelando errado. Usava a surrada velha balança química de seus dias em Shrewsbury e alterou sem hesitação seu microscópio Smith and Beck para adaptá-lo, evidentemente tratando instrumentos com a mesma indiferença com que tratava os livros científicos, cujas páginas arrancava para tornar a leitura conveniente. Quando precisava de uma caixa preta ou de um prato giratório, ele encontrava algo próximo do que queria e o escurecia com graxa de sapato, como recordou John Lewis, o carpinteiro.

> Um dia o sr. Darwin me disse para fazer para ele seis caixas de mogno, com a medida interna de três polegadas quadradas e um lado de zinco perfurado. Eu as produzi, e ele mandou que eu pusesse nelas seis minúsculos relógios holandeses e removesse

---

50 Ophir e Shapin, 1991; Smith e Agar, 1998; Forgan, 1996, p.453.

51 *Life and Letters*, v.1, p.146.

> os ponteiros. Então eles foram fixados de modo que as caixas girassem sem parar com o mecanismo do relógio. E ele plantou nelas sementes. Nunca consegui entender para que era aquilo, mas outro dia ele me disse: "Ganhei meu objeto". Eu nunca soube o que era.[52]

Darwin confiava implicitamente nesses instrumentos precários, e Francis duvidava de que ele sequer notasse que eles eram uma provável fonte de erro. Sua única virtude, disse o filho, era que ele usava sempre seu equipamento. Qualquer erro era o mesmo erro o tempo todo.

No entanto, Francis sentia orgulho da engenhosidade do pai. E esse orgulho contribuiu em grande medida para a imagem de admiração que se desenvolveria em torno do modo simples como Darwin abordava o trabalho de investigação, pois Francis deu grande importância a ele na edição que fez de *Life and Letters* do pai, mas ele foi ainda mais reforçado por um sentimento geral de admiração pela abordagem cordão-e-parafina-para-selar de pesquisa científica. O botânico russo Kliment Timiriazev, que se empenhara muito em traduzir e promover as concepções de Darwin na Rússia, ao visitar a Down House, ficou impressionado quando viu só

> uma série de potes com turfas de *Drosera*; cada um dividido em duas metades por uma placa fina; as folhas de uma recebiam carne, as folhas da outra eram mantidas sem produtos de carne.[53]

Alphonse de Candolle, que visitou Darwin vindo de Genebra, em 1882, também admirou esses métodos inteligentes, simples e básicos.

> Ele não era um desses que construiriam um lugar inteiro para abrigar um laboratório. Examinei a estufa na qual haviam sido feitos tantos experimentos admiráveis sobre híbridos. Ela não continha nada além de uma trepadeira.[54]

---

52 "A Visit to Darwin's Village", *Evening News*, 12 de fevereiro de 1909, p.4.

53 K. Timiriazev, "Na casa de Darwin em Downe", *Russkie Vedomosti* (Moscou), 1909, v.XLVI, n.24-5. Ver também Vuccinich, 1988; Atkins, 1974, p.85-6.

54 Nota de falecimento, *Nature (Botany)*, 1882, extraído de Candolle, 1882.

VI

Em seu septuagésimo aniversário, em fevereiro de 1879, a atenção de Darwin se voltou de novo para o passado. O avô retornou para assombrá-lo de maneiras que ele nunca poderia ter imaginado.

Tudo começou de modo bastante inocente, com um número congratulatório do periódico *Kosmos*, um *Festschrift* para celebrar o aniversário de 70 anos de Darwin, publicado na Alemanha por Ernst Krause em fevereiro de 1879. A edição especial incluía um artigo escrito por Krause sobre a vida do dr. Erasmus Darwin, avô paterno de Darwin e um dos primeiros proponentes da evolução, intitulado "Uma contribuição para a história da teoria da descendência". Krause louvava avô e neto, embora traçasse uma ligação entre eles próxima demais para que Darwin ficasse completamente tranquilo.

No entanto, o artigo de Krause deixou-o intrigado e ele decidiu mandar traduzi-lo para o inglês. Darwin propôs acrescentar à tradução uma "nota preliminar" de sua própria lavra sobre Erasmus Darwin. Em parte, estava animado por haver completado seu esboço autobiográfico, no qual mencionara o primeiro Erasmus Darwin, e em parte pensava que gerações sucessivas de Darwins teriam tanto interesse quanto ele em um relato mais completo sobre seu antepassado. Além disso, um ensaio de sua autoria propiciava-lhe uma oportunidade de corrigir imprecisões decorrentes do fato de Krause ter recorrido ao que Darwin chamava de memória exagerada e "sarcástica" de Anna Seward e das "calúnias publicadas pela sra. Schimmelpenninck". Essas contemporâneas do dr. Erasmus Darwin não haviam contado a história tal como Charles Darwin a ouvira de seu pai. Ele resolveu examinar os documentos da família e suplementar o ensaio de Krause. Pouco depois, escreveu a Francis Galton pedindo conselhos. Galton partilhava com ele o avô e conservava seus próprios documentos de família. Juntos, os dois evolucionistas começaram a explorar seus ancestrais.

Como ficou claro, o ensaio de Krause era longo demais para que Murray pensasse em publicá-lo na íntegra, em especial se a nota de Darwin fosse acrescentada. A parte de Krause (traduzida por William Dallas) foi consequentemente cortada sem piedade por Darwin. "P. se mantém firme sobre empregar Murray", informou Emma aos filhos no começo de 1879, "mas está bastante inclinado a deixar que algum de vocês cuide da parte ornamental do caso".

> Ele tem materiais para fazer um prefácio agradável – um deles uma carta importantíssima do dr. D à srta. Howard antes de eles se casarem – que mostra que ele era uma criatura muito humana.

> As coisas sempre crescem nas mãos dele, então prevejo que será um livrinho de bom tamanho e não um mero panfleto.[55]

Um dos filhos se encontrava em seu elemento. George Darwin tinha um fraco pela história da família que normalmente reprimia, sentindo que os irmãos tendiam a zombar dele. Esse impulso romântico irrompia diante de qualquer tema que retrocedesse às brumas do tempo. Ele gostava de brincar com dialetos antigos ou os *pedigrees* das palavras, "adoradas estradas romanas" e romances de Walter Scott, e, com o tempo, passou a praticar arco e flecha e o verdadeiro tênis (a forma original do jogo, jogado em local fechado), imaginando-se um pouco como "um personagem da história medieval".[56] Naquele verão, George foi de novo inflamado por inscrições heráldicas e gráficos genealógicos. As conversas sobre *pedigree* eram dominantes. "Todo seu trabalho astronômico é uma mera piada insignificante comparado a suas descobertas sobre os Darwin", exultou o pai em junho. "Oh, como o Senhor é bom por nos ter feito descender de um Steward ou dos Peverel; mas o que, em nome dos céus, isso significa?"[57] O humor de Leonard era mais malicioso. Brincando com as convenções lexográficas dos genealogistas, ele disparou: "[William?] Darwin teve um filho que batizou com seu nome, excluindo o colchete e a ?"

George encomendou um *pedigree* formal a um conhecido norte-americano, coronel Chester, que era um entusiasta desse tipo de pesquisa. O gráfico produzido recuava duzentos anos.[58] Darwin se pôs em uma animação semelhante, debruçando-se sobre antigos documentos de família legados por seu pai. Divertiu-se com testamentos antigos que deixavam só 1 *shilling* aos descendentes.

Henrietta e Leonard também se integraram. Relaxado em relação ao conteúdo e ainda em modo autobiográfico depois de ter escrito sobre sua história de vida, Darwin pontuou seu texto com comentários e lembranças pessoais. "Henrietta. Isto é egoísta demais pare ser incluído?", anotou no alto de uma página.[59] Em consequência, Henrietta examinou o texto dele com uma caneta vermelha, extirpando passagens que continham menções a pessoas vivas que podiam ser identificadas (todas as irmãs Galton, por exemplo), qualquer julgamento excessivamente pessoal e finanças da família,

---

55 DAR 219.1, p.122.

56 Raverat, 1952, p.185.

57 *Emma Darwin*, v.2, p.298.

58 A maioria desses documentos está em DAR 210.29. Ver Freeman, 1984.

59 As folhas de prova de *Erasmus Darwin* (Krause, 1879) estão em DAR 210.11, p.45.

inclusive uma frase registrando o desejo declarado de Erasmus Darwin de adquirir riqueza. Mulher madura com opiniões próprias, Henrietta julgava impróprio que o pai discutisse dinheiro, sempre a barreira mais interessante, mas a mais inviolável na sociedade vitoriana educada. E também eliminou uma nota de rodapé em que Darwin mencionava com aprovação o ceticismo religioso de Erasmus Darwin. Ela lidara bastante bem com o trabalho de edição das ideias do pai sobre relações sexuais em biologia; agora censurava a história da família. Darwin aceitou as eliminações. Leonard acrescentou suas sugestões. "Bobagem", escreveu ao lado da longa e autocentrada passagem de Darwin sobre as qualidades de um homem da ciência.

Mas Darwin se divertiu. Ele levou adiante a redação desse texto, o único estudo biográfico que tentou, por razões inteiramente pessoais. Ainda assim, descobriu que o texto clarificava algumas de suas opiniões sobre o papel da especulação e da originalidade em ciência. Ao pensar sobre Erasmus Darwin, ele necessariamente ponderava sua própria contribuição à biologia, perguntando-se o que fazia de um homem um descobridor; e, com as opiniões de Galton sobre hereditariedade frescas em sua mente, refletiu sobre os traços que ligavam os homens da família Darwin como pensadores e inovadores. Havia muito na personalidade do avô que era espelhado na dele, e em alguns lugares Darwin parecia quase não saber ao certo sobre quem estava escrevendo. Talvez falasse de si próprio quando elogiou a "indiferença à fama" de Erasmus Darwin. Mais ambíguo, não sabia se criticava ou admirava o incansável entusiasmo do avô por especulação – é de se presumir que o lampejo de autorreconhecimento era forte. No fim, criticava a "tendência assoberbada a teorizar e generalizar" de Erasmus Darwin, dizendo que a "vividez de sua imaginação parece ter sido uma de suas características proeminentes", embora acrescentando o tributo sardônico de que "suas observações [...] sobre o valor dos experimentos e o uso de hipóteses mostram que ele tinha o verdadeiro espírito do filósofo". O pronunciado senso da própria individualidade de Darwin o fez declarar que a "especulação desenfreada" era inútil a menos que fosse mantida rigorosamente sob controle pela observação.[60] Essas tensões internas culminaram quando ele falou do tratado mais filosófico de Erasmus Darwin, *Zoonomia*, livro em que o dr. Darwin propunha um sistema de evolução e no qual Charles Darwin se baseara extensamente durante os primeiros dias de suas especulações turbulentas sobre evolução. Darwin escreveu com desdém: "lamento que suas especulações sobre este tema

---

[60] Krause, 1879, p.48, 68. Ver também apêndice 1, Barlow, 1958, p.149-66. Sobre os efeitos retóricos de fazer uma distinção entre "cabeça' e "mão" ver Ophir e Shapin, 1976.

não possam ser julgadas de muito valor". Pela última e decisiva vez, ele se dissociou do avô e de seu passado.

A biografia foi publicada em novembro de 1879. Darwin cometeu um erro impensado ao enviar o material a Murray para publicação. Por coincidência, em maio de 1879, Samuel Butler publicara um ensaio sobre a história da teoria da evolução que incluía uma comparação entre o velho Erasmus Darwin e o neto Charles, chamado *Evolution Old and New, or the Theories of Buffon, Dr. Erasmus Darwin and Lamarck Compared with That of Mr. Charles Darwin* [A velha e a nova evolução ou as teorias de Buffon, dr. Erasmus Darwin e Lamarck comparadas à do sr. Charles Darwin]. Butler portava um sobrenome notável, já que era neto do dr. Butler, que fora diretor de Darwin na Shrewsbury School e descendia do Samuel Butler do século XVII, que escrevera *Hudibras*. Em 1872, Butler havia publicado o romance *Erewhon*, uma vigorosa sátira da vida vitoriana, recorrendo à ciência evolucionista para criar uma obra convencional em que uma raça utópica de seres humanos abole todas as máquinas porque começam a desenvolver capacidade mental. Mais tarde, seu romance *O caminho de toda carne* (publicado postumamente) era uma saga implacavelmente acrimoniosa da degradação de uma linhagem familiar. Em sua não ficção, ele foi um dos primeiros a fazer uma comparação séria entre diferentes teorias evolucionistas.

Butler via a seleção natural com antipatia revigorante. Embora aprovasse a evolução como ideia geral e quando jovem tivesse admirado *A origem das espécies*, ele passara a sentir uma aversão crescente pelos princípios de Charles Darwin e pensava que havia muito a louvar em esquemas anteriores que se baseavam no impulso interno dos organismos para alimentar a mudança evolucionária, como as propostas de Lamarck ou de Erasmus Darwin. Seu livro *Evolution Old and New* visava parcialmente a restaurar esses esquemas mais antigos. Como Wallace e Spencer, ele esperava remodelar a teoria da evolução e usá-la como meio de descrever o progresso da mente humana. Mas, diferentemente deles, protestava contra o mecanismo da seleção natural e emergiu como figura de destaque na violenta reação antidarwiniana que tomaria forma nas décadas de 1880 e 1890.[61]

Como era previsível, Darwin não atribuiu muito valor ao livro de Butler. Ele o enviou a Krause com uma nota indicando que pensava que a obra tinha pouco mérito, "sem que nada de novo tenha sido acrescentado". Krause inseriu uma observação crítica sobre o livro em seu ensaio encurtado sobre

61 Bowler, 1983; 1988. Para Butler ver H. F. Jones, 1920; Greenacre, 1963; apêndice 2, Barlow, 1988, p.167-219.

o dr. Darwin. Mais que isso, ele aparentemente copiou algumas frases úteis para ajudar seu argumento e parafraseou outras. Quando *Erasmus Darwin* foi publicado na Inglaterra, por Murray, em novembro de 1879, Darwin omitiu a menção de que o ensaio alemão original havia sido reduzido, alterado e atualizado. Na realidade, Darwin começara a dizer parte disso em seu texto para o prefácio, mas Krause informou-lhe que não desejava anunciar o fato de que Darwin tinha abreviado sua obra. Em resposta, Darwin eliminou as observações das folhas de prova. Agora, na forma impressa final, o prefácio de Darwin fazia parecer que o artigo alemão original fora publicado antes do livro de Butler e que as críticas a Butler estavam presentes no ensaio original. Nada disso era verdade. Butler ficou indignado, acusou Darwin de publicar uma falsidade e, nas páginas de cartas da *Athenaeum*, exigiu um pedido de desculpas público.[62] Como disse depois George Darwin, Butler afirmou que "este livro foi fraudulentamente antedatado e tendo por objetivo fazer um ataque velado a ele".[63] Algumas semanas depois, Butler também acusou Darwin de plágio.

Como em sua desavença com Mivart, Darwin ficou ao mesmo tempo irritado por ser apanhado em uma situação constrangedora e inseguro sobre como proceder. Ele jamais esperara que um livrinho sobre seu avô inspirasse tanta virulência. E também não estava acostumado a enfrentar alguém disposto a revidar. Não obstante, seu primeiro impulso foi se explicar. Ele redigiu uma carta à *Athenaeum* e enviou-a a Londres para obter a opinião de Henrietta e Richard Litchfield, enquanto Emma notificava o resto da família.

> P. ficou tão ansioso para tirar da cabeça sua resposta ao ataque de Butler que mandou John com ela para R. e Hen. a aprovarem. Eles a enviaram de volta com duas cartas muito sensatas de R. e Hen. dissuadindo-o vivamente de dar qualquer atenção. Seus argumentos eram tão bons que eu (e P.) mudamos completamente nossa opinião. [...] P. acabou remetendo a questão a Huxley e ficará contente se ele decidir contra publicar uma resposta. Enquanto isso, Dallas [o tradutor] quer responder ao ataque e não tenho dúvida de que Krause também vai querer, portanto Butler estará no clima de problemas que o deixará satisfeito.[64]

---

62 *Athenaeum*, 31 de janeiro de 1880.

63 DAR 210.11, p.46.

64 DAR 219.1.134. Agradeço a Jim Paradis por discussões sobre Butler.

Amigos e parentes davam conselhos conflitantes. Todos os filhos homens se envolveram, assim como Richard Litchfield, Huxley e Leslie Stephen – este em virtude de sua experiência como homem de letras –, que recomendou a Darwin "não dar atenção a Butler". Erasmus chamou o caso de "trapalhada", contando a Julia Wedgwood que a rápida resposta de Darwin foi "eliminada pelos Litches" e que esperava que o novo livro dela fosse mais bem-sucedido que "nossa tentativa de glorificar os Darwin". Cartas circularam por Bloomsbury, Kent, Cambridge e Southampton.

> Hoje chegou o veredicto de Leslie Stephens que lhe será enviado no momento adequado. Ele é decididamente por não fazer nada; o que, penso, agradará muito a alguns de vocês e satisfará a todos, menos o perseverante velho Leo. P. está bastante satisfeito. Huxley aludiu ao assunto em uma piada muito fraca como "o Butler [em inglês, *butler* significa mordomo] espirrando um pouco mais de água suja de sua despensa".

Na realidade, o silêncio era o pior curso a seguir, como percebeu depois Francis Darwin.[65] Darwin estava errado e devia ter se desculpado. Butler convenceu-se de que era vítima de uma conspiração, atacando com virulência repetidas vezes. Ele e Darwin se ofenderam de modo irreparável.

Também como no caso Mivart, essa querela envolveu uma combinação de aspectos pessoais, intelectuais e públicos. Os dois se defenderam com armas diferentes. Butler fez uso direto do poder da imprensa para tornar públicas suas acusações. Darwin ativou sua rede subterrânea de influência privada. E ainda que a querela tenha sido prontamente resolvida, para Darwin a mensagem subjacente era difícil de aceitar: nem sempre ele podia esperar que as coisas saíssem à sua maneira; um punhado de evolucionistas mais jovens estava passando a considerar a teoria da seleção natural inadequada; o darwinismo era percebido, ao menos por alguns, como uma ortodoxia crescente que precisava ser reavaliada. Além disso, o próprio Darwin podia ser considerado cada vez mais o mestre triunfante de uma claque, grande demais para contemplar opiniões alternativas, elevado demais para se desculpar, rápido demais no uso de sua influência para pisar em rivais sem pensar duas vezes. Como Mivart, Butler no fundo objetava à crescente maré de aquiescência bajulatória.

As reações dos confidentes de Darwin também foram inteiramente previsíveis. Agora só lhe restava estimular Huxley e vê-lo entrar em ação. Em

---

65 Os documentos de Francis Darwin sobre o caso estão em DAR 139(11).

abril de 1880, Huxley atacou Butler, se bem que apenas de passagem, em uma palestra empolgante na Royal Institution denominada "On the Coming of Age of the Origin of Species" [Sobre o amadurecimento de *A origem das espécies*], uma alusão ao vigésimo primeiro aniversário da publicação do livro. Nesse título, Huxley pretendia transmitir o duplo significado de maturidade cronológica e intelectual. Sua fala foi uma afirmação de que o lugar de *A origem das espécies* na ciência estava assegurado.

Darwin apreciou o gesto de Huxley. Mas não ficou satisfeito. Frustrado pelos conselhos da família para que permanecesse em silêncio, ele secretamente encorajou o embriologista Frank Balfour a traduzir a carta de explicação de Krause e enviou-a à *Nature*. A carta foi publicada em janeiro de 1881. E ele também não objetou quando George Romanes exagerou em uma resenha do livro seguinte de Butler, *Unconscious Memory* [Memória inconsciente]. Interessando-se pessoalmente, Anthony Rich também se integrou.

> Quem é o sr. Butler? Quando ele puder dizer, como o senhor pode, que abriu para o conhecimento da humanidade um novo campo da Ciência e o cultivou ao longo de uma vida inteira com habilidade e indústria maravilhosas, até que todos os homens capazes de todos os países vieram a reconhecer a obra como uma das maiores e mais importantes descobertas da época, enquanto o autor da obra é considerado com respeito e honra por todos os que o conhecem – bem, quando ele puder dizer isso, será o momento adequado para que o senhor dê atenção a qualquer coisa que ele possa dizer. P.S. Meu gramado é o Paraíso das minhocas.[66]

A controvérsia trouxera à tona correntes de mudança mais profundas. O corpo de pensamento geralmente rotulado de darwinismo estava entrando em uma nova fase de existência, libertando-se do controle de seus primeiros protagonistas. Darwin e Butler levaram para o túmulo o ressentimento que sentiam um pelo outro.[67]

VII

Darwin também não conseguiu se impor de imediato em outra batalha de vontades. Horace Darwin, seu filho mais novo, queria casar com Ida Farrer, filha de Thomas Farrer com sua primeira mulher, Fanny. Fazia

[66] De Anthony Rich, 9 de fevereiro de 1881, DAR 176.
[67] Barlow, 1958, p.167-73.

algum tempo que os dois flertavam. Inesperadamente, Farrer proibiu o casamento, dizendo que Horace era inválido e tinha tão poucas perspectivas de avanço profissional que Ida possivelmente não poderia levar o tipo de vida de casada que ele, como pai, desejava para ela.

Darwin ficou consternado com a negativa de Farrer. Esforçou-se para não se sentir ofendido, pois era insultante perceber que, embora pudesse ser amigo íntimo e admirado por seu intelecto, era considerado inadequado para fazer parte da família como sogro. A tensão cresceu nas cartas entre Farrer e ele enquanto Darwin defendia o caso de Horace. Irritadiço, ele perguntou a seu advogado, o pragmático William Hacon, quanto poderia oferecer como dote para o filho mais novo. Hacon mencionou uma soma que julgava capaz de induzir Farrer a ver com mais carinho o casamento. No fim, Darwin solicitou a Farrer uma entrevista pessoal, na qual explicou a situação de Horace. Emma expôs o plano de campanha de maneira sucinta em uma carta a Henrietta.

> [...] especialmente sua queda pela invenção mecânica, que é sua profissão, embora não seja lucrativa; também a opinião do dr. C. de que ele tinha grande probabilidade de ficar bem com o passar do tempo, e que era gota suprimida. Também quão abastado ele seria, o que é uma questão de alguma importância quando não se tem probabilidade de ganhar dinheiro.

Farrer aplacou-se no outono de 1879, e Horace e Ida casaram-se no começo de 1880. O casal foi morar em Cambridge.

O restante da família, ávido por uma distração, partiu em agosto de 1879 para férias de um mês no Lake District, viajando de trem com Henrietta, Francis e Bernard, então com dois anos, em um vagão ferroviário particular alugado para a ocasião. Darwin se queixou da extravagância, mas Emma disse que "deveríamos estar mortos não fosse o vagão-dormitório". Admitindo a derrota, ele descartou qualquer pretensão de invalidez e aproveitou a viagem com "o vigor de um garoto", saboreando intensamente a vista da baía de Moracambe enquanto o trem serpeava pela borda, uma das combinações mais dramáticas de engenharia ferroviária e paisagem costeira do Reino Unido.[68] Eles ficaram em um hotel em Coniston cujo proprietário era Victor Marshall, primo do arquiteto da Down House, com vista para o lago e os jardins. Todos se lembraram dessas férias com prazer. Darwin estava relaxado como a família não o via fazia muito tempo. Em uma ex-

---

68 *Life and Letters*, v.1, p.129, *Emma Darwin*, v.2, p.299. Ver também DAR 219.1.125.

cursão de um dia a Grasmere, Henrietta disse: "nunca esquecerei o prazer entusiasmado de meu pai, saltando de seu banco na carruagem para ver melhor cada momento surpreendente". O próprio Darwin reconheceu a situação incomum. "A paisagem me deu mais prazer do que eu pensava que minha alma, ou o que resta dela, era capaz de sentir", disse depois a Romanes. Jovialmente, ele escreveu a Marshall para expressar seus agradecimentos e se ofereceu para enviar a ele um jovem pé de carvalho da Down House cultivado de um espécime incomum do jardim de seu pai em Shrewsbury. Darwin concordou em voltar ao Lake District, a Ullswater, para outra visita em 1881.

Nessa primeira viagem, Darwin travou conhecimento com o autor e crítico John Ruskin, que vivia retirado em Brantwood, à margem do lago Coniston. Os dois tiveram muito que conversar, principalmente sobre amigos em comum. Richard Litchfield conhecia bem Ruskin da época em que os dois haviam lecionado juntos no Working Men's College. Darwin ouviu compassivamente Ruskin confidenciar-lhe que sua mente estava ficando "nublada". Alguns dias depois, Darwin fez uma visita de retribuição durante a qual Ruskin levou-o a um aposento reservado para lhe mostrar sua coleção de aquarelas de J. M. Turner. Educadamente, Darwin murmurou algumas palavras de apreciação. Depois, confessou que "não conseguia entender absolutamente nada do que o sr. Ruskin via nelas".[69] Victor Marshall relatou que Ruskin falou depois muito bem-humorado sobre esse encontro, mencionando o "profundo e terno interesse" de Darwin "pela metade posterior de cores vivas de certos macacos".[70]

No começo do ano seguinte, os filhos de Darwin prepararam para ele uma surpresa. Deram-lhe de presente um casaco de pelo para abrigá-lo do frio do inverno, "um presente planejado porque pensávamos que era inútil esperar que ele fosse extravagante ao ponto de se dar um".[71] Francis fez a entrega, deixando sub-repticiamente o casaco no estúdio de Darwin durante seu descanso vespertino.

> Acho que o casaco foi uma surpresa muito boa. Deixei-o na mesa do estúdio com o pelo para fora e a carta em cima às 15h, para que ele o encontrasse às 16h, quando começasse sua caminhada. Jackson foi o segundo conspirador, com amplo sorriso

[69] *Life and Letters*, v.1, p.125.

[70] Carta a Victor Marshall, 14 de setembro de 1879, American Philosophical Society, Filadélfia.

[71] DAR 149, ser. 3, p.11.

> e o casaco sobre o braço espiando pela porta verde dos criados enquanto eu via se estava tudo desimpedido no estúdio. Você verá pela carta satisfeita do pai a nós como ele ficou contente. Ele ficou muito comovido e tinha lágrimas nos olhos quando veio me ver e disse algo como que filhos bons e queridos vocês são. Acho muito bom que o casaco seja comprido e folgado.[72]

Darwin disse que não seria ele mesmo se não protestasse que "vocês todos foram vergonhosamente extravagantes em gastar tanto dinheiro com seu velho pai, por mais profundamente que o tenham agradado".

Em novembro de 1880, Darwin publicou *The Power of Movement in Plants* [O poder do movimento nas plantas], combinando que uma tradução alemã feita por Julius Carus fosse lançada no começo de 1881. Esse foi um livro inesperadamente controvertido. As opiniões sobre movimentos de raízes que ele apresentou foram energicamente contestadas por Julius Sachs, que escarneceu da sugestão de Darwin de que a ponta da raiz podia ser comparada ao cérebro de um organismo simples e declarou que as técnicas experimentais caseiras de Darwin eram risivelmente defeituosas. Além disso, os colegas botânicos e colaboradores de Sachs não conseguiram replicar os resultados de Darwin – o critério costumeiro para julgar um experimento válido. A mensagem vinda de Würzburg era que Darwin devia ter de algum modo mutilado inadvertidamente as raízes vivas e que suas habilidades práticas eram fracas. Isso atingiu Darwin no ponto em que mais o machucava. Vistas em retrospecto, as críticas de Sachs sem dúvida se baseavam no crescente hiato entre os estilos de investigação em laboratório e em casa de campo, escoradas em uma forte dose de orgulho institucional e sentimento nacionalista. Para Sachs, a capacidade não residia só nas mãos do experimentador. Ela só podia estar presente no lugar apropriado, isto é, no laboratório – o laboratório dele.[73] Se ao menos Darwin tivesse podido saber, ele estava em última instância mais certo que Sachs, pois seus resultados prefiguravam a linha de pesquisa que levaria à identificação de "hormônios" de plantas, e o "estímulo" que ele pensava ser transmitido da ponta da raiz acabou sendo isolado e nomeado auxina, em 1928, por Fritz von Went, seguindo alguns dos experimentos de Darwin. E, no entanto, Sachs estava justificado em seu ataque aos procedimentos experimentais informais e não estruturados de Darwin. O centro da atenção

[72] *Emma Darwin*, v.2, p.302. Ver também DAR 219.1.131; 219.9.218.

[73] Chadarevian, 1996.

da pesquisa fisiológica estava mudando de maneira decidida e permanente para o laboratório.

Indiferente, Darwin deu algumas respostas defensivas. Mas sua mente não estava de fato concetrada naquilo. E ele não voltou ao assunto de nenhuma forma direta, deixando a cargo de Francis sustentar a discussão em edições subsequentes.

VIII

Darwin apreciava sempre mais a companhia das minhocas. Passou um bom tempo pensando nelas durante os anos de 1880 e 1881.

Ele fez um levantamento minucioso do comportamento e das atividades dos anelídeos, envasando minhocas de seus canteiros de flores como se fossem plantas e mantendo-as em seu estúdio para observações, transformando mais uma vez a casa e o jardim em observatório da natureza. Francis e ele desciam sorrateiramente para o andar de baixo à noite para ver o que as minhocas estavam fazendo em seus potes de flores ou se deslocavam furtivamente à luz do luar para espiá-las debaixo das tílias ou a trabalhar expelindo dejetos na superfície do Sandwalk. Durante o dia, se o tempo estivesse bom, Darwin cavava em busca de tocas. Ele descobriu que as minhocas forravam seus buracos com folhas e com frequência também os tapavam no topo. Certa manhã, ele removeu 227 folhas de uma série de tocas, setenta das quais vinham da fileira de tílias perto da casa. Se o tempo estivesse chuvoso, tanto melhor para suas pesquisas. Ele seguia os rastros das minhocas pelas trilhas úmidas, perguntando-se até onde as ambições delas as tinham levado. Infalivelmente curioso, ele fazia o que chamava de "experimentos de tolos", pedindo a Francis que tocasse seu fagote perto das minhocas em potes para ver se elas detectavam som. Ele próprio tocava um apito, soprava fumaça de tabaco e brandia um atiçador de brasas incandescente sobre elas. Por fim, com uma risada constrangida, ele as pôs (em seus potes) em cima do piano Broadwood e pediu a Emma que tocasse as teclas com força. Ele "começou a treinar minhocas", disse ela resignada,

> mas não obtém muito progresso, já que elas não conseguem ver nem ouvir. São, porém, divertidas e passam horas tentando agarrar a borda de uma folha de repolho e puxá-la para dentro de seus buracos. Dão puxões tão fortes que sacodem a folha inteira.

Darwin estava convencido de que as minhocas possuíam um mínimo de inteligência. Isso se mostrava de forma mais evidente em seus padrões de alimentação. Ele alimentava seus espécimes envasados com a mesma assiduidade com que antes alimentara plantas insetívoras, fornecendo-lhes folhas de muitos tipos de árvore, arbustos e verduras, algumas vindas de espécies tropicais que só eram cultivadas em Kew e nunca teriam sido encontradas antes pelas minhocas de Kent. Elas gostavam acima de tudo de repolho. Depois ele observou a destreza delas em puxar folhas de formato desigual para dentro das tocas. Cada minhoca podia localizar o ponto médio de uma folha fina e comprida e puxá-la de modo que ela se dobrasse em duas metades. Parados embaixo de abetos escoceses por várias noites seguidas, acompanhados pela luz tênue de um lampião de tempestade, Francis e ele se certificaram de que as minhocas lidavam de modo empreendedor até com agulhas de pinheiro. Darwin conjecturou que esta era uma adaptação puramente mecânica para puxar alimento para dentro da toca. Para testar essa hipótese, alimentou minhocas em potes com minúsculos triângulos ou losangos de papel, apresentando à noite a borda aguda ou a reta a cada minhoca empreendedora, sem dúvida se perguntando se estava bem da cabeça enquanto cortava formas do papel de desenho de Bernard. "Estou cada vez mais em dúvida sobre a inteligência das minhocas", escreveu a Galton.

> O pior é que elas fazem seu trabalho de maneira muito relaxada quando estão em potes, e estou perplexo além da conta para julgar até onde essas observações são confiáveis.

Darwin provavelmente começou a fazer algumas medidas práticas da atividade das minhocas também no chão, embora os registros de arquivo não sejam claros. A certa altura, uma pedra chata pesada, originalmente uma pedra de amolar de agrimensor, foi posta no gramado do jardim da Down House, servindo como dispositivo para indicar a taxa a que as minhocas a faziam afundar. Esse experimento específico foi predominantemente de Horace e envolveu a construção por ele de um instrumento de registro em metal para medir a descida da pedra, embora a ideia fosse claramente extraída do trabalho de Darwin. Permanece incerto quanto do plano foi traçado de antemão por Darwin. Em 1900, Horace escreveu um artigo sobre o afundamento da pedra. Outra pedra foi também posta no jardim de sua irmã Caroline, em Leith Hill.[74]

Um ar ternamente melancólico permeava esse trabalho. A vida de Darwin se desacelerara para o ritmo de seus objetos de estudo. Ele meditava sobre

---

[74] DAR 262.10, p.1-27. A pedra hoje enterrada no gramado da Down House é aparentemente uma recriação de um experimento originalmente executado sob a supervisão de Horace Darwin, em 1929. Horace relatou os movimentos em H. Darwin, 1900.

as vastas extensões de tempo, os dias em que *villas* romanas ou pedras pré-históricas estavam eretas sobre a superfície da Terra, coisas passadas muito tempo antes, e a eternidade. Sabia que estava envelhecendo e que o encerramento de sua vida não podia estar muito distante. Por vezes, quando Lettington virava para ele a pilha de solo composto e ele via incontáveis buracos de minhoca na terra escura, Darwin vislumbrava momentaneamente seu túmulo. O pensamento não o preocupava indevidamente. Ecoando uma observação do avô que incluíra em seu livro *Erasmus Darwin*, ele disse que não tinha "medo da morte, depois de uma vida como essa", e que se considerava realizado. Darwin contemplou as mortes de Elizabeth e Josiah Wedgwood, irmã e irmão de Emma, em 1880, sem sofrimento óbvio. Muitos amigos comentaram a serenidade de seus últimos anos de vida. No fim, ele se tornou o que sempre fora no fundo, quase uma parte da natureza, um homem com tempo para se apoiar sobre uma pá e pensar, um jardineiro.

Ele também encontrava tempo para dar apoio financeiro a causas necessitadas. Ficou perturbado ao saber que a casa no Brasil de seu amigo Fritz Müller tinha sido inundada e que os aparelhos e os livros de Müller podiam ter sido destruídos. "Há muito tempo o vejo como o melhor observador no mundo", lamentou para Ernst Krause e ofereceu a Müller dinheiro para que ele repusesse suas perdas científicas. Sua capacidade de se compadecer com desastres científicos pessoais como este foi sempre observada por outros. Ele dizia que podia imaginar seu próprio sofrimento se algo semelhante lhe acontecesse.

Seus pensamentos também se voltavam para Anton Dohrn, diretor da Estação de Pesquisa Zoológica de Nápoles. A cada verão, zoólogos da Alemanha e da Grã-Bretanha viajavam para a Stazione para alugar espaço de laboratório e investigar a fauna de invertebrados da baía de Nápoles. Darwin se interessava pelo progresso da Stazione, embora deva ter suspirado ante os pedidos incessantes de Dohrn. Darwin doaria dinheiro para a biblioteca ou participaria do conselho supervisor? Poderia fornecer observações favoráveis para o relatório das atividades da Stazione ou mandar uma fotografia sua para que um escultor local criasse um busto de gesso para o salão principal? Aqui Darwin estava testemunhando a construção independente por Dohrn de uma escola de pesquisa – uma tradição científica intelectual e prática – que viria a dominar a zoologia nas décadas vindouras. Ele não parecia se importar com o modo como Dohrn o explorava. De fato, a determinada transformação por Dohrn de Darwin em uma figura paterna icônica foi um dos artifícios mais simples e mais potentes para assegurar a coerência de um grupo de interesse claramente definido. A Stazione passou a representar um dos primeiros e mais influentes centros de pesquisa embriológica, à época praticamente o único laboratório no mundo a pesquisar o darwinismo em ação.[75] Talvez Darwin considerasse isso reconfortante depois da debacle de Butler. No entanto, tratava-se de uma forma curiosa de darwinismo. Dohrn propunha que vertebrados ancestrais emergiam não dos ascidianos, como Darwin e outros supunham popularmente, mas de vermes anelídeos cujos sistemas nervoso e digestório deviam ter trocado de lugar no desenvolvimento. "Permita-me ousar alertá-lo a não se estender demais sobre o princípio da degradação", sugeriu Darwin, inquieto.[76] Toda a sua experiência com as minhocas indicava que elas eram simples porque eram primitivas, não porque haviam degenerado a partir de uma forma mais complexa.

A despeito de todas as diferenças, quando Darwin foi premiado com uma grande soma de dinheiro do Prêmio Buffon, da Linnean Society de Turim, perguntou a Dohrn se ele gostaria de um equipamento para a Stazione no valor de até cem libras (Dohrn pediu que o presente fosse usado para iniciar um programa de bolsas de viagem). Da mesma maneira, Darwin apoiou o Cambridge University Zoological Museum. E também enviou dinheiro para ajudar o autor Grant Allen num mau momento e contribuiu para o plano de William Boyd Dawkins de explorar cavernas de arenito em Yorkshire, por intermédio do Settle Cave Exploration Fund. Às vezes ele se deixava lograr. Quando um paleontólogo alemão chamado Leopold Wurtenberger pediu um empréstimo, Darwin respondeu que não emprestava dinheiro e enviou um cheque de presente.

Ele também tinha tempo para considerar boas obras. Em 1881, abordou Hooker com uma ideia que vinha gestando fazia vários anos. Queria pagar para que os botânicos de Kew publicassem uma edição revisada de *Nomenclator*, de Ernst Gottlieb Steudek, índice dos nomes dados a plantas. Uma edição fora publicada em 1840, e desde então a lista havia sido continuada em Kew por meio de acréscimos manuscritos. Esse desejo era reforçado pelo respeito permanente que Darwin sentia por Hooker e pelo trabalho feito sob sua jurisdição em Kew. Na verdade, ele queria seguir o exemplo de Lyell e legar somas a todas as suas ciências favoritas. Em seu testamento, Lyell deixara dinheiro para a promoção da pesquisa geológica, e Darwin dissera a Lyell antes da morte deste que faria o mesmo se "tivesse tido menos filhos". O legado recebido de Anthony Rich provavelmente o ajudou a abrir a carteira. Em todo caso, Darwin notificou Benjamin Daydon Jackson, da Linnean Society, de que

[75] Groeben, 1982.
[76] Groeben, 1982, p.63.

> era sua intenção dedicar uma soma considerável de dinheiro anualmente [...] em ajuda ou fomento para alguma obra ou obras de utilidade prática para a ciência biológica.
>
> Por ocasião de minha última visita a ele, [escreveu o geólogo John Judd] [...] ele se estendeu da maneira mais tocante sobre o fato de que devia muita felicidade e fama às ciências de história natural que tinham sido o alívio do que poderia ter sido uma existência dolorosa; – me implorou, se eu soubesse de alguma pesquisa que pudesse ser ajudada por uma doação de algumas centenas de libras, que o informasse, pois seria um prazer para ele sentir que estava ajudando a promover o progresso da ciência. Ele me informou que ao mesmo tempo estava fazendo a mesma sugestão a *sir* Joseph Hooker e ao professor Huxley, com respeito a Botânica e Zoologia respectivamente. Fiquei muito impressionado pela seriedade, a profunda emoção com que ele falou de sua dívida com a Ciência e seu desejo de promover seus interesses.[77]

O desejo de Darwin de expandir *Nomenclator*, de Steudel, não se materializou do modo previsto. Apoiado pelo dinheiro dele, o projeto se transformou no *Index Kewensis*, empreendimento colossal editado por Benjamin Daydon Jackson e pela equipe do herbário de Kew, listando todos os nomes de plantas conhecidos com as fontes escritas em que eram dados pela primeira vez. Quando terminado, ele incluiu 375 mil verbetes.[78] Só foi publicado em 1892-95. O patrocínio de Darwin foi registrado na página de rosto, e a obra recebeu o título apropriado de *Nomenclator Botanicus Darwinius*.

A generosidade vigilante estendia-se também a trabalhadores obscuros. Desde 1878, Darwin apoiou James Torbitt, comerciante de vinhos e de secos e molhados de Belfast, que estava envolvido em experimentos de reprodução para produzir uma raça de batata à prova de infecção. Desde a fome irlandesa de 1845, Darwin havia acompanhado a incerteza constante sobre o agente causador da praga da batata, lembrando-se de sua própria tentativa fracassada, com Henslow, de criar linhagens não infectadas de espécimes do *Beagle* que coletara na ilha de Chiloé. Darwin se ocupou com o projeto de Torbitt, escrevendo a Farrer e outros amigos que detinham altos postos para elogiar a investigação. Em 1881, enviou o equivalente a uma bolsa de pesquisa a Torbitt. "Tenho o prazer de anexar um cheque de

77 *Life and Letters*, v.3, p.352-3.
78 L. Huxley, 1918, v.2, p.237-9.

cem libras", disse Darwin a ele. "Se você receber uma dotação do governo, eu devo ser restituído."

O que mais o deixou perturbado foi saber que Wallace estava passando por dificuldades financeiras desesperadoras. Wallace não sabia mais a quem recorrer, não tinha emprego permanente e via a pobreza se aproximar rapidamente. Alarmado pela notícia, Darwin mobilizou todos os seus contatos influentes. Esperava que uma pensão do governo fosse concedida a Wallace, a despeito da confusão contínua sobre se cientistas eram elegíveis para recebê-las.[79]

É claro que Darwin se queixava do que considerava falta de cautela de Wallace em assuntos científicos. Essas queixas eram partilhadas por muitos de seus contemporâneos cientistas. Quando Hooker voltara da reunião da British Association em Glasgow, em 1876, havia bufado irritado para Darwin: "Wallace como espiritualista presidente foi um final sombrio para uma reunião científica". E Wallace estava sempre metido em algum tipo de problema financeiro, normalmente criado por ele próprio. Em todo investimento que fazia, as ações da empresa estavam fadadas a perder valor. Arquitetos e construtores o enganavam. Ele aceitou afoitamente um desafio para provar a redondez da Terra (e venceu), mas foi processado quando o apostador não foi pago e começaram a circular relatos difamatórios contra ele. Wallace aprendeu tarde demais que a justiça não é barata. Em 1880, vendeu sua casa em Grays, Essex, e comprou um chalé em Goldaming, esperando viver dos magros ganhos de suas publicações. Mas, apesar de todas as discordâncias entre os dois evolucionistas sobre seleção natural, espiritualismo, humanidade, seleção sexual, coloração dos animais e distribuição de plantas, Darwin desejava "muito sinceramente" o conforto e a felicidade de Wallace.

Como ocorrera com Butler e Farrer, nem tudo saiu de acordo com o planejado. Hooker não queria apoiar um esquema a favor de uma pensão para Wallace e precisou ser convencido do contrário. Ele acreditava que Wallace tinha "se degradado" e constrangeria a causa científica, embora tenha sido abrandado pelo inovador estudo de Wallace sobre biogeografia evolucionista, *Island Life* [Vida insular], publicado em 1880 com uma generosa dedicatória a Hooker. Esse livro tornou-se a fundação da pesquisa de alto nível em distribuição de animais e de plantas. Darwin recorreu alternadamente a Lubbock, Huxley e depois a seu velho parceiro de contenda sobre a evolução da humanidade, o duque de Argyll. Todos pensavam que o pedido teria mais força se fosse feito apenas por Darwin. Não obstante,

[79] Os documentos de Darwin relacionados a esse esquema estão em DAR 196.3.

um memorial descrevendo "o trabalho científico de vida inteira" de Wallace, redigido por Arabella Buckley e Darwin, ajustado por Huxley e assinado por Darwin e outras figuras eminentes, entre elas Argyll, chegou à mesa de Gladstone em janeiro de 1881.[80]

"Quase nunca desejei tanto uma coisa em minha vida quanto o sucesso do pedido", disse Darwin a Arabella Buckley. Ele dedicou muito esforço a escrever cartas a favor desse ambicioso projeto político, que se revelou mais exigente que muitas de suas pesquisas em história natural. "Foi uma faina terrível – quero dizer, tantas cartas." No fim, influenciado, de um lado, pela aprovação do duque de Argyll e, de outro, pela estatura pessoal de Darwin e pela natureza pública da realização científica dele e de Wallace, Gladstone concedeu a Wallace uma pensão anual de 200 libras – soma modesta, mas para Wallace um maná do céu, "uma surpresa muito prazerosa, [...] alívio muito grande da ansiedade pelo resto de minha vida".[81] A Darwin, ele escreveu: "Não há ninguém vivo com cuja gentileza nessa questão eu poderia me sentir mais endividado com tanto prazer e satisfação".[82]

Darwin considerou o resultado "esplêndido". Fosse qual fosse a mistura de sentimentos que o motivava, reconheceu que era tanto um prazer como um dever salvar Wallace. As vidas entrelaçadas deles exigiam isso. Agora, a história dual deles podia ser encerrada com segurança – ele fizera o melhor por seu companheiro nas páginas da história. Verdadeiramente, como insinuava Wallace, ninguém a não ser Darwin poderia ter conseguido iniciar e obter um acordo para a dotação. A ligação entre eles era tão assimétrica e, no entanto, tão honrada e tão extraordinária como sempre fora.

Dois meses depois, Gladstone reapareceu com um pedido próprio: Darwin concordaria em ser um dos curadores do British Museum? Ele recusou.

> Estou muito grato pela honra que o senhor me propôs e devia tê-la aceitado satisfeito, se minha força fosse suficiente para qualquer coisa como o comparecimento regular às reuniões dos curadores. Mas como não é este o caso, penso que é correto de minha parte declinar a honra.

Essa troca de correspondência foi provavelmente a fonte de uma história posterior de que Gladstone ofereceu a Darwin um título de cavaleiro que foi recusado. Ao que parece, Darwin nunca recebeu oferta desse tipo de honraria.

---

80 Colp, 1992.
81 Wallace, 1905, v.2, p.378.
82 Marchant, 1916, v.1, p.314-5.

No mais, enquanto trabalhava com indolência em seu jardim, Darwin esquecia com facilidade quanto era famoso. Ocasionalmente pessoas vislumbravam uma figura alta e magra usando um chapéu escuro e uma capa em uma das estradinhas das redondezas. "Um homem idoso estava caminhando lentamente", disse Wallis Nash, um vizinho temporário.

> Ao me ver, virou-se para o outro lado e parou enquanto eu seguia pela estrada, de costas para mim, estudando a face da pedreira de giz no morro, da qual tinha sido escavado o material de giz e sílex da estrada. A atitude era a de um homem tímido e nervoso, e eu olhei com curiosidade para ele quando passei. Vi, numa visão lateral, um homem esguio e um tanto encurvado, com um "rosto abatido", sobrancelhas brancas e barba espessa, debaixo de um chapéu mole preto. Ele usava roupas pretas e uma capa, com um xale de lã xadrez cinza enrolado nos ombros. Havia algo familiar no perfil geral, e eu me perguntei se já tinha encontrado aquele homem. De repente me veio o reconhecimento. Eram os retratos do autor da "Origem das espécies" que eu tinha em mente, por cujo original eu tinha passado, olhando para a pedreira de giz na estrada para Downe.[83]

Os visitantes eram recebidos em um estúdio forrado de livros por um idoso cortês. Edward Aveling, que levou Ludwig Buchner à Down House em setembro de 1881, disse que o anfitrião deles era muito retraído. Era difícil imaginar hóspedes mais improváveis que estes. Os dois filósofos sociais radicais estavam frequentando o Congresso da Federação Internacional de Livres-Pensadores em Londres. Buchner tinha a reputação ampla de ser o materialista mais feroz da Europa; Aveling era um ateu declarado. Apenas alguns meses antes, Darwin havia escrito para recusar um pedido de Aveling de dedicar a ele *The Student's Darwin* [O Darwin do estudante] dizendo que as partes ateístas levavam suas concepções "para mais longe do que me parece seguro".[84]

Também o almoço dificilmente poderia ter sido mais incongruente. Para dar apoio moral, os Darwin tinham convidado também John Brodie Innes, seu antigo vigário. A ocasião foi agradável. Depois da refeição, os homens se retiraram para o estúdio de Darwin, e lá, "em meio à fumaça de cigarros, com os livros dele nos olhando de cima, suas plantas para

[83] Nash, 1921, p.132-5.
[84] Feuer, 1975.

experimentos próximas, começamos a conversar".[85] Aveling perguntou a Darwin com urgência se ele era ateu. Ele respondeu que preferia a palavra "agnóstico". "Agnóstico era apenas ateu respeitável", respondeu Aveling, "e ateu era apenas agnóstico agressivo". Os convidados pressionaram Darwin a considerar seu papel na disseminação do livre-pensamento – todo livre-pensador devia proclamar a verdade "aos quatro ventos!". Perto do fim, eles concordaram cordialmente quanto à insuficiência do cristianismo. "Eu nunca abri mão do cristianismo até ter 40 anos", afirmou Darwin. "Ele não é sustentado por evidências." Impressionado pela óbvia sinceridade de Darwin, em 1883, depois da morte de Darwin, Aveling publicou uma descrição entusiasmada dessa entrevista, chamando-a *The Religious Views of Charles Darwin* [As opiniões religiosas de Charles Darwin]. Seu texto incomodou os membros remanescentes da família.

Outros visitantes do estúdio de Darwin ficavam surpresos com os sinais evidentes do trabalho de sua mente. Wallis Nash recordou que "as paredes estavam cobertas até o teto com livros muito usados, que transbordavam para as passagens e patamares no piso superior". Havia potes de planta sobre a mesa e os parapeitos de janela, uma lareira acesa, um xale de lã sobre a cadeira de espaldar alto. Durante os últimos anos de vida de Darwin, vários homens e mulheres iam venerar essa sala quase como se fosse a própria mente dele – um teatro de memória e inteligência que podia ser reverenciado com ou sem sua presença. A fotografia que Leonard tirou do velho estúdio pouco antes de Darwin desocupá-lo para ocupar o novo transmitia algo da mesma sensação de uma mente abstrata em funcionamento. E Darwin nem estava presente.

Ao continuar a se retirar para a privacidade doméstica, Darwin ficava ainda mais perplexo quando era reconhecido por estranhos. Um incidente passageiro em fevereiro de 1881 foi para ele uma revelação. Naquele mês, Darwin foi a Londres ouvir John Burdon Sanderson falar sobre plantas insetívoras na Royal Institution. Sanderson e ele trocaram algumas palavras antes em uma sala reservada e, quando Darwin entrou no auditório pela frente, uma explosão de aplausos percorreu o público. Darwin olhou para trás para ver quem tinha chegado. Demorou vários minutos para se dar conta de que os aplausos eram para ele.[86]

Mesmo assim, ele se sentia declinando. "O que farei com os poucos anos de vida que me restam, mal posso saber", escreveu a Wallace quando

[85] Aveling, 1883, p.4. Há um exemplar em DAR 139(12). A veneração da presença ausente de Darwin foi discutida em parte em Browne, 1998. Ver também Leder, 1990.

[86] *Life and Letters*, v.1, p.143; *Emma Darwin*, v.2, p.315.

visitava Ullswater. "Tenho tudo para me fazer feliz e contente, mas a vida se tornou muito cansativa para mim."[87]

Em agosto de 1881, foi de novo convidado a ser figura pública, desta vez para fazer uma aparição como convidado no Congresso Médico Internacional, a ser realizado em Londres. Aqui havia mais coisas envolvidas que apenas celebridade, embora essa talvez fosse a principal razão para o convite. Darwin tinha recentemente voltado a apoiar a vivissecção, em uma carta ao *Times* em que apresentava o argumento dos "benefícios incalculáveis que serão doravante derivados da fisiologia", um lance importante a favor da ciência. Isso provocou uma onda de réplicas de Frances Power Cobbe, Richard Hutton, *lord* Shaftesbury e George Jesse, bem como uma saraivada de panfletos, reimpressões e até um editorial do próprio *Times*.[88] De repente Darwin passou a ser uma figura extremamente apropriada para desfilar diante dos luminares da medicina que deviam comparecer ao congresso.

Esse congresso era de longe a maior convenção médica já realizada, atraindo mais de 3 mil participantes, entre eles *lord* Lister, Rudolf Virchow, Louis Pasteur, Robert Koch e Jean-Martin Charcot. Darwin não podia deixar de se envolver. *Sir* James Paget e *sir* William Gull lhe pediram que comparecesse à recepção de abertura para encontrar o príncipe de Gales e os "líderes da ciência". Paget o convidou para almoçar, e Gull, para jantar, ambos evidentemente visando a agraciar seus convidados com um vislumbre da principal protagonista da Inglaterra. Erasmus comentou que seu irmão estava "claramente se tornando não só um figurão científico, mas também da moda". De fato, na recepção, ele parece ter roubado a cena da maioria dos outros dignitários ao cumprimentar como a realeza grande quantidade de visitantes estrangeiros, muitos dos quais ele já conhecia por meio de correspondência, encontrando algumas palavras para dizer a todos. Huxley se divertiu com o estardalhaço. Pediu para também ser apresentado a Darwin, inclinando-se horizontalmente sobre a mão do amigo com um floreio. A troça entre eles não conseguiu disfarçar o renome internacional de Darwin. Na refeição, ele sentou à mesa principal.

> Havia uma imensa multidão de todos os maiores figurões da ciência e muito atraso e eu estava semimorto antes de o almoço começar. Sentei em frente ao príncipe e entre Virchow

---

[87] A Wallace, 12 de julho de 1881, British Library.

[88] Frithiof Holmgren, professor de fisiologia na Universidade de Uppsala, *Times*, 18 de abril de 1881.

e Donders, que falaram ambos sem cessar um inglês ruim e isso completou a morte.[89]

Muitos dos oradores defenderam a vivissecção em suas falas ao congresso, especialmente Virchow, e os delegados adotaram uma resolução apoiando o uso de vivissecção com controle humanitário. Darwin não compareceu a nenhum dos eventos depois da recepção inicial, tendo presumivelmente atendido ao propósito apenas por estar presente. Portanto, não apareceu na notável fotografia de grupo dos delegados tirada por Herbert Barraud nem na enorme pintura a óleo da recepção ao ar livre promovida pela baronesa Angela Burdett-Coutts, na qual os maiores cientistas vivos da Europa foram retratados de pé um tanto desajeitados conversando em grupos no gramado.[90] A maioria dos amigos, correspondentes e inimigos de Darwin estava lá. Por uma última vez, a ausência dele foi palpável.

E Darwin continuou a apoiar a causa vivisseccionista. Alguns meses depois, enviou dinheiro para ajudar a defender David Ferrier, experimentalista que foi inesperadamente processado por fazer vivissecção sem licença. Esse notório caso judicial foi iniciado por Frances Power Cobbe, e Darwin e outros consideravam que ele punha em risco o importante trabalho de Ferrier sobre as funções do cérebro. Depois foi criado um Fundo de Defesa da Ciência para assistir fisiologistas que enfrentassem circunstâncias semelhantes, e Thomas Lauder Brunton perguntou a Darwin se ele concordaria em ser o primeiro presidente do fundo. Embora Darwin declinasse, manteve-se atualizado sobre os desenvolvimentos.

IX

Apesar de todos esses sinais manifestos de aprovação pública, a melancolia persistia. "Minha vida é como um mecanismo de relógio, trabalhando no pouco mais que posso fazer em ciência", disse. Ele era presa de uma visão do tempo como algo poderoso e tão sombrio quanto qualquer coisa na cultura vitoriana. Um ar pensativo marcava seu retrato feito por John Collier em julho de 1881.

A encomenda foi executada a pedido da Linnean Society. Dentro das limitações com que Darwin recebia bem esses compromissos, ele ficou contente de concordar, porque sentia lealdade à Linnean, que era a moldura para sua identidade como biólogo. Ao que parece, não pensou nem por um

89 A William Darwin, 4 de agosto [de 1881], DAR 210.6.

90 Sakula, 1982. A pintura foi feita por Archibald Preston Tilt e está exposta no Wellcome Trust, Londres.

momento na possibilidade de a Linnean Society, como talvez a Cambridge Philosophical Society antes, estar interessada não apenas em comemorar a longa associação dele com a instituição, mas também em se apropriar de sua imagem como capital cultural. O propósito desse quadro – o lugar onde ficaria exposto e a mensagem que devia transmitir a membros reunidos – era uma parte essencial do projeto.[91]

Além disso, Darwin gostava de "Jack" Collier. Ele era genro de Huxley, um descrente confesso e membro do bem financiado e progressista cenário artístico londrino. Collier casara com a segunda filha de Huxley, Marian ("Mady"), que em 1878 desenhou um atraente esboço a lápis de Darwin.[92] O retrato a ser pintado por seu marido foi custeado por subscrições dos membros da Linnean.

Collier visitou a Down House duas vezes para sessões de pose, levando consigo Marian. Ele evitou qualquer escora científica, retratando Darwin despojado de qualquer sinal de existência prática, mundana, um homem cujo motivo de grandeza residia em seu intelecto. Collier fez Darwin posar como se estivesse prestes a sair para sua caminhada diária, vestido com a capa que ele usava ao ar livre, de chapéu na mão, uma figura benevolente simples e dignificada mirando as complexidades da natureza e enxergando mais longe que a maioria. O cabelo branco, a ampla barba e as sobrancelhas sulcadas lhe davam a aparência de um santo, até de uma divindade. Os membros mais jovens da família ficaram satisfeitos. Collier criara um ícone de solidão e sabedoria. Mas, como estava se tornando costumeiro, a obra não agradou a Emma, que comentou: "a aparência é muito indefinida".

A relação de Emma com Marian Huxley era outra história. Marian fazia parte da nova linhagem de mulheres, confiantes em suas capacidades e no futuro.

> Marian [...] não fez sucesso aqui. Ela deve ter melhorado ao se casar com um homem tão gentil – suas maneiras são tão indiferentes e carentes de respeito que Bessy mal consegue se decidir a chamá-la de Marian. Meu único objetivo é ser civilizada o bastante para evitar que seu Jack descubra quão pouco gostamos dela; p. ex., ela ficou sentada no chá das cinco ontem lendo seu jornal sem sequer desviar a vista para tomá-lo. É claro que nunca mais precisamos convidá-la.[93]

91 Prescott, 1985. Ver também Jordanova, 2000.

92 O desenho de Marian Collier está na National Portrait Gallery, Londres.

93 DAR 219.1.144.

As sessões de pose cansavam Darwin, então o mordomo Jackson assumiu o lugar dele. Posou para Collier usando a capa de Darwin de pé sobre uma caixa para conseguir a altura e o caimento adequados. Ele conversou animadamente com Collier. "Sabe, senhor, creio que algumas pessoas não acham que o sr. Darwin tem boa aparência; mas nós não vemos isso." Foram feitas pelo menos três cópias desse retrato, uma delas para a família Darwin, depois doada à National Portrait Gallery, em Londres.[94] A pintura original está exposta na Linnean Society. "Terei orgulho se um dia me vir suspenso na Linnean Society", disse Darwin ao parabenizar o artista.

X

Erasmus, irmão de Darwin, morreu em agosto de 1881, um momento triste para todos. Ele desempenhara um papel central na vida de Darwin – espirituoso, afetivo e hospitaleiro, um anfitrião generoso em Londres, um hóspede favorito em reuniões de fim de semana, em férias da família e excursões, um fofoqueiro incorrigível cujas cartas forneciam o cimento do círculo familiar: "Caroline contou uma história horrível sobre uma torta de mirtilo pavorosa demais para ser repetida, e temo que todos eles tenham rido em vez de se solidarizar", relatou certa vez caprichosamente. Erasmus escrevia sobre sua vida diária na metrópole, sua invalidez, seu alheamento casual.

Um a um, seus parentes perguntaram uns aos outros se Erasmus tivera uma morte solitária. Eles todos sabiam que ele não era um crente cristão. "Não é de minha natureza ver o melhor lado das coisas", disse em 1878, um autojulgamento que nenhum de seus parentes reconhecia. Sua atitude em relação à vida era mais envolvente, mais calorosa que isso. Eles ficaram contentes porque pelo menos ele não enfrentou a morte sozinho. Caroline, a irmã remanescente dele e de Darwin, havia se empenhado em ir à cidade para ficar com ele por alguns dias antes de voltar para casa. Então a amiga mais querida de Erasmus, Fanny Wedgwood, provavelmente seu único amor verdadeiro, chegou e ficou até o fim, acompanhada pela filha Effie e por Henrietta Litchfield. O amor que o grupo mais jovem sentia por ele era de uma simplicidade comovente. William Darwin disse que ele parecia "muito mais que um tio". É possível, de fato, que os irmãos e ele tenham encontrado em Erasmus a alternativa atraente ao pai, o outro lado da personalidade de Darwin, um homem dispondo de tempo infinito e com

---

[94] Sou muito grata a Prescott Nuding por essa informação e por me permitir acesso à sua pesquisa inédita. Em outra carta, Emma Darwin menciona que, além de Jackson, foi usado um segundo substituto; DAR 219.9.199

uma curiosidade carinhosa sobre o desenvolvimento da vida deles, alguém que não estava sempre preocupado com trabalho. Henrietta escolheu viver perto de Erasmus e esteve com ele mais ou menos até o fim. Seu humor sardônico foi preservado, até o fim ele zombou de si mesmo e das pretensões à fama da família. Erasmus fora o instigador de uma petição privada que circulou entre os Darwin e os Wedgwood para ser assinada, solicitando a Effie Farrer que escrevesse textos que pudessem ser lidos. Ou os divertira com planos frívolos de passar o inverno na Argélia, "inteiramente avesso a qualquer coisa além de ficar sentado ao sol em minha varanda" – frívolos só porque eles sabiam que ele nunca reuniria energia suficiente para ir até lá. E estava atento às realizações do irmão. "Eu lhe escrevi um bilhete muito encantador no sábado e o rasguei no domingo", contou a Effie pouco antes de morrer, "e talvez este seja rasgado amanhã, mas se ele sobreviver isso será prova de que é o mais adequado".

Por ocasião da morte de Erasmus, Darwin recordou a "paciência tocante e a doçura de sua natureza". Ao escrever a Hooker, disse: "Ele sempre me pareceu o homem mais agradável e lúcido que conheci. Londres me parecerá um lugar estranho sem a presença dele". Logo depois, ficou aflito ao ver as observações depreciativas de Thomas Carlyle sobre Erasmus, nas quais Carlyle sugeria num tom condescendente que ele fora "fadado ao silêncio e à ociosidade paciente". Julia Wedgwood saiu em defesa de Erasmus no *Spectator*. Em casa, Darwin pegou o exemplar manuscrito de sua autobiografia para acrescentar o comentário de que o relato de Carlyle continha, em sua opinião, "pouca verdade e nenhum mérito".[95]

O enterro foi em Downe. Darwin recusou que a cerimônia fosse oficiada pelo vigário da vila, George Ffinden, e mandou buscar seu primo John Wedgwood, o mesmo que havia oficiado a cerimônia do casamento dele com Emma muito tempo antes em Maer. Esta foi a última vez em que Darwin compareceu a uma igreja, com exceção de seu próprio funeral. Francis se lembrou com muita clareza do olhar do pai, de pé no cemitério, apanhado por uma neve esparsa, embrulhado em seu longo manto preto, "com um olhar grave de devaneio triste". Era 1º de setembro de 1881, "frio de rachar".

Embora não datadas, parece provável que as últimas fotografias de Darwin sejam desse período tristemente meditativo. Um representante da firma de Elliot and Fry foi à Down House, provavelmente Clarence E. Fry, o principal sócio fotógrafo. Esta foi uma mudança na prática usual de Darwin de visitar um estúdio em Londres, como fizera várias vezes no fim da década de 1879, para ser fotografado para novos *cartes de visite*. Darwin

---

95 *Autobiography*, p.43. Ver Carlyle, 1881, v.2, p.207-8.

posou do lado de fora, no alpendre, usando seu manto e seu chapéu mole. O resultado foram três estudos, talvez mais. Sua aparência era sombria. Só se conseguia ver dele praticamente a barba, o chapéu e os olhos. O homem como presença física quase desaparecera. Só restavam seus poderes mentais.

Darwin publicou seu último livro, *The Formation of Vegetable Mould Through the Action of Worms* [A formação de bolor vegetal pela atividade das minhocas] em outubro de 1881. "O tema pode parecer insignificante", escreveu ele no prefácio, em atitude semidefensiva. Mas os princípios que fundamentavam o estudo eram o credo primário de sua vida científica – "pequenos atos e seus efeitos acumulados". Darwin acreditava que o mundo natural era o resultado de ações pequenas e cumulativas repetidas constantemente, lição que aprendera pela primeira vez ao ler *Principles of Geology*, de Lyell, a bordo do *Beagle*, e desde então sempre utilizara. Sua interpretação da geologia da América do Sul se baseara na visão de Lyell de "pequeno e frequente", e também sua teoria sobre recifes de coral, cada pólipo usando como base os esqueletos de outros pólipos, cada indivíduo contribuindo com seus restos para o crescimento do recife. De modo mais notável, ele aplicara a ideia de mudança cumulativa gradual à origem das espécies, acreditando que a preservação de uma sucessão constante de adaptações menores nos indivíduos levaria à transformação dos seres vivos. Seus trabalhos sobre cracas, plantas e pombos, todos sustentavam esse argumento. Ninguém, nem mesmo o próprio Lyell, ou qualquer dos amigos e apoiadores mais próximos de Darwin, aceitava de maneira tão ardorosa como ele que o conteúdo do livro da natureza era os poderes cumulativos do pequeno.

No caso desse último livro, ele visitou pessoalmente a firma de Murray com o manuscrito em mãos, sem saber se ele seria aceito para publicação. Murray recordou a conversa com certo humor. "Aqui está uma obra que me ocupou por anos e me interessou muito. Temo que seu assunto não atraia muito o público, mas você o publicaria para mim?", teria questionado Darwin. "Sempre me dá muito prazer e esperança ouvir um autor falar assim de sua obra. Qual é o tema?", respondeu Murray. "Minhocas", disse Darwin.[96]

Apesar dos temores de Darwin, esse foi de longe o mais popular de seus livros, vendendo muito bem desde o dia em que foi lançado, em quantidade e com velocidade maiores até que *A expressão das emoções*. Um ou dois dias depois da publicação, Murray exclamou: "3.500 Minhocas!"[97] O assunto

96 Murray, 1919, p.18.

97 De Robert Cooke [John Murray], 5 de novembro de 1881, DAR 171.

capturou a imaginação geral. Durante meses Darwin recebeu cartas de pessoas querendo colaborar com seu empreendimento singular e curioso. "Estou quase frenético com o número de cartas sobre minhocas; mas em meio a muita tolice há alguns bons fatos e sugestões", suspirou.[98] Alguns dos contemporâneos viram o *pathos* na magnífica obsessão de Darwin.

> Devo admitir que sempre vi as minhocas entre os membros mais inúteis e não inteligentes da criação; estou pasmo de descobrir que têm uma vida doméstica e obrigações públicas!,

disse Hooker. Uma caricatura de autoria de Linley Sambourne publicada na *Punch* mostrava Darwin como o criador da vida, contemplando o ciclo evolucionário completo, tendo a minhoca como ponto de partida e de chegada, retratando o inevitável retorno à terra que o alimentava. Sambourne enviou essa ilustração e seus respeitos a Darwin. Leslie Stephen elogiou o livro pela ternura de Darwin com criaturas insignificantes. Moncure Conway adotou uma visão teológica, falando de "nossas companheiras minhocas" no *Index* de 1881, declarando que a minhoca é a ressurreição da vida.[99]

XI

Nos meses seguintes, Darwin reduziu consideravelmente seu ritmo. Sua mente foi ocupada por questões de família. Horace e Ida presentearam-lhe com um segundo neto, que seria chamado de Erasmus. Embora a notícia fosse bem-vinda, Darwin se sentia fatigado demais para viajar a Cambridge para ver o bebê, preferindo ficar ocioso no sofá. William e ele reservaram algum tempo para examinar os assuntos financeiros da família, e ele deu forma final a seu testamento, certificando-se de deixar um presente pessoal de mil libras para Hooker e o mesmo tanto para Huxley, "como um modesto memorial de meu afeto e respeito de vida inteira". Em atitude um tanto surpreendente, ele não fez o mesmo para Wallace.

Seu pulso fraco induziu Emma a chamar o dr. Andrew Clark, "que não considerou isso sério". Em particular, Clark alertou Emma de que Darwin mostrava sinais de progressivo enfraquecimento do coração. Isso foi deixado claro por um incidente assustador na casa de George Romanes. Durante uma visita a Londres no começo de dezembro de 1881, Darwin teve um espasmo repentino na porta da casa, identificado por ele depois como dor no coração do tipo que veio a afligi-lo. Clark examinou-o outra vez. "O dr.

---

[98] A Francis Darwin, 9 de novembro [de 1881], DAR 211.

[99] *Index*, 22 de dezembro de 1881.

A. Clark acha que meu coração está perfeitamente certo e que a dor rápida e intermitente deve ter sido só um efeito indireto", relatou ele com alívio.

Bernard, agora com 5 anos, era uma distração agradável. Darwin e ele referiam-se um ao outro como "Baba" e "Abbadubba", e ambos ansiavam por suas conversas diárias, o jovem e o velho se encontrando em terreno comum. Francis apreciou a intimidade entre eles.

> O amor e a bondade dele em relação a Bernard, "Abbadubba", como ele o chamava, eram grandes. Ele costumava dizer que nunca vira criança tão contente quanto Dubba; muitas vezes falava do prazer que sentia em ver o rostinho dele à sua frente no jantar; eles costumavam falar sobre gostar mais de açúcar mascavo do que de branco etc., e o resultado era "Nós sempre concordamos, não é, Abbadubba?" – Dubba tinha tantos adoradores que meu pai não conseguia ficar muito com ele; uma cerimônia que ocorria todos os dias era mostrar a "Baba" como era grande o pedaço de chocolate que ele tinha. Isso acontecia às 15h, quando meu pai estava deitado no andar de cima – e Dubba corria da caixa de chocolate para o sofá.[100]

A animação de Bernard reverberava por toda a família. Ele acompanhava o avô em caminhadas pelo jardim, arrastava soldados com o máximo de silêncio que conseguia no chão do estúdio de Darwin, descia a escada de três em três ou quatro em quatro degraus e segurava a mão de Darwin em esplendor pomposo no gramado quando a banda do Coal Club vinha fazer sua apresentação anual. E dançava com empolgação no alto do muro do jardim quando um trator barulhento fazia a curva da estrada. "Eles fizeram uma expedição deliciosa até Cudham", disse Emma naquele inverno. "Ele falou o tempo todo quando não estava cantando, e, sempre que eles encontravam uma poça congelada, ele tinha de ser descido para pisar nela." Emma contou a Henrietta que "Bernard está na fase de querer histórias ou conversas infindáveis, e logo fico esgotada – embora ele seja muito benevolente, querendo a mesma história quarenta vezes".[101] Encorajado por Darwin, ele corria em seu triciclo para um lado e para o outro do longo caminho de seixos enquanto o velho homem cronometrava o tempo em seu relógio de bolso. A prancha para descer escorregando a escada, que os membros geração anterior tinham usado em dias de chuva

---

[100] F. Darwin, 1920, p.57.

[101] *Emma Darwin*, v.2, p.294; DAR 219.9.188.

quando crianças, na década de 1850, ressurgiu misteriosamente do armário onde Parslow a guardara.

À noite, depois que Bernard ia dormir, Emma tocava piano para Darwin, em especial quando Henrietta e o marido os visitavam. Às vezes, Francis, Richard Litchfield e Emma tocavam juntos, "um pouco de som de instrumentos", como ela dizia. Esses trios eram executados de uma maneira amadora envolvente, Litchfield tocando a parte do violino em sua concertina e Frank, a do violoncelo, em seu fagote, "e assim eles tocavam muitos trios de Mozart e Haydn e movimentos lentos de Beethoven".[102]

Darwin continuava a planejar experimentos e se interessar pela casa e pelo jardim. No fim de 1881, ele comprou uma faixa de terra atrás da estufa, a ser anexada ao jardim. Pretendia ampliar o pomar e instalar uma quadra de tênis, embora uma quadra de grama improvisada provavelmente já estivesse demarcada. Os filhos se lembraram de que Darwin às vezes caminhava por ali a caminho do Sandwalk e rebatia com o punho da bengala bolas de tênis extraviadas. Diziam que ele era previsível em suas queixas sobre o sistema "idiota" de contagem de pontos no tênis, "sustentando que era só afetação marcar 15, 30, 40 em vez de 1, 2, 3". Parando para contemplar os fundos recém-expostos do muro do jardim, Darwin também traçou na cabeça um plano para uma nova sala de aquecimento para a estufa e discutiu com Francis a possibilidade de uma construção sem janelas, que parece ter sido planejada como um quarto escuro para cultivar plantas experimentais. Esta só foi posta em uso depois da morte dele.

Puxado para novas oportunidades de pensamento ocioso, ele reiniciou um punhado de investigações botânicas inacabadas. Uma delas envolvia a condição que ele chamava de viço. Esse viço podia ser visto na cor pulverulenta de frutas recém-colhidas, uma ameixa, digamos, que Darwin acreditava ser uma adaptação para reduzir os efeitos da desidratação. "É realmente uma bela visão pôr uma vagem da ervilha comum, ou uma framboesa, na água", disse entusiasmado. "Elas parecem envolvidas em vidro fino." Ele pensava que o viço estava relacionado de maneira evolucionária à cobertura de cera que protegia plantas de borrifos de sal, lama e chuva. Então, insistiu com William Thiselton Dyer em Kew para obter espécimes litorâneos e atacou impiedosamente as coberturas superficiais das folhas, abriu buracos nelas regando-as ao sol, imergiu-as em água salgada e infligiu qualquer outra "devastação" que conseguia imaginar.

De tempos em tempos, ele olhava inquisitivamente para a outra ponta das plantas. Mergulhou raízes em carbonato de amônia para examinar a

[102] *Emma Darwin*, 2.ed., 1915, v.2, p.395.

taxa de absorção celular. "Meu caro sr. Vines", escreveu de modo compreensivo a um novo contato em Cambridge, o botânico Sydney Vines, "temo que o senhor vá ficar inteiramente cansado de mim e de minhas raízes". Ou ele tentava identificar as razões da abertura e do fechamento diário de folhas e flores. Gostava de se referir ao movimento de fechamento como "sono", embora logo decidisse que ele era na verdade uma reação adaptativa relacionada à autopreservação em relação à luz. Ele montou algumas desajeitadas engenhocas de madeira com braços rotativos para apanhá-las. À noite, colocava uma sucessão de plantas de pote valiosas no gramado com as folhas amarradas de modo que não pudessem se mover. "Matamos ou ferimos seriamente uma multidão de plantas", disse com remorso. Darwin sacrificou para seu trabalho uma *Oxalis sensitiva* favorita, antes de se lembrar com culpa de que ela provinha de Kew.

Esses projetos idiossincráticos desviavam sua atenção da saúde declinante. Ainda assim, ele meditava sobre a vida que vivera. Leonard Darwin registrou um momento em que esse sentimento pairava quase sólido no ar.

> Meu pai, minha irmã e eu estávamos caminhando [...] em uma bela tarde ensolarada quando o encanto da paisagem tranquila, tenho certeza, afetou a mente dele. Em todo caso, em resposta a algo que minha irmã tinha dito, ele declarou que se tivesse de viver de novo sua vida desde o início, tornaria uma regra não deixar passar um dia sem ler alguns versos de poesia. Então, acrescentou em voz baixa que queria não ter "deixado sua mente se deteriorar tanto".[103]

Emma costumava passar o começo da tarde e a noite lendo em voz alta para ele. A Mudie's Circulating Library os mantinha bem fornidos de obras de ficção e memórias, e uma carta escrita por Emma em 1879 indica que eles estavam relativamente atualizados em literatura contemporânea. Depois do almoço, Darwin repousava e fumava um cigarro enquanto ela lia para ele o texto do dia.

> Começamos a ler em voz alta "Os europeus", um contraste muito agradável com um romance muito doloroso, mas poderoso de Trollope, "An eye for an eye" [Olho por olho], que acabamos de ler. O sr. James é excessivamente sutil para meu gosto e tive de parar muitas vezes para pensar no que ele quer dizer.

[103] L. Darwin, 1929, p.119-20.

No mais, ela jogava duas partidas de gamão com ele, ritual noturno mantido mesmo em momentos difíceis. O tabuleiro era revestido de couro para parecer um livro grande e tinha gravado na lombada "History of North America". Darwin permaneceu competitivo até o fim. "Vou acabar com você" ou "Que mulher danada", exclamava quando as coisas não iam bem para ele. "Peço que dê nossas lembranças muito gentis à sra. Gray", escreveu certa vez a Asa Gray.

> Sei que ela gosta de ouvir homens se gabando, isso os rejuvenesce muito. Agora a contagem com minha esposa no gamão está assim: ela, pobre criatura, ganhou só 2.490 partidas, enquanto eu ganhei, *viva... viva,* 2.795 partidas![104]

Durante esses dias apáticos, Emma alterava sua rotina para melhor se adequar a ele. Preocupava-a que Darwin estivesse ficando fraco, ao comer apenas um ovo numa primeira refeição com Bernard e se retirar logo depois para deitar. "Estou muito bem", escreveu ele a Wallace, "mas sempre me sinto meio morto de cansaço". Francis logo percebeu o humor lamentoso.

> Uma de suas muitas manifestações de regularidade sistemática era assoar o nariz fazendo barulho toda noite às 10h30 quando se despia em seu estúdio, que ele usava como quarto de vestir. Seu camisolão comprido de cores vivas era uma visão familiar quando ele subia lentamente para a cama com seu passo vagaroso e cansado.[105]

Darwin começou a usar óculos de leitura, embora sempre os perdesse no colete. Ele nunca ficou surdo, disseram os filhos. Emma estava sempre por perto, apreensiva com a possibilidade de qualquer dia ser o último. "Olhou para fora pela janela", registrou ela em seu diário em uma manhã particularmente ruim, como se isso fosse um feito digno de nota. Quando ela cuidava dele à noite, ele dizia: "Quase vale a pena ficar doente para ser cuidado por você".

> Durante os últimos anos de meu pai, o dia inteiro dela era planejado para se adequar a ele [relatou Henrietta]: estar pronta

[104] DAR 140, ser. 3, p.36; carta a Asa Gray, 28 de janeiro de 1876, Gray Herbarium, Harvard University.

[105] DAR 140, ser. 3, p.12.

> para ler em voz alta para ele, acompanhá-lo em sua caminhada e ficar constantemente disponível para aliviar seus desconfortos diários. [...] Minha mãe, quando tinha força e o tempo permitia, passeava com ele pelo "caminho de areia" ["sand-walk"].[106]

Em fevereiro e março de 1882, ele voltou a sentir dores no peito. Emma contou a Henrietta:

> As duas caminhadas que ele fez causaram fraqueza e um pouco de dor na região do coração – portanto ficamos muito contentes quando o dr. Clark o examinou com cuidado e declarou que o coração estava muito forte. Ele atribui todo esse desconforto ao eczema que não se revela.

Mas ele dependia completamente de Emma, sem disposição para andar até longe de casa temendo ser tomado por dores ou um "ataque de sua tontura", incapaz de tolerar visitantes exceto amigos da família bastante íntimos. Preferia andar devagar com a esposa no alpendre ou, na primavera, ficar sentado com ela no pomar, admirando os açafrões e ouvindo o canto dos pássaros.

Quatro médicos o atenderam durante esses meses – número desnecessariamente grande, mas característico do múltiplo relacionamento que Darwin manteve a vida inteira com esses profissionais. Andrew Clark viajou de Londres para vê-lo, embora os Darwin não gostassem de interromper sua prática ocupada para chamá-lo. Clark pôs Darwin nas mãos combinadas de Norman Moore, do St. Bartholomew's Hospital, e C. H. Allfrey, de St. Mary Cray, uma vila vizinha. Logo depois foi trazido o dr. Walter Moxon, médico do Guy's Hospital. A mente de Darwin estava absolutamente clara e seu senso de humor, intacto. Em uma ocasião, quando Emma o repreendeu por interrompê-la e então pediu a Bernard de maneira um tanto abrupta para tocar a campainha dos criados, ele riu. "É, se apresse com isso, não é bom brincar com Mammy quando ela está com esse humor, eu lhe garanto." Aqui e ali, ele fazia pequenas observações no jardim ou na estufa, com a mente ainda voltada para raízes e folhas. Dois dias antes de sua morte, ele ficou andando inquieto pela casa até ser autorizado a observar os resultados de um dos experimentos de Francis sobre viço.

Mas ele estava definhando. Morreu na tarde de 19 de abril de 1882, depois de ter esmorecido lentamente nos dois ou três dias anteriores e sofrido o

[106] *Emma Darwin*, v.2, p.254.

que Emma chamou de "ataque fatal" à meia-noite do dia 18. Não houve conversão no leito de morte, nada de últimas palavras famosas.[107] "Não tenho medo de morrer", aparentemente murmurou para Emma. "Lembre-se de quão boa esposa você foi."[108] Allfrey assinou o atestado de óbito dando como causa da morte "Síncope de Angina Pectoris", a cessação gradual do coração. Darwin tinha 73 anos.

XII

Antes de o dia terminar, John Lewis chegou pela estrada em sua carruagem rangente com um caixão, no qual expôs Darwin, como a antiga tradição do campo exigia. Emma sabia que Darwin esperava ser enterrado no cemitério da igreja ao lado de Erasmus e dos dois bebês Darwin mortos, "o lugar mais doce da Terra", dissera ele certa vez a Hooker. Darwin sem dúvida imaginava que no futuro Emma seria enterrada lá. Ele fizera sua vida e seus livros naquele local. Mas a ciência o reivindicou, como sempre fizera. Naquela noite, a notícia de sua morte foi dada diretamente por Francis Darwin a Huxley, Hooker e Galton, e aos demais. No dia seguinte, Galton foi correndo falar com William Spottiswoode, o presidente da Royal Society, para solicitar que Darwin fosse sepultado na Abadia de Westminster, como um memorial adequado a um grande homem.

Morrer foi a coisa mais política que Darwin poderia ter feito. Como Huxley e outros sabiam, enterrá-lo na Abadia de Westminster celebraria tanto o homem quanto a ciência naturalista governada por leis que ele, assim como cada membro do círculo darwiniano, havia a seu modo se empenhado em estabelecer. Uma homenagem como essa convinha inteiramente a Huxley. O afeto e a admiração dele pelo amigo se combinavam harmoniosamente com a elevada consideração pela ciência moderna. Logo Lubbock pôde enviar ao deão de Westminster um documento declarando que

> seria aceitável para um número muito grande de nossos compatriotas de todas as classes e opiniões que nosso ilustre compatriota, o sr. Darwin, fosse enterrado na Abadia de Westminster.

[107] Sobre a suposta conversão de Darwin no leito de morte, ver Moore, 1994. O diário de Emma Darwin registra os número "3 1/2", presumivelmente a hora da morte de Darwin. Ver também *Life and Letters*, v.3, p.358. Sou grata ao Darwin Correspondence Project por me permitir ver um exemplar certificado do testamento de Darwin, datado de 4 de junho de 1882. O patrimônio dele foi avaliado em 146.911 libras. O testamento foi testemunhado por William Jackson, o mordomo.

[108] Anotações de Emma Darwin sobre a morte de Darwin, *Emma Darwin*, v.2, p.328-9.

Vinte membros do parlamento o haviam assinado. Lubbock estava confiante em que o dr. Bradley (o deão) e Gladstone (o primeiro-ministro) dariam seu consentimento.

Mal tendo tempo para pensar, os familiares de Darwin de início relutaram em aceitar esse pedido, não só cientes dos desejos de Darwin, mas também sensíveis à acusação de que poderiam estar buscando a publicidade que ele evitara em vida. "Ficamos agoniados de não deixá-lo descansar calmamente ao lado de Eras", disse Emma a Fanny Wedgwood. "Mas William sentiu fortemente, e depois de refletir eu também, que sua natureza graciosa e agradecida teria desejado aceitar o reconhecimento do que ele tinha feito." Várias pessoas na vila expressaram relutância por outros motivos. O proprietário da George Inn pensava que um túmulo na vila ajudaria os negócios locais ao atrair turistas. "Houve grande decepção em Downe por ele não ser enterrado lá", concordou Parslow. "Ele amava o lugar e pensamos que, se tivesse sido consultado, teria preferido descansar lá."[109] Mesmo assim, a família aceitou.

O funeral na Abadia de Westminster foi realizado na quarta feira 26 de abril, uma semana depois da morte de Darwin. A cerimônia foi assombrosa nas dimensões e no conteúdo, oportunidade não apenas para a ciência fazer um reconhecimento formal do lugar de Darwin na história, mas também para mostrar sua própria força. O caixão original de Kent foi trocado por um suntuoso, revestido de veludo. Compareceram filósofos, cientistas, naturalistas, almirantes, superintendentes de museu e dignitários civis, "juntos com uma multidão de celebridades", todos ávidos para prestar seus derradeiros respeitos ao homem e à realização. Houve poucas ausências – Gladstone estava ocupado em Downing Street ("saída para Windsor às 5. Grande jantar na galeria Waterloo") e o arcebispo de Canterbury estava indisposto.[110] Não se sabe até que ponto estas podem ter sido ausências táticas.

Ainda assim, o caráter doméstico da obra de Darwin mostrou seu rosto entre os ornamentos cerimoniais. Completamente desinibido, seu filho mais velho, William, sentiu uma brisa na calva depois de tirar o chapéu. "Então ele pôs suas luvas pretas equilibradas no alto da cabeça e ficou assim durante toda a cerimônia, com os olhos da nação sobre ele."[111] Incógnitos entre a "densa multidão de acompanhantes do enterro, entre os quais havia homens e mulheres cujos nomes são palavras caseiras nos

[109] Jordan, 1922, v.1, p.273.
[110] Matthew, 1990, p.244.
[111] Raverat, 1952, p.176.

círculos científicos europeus", estavam seus empregados Parslow e Jackson, e a cozinheira, sra. Evans.

"Feliz do homem que encontrou o conhecimento e alcançou o entendimento", cantou o coro de Provérbios 3. Entre os homens que carregaram o caixão até o túmulo havia dois duques e um conde – o duque de Argyll, o duque de Devonshire e o conde de Derby –, acompanhados pelo embaixador norte-americano, J. Russell Lowell, e por William Spottiswoode, representando a ciência britânica como presidente da Royal Society. Os outros eram igualmente eminentes, quatro homens cuja vida havia se entrelaçado tão intimamente com a de Darwin e cuja ascensão a cargos públicos correspondera à crescente aceitação de suas teorias: Hooker, Wallace, Huxley e Lubbock. Longe dali, nos Estados Unidos, Asa Gray só pôde escrever a Julia Wedgwood para dizer que a morte de Darwin era "como a aniquilação de um bom pedaço do que resta de minha vida".

O túmulo de Darwin ficava na nave, perto de *sir* John Herschel e de Isaac Newton, um lugar honrado, mas não tão próximo de Lyell quanto Emma esperava. A lápide foi inscrita com seu nome e as datas de nascimento e morte; só mais tarde a Royal Rociety organizou um fundo para acrescentar uma tabuleta de bronze que descrevia a contribuição dele à ciência. Como declarou a *Pall Mall Gazette*, os admiradores acreditavam estar depondo ali "o maior inglês desde Newton", alguém que havia dado

> a mesma empolgação, a mesma direção a tudo que é mais característico da energia intelectual do século XIX, como fizeram Newton e Locke no XVIII.

Ninguém, afirmou o *Times*, "exerceu sobre os homens e suas inteligências um poder mais completo que aquele que nos últimos 23 anos emanou de uma casa de campo simples em Kent".[112]

Emma ficou em casa. Inesperadamente, alguns dias depois, Francis teve de abater Polly, cadela de Darwin, e a enterrou no pomar, embaixo da macieira Kentish Beauty.

E Darwin começou a virar lenda.

---

[112] Citado de Moore, 1982, p.110-1. Ver A. R. Hall, 1966, para os cientistas enterrados na Abadia de Westminster.

Referências bibliográficas

Abir Am, P.; Outram, D. (Eds.) *Uneasy Careers and Intimate Lives*: Women in Science, 1789-1987. New Brunswick, N.J.: Rutgers University Press, 1987.

Ackerknecht, E. H. *Rudolf Virchow*: Doctor, Statesman, Anthropologist. Madison: University of Wisconsin Press, 1953.

Acland, H.; Ruskin, J. *The Oxford Museum*. Londres, 1859.

Adler, S. W. "Darwin's Illness". *Nature*, v.184, p.1102-3, 1959.

Agassiz, E. C. (Ed.) *Louis Agassiz:* His Life and Correspondence. 2v. Londres, 1885.

Agassiz, L. "Essay on Classification". In: ___. *Contributions to the Natural History of the United States*. 3v. Boston, 1857-62. [v.1, 1859]

______. "On the Origin of Species". *American Journal of Science and Arts*, v.30, p.142-54, 1860. Também em *Annals and Magazine of Natural History* 6, p.219-32.

Allan, M. *The Hookers of Kew*, 1785-1911. Londres: Michael Joseph, 1967.

______. *Darwin and his Flowers*: The Key to Natural Selection. Londres: Faber & Faber, 1977.

Allen, D. E. *The Naturalist in Britain*: a Social History. Harmondsworth: Penguin Books, 1978.

______. "The Women Members of the Botanical Society of Londres, 1836-56". *British Journal for the History of Science*, v.13, p.240-54, 1980.

______. "Tastes and Crazes". In: Jardine, N.; Secord, J. A.; Spary, E. (Eds.) *Cultures of Natural History*, p.394-407. Cambridge: Cambridge University Press, 1996.

Allingham, W. *A Diary*. Allingham, H.; Radford D. (Eds.) Londres: Macmillan, 1907.

Alter, S. G. *Darwinism and the Linguistic Image*: Language, Race, and Natural Theology in the Nineteenth Century. Baltimore: Johns Hopkins University Press, 1999.

Altholz, J. L. *Anatomy of a Controversy*: The Debate over "Essays and Reviews", 1860-1864. Aldershot: Scholar Press, 1994.

Altick, R. D. *The English Common Reader*: A Social History of the Mass Reading Public, 1800-1900. Chicago: University of Chicago Press, 1957.

______. *Victorian People and Ideas*. Londres: Dent, 1974.

______. *The Shows of London*. Cambridge, Mass.: Harvard University Press, 1978.

Amigoni, D.; Wallace, J. (Eds.) *Charles Darwin's "The Origin of Species"*: New Interdisciplinary Essays. Manchester: Manchester University Press, 1995.

Anderson, B. L.; Cottrell, P. L. *Money and Banking in England*: the Development of the Banking System, 1694-1914. Newton Abbot: David & Charles, 1974.

Anderson, O. *Suicide in Victorian and Edwardian England*. Oxford: Clarendon Press, 1987.

Anderson, P. *The Printed Image and the Transformation of Popular Culture*, 1790-1860. Oxford: Clarendon Press, 1991.

Annan, N. G. "The Intellectual Aristocracy". In: Plumb, J. H. (Ed.) *Studies in Social History*: A Tribute to G. M. Trevelyan. Londres: Longmans, Green, 1955. p.241-87.

______. *Leslie Stephen: The Godless Victorian*. Londres: Weidenfeld & Nicolson, 1984.

Anon. *A Brief and Complete Refutation of the Anti-Scriptural Theory of Geologists*. By a Clergyman of the Church of England. Londres, 1853.

Anon. *Atheisms of Geology. Sir* C. Lyell, Hugh Miller, etc. Confronted with the Rocks. By J. A. S. Londres, 1857.

Appleman, P.; Madden, W. A.; Wolff, M. 1859: Entering an Age of Crisis. Bloomington: Indiana University Press, 1959.

Arbuckle, E. W. S. (Ed.) *Harriet Martineau's Letters to Fanny Wedgwood*. Stanford, Calif.: Stanford University Press, 1983.

Armstrong, C. *Scenes in a Library*: Reading the Photograph in the Book. Cambridge, Mass: MIT Press, 1998.

Arnstein, W. L. *The Bradlaugh case*: A Study in Late Victorian Opinion and Politics. Oxford: Clarendon Press, 1965.

Ashton, R. *G. H. Lewes*: A Life. Oxford: Clarendon Press, 1991.

______. *George Eliot*. A Life. Londres: Allen Lane, 1996.

Asser, J. *Historic Hairdressing*. Londres: Sir Isaac Pitman, 1966.

Atkins, H. *Down, the Home of the Darwins*: The Story of a House and thee People Who Lived There. Londres: Royal College of Surgeons of England, 1974.

Atlay, J. B. *Sir Henry Wentworth Acland* [...] A Memoir. Londres: Smith & Elder, 1903.

Autobiography: ver Barlow, N. (Ed.), 1958.

Aveling, E. *The Religious Views of Charles Darwin*. Londres: Freethought Publishing, 1883.

Bailin, M. *The Sickroom in Victorian Fiction*: The Art of Being Ill. Cambridge: Cambridge University Press, 1994.

Bajema, C. J. "Charles Darwin on Man in the First Edition of the *Origin of Species*". *Journal of the History of Biology*, v.21, p.403-10, 1988.

Baker, W. (Ed.) *The Letters of George Henry Lewes*. 2v. Victoria, B.C.: University of Victoria Press, 1995.

Barbour, J. D. *Versions of Deconversions*: Autobiography and the Loss of Faith. Charlottesville: University Press of Virginia, 1994.

Baring-Gould, S.; Bampfylde, C. A. *A history of Sarawak under its Two White Rajahs*, 1839-1908. Londres: H. Sotheran, 1909.

Barlow, N. (Ed.) *The Autobiography of Charles Darwin*, 1809-1882, *with Original Omissions Restored*. Londres: Collins, 1958. [Ed. bras.: *Autobiografia*, 1809-1882, trad. Vera Ribeiro. São Paulo: Contraponto, 2000.]

Barnes, B.; Shapin, S. "Science, Nature and Control: Interpreting Mechanics' Institutes". *Social Studies of Science*, v.7, p.31-74, 1977.

Referências bibliográficas

Barnes, J. J. *Authors, Publishers and Politicians*. The Quest for an Anglo-American Copyright Agreement. Londres: Routledge, 1974.

Barrett, P. H. (Ed.) *The Collected Papers of Charles Darwin*. 2v. Chicago: University of Chicago Press, 1977.

Barrett, P. H. et al. (Eds.) *Charles Darwin's Notebooks*, 1836-1844: Geology, Transmutation of Species, Metaphysical Enquiries. Cambridge: Cambridge University Press, 1987.

Barros, C. *Autobiography*: Narrative of Transformation. Ann Arbor: University of Michigan Press, 1998.

Bartholomew, M. "Lyell and Evolution: An Account of Lyell's Response to the Prospect of an Evolutionary Ancestry for Man". *British Journal for the History of Science*, v.6, p.261-303, 1973.

______."Huxley's Defence of Darwin". *Annals of Science* 32, p525-35, 1975.

______. "The Award of the Copley Medal to Charles Darwin". *Notes and Records of the Royal Society*, v.30, p.209-18, 1976.

Bartley, M. M. "Darwin and Domestication: Studies on Inheritance". *Journal of the History of Biology*, v.25, 307-33, 1992.

Barton, R. "Evolution: The Whitworth Gun in Huxley's War for the Liberation of Science from Theology". In: Oldroyd, D.; Langham, I. (Eds.) *The Wider Domain of Evolutionary Thought*. Dordrecht: Reidel, 1983. p.261-87.

______."'An Influential Set of Chaps': The X Club and Royal Society Politics, 1864-1885". *British Journal for the History of Science*, v.23, p.58-81, 1990.

______."'Huxley, Lubbock and Half a Dozen Others': Professionals and Gentlemen in the Formation of the X Club, 1851-1864". *Isis*, v.89, p.410-44, 1998.

Bassett, A. T. (Ed.) *Gladstone to his Wife*. Londres: Methuen, 1936.

Bates, H. W. *The Naturalist on the River Amazons*: A Record of Adventures, Habits of Animals, Sketches of Brazilian and Indian Life, and Aspects of Nature under the Equator During Eleven Years of Travel. 2v. Londres, 1863.

Becher, T. *Academic Tribes and Territories*: Intellectual Enquiry and the Cultures of Disciplines. Milton Keynes: Open University Press, 1989.

Beddall, B. G. "Wallace, Darwin and the Theory of Natural Selection: A Study in the Development of Ideas and Attitudes". *Journal of the History of Biology* 1, p.261-323, 1968.

______ (Ed.) *Wallace and Bates in the Tropics*: An Introduction to the Theory of Natural Selection. Nova York: Macmillan, 1969.

______. "'Notes for Mr. Darwin'. Letters to Charles Darwin from Edward Blyth at Calcutta: A Study in the Process of Discovery". *Journal of the History of Biology*, v.6, p.69-95, 1973.

______. "Darwin and Divergence: The Wallace Connection". *Journal of the History of Biology*, v.21, p.1-68, 1988a.

______. Wallace's Annotated Copy of Darwin's *Origin of Species*. *Journal of the History of Biology*, v.21, p.265-89, 1988b.

Beer, G. *Darwin's Plots:* Evolutionary Narrative in Darwin, George Eliot and Nineteenth-Century Fiction. Londres; Boston: Routtledge & Kegan Paul, 1983.

______. Darwin's Reading and the Fictions of Development. In: Kohn, D. (Ed.) *The Darwinian Heritage*. Princeton, N.J.: Princeton University Press em associação com Nova Pacífica, 1985. p.543-88

______. The Face of Nature: Anthropomorphic Elements in the Language of the *Origin of Species*. In: Jordanova, L. (Ed.) *Languages of Nature:* Critical Essays on Science and Literature. Londres: Free Association Books, 1986. p.207-43

______. Darwin and the Growth of Language Theory. In: Christie, J.; Shuttleworth, S. (Eds.) *Nature Transfigured:* Science and Literature, 1700-1900, p.152-70. Manchester: Manchester University Press, 1989.

______. *Open Fields*: Science in Cultural Encounter. Oxford: Clarendon Press, 1996.

Belloc, M. A. *"I, Too, Have Lived in Arcadia."* A Record of Love and Childhood. Londres: Macmillan, 1941.

Bellon, R. "Joseph Dalton Hooker's Ideals For A or a Professional Man of Science". *Journal of the History of Biology*, v.34, p.51-82, 2001.

Bender, B. *Descent of Love*: Darwin and the Theory of Sexual Selection in American Fiction, 1871-1926. Filadélfia: University of Pennsylvania Press, 1996.

Bentham, G. Discurso presidencial. *Proceedings of the Linnean Society of London*, v.4 (1859-64), p.XI-XXIX, 1863.

Berg, C. *The Unconscious Significance of Hair*. Londres: Allen & Unwin, 1951.

Berman, D. *A History of Atheism in Britain*: From Hobbes to Russell. Londres: Croom Helm, 1988.

Bermingham, A. *Landscape and Ideology*: The English Rustic Tradition, 1740-1860. Berkeley: University of California Press, 1986.

Bernstein, R. B. "Darwin's Illness: Chagas Disease Resurgens". *Journal of the Royal Society of Medicine*, v.77, p.608-9, 1984.

Berrios, G. E. "Obsessional Disorders during the Nineteenth Century: Terminological and Classificatory Issues". In: Bynum, W. F.; Porter, R.; Shepherd, M. (Eds.) *The Anatomy of Madness*: Essays in the History of Psychiatry. v.1. Londres: Tavistock Publications, 1985. p.166-87.

Betham-Edwards, M. *Mid-Victorian Memories*. Londres: John Murray, 1919.

Bevington, M. M. *The "Saturday Review"*, 1855-1868: Representative Educated Opinion in Victorian England. Nova York: Columbia University Press, 1941.

Bibby, C. *T. H. Huxley*: Scientist, Humanist and Educator. Londres: Watts, 1959.

Bingham, A. W. *The Snake-Oil Syndrome: Patent Medicine and Advertising*. Hanover, Mass.: Christopher Publishing House, 1994.

Blaisdell, M. "Natural Theology and Nature's Disguises". *Journal of the History of Biology*, v.15, p.163-89, 1982.

Blinderman, C. S. "The Great Bone Case". *Perspectives in Biology and Medicine*, v.14, p.370-93, 1970.

______. "The Descent of Words". *Language Quarterly*, v.33, p.224-41, 1995.

Boakes, R. *From Darwin to Behaviourism:* Psychology and the Minds of Animals. Cambridge: Cambridge University Press, 1984.

Bohlin, I. "Robert M. Young and Darwin Historiography". *Social Studies of Science*, v.21, p.597-648, 1991.

Bondeson, J. *A Cabinet of Medical Curiosities*. Nova York: Tauris, 1997.

Bonney, T. G. *Annals of the Philosophical Club of the Royal Society*. Londres: Macmillan, 1919.

Bowlby, J. *Charles Darwin*: A Biography. Londres: Hutchinson, 1990.

Bowler, P. "Darwin's Changing Concepts of Variation". *Journal of the History of Medicine and the Allied Sciences*, v.29, p.196-212, 1974.

______. "The Changing Meaning of 'Evolution'". *Journal of the History of Ideas*, v.36, p.95-114, 1975.

______. *Fossils and Progress*: Paleontology and the Idea of Progressive Evolution in the Nineteenth Century. Nova York: Science History Publications, 1976.

______. *The eclipse of Darwinism*: Anti-Darwinian Evolution Theories in the Decades around 1900. Baltimore: Johns Hopkins University Press, 1983.

______."Scientific Attitudes to Darwinism in Britain and America". In: Kohn, D. (Ed.) *The Darwinian Heritage*. Princeton, N. J.: Princeton University Press em associação com Nova Pacifica, 1985. p.641-81.

______. *Theories of Human Evolution*: A Century of Debate, 1844-1944. Baltimore: Johns Hopkins University Press, 1986.

______. *The Non-Darwinian Revolution*: Reinterpreting a Historical Myth. Baltimore: Johns Hopkins University Press, 1988.

______. *Evolution*: The History of an Idea. Berkeley: University of California Press, 1989a.

______. *The Invention of Progress:* The Victorians and the Past. Oxford: Basil Blackwell, 1989b.

______. *Charles Darwin:* The Man and his Influence. Cambridge: Cambridge University Press, 1990.

______. "Social Metaphors in Evolutionary Biology". In: Maasen, S.; Menndelsohn, E.; Weingart, P. (Eds.) *Biology as Society, Society as Biology*: Metaphors. Dordrecht: Kluwer, 1995. p.107-26.

Brackman, A. C. *A Delicate Arrangement*: The Strange Case of Charles Darwin and Alfred Russel Wallace. Nova York: Times Books, 1980.

Bradford, S. *Disraeli*. Londres: Phoenix Giant, 1996.

Bradlaugh, H. B. *Charles Bradlaugh: A Record of his Life and Work*. 2ed. 2v. Londres: T. Fisher Unwin, 1894.

Brake, L.; Jones, A.; Madden, L. (Eds.) *Investigating Victorian Journalism*. Basingstoke: Macmillan, 1990.

Braudy, L. *The Frenzy of Renown*: A History of Fame. Oxford: Oxford University Press, 1986.

Brent, P. *Charles Darwin*: A Man of Enlarged Curiosity. Londres: Heinemann, 1981.

Briggs, A. *The Age of Improvement*. Londres: Longmans, 1959.

______. *Victorian People*: A Reassessment of Persons and Themes, 1851-67. Harmondsworth: Penguin Books, 1965.

______. "Prince Albert and the Arts and Sciences". In: Phillips, J. A. S. (Ed.) *Prince Albert and the Victorian Age*. Cambridge: Cambridge University Press, 1981.

______. *Victorian Things*. Harmondsworth: Penguin Books, 1990.

Brock, W. H. "The Development of Commercial Science Journals in Victorian England". In: Meaddows, A. J. (Ed.) *The Development of Science Publishing in Europe*. Amsterdam: Elzevier, 1980. p.95-122.

______. "Glaucus: Kingsley and the Seaside Naturalists". In: Brock, W. H. *Science for All: Studies in the History of Victorian Science and Education*. Aldershot, Hampshire: Variorum, 1996. p.25-36.

Brock, W. H.; MacLeod, R. M. "The Scientists' Declaration: Reflexions on Science and Belief in the Wake of *Essays and Reviews*, 1864-5". *British Journal for the History of Science*, v.9, p.39-66, 1976.

Brock, W. H.; Meadows, A. J. *The Lamp of Learning*: Taylor & Francis and the Development of Science Publishing. 2.ed. Londres: Taylor & Francis, 1998.

Brockway, L. H. "Science and Colonial Expansion: The Role of the British Royal Botanic Gardens". *Studies in Social Discontinuity*. Nova York: Academic Press, 1979.

Brogan, H. (Ed.) *The American Civil War*: Extracts from *The Times*, 1860-1865. Londres: Times Books, 1975.

Brooke, J. H. "The Natural Theology of the Geologists: Some Theological Strata". In: Jordanova, L.; Porter, R. (Eds.) *Images of the Earth*: Essays in the History of the Environmental Sciences. Chalfont St Giles: British Society for the History of Science, 1979. p.39-64.

______. *Science and Religion*: Some Historical Perspectives. Cambridge: Cambridge University Press, 1991.

Brooks, J. L. *Just before the Origin*: Alfred Russel Wallace's Theory of Evolution. Nova York: Columbia University Press, 1984.

Broughton, T. L. *Men of Letters, Writing Lives*: Masculinity and Literary Auto/Biography in the Late Victorian Period. Londres: Routledge, 1999.

Brown, F. B. "The Evolution of Darwin's Theism". *Journal of the History of Biology*, v.19, p.1-45. Também publicado como *The Evolution of Darwin's Religious Views*. Macon, Ga.: Mercer University Press, 1986.

Browne, J. "The Charles Darwin-Joseph Hooker Correspondence: An Analysis of Manuscript Resources and their Use in Biography". *Journal of the Society for the Bibliography of Natural History*, v.8, p.351-66, 1978.

______. "Darwin's Botanical Arithmetic and the 'Principle of Divergence', 1854-1858". *Journal of the History of Biology*, v.13, p.53-89, 1980.

______. *The Secular Ark*: Studies in the History of Biogeography. New Haven, Conn.: Yale University Press, 1983.

______. "Darwin and the Expression of the Emotions". In: Kohn, D. (Ed.) *The Darwinian Heritage*. Princeton, N.J.: Princeton University Press em associação com Nova Pacifica, 1980a. p.307-26.

______. "Darwin and the Face of Madness". In: Bynum, W. F.; Porter, R.; Shepherd, M. (Eds.) *The Anatomy of Madness*: Essays in the History of Psychiatry. v.1. Londres: Tavistock Publications, 1985b. p.151-65.

______. "Botany for Gentlemen: Erasmus Darwin and the *Loves of the Plants*". *Isis*, v.80, p.593-621, 1989.

______. "Spas and Sensibilities: Darwin at Malvern". In: Bynum, W. F.; Porter, Roy (Eds.) *The Medical History of Spas and Waters*, Medical History Supplement 5, p.102-13, 1990.

______. "Squibs and Snobs: Science in Humorous British Undergraduate Magazines around 1830". *History of Science*, v.30, p.165-97, 1992a.

______. "A Science of Empire: British Biogeography before Darwin". *Revue d'Histoire des Sciences*, v.4, p.453-75, 1992b.

______. *Charles Darwin*: Voyaging. Nova York: Knopf, 1995. [Ed. bras.: *Viajando*, trad. Gerson Yamagami. São Paulo: Aracati/Unesp, 2011.]

______. "'I Could Have Retched All Night': Charles Darwin and his Body". In: Lawrence, C.; Shapin, S. (Eds.) *Science Incarnate*: Historical Embodiments of Natural Knowledge. Chicago: University of Chicago Press, 1998. p.240-87.

______. "Darwin in Caricature: A Study in the Popularisation and Dissemination of Evolution". *Proceedings of the American Philosophical Society*, v.145, p.496-509, 2001.

Buckle, H. T. *History of Civilization in England*. 2v. Londres, 1857-61.

Bulhof, I. "The Netherlands". In: Glick, T. (Ed.) *The Comparative reception of Darwinism*, p.269-306. Chicago: University of Chicago Press, 1988.

______. *The Language of Science*: A Study of the Relationship between Literature and Science in the Perspective of a Hermeneutical Ontology with a Case Study of Darwin's "The Origin of Species". Leiden: E. J. Brill, 1992.

Bunbury, F. J. (Ed.) *Memorials of Sir C.J.F. Bunbury, Bart*. v.1-5. Mildenhall, 1891-93.

Burchfield, J. D. *Lord Kelvin and the Age of the Earth*. Chicago: University of Chicago Press, 1990.

Burke, P. *Eyewitnessing*: The Uses of Images as Historical Evidence. Londres: Reaktion Books, 2001. [Ed. bras.: *Testemunha ocular*, trad. Vera Maria Xavier dos Santos. São Paulo: Edusc, 2004.]

Burke, P.; Porter, R. (Eds.) *The Social History of Language*. Cambridge: Cambridge University Press, 1987. [Ed. bras.: *História social da linguagem*, trad. Alvaro Hattnher. São Paulo: Unesp, 1997.]

_____. *Languages and Jargons*: Contributions to a Social History of Language. Cambridge: Polity Press, 1995. [Ed. bras.: *Línguas e jargões*, trad. Alvaro Hattnher. São Paulo: Unesp, 1997.]

Burkhardt, F. H.; Smith, S. et al. (Eds.) *The Correspondence of Charles Darwin*. v.1-12 (1821-64). Cambridge: Cambridge University Press, 1983-2001. [Ed. bras.: *As cartas de Charles Darwin* – uma seleta, 1825-1859, trad. Vera Ribeiro. São Paulo: Unesp, 2000; *A evolução* – Cartas seletas de Charles Darwin 1860-1870, trad. Alzira Vieira Allegro. São Paulo: Unesp, 2009; *Origens* – cartas seletas de Charles Darwin 1822-1859, trad. Vera Ribeiro e Alzira Vieira Allegro. São Paulo: Unesp, 2009.]

_____. *Calendar of the Correspondence of Charles Darwin*. Ed. rev. Cambridge: Cambridge University Press, 1994.

Burkhardt, R. W. *The Spirit of System*: Lamarck and Evolutionary Biology. Cambridge, Mass.: Harvard University Press, 1977.

Burn, W. L. *The Age of Equipoise*: A Study of the Mid-Victorian Generation. Londres: George Allen & Unwin, 1964.

Burnett, W. A. S. "Darwin's Microscopes". *Microscopy*, v.36, p.604-27, 1992.

Burrow, J. W. *Evolution and Society*. Cambridge: Cambridge University Press, 1966.

_____ (Ed.) "Introduction". In: *The Origin of Species by Charles Darwin*. Reimpressão Harmondsworth: Pelican Classics, p.11-48, 1968.

Burton, J. "Robert FitzRoy and the Early History of the Meteorological Office". *British Journal for the History of Science*, v.19, p.147-76, 1986.

Butler, S. "Centers and Peripheries: The Development of British Physiology, 1870-1914". *Journal of the History of Biology*, v.21, p.473-500, 1988.

Bynum, W. F. "Darwin and the Doctors: Evolution, Diathesis and Germs in Nineteenth Century Britain". *Gesnerus*, v.40, p.43-53, 1983.

_____. "Charles Lyell's *Antiquity of Man* and its Critics". *Journal of the History of Biology*, v.17, p.153-87, 1984.

_____. "The Nervous Patient in Eighteenth and Nineteenth Century Britain: The Psychiatric Origins of British Neurology". In: Bynum, W. F.; Porter, R.; Shepherd, M. (Eds.) *The Anatomy of Madness*: Essays in the History of Psychiatry. v.1. Londres: Tavistock Publications, 1985. p.88-102.

_____. "The Historical Galton". In: Keynes, M. (Ed.) *Sir Francis Galton: The Legacy of his Ideas*. Bassingstoke: Macmillan, 1991. p.33-44.

_____. *Science and the Practice of Medicine in the Nineteenth Century*. New Haven, Conn.: Yale University Press, 1994.

_____ (Ed.) *Gastroenterology in Britain*: Historical Essays. Londres: Wellcome Institute for the History of Medicine, 1997.

Bynum, W. F.; Lock, S.; Porter, R. (Eds.) *Medical Journals and Medical Knowledge*: Historical Essays. Londres: Routledge, 1992.

Bynum, W. F.; Neve, M. "Hamlet on the Couch". In: W. F. Bynum; Porter, R.; Shepherd, M. (Eds.) *The Anatomy of Madness*: Essays in the History of Psychiatry. v.1. Londres: Tavistock Publications, 1985. p.289-304.

Bynum, W. F.; Porter, R. S. (Eds.) *Living and Dying in London*. Medical History Supplement 11. Londres: Wellcome Institute for the History of Medicine, 1991.

Calendar: ver Burkhardt, Frederick H., Smith, Sydney et al., Eds., 1994.

Camerini, J. "Evolution, Biogeography and Maps: An Early History of Wallace's Line". In: MacLeod R. M.; Rehbock, P. (Eds.) *Darwin's Laboratory*: Evolutionary Theory and Natural History in the Pacific. Honolulu: University of Hawaii Press, 1994. p.70-109.

______. "Wallace in the Field". In: Kuklick, H.; Kohler, R. E. (Eds.) *Science in the Field*. Osiris, v.11, p.44-65, 1996.

______. "Remains of the Day: Early Victorians in the Field". In: Lightman, B. (Ed.) *Victorian Science in Context*. Chicago: University of Chicago Press, 1997. p.354-77.

Cameron, H. H. H. *Alfred, Lord Tennyson and his Friends*. Londres, 1893.

Campbell, G. D. *The Reign of Law*. Londres, 1867.

______. *Primeval Man*: An Examination of Some Recent Speculations. Londres, 1869.

Candolle, A. de. *Histoire des sciences et des savants depuis deux siècles*. Geneva, 1873.

______. "Darwin consideré au point de vue des causes de son success". *Archives des Sciences Physiques et Naturelles*, v.7, p.481-95, 1882.

Cannadine, D. *The Rise and fall of Class in Britain*. Nova York: Columbia University Press, 1999.

Cannon, S. F. [W. F.]. "Scientists and Broad Churchmen: An Early Victorian Intellectual Network". *Journal of British Studies*, v.4, p.65-88, 1964.

______. *Science in Culture*: The Early Victorian Period. Nova York: Science History Publications, 1978.

Cannon, W. E. "Darwin's Vision in *On the Origin of Species*". In: Levine, G.; Madden, W. (Eds.) *The Art of Victorian Prose*. Oxford: Oxford University Press, 1968. p.154-76.

Cantor, G. "The Scientist as Hero: Public Images of Michael Faraday". In: Shortland M.; Yeo, R. (Eds.) *Telling Lives in Science*. Cambridge: Cambridge University Press, 1996. p.171-93.

Cardwell, D. S. L. *The Organization of Science in England*. 2.ed. Londres: Heinemann, 1972.

Carlyle, Thomas. *Reminiscences*. Editado por James Anthony Froude. 2v. Londres, 1881.

Carroll, P. T. *An Annotated Calendar of thee Letters of Charles Darwin in the American Philosophical Society*. Wilmington: Scholarly Resources Inc., 1976.

Cattermole, M. J. G. *Horace Darwin's Shop*: A History of the Cambridge Instrument Company, 1878-1968. Bristol: Hilger, 1987.

Caudill, E. "The Bishop-eaters: The Publicity Campaign for Darwin and *On the Origin of Species*". *Journal of the History of Ideas*, v.55, p.441-60, 1994.

Chadarevian, S.de. "Graphical Method and Discipline: Self-Recording Instruments in Nineteenth-Century Physiology". *Studies in the History and Philosophy of Science*, v.24, p.267-91, 1993.

______. "Laboratory Science versus Country-House Experiments: The Controversy between Julius Sachs and Charles Darwin". *British Journal for the History of Science*, v.29, p.17-41, 1996.

Chadwick, O. *The Secularization of the European Mind in the Nineteenth Century*. Cambridge: Cambridge University Press, 1975.

Chambers, R. *Vestiges of the Natural History of Creation* [1844]. Chicago: University of Chicago Press, 1994.

______. Resenha de *Origin of Species*. *Chambers's Journal*, v.12, p.388-90, 1859. Republicada em Secord, J. A. *Robert Chambers, Vestiges of the Natural History of Creation*, p.208-10 [fac-similar]. Chicago: University of Chicago Press, 1994.

______. *Vestiges of the Natural History of Creation*. 11.ed. Londres, 1860.

Chandrasekhar, S. *A Dirty Filthy Book*: The Writings of Charles Knowlton and Annie Besant on Reproductive Physiology and Birth Control and an Account of the Bradlaugh-Besant Trial. Berkeley: University of California Press, 1981.

Chapman, J. *Sea Sickness*: Its Nature and Treatment. Londres, 1864.

______. *Neuralgia and Kindred Diseases of the Nervous System*. Londres, 1873.

Chartier, R. *Forms and Meanings*: Texts, Performances and Audiences from Codex to Computer. Filadélfia: University of Pennsylvania Press, 1995.

Chartier, R.; Boureau, A.; Dauphin, C. *Correspondence*: Models of Letter Writing from The Middle Ages to the Nineteenth Century. Trad. por Christopher Woodall. Cambridge: Polity Press, 1997.

Chase, K.; Levenson, M. *The Spectacle of Intimacy*: A Public Life for the Victorian Family. Princeton, N. J.: Princeton University Press, 2000.

Checkland, S. G. *The Gladstones*: A Family Biography, 1764-1851. Cambridge: Cambridge University Press, 1971.

Churchill, F. B. "Sex and the Single Organism: Biological Theories of Sexuality in Mid-Nineteenth Century". *Studies in the History of Biology*, v.3, p.139-77, 1979.

______. "Darwin and the Historian". In: R. J. Berry (Ed.) *Charles Darwin*: A Commemoration. Londres: Linnean Society of London, 1982. p.45-68.

Cipolla, C. M. *Literacy and Development in the West*. Harrmondsworth: Penguin Books, 1969.

Clark, J. W.; Hughes, T. M. (Eds.) *The Life and Letters of the Reverend Adam Sedgwick*. 2v. Londres, 1890.

Clark, J. F. M. "'The Ants Were Duly Visited': Making Sense of John Lubbock, Scientific Naturalism and the Senses of Social Insects". *British Journal for the History of Science*, v.30, p.151-76, 1997.

Clark, L. L. *Social Darwinism in France*. University: University of Alabama Press, 1984.

Clarke, G. (Ed.) *The Portrait in Photography*. Londres: Reaktion Books, 1994.

Clodd, E. (Ed.) *The Naturalist on the River Amazons [...] by H. W Bates*. Londres, 1892.

Cobbe, F. P. *Darwinism in Morals and Other Essays*. Londres: Williams and Norgate, 1872.

______. *Life of Frances Power Cobbe by Herself*. 2v. Londres, 1894.

______. *Life of Frances Power Cobbe as Told by Herself*. [Ed. Póstuma]. Londres: Swan Sonneschein, 1904.

Cockshut, A. O. J. *The Art of Autobiography in Nineteenth and Twentieth Century England*. New Haven, Conn.: Yale University Press, 1984.

Cohen, I. B. "Three Notes on the Reception of Darwin's Ideas on Natural Selection (Henry Baker, Alfred Newton, Samuel Wilberforce)". In: Kohn, D. (Ed.) *The Darwinian Heritage*. Princeton, N. J.: Princeton University Press em associação com Nova Pacifica, 1985. p.589-607.

______ (Ed.) *The Natural Sciences and the Social Sciences*: Some Critical and Historical Perspectives. Dordrecht: Kluwer, 1994.

Colenso, J. W. *The Pentateuch and Book of Joshua critically Examined*. 5v. Londres, 1862-79.

Coley, N. G. "Henry Bence Jones M. D. F. R. S. (1813-1873). *Notes and Records of the Royal Society*, v.28, p.31-56, 1973.

Collini, S. *Public Moralists*: Political Thought and Intellectual Life in Britain, 1850-1930. Oxford: Clarendon Press, 1991.

Collins, H. M. "The Place of the 'Core Set' in Modern Science". *History of Science*, v.19, p.6-19, 1981.

Colloms, B. *Charles Kingsley*: The Lion of Eversley. Londres: Constable, 1975.

______. *Victorian Country Parsons*. Londres: Constable, 1977.

Colp, R. *To Be an Invalid*: The Illness of Charles Darwin. Chicago: University of Chicago Press, 1977.

______. "The Myth of the Darwin-Marx Letter". *History of Political Economy*, v.14, p.461-82, 1982.

______. "Notes on William Gladstone, Karl Marx, Charles Darwin, Kliment Timiriazev, and the 'Eastern Question' of 1876-78". *Journal of the History of Medicine and Allied Sciences*, v.38, p.178-85, 1983.

______. "Notes on Charles Darwin's Autobiography". *Journal of the History of Biology*, v.18, p.357-401, 1985.

______. "Charles Darwin's 'insufferrable grief'". *Free Associations* 9, p.6-44, 1987.

______. "Charles Darwin's Past and Future Biographies". *History of Science* 27, p.167-97, 1989.

______. "'I will gladly Do my Best': How Charles Darwin Obtained a Civil List Pension for Alfred Russel Wallace". *Isis*, v.83, p.3-26, 1992.

______. "To Be an Invalid Redux". *Journal of the History of Biology*, v.31, p.211-40, 1998.

Conry, Y. *L'introduction du darwinisme en France au XIXe siècle*. Paris: Vrin, 1974.

Conway, J. K. *When Memory Speaks*: Reflections on Autobiography. Nova York: Knopf, 1998.

Conway, M. D. *Autobiography*: Memories and Experiences. 2 vols. Londres: Cassell, 1904.

Cook, G. C. "George Busk F.R.S. (1807-1886), Nineteenth Century Polymath: Surgeon, Parasitologist, Zoologist and Palaeontologist". *Journal of Medical Biography*, v.5, p.88-101, 1997.

Cooke, K. J. "Darwin on Man in the *Origin of Species*: An Addendum to the Bajema-Bowler Debate". *Journal of the History of Biology*, v.23, 1990.

Cookson, G.; Hempstead, C. *A Victorian Scientist and Engineer*: Fleeming Jenkin and the Birth of Electrical Engineering. Aldershot, Surrey: Ashgate, 2000.

Cooper, W. *Hair*: Sex, Society, Symbolism. Londres: Aldus Books, 1971.

Cooter, R. *The Cultural Meaning of Popular Science*: Phrenology and the Organisation of Consent in Nineteenth-Century Britain. Cambridge: Cambridge University Press, 1984.

Cooter, R.; Pumfrey, S. "Separate Spheres and Public Places: Reflections on the History of Science, Popularization and Science in Popular Culture". *History of Science*, v.32, p.237-67, 1994.

Cornell, J. F. "Analogy and Technology in Darwin's Vision of Nature". *Journal of the History of Biology*, v.7, p.303-44, 1984.

Correspondence: ver Burkhardt, Frederick H.; Smith, Sydney et al., Eds., 1983-99.

Corsi, P. *Science and Religion*: Baden Powell and the Anglican Debate, 1820-1860. Cambridge: Cambridge University Press, 1988a.

______. *The Age of Lamarck*: Evolutionary Theory in France, 1790-1830. Trad. por Jonathan Mandelbaum. Berkeley: University of California Press, 1988b.

Corsi, P.; Weindling, P. "Darwinism in Germany, France and Italy". In: Kohn, D. (Ed.) *The Darwinian Heritage*. Princeton, N. J.: Princeton University Press em associação com Nova Pacifica, 1985, p.683-729.

Cowling, M. *The Artist as Anthropologist*: The Representation of Type and Character in Victorian Art. Cambridge: Cambridge University Press, 1989.

Crichton-Browne, J. *What the Doctor Thought*. Londres: E. Benn, 1930.

Cronin, H. *The Ant and The Peacock*: Altruism and Sexual Selection from Darwin to Today. Cambridge: Cambridge University Press, 1991.

Crowson, R. A. "Darwin and Classification". In: Barnett, S. A. (Ed.) *A Century of Darwin*. Cambridge: Cambridge University Press, 1958. p.102-29.

Curle, R. (Ed.) *Robert Browning and Julia Wedgwood*: A Broken Friendship as Revealed in their Letters. Londres: John Murray and Jonathan Cape, 1937.

Curtin, M. *Propriety and Position*: A Study of Victorian Manners. Nova York: Garland, 1987.

Darrah, W. C. *Cartes de Visite in Nineteenth Century Photography*. Gettysburg, Pa.: W. C. Darrah, 1981.

Darwin, B. *Green Memories*. Londres: Hodder & Stoughton, 1928.

______. *The World that Fred Made*: An Autobiography. Londres: Chatto & Windus, 1955.

Darwin, C. R. *Journal of Researches*. 2.ed. Londres, 1845. Reimpresso como *The Voyage of the Beagle*, editado por H. G. Cannon. Londres: J. M. Dent, 1959. [Ed. bras.: *Viagem de um naturalista ao redor do mundo*; v.1: África, Brasil e Terra do Fogo; v. 2: Ilhas Galápagos e Austrália, trad. Pedro Gonzaga. Porto Alegre: L&PM, 2008.]

______. *On the Origin of Species by Means of Natural Selection or The Preservation of Favoured Races in the Struggle for Life*. Londres, 1859. Edição fac-similar com introdução de Ernst Mayr. Cambridge, Mass.: Harvard University Press, 1964.

______. *The Variation of Animals and Plants under Domestication*. 2v. Londres, 1868. Edição fac-similar com novo prefácio de Harriet Ritvo. Baltimore: Johns Hopkins University Press, 1998.

______. *The Descent of Man and Selection in Relation to Sex*. 2v. [1871]. Edição fac-similar com introdução de John T. Bonner e R. M. May. Princeton, N. J.: Princeton University Press, 1981.

______. *The Expression of the Emotions in Man and Animals* [1872]. Reimpressão com introdução, prefácio e comentários de Paul Ekman. Londres: HarperCollins, 1998. [Ed. bras.: *A expressão das emoções no homem e nos animais*, trad. Leon de Souza Lobo Garcia. São Paulo: Companhia das Letras, 2000.]

______. *Insectivorous Plants*. Londres, 1875.

______. *The Effects of Cross and Self Fertilisation in the Vegetable Kingdom*. Londres, 1876.

______. "A Biographical Sketch of an Infant". *Mind: Quarterly Review of Psychology and Philosophy* 2, p.285-94, 1877a.

______. The different forms of flowers on plants of the same species. Londres, 1877b.

______. *The Various Contrivances by which Orchids Are Fertilised by Insects*. 2.ed. Chicago: University of Chicago Press, 1984, 1877c.

______. *The Power of Movement in Plants*. Assistido por Francis Darwin. Londres, 1880.

______. *The Formation of Vegetable Mould, Through the Action of Worms, with Observations on their Habits*. Londres, 1881.

______. *Erasmus Darwin*: ver Krause, Ernst, 1879.

Darwin, C.; Wallace, A. R. "On the Tendency of Species to Form Varieties; and on the Perpetuation of Varieties and Species by Natural Means of Selection". *Journal of the Proceedings of the Linnean Society of London* (*Zoology*), v.3, p.53-62, 1858. Republicado em Linnean Society, 1908, p.87-107.

Darwin, F. "On the Protrusion of Protoplasmic Filaments from the Glandular Hairs of the Common Teasel (*Dipsacus sylvestris*)". *Quarterly Journal of Microscopical Science*, v.17, p.169-74, 245-72, 1877.

______ (Ed.) *The Life and Letters of Charles Darwin*. 3v. Londres, 1887.

______. "The Botanical Work of Darwin". *Annals of Botany*, p.IX-XIX, 1899.

______. "Darwin's Work on the Movement of Plants". In: Seward, A. C. (Ed.) *Darwin and Modern Science*, p.385-400. Cambridge: Cambridge University Press, 1909.

______. "FitzRoy and Darwin, 1831-36". *Nature*, v.88, p.547-8, 1912.

______. "Memoir of Sir George Darwin by his Brother Sir Francis Darwin". In: Darwin, G. H. *Scientific Papers* 5. 5v. Cambridge: Cambridge University Press, 1916. p.IX-XXIII.

______. *Springtime and other Essays*. Londres: John Murray, 1920a.

______. *The Story of a Childhood*. Impressão particular. Edimburgo: Oliver & Boyd, 1920b.

Darwin, F.; Seward, A. C. (Eds.) *More Letters of Charles Darwin*: A Record of his Work in a Series of Hitherto Unpublished Letters. 2v. Londres: John Murray, 1903.

Darwin, G. H. "On Beneficial Restrictions to Liberty of Marriage". *Contemporary Review*, v.22, p.412-26, 1873.

______. "Marriages between First Cousins in England and their Effects". *Fortnightly Review*, v.28, p.22-41, 1875.

Darwin, H. "On the Small Vertical Movements of a Stone Laid on the Ground". *Proceedings of the Royal Society of London*, v.68, p.253-61, 1900.

Darwin, L. "Memories of Down House". *Nineteenth Century*, v.106, p.118-23, 1929.

Davidoff, L. *The Best Circles*: Society, Etiquette and the Season. Londres: Croom Helm, 1973.

Davidoff, L.; Hall, C. *Family Fortunes*: Men and Women of the English Middle Classes, 1780-1850. Londres: Hutchinson, 1987.

Dawson, A. "A Visit to Alfred Russel Wallace". *Christian Commonwealth*, 10 de dezembro de 1903, p.176-8, 1903.

Dawson, W. *The Huxley Papers*: A Descriptive Catalogue of the Correspondence, Manuscripts end Miscellaneous Papers of the Rt. Hon. Thomas Henry Huxley [...] Preserved in the Imperial College of Science and Technology. Londres: Macmillan, 1946.

Dear, P. (Ed.) *The Literary Structure of Scientific Argument*. Filadélfia: University of Pennsylvania Press, 1991.

De Beer, G. (Ed.) Darwin's Journal. *Bulletin of the British Museum (Natural History) Historical Series*, v.2, p.1-21, 1959.

______ (Ed.) *Autobiographies*: Charles Darwin. Thomas Henry Huxley. Oxford: Oxford University Press, 1983.

Dempster, W. J. *Natural Selection and Patrick Matthew*: Evolutionary Concepts in the Nineteenth Century. Ed. rev. Edimburgo: Pentland Press, 1996.

Denison, W. *An Attempt to Approximate to the Antiquity of Man by Induction from Well Established Facts*. Madras, 1865.

Depew, D. J.; Weber, Bruce H. *Darwinism Evolving*: Systems Dynamics and the Genealogy of Natural Selection. Cambridge, Mass.: MIT Press, 1995.

Descent of Man: ver Darwin, Charles, 1871.

Desmond, A. J. *Archetypes and Ancestors*: Palaeontology in Victorian Londres, 1850-1875. Londres: Blond & Briggs, 1982.

______. "Robert E. Grant's Later Views on Organic Development: The Swiney lectures on 'Palaeozoology', 1853-1857". *Archives of Natural History*, v.11, p.395-413, 1984.

______. *The Politics of Evolution*: Morphology, Medicine and Reform in Radical London. Chicago: University of Chicago Press, 1989.

______. *Huxley*: The Devil's Disciple. Londres: Michael Joseph, 1994.

______. *Huxley*: Evolution's High Priest. Londres: Michael Joseph, 1997.

______. "Redefining the X axis: 'professionals', 'amateurs', and the making of mid-Victorian biology". *Journal of the History of Biology*, v.34, p.3-50, 2001.

Desmond, Adrian J.; Moore, James R. *Darwin*. Londres: Michael Joseph, 1991. [Ed. bras.: *Darwin* – a vida de um evolucionista atormentado, trad. Cynthia Azevedo. São Paulo: Geração Editorial, 2007.]

Desmond, R. *Dictionary of British and Irish Botanists and Horticulturists*: Including Plant Collectors and Botanical Artists. 3.ed. Londres: Taylor & Francis, 1977.

______. *Kew*: The History of the Royal Botanic Gardens, Kew. Londres: Harvill, 1998.

______. *Sir Joseph Dalton Hooker*: Traveller and Plant Collector. Woodbridge, Suffolk: Antique Collectors' Club Ltd. com Royal Botanic Gardens, Kew, 1999.

De Vries, H. "Variation". In: Seward, A. C. *Darwin and Modern Science* Cambridge: Cambridge University Press, 1909. p.66-84.

Di Gregorio, M. A. T. H. *Huxley's place in Natural Science*. New Haven, Conn.: Yale University Press, 1984.

______ (Ed.) *Charles Darwin's Marginalia*. Com a assistência de Nick Gill. Nova York: Garland, 1990.

Digby, A. *Making a Medical Living*: Doctors and Patients in the English Market for Medicine, 1720-1911. Cambridge: Cambridge University Press, 1994.

Dolan, B. (Ed.) *Malthus, Medicine and Morality*: "Malthusianism" after 1798. Amsterdam: Rodophi, 2000.

Draper, J. W. "On the Intellectual Development of Europe, Considered with Reference to the Views of Mr. Darwin and Others, that the Progression of Organisms Is Determined by Law". Report of the 30th meeting of the British Association for the Advancement of Science held at Oxford, July 1860. Londres, 1861. p.115-6.

______. *History of the Intellectual Development of Europe*. 2v. Londres, 1864.

______. *History of the Conflict between Religion and Science*. Londres, 1872.

Drayton, R. *Nature's Government*: Science, Imperial Britain, and the "Improvement" of the World. New Haven, Conn.: Yale University Press, 2000.

Du Chaillu, P. B. "The Geographical Features and Natural History of a hitherto Unexplored Region of Western Africa". *Proceedings of the Royal Geographical Society*, 25 de fevereiro de 1861, p.108-12, 1861a.

______. *Explorations and adventures in equatorial Africa; with accounts of the manners and customs of the people, and of the chase of the gorilla* [...] Londres, 1861b.

Dupree, A. H. *Asa Gray*: American botanist, friend of Darwin. Baltimore: Johns Hopkins University Press, 1988.

Durant, J. "Scientific naturalism and social reform in the thought of Alfred Russel Wallace". *British Journal for the History of Science*, v.12, p.31-58, 1979.

______ (Ed.) *Darwinism and divinity*: essays on evolution and religious belief. Oxford: Blackwell, 1985.

Duthie, R. Florists' flowers and societies. Princes Risborough: Shire Publications Ltd., 1988.

Earle, R. (Ed.) *Epistolary selves*: letters and letter writers 1600-1945. Aldershot: Ashgate, 1999.

Eco, U. *The role of the reader*: explorations in the semiotics of texts. Bloomington: Indiana University Press, 1979.

Edwards, E. (Ed.) *Anthropology and photography*, 1860-1920. New Haven, Conn.: Yale University Press, 1992.

Ehrenreich, B.; English, D. *Complaints and disorders*: the sexual politics of sickness. Londres: Writers and Readers Publishing Cooperative, 1973.

Eisley, L. "Charles Darwin, Edward Blyth and the theory of natural selection". *Proceedings of the American Philosophical Society*, v.103, p.94-114, 1959.

______. *Darwin's century*: evolution and the men who discovered it. Nova York: Doubleday, 1961.

______. *Darwin and the mysterious Mr. X*: new light on the evolutionists. Londres; Toronto; Melbourne: J. M. Dent, 1979.

Ellegard, A. "The Darwinian revolution and nineteenth-century philosophies of science". *Journal of the History of Ideas*, v.18, p.362-93, 1957a.

______. "The readership of the periodical press in mid-Victorian Britain". *Acta Universitatis Gothoburgensis*, v.63, p.3, 1957b.

___. *Darwin and the general reader*: the reception of Darwin's theory of evolution in the British periodical press, 1859-1872. Chicago: University of Chicago Press, 1990.

Elliott, C. "Darwin and the earthworms". In: The *transplanted gardener*. Londres: Viking, 1995. p.117-23.

Ellis, I. *Seven against Christ*: a study of "Essays and Reviews". Leiden: Brill, 1980.

Elwin, W. (Ed.) *Some XVIII century men of letters:* biographical essays by the Rev. Whitwell Elwin, some time editor of the Quarterly Review, with a memoir. 2v. Londres: John Murray, 1902.

Emma Darwin: ver Litchfield, H. E., Ed., 1904.

England, R. "Natural selection before the Origin: public reactions of some naturalists to the Darwin-Wallace papers (Thomas Boyd, Arthur Hussey, and Henry Baker Tristram)". *Journal of the History of Biology*, v.30, p.267-90, 1997.

Epstein, W. H. *Recognising biography*. Filadélfia: University of Pennsylvania Press, 1987.

______. *Contesting the subject*: essays in the postmodern theory and practice of biography and biographical criticism. West Lafayette, Ind.: Purdue University Press, 1991.

Evans, L. T. "Darwin's use of the analogy between artificial and natural selection". *Journal of the History of Biology*, v.17, p.113-40, 1984.

Expression: ver Darwin, Charles, 1872.

Fara, P. "The Royal Society's portrait of Joseph Banks". *Notes and Records of the Royal Society*, v.51, p.199-210, 1997.

______. "Faces of genius: images of Newton in eighteenth-century England". In: Cubitt, G.; Warren, A. (Eds.) *Heroic reputations and exemplary lives*. Manchester: Manchester University Press, 2000. p.57-81.

Farley, J. *The spontaneous generation controversy from Descartes to Oparin*. Baltimore: Johns Hopkins University Press, 1977.

______. *Gametes and spores*: ideas about sexual reproduction, 1750-1914. Baltimore: Johns Hopkins University Press, 1982.

Farley, J.; Geison, G. "Science, politics and spontaneous generation in nineteenth-century France: the Pasteur-Pouchet debate". *Bulletin of the History of Medicine*, v.48, p.161-98, 1974.

Fawcett, H. "A popular exposition of Mr. Darwin on the Origin of Species". *Macmillan's Magazine*, v.3, p.81-92, 1860.

Feather, J. *A history of British publishing*. Londres: Croom Helm, 1998

______. *Publishing, piracy and politics*: an historical study of copyright in Britain. Londres: Mansell, 1994.

Feuer, L. "Is the Darwin-Marx correspondence authentic?" *Annals of Science*, v.32, p.1-12, 1975.

Fichman, M. *Alfred Russel Wallace*. Boston: Twayne, 1981.

Finkelstein, D. "'The secret': British publishers and Mudie's struggle for economic survival, 1861-64". *Publishing History*, v.34, p.21-50, 1993.

Finney, C. *Paradise revealed*: natural history in nineteenth-century Australia. Melbourne: Museum of Victoria, 1993.

FitzRoy, R. "An explanation of the Meteorological Telegraphy and its basis, now under trial at the Board of Trade". *Notices of the Proceedings at the Meetings of the Members of the Royal Institution of Great Britain*, v.3, p.444-56, 1862.

Fleming, D. *John William Draper and the religion of science*. Filadélfia: University of Pennsylvania Press, 1950.

______. "Charles Darwin, the anaesthetic man". *Victorian Studies*, v.4, p.219-36, 1960.

Flint, K. "Origins, species and *Great Expectations*". In: Amigoni, D.; Wallace, J. (Eds.) *Charles Darwin's "The Origin of Species"*: new interdisciplinary essays. Manchester: Manchester University Press, 1995. p.152-73.

Forrest, D. W. Francis *Galton*: the life and work of a Victorian genius. Londres: Paul Elek, 1974.

Foster, W. D. "A contribution to the problem of Darwin's ill-health". *Bulletin of the History of Medicine*, v.39, p.476-8, 1965.

Fox, R. "The University museum and Oxford science, 1850-1880". In: Brock, M. G.; Curtois, M. C. (Eds.) *The history of the University of Oxford*. v.6. Oxford: Oxford University Press, 1997. p.641-91.

Franklin, A. *Experiment, right or wrong*. Cambridge: Cambridge University Press, 1990.

Frasca-Spada, M.; Jardine, N. (Eds.) *Books and the sciences in history*. Cambridge: Cambridge University Press, 2000.

Freeman, R. B. *The works of Charles Darwin*: an annotated bibliographical handlist. 2.ed. Folkestone: Dawson, 1977.

______. *Charles Darwin*: a companion. Folkestone: Dawson, 1978.

______. *Darwin pedigrees*. Londres: impressão privada, 1984.

Freeman, R. B.; Gautrey, P. J. "Charles Darwin's queries about expression". *Bulletin of the British Museum (Natural History) Historical Series*, v.4, p.205-19, 1975.

Freke, H. *Observations upon Mr. Darwin's recently published work – "On the origin of species by natural selection"*. Dublin: impressão privada, 1860.

______. *On the origin of species by means of organic affinity*. Dublin, 1861.

French, R. *Antivivisection and medical science in Victorian society*. Princeton, N. J.: Princeton University Press, 1975.

Friedman, A. J.; Dorley, C. C. *Einstein as myth and muse*. Cambridge: Cambridge University Press, 1985.

Fulford, R. (Ed.) *Dearest mama*: letters between Queen Victoria and the crown princess of Prussia, 1861-1864. Landon: Evans Bras, 1968.

Fyfe, G.; Law, J. (Eds.) *Picturing power*: visual depiction and social relations. Sociological Review Monographs, v.35. Londres: Routledge, 1988.

Gage, A. T.; Stearn, W. T. *A bicentenary history of the Linnean Society of London*. Londres: Academic Press, 1988.

Gagnier, R. *Subjectivities*: a history of self-representation in Britain, 1832-1920. Oxford: Oxford University Press, 1991.

Galton, F. "Hereditary talent and character". *Macmillan's Magazine*, v.12, p.157-66, 318-27, 1865.

______. *Hereditary genius*: an inquiry into its laws and consequences [1869]. Londres: Julian Friedmann Publishers, 1978.

______. *Memories of my life*. Londres: Methuen, 1908.

Gärtner, Karl F. von. *Versuche und beobachtungen über die Bastarderzeugung im Pflanzenreich*. Stuttgart, 1849.

Gasman, D. *The scientific origins of National Socialism*: social Darwinism in Ernst Haeckel and the German Monist League. Londres: Macdonald, 1971.

Gates, B. T. *Victorian suicides*: mad crimes and sad histories. Princeton, N. J.: Princeton University Press, 1988.

Gay, P. *The Bourgeois Experience*: Victoria to Freud. 5v. Nova York: Oxford University Press, 1984-98. [Ed. bras.: *A educação dos sentidos.* v.1. São Paulo: Companhia das Letras, 1989; *A paixão terna.* v.2. São Paulo: Companhia das Letras, 1990; *O cultivo do ódio.* v.3. São Paulo: Companhia das Letras, 1995; *O coração desvelado.* v.4. São Paulo: Companhia das Letras, 1999; *Guerras do prazer.* v.5. São Paulo, Companhia das Letras, 2001.]

Gayon, J. *Darwinism's struggle for survival.* Cambridge: Cambridge University Press, 1998.

Gayon, J.; Zallen, D. "The role of the Vilmorin Company in the promotion and diffusion of the experimental science of heredity in France,1840-1920". *Journal of the History of Biology*, v.31, p.241-62, 1998.

Geikie, J. *The great ice age and its relation to the antiquity of man.* Londres, 1874.

Geison, G. L. "Darwin and heredity: the evolution of his hypothesis of pangenesis". *Journal of the History of Medicine*, v.24, p.375-411, 1969.

______. *Michael Foster and the Cambridge school of physiology*: the scientific enterprise in late Victorian society. Princeton, N. J.: Princeton University Press, 1978.

Geldart, H. D. "Notes on the life and writings of Edward Blythe". *Transactions of the Norfolk and Norwich Naturalists Society*, v.3, p.38-46, 1879.

George, M. D. *English political caricature*: a study of opinion and propaganda. Oxford: Clarendon Press, 1959.

George, W. *Biologist philosopher.* A study of the life and writings of Alfred Russel Wallace. Londres: Abelard Schuman, 1964.

______. "Alfred Wallace, the gentle trader: collecting in Amazonia and the Malay Archipelago 1848-1862". *Journal of the Society for the Bibliography of Natural History*, v.9, p.503-14, 1979.

Ghiselin, M. T. *The triumph of the Darwinian method.* Berkeley: University of California Press, 1969.

Gigerenzer, G. et al. *The empire of chance*: how probability changed science and everyday life. Cambridge: Cambridge University Press, 1989.

Gillespie, N. C. *Charles Darwin and the problem of creation.* Chicago: University of Chicago Press, 1979.

Gillespie, N. R. "The Duke of Argyll, evolutionary anthropology, and the art of scientific controversy". *Isis*, v.68, p.40-54, 1977.

Gilley, S. "The Huxley-Wilberforce debate: a reconsideration". In: Robbins, K. (Ed.) *Religion and Humanism.* Studies in Church History, v.17. Oxford: Basil Blackwell para a Ecclesiastical History Society, 1981. p.325-40.

Gilman, S. (Ed.) *The face of madness*: Hughe W. Diamond and the origin of psychiatric photography. Nova York: Brunner/Mazel, 1976.

______. *Health and illness*: images of difference. Londres: Reaktion Books, 1995.

Gilman, S.; King, H.; Porter, R.; Rousseau, G.; Showallter, E. *Hysteria beyond Freud.* Berkeley: University of California Press, 1993.

Girouard, M. *Life in the English country house.* New Haven, Conn.: Yale University Press, 1978.

Glick, T. F. (Ed.) *The comparative reception of Darwinism.* Chicago: University of Chicago Press, 1988a.

______. "Spain". In: Glick, T. (Ed.) *The comparative reception of Darwinism.* Chicago: University of Chicago Press, 1988b. p.307-45.

Goffman, E. *The presentation of self in everyday life.* 2.ed. Londres: Penguin Books, 1990.

Goldman, L. (Ed.) *The blind Victorian*: Henry Fawcett and British Liberalism. Cambridge: Cambridge University Press, 1989.

Goldsmith, E. C. (Ed.) *Writing the female voice*: essays on epistolary literature. Boston: Northeastern University Press, 1989.

Golinski, J. *Making natural knowledge*. Cambridge: Cambridge University Press, 1998.

Good, R. "The life of the shawl". *Lancet* pt.I, p.106-7, 1954.

Gooding, D., Pinch, T.; Schaffer, S. (Eds.) *The uses of experiment*: studies in the natural sciences. Cambridge: Cambridge University Press, 1989.

Gosden, Peter H. J. H. *The friendly societies in England*, 1815-1875. Manchester: Manchester University Press, 1961.

______. *Self-help*: voluntary associations in the nineteenth century. Londres: Batsford, 1973.

Goulburn, J. E. M. et al. *Replies to Essays and Reviews. With a preface by the Lord Bishop of Oxford and letters from the Radcliffe Observer (R. Main) and the Reader in Geology in the University of Oxford (J. Philips). With a note by Professor Owen*. 2.ed. Oxford, 1862.

Gould, S. J. *Time's arrow, time's cycle*: myth and metaphor in the discovery of geological time. Cambridge, Mass.: Harvard University Press, 1987. [Ed. bras.: *Seta do tempo, ciclo do tempo*. São Paulo: Companhia das Letras, 1991.]

Graber, R. B.; Miles, L. P. "In defence of Darwin's father". *History of Science*, v.26, p.97-102, 1988.

Graham, H. *Women, health and the family*. Brighton: Harvester Press, 1984.

Grant, R. E. *Tabular view of the primary divisions of the animal kingdom*. Londres, 1861.

Gray, A. "Diagnostic characters of new species of phaenogamous plants, collected in Japan by Charles Wright, botanist of the U.S. North Pacific Exploring Expedition". *Memoirs of the American Academy of Arts and Sciences* n.6 (1857-9), p.377-452, 1859.

______. Natural *selection not inconsistent with natural theology*: a free examination of Darwin's treatise on the Origin of Species and of its American reviewers. Londres, 1861.

______. *Darwiniana*: essays and reviews pertaining to Darwinism. Nova York, 1876.

Grayson, D. K. *The establishhment of human antiquity*. Nova York: Academic Press, 1983.

Greenacre, P. *The quest for the father*: a study of the Darwin-Butler controversy, as a contribution to the understanding of the creative individual. Nova York: International Universities Press, 1963.

Greene, J. C. *Science, ideology and world view*: essays in the history of evolutionary ideas. Berkeley: University of California Press, 1991.

______. *The death of Adam*: evolution and its impact on Western thought. Iowa: Iowa State University Press, 1996.

Green-Lewis, J. *Framing the Victorians*: photography and the culture of realism Ithaca, N. Y.: Cornell University Press, 1996.

Griest, G. L. *Mudie's circulating library and the Victorian novel*. Newton Abbot: David & Charles, 1970.

Groeben, C. (Ed.) *Charles Darwin*, 1809-1882, *Anton Dohrn*, 1840-1909: correspondence. Nápoles: Macchiaroli, 1982.

Gross, C. G. "Hippocampus minor and man's place in nature: a case study in the social construction of neuroanatomy". *Hippocampus*, v.3, p.403-15, 1993a.

______. "Huxley versus Owen: the hippocampus minor and evolution". *Trends in Neuroscience*, v.16, p.493-8, 1993b.

Gross, J. *The rise and fall of the man of letters*: aspects of English literary life since 1800. Londres: Weidenfeld & Nicolson, 1969.

Gruber, H. E. "Darwin and *Das Kapital*". *Isis*, v.52, p.582-3, 1961.

______. *Darwin on man*: a psychological study of creativity. Nova York: Dutton, 1974.

______. "Darwin's 'Tree of Nature' and other images of wide scope". In: Weschler, J. (Ed.) *On aestheties in science*. Cambridge, Mass.: MIT Press, 1987. p.121-40.

Gruber, J. W. *A conscience in conflict*: the life of St. George Jackson Mivart. Nova York: Columbia University Press para Temple University Publications, 1960.

Gruber, J. W.; Thackray, J. C. *Richard Owen commemoration*: three studies. Londres: Natural History Museum Publications, 1992.

Gunther, A. E. *A century of zoology at the British Museum through the lives of two keepers*, 1815-1914. Folkestone, Kent: Dawson & Sons, 1975.

Hacking, I. *The emergence of probability*: a philosophical study of early ideas about probability, induction and statistical inference. Cambridge: Cambridge University Press, 1975.

Haeckel, E. *Generelle morphologie der organism*. 2v. Berlim, 1866.

Hague, J. "A reminiscence of Mr. Darwin". *Harper's New Monthly Magazine*, v.69, p.759-63, 1884.

Haig, A. *The Victorian* clergy. Londres: Croom Helm, 1884.

Haight, G. S. *George Eliot and John Chapman, with Chapman's diaries*. New Haven, Conn.: Yale University Press, 1940.

______ (Ed.) *The George Eliot letters*. 9v. New Haven, Conn.: Yale University Press, 1954-78.

______. *George Eliot*: a biography. Oxford: Oxford University Press, 1968.

Haines, V. A. "Spencer, Darwin and the question of reciprocal influence". *Journal of the History of Biology*, v.24, p.409-31, 1991.

Haley, B. *The healthy body and Victorian culture*. Cambridge, Mass.: Harvard University Press, 1978.

Hall, A. R. *The Abbey scientists*. Londres: Nicolson, 1966.

Hall, L.; Porter, R. *The facts of life*: the creation of sexual knowledge in Britain, 1650-1950. New Haven, Conn.: Yale University Press, 1995.

Hall, M. B. *All scientists now*: the Royal Society in the nineteenth century. Cambridge: Cambridge University Press, 1984.

Hallett, M. *The spectacle of difference*: graphic satire in the age of Hogarth. New Haven, Conn.: Yale University Press, 1999.

Hardy, A. *The epidemic streets*: infectious disease and the rise of preventative medicine, 1856-1900. Oxford: Clarendon Press, 1993.

Harris, R. (Ed.) *The origin of language*. Bristol: Thoemmes Press, 1996.

Harrison, J. F. C. *A history of the Working Men's College*, 1854-1954. Londres: Routledge & Kegan Paul, 1954.

______. *Robert Owen and the Owenites in Britain and America*: the quest for the new moral world. Londres: Routledge, 1969.

Harte, N.; Quinault, R. (Eds.) *Land and society in Britain*, 1700-1914. Essays in honour of F. M. L. Thompson. Manchester: Manchester University Press, 1996.

Hartley, L. *Physiognomy and the meaning of expression in nineteenth-century culture*. Cambridge: Cambridge University Press, 2001.

Harvey, J. R. *Victorian novelists and their illustrators*. Londres: Sidgwick & Jackson, 1970.

Harvey, J. "Evolutionism transformed: positivists and materialists in the Société d'Anthropologie de Paris from the Second Empire to Third Republic". In: Oldroyd, D.; Langham, I. (Eds.) *The wider domain of evolutionary thought*. Dordrecht: Reidel, 1983. p.289-310.

______. "Types and races: the politics of colonialism and anthropology in the nineteenth century". In: Lafuente, A.; Elena, A.; Ortega, M. L. (Eds.) *Mundializacion de Ia ciencia y cultura nacional*. Madri: Doce Calles, 1993. p.527-37.

______. *"Almost a man of genius"*: Clemence Royer, feminism, and nineteenth-century science. New Brunswick, N. J.: Rutgers University Press, 1997a.

______. "Les esprits fertiles et le probleme de la sterilité experimentale: Charles Darwin et le Muséum d'histoire naturelle". In: Blanckaert, C. et al. (Eds.) *Le Muséum au premier siècle de son histoire*. Paris: Muséum d'histoire naturelle, Archives, 1997b. p.341-61

Haskell, T. L. (Ed.) *The authority of experts*: studies in history and theory. Bloomington: Indiana University Press, 1984.

Haslam, F. *From Hogarth to Richardson*: medicine in art in eighteenth-century Britain, Liverpool: Liverpool University Press, 1996.

Haughton, S. "Biogenesis". *Natural History Review*, v.7, p.23-32, 1860.

Haynes, E. S. P. "Master George Pollock". *Cornhill Magazine* n.41, p.232-37, 1916.

Healey, E. *Wives of fame*: Mary Livingstone, Jenny Marx, Emma Darwin. Londres: Sidgwick & Jackson, 1986.

Helmstadter, R.; Lightman, B. (Eds.) *Victorian faith in crisis*: essays in continuity and change in nineteenth-century religious belief. Basingstoke: Macmillan, 1990.

Henderson, H. *The Victorian self*: autobiography and biblical narrative. Ithaca, N.Y.: Cornell University Press, 1989.

Henkin, L. *Darwinism in the English novel* 1860-1910: the impact of evolution on Victorian fiction. Nova York: Russell & Russell, 1963.

Herbert, S. "The place of man in the development of Darwin's theory of transmutation". *Journal of the History of Biology*, v.7, p.217-58; v.10, p.155-227, 1974-77.

Herrick, J. *Against the faith*: essays on deists, skeptics and atheists. Buffalo: Prometheus Books, 1985.

Herschel, J. F. Physical *Geography. From the Encyclopaedia Britannica*. Edimburgo, 1861.

Hill, M. "On the Post-office". *Notices of the Proceedings of the Royal Institution of Great Britain*, v.3, p.457-66, 1862.

Hilton, B. *The age of atonement*: the influence of Evangelicalism on social and economic thought, 1795-1865. Oxford: Clarendon Press, 1988.

Himmelfarb, G. *Darwin and the Darwinian revolution*. Londres: Chatto & Windus, 1959.

Hinchcliff, P. B. *John William Colenso, Bishop of Natal*. Londres: Nelson, 1964.

Hinton, B. *Immortal faces*: Julia Margaret Cameron on the Isle of Wight. Newport, Hants: Isle of Wight County Press, 1992.

Hobhouse, H. *Seeds of change*: five plants that transformed mankind. Londres: Sidgwick & Jackson, 1985,

Hobsbawm, E. J. *The age of capital*, 1848-1875. Londres: Abacus, 1975. [Ed. bras.: *A era do capital* – 1818-1875. Rio de Janeiro: Paz e Terra, 2009.]

Hodge, M. J. S. "The structure and strategy of Darwin's 'long argument'". *British Journal for the History of Science*, v.10, p.237-45, 1977.

______. "Darwin as a lifelong generation theorist". In: Kohn, D. (Ed.) *The Darwinian heritage*, p.207-43. Princeton, N. J.: Princeton University Press em associação com Nova Pacifica, 1985.

Hofstadter, R. *Social Darwinism in American thought*, 1860-1915. Philadelphia: University of Pennsylvania Press, 1945.

Hoge, J. (Ed.) *Lady Tennyson's journal*. Charlottesville: University Press of Virginia, 1981.

Holcombe, H. W. *Patent medicine tax stamps*: a history of the firms using United States private die proprietary medicine tax stamps. Lawrence, Mass.: Quarterman Publications, 1979.

Homans, M. *Royal representations*: Queen Victoria and British culture, 1837-1876. Chicago: University of Chicago Press, 1999.

Hooker, J. D. "On the flora of Australia [...] an introductory essay to the Flora Tasmaniae". In: *Flora Tasmaniae. Pt 3 de Botany of the Antarctic voyage of H.M. Discovery Ships Erebus and Terror, in the years* 1839 *to* 1843 *under the command of Captain Sir James Clark Ross*. 2v. Londres, 1855-60, 1859.

______. The carnivorous habits of plants. *Report of the meeting of the British Association for the Advancement of Science held at Belfast*, 1874, p.102-16. Londres, 1875. Republicado em *Nature*, v.10 (1874), p.366-72, 1874.

Hopkinson, Amanda. *Julia Margaret Cameron*. Londres: Virago, 1986.

Hoppen, K. T. *The mid-Victorian generation*, 1846-1886. The New Oxford History of England. Oxford: Oxford University Press, 1998.

Horn, P. *The rise and fall of the Victorian servant*. Londres: Alan Sutton, 1995.

Horstman, A. *Victorian divorce*. Londres: Croom Helm, 1985.

Houghton, W. E. *The Victorian frame of mind*, 1830-1870. New Haven, Conn.: Yale University Press, 1957.

______ (Ed.) The *Weliesley index to Victorian periodicals*, 1824-1900. 5v. Toronto: University of Toronto Press, 1966-89.

Howard, M. *Victorian grotesque*: an illustrated excursion into medical curiosities, freaks and abnormalities principally of the Victorian age. Londres: Jupiter Books, 1977.

Howarth, O. J. R.; Howarth, E. K. *A history of Darwin's parish, Downe, Kent*. Southampton: Russell & Co, 1933.

Hubble, D. "The life of the shawl". *Lancet* pt.ii:1351-54, 1953.

Hudson, D. *Munby: man of two worlds*: the life and diaries of Arthur F. Munby, 1828-1910. Londres: John Murray, 1972.

Huggett, F. E. *Victorian England as seen by "Punch"*. Londres: Sidgwick & Jackson, 1978.

Hughes, K. *The Victorian governess*. Londres: Hambledon Press, 1993.

Hull, D. (Ed.) *Darwin and his critics*: the reception of Darwin's theory of evolution by the scientific community. Chicago: University of Chicago Press, 1973.

______. *The philosophy of the biological sciences*. Englewood Cliffs, N. J.: Prentice-Hall, 1974.

Hutchinson, H. G. (Ed.) *Life of Sir John Lubbock, Lord Avebury*. 2v. Londres: Macmillan, 1914.

Hutton, R. H. *A Victorian spectator*: uncollected writings. Bristol: Bristol Press, 1989.

Huxley, L. (Ed.) *The life and letters of Thomas Henry Huxley*. 2v. Londres: Macmillan, 1900.

______ (Ed.) *Life and letters of Sir Joseph Dalton Hooker*. 2v. Londres: John Murray, 1918.

Huxley, T. H. "On the persistent types of animal life". *Notices of the Proceedings of the Royal Institution of Great Britain*, v.3 (1858-62), p.90-3, 1859a.

______. "Time and life: Mr. Darwin's *Origin of Species*". *Macmilian's Magazine* 1, p.142-8, 1859b.

______. "On species and races, and their origin". *Notices of the Proceedings of the Royal Institution of Great Britain*, v.3 (1858-62), p.195-200, 1860a.

______. "Darwin on the origin of species". *Westminster Review* n.17, p.541-70, 1860b.

______. *Evidence as to Man's Place in Nature*. Londres, 1863.

______. Sobre a base física da vida. Palestra proferida em Edimburgo, 1868. *Fortnightly Review*, v.11, p.129-45, 1869.

______. *Darwinina*: essays. Londres, 1893.

Hyman, S. E. *The tangled bank*. Darwin, Marx, Frazer and Freud as imaginative writers. Nova York: Atheneum, 1962.

Irvine, W. *Apes, angels, and Victorians*: the story of Darwin, Huxley, and evolution. Nova York; Londres; Toronto: McGraw-Hill, 1955.

Jackson, A. A. *Londres's local railways*. 2.ed. Harrow Weald, Middlesex: Capital Transport Publishing, 1999.

Jacyna, L. S. "John Goodsir and the making of cellular reality". *Journal of the History of Biology*, v.16, p.75-99, 1983.

Jalland, P. *Death in the Victorian family*. Oxford: Oxford University Press, 1996.

James, P. *"Population" Malthus*: his life and times. Londres: Routledge & Kegan Paul, 1979.

Jann, R. "Darwin and the anthropologists: sexual selection and its discontents". *Victorian Studies*, v.37, p.287-306, 1994.

Jardine, N.; Secord, J. A.; Spary, E. (Eds.) *Cultures of natural history*. Cambridge: Cambridge University Press, 1996.

Jardine, N. *Scenes of inquiry*. Oxford: Clarendon Press, 1991.

Jenkin, F. "The *Origin of Species*". *North British Review*, v.46, p.277-318, 1867.

Jenkins, T. A. *Disraeli and Victorian Conservatism*. Londres: Macmillan, 1996.

Jenson, J. V. *The X Club*: fraternity of Victorian scientists. *British Journal for the History of Science*, v.5, p.63-72, 1970.

______. "Return to the Wilberforce-Huxley debate". *British Journal for the History of Science*, v.21, p.161-79, 1988.

______. *Thomas Henry Huxley*: communicating for science. Newark: University of Delaware Press, 1989.

Jenyns [Blomefield], L. *Memoir of the Rev. John Stevens Henslow, M.A.* Cambridge, 1862.

Jesperson, P. H. "Charles Darwin and Dr. Grant". *Lychnos*, p.159-67, 1948-49.

Jones, E. Y. *Father of art photography*: O. J. Rejlander, 1813-1875. Newton Abbot: David & Charles, 1973.

Jones, G. *Social Darwinism and English thought*: the interaction between biological and social theory. Sussex: Harvester Press, 1980.

Jones, H. F. *Samuel Butler, author of Erewhon (*1835-1902*)*: a memoir. 2v. Londres: Macmillan, 1920.

Jones, H. B. *On animal chemistry in its application to stomach and renal diseases*. Londres: John Churchill, 1850.

Jones, J. E.; Gladstone, J. F. *The Alice companion*: a guide to Lewis Carroll's Alice books. Basingstoke: Macmillan, 1998.

Jordan, D. S. *The days of a man*: being memories of a naturalist, teacher and minor prophet of democracy. 2v. Londres: George Harrap, 1922.

Jordan, J.; Patten, R. (Eds.) *Literature in the marketplace*. Cambridge: Cambridge University Press, 1995.

Jordanova, L. *Lamarck*. Oxford: Oxford University Press, 1984.

______. *Defining features*: scientific and medical portraits, 1660-2000. Londres: Reaktion Books, 2000.

Josselson, R.; Lieblich, A. (Eds.) *Interpreting experience*: the narrative study of lives. Londres: Sage, 1995.

Journal: ver De Beer, Gavin, Ed., 1959.

Journal of researches: ver Darwin, Charles, 1845.

Junker, T. "Heinrich Georg Bronn und Die Entestehung der Arten". *Sudhoffs Archiv*, v.75, p.180-208, 1991.

Junker, T.; Richmond, M. (Eds.) *Charles Darwin's correspondence with German naturalists*. Marburg an der Lahn: BasiliskenPresse, 1996.

Kauffman, L. S. *Special delivery*: epistolary modes in modern fiction. Chicago: University of Chicago Press, 1992.

Keith, A. "Darwin's home". In: *Man's origin*. Londres: Watts,1927. p.32-40.

_____. *Darwin revalued*. Londres: Watts, 1955.

Kelly, A. *The descent of Darwin*: the popularisation of Darwinism in Germany, 1860-1914. Chapel Hill: University of North Carolina Press, 1981.

Kempf, E. "Charles Darwin – the affective sources of his inspiration and anxiety neurosis". *Psychoanalytic Review*, v.5, p.151-92, 1918.

Keynes, M. *Leonard Darwin*. Cambridge: Cambridge University Press, 1943.

Keynes, R. *Annie's box*: Charles Darwin, his daughter and human evolution. Londres: Fourth Estate, 2001.

Kingsley, C. *Speech of Lord Dundreary in Section D [...] on the great hippocampus question*. Cambridge: impressão privada, 1862.

_____. *Westminster sermons*. Londres, 1874.

Knoepflmacher, U. C.; Tennnyson, G. B. (Eds.) *Nature and the Victorian imagination*. Berkeley: University of California Press, 1977.

Kohlstedt, S. G.; Longino, H. H. (Eds.) *Women, gender and science: new directions. Osiris*, v.12, 1997.

Kohn, D. "On the origin of the principle of divergence". *Science*, v.213, p.1105-8, 1981.

_____ (Ed.) *The Darwinian heritage*. Princeton, N. J: Princeton University Press em associação com Nova Pacifica, 1985a.

_____. "Darwin's principle of divergence as internal dialogue". In: Kohn, D. (Ed.) *The Darwinian heritage*. Princeton, N. J.: Princeton University Press em associação com Nova Pacifica, 1985b. p.245-57.

_____. "Darwin's ambiguity: the secularization of biological meaning". *British Journal for the History of Science*, v.22, p.215-39, 1989.

_____. "The aesthetic construction of Darwin's theory". In: Tauber, A. L. (Ed.) *The elusive synthesis*: aesthetics and science. Dordrecht: Kluwer, 1996. p.13-48.

Kölreuter, J. G. *Vorlaufige Nachricht von einigen das Geschlecht der Pflanzen betreffenden Versuchen und Beobachtungen*. Leipzig, 1761-66.

Kottler, M. J. "Wallace, the origin of man and spiritualism". *Isis*, v.65, p.145-92, 1974.

_____. "Charles Darwin and Alfred Russel Wallace: two decades of debate over natural selection". In: Kohn, D. (Ed.) *The Darwinian heritage*. Princeton, N.J.: Princeton University Press em associação com Nova Pacifica, 1985. p.367-432.

Krasner, J. *The entangled eye*: visual perception and the representation of nature in post-Darwinian narrative. Oxford: Oxford University Press, 1992.

Krause, E. L. *Erasmus Darwin*. Traduzido do alemão por W. S. Dallas. Londres, 1879.

Kruger, L.; Daston, L.; Heidelberger, M. (Eds.) *The probabilistic revolution*. 2v. Cambridge, Mass.: MIT Press, 1987.

Kuklick, H. "The color blue: from research in the Torres Strait to an ecology of human behaviour". In: MacLeod, R. M.; Rehbock, P. (Eds.) *Darwin's laboratory*. Evolutionary theory and natural history in the Pacific. Honolulu: University of Hawaii Press, 1994. p.339-67.

Lane, E. *Hydrotherapy*: or, the natural system of medical treatment. An explanatory essay. Londres, 1857.

______. *Letter read by Dr. B. W. Richardson F.R.S. at his lecture on Chas. Darwin F.R.S. in St. George's Hall, Langham Place, October 22nd.*, 1882. Impressão e publicação privadas, 1882.

Larsen, A. "Equipment for the field". In: Jardine, N.; Secord, J. A.; Spary, E. (Eds.) *Cultures of natural history*. Cambridge: Cambridge University Press, 1996. p.358-77.

Lawrence, C.; Shapin, S. (Eds.) *Science incarnate*: historical embodiments of natural knowledge. Chicago: University of Chicago Press, 1998.

Leder, D. *The absent body*. Chicago: University of Chicago Press, 1990.

Lenoir, T. "The Darwin industry". *Journal of the History of Biology*, v.20, p.115-30, 1987.

Leopold, J. *Culture in comparative and evolutionary perspective*: E. B. Tylor and the making of Primitive Culture. Berlim: Dietrich Reimer Verlag, 1980.

Levine, G. *Darwin and the novelists*: patterns of science in Victorian fiction. Cambridge, Mass.: Harvard University Press, 1988.

Lewes, G. H. "Studies in animal life" [chapter 4]. *Cornhill Magazine*, v.1, p.438-47, 1860.

Life and Letters: ver Darwin, Francis, Ed., 1883.

Lightman, B. *The origins of agnosticism*. Victorian belief and the limits of knowledge. Baltimore: Johns Hopkins University Press, 1987.

______ (Ed.) *Victorian science in context*. Chicago: University of Chicago Press, 1997.

Limoges, C. *La sélection naturelle*: étude sur la premiere constitution d'un concept (1837-1859). Paris: Presses Universitaires de France, 1970.

______. "Darwin, Milne-Edwards et le principe de divergence". *Actes du XIIe congrès internationale d'histoire de science*, v.8, p.111-5, 1971.

______. "Milne-Edwards, Darwin, Durkheim and the division of labour: a case study in reciprocal conceptual exchanges between the social and the natural sciences". In: Cohen, I. B. (Ed.) *The natural sciences and the social sciences*: some critical and historical perspectives. Dordrecht: Kluwer, 1994. p.317-43.

Lindberg, D.; Numbers, R. L. (Eds.) *God and nature*: historical essays on the encounter between Christianity and science. Berkeley: University of California Press, 1986.

Linnean Society of Londres. *The Darwin-Wallace celebration held on Thursday 1st July* 1908. Londres: Linnean Society of London, 1908.

Litchfield, H. E. (Ed.) *Emma Darwin, wife of Charles Darwin*: a century of family letters. 2v. Cambridge: impressão privada, 1904.

______. *Richard Buckley Litchfield*: a memoir written for his friends. Cambridge: impressão privada, 1910.

Livingstone, D. N. *Darwin's forgotten defenders*: the encounter between evangelical theology and evolutionary thought. Edimburgo: Scottish Academic Press, 1987.

Longford, E. *Victoria R. I.* Londres: Weidenfeld & Nicolson, 1964.

Lorimer, D. A. *Colour, class and the Victorians*: English attitudes to the Negro in the mid-nineteenth century. Leicester: Leicester University Press, 1978.

Lubbock, J. *Pre-historic times as illustrated by ancient remains, and the manners and customs of modern savages*. Londres, 1865.

______. *The origin of civilisation and the primitive condition of man*. Mental and social condition of savages. Londres, 1870.

Lucas, J. R. "Wilberforce and Huxley: a legendary encounter". *Historical Journal*, v.22, p.313-30, 1979.

Lurie, E. *Louis Agassiz*: a life in science. Chicago: University of Chicago Press, 1960.

Lyell, C. *Principles of geology, being an attempt to explain the former changes of the earth's surface, by reference to causes now in operation*, 1830-33. 3v. Chicago: University of Chicago Press, 1991.

______. *Elements of geology*. Londres, 1838.

______. "On the occurrence of works of human art in post-pliocene deposits". *Report of the British Association for the Advancement of Science held at Aberdeen*, 1858, v.29, p.93-5, 1859.

______. *The geological evidences of the antiquity of man, with remarks on theories of the origin of species by variation*. Londres, 1863.

Lyell, K. M. (Ed.) *Life, letters, and journals of Sir Charles Lyell*. 2v. Londres, 1881.

Lynch, M. "Discipline and the material form of images: an analysis of scientific visibility". *Social Studies of Science*, v.15, p.37-66, 1985.

Lynch, M.; Woolgar, S. (Eds.) *Representation in scientific practice*. Dordrecht: Kluwer, 1988.

Maasen, S. "Who is afraid of metaphors?" In: Maasen, S.; Mendellsohn, E.; Weingart, P. (Eds.) *Biology as society, society as biology*: metaphors, p.11-35. Dordrecht: Kluwer, 1995.

Machann, C. *The genre of autobiography in Vietorian literature*. Ann Arbor: University of Michigan Press, 1994.

MacKenzie, D. A. *Statistics in Britain*, 1865-1930: the social construction of scientific knowledge. Edimburgo: Edinburgh University Press, 1981.

MacLeod, R. M. "The genesis of *Nature*". *Nature*, v.224, p.423-61, 1969a.

______. "The X Club: a social network of science in late Victorian England". *Notes and Records of the Royal Society*, v.24, p.305-22, 1969b.

______. "Of medals and men: a reward system in Victorian science". *Notes and Records of the Royal Society*, v.26, p.81-105, 1971.

______. "Breaking the circle of the sciences: the natural sciences tripos and the 'examination revolution'". In: *Days of judgement*: science, examinations and the organisation of knowledge in late Victorian England, 189-212. Driffield: Nafferton, 1982a.

___. "On visiting the 'moving metropolis': reflections on the architecture of imperial science". *Historical Records of Australian Science*, v.5, p.1-16, 1982b.

Maitland, F. W. (Ed.) *The life and letters of Leslie Stephen*. Londres: Duckworth, 1906.

Mandelstam, J. "Du Chaillu's stuffed gorillas and the savants from the British Museum". *Notes and Records of the Royal Society*, v.48, p.227-45, 1994.

Mangen, J.; Walvin, J. (Eds.) *Manliness and morality*: middle-class masculinity in Britain and America, 1800-1940. Manchester: Manchester University Press, 1987.

Manvell, R. *The trial of Annie Besant and Charles Bradlaugh*. Londres: Elek/Pemberton, 1976.

Marchand, L. A. *The Athenaeum*: a mirror of Victorian culture. Chapel Hill: University of North Carolina Press, 1971.

Marchant, J. (Ed.) *Alfred Russel Wallace*: letters and reminiscences. 2v. Londres: Cassell, 1916.

Marsh, K. (Ed.) *Writers and their houses*. Londres: Hamish Hamilton, 1993.

Martin, R. B. *Tennyson. The unquiet heart*. Oxford: Clarendon Press, 1980.

Marx, K. *Letters*. v.41. In: *Colleeted works*, 1985.46v. Londres: Lawrence & Wishart, 1975-92.

Matthew, H. C. G. *The Gladstone Diaries*. v.9, janeiro 1875-dezembro 1880. Oxford: Clarendon Press, 1986.

______. *The Gladstone Diaries*. v.10, janeiro 1881-junho 1883. Oxford: Clarendon Press, 1990.

Matthew, P. *On naval timber and arboriculture*. Londres, 1831.

Mayr, E. *One long argument*: Charles Darwin and the genesis of modern evolutionary thought. Londres: Allen Lane, 1991.

McCook, S. "'It may be truth, but it is not evidence': Paul Du Chaillu and the legitimation of evidence in the field sciences". *Osiris*, v.11, p.177-9, 1996.

McDannell, C.; Lang, B. *Heaven*: a history. New Haven, Conn.: Yale University Press, 1988.

McKendrick, N.; Brewer, J.; Plumb, J. H. *The birth of a consumer society*: the commercialization of eighteenth-century England. Londres: Europa Publications, 1982.

McKinney, H. L. "Alfred Russel Wallace and the discovery of natural selection". *Journal of the History of Medicine and Allied Sciences*, v.21, p.333-57, 1966.

______. "Wallace's earliest observations on evolution: 28 December 1845". *Isis*, v.60, p.370-3, 1969.

______. *Wallace and natural selection*. New Haven, Conn.: Yale University Press, 1972.

McLaren, A. *Birth control in nineteenth century England*. Londres: Croom Helm, 1978.

McOuat, G. "Cataloguing power: delineating 'competent naturalists' and the meaning of species in the British Museum". *British Journal for the History of Science*, v.34, p.1-28, 2001.

Meacham, S. *Lord Bishop*: the life of Samuel Wilberforce, 1805-1873. Cambridge, Mass.: Harvard University Press, 1970.

Meadows, A. J. (Ed.) *Development of science publishing in Europe*. Amsterdam: Elsevier Science Publishers, 1980.

Means, J. O. (Ed.) *The prayer gauge debate. By Prof. Tyndall, F. Galton and others, against Dr. Littledale, President McCosh, the Duke of Argyll, Canon Liddon, and "The Spectator"*. Boston, 1876.

Mellersh, H. E. L. *FitzRoy of the* Beagle. Londres: Rupert Hart-Davis, 1968.

Merton, R. "Priorities in scientific discovery". In: Merton, R. *The sociology of science*: theoretical and empirical investigations. Chicago: University of Chicago Press, 1973. p.286-324.

Metcalfe, R. *The rise and progress of hydropathy in England and Scotland*. Londres: Simpkin, Marshall, Hamilton, Kent & Co, 1906.

Micale, M. *Approaching hysteria*: disease and its interpretation. Princeton, N. J.: Princeton University Press, 1995.

Mill, J. S. *A system of logic, ratiocinative and inductive*: being a connected view of the principles of evidence and the methods of scientific investigation. 5.ed. 2v. Londres, 1862.

Miller, H. *The testimony af the rocks; or geology in its bearings on the two theologies, natural and revealed*. Edimburgo, 1857.

______. *Footprints of the Creator*. Edimburgo, 1861.

Milner, R. "Charles Darwin and associates, ghostbusters". *Scientific American*, v.275, p.96-101, 1996.

Mirowski, P. (Ed.) *Natural images in economic thought*. Cambridge: Cambridge University Press, 1994.

Mitchell, S. *Daily life in Victorian England*. Westport, Conn.: Greenwood Press, 1996.

Mivart, St. G. *On the genesis of species*. Londres, 1871.

Montgomery, W. M. "Charles Darwin's thought on expressive mechanisms in evolution". In: Zivin, G. (Ed.) *The development of expressive behaviour*: biology-environment interactions. Nova York: Academic Press, 1985. p.27-50.

______. "Germany". In: Glick, T. (Ed.) *The comparative reception of Darwinism*. Chicago: University of Chicago Press, 1988. p.81-116.

Moody, J. W. T. "The reading of the Darwin and Wallace papers: an historical 'non-event'". *Journal of the Society for the Bibliography of Natural History*, v.5, p.474-6, 1971.

Moon, H. P. *Henry Walter Bates, F. R. S., 1825-93, explorer, scientist and Darwinian*. Leicester: Leicestershire Museums, 1976.

Moore, J. R. "On the education of Darwin's sons: the correspondence between Charles Darwin and the Reverend G. V. Reed, 1857-1864". *Notes and Records of the Royal Society*, v.32, p.51-70, 1977.

______. *The past-Darwinian controversies*. A study of the Protestant struggle to come to terms with Darwin in Great Britain and America, 1870-1900. Cambridge: Cambridge University Press, 1979.

______. "Charles Darwin lies in Westminster Abbey". In: Berry, R. J. (Ed.) *Charles Darwin*: a commemoration, p.97-113. Londres: Linnean Society of London, 1982.

______. "Darwin of Down: the evolutionist as squarson-naturalist". In: Kohn, D. (Ed.) *The Darwinian heritage*. Princeton, N. J.: Princeton University Press em associação com Nova Pacifica, 1985a. p.435-81.

______. "Darwin's genesis and revelations". *Isis*, v.76, p.570-80, 1985b.

______. "Geologists and interpreters of Genesis in the nineteenth century". In: Lindberg, D. C.; Numbers, R. L. (Eds.) *God and nature*: historical essays on the encounter between Christianity and science. Berkeley: University of California Press, 1986. p.322-5O.

______ (Ed.) *History, humanity and evolution*: essays for John C. Greene. Cambridge: Cambridge University Press, 1989a.

______. "Of love and death: why Darwin 'gave up Christianity'". In: Moore, J. (Ed.) *History, humanity and evolution*: essays for John C. Greene. Cambridge: Cambridge University Press, 1989b. p.195-229.

______. "Deconstructing Darwinism: the politics of evolution in the 1860s". *Journal of the History of Biology*, v.24, p.353-408, 1991.

______. *The Darwin legend*. Grand Rapids, Mich.: Baker Books, 1994.

______. "Wallace's Malthusian moment: the common context revisited". In: Lightman, B. (Ed.) *Victorian Science in Context*. Chicago: University of Chicago Press, 1997. p.290-311.

More Letters: ver Darwin, Francis; Seward, A. C., Eds., 1903.

Morgan, M. *Manners, morals and class in England*, 1774-1858. Basingstoke: Macmillan, 1994.

Morrell, J. B.; Thackray, A. *Gentlemen of science*: early years of the British Association for the Advancement of Science. Oxford: Oxford University Press, 1981.

Morris, F. O. *All the articles of the Darwin faith*. Londres, 1875.

Morris, S. S. "Fleeming Jenkin and the *Origin of Species*: a reassessment". *British Journal for the History of Science*, v.27, p.313-43, 1994.

Morton, A. G. *History of botanical science*. Londres: Academic Press, 1981.

Morton, P. *The vital science*: biology and the literary imagination, 1860-1900. Londres: George Allen & Unwin, 1984.

Moser, S. *Ancestral images*: the iconography of human origins. Ithaca, N.Y.: Cornell University Press, 1998.

Müller, F. M. *Lectures on the science of language delivered at the Royal Institution in April, May and June* 1861. Londres, 1864.

______. *My autobiography*: a fragment. Londres: Longmans, 1901.

Müller, J. F. T. *Für Darwin*. Leipzig, 1864. (*Facts and arguments for Darwin*. Londres: John Murray, 1869).

Mulock, D. [Craik]. *The Water Cure*. Londres, 1864.

Murray, J. "Darwin and his publisher". *Science Progress*, v.3 (1908-9), p.537-42, 1909.

______. *John Murray III*, 1808-1892: a brief memoir. Londres: John Murray, 1919.

Myers, G. *Writing biology*: texts in the social construction of scientific knowledge. Madison: University of Wisconsin Press, 1990.

Nash, L. A. "Some memories of Charles Darwin". *Overland Monthly* (maio 1921) v.77, p.26-29, 1921.

Nash, W. *A lawyer's life on two continents*. Boston: Richard G. Badger, 1919.

Natural Selection: ver Stauffer, R. C., Ed., 1975.

Nature. Centenary edition. n.224, p.423-61, 1989.

Nelson, E. C. *Aphrodite's mousetrap*: a biography of Venus's flytrap, with facsimiles of an original pamphlet and the manuscripts of John Ellis, F. R. S. Aberystwyth: Boethius Press, 1990.

Neve, M. "Charles Darwin: Down House, Downe, Kent". In: Marsh, K. (Ed.) *Writers and their houses*, p.151-8. Londres: Hamish Hamilton, 1993.

______ (Ed.) *Charles Darwin's Autobiography*. Londres: Penguin Books, 2002.

Neve, M.; Turner, T. "What the doctor thought and did: Sir James Crichton-Browne (1840-1938)". *Medical History*, v.39, p.399-432, 1995.

Nevill, R. H. *Life and letters of Lady Dorothy Nevill*. Londres: Methuen, 1919.

Notebooks: ver Barrett, Paul H. et al., Eds., 1987.

Numbers, R. L. *Darwinism comes to America*. Cambridge, Mass.: Harvard University Press, 1998.

Numbers, R. L.; Stenhouse, J. (Eds.) *Disseminating Darwinism*: the role of place, race, religion, and gender. Cambridge: Cambridge University Press, 1999.

Nuñez, D. *El darwinismo en Espana*. Madri: Editorial Castalia, 1977.

Nye, R. "Medicine and science as masculine 'fields of honour'". In: Kohlstedt, S. G.; Longino, H. E. (Eds.) *Women, gender, and science. Osiris*, v.12, p.60-79, 1997.

Nyhart, L. *Biology takes form*: animal morphology and the German universities, 1800-1900. Chicago: University of Chicago Press, 1995.

O'Brien, C. "*Eozoon Canadense*, 'the dawn animal of Canada'". *Isis*, v.61, p.206-23, 1970.

Olby, R. C. "Charles Darwin's manuscript of pangenesis". *British Journal of the History of Science*, v.1, p.251-63, 1963.

______. *Origins of Mendelism*. 2.ed. Chicago: University of Chicago Press, 1985.

Oldroyd, D. "How did Darwin arrive at his theory? The secondary literature to 1982". *History of Science*, v.22, p.325-74, 1984.

Oldroyd, D.; Langham, I. (Eds.) *The wider domain of evolutionary thought*. Dordrecht: Reidel, 1983.

Ophir, A.; Shapin, S. "The place of knowledge: a methodological survey". *Science in Context*, v.4, p.3-21, 1991.

Oppenheim, J. *The other world*: spiritualism and psychical research in England, 1850-1914. Cambridge: Cambridge University Press, 1985.

______. *"Shattered Nerves"*: doctors, patients, and depression in Victorian England. Nova York: Oxford University Press, 1991.

Origin: ver Darwin, Charles, 1859.

Ospovat, D. *The development of Darwin's theory*: natural history, natural theology, and natural selection, 1838-1859. Cambridge: Cambridge University Press, 1981.

Owen, R. Discurso (1858). *Report of the 28th meeting of the British Association for the Advancement of Science held at Leeds, September* 1858. Londres, 1859, p.XLIX-CX

______. "Darwin on the origin of species". *Edinburgh Review*, v.111, p.487-532, 1860.

Owen, R. S. (Ed.) *The life of Richard Owen*. 2v. Londres, 1894.

Page, N. (Ed.) *Tennyson*: interviews and recollections. Basingstoke: Macmillan, 1983.

Pancaldi, G. *Darwin in Italy*: science across cultural frontiers. Ed. rev. Traduzido por R. B. Morelli. Bloomington: Indiana University Press, 1991.

______. "The technology of nature: Marx's thoughts on Darwin". In: Cohen, R. B. (Ed.) *The natural sciences and the social sciences*. Dordrecht: Kluwer, 1994. p.257-74.

Paradis, J. G. T. H. *Huxley*: man's place in nature. Lincoln: University of Nebraska Press, 1978.

______. "Darwin and landscape". In: Paradis, J. G.; Postleewait, T. (Eds.) *Victorian science and Victorian values*: literary perspectives. Nova York: New York Academy of Sciences, 1981. p.85-110.

______. "Science and satire in Victorian culture". In: Lightman, B. (Ed.) *Victorian science in context*. Chicago: University of Chicago Press, 1997. p.143-75.

Paradis, J. G.; Postlewait, T. (Eds.) *Victorian science and Victorian values*: literary perspectives. Nova York: New York Academy of Sciences, 1981.

Parker, J. (Ed.) *Essays and Reviews. By F. Temple, R. Williams, B. Powell, H. B. Wilson, C. W. Goodwin, M. Pattisan, B. Jawett*. Londres, 1860.

Paston, G. *At John Murray's*: records of a literary circle, 1843-92. Londres: John Murray, 1932.

Patterson, A. T. *Radical Leicester*: a history of Leicester 1780-1850. Leicester: University of Leicester Press, 1954.

Pattison, S. R. *"The Antiquity of Man"*: an examination of Sir Charles Lyell's recent work. Londres, 1863.

Paul, D. B. "The selection of the 'Survival of the Fittest'". *Journal of the History of Biology*, v.21, p.411-24, 1988.

Pearson, K. (Ed.) *The life, letters, and labours of Francis Galton*. 4v. Cambridge: Cambridge University Press, 1914-30.

Peckham, M. (Ed.) *The "Origin af Species" by Charles Darwin*. A variorum text. Filadélfia: University of Pennsylvania Press, 1959a.

______. "Darwinism and Darwinisticism". *Victorian Studies*, v.4, p.19-40, 1959b.

Peel, J. D. Y. *Herbert Spencer*: the evaluation of a sociologist. Londres: Heinemann Educational, 1971.

Perkin, H. *The origins of modern English society*, 1780-1880. Londres: Routledge & Kegan Paul, 1969.

Perry, C. R. *The Victorian post office*: the growth of a bureaucracy. Woodbridge, Suffolk: Boydell Press for the Royal Historical Society, 1992.

Peterson, L. H. *Victorian autobiography*: the tradition of self-interpretation. New Haven, Conn.: Yale University Press, 1986.

Peterson, M. J. *The medical profession in mid-Victorian London*. Berkeley: University of California Press, 1978.

______. *Family, love and work in the lives of Victorian gentlewomen*. Bloomington: Indiana University Press, 1989.

Pevsner, N.; Nairn, I. *The buildings of England. Surrey*. Harmondsworth: Penguin Books, 1962.

Phillips, J. *Life on the earth, its origin and succession*. Cambridge, 1860.

Pickering, A. (Ed.) *Science as practice and culture*. Chicago: University of Chicago Press, 1992.

Pickering, G. W. *Creative malady*: illness in the lives and minds of Charles Darwin, Florence Nightingale, Mary Baker Eddy, Sigmund Freud, Marcel Proust and Elizabeth Barrett Browning. Londres: George Allen & Unwin, 1974.

Poovey, M. *Making a social body*: British cultural formation, 1830-1864. Chicago: University of Chicago Press, 1995.

______. *A history of the modern fact*: problems of knowledge in the sciences of wealth and society. Chicago: University of Chicago Press, 1998.

Porter, D. M. "On the road to the *Origin* with Darwin, Hooker, and Gray". *Journal of the History of Biology*, v.26, p.1-38, 1993.

Porter, R. (Ed.) *Patients and practitioners*. Cambridge: Cambridge University Press, 1985.

______. *Health for sale*: quackery in England, 1650-1850. Manchester: Manchester University Press, 1989.

______. *Bodies politic*: disease, death and the doctors in Britain, 1650-1914. Londres: Reaktion Books, 2001.

Porter, T. *The rise of statistical thinking*, 1820-1900. Princeton, N. J.: Princeton University Press, 1986.

______. *Trust in numbers*: the pursuit of objectivity in science and public life. Princeton, N. J.: Princeton University Press, 1995.

Power, M. *Accounting and science*: natural inquiry and commercial reason. Cambridge: Cambridge University Press, 1996.

Prescatt, G. [Nuding]. Fame and photography: portrait publications in Great Britain, 1856-1900. Tese de Ph.D., University of Texas, Austin, 1985.

Prete, F. R. "The conundrum of the honey bees: one impediment to the publication of Darwin's theory". *Journal of the History of Biology*, v.23, p.271-90, 1990.

Preyer, W. "Briefe von Darwin". *Deutsche Rundschau*, v.67, p.356-90, 1891.

Pritchard, C. *Annals of our school life addressed to the "old boys" of the Clapham Grammar School*. Oxford: impressão privada, 1886.

Pritchard, M. "Commercial photographers in nineteenth century Britain". *History of Photography*, v.11, p.213-5, 1988.

Prodger, P. "Photography and the expression of the emotions". In: Ekman, P. (Ed.) *Charles Darwin*. The expression of the emotions in man and animals. Londres: HarperCollins, 1998. p.399-410.

Pycior, H.; Slack, N.; Am, P. A. (Eds.) *Creative couples in the sciences*. New Brunswick, N. J.: Rutgers University Press, 1996.

Raby, P. *Alfred Russel Wallace*: a life. Londres: Chatto & Windus, 2001 [Ed. bras., *Alfred Russel Wallace*, trad. Valter Ponte. São Paulo: Aracati, 2011 (no prelo).]

Raverat, G. *Period piece*: a Cambridge childhood. Londres: Faber & Faber, 1952.

Reader, J. *Missing links*: the hunt for earliest man. Harmondsworth: Penguin Books, 1988.

Reeve, L. A. *Portraits of men of eminence in literature, science and art*. 6v. Londres: Lovell Reeve, 1863-67.

Reilly, R. *Wedgwood*. 2v. Londres: Macmillan; Stockton Press, 1989.

Reinikka, M. A. *A history of the orchid*. Coral Gables, Fla.: University of Miami Press, 1972.

Rheinberger, H.-J.; McLaughlin, P. "Darwin's experimental natural history". *Journal of the History of Biology*, v.17, p.345-68, 1984.

Richards, E. "Darwin and the descent of women". In: Oldroyd, D.; Langham, I. (Eds.) *The wider domain of evolutionary thought*, p.57-111. Dordrecht: D. Reidel, 1983.

______. "Huxley and women's place in science: the 'woman question' and the control of Victorian anthropology". In: Moore, J. R. (Ed.) *History, humanity and evolution*: essays for J. C. Greene, p.253-84. Cambridge: Cambridge University Press, 1989.

______. "A political anatomy of monsters, hopeful and otherwise: teratogeny, transcendentalism and evolutionary theorizing". *Isis*, v.85, p.377-411, 1994.

Richards, R. J. "Instinct and intelligence in British natural theology: some contributions to Darwin's theory of the evolution of behavior". *Journal of the History of Biology*, v.14, p.193-230, 1981.

______. *Darwin and the emergence of evolutionary theories of mind and behaviour*. Chicago: University of Chicago Press, 1987.

Richards, T. *The commodity culture of Victorian England*: advertising and spectacle, 1851-1914. Stanford, Calif.: Stanford University Press, 1990.

Richardson, A. "'How I mismated myself for love of you!': the biologisation of romance in Hardy's *A group of noble dames*". *Thomas Hardy Journal*, v.14, n.2, p.59-76, 1998a.

______. "'Some science underlies all art': the dramatization of sexual selection and racial biology in Thomas Hardy's *A pair of blue eyes* and *The well-beloved*". *Journal of Victorian Culture*, v.3, p.302-38, 1998b.

Richardson, E. W. *A veteran naturalist*: being the life and work of W. B. Tegetmeier. Londres: Witherby, 1916.

Ritvo, H. *The animal estate*: the English and other creatures in the Victorian age. Cambridge, Mass.: Harvard University Press, 1987.

______. "Classification and continuity in the *Origin of Species*". In: David, A.; Wallace, J. (Eds.) *Charles Darwin's "The Origin of Species"*: new interdisciplinary essays, p.47-67. Manchester: Manchester University Press, 1995.

Roberts, D. "The paterfamilias of the Victorian governing classes". In: Wohl, A. (Ed.) *The Victorian Family*, p.59-81. Londres: Croom Helm, 1978.

Roberts, H. F. *Plant hybridization before Mendel*. Princeton, N. J.: Princeton University Press, 1929.

Roberts, J. H. *Darwinism and the divine in America*: Protestant intellectuals and organic evolution, 1859-1900. Madison: University of Wisconsin Press, 1988.

Roberts, M. B. "Darwin's doubts about design: the Darwin-Gray correspondence of 1860". *Science and Christian Belief*, v.9, p.113-27, 1997.

Rockell, F. "The last of the great Victorians: a special interview with Alfred Russel Wallace". *Millgate Monthly* v.7, parte 2, p.657-63, 1912.

Romanes, G. *Darwin and after Darwin*. Londres, 1892.

Roos, D. A. "The aims and intentions of *Nature*". In: Paradis, J.; Postlewait, T. (Eds.) *Victorian science and Victorian values*, p.159-80. Nova York: New York Academy of Sciences, 1981.

Rose, J. "The cult of celebrity". *New Formations*, v.36, p.9-20, 1999.

Rose, P. *Parallel lives*: five Victorian marriages. Nova York: Alfred A. Knopf, 1983.

Rosenberg, J. D. "Mr. Darwin collects himself". In: Lockridge, L. S.; Maynard J.; Stone, D. D. (Eds.) *Nineteenth-century lives*: essays presented to Jerome Hamilton Buckley, p.82-111. Cambridge: Cambridge University Press, 1989.

Rowell, G. *Hell and the Victorians*: a study of the nineteenth-century theological controversies concerning eternal punishment and the future life. Oxford: Clarendon Press, 1974.

Rowse, A. L. *The controversial Colensos*. Truro: Cornish Publications, 1989.

Royle, E. *Victorian infidels*: the origins of the British secularist movement, 1791-1866. Manchester: Manchester University Press, 1974.

Rudwick, M. J. S. "Caricature as a source for the history of science: De la Beche's anti-Lyellian sketches of 1831". *Isis*, v.66, p.534-60, 1975.

______. "The emergence of a visual language for geological science, 1760-1840". *History of Science*, v.14, p.149-95, 1976.

______. *The great Devonian controversy*: the shaping of scientific knowledge among gentlemanly specialists. Chicago: University of Chicago Press, 1985.

______. *Scenes from deep time*: early pictorial representations of the prehistoric world. Chicago: University of Chicago Press, 1992.

Rupke, N. (Ed.) *Vivisection in historical perspective*. Londres: Croom Helm, 1987.

______. *Richard Owen, Victorian naturalist*. New Haven, Conn.: Yale University Press, 1994.

______. "Translation studies in the history of science: the example of *Vestiges*". *British Journal for the History of Science*, v.33, p.209-22, 2000.

Ruse, M. "Charles Darwin and artificial selection". *Journal of the History of Ideas*, v.36, p.339-50, 1975a.

______. "Darwin's debt to philosophy: an examination of the influence of the philosophical ideas of J.F.W. Herschel and W. Whewell on the development of Charles Darwin's theory of evolution". *Studies in History and Philosophy of Science*, v.6, p.159-81, 1975b.

______. *The Darwinian revolution*: science red in tooth and claw. Chicago: University of Chicago Press, 1979.

Russell, N. *Like engend'ring like*: heredity and animal breeding in early modern England. Cambridge: Cambridge University Press, 1986.

Russell-Gebbett, J. *Henslow of Hitcham*: botanist, educationalist and clergyman. Lavenham, Suffolk: Terence Dalton, 1977.

Russett, C. E. *Darwin in America*: the intellectual response, 1865-1912. San Francisco: W. H. Freeman, 1976.

______. *Sexual science*: the Victorian construction of womanhood. Cambridge, Mass.: Harvard University Press, 1989.

Rutherford, H. W. *Catalogue of the library of Charles Darwin now in the Botany School, Cambridge*. Cambridge: Cambridge University Press, 1908.

Ryan, S. *The cartographic eye*: how explorers saw Australia. Cambridge: Cambridge University Press, 1996.

Sachs, J. von. *History of Botany*, 1530-1860. Oxford: Clarendon Press, 1890.

Sakula, A. "Baroness Burdett-Coutts' garden party: the International Medical Congress, Londres, 1881". *Medical History*, v.26, p.183-90, 1982.

Sanford, W. F. "Dana and Darwinism". *Journal of the History of Ideas*, v.26, p.531-46, 1965.

Satchell, J. E. (Ed.) *Earthworm ecology*: from Darwin to vermiculture. Londres: Chapman & Hall, 1983.

Saunders, D. *Authorship and copyright*. Londres: Routledge, 1992.

Schabas, M. "Ricardo naturalised: Lyell and Darwin on the economy of nature". In: Moggridge, D. (Ed.) *Perspectives on the History of Economic Thought*. Londres: Edward Elgar, 1990.

Scherren, H. *The Zoological Society of London*: a sketch of its foundation and development. Londres: Cassell, 1905.

Schiebinger, L. "The private life of plants: sexual politics in Carl Linnaeus and Erasmus Darwin". In: Benjamin, M. (Ed.) *Science and sensibility*: gender and scientific enquiry, 1780-1945, p.121-43. Oxford: Blackwell, 1991.

Schleicher, A. *Die Darwinische Theorie und die Sprachwissenschaft*. Weimar, 1863. Traduzido por Alexander Bikkers como *Darwinism tested by the science of language*. Londres, 1869.

Schwartz, J. S. "Charles Darwin's debt to Malthus and Edward Blyth". *Journal of the History of Biology*, v.7, p.301-18, 1974.

______. "George John Romanes's defence of Darwinism: the correspondence of Charles Darwin and his chief disciple". *Journal of the History of Biology*, v.28, p.281-316, 1995.

Schweber, S. "Darwin and the political economists: divergence of character". *Journal of the History of Biology*, v.13, p.195-289, 1980.

Scudo, F.; Acanfora, M. "Darwin and Russian evolutionary biology". In: Kohn, D. (Ed.) *The Darwinian heritage*, p.731-52. Princeton, N. J.: Princeton University Press em associação com Nova Pacifica, 1985,

Searby, P. *A history of the University of Cambridge*. v.3, 1750-1870. Cambridge: Cambridge University Press, 1997.

Secord, A. "Corresponding interests: artisans and gentleman in nineteenth-century natural history". *British Journal for the History of Science*, v.27, p.383-408, 1994a.

______. "Science in the pub: artisan botanists in early nineteenth century Lancashire". *History of Science*, v.32, p.269-315, 1994b.

Secord, J. A. "Nature's fancy: Charles Darwin and the breeding of pigeons". *Isis*, v.2, p.163-86, 1981.

______. "Darwin and the breeders: a social history". In: Kohn, D. (Ed.) *The Darwinian heritage*. Princeton, N. J.: Princeton University Press em associação com Nova Pacifica, 1985. p.519-42.

______. "The Geological Survey of Great Britain as a research school, 1839-1855". *History of Science*, v.24, p.223-75, 1986.

______ (Ed.) *Charles Lyell, Principles of Geology*. Londres: Penguin Books, 1997.

______. *Victorian sensation*: the extraordinary publication, reception, and secret authorship of "Vestiges of the Natural History of Creation". Chicago: University of Chicago Press, 2000.

Sedgwick, A. "Objections to Mr. Darwin's theory of the origin of species". *Spectator*, 24 de março de 1860, p.285-6; 7 de abril de 1860, p. 334-5, 1860.

Semmel, B. *The Governor Eyre controversy*. Londres: Macgibbon & Kee, 1962.

Service, R. *Lenin*: a biography, Londres: Macmillan, 2000.

Seward, A. C. (Ed.) *Darwin and modern science*: essays in commemoration of the centenary of the birth of Charles Darwin and of the fiftieth anniversary of the publication of the "Origin of Species". Cambridge: Cambridge University Press, 1909.

Shapin, S. "The house of experiment in 17th-century England". *Isis*, v.79, p.373-404, 1988.

______. "'The mind is its own place': science and solitude in seventeenth-century England". *Science in Context*, v.4, p.191-218, 1991.

______. *A social history of truth*: civility and science in seventeenth century England. Chicago: University of Chicago Press, 1994.

Shapin, S.; Barnes, B. "Head and hand: rhetorical resources in British pedagogical writings, 1770-1850". *Oxford Review of Education*, v.2, p.231-54, 1976.

______. "Darwin and social Darwinism: purity and history". In: Barnes, B.; Shapin, S. (Eds.) *Natural order*: historical studies of scientific culture, p.125-42. Beverly Hills: Sage Publications, 1979.

Shattock, J. *Politics and reviewers*: the "Edinburgh" and the "Quarterly" in the early Victorian age. Leicester: Leicester University Press, 1989.

Shattock, J.; Wolff, M. (Eds.) *The Victorian periodical press*. Leicester: Leicester University Press, 1982.

Sheets-Pyenson, S. "Popular science periodicals in Paris and London: the emergence of a low scientific culture, 1820-1875". *Annals of Science*, v.42, p.549-72, 1985.

______. *Cathedrals of science*: the development of colonial natural history museums during the late nineteenth-century. Montreal: McGill-Queen's University Press, 1988.

Shepherd, J. A. "Lawson Tait – disciple of Charles Darwin". *British Medical Journal*, v.284, p.1386-87, 1982.

Shortland, M. (Ed.) "Bonneted mechanic and narrative hero: the self-modelling of Hugh Miller". In: Shortland, M. (Ed.) *Hugh Miller and the controversies of Victorian science*, p.14-86. Oxford: Oxford University Press, 1996.

Shortland, M.; Yeo, R. (Eds.) *Telling lives in science*: essays on scientific biography. Cambridge: Cambridge University Press, 1996.

Shteir, A. B. *Cultivating women, cultivating science*: Flora's daughters and botany in England 1760-1860. Baltimore: Johns Hopkins University Press, 1996.

Shuttleworth, S. *George Eliot and nineteenth-century science*: the make-believe of a beginning. Cambridge: Cambridge University Press, 1984.

Sicherman, B. "The uses of diagnosis: doctors, patients, and neurasthenia". *Journal of the History of Medicine*, v.32, p.33-54, 1977.

Silliman, R. H. "The Hamlet affair: Charles Lyell and the North Americans". *Isis*, v.86, p.541-61, 1995.

Sloan, P. R. (Ed.) *The Hunterian lectures in comparative anatomy, May and June* 1837. Por Richard Owen. Londres: Natural History Museum Publications, 1992.

Smiles, S. *Self help*, with illustrations of character and conduct. Londres, 1859.

______. *Character*. Londres, 1871.

______. Life *and labour, or characteristics of men of industry, culture and genius*. Londres, 1887.

Smith, A. *The newspaper*: an international history. Londres: Thames & Hudson, 1979.

Smith, C. U. M." The hippopotamus test: a controversy in nineteenth century brain science". *Cogito*, v.1, p.69-74, 1992.

Smith, C.; Agar, J. (Eds.) *Making space for science*: territorial themes in the shaping of knowledge. Basingstoke: Macmillan, 1998.

Smith, F. "Charles Darwin's ill health". *Journal of the History of Biology*, v.23, p.443-59, 1990.

______. "Charles Darwin's health problems: the allergy hypothesis". *Journal of the History of Biology*, v.25, p.285-306, 1992.

Smith, R. "Alfred Russel Wallace: philosophy of nature and man". *British Journal for the History of Science*, v.6, p.177-99, 1972.

Smith, W. S. *The London heretics*, 1870-1914. Londres: Constable, 1967.

Snell, K. D. M.; Ell, P. S. *Rival Jerusalems*: the geography of Victorian religion. Cambridge: Cambridge University Press, 2001.

Söderqvist, T. "Existential projects and existential choices: science biography as an edifying genre". In: Shortland M.; Yeo, R. (Eds.) *Telling lives*: essays on scientific biography, p.45-84. Cambridge: Cambridge University Press, 1996.

Spencer, H. "The development hypothesis". *The Leader*, 20 de março, 1852.

______. "Progress: its law and cause". *Westminster Review*, v.11, p.445-85, 1857.

______. *System of synthetic philosophy*: first principles. Londres, 1862.

______. *Principles of biology*. 2v. Londres, 1864-67.

______. *An autobiography*. 2v. Londres: Williams & Norgate, 1904.

Sprengel, C. K. *Das entdeckte Geheimniss der Natur im Bau und in der Befruchtung der Blumen*. Berlim, 1793.

St. George, A. *The descent of manners*: etiquette, rules and the Victorians. Londres: Chatto & Windus, 1993.

St. John, S. *The life of Sir James Brooke, rajah of Sarawak*: from his personal papers and correspondence. Oxford: Oxford University Press, 1994.

Stamhuis, I.; Meijer, O.; Zevenhuizen, E. "Hugo De Vries on heredity, 1889-1903: statistics, Mendelian laws, pangenes, mutations". *Isis*, v.90, p.238-67, 1999.

Stauffer, R. C. (Ed.) *Charles Darwin's Natural Selection, being the second part of his big species book written from* 1856 *to* 1858. Cambridge: Cambridge University Press, 1975.

Stearn, W. T. *The natural history museum at South Kensington*: a history of the British Museum (Natural History) 1753-1980. Londres: Heinemann em associação com o British Museum (História Natural), 1981.

Stebbins, R. E. "France". In: Glick, T. (Ed.) *The comparative reception of Darwinism*, p.117-63, Chicago: University of Chicago Press, 1988.

Stecher, R. M. "The Darwin-Innes letters: the correspondence of an evolutionist with his vicar, 1848-1884". *Annals of Science*, v.17, p.201-58, 1961.

Stepan, N. *The idea of race in science*: Great Britain, 1800-1960. Londres: Macmillan em associação com St. Anthony's College, Oxford, 1982.

______. *Picturing tropical nature*. Londres: Reaktion Books, 2001.

Stephen, L. *Life of Henry Fawcett*. Londres, 1885.

______. *Some early impressions*. Londres: Hogarth Press, 1924.

Stevenson, L. *Darwin among the poets*. Chicago: University of Chicago Press, 1932.

Stirling, A. M. W. (Ed.) *The Richmond papers from the correspondence and manuscripts of George Richmond, R.A., and his son Sir William Richmond, R.A., K.C.B.* Londres: William Heinemann, 1926.

Stocking, G. *Victorian anthropology*. Londres: Macmillan, 1987,

Stone, L.; Stone, J. C. F. *An open elite?* England 1540-1880. Oxford: Clarendon Press, 1986.

Stone, M. J. "Henry Bence Jones and his protein". *Journal of Medical Biography*, v.6, p.53-7, 1998.

Strick, J. "Darwinism and the origin of life: the role of H. C. Bastian in the British spontaneous generation debates, 1868-1873". *Journal of the History of Biology*, v.32, p.51-92, 1999.

Sulivan, H. N. (Ed.) *Life and letters of the late Admiral Sir Bartholomew James Sulivan, K. C. B.*, 1810-1890. Londres, 1896.

Sullivan, A. (Ed.) *British literary magazines*. v.3. *The Victorian and Edwardian age*, 1837-1913. Westport, Conn.: Greenwood Press, 1984.

Sutherland, J. A. *Victorian novelists and publishers*. Chicago: University of Chicago Press, 1976.

Tagg, J. *The burden of representation*: essays on photographies and histories. Amherst: University of Massachusetts Press, 1988.

Tammone, W. "Competition, the division of labor and Darwin's principle of divergence". *Journal of the History of Biology*, v.28, p.109-31, 1995.

Taub, L. "Evolutionary ideas and 'empirical' methods: the analogy between language and species in works by Lyell and Schleicher". *British Journal for the History of Science*, v.26, p.171-93, 1993.

Temple, F. *The present relations of science to religion: a sermon preached on Act Sunday, July* 1, 1860, *before the University of Oxford, during the meeting of the British Association*. Oxford; Londres, 1860.

Thompson, E. P. *The making of the English working class*. Londres: Victor Gollancz, 1963.

Thompson, F. M. L. *The rise of respectable society*: a social history of Victorian Britain, 1830-1900. Londres: Fontana Press, 1988.

Thwaite, A. *Emily Tennyson*: the poet's wife. Londres: Faber & Faber, 1996.

Todes, D. P. *Darwin without Malthus*: the struggle for existence in Russian evolutionary thought. Oxford: Oxford University Press, 1989.

Topham, J. "Science and popular education in the 1830s: the role of the Bridgewater Treatises". *British Journal for the History of Science*, v.25, p.397-430, 1992.

______. "Beyond the 'common context': the production and reading of the Bridgewater Treatises". *Isis*, v.89, p.233-62, 1998.

Tosh, J. *A man's place*: masculinity and the middle-class home in Victorian England. New Haven, Conn.: Yale University Press, 1999.

Toulmin, S.; Goodfield, J. *The discovery of time*. Chicago: University of Chicago Press, 1965.

Townsend, M. L. *Forbidden laughter*: popular humour and the limits of repression in nineteenth-century Prussia. Ann Arbor: University of Michigan Press, 1992.

Tucker, J. "Photography as witness, detective, and impostor: visual representation in Victorian science". In: Lightman, B. (Ed.) *Victorian Science in Context*, p.378-408. Chicago: University of Chicago Press, 1997.

Tuckwell, W. *Reminiscences of Oxford*. Londres: Cassell, 1900.

Tuke, M. *A history of Bedford College for Women*, 1849-1937. Londres: Oxford University Press, 1939.

Turner, E. S. *Taking the cure*. Londres: Michael Joseph, 1967.

Turner, F. M. *Between science and religion*. New Haven, Conn.: Yale University Press, 1974.

______. *Contesting cultural authority*: essays in Victorian intellectual life. Cambridge: Cambridge University Press, 1993.

Uglow, J. *Elizabeth Gaskell*: a habit of stories. Londres: Faber & Faber, 1993.

Van Riper, A. B. *Men among the mammoths*: Victorian science and the discovery of human prehistory. Chicago: University of Chicago Press, 1993.

Vann, J. D.; Van Arsdel, R. T. (Eds.) *Victorian periodicals and Victorian society*. Toronto: University of Toronto Press, 1994.

Vaucaire, M. *Paul Du Chaillu*: gorilla hunter. Traduzido por E. P. Watts. Londres: Harper & Brothers, 1930.

Vestiges: ver Chambers, Robert, 1860.

Vicinus, M. (Ed.) *Suffer and be still*: women in the Victorian age. Bloomington: Indiana University Press, 1972.

Victorius, P. B. "Editions of Darwin". *The Colophon: A Book Collector's Quarterly*, v.9, 1932.

Vogt, C. *Lectures on man*: his place in creation and in the history of the earth. Londres, 1864.

Vorzimmer, P. J. "Charles Darwin and blending inheritance". *Isis*, v.54, p.371-90, 1963.

______. *Charles Darwin. The years of controversy: the "Origin of Species" and its critics*, 1859-82. Londres: University of London Press, 1971.

Vucinich, Alexander. *Darwin in Russian thought*. Berkeley: University of California Press, 1988.

Wagner-Martin, L. *Telling women's lives*: the new biography. New Brunswick, N. J.: Rutgers University Press, 1994.

Walford, E. *Representative men in literature, science, and art*: the photographic portraits from life by Ernest Edwards. Londres: A. W. Bennett, 1868.

Wallace, A. R. *A narrative of travels on the Amazon and Rio Negro*. Londres: 1853. [Ed. bras.: *Viagens pelos rios Amazonas e Negro*, trad. Eugenio Amado. Belo Horizonte: Itatiaia, 1979.]

______. "On the law which has regulated the introduction of new species". *Annals and Magazine of Natural History* 2. ser, v.16, p.184-96, 1855.

______. "The origin of the human races and the antiquity of man deduced from the theory of natural selection". *Journal of the Anthropological Society of London* (antes *Anthropological Review*) v.2, p.CLVIII-CLXX, 1864.

_____. *The scientific aspect of the supernatural*: indicating the desirableness of an experimental inquiry by men of science into the alleged powers of clairvoyants and mediums. Londres, 1866. [Ed. bras.: O aspecto científico do sobrenatural, trad. Jáder Sampaio. São Paulo: Lachatre, 2003.]

_____. *The Malay Archipelago:* The Land of the Orang-Utan, and the Bird Of Paradise: A Narrative of Travel, with Studies of Man and Nature. 2v. Londres, 1869a.

_____. "Sir Charles Lyell on Geological Climates and the *Origin of Species*". *Quarterly Review*, v.126, p.359-94, 1869b.

_____. *Contributions to the Theory of Natural Selection*: A Series of Essays. Londres, 1870.

_____. *On Miracles and Modern Spiritualism*: Three Essays. Londres; Glasgow, 1875.

_____. *The Geographical Distribution of Animals, with a Study of the Relations of Living and Extinct Faunas as Elucidating the Past Changes of the Earth's Surface*. 2v. Londres, 1876.

_____. *Island Life; or, The Phenomena and Causes of Insular Faunas and Floras, Including a Revision and Attempts at Solution of the Problem of Geological Climates*. Londres, 1880.

_____. "The Debt of Science to Darwin". *Century Magazine* n.s., v.3, p.420-32, 1883.

_____. *Darwinism*: an Exposition of the Theory of Natural Selection with Some of its Applications. Londres: Macmillan, 1889.

_____. *The Wonderful Century*: Its Successes and its Failures. Londres, 1898.

_____. "My Relations with Darwin". *Black and White*, 17 de janeiro, 1903, p.78-9, 1903.

_____. *My Life*: A Record of Events and Opinions. 2v. Londres: Chapman & Hall, 1905.

Waller, J. C. "Gentlemanly Men of Science: Sir Francis Galton and the Professionalisation of the British Life Sciences". *Journal of the History of Biology*, v.34, p.83-114, 2001.

Wallich, G. C. *Eminent Men of the Day*: Photographs by G. C. Wallich. Londres, 1870.

Walls, L. D. *Seeing New Worlds*: Henry David Thoreau and Nineteenth-Century Natural Science. Madison: University of Wisconsin Press, 1995.

Ward, W. R. *Victorian Oxford*. Londres: Frank Cass, 1965.

Watson, H. C. "On the Theory of 'Progressive Development' Applied in the Explanation of the Origin and Transmutation of Species". *Phytologist*, v.2, p.108-13, 140-47, 1845.

_____. *Cybele Britannica; or British Plants, and their Geographical Relations*. 4v. e suplemento. Londres, 1847-60.

Weaver, M. *Julia Margaret Cameron*, 1815-1879. Londres: Herbert Press, 1984.

_____. "Julia Margaret Cameron: the Stamp of Divinity". In: Weaver, M. (Ed.) *British Photography in the Nineteenth Century*: The Fine Art Tradition. Cambridge: Cambridge University Press, 1989.

Wedgwood, B.; Wedgwood, H. *The Wedgwood Circle*, 1730-1897: Four Generations of a Family and Their Friends. Londres: Studio Vista, 1980.

Wedgwood, J. C. *Memoirs of a Fighting Life*. Londres: Hutchinson, 1940.

Weikart, R. "A Recently Discovered Darwin Letter on Social Darwinism". *Isis*, v.86, p.609-11, 1995.

Weingart, P. "Struggle for Existence: Selection and Retention of a Metaphor". In: Maasen, S.; Mendellsohn, E.; Weingart, P., Eds. *Biology as Society, Society as Biology*: Metaphors, p.127-51. Dordrecht: Kluwer, 1995.

Weschler, Judith. *A Human Comedy:* Physiognomy and Caricature in Nineteenth Century Paris. Londres: Thames & Hudson, 1982.

West, G. *Charles Darwin, the Fragmentary Man*. Londres: G. Routledge & Sons, 1937.

Wheeler, M. *Death and the Future Life in Victorian Literature and Theology*. Cambridge: Cambridge University Press, 1990.

Wilberforce, S. "Darwin's *Origin of Species*". *Quarterly Review*, v.108, p.225-64, 1860.

______. Resenha de *Essays and Reviews*. *Quarterly Review*, v.109, p.248-305, 1861.

Wilson, D. A.; MacArthur, D. A. *Life of Thomas Carlyle*. v.6. Londres: Kegan Paul, 1934.

Wilson, L. G. "Brixham Cave and Sir Charles Lyell's *The Antiquity of Man*: The Roots of Hugh Falconer's Attack on Lyell". *Archives of Natural History*, v.23, p.79-97, 1996a.

______. "The Gorilla and the Question of Human Origins: The Brain Controversy". *Journal of the History of Medicine and Allied Sciences*, v.51, p.184-207, 1996b.

Wiltshire, J. *Jane Austen and the Body*: "The Picture of Health". Cambridge: Cambridge University Press, 1992.

Winslow, J. H. *Darwin's Victorian Malady:* Evidence for its Medically Induced Origin. Filadélfia: American Philosophical Society, 1971.

Winsor, M. P. *Starfish, Jellyfish and the Order of Life*: Issues in Nineeteenth-Century Science. New Haven, Conn.: Yale University Press, 1969.

Winstanley, D. A. *Later Victorian Cambridge*. Cambridge: Cambridge University Press, 1947.

Winter, A. "Harriet Martineau and the Reform of the Invalid in Victorian England". *Historical Journal*, v.38, p.597-616, 1995.

______. *Mesmerized*: Power of Mind in Victorian England. Chicago: University of Chicago Press, 1998.

Winther, R. G. "Darwin on Variation and Heredity". *Journal of the History of Biology*, v.33, p.425-55, 2000.

Wohl, A. (Ed.) *The Victorian Family*: Structure and Stresses. Londres: Croom Helm, 1978.

Wolff, R. L. *Gains and Losses:* Novels of Faith and Doubt in Victorian England. Londres: John Murray, 1977.

Wollaston, A. F. R. *Life of Albert Newton*. Londres: John Murray, 1921.

Wollaston, T. V. Resenha de *On the Origin of Species*. *Annals and Magazine of Natural History*, v.3. série 5, p.132-43, 1860.

Woolner, A. *Thomas Woolner, R.A., Sculptor and Poet*. His Life in Letters. Londres: Chapman & Hall, 1917.

Worster, D. *Nature's Economy*: A History of Ecological Ideas. Cambridge: Cambridge University Press, 1985.

Wright, C. *Darwinism*: Being an Examination of Mr. St. George Mivart's *"Genesis of species"*. Reimpresso da *North American Review*. Londres, 1871.

Wyllie, I. G. "Social Darwinism and the Businessman". *Proceedings of the American Philosophical Society*, v.103, p.629-35, 1959.

Wynter, A. "Cartes de Visite". *Once a Week*, v.6, p.1134-7; também em *Journal of the Photographic Society of Londres*, v.7, p.375-7, 1862.

Yanni, C. *Nature's Museums*: Victorian Science and The Architecture of Display. Baltimore: Johns Hopkins University Press, 1999.

Yeo, R. "Science and Intellectual Authority in Mid-Nineteenth Century Britain: Robert Chambers and *Vestiges of the Natural History of Creation*". *Victorian* Studies, v.28, p.5-31, 1984.

______. "An Idol of the Market Place: Baconianism in Nineteenth Century Britain". *History of Science*, v.23, p.251-98, 1985.

______. *Defining Science:* William Whewell, Natural Knowledge and Public Debate in Early Victorian Britain. Cambridge: Cambridge University Press, 1993.

Young, D. A. B. "Darwin's Illness and Systemic Lupus Erythematosus". *Notes and Records of the Royal Society*, v.51, p.77-86, 1997.

Young, R. M. *Victorian Crisis of Faith*: Six Lectures. Editado por Anthony Symondson. Londres: SPCK, 1970.

______. *Darwin's Metaphor*: Nature's Place in Victorian Culture. Cambridge: Cambridge University Press, 1985.

Índice remissivo

SOBRE O LIVRO

Formato: 16 x 23 cm
Mancha: 26 x 42 paicas
Tipologia: Adobe Caslon Semibold 10,3/13
Papel: Off-white 80 g/m² (miolo)
Cartão Supremo 250 g/m² (capa)
1ª edição 2011
736 páginas

EQUIPE DE REALIZAÇÃO

Edição de Texto
Monalisa Neves (Copidesque)
Thaís Rimkus Devus (Preparação de original)
Maria Alice da Costa (Revisão)

Assistência Editorial
Olivia Frade Zambone

Capa
Andrea Yanaguita

Editoração Eletrônica
Estúdio Bogari

Cromosete
Gráfica e editora ltda.
Impressão e acabamento
Rua Uhland, 307
Vila Ema-Cep 03283-000
São Paulo - SP
Tel/Fax: 011 2154-1176
adm@cromosete.com.br